生产服务业读本

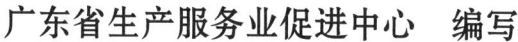
SHENGCHAN FUWUYE DUBEN

广东省生产服务业促进中心　编写

主　　　编　陈　健
执 行 主 编　李冠霖
执行副主编　侯　彪　陈　菲

华南理工大学出版社
SOUTH CHINA UNIVERSITY OF TECHNOLOGY PRESS
·广州·

图书在版编目（CIP）数据

生产服务业读本／广东省生产服务业促进中心编写.—广州：华南理工大学出版社，2018.8
 ISBN 978－7－5623－5776－6

Ⅰ.①生… Ⅱ.①广… Ⅲ.①生产服务-服务业-企业管理-干部培训-教材 Ⅳ.①F719.1

中国版本图书馆 CIP 数据核字（2018）第 229941 号

生产服务业读本

广东省生产服务业促进中心　编写

出 版 人：卢家明
出版发行：华南理工大学出版社
　　　　　（广州五山华南理工大学 17 号楼　邮编：510640）
　　　　　http://www.scutpress.com.cn　E-mail: scutc13@scut.edu.cn
　　　　　营销部电话：020－87113487　87111048（传真）
责任编辑：谢茉莉　王　倩
印 刷 者：广州市新怡印务有限公司
开　　本：787mm×1092mm　1/16　印张：33.75　字数：698 千
版　　次：2018 年 8 月第 1 版　2018 年 8 月第 1 次印刷
定　　价：108.00 元

版权所有　盗版必究　印装差错　负责调换

主　　　编　陈　健
执 行 主 编　李冠霖
执行副主编　侯　彪　陈　菲
编写组成员　（按姓氏笔画排序）

　　　　　　　　王　鹏　韦　琦　邓培伟　卢振港
　　　　　　　　全在勤　刘继国　李建萍　李美云
　　　　　　　　李　曼　李碧花　吴冬梅　邱　波
　　　　　　　　张　娜　陈　昕　林先扬　胡　飞
　　　　　　　　贾纺纺　黄　雄　梁家中　蓝文妍
　　　　　　　　曾海燕　雷小清　詹若兰　谭杰斌

序

李江帆

中山大学管理学院教授、博士生导师
中山大学中国第三产业研究中心主任

我愉快地向读者推荐《生产服务业读本》（以下简称《读本》）。

《读本》是顺应新时代新趋势、面向我国生产服务业管理者和企事业中高级管理人员而编写的一本普适性与专业性相结合的培训教材。全书分为理论体系、工作体系、重点领域三篇共二十章。

一是生产服务业发展的理论体系。通过导论、发展简史、理论基础、产业评价、公共政策共五章的编写，正确认识生产服务业的内涵与外延，把握生产服务业的功能、作用和产业地位，辨析生产服务业与相关概念的区别与联系，回顾国内外生产服务业发展演变简史，总结生产服务业发展基本规律，正确评价生产服务业发展情况，为生产服务业发展提供一个先进、全面、专业性强又通俗易懂的理论体系。

二是生产服务业发展的工作体系。以促进产业结构升级和经济发展为目标，找准生产服务业发展的工作重点，通过生产服务企业、生产服务平台、生产服务区、新业态新模式、服务型制造共五章的编写，强化对这些领域的基本概念、主要类型、基本特征、发展机理、国际经验、国内特色、现状问题、现行政策、发展导向的认识，为生产服务业主管部门提供工作的切入点和政策的着力点。

三是生产服务业发展的重点领域。按照突出重点、深化研究的原则，选择工业设计、现代供应链、现代物流、电子商务、信息服务、科技服务、金融服务、节能环保服务、商务服务、质量品牌和工业文化共十大重点领域单独成章，深入剖析这些重点领域的基本概念、功能作用、国际经验、国内特色、发展现状、现行政策、发展导向等，为生产服务业重点领域发展提供理论与实践的指导。

理论体系、工作体系、重点领域的三位一体，使《读本》成为一本服务经济理论与发展生产服务业实践相结合的、可读性和实用性很强的生产服务业教程。

浏览《读本》,可以看到它既有一般教材具有的知识全面、资料详实、观点明确、简明扼要、深入浅出、重视启发性等共性,又有其鲜明的个性。它按照编与著相结合的原则,在收集整理国内外关于生产服务业理论研究最新成果的基础上,按照立足广东、面向全国、国际视野的要求,在生产服务功能作用的认识、发展生产服务业重大意义、生产服务业理论与实践相结合的角度进行创新性写作,在面临着发展生产服务业迫切任务的中国,在理论与实际的结合上,在正确地回答了什么是生产服务业、为什么要发展生产服务业、如何发展生产服务业这三个为人们普遍关心的问题的基础上,形成了三个特色。

特色之一是从新的视角把握生产服务业主要功能和重要作用。

当今世界,服务业发展势头方兴未艾,服务业发展状况已经不仅仅是衡量一个国家(地区)经济社会发展水平的重要标志,更是一个国家(地区)控制要素资源、推动创新、主导经济发展的战略制高点。目前,全球整体上已经进入以服务业为主导的服务经济时代,谁抓住了服务业发展的主动权,谁就能把握经济发展的主导权和话语权。在此背景下,《读本》根据服务经济发展大趋势,对生产服务业的功能和作用提出了新认识,认为生产服务业具有专业性强、创新活跃、产业融合度高、带动作用显著的特点,成为全球产业竞争的战略制高点,开启了新一轮经济增长动力源变更的"生产服务业革命",生产服务业成为经济增长特别是制造强国建设的主要动力和重要引擎,形成了鲜明的特色。

特色之二是从新的视角认识发展生产服务业的重要性和紧迫性。

改革开放以来,我国制造业快速发展,建成了门类齐全、相对完整的工业体系,有力推动了工业化和现代化进程,成为制造业大国。但是,与世界先进水平相比,我国制造业大而不强,究其原因,我国生产服务业总体发展水平滞后是重要原因。《读本》在对标"制造强国、制造大国、制造新国"生产服务业发展情况的基础上认为,虽然我国在现代供应链、现代物流、电子商务等对制造业发展具有渠道控制性作用的生产服务领域已开始了新的突破,但在工业设计、科技服务、信息服务、质量品牌和工业文化等对制造业发展具有主导性和引领性作用的生产服务领域发展滞后,在金融服务、节能环保、商务服务等对制造业发展具有保障性功能的生产服务领域发展不到位,从新的国际对标视角看,我国加快发展生产服务业具有重要性和紧迫性。这就从新的视角把生产服务业的发展提高到一个新高度。

特色之三是生产服务业的理论与发展实践紧密结合。

一是理论研究者与实践工作者联合编撰。编写单位积极组织了一批具有较高水平的生产服务业理论研究者和工作在一线的管理实践者，总共有四五十人参与《读本》的编写工作。编写人员中八成以上具有博士学位，有不少是长期从事第三产业和现代服务业研究且成果颇丰的知名专家、学者。

二是理论研究与工作实践紧密相结合。在构建生产服务业理论体系的基础上，明确生产服务业的发展载体、空间布局、产业融合、政策制定等方面的工作抓手，理清发展思路，找准政策着力点。

这两方面的结合，使《读本》形成了普及性与研究性共生的特色。

我相信，从实践的层面看，《读本》将产生较大的社会价值。针对目前一些领导干部对生产服务业工作开展的理论认识不够清晰、工作抓手不够明确的问题，《读本》着力提高生产服务的理论认识，明确生产服务业发展的工作体系，力图成为生产服务业工作人员和企业管理人员的普适性教材和工作指南。

一是理清了生产服务业发展的理论认识。《读本》按照普适性教材的要求，从生产服务业的基本概念、功能作用、演变历程、基本规律、产业融合、空间布局、重点领域等方面梳理国内外不同流派学术观点，廓清理论认识，建立了较为完整的生产服务业理论体系。

二是明确了生产服务业发展的工作体系。从现状问题、工作导向、发展载体、发展政策等方面，明确了发展生产服务业的工作体系，并通过大量的案例把抽象的理论具体化和形象化，增强了读者的现实感和《读本》的指导性。

综上所述，《读本》是一本理论联系实际、针对性强、特色鲜明、对发展生产服务业工作具有较大指导意义的实用性教材，不仅适合广东的理论工作者和实践工作者学习使用，而且对全国的生产服务业的健康发展，也有很大的借鉴作用和参考价值。

2018 年 1 月

目 录

第一篇 理论体系

第一章 导论 ··· 2
　第一节 生产服务 ··· 3
　第二节 生产服务业 ··· 7
　第三节 生产服务业与制造业 ··· 10
　第四节 生产服务业国际对标样本选择 ····································· 21
第二章 发展简史 ··· 25
　第一节 生产服务业发展历程与特点 ······································· 26
　第二节 国外生产服务业发展特点与启示 ··································· 29
　第三节 中国生产服务业发展历程与现状特征 ······························· 39
　第四节 广东生产服务业发展历程与发展态势 ······························· 42
第三章 理论基础 ··· 49
　第一节 形成机制 ··· 50
　第二节 影响因素 ··· 55
　第三节 基本规律 ··· 60
　第四节 空间布局与区域协调 ··· 65
第四章 产业评价 ··· 75
　第一节 生产服务业评价基本认识 ··· 76
　第二节 生产服务业发展水平评价 ··· 81
　第三节 生产服务业服务能力评价 ··· 87
　第四节 生产服务业发展潜力评价 ··· 94
　第五节 生产服务业运行监测方法 ··· 97
第五章 公共政策 ··· 103
　第一节 公共政策概述 ··· 104
　第二节 国外生产服务业政策 ··· 110
　第三节 中国生产服务业政策 ··· 118
　第四节 地方生产服务业政策 ··· 122

第二篇　工作体系

第六章　生产服务企业 133
- 第一节　基本认识 134
- 第二节　发展现状 142
- 第三节　发展思路 151
- 第四节　案例剖析 155

第七章　生产服务平台 159
- 第一节　基本认识 160
- 第二节　发展现状 164
- 第三节　发展思路 174
- 第四节　案例剖析 179

第八章　生产服务区 185
- 第一节　基本认识 186
- 第二节　发展现状 190
- 第三节　发展思路 199
- 第四节　案例剖析 205

第九章　新业态新模式 210
- 第一节　基本认识 211
- 第二节　培育借鉴 219
- 第三节　发展思路 228
- 第四节　案例剖析 232

第十章　服务型制造 236
- 第一节　基本认识 237
- 第二节　国外借鉴 249
- 第三节　发展思路 254
- 第四节　案例剖析 257

第三篇　重点领域

第十一章　工业设计 262
- 第一节　基本认识 263
- 第二节　发展现状 267
- 第三节　发展思路 280
- 第四节　案例剖析 284

第十二章 现代供应链 289
第一节 基本认识 290
第二节 发展现状 299
第三节 发展思路 307
第四节 案例剖析 312

第十三章 现代物流 317
第一节 基本认识 318
第二节 发展现状 322
第三节 发展思路 330
第四节 案例剖析 337

第十四章 电子商务 341
第一节 基本认识 342
第二节 发展现状 349
第三节 发展思路 356
第四节 案例剖析 363

第十五章 信息服务 367
第一节 基本认识 368
第二节 发展现状 372
第三节 发展思路 380
第四节 案例剖析 386

第十六章 科技服务 391
第一节 基本认识 392
第二节 发展现状 396
第三节 发展思路 405
第四节 案例剖析 412

第十七章 金融服务 417
第一节 基本认识 418
第二节 发展现状 422
第三节 发展思路 432
第四节 案例剖析 437

第十八章 节能环保服务 442
第一节 基本认识 443
第二节 发展现状 449
第三节 发展思路 462
第四节 案例剖析 466

第十九章 商务服务 470

第一节　基本认识 ··· 471
　　第二节　发展现状 ··· 476
　　第三节　发展思路 ··· 487
　　第四节　案例剖析 ··· 492
第二十章　质量品牌和工业文化 ··· 497
　　第一节　基本认识 ··· 498
　　第二节　发展现状 ··· 503
　　第三节　发展思路 ··· 512
　　第四节　案例剖析 ··· 519
参考文献 ··· 522
后记 ··· 524

第一篇

理论体系

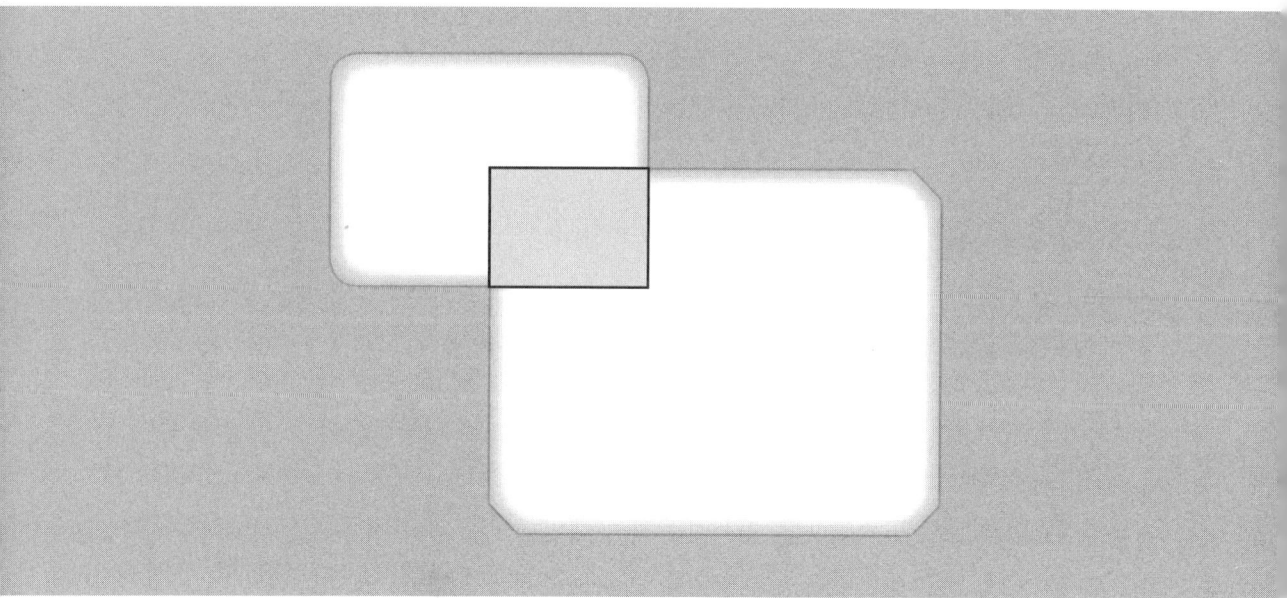

第一章

导 论

本章主要对生产服务、生产服务业的基本概念，生产服务业与制造业的关系，生产服务业与智能制造、绿色制造、优质制造的关系，生产服务业国际对标样本的选择进行阐述。

生产服务是指为满足制造业企业的中间需求、作为中间投入的服务活动。生产服务如果按生产链条所处的环节划分，可以分为上游服务、中游服务、下游服务；按附加价值高低划分，可以分为高端生产服务、中端生产服务和低端生产服务；按是否具有公共服务属性划分，可分为纯公共生产服务、准公共生产服务与非公共生产服务。此外，还有传统生产服务、现代生产服务，以及自然垄断性生产服务、国家垄断生产服务之别等。

生产服务业是指国民经济中以提供生产服务为主的企业或机构所组成的集合体。除了以《国民经济行业分类》（GB/T 4754—2017）为基础，对生产服务业进行界定外，还可以通过中间需求率来把握某一服务行业提供生产服务功能或属性的强弱。

生产服务业与制造业的关系主要表现为生产服务业依赖制造业的发展而发展，同时，制造业的发展离不开生产服务业的支撑。经济发展进入工业化后期，制造业服务化时代来临，生产服务业的重要性开始凸显，主导性地位和控制性作用显著增强，从原来的支撑性作用开始反向主导和控制制造业的发展，可以为智能制造、绿色制造、优质制造发展提供强有力的支撑。

鉴于生产服务业的服务对象是制造业，本书在进行国际对标时，通过综合考量，选取了美国、德国、日本作为制造强国代表，英国、法国、韩国作为制造大国代表，印度、巴西、墨西哥作为制造业新兴国家（简称制造新国）代表进行国际比较。

第一节 生产服务

一、生产服务的种类

马克思把社会生产划分为两大部类：第一部类生产生产资料，第二部类生产个人消费资料。李江帆[①]把社会产品划分为实物形式的工农业产品和非实物的服务产品，指出在两大部类的划分中，生产资料部类中不仅包括实物形式的生产资料，还包括服务形式的生产资料，按其用途把满足生产需要的服务产品划为服务型生产资料（即生产服务），把满足生活需要的服务产品划为服务消费品（即生活服务）。

由此，生产服务是相对生活服务而言的，一般的，我们可以把为企业生产提供的、满足中间需求的服务称之为生产性服务（简称生产服务），把为个人和家庭提供的、满足最终需求的服务称之为生活性服务（简称生活服务）。从制造业企业的生产链条看，生产服务贯穿整个生产链条，主要分布在微笑曲线[②]两端，按不同的标准进行分类。

（一）按所处生产链条环节划分

生产服务按所处生产链条环节可以分为上游生产服务、中游生产服务、下游生产服务。其中，上游包括研发设计、资金运作、总部管理、人力资源、节能环保、信息管理、原材料供应、融资租赁等服务；中游包括协同管理、供应链管理、生产监管、设备维修、产品检验检测等服务；下游包括产品销售、会议会展、会计审计、品牌塑造、物流配送、后勤服务、售后维修等服务。具体见图1-1。

（二）按所发挥作用类型划分

生产服务按所发挥作用类型可以分为具有引领性作用的生产服务，包括工业设计、科技服务、信息服务、产业标准、质量品牌和工业文化等服务；具有渠道性控制作用的生产服务，包括供应链管理、现代物流、电子商务等服务；具有保障性支撑作用的生产服务，包括金融服务、节能环保、商务服务等服务。

---

①李江帆. 第三产业经济学 [M]. 广州：广东人民出版社, 1990.
②在产业价值链中，附加值更多体现在两端的设计和销售环节，处于中间环节的制造附加值最低，因此从产业价值链来看，相当于两端翘起来、中间凹下去的微笑状，宏碁集团创办人施振荣把这种态势称之为微笑曲线（smiling curve）。微笑曲线由施振荣1992年提出，并作为宏碁的发展策略和方向，经历了二十多年的发展已成为施氏"产业微笑曲线"，作为台湾各种产业中长期发展策略之方向.

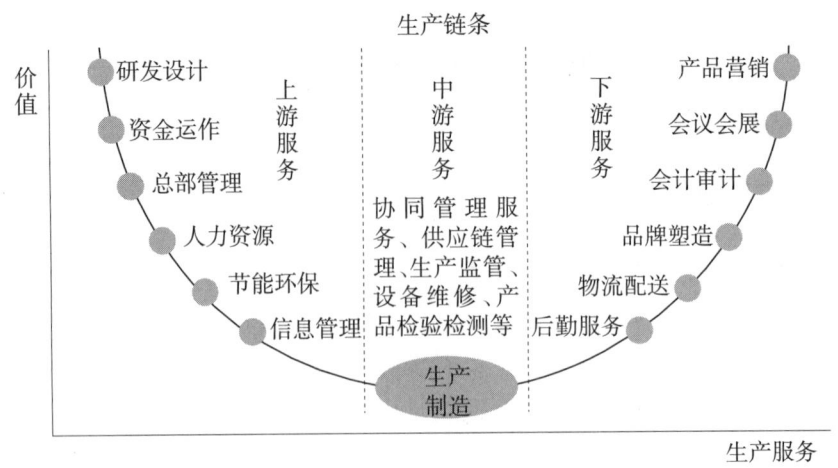

图 1-1　微笑曲线

（三）按是否具有公共服务属性划分

根据公共产品理论，生产服务可以分为纯公共生产服务、准公共生产服务与非公共生产服务。区分的依据主要是看这些服务是否具有消费的非竞争性和受益的非排他性，非竞争性是指任何消费者对该服务的消费都不影响其他消费者的利益，也不会影响整个社会的利益；非排他性是指该服务是集体共同消费的，其效用不能在不同消费者之间分割，或者分割成本很高，或者在技术上无法实现分割。纯公共生产服务主要包括基础性研究开发、公益性公共生产服务平台、公益性检验检测认证服务平台、资质和征信服务平台等；准公共生产服务主要包括有偿性检验检测认证服务平台、产业基金服务、专业技术服务等；非公共生产服务主要包括由市场主导发展的工业设计、采购分销、物流配送、产品销售、广告咨询、融资租赁等服务。

（四）按垄断属性划分

生产服务按垄断属性可以分为自然垄断性生产服务与国家垄断性生产服务。自然垄断行业是指并非由于人为的限制进入，而是由于"自然"的技术原因而形成的只有一家企业独占整个行业才能够有效率地进行生产的行业。自然垄断行业的基本特征是具有规模效应，即随着生产规模的扩大，行业的平均成本不断下降。自然垄断行业的另一个特征是具有大量的沉淀成本，即基础设施需要投入巨额资金、设备，专用性强，在退出时这些成本难以回收。在生产服务业中，通信、邮政、广播电视、交通运输（航空运输、铁路运输、公路运输、水上运输、管道运输）等构成网络状的行业都具备自然垄断的特性。自然垄断行业由一家企业进行生产，虽然能保证生产成本最低，但不能保证整个社会福利的最大化，同时垄断企业有凭借垄断力量将价格抬高，以获得更多利益的内在驱动。因此，政府应该对自然垄断行业进行必要的监管。

除了自然垄断性生产服务外,还有一些属于国家垄断的生产服务,这类生产服务只有通过国家的认证才能提供相关的生产服务。例如,产品进出口的检测检验认证服务、国家级品牌认定服务、国家级标准管理服务等,这类生产服务只能由国家进行垄断提供。

(五)按服务的新兴性划分

根据生产服务技术含量高低、服务模式是否先进等因素,生产服务可以分为传统生产服务和现代生产服务。当今世界,以新一代信息技术、快速运输技术等为代表的先进技术改变了当今世界经济特别是生产服务业发展的时空距离,促进大区域范围资源的整合,推动传统生产服务业向集约化、集成化、数字化和智慧化的现代生产服务业方向转变。在现代生产服务中又可以进一步衍生出新兴生产服务,包括生产服务新业态和新模式。例如,目前的物联服务、溯源服务、大数据服务、云生产服务、微信营销等属于生产服务新业态;又如,供应链管理、远程控制、智能控制、总集成总承包、全生命周期管理、共享平台、分享平台等服务模式就属于生产服务新模式。

二、生产服务的功能

(一)生产服务的特点

服务也是一种产品,其最典型的特征包括无形性(intangibility)、同时性或不可分割性(insparibility)、顾客参与服务过程或异质性(heterogeneity)和易逝性(perishability)。[1] 生产服务除具有上述共性特点外,还具有如下特点:

(1)面向生产。生产服务的需求方是生产者或者说是厂商,生产服务是生产过程中的中间投入,一般不会直接与最终消费者发生关联,但是最终消费产品中包含了生产服务所产生的价值。

(2)知识密集。相对于生活服务,生产服务的提供需要投入更多的知识资本,对于从业人员素质的要求也高于生活服务。生产服务凝聚了大量知识成果,能够把大量的人力资本和知识资本引入到生产过程中,是现代产业竞争力的基本源泉之一。

(二)生产服务的主要作用

1997年,奎恩等人在其所著 *Innovation Explosion* 一书中指出:"就全国(美国)

---

[1] Parasuraman, A, Valarie A Zeithaml, Leonard L Berry. "SERVQUAL: A multiple-item scale for measuring customer perceptions of service quality", Journal of Retailing, 1998, 64 (Spring), 12-40.

而言，公众对制造业重要性的认识明显夸大了。实际上只有18%的就业在制造业，而且65%～75%的制造业的就业是在服务领域，如研究、开发、产品设计、过程设计、后勤、促销、营销、分销、会计、人事、法律或管理信息系统。国家未来的增长动力是以知识为基础的服务活动，而不是制造业。"生产服务对企业发展的重要作用由此可见一斑。

（1）降低企业成本。生产服务业是为生产者提供服务投入的行业，与其他产业关联效果大。在整个产业链中，上下游各种服务相互关联、相互依存，服务提供与客户消费密不可分，这种上下游关联的产业联动可实现降低成本的目的。生产服务业的发展既降低了企业的生产经营成本，又使得敏捷制造、零库存、虚拟企业成为可能，是经济发展所不可或缺的。①

（2）提高企业效率。一方面，生产服务有利于提高企业的运行效率。企业内部的生产服务效率对企业竞争力来说日益重要，已超过了传统的决定因素。这些内部生产服务包括研发、设计、后勤、扩展训练、岗前培训、价值链管理、人力资源管理、会计、法律以及金融服务等。简要地说，企业竞争力不仅来源于传统制造活动的效率，也来源于内部生产服务的有效组织和提供，并且后者重要性和复杂性逐渐提高。② 另一方面，生产服务可以提高企业的生产效率。尤其是研发设计、信息软件、技术服务等生产服务的投入，可以起到改进生产技术、优化生产要素配置的作用，从而提高企业生产效率。

（3）扩大企业规模。生产服务业是社会化分工的结果，它依附于制造业，贯穿于企业生产的上游、中游和下游的各环节中，通过生产服务和制造的不断融合，起到扩大产业规模的效果；在制造业的产前、产中及产后服务中起着增加价值、实现价值的重要作用。比如，数字内容服务是将图像、文字、影像、语言等内容，运用数字化技术和信息技术进行整合的服务，它横跨通信、网络、媒体及传统文化艺术等各个行业，是服务业行业融合的产物。③最终通过对各行业的融合达到扩大规模的效果。

（4）改进企业生产。生产服务可全方位改进企业生产。例如，网络电视（IPTV）是一种基于宽带互联网与宽带接入，以机顶盒或其他具有视频编解码能力的数字化设备作为终端，通过聚合SP的各种流媒体服务内容和增值应用，为用户提供多种交互式多媒体服务的宽带增值业务。IPTV的内容主要来源于广播电视节目运营商。通过IPTV宽带业务应用平台整合，利用IP承载网传送到用户。因此IPTV产业链涉及设备供应商、系统集成商、宽带网络运营商、内容运营商、传统内容提供商、增值内容提供商、芯片及其他技术供应商、终端厂商等等，IPTV产业链的各环

---

①③李江源，彭波. 以生产性服务业为突破口　加快江西现代服务业发展［J］. 理论导报，2009（1）：25-28.
②赵一婷，刘继国. 制造业服务化：概念、趋势及其启示［J］. 当代经济管理，2008（7）：45-48.

节脱胎于原来的 IT、通信、娱乐等不同行业。①

（5）提高产品质量。生产服务以先进科技、专业人才为主要生产要素，技术和知识含量较高，以知识提高服务的质量来达到最终提高质量的目的。软件、信息传输、研发等行业的服务活动以脑力劳动和智力型服务为基础，以高新技术特别是信息技术为重要支撑，以知识的生产、应用和传播为服务过程，注重以知识提高服务的科技含量进而达到提高质量的目的，具有高知识和技术密集度的特征。如研发服务就是运用各种科学技术进行研发创新，为其他行业提供高质量的研发成果。

（6）促进企业创新。生产服务的发展离不开各种技术创新活动及创新成果的应用，创新对生产性服务的推动作用日益显现。生产服务领域的技术创新日益活跃，产生了一批对行业具有重要影响的技术成果。例如，在数字音视频领域，创毅视讯自主研制出我国第一颗符合移动多媒体广播行业标准的信道解调芯片，从而实现了从发射端到接收端系列核心芯片的自主研发；在数字出版领域，书生公司的 UOML 标准实现了信息技术的飞跃，得到 Sun、IBM、Google、富士通等国际知名公司的认可。②

第二节　生产服务业

一、生产服务业的分类

生产服务业是一个产业体系，包含众多产业，是指国民经济中以提供生产服务为主的企业或机构所组成的集合体，主要有以下分类。

（一）生产服务业的统计分类

国家统计局于 2015 年根据《国务院关于加快发展生产性服务业促进产业结构调整升级的指导意见》（国发〔2014〕26 号）和《国务院关于印发服务业发展"十二五"规划的通知》（国发〔2012〕62 号）的要求，为界定生产性服务业范围，建立各地区、各部门生产性服务业统计调查监测体系，特制定《生产性服务业分类（2015）》。国家统计局特别指出，"本分类以《国民经济行业分类》（GB/T 4754—2011）为基础，是对国民经济行业分类中符合生产性服务业特征有关活动的再分类"。具体包括为生产活动提供的研发设计与其他技术服务，货物运输、仓储和邮政快递服务，信息服务，金融服务，节能与环保服务，生产性租赁服务，商务服务，人力资源管理与培训服务，批发经纪代理服务，生产性支持服务（表 1-1）。

---

①万建军. 我国信息服务产业链的构建研究［D］. 湘潭：湘潭大学，2007.
②韦辉联. "两型"社会下长株潭城市群生产性服务业的发展研究［D］. 长沙：中南大学，2010.

表 1-1　生产性服务业分类

大类代码	行业名称	中类代码	具体行业
11	研发设计与其他技术服务	111	研发与设计服务
		112	科技成果转化服务
		113	知识产权及相关法律服务
		114	检验检测认证标准计量服务
		115	生产性专业技术服务
12	货物运输、仓储和邮政快递服务	121	货物运输服务
		122	货物运输辅助服务
		123	仓储服务
		124	搬运、包装和代理服务
		125	国家邮政和快递服务
13	信息服务	131	信息传输服务
		132	信息技术服务
		133	电子商务支持服务
14	金融服务	141	货币金融服务
		142	资本市场服务
		143	生产性保险服务
		145	其他生产性金融服务
15	节能与环保服务	151	节能服务
		152	环境与污染治理服务
		153	回收与利用服务
16	生产性租赁服务	161	融资租赁服务
		162	实物租赁服务
17	商务服务	171	企业管理与法律服务
		172	咨询与调查服务
		173	其他生产性商务服务
18	人力资源管理与培训服务	181	职业教育和培训
		182	人力资源管理
19	批发经纪代理服务	191	产品批发服务
		192	贸易经纪代理服务
20	生产性支持服务	201	农林牧渔服务
		202	开采辅助服务
		203	为生产人员提供的支助服务
		204	机械设备修理和售后服务
		205	生产性保洁服务

(二) 按中间需求率划分生产服务业

根据马克思政治经济学理论，服务业中的各个行业均具有生产属性与生活属性，也就是说，服务业中的一个行业往往可以提供生产服务，也可以提供生活服务，只不过是比例不同罢了。利用投入产出表，通过计算某一产业（行业）的中间需求率，可以判断该产业的生产、生活属性的大小。本书根据2014年现行价格投入产生表（national input-output tables (NIOT) in current prices），计算了当今世界的制造强国、制造大国和制造新国三类国家①服务业各行业的中间需求率，如表1-2所示。

表1-2 中国及三类国家服务业各行业的中间需求率（%）

国际标准产业分类（ISIC）	制造强国			制造大国			制造新国			中国	生产服务属性强弱
	美国	日本	德国	英国	法国	韩国	印度	巴西	墨西哥		
批发零售（G）	29.0	40.1	42.0	24.1	32.4	54.1	61.2	48.6	34.4	67.3	中下
运输仓储邮政（H）	61.1	56.1	71.8	63.6	59.3	63.8	46.5	65.4	23.6	79.7	强
餐饮住宿（I）	22.8	33.0	10.1	20.8	28.1	40.1	23.7	22.9	18.6	55.5	弱
信息和通讯（J）	46.1	58.0	53.8	49.6	45.6	55.9	53.9	53.4	34.9	50.4	中上
金融保险（K）	54.8	68.6	57.0	44.9	70.6	66.1	65.2	54.1	39.9	83.5	强
房地产业（L）	30.6	5.6	36.5	10.3	22.2	26.1	12.9	17.5	79.0	32.2	弱
科学技术与专业技术（M）	70.5	86.2	67.8	71.0	62.5	50.8	65.1	81.3	81.0	83.8	强
企业管理和商务服务（N）	83.1	89.4	81.2	75.2	80.7	84.9	82.0	84.3	38.3	34.4	强
公共服务和国防安全（O）	9.3	5.7	19.1	11.3	7.0	3.2	9.7	4.1	0.4	6.4	弱
教育（P）	15.1	3.2	10.9	17.5	12.8	5.4	6.0	5.5	0.6	11.8	弱
健康和社会工作（Q）	3.1	4.8	4.0	15.8	2.9	9.1	14.6	5.4	0.2	5.1	弱
其他服务（R-S）	27.5	16.1	26.2	25.1	19.2	30.0	40.5	17.6	8.5	53.9	弱
家庭服务（T）	27.8	98.0	0.0	0.2	0.1	61.3	71.0	0.0	0.0	59.8	弱
境外组织和机构（U）	0	0	0	0	0	0	0	0	0	0	弱

（数据来源：2014年National input-output tables (NIOT) in current prices. 另外，家庭服务（T）数值太小，所以各国的中间需求率偏差较大.）

---

① 本书在生产服务业的国际比较中，从制造强国、制造大国、制造新国三类国家样本进行比较。三类国家的划分具体如下：以美国、德国和日本代表的制造强国；以英国、法国和韩国为代表的制造大国；以印度、巴西和墨西哥为代表的制造新国（制造业新兴国家）。

根据表1-2结果，上述三类国家中，大多数国家的科学技术与专业技术服务、企业管理和商务服务、金融保险、运输仓储邮政等行业的中间需求率均高于60%，因此这些行业的生产性服务功能非常强，生产服务业属性非常突出；而批发零售、信息和通讯等行业的中间需求率在50%左右甚至偏上，因此这些行业的生产性服务功能相对较强，生产服务业属性相对明显。由此，本书把批发零售、运输仓储邮政、信息和通信、金融保险、科学技术与专业技术服务、企业管理和商务服务等行业归并为生产服务业，其他行业，包括餐饮住宿、房地产业、公共服务和国家安全、教育、健康和社会工作、其他服务、家庭服务、境外组织和机构等行业归并为生活服务业（表1-3）。

表1-3 生产服务业和生活服务业

类别	序号	行业名称
生产服务业	1	批发零售
	2	运输仓储邮政
	3	信息和通信
	4	金融保险
	5	科学技术与专业技术服务
	6	企业管理和商务服务
生活服务业	1	餐饮住宿
	2	房地产业
	3	公共服务和国防安全
	4	教育
	5	健康和社会工作
	6	其他服务
	7	家庭服务
	8	境外组织和机构

应该说明的是，通过计算服务业的中间需求率可以准确地把握服务业中作为生产服务比重的大小和生产服务属性的强弱，而现实中的生产服务业主要由以提供生产服务为主的行业构成。

第三节 生产服务业与制造业

生产服务业是从制造业中分离出来的环节和内容，生产服务业与制造业两者是"形离而神不离"的关系，只不过是生产服务业与制造业从原来的生产服务依附制造业的关系，逐渐转变为生产服务与制造业并重的关系，再到生产服务主导和控制制造业的关系，是一个主次地位、主辅关系渐渐更换的过程。

一、生产服务业与制造业相辅相成

生产服务业不可能无缘无故地存在和发展，它必须有服务的对象，制造业是生产服务业存在与发展的前提和基础，两者互相融合、相互促进，没有制造业就没有生产服务业的存在和发展，制造业需要生产服务业为其提高生产性能、生产效率、扩大销售市场和扩大销售范围。

（一）生产服务业依赖制造业的发展而发展

人类社会的发展离不开制造业的发展，否则不可能为人类社会存在提供源源不断的物质支持，因此制造业发展已经是一个不需要论证的前提条件。生产服务业的活动原来大多数是制造业生产过程的辅助性活动，其产出的相当比例是用于制造业部门生产的中间需求，没有制造业的发展，它就失去了服务需求的来源。正如前文所述，生产服务业的产生和发展就是建立在成本优势基础上的专业化分工的深化，以及企业外包活动的发展。制造业为生产服务业发展提供巨大的市场空间，生产服务业支撑制造业发展。

（二）制造业发展离不开生产服务业的支撑

许多生产服务，诸如金融、保险、电信、会计、法律、技术服务、咨询、研发、物流等都是支持制造业发展的重要部门。特别是随着生产的社会化、专业化发展，使企业在生产经营中的纵向和横向联系加强，相互依赖程度加深，引起对商业、金融、保险、运输、通信、广告、咨询、情报、检验、维修等生产服务需求量的迅速扩大。这个时候的制造业与生产服务业的关系非常密切，甚至可以说，制造环节与生产服务环节密不可分，达到了"你中有我、我中有你"的境界，界线越来越模糊。

二、生产服务业与制造业主辅转换

人类社会经过工业社会发展到后工业社会，特别是进入服务经济时代，相应的经济活动也由以制造为中心转向以服务为中心，生产服务开始从附属关系、依附关系，转向主导关系和控制关系。由此，生产服务的作用已经改变，从原来的被动性作用转换成控制性作用，生产服务控制生产过程、控制流程再造、控制产品创新。生产服务这种作用的改变是通过以下两个途径实现的。

（一）制造业的服务化

制造业服务化是指制造企业为了获取竞争优势，将价值链由以制造为中心向以服务为中心转变。制造业服务化可从下面两个角度考察。

（1）投入服务化，是指制造企业生产投入中服务要素投入的比重日益提高的趋势。以 OECD（经济合作与发展组织）中9个国家的投入产出表为样本数据，通过计算依赖度来考察制造业服务投入的变化规律。研究结果表明，自1970年代以来，9个OECD成员国制造业对服务业的依赖度基本上呈上升倾向，制造业中间投入出现服务化趋势，并且这种趋势很大程度上是由于制造业对生产服务业依赖度的大幅上升所致。

（2）产出服务化，即服务产品在制造业的全部产出中占据越来越重要的地位。制造业产品生产出来后，不仅包括维护和修理，还包括购买融资、运输、安装、系统集成和技术支持，这些是寓于制造业产品中的服务内容，提高了制造业产品的价值和销量。随着消费者主权的提高,越来越多的制造业企业不再仅仅关注实物产品的生产,而是涉及实物产品的整个生命周期,包括市场调查、实物产品开发或改进、生产制造、销售、售后服务、实物产品的报废、解体或回收,产出服务化成为当今世界制造业的发展趋势之一。①

(二)生产服务的分置

当然,生产服务(业)的主导性与控制作用的提升不一定与制造业企业的生产服务环节的剥离(外置,outsourcing)相关,生产服务既可以继续内置于制造业,也可以外置于制造业。如果生产服务内置,通过强化生产服务功能,同样可以促进制造业发展。至于生产服务环节需不需要独立出来,关键要看独立出来后能否降低制造业企业的生产成本、提高生产效率。②但制造业企业无论是内置还是外置生产服务环节,生产服务都已经从原来的附属性、支撑性的作用和地位,转变为主导性、控制性的作用和地位。

1. 内置强化生产服务功能

当前,生产服务(业)与服务型制造的关系在理论界和业界的认识不一致,问题的关键在于如何正确理解和把握生产服务内置和外置的作用与功效。实际上,通过强化制造业企业内部的服务环节,同样可以支撑制造业的转型升级,这种强化制造业企业内部服务环节和服务功能的发展模式就叫作服务型制造。由此,服务型制造是指为了实现制造价值链中各利益相关者的价值增值,通过产品和服务的融合、客户全程参与、企业相互提供生产性服务和服务性生产,实现分散化制造资源的整合和各自核心竞争力的高度协同,达到高效创新的一种制造模式。③更简单地可以理解为制造业企业向服务环节的拓展,尤其是生产服务环节,通过向价值链的延伸,占据微笑曲线的两端来提高制造业企业的竞争力和盈利能力。例如,IBM 由计算机制造商转型成为信息服务企业,通用电气公司的财务公司(GE Capital)为客户提供融资租赁服务促进其产品的销售,惠普公司(HP)为客户提供从硬件到软件、从销售到咨询的全套服务。

2. 外置剥离生产服务功能

实际上,制造业整个生产链条不仅可以细分服务环节,也可以细分生产环节,生产环节的外置早在制造业的国际分工中就开始发生。例如,苹果公司通过产品设计、销售渠道的把控,有效掌握了整个产品生产链,加工制造环节只是苹果公司的一个外包环节,至于制造环节是放在中国,还是以后放在印度均是有可能和可行的

---

① 赵一婷,刘继国. 制造业服务化:概念、趋势及其启示 [J]. 当代经济管理,2008 (7):45-48.
② 赵弘. 全球生产性服务业发展特点、趋势及经验借鉴 [J]. 福建论坛(人文社会科学版),2009 (9):22-25.
③ 孙景怡. 民营企业的所处行业进入衰退期的应对策略 [J]. 商场现代化,2017 (4):97-98.

事。如果生产服务环节外置（外购、外包），则会产生两种情形：一是生产服务独立发展成为生产服务业，这就是通常所说的生产服务业的发展；二是生产服务外包，即是将生产服务环节进行外包，如果外包到国境以外区域则称之为国际服务外包。

三、生产服务业与智能制造、绿色制造、优质制造

未来一个时期，"把我国建设成为引领世界制造业发展的制造强国"的目标迫切要求加快发展智能制造、绿色制造和优质制造。生产服务业以先进科技、专业人才为主要生产要素，技术和知识含量较高，以知识提高生产服务水平来达到最终提高质量的目的。通过提供高效优质的生产服务，可以为智能制造、绿色制造、优质制造发展提供强有力的支撑。

（一）生产服务业与智能制造的发展

国家政策提出"加快推动新一代信息技术与制造技术融合发展，把智能制造作为两化深度融合的主攻方向"的发展导向。智能制造是基于新一代信息通信技术与先进制造技术深度融合，贯穿于设计、生产、管理、服务等制造活动的各个环节，具有自感知、自学习、自决策、自执行、自适应等功能的新型生产方式。要实现智能制造的目标，需要研发设计、信息服务、服务模式创新等生产服务提供支持。①

美克家居："集成+互联"生产服务新模式助力迈向智能制造

2012年开始，美克家居开始布局智能制造改造项目（MC+FA）项目，着力从五个方面进行智能化改造。一是智能设备，通过大规模引入工业机器人来实现自动化生产，提高劳动生产率，从而降低对人力需求的依赖；二是在整个生产上，引入了自动化生产线，包括包装线、柔性的组装线来适应未来越来越多的大规模定制与个性化定制的需求；三是通过自动化仓库管理系统（WMS）和工厂的自动化物流运输系统实现高效精准的厂内自动化物流输送；四是引入智能计划协调系统，通过ERP系统和进阶生产规划及排程系统（APS），能将接受的销售订单自动转化为厂内生产需求，再将生产需求分解成具体零部件的生产任务，通过MASS系统和WMS系统来自动完成生产；五是智能设计，通过将设计数字化，把ERP系统和生产执行系统集成起来。将产品模块化和标准化，构建销售预测和标准化预测体系，建立"零部件超市"实现智能设计、自动生产。

---

① 智能制造发展规划（2016—2020年）[J]. 中国仪器仪表，2017（1）：32-38.

上述改造内容实际上均是制造业"产中"过程以智能控制技术为主体的生产服务的注入和提升，实现人、机器和产品之间的智能交互，并让企业与客户以全新方式进行互动。通过智能化改造，美克家居打造了一个无缝集成的智能工厂，不仅降低产品库存，还大大提升了产品定制和快速交付的能力，人工效率提高了一倍，产能翻了一番。2015年7月被国家工业和信息化部认定为"家居用品制造智能车间试点示范"项目。

（资料来源：智能制造门户网，"美克家居：集成＋互联，迈向智能制造"，详见 http://www.imchina.net.cn/articles/industry/2017/2017615938.html.）

（二）生产服务业与绿色制造的发展

国家政策提出："发展循环经济，提高资源回收利用效率，构建绿色制造体系，走生态文明的发展道路。"绿色制造是企业实施可持续发展战略的一种生产方式，旨在促使产品从设计、制造、包装、运输、使用到报废处理的整个产品生命周期中，对环境的影响（负作用）最小，资源利用率最高，并使企业经济效益和社会效益协调优化。实现绿色制造需要环保节能服务、检测检验服务等生产服务提供支持。

案例

节能环保服务助力东风汽车发展绿色制造

东风日产自成立以来，坚持从生产工艺改革、材料替代、水循环、废物回收再生、资源综合利用、节能技术、生产日常管理等细节管理入手，全方位保障"绿色制造"的实现，目前已累计在节能环保领域投入7.99亿元。2016年该公司编制了"绿色东风2020行动"方案，从绿色工厂、绿色供应链和绿色产品三个领域展开全价值链的绿色低碳行动。其中，节能环保服务有力推动"绿色东风"建设。

1. 生产工艺改革

为减少资源及原材料消耗，东风日产采用了先进的制造工艺，如车身喷漆采用先进的旋杯高压静电喷涂设备技术和涂装机器人作业，涂料利用率和喷涂效率得到了翻倍提升；在冲压工艺环节，设置了全自动废料输送系统，集中自动回收处理边角余料，材料回收利用率达到100%。

2. 节能技术运用

为降低生产中的能源消耗，东风日产开展了电机变频化，保证热能的重复利用，还强化了能源计量系统管理，配备了一、二级和重点能耗设备的三级计量仪表；同时，以EMC推进水蓄冷技术供冷模式的节能创新。2013年起，东风日产还投资400万元对全公司范围内列入国家淘汰目录的电机进行更换升级。

3. 环保材料替代

为减少涂装过程中的VOC排放量,东风日产采用水性涂料替代油性涂料,投资约2.6亿元对涂装车间四条喷涂线进行水性化改造。通过改造,涂装过程中的VOC排放量降低近50%,VOC排放下降到20g/m²;外排的废气通过使用RTO蓄热燃烧装置焚烧处理,VOC处理效率达到99%以上。

4. 资源综合利用

东风日产坚持通过预处理、物化处理、生化处理、回用处理等步骤,对生产废水和生活污水进行处理,实现了废水零排放。

5. 废物回收再生

通过零部件的拆解、清洗、分类、检测、失效零部件修复、再制造机械加工、检验等发动机再制造环节,把废旧产品按照批量生产模式恢复到具有原产品一样的技术性能和产品质量,再制造零部件各项检测指标均能达到或超出新件要求的标准,装机后的发动机提供与新产品相同的保修标准。

(资料来源:爱卡汽车网,"绿色制造:东风先进工艺打造低碳汽车",详见 http://wuhan.xcar.com.cn/201511/news_1877482_1.html。)

(三) 生产服务业与优质制造的发展

优质制造是以国家质量基础设施为核心基础,面向产品全生命周期,以优质资源要素为保障,综合应用大数据技术、智能技术、工艺优化技术等共性关键技术,考虑"互联网+"、共享经济、服务制造等新模式、新业态的影响,精准把握客户需求,以全面提升产品质量和效益为宗旨的一种新型制造模式。为此,要实现优质制造,科技研发、工业设计、检测检验等生产服务是必不可少的。

案例

极致追求成就大疆称霸世界的优质产品

大疆是一款无人机的品牌,创立于2006年,由香港科技大学的在读研究生汪滔创立,公司总部位于深圳市南山区的创维半导体设计大厦。这家几年前还寂寂无名的研发、制造民用小型无人机的公司,2014年间却声名鹊起,其不同系列产品先后被英国《经济学人》杂志评为"全球最具代表性机器人"之一,美国《时代周刊》评为"十大科技产品",《纽约时报》评为"2014年杰出高科技产品"。

技术创新是大疆创新的发展命脉,而极致追求成就大疆称霸世界的优质产品。大疆无人机的核心研发人员为800~1000人,是目前全球最大的无人机研发团队。从商用自主飞行控制系统起步,大疆逐步自主研发推出了飞行控制系统、云台系统、多旋翼飞行器、小型多旋翼一体机等产品系列,填补了国内多项技术空白。大疆无人机从研发、设计，到原材料采购、组装，关键零部件生产，以及最后的质检和试飞，每一个环节，都有一套严格标准，不但所有物料会进行自检互检等多重严密检测，产品也有全面及苛刻的可靠性分析测试，更重要的是大疆出品的每一套产品，均由专业的检验检测部门经过100%真实环境飞行测试，从而确保产品出厂的品质。

2017年8月1日，北美最大的无人机制造商3D Robotics不得不承认中国无人机制造商大疆高科在民用无人机市场的近乎垄断地位，并宣布与大疆高科合作。如今大疆无人机已经超过全球市场份额70%，估值已超过百亿美元，大疆以其行动反驳了唱衰中国制造业的言论，为"中国制造"贴上高质量、高品位的标签。

（资料来源：根据百度百科关于"深圳市大疆创新科技有限公司"的介绍和2015年5月26日《经济日报》"把'飞翔梦'做到完美"整理。）

四、生产服务业的作用

进入现代经济发展阶段，生产服务业所具有的强大资源整合能力、快速运作能力和无限的创新能力特点，不仅是引领产业转型升级的关键领域，更是促进创新发展的核心环节。

（一）强大的资源整合能力，有利于扩大生产规模

在现代信息技术的支撑下，生产服务模式得到极大程度的创新发展，以总集成、总承包、总代理、全生命周期服务为模式，可以为生产企业提供产业链的纵向整合、横向整合、纵横整合的可能，有利于企业生产规模的扩大。例如，总承包模式通过提供整体解决方案，为客户承包所有的业务，有利于扩大业务规模；总集成是企业通过把若干个分散的服务功能集成于一体为客户提供服务，完善了服务功能，提高了服务能力；总代理是企业通过为若干个企业提供包括一系列服务的代理模式，有效整合资源，提高效率，扩大规模；全生命周期服务有效整合上下游产业链条，形成高效、完整的供应链管理。

（二）快速运作能力，有利于生产效率的提高

现代物流、现代商贸，特别是电子商务等生产服务业的发展，为快速物流、信息透明度更高的交易行为提供可能，反向引导制造业更加精准生产和精确制造，为消费者提供个性化、多样化的生产活动。例如，在物联技术的支撑下，现代物流快速发展，制造业可以实现从生产到消费者的全程跟踪溯源，更好地保障消费者利益；阿里电商平台、京东电商平台除了可以解决商品信息不对称问题外，还有利于支撑形成个性化、多样化的制造模式的发展。

（三）无限创新能力，有利于产品的创新

工业设计、文化创意等生产服务业以其强大的创新能力推动产品创新，引领消费，再配上先进的加工生产技术，推动产品更新换代，同时推动制造业进入个性化与多样化的时代。例如，近年来美国苹果公司依托其强大的工业设计、文化创意能力，推动苹果产品的创新，每一款苹果产品的推出都引领一阵时尚消费潮流。更为重要的是，3D打印技术的出现，使得生产环节不再是困难的事，这将有可能改变以往制造业企业大规模、批量化生产的历史，形成人人都是设计者、人人都是生产者的态势，再现"手工制造"具备的个性化、多样化的特征，而且3D打印时代的个性化与多样化，将会比手工时代的个性化与多样化内容更加丰富、理念更加先进、工艺更加复杂、质量更加完美、适用性更强。

五、生产服务业的产业地位

进入工业化后期，开启了制造业服务化的时代，生产服务业的重要性开始凸显，生产服务业从原来的支撑性作用，开始反向主导和控制制造业，生产服务业的主导性地位和控制性作用显著增强，产业地位明显提升。① 生产服务业在原来支撑性地位的基础上，主导性和控制性地位明显提升。

（一）主导性

由微笑曲线中的高端生产服务发展形成的高端生产服务业，包括工业设计服务业、科技服务业、信息服务业、质量品牌服务业和工业文化服务业等生产服务业，对制造企业起着产品引领、创新引领的作用日益突显，从而主导了制造业的发展。

苹果工业设计主导 IT 产业发展

苹果公司是全球第一大 IT 公司。在过去很长一段时间，苹果都一直以自己的流线型、极简风格的工业设计闻名全球。在 IT 领域，苹果公司的产品非常具有工业美感，在硬件上，颜色、形状、材质等都不同于大部分电子产品，配合其独特的软件设计及优越的用户体验，苹果公司的产品自成一格，这种先进的工业设计助力其在商业上的成功，并使其主导了 IT 产业的发展。

1976 年，乔布斯和两个合伙人开创苹果公司。次年 4 月，苹果在首届西岸电脑

---

① 李冠霖 2016 年主持的国家发展改革委产业协调司项目"现代服务业发展战略和重大任务研究".

展览会上推出了 Apple Ⅱ 电脑，这也是全球首台真正意义上的个人电脑，首次为个人电脑配备了显示器，可显示 16 种色彩，并且拥有单声道声音输出架构，从此电脑可以发出声音。Apple Ⅱ 累计售出数百万部，其巨大的成功使得 IBM 等龙头企业也不得不投入个人电脑的设计生产中。

1981 年苹果公司推出以乔布斯女儿的名字命名的新型电脑 Apple Lisa，这是全球首款将图形用户界面和鼠标结合起来的个人电脑。从此鼠标成为个人电脑的标准配置。

1984 年 1 月 24 日，Apple Macintosh 个人电脑发布，这部电脑配备了革命性的图形操作系统，成为计算机发展史上的里程碑级作品。随后微软推出的 Windows 系统及其他操作系统则在很大程度上借鉴了苹果的设计思路。

1998 年 6 月，苹果公司推出了自己的传奇产品 iMac，这款拥有半透明的、果冻般圆润的蓝色机身的电脑重新定义了个人电脑的外貌，并迅速成为一种时尚象征。推出前，就有 15 万人预订了 iMac。iMac 共售出了 500 万台，然而在其诱人的外壳之内，所有配置都与此前一代苹果电脑几乎一样。在此之后，PC 厂商越来越注重产品的外形设计。

2001 年 10 月，苹果公司推出了 iPod 音乐播放器。作为一款 MP3，它在很多硬件方面并不出色，但是产品本身极简的风格、漂亮的纯白外观和转盘操作的人性化设计，并且是第一个把互联网音乐与 MP3 随身听捆绑的产品，使得 iPod 成为一种时尚，成为 MP3 音乐文化的一个标志。iPod 成为各大厂家效仿的对象，历代 iPod 系列的造型也对现代 MP3、MP4 播放器影响巨大。

2007 年 6 月，iPhone 的发售重新定义了手机，使得手机成为全新的信息处理终端。首先，完全抛弃实体键盘，多点触控直接引领手机朝大屏、触摸屏发展，重新定义手机形态；其次，基于触屏的设计，重新定义了手机应用设计方向，让手机应用朝着自然人机交互的范畴发展；三是，App Store 模式的推出重新定义了 App 生态圈。

2010 年 4 月，苹果公司推出 iPad 平板电脑系列产品，iPad 的功能非常丰富和前卫，9.7 英寸彩色触摸屏，支持无线上网和蓝牙功能。用户通过手指点触屏幕便可上网浏览网页、收发邮件、绘制图表等。iPad 将平板电脑制造及普及应用推向了高潮，也让众多二三线厂商纷纷模仿。

细数苹果公司的发展史，可以发现苹果依靠强大的工业设计能力，开创了个人电脑、平板电脑等新的 IT 领域，并且数次重新定义了个人电脑、智能手机和 MP3 播放器等电子设备，引领并主导了 IT 产品的发展方向，不仅展现了工业设计的力量，也成就了该公司市值全球第一的地位。

（资料来源：根据"从濒临破产到改变世界，苹果让世人见证设计的力量"一文整理. https://app.myzaker.com/article.php?pk=59c0f52cd1f149120200017e.）

(二) 控制性

制造业最终的问题是将产品销售给消费者，控制了销售渠道就等于控制了制造业的发展。因此，在以消费者需求为主导的时代，具有渠道控制性意义的中端生产服务，包括供应链管理、现代物流、电子商务等服务在制造业发展中的作用显著提高，控制制造业的发展。

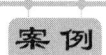

"淘工厂"反向控制着制造企业的发展

"淘工厂"是链接淘宝卖家与工厂的一体化生产服务平台，为电商卖家与优质工厂搭建的一条稳固的桥梁，作为制造业链条的管理者，作为生产服务平台的"淘工厂"，通过以下途径反向控制着制造企业的发展。

1. 精准营销

"淘工厂"最大的特点在于生产上更加符合淘宝卖家的需求，淘宝卖家利用入驻的代工厂为卖家免费打样、提供报价、接受30件起订、7天内生产和信用凭证担保交易等服务，尝试小批量试单，用小批量来测试市场，再利用灵活的试销、AB测试等方式，从销售相关数据中找到潜力款，然后根据生产周期与销售周期多频次小批量补货。

2. 柔性化生产

在产品的设计上，阿里要求工厂将产能商品化，开放最近30天空闲档期，档期表示工厂接单意愿，如果工厂没有空闲档期，则卖家搜索时会默认过滤掉。并要求工厂提供的最低起订量、打样周期、生产周期、7天内可供面料等数据，而柔性化程度高的工厂将被优先推荐。

3. 社会化供应链

"淘工厂"通过聚合海量工厂，覆盖消费品行业类目，帮助电商卖家解决找工厂难、小单试单难、翻单备料难、新品开发难的问题。通过满足电商柔性供应链开始，逐步向线下品牌渗透，向周边国家渗透，覆盖整个供应链条。最重要的是，在市场需求发生突然变化的时候，以数据驱动的C2B社会化供应链，可以灵活应对。

4. 平台支撑

阿里将通过金融授信加担保交易解决交易的资金缺乏和资金安全的问题。淘宝卖家在支付货款时可使用阿里的授信额度。工厂可凭信用证收回全款，如果买家失信，阿里将会补上这份金额给工厂；入驻淘工厂平台的工厂需要交纳一笔生产保障金，保障买家成品的质量和交期问题，如果发生交易纠纷，依据合同条款和平台规则，平台将介入处理。

截至2017年，淘工厂已帮助4万多位淘宝卖家寻找到生产制造伙伴，并与全国114个产业带、超过15 000家的工厂进行对接，带动上万家长三角、珠三角的中小服装加工企业集体转型，在当地政府的支持下，协助这些传统企业通过网上工厂直供的方式，为消费者提供有特色的商品。

（资料来源：淘工厂网的商友圈，详见 https://club.1688.com/threadview/45797765.html.）

（三）支撑性

生产服务业的产生和发展，就是为了让制造业把精力更加集中在制造环节方面，强化制造环节的核心竞争力。因此，以节约成本、提高效率为主要内容的生产服务可以为制造业的发展提供重要的支撑性作用。目前，随着大量的生产服务业的主导性、控制性作用提升，附加价值提高外（即在微笑曲线中两端翘得越高的服务环节），那些具有保障性作用的生产服务，包括金融服务业、节能环保业、商务服务业等生产服务业，仍然支撑着制造业的发展。

案例

国际节能环保标准是制造业产品进入国际市场的底线

RoHS是由欧盟立法制定的一项强制性标准，全名是《关于限制在电子电器设备中使用某些有害成分的指令》（Restriction of Hazardous Substances）。该标准于2006年7月1日开始正式实施，主要用于规范电器电子产品的材料及工艺标准，使之更加有利于人体健康及环境保护。世界各国尤其是发达国家，对RoHS指令的出台反响强烈，有的称其为绿色环保指令，有的称其为技术壁垒指令，还有的称其为牵动全球制造业神经的指令。紧接着美国、日本、韩国、泰国等也相继出台了类似指令。

电器电子产品一直是我国第一大类出口产品，超过我国出口总值的50%，而欧盟是中国电器电子产品出口的主要市场。过去由于中国厂商环保理念和工艺水平落后，RoHS指令的实施对我国机电产品出口贸易造成极大的影响，仅从实施指令的首月来看，上海口岸2004年7月份仅出口25亿美元，比上半年月平均出口额下降8.8%，增幅回落4.8%，深圳口岸7月份深圳口岸对欧盟出口电器电子产品10.7亿美元，其增速与当年上半年相比回落了5.2%。鉴于此，中国政府予以密切关注并开始研究对策，信息产业部出台了《电子信息产品污染防治管理办法》，并于2005年1月1日起施行。同时，各大生产商也都在积极应对RoHS，从原材料的采购建立起供应链的管控，并在生产工艺的改进、技术层面的提高和生产过程的控制以及管理体系的建立等方面做了相当大的努力，大量企业购置了专业检测仪器，甚至建立了自己的RoHS实验室，通过第三方检测机构对产品进行检测也已成为自觉行为。这些举措大大提高了我国电器电子企业节能环保水平。据中国海关统计，2012年中国对欧盟出口高达

3 339.9亿美元，其中电器电子产品已经回升到占据出口产品总值的一半以上水平。

2016年1月6日，工业和信息化部等八部委联合公布了《电器电子产品有害物质限制使用管理办法》，法规很多方面都参照了欧盟RoHS2.0标准。据中国机电产品进出口商会统计，2016年中国电器电子产品出口为12 097.4亿美元，连续八年保持全球第一大电器电子产品出口国地位。可见，国际节能环保标准成为制造业产品进入国际市场的底线。

（资料来源：根据百度百科关于RoHS的介绍整理.）

第四节 生产服务业国际对标样本选择

进入21世纪以来，生产服务业是世界经济中增长幅度最快的行业，它已经成为各国投资的重点。OECD国家中服务业投资的总额明显高于制造业投资的总额，发达国家的经济主体已经从原来的制造业转换到服务业，生产服务业的增长远远超出服务业的平均增长水平。[①] 在OECD国家中，金融、保险、房地产及经营服务等生产服务行业的增加值占国内生产总值的比重均超过了三分之一。2017年，美国的生产服务业总量为7.81万亿美元，占服务业总量的49.5%，占国内生产总值的40.1%。信息、金融、专业服务、商务服务和教育培训等主要行业增加值占GDP的比重由1980年的15.76%增至2006年的24.87%。我国作为发展中国家，制造业的发展已经离不开生产服务业的支撑，如何在世界上众多的国家中找到生产服务业发展的对标样本是本书要解决的关键问题。

一、制造业发展的国家样本

由于生产服务业是面向制造业企业发展而提供的中间性服务活动，因此制造业作为生产服务的对象，在进行国际对标比较时，肯定避免不了制造业国家对标样本的选择与确定。

（一）全球制造业格局的规范表述

2015年11月8日，工业和信息化部部长苗圩受邀在全国政协十二届常委会第十三次会议上做学习讲座时指出，目前全球制造业已基本形成四级梯队发展格局：第一梯队是以美国为主导的全球科技创新中心；第二梯队是高端制造领域，包括欧盟、日本；第三梯队是中低端制造领域，主要是一些新兴国家；第四梯队主要是资源输出国，包括OPEC（石油输出国组织）及非洲、拉美等国。

---

① 马春. 世界生产性服务业发展趋势分析 [J]. 江苏商论，2005（12）：87-88.

（二）中国制造业地位的基本判断

国家政策提出："中华人民共和国成立尤其是改革开放以来，我国制造业持续快速发展，建成了门类齐全、独立完整的产业体系，有力推动工业化和现代化进程，显著增强综合国力，支撑我世界大国地位。然而，与世界先进水平相比，我国制造业仍然大而不强，在自主创新能力、资源利用效率、产业结构水平、信息化程度、质量效益等方面差距明显，转型升级和跨越发展的任务紧迫而艰巨。"由此可以认为我国属于制造大国。

（三）制造业发展水平的国家分类

从各国制造业增加值规模可以初步判断一个国家制造业在全世界中的地位（表1-4）。根据《国际统计年鉴2016》的资料，2015年世界制造业增加值总额为12.165万亿美元，制造业增加值超过1000亿美元的18个国家制造业增加值总额为9.36万亿美元，占比超过世界总额的75%。

表1-4 世界主要制造业国家制造业增加值排名表

排名	国家	制造业增加值（亿美元）
1	中国	28 569.8
2	美国	20 680.8
3	日本	8 509
4	德国	6 815.3
5	印度	3 818.4
6	韩国	3 695.7
7	英国	2 605.2
8	意大利	2 582.7
9	法国	2 428.6
10	墨西哥	1 957.9
11	加拿大	1 893.4
12	印度尼西亚	1 796.5
13	巴西	1 732.6
14	俄罗斯	1 689.3
15	西班牙	1 450.1
16	瑞士	1 166.1
17	泰国	1 122.1
18	土耳其	1 119.3

二、制造业发展水平的判断

目前,关于制造发展水平的判断世界上还没有统一的标准和认识,我们可以从两个维度来把握制造业的发展水平。

(一)制造业质量竞争力对比

根据《2014年中国质量观测发展报告》的资料显示,通过对占世界制造业总产值70%以上的15个国家的制造业质量竞争力的对比分析,我国整体制造业竞争力排名第13位,仅高于泰国和印度,落后于瑞士、瑞典、日本、新加坡、美国、德国、韩国、英国、巴西、法国、俄罗斯、马来西亚这12个国家(图1-2)。由此,可以认为这12个国家中应该包含了制造强国。

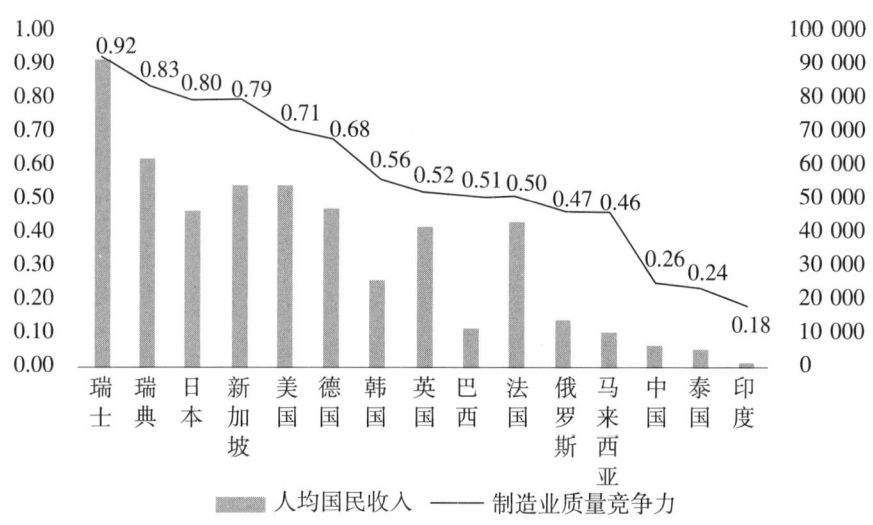

图1-2 2014年世界主要制造业国家制造业竞争力

(图片来源:http://money.163.com/15/0424/13/ANVJT7V000252G50.html.)

(二)自主创新能力的对比

根据《国际统计年鉴2016》的资料显示,通过对制造业增加值超过1 000亿美元的18个国家的创新指数(GII)的对比分析(表1-5),在2015年我国整体创新能力排名第9位,落后于英国、美国、德国、韩国、加拿大、日本、法国、西班牙这8个国家,仅高于意大利和俄罗斯。由此可以认为这8个国家中应该包含了制造强国。

制造强国首先是制造大国,世界主要工业国家中,美国处于第一方阵,德国、日本处于第二方阵,中国、英国、法国、韩国处于第三方阵。

（三）制造业的国家分类

综合上述两个指标，结合生产服务业国际对标的需要，世界制造业较为发达的国家分为如下三类。

1. 制造强国

将排名于中国之前的制造业质量竞争力和自主创新能力均较强的国家列为典型制造强国，包括美国、德国、日本，这三个国家生产服务业的发展代表了世界生产服务业当前发展的最高水平，成就了制造强国的品牌。

2. 制造大国

除中国外的英国、法国、韩国这三个国家可以认为是制造大国，这些国家生产服务业发展的水平对推动其制造业生产规模的扩张具有很重要的借鉴意义。

表1-5　18个国家制造业增加值排名

排名	国家	创新指数
1	英国	62.42
2	美国	60.10
3	德国	57.05
4	韩国	56.26
5	加拿大	55.73
6	日本	53.97
7	法国	53.59
8	西班牙	49.07
9	中国	47.47
10	意大利	46.40
11	俄罗斯	39.32

3. 制造新国

以印度、巴西、墨西哥为代表的制造业新兴国家后发优势明显，发展潜力和发展空间巨大，其生产服务业发展作为制造业新兴国家具有较大的借鉴意义。

本章习题

一、名词解释

1. 服务
2. 生产服务
3. 服务业
4. 生产服务业

二、简答题

1. 简述生产服务与生产服务业的区别与联系。
2. 简述生产服务业与制造业、服务型制造的关系。
3. 简述智能制造、绿色制造、优质制造与生产服务业的关系。
4. 制造业发展的国家样本怎样划分？

三、案例分析

俄罗斯、新加坡、意大利、芬兰等国家制造业发展水平也较高，为什么没有列入生产服务业发展国际对比的国家样本？

第二章

发展简史

本章就国外生产服务发展历程与特点、经验及启示、中国生产服务业发展历程与现状特征、广东生产服务业发展历程与发展态势进行阐述。

总体上，随着全球制造与服务环节的融合，生产服务业发展规模持续壮大，加上创新成为生产服务业的核心推动力，更进一步促进服务外包以及生产服务业和制造业融合互动发展。

全球三大类型国家生产服务业发展呈现不同的产业特点。其中，以美国、德国和日本为代表的制造强国，因其高水平的制造业成就了其世界最高水平的生产服务业，引领着全球生产服务业的发展；以英国、法国、韩国为代表的制造大国，因其庞大的制造业基础，引致了生产服务业旺盛的需求，成就其领先型生产服务业的发展；以印度、巴西、墨西哥为代表的制造业新兴国家，随着其制造业的快速发展，由此产生大量的生产服务需求，改变了以往生产服务特别是高端生产服务由制造强国和制造大国输入的模式，开启了追赶型生产服务业的发展。

从中国生产服务业发展来看，可以划分为粗放发展阶段、快速发展阶段和主导发展阶段，总体上呈现从生产服务业总量不断增长、占国内生产总值比重逐年提升、新业态与新模式成为经济转型升级的新亮点、生产服务业创造更多的社会就业机会和就业岗位、生产服务业成为内外投资的重要阵地等特点。

广东生产服务业发展经历了初步发展阶段、稳步提升阶段和快速发展阶段，呈现出生产服务业规模与效益提升、贡献率日益提高与拉动力逐步增强、结构调整加快与新兴业态涌现、主要行业保持较快增长以及制造业与服务业融合程度进一步提升等特点。

第一节 生产服务业发展历程与特点

一、生产服务的产生与发展

生产服务起初是制造业企业生产过程的一个环节，随着专业化、社会化的发展，企业内部环节外部化，形成外购的生产服务。随着生产服务提供者的壮大，形成生产服务业，特别是企业和机构中的产品设计、研究开发、过程设计、会计、后勤、营销与分销、人事管理、法律或管理信息系统等服务环节都可以外置，从而促成了生产服务业的产生与发展。这种建立在成本优势基础上的专业化分工的促进制造业生产效率提升，也进一步推动生产服务细分与拓展。

案例

从劳斯莱斯的生产制造商转型为运营服务商看生产服务的崛起

全球发动机生产厂商英国劳斯莱斯（Rolls-Royce）生产的每台飞机发动机中，就有上百个传感器，各自对振动、压力、温度、速度等信息进行监测。监测分析这些数据的部门叫做劳斯莱斯全球发动机健康监测中心，所有引擎传感数据由一个总共200人左右的工程师团队，按照每25~30人一组轮班，进行不间断的大数据分析。通过算法的不断改进，劳斯莱斯如今已经可以通过引擎数据分析，预测到发动机未来可能出现的类似金属疲劳这样的材料问题或故障先兆。每一年大约会产生5亿份数据报告提交到波音乃至航空公司的保险公司等客户的手中，从而避免类似发动机停机、损毁等灾难的发生。劳斯莱斯也从飞机发动机的生产制造商转型为运营服务商。

这个案例表明，生产服务发展源于传统制造业价值链从加工制造领域延伸到了服务领域，制造与服务的界限更加模糊，相互之间的融合发展逐步加强，由此企业生产经营活动日益被纳入基于全球价值链的全球生产服务体系。不同经济发展阶段，生产服务业有不同的发展特点，发挥的作用也有所不同，真正的生产服务发展是在进入工业化社会以后，生产服务在企业产值和利润中的比重越来越高，生产服务成为现代经济发展的重要引擎，毋庸置疑全球产业结构整体上从"工业型经济"过渡到"服务型经济"阶段。

国际实践证明，当制造业发展到一定阶段后，其发展动力会更加依赖于生产服务业的支撑，并且制造业服务化将越来越明显。生产服务业在不同经济发展阶段的作用也有所不同，呈现不同的特点。生产服务业的发展分为四个阶段（图2-1、

表 2 – 1)。①

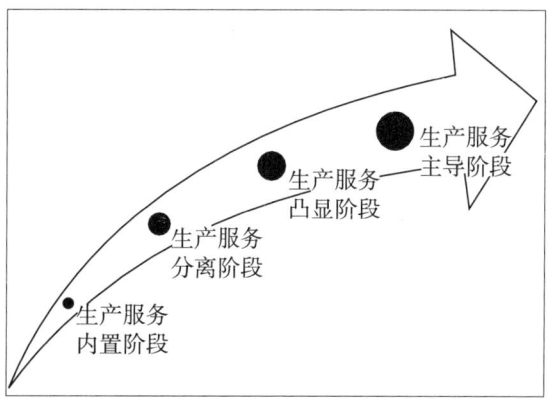

图 2 – 1　生产服务环节

表 2 – 1　生产服务演变阶段

阶段划分	所处时期	重点行业
生产服务内置阶段	工业化初期	主要以交通、运输、仓储、邮电等行业为主
生产服务分离阶段	工业化中期	交通、运输、仓储、邮电等行业进一步发展，与此同时，金融、保险和物流等得到快速成长
生产服务凸显阶段	工业化后期	研发设计、中介商务、广告咨询、市场调查、产品营销、售后服务等逐渐兴起
生产服务主导阶段	后工业化社会（服务经济时代）	信息服务、技术研发、教育培训、科技服务、文化创意等迅速崛起

（一）生产服务内置阶段

从全球工业发展来看，制造业企业在工业化初期阶段是产业的主体，往往制造业企业都是大而全的组织模式，即强调由企业内部来提供自身发展过程中的各种生产服务，包括交通、运输、仓储、邮电等行业为主的生产服务业，也会给制造业企业生产提供必要的辅助服务。

---

①根据李冠霖 2014 年主持工信部规划司的"部'十三五'规划前期课题"《从广东实践看我国制造业服务化趋势与对策》的研究成果.

（二）生产服务分离阶段

当全球进入工业化中期，伴随着知识密集和技术密集型制造企业快速增长，其对于产前、产中和产后服务的生产服务业提出了更广泛、更专业的需求。此时，生产服务功能往往被当作一个独立的产业部门，因此在原有的交通、运输、仓储和邮电等行业逐渐独立、外置出如金融、保险和物流等生产服务行业。这些行业的发展，不仅能够为制造企业提供更加专业、更加高效的服务，还进一步提升了制造企业的生产效率与生产效益。

（三）生产服务凸显阶段

工业化后期阶段的制造业企业不仅规模扩大，而且国际市场竞争也更加激烈。此时，一些高新技术的发展，其对专业化程度要求越来越高，之前企业内部的生产服务内容会不断地被分离出来。更多的制造业企业在发展中为了顺应自己发展，纷纷将制造向研发设计、中介商务、广告咨询、市场调查、产品营销、售后服务等环节延伸，制造业服务化趋势也越来越明显，这必将更好地提升企业的综合竞争力。

（四）生产服务主导阶段

进入后工业化社会，也意味着全球进入服务业经济时代，以高技术产业和服务业为主要支柱产业，服务业经济将成为发展的主导力量，并且生产服务业成为服务经济发展的主导。同时，生产服务业反向主导和控制制造业更加明显。原有的金融保险、商务服务等行业得到进一步的发展，另外以信息服务、技术研发、教育培训、科技服务、文化创意等现代知识型生产服务业为主体的新业态发展更加迅猛，前景广阔。

二、总体发展现状及特点

全球生产服务业发展不仅带动了传统服务业升级，也改变了以往的服务业生产和经营方式，成为全球经济发展不容忽视的重要力量，特别是主要发达国家以通信、金融、物流、专业服务等为主体的生产服务业发展迅速。随着经济全球化进程的加快和科技的快速发展，全球生产服务业呈现出新的发展特点。

（一）生产服务业发展规模不断壮大

自20世纪80年代开始，全球产业结构逐步由工业经济向服务经济转型，特别是在一些发达国家的知识、技术、信息密集型的生产服务业得到快速发展，这些生产服务业正成为发达国家的主导产业。与此同时，各国也纷纷重视生产服务业发展，制定了相关政策，使得生产服务业成为经济发展新增长点。据世界银行统计，2016年全球服务业总体规模约为45万亿美元，当前全球服务业增加值比重已达到70%的水平，部分发达国家超过80%，其中，生产服务业的增长远远超出服务业的平均增长水平。

（二）服务外包成为生产服务业国际转移的重要途径

全球服务外包增长强劲，服务外包成为推动生产服务业国际转移的一股新兴力量。2016年全球服务外包市场每年都以30%~40%的速度增长。中国服务外包产业规模迅速扩大，成为全球第二大服务接包国。2016年中国服务外包金额为1064.6亿美元，年均增长率超过50%，其中离岸服务外包金额为704.1亿美元，占全球离岸服务外包市场份额的33%，稳居全球第二位。①

（三）生产服务业和制造业融合互动发展态势明显

当全球制造业中间投入中的服务投入不断增加，这无形中加速了生产服务业和制造业的融合发展，一方面生产服务业支撑了制造业的提质发展，另一方面不断发展的制造业更为生产服务业提供巨大的市场空间。其中往往制造业与生产服务业是互为作用的关系，制造业发达则生产服务业发达；制造业落后则生产服务业落后。伴随着制造业全球生产网络和全球营销网络的形成，每一个环节都会对产品研发、广告、法律服务、保险、会计以及运输储存需求不断增强，这也会极大地促进这类生产服务业的发展。

（四）创新成为生产服务业发展核心推动力

由于各种技术创新活动及创新成果的应用，直接或间接作用于生产服务业，带来了生产服务业的转型与升级，这种创新的力量被视为是生产服务业发展的核心推动力。在当今许多发达国家包括发展中国家都强调发展生产服务业，以更好地服务于其他产业，特别是注重现代信息技术成果在生产服务业中的应用与推广，所以生产服务业的管理方法、经营方式、业务流程、外部协作等方面也都走在了前列，并且越来越发挥出对经济转型与升级的正向作用。

第二节　国外生产服务业发展特点与启示

世界各国生产服务业是伴随着制造业的发展而发展起来的，都经历过产生、生长、壮大、成熟的过程，但制造强国、制造大国和制造新国三类不同的国家，其生产服务业发展有着不同的特点。

---

①中国国际投资促进会和中国服务外包研究中心：《中国服务外包产业十年发展报告（2017）》.

一、制造强国生产服务业

以美国、德国和日本为代表的制造强国，因其高水平制造业的发展成就了其作为世界最高水平的生产服务业，正是这些高水平的生产服务业直接或间接引领着全球生产服务业的飞速发展，并促进了全球制造业的升级发展。

（一）制造强国：引领型生产服务业

（1）新业态成为生产服务业的新增长点。制造强国拥有强大的制造业，这为新型生产服务业业态发展提供了良好的应用基础和发展契机。制造强国特别强调以自主创新来提升生产服务业核心竞争力，它们往往通过建立健全与全球接轨的专业化服务业体系，也非常鼓励企业开展包括科技、产品、管理和商业模式等在内的创新行为，这无形当中也推动一系列包括云计算、物联网服务、电子商务、互联网平台经济等在内的新兴生产服务业发展。

（2）占据产业链高端环节。制造强国通常通过具有高竞争力的研发设计、商务服务、营销管理等生产服务业控制着全球经济体系，由于制造强国处在全球生产网络和价值链高端地位，掌握着全球产业发展和资源配置。因此，极易获取较高的经济利益，其生产服务业发展往往占据着服务产业发展的高端环节。

（3）两业融合发展日益加强。制造强国由于产业发展的需求与供给的关系，在产业发展过程当中非常注重生产服务业与先进制造业融合发展，特别是重点在产业链升级为核心，推动生产服务业提速发展。在制造业产业价值中，研发、设计、物流等价值越来越高，而制造加工价值则大为降低，有些制造企业的服务收入超过自身总收入的50%，成为名副其实的服务型制造企业。

（4）高度重视并发挥市场调节作用。制造强国充分发挥市场在资源配置中起决定性作用，深化服务业领域投融资体制改革，特别是通过放宽市场准入、转变政府职能，为生产服务业发展提供更好的发展环境。

（二）制造强国生产服务业发展经验启示

（1）拥有良好的产业政策保障。制造业强国政府十分强调良好的政策环境有助于保障生产服务业发展。如美国政府20世纪80年代开始，制定出台了一系列战略规划推动信息技术发展，采取了多重手段鼓励中小企业开展科技创新，为生产服务业发展赢得先机。随后，美国政府在多个行业引入竞争机制，放松管制，创造良好的外部环境，生产服务业有了更为广阔的发展空间，生产服务业总体上保持较快发展。在交通运输领域，美国出台了一系列改善性政策，如《铁路法案》《汽车运输法案》等，把竞争引入运输行业，一些企业破产，另一些企业如第三方物流服务企业出现，这些新兴的物流企业突破传统运输业的局限，为客户提供全方位的服务，受到了市场的欢迎，发展势头迅猛。如今的美国已拥有世界上最发达的物流服务系统。在资本市场，美国也同样出台了放松管制政策，允许商业银行从事有限的保险业务和证券承销，在提升银行业效益的同时提升了银行业的竞争力，出台的《银行公平竞争法》，重新定义了银行和非银行金融机构的区别。而1999年出台的《金融服务现代化法》，允许银行控股公司升格为金融控股公司或者通过其控股的子公司从事金融服务，进一步拓展了银行的业务范围。放松管制让美国金融服务业获得长足发展，如今，金融服务业增加值已占国内生产总值的8%左右，成为支柱产业。可以说，美国生产服务业发展迅猛，与其发展初期出现的放松管制政策密不可分。美国1970—2015年生产服务业及其比重变化如表2-2所示。

表2-2 1970—2015年美国生产服务业及其比重变化

年份 类别	1970	1980	1990	2000	2010	2015
占GDP比重（%）						
服务业	66.17	66.97	72.36	76.03	78.48	79.01
生产服务业	31.45	33.09	35.18	39.40	37.92	39.37
批发零售	14.12	13.63	12.70	13.01	11.77	12.08
运输、仓储和邮政	4.52	4.29	3.60	3.63	3.27	3.35
信息和通信	4.05	4.50	5.11	5.77	6.23	6.22
金融保险	4.12	4.84	5.89	7.39	6.82	7.27
租赁和商务服务业、科学研究和技术服务业	4.64	5.83	7.89	9.60	9.82	10.45
占服务业增加值比重（%）						
生产服务业	47.53	49.42	48.62	51.82	48.32	49.82
批发零售	21.34	20.35	17.55	17.11	15.00	15.29
运输、仓储和邮政	6.83	6.41	4.97	4.78	4.17	4.24
信息和通信	6.12	6.72	7.06	7.59	7.94	7.87
金融保险	6.22	7.23	8.14	9.72	8.68	9.20
租赁和商务服务业、科学研究和技术服务业	7.02	8.71	10.90	12.62	12.52	13.23
占生产服务业增加值比重（%）						
批发零售	44.91	41.18	36.09	33.02	31.05	30.69
运输、仓储和邮政	14.37	12.97	10.23	9.22	8.63	8.51
信息和通信	12.88	13.60	14.52	14.65	16.44	15.79
金融保险	13.09	14.63	16.74	18.76	17.98	18.46
租赁和商务服务业、科学研究和技术服务业	14.76	17.62	22.43	24.36	25.91	26.55

（数据来源：http://www.euklems.net/index.html.）

（2）生产服务业与先进制造业加速融合。制造强国都是生产服务业最发达的国家。如美国通过重点扶持服务业重点部门、注重对科技人才的储备与服务贸易基础理论的研究、为服务业创造良好制度环境等政策推动了服务业的发展；获得了创造有利于服务业发展的国际环境、重视人才和基础理论的研究、制订前瞻性发展计划以引导全球对本国服务产品的需求、利用服务业与制造业的密切联系推动服务业的发展。德国生产服务业建立在其强大的制造业基础之上，其强大的制造业基础带动了生产服务业的发展，德国政府强调通过改革措施以及拓展市场空间等手段为生产服务业提供了制度保障，同时，加速电信、保险和邮政服务等领域的自由化改革。由于生产服务业的发展，带动了其高端服务业的发展。可以看到，2000—2015年德国服务业总产出中所占比重保持在70%左右，其中生产服务业在服务业总产出中所占比重一直保持在50%上下，其中租赁和商务服务业、科学研究和技术服务业占生产服务业达33%，总体上说明德国生产服务业发展处于较高水平（表2-3）。

表2-3 1970—2015年德国生产服务业及其比重变化

类别 \ 年份	1970	1980	1990	2000	2010	2015
占GDP比重						
服务业	49.12	57.10	61.68	68.04	69.12	68.88
生产服务业	25.96	28.26	31.00	34.09	34.16	34.20
批发零售	10.79	10.11	9.62	10.20	9.88	9.79
运输、仓储和邮政	5.07	4.99	4.78	4.21	4.65	4.41
信息和通信	2.86	3.05	3.54	4.56	4.45	4.82
金融保险	3.38	4.37	4.75	4.42	4.58	4.06
租赁和商务服务业、科学研究和技术服务业	3.86	5.75	8.31	10.71	10.61	11.11
占服务业增加值比重（%）						
生产服务业	52.86	49.50	50.26	50.11	49.43	49.65
批发零售	21.97	17.70	15.60	14.99	14.29	14.22
运输、仓储和邮政	10.31	8.73	7.75	6.19	6.72	6.40
信息和通信	5.83	5.35	5.75	6.70	6.44	7.00
金融保险	6.89	7.66	7.70	6.49	6.62	5.90
租赁和商务服务业、科学研究和技术服务业	7.86	10.06	13.48	15.74	15.35	16.13
占生产服务业增加值比重（%）						
批发零售	41.57	35.76	31.03	29.92	28.92	28.63
运输、仓储和邮政	19.51	17.64	15.41	12.34	13.60	12.89
信息和通信	11.02	10.81	11.43	13.37	13.03	14.10
金融保险	13.04	15.47	15.31	12.95	13.40	11.88
租赁和商务服务业、科学研究和技术服务业	14.86	20.33	26.81	31.41	31.06	32.49

（数据来源于：http://www.euklems.net/index.html.）

（3）提供多元化的资金支持。制造强国大多通过财政、金融以及产业发展政策等手段，同时出台措施限制服务贸易进口来促进本国生产服务业。加强生产服务业出口，已成为制造强国发展的重要目标。如美国联邦政府小企业署依托接近5万亿美元的各种投资组合加大对生产服务业的支持力度。特别是以工商贷款、贷款担保和风险资本等向生产服务业企业提供风险投资资金，助推这些生产服务业的发展。日本支持生产服务业的资金主要来源于日本大银行信贷和日本政府财政拨款。由于大量资金的注入直接或间接地推动了生产服务业的研发、相关人才的培训和基础设施的建设。如日本1973—2009年间，政府即使在财政资金紧张的情况下，仍保持增加租赁和商务服务业等生产服务业发展的设施投资和科研经费的投入，这也使得租赁和商务服务业获得长足发展，占生产服务业的比重达到58.08%（表2-4）。

表2-4　1973—2009年日本生产服务业及其比重变化

类别 \ 年份	1973	1980	1990	2000	2009
占GDP比重（%）					
服务业	50.46	57.56	58.91	66.76	72.37
生产服务业	26.56	15.01	10.92	12.57	14.51
批发零售	13.36	6.29	3.48	3.05	3.30
运输、仓储和邮政	4.85	2.28	1.26	1.11	1.20
信息和通信	1.31	0.62	0.34	0.30	0.32
金融保险	4.94	2.33	1.29	1.13	1.22
租赁和商务服务业	1.94	3.43	4.50	6.96	8.43
科学研究和技术服务业	0.15	0.07	0.04	0.03	0.04
占服务业增加值比重（%）					
生产服务业	52.63	26.08	18.53	18.83	20.05
批发零售	26.48	10.93	5.91	4.57	4.56
运输、仓储和邮政	9.61	3.97	2.15	1.66	1.66
信息和通信	2.60	1.07	0.58	0.45	0.45
金融保险	9.79	4.04	2.19	1.69	1.69
租赁和商务服务业	3.85	5.95	7.64	10.42	11.64
科学研究和技术服务业	0.30	0.12	0.07	0.05	0.05
占生产服务业增加值比重（%）					
批发零售	50.31	41.90	31.90	24.25	22.76
运输、仓储和邮政	18.26	15.21	11.58	8.80	8.26
信息和通信	4.95	4.12	3.14	2.38	2.24
金融保险	18.60	15.49	11.79	8.97	8.41
租赁和商务服务业	7.32	22.81	41.24	55.33	58.08
科学研究和技术服务业	0.56	0.47	0.36	0.27	0.25

（数据都来源于：http://www.euklems.net/index.html.）

(4) 制定完善的行业法制。生产服务业拥有广泛的行业门类，势必需要更加完善的法律体系作为支撑，如德国为推动生产服务业发展，出台了包括电信业的《电信法》、建筑业的《建筑法》《招投标法》、银行业的《银行法》、保险业的《保险法》以及统计方面的《统计法》，这些法律法规对各类生产服务业发展起到了直接的促进作用。日本政府为促进生产服务业发展，也通过颁布一系列相关法律，以鼓励和刺激全社会注重和发展生产服务业。如设立特殊法人等来保证政策的实施等，也把一些专利与著作权保护纳入法律保护的范畴，这样为这些以专利和著作权为基础的生产服务业提供了重要的法律保障，也加速了发展。

(5) 建立相关行业管理或协调机构。制造强国都很注重行业管理与协调机构建设，如德国的政府加强生产服务业部门的专业管理与协调，交通部管交通运输行业，财政部管金融、保险、证券等行业，教育部管教育行业，健康部管医疗卫生与社会服务，其他则基本划归经济与技术部管，同时在经济与技术部所辖"对外经济政策司"，下设"贸易政策、服务业、知识产权特别问题处"，为德国服务贸易产业提供技术支撑与服务支持，这为德国生产服务业发展提供了制度保障。日本为了更好地推动生产服务业发展，在信息服务业方面成立了若干组织，如信息处理振兴事业协会（IPA）、信息服务产业协会（JISA）、日本数据处理协会（JDPA）、西格马系统等，这些行业协会订立的规章制度对促进信息服务业的发展有着积极作用。政府出资进行各种项目委托开发和推广，支持民间企业的信息处理技术开发研究。

二、制造大国生产服务业

以英国、法国、韩国为代表的制造大国，生产服务业发展因其庞大的制造业基础，产生对生产服务业旺盛的需求，成就其领先型生产服务业的发展，对全球制造业发展起头重要的推动作用。

(一) 制造大国：领先型生产服务业

(1) 注重生产服务业的发展质量。制造大国坚持开放创新，统筹利用国内外创新要素和市场资源，以提升本国生产服务业国际化发展水平和层次。紧抓全球科技革命和产业变革机遇，提升传统生产服务业的生产效率、资金、劳动力、土地等生产要素的资源配置效率为终极目标，在促进传统生产服务业产业转型升级、发展壮大的过程中实现生产服务业发展质量的提升与创新发展，实现生产服务业由大变强。

(2) 运用新技术提升发展水平。针对生产服务业发展，制造大国往往通过引入互联网技术整合消费者行为数据，进行商业模式创新，找到可持续的盈利点，并借助互联网技术推动生产服务业创新升级。

(3) 优化发展制度环境。制造大国通过服务领域改革，适度放松部分服务业领域行业管制，重视改革不利于生产服务业发展的体制机制问题，重点消除行业垄断和行政壁垒，优化生产服务业发展的制度环境并营造法治化经商环境，以促进生产服务业发展。

（4）产学研一体化加速。制造大国的科研、管理咨询、工业设计等生产性服务机构通过产学研一体化，对提高制造企业技术创新能力、降低成本、推动产业结构优化升级起着重要的推动作用。而这些制造业的升级发展又反过来作用于生产服务业发展，形成良性发展的局面。

（5）集群化发展趋势明显。制造大国通过发展各类产业园区、产业集聚区来促进制造业与服务业融合发展。通过制造业发展带动了包括研发、物流、金融、认证、产权等在内的生产服务业发展，一方面不仅对制造企业提供各类配套服务，同时也促进了制造业产业集群发展。双方不仅可以共享规模经济收益，也可以共享各种产业资源，推动了制造业和生产服务业共同发展。

（二）制造大国生产服务业发展经验启示

（1）坚持产学研一体化发展。1999 年，英国政府制定《集群行动计划》，明确以地区发展署为主体，通过孵化器和科学园区，加强与大学、研究机构、地区政府机关、风险企业之间的合作，其中重点向新创企业、从已有公司或大学研究机构分离出来的组织提供包括管理、技术以及营销、市场信息等方面的援助，这一手段间接推进了生产服务业集群的形成，也带动了区域经济与产业的快速发展。如生物技术产业是英国区域发展的重点，也是英国最具创新力和竞争力的行业，其在国际上的地位仅次于美国，居世界第二。鲜为人知的是，支撑英国生物技术产业高速发展的是完善的生物技术产业集群服务体系，而生物技术产业集群服务体系的形成则源于英国政府集群式发展生产服务业的思路。1970—2015 年英国生产服务业及其变化如表 2-5 所示。

表 2-5 1970—2015 年英国生产服务业及其比重变化

类别\年份	1970	1980	1990	2000	2010	2015
占 GDP 比重（%）						
服务业	53.39	56.49	64.53	73.79	79.16	79.94
生产服务业	31.13	30.95	36.07	37.60	40.99	41.58
批发零售	11.52	10.38	11.29	11.40	11.29	10.93
运输、仓储和邮政	6.35	5.75	6.06	4.66	4.23	4.61
信息和通信	3.94	3.93	4.46	6.26	6.09	6.49
金融保险	4.78	5.63	6.21	5.14	8.18	7.25

续表 2-5

类别 \ 年份	1970	1980	1990	2000	2010	2015
租赁和商务服务业、科学研究和技术服务业	4.54	5.25	8.06	10.14	11.20	12.30
占服务业增加值比重（%）						
生产服务业	58.31	54.78	55.90	50.96	51.78	52.01
批发零售	21.58	18.38	17.50	15.45	14.26	13.67
运输、仓储和邮政	11.90	10.18	9.39	6.32	5.35	5.76
信息和通信	7.38	6.95	6.91	8.49	7.69	8.12
金融保险	8.95	9.97	9.62	6.96	10.33	9.07
租赁和商务服务业、科学研究和技术服务业	8.50	9.29	12.48	13.74	14.15	15.39
占生产服务业增加值比重（%）						
批发零售	37.01	33.56	31.30	30.32	27.55	26.28
运输、仓储和邮政	20.41	18.59	16.80	12.40	10.33	11.08
信息和通信	12.65	12.69	12.35	16.66	14.85	15.61
金融保险	15.35	18.20	17.21	13.66	19.95	17.43
租赁和商务服务业、科学研究和技术服务业	14.57	16.96	22.33	26.96	27.32	29.59

（数据都来源于：http://www.euklems.net/index.html.）

（2）政府科技创新的政策支持。20 世纪 80 年代，英国政府利用制造业衰落带来的人才资源和产业结构机遇，通过设立宽松的服务业发展政策，实现了经济结构由制造业主导向服务业主导的转变。韩国政府很重视营造生产服务业发展的环境，除了加强生产服务业基础设施外，也注重对人力资源储备、生产服务业的技术开发。首先，韩国政府针对国家战略技术开发、中长期创新领域技术强化、新产业发展等多项科学技术领域展开大规模投资。2015 年的创新领域基础研发投资规模达 1.0729 万亿韩元。其次，重视高科技的研究与开发计划的实施，从 2001 年开始实施的"国家战略领域人才培养综合计划"，对包括文化产业技术、信息技术、纳米技术、环境工程技术、生物工程技术、宇航技术等领域投入大量资金，以增强这些行业的发展实力。再次，设立外国研发机构投资商委员会和国际科学技术合作财团，吸引大批海外优秀研究开发中心和教育机构到韩国设点办学，为生产服务业提供人力支撑。

（3）形成产业聚集中心。制造大国的生产服务业形成中心集聚后会有强大的辐射性，但对聚集中心的功能设施配套和环境有很高的要求。如韩国为了加速金融产业形成聚集，在首尔地区加速集聚了 260 家各类金融公司及金融类机构，形成了明显的产业集聚区。同时，制定了《东北亚金融中心》的建设战略，放宽了国外金融机构的市场准入、加快整顿金融产业有关制度。重点是削减监管金融领域的法律规章数量和加强了市场透明度，允许金融企业同时经营股票和衍生品交易、资产管理和投资银行业务以及混业交叉经营的方式,这些都大大拓展了韩国金融服务业发展。法国服务业在法国的经济和社会生活中占有举足轻重的地位,服务业从业人员约占总劳动力的70%以上,同时服务业产值占国内生产总值的75%以上(表2-6)。

表2-6 1970—2015年法国生产服务业及其比重变化

年份 类别	1970	1980	1990	2000	2010	2015
占GDP比重(%)						
服务业	62.91	65.24	69.59	74.32	78.62	78.76
生产服务业	34.27	33.91	35.94	36.65	37.51	37.18
批发零售	12.19	11.70	11.70	11.01	10.40	10.23
运输、仓储和邮政	4.39	4.61	4.47	4.49	4.76	4.66
信息和通信	3.56	3.88	4.62	5.19	5.16	4.97
金融保险	4.32	3.95	4.77	4.11	4.54	4.48
租赁和商务服务业、科学研究和技术服务业	9.81	9.78	10.38	11.85	12.64	12.84
占服务业增加值比重(%)						
生产服务业	54.48	51.99	51.65	49.31	47.71	47.21
批发零售	19.38	17.94	16.81	14.81	13.23	12.99
运输、仓储和邮政	6.98	7.06	6.43	6.04	6.05	5.92
信息和通信	5.65	5.94	6.65	6.98	6.57	6.30
金融保险	6.87	6.05	6.86	5.54	5.78	5.69
租赁和商务服务业、科学研究和技术服务业	15.60	14.99	14.92	15.95	16.08	16.30
占生产服务业增加值比重(%)						
批发零售	35.57	34.50	32.54	30.03	27.73	27.52
运输、仓储和邮政	12.81	13.58	12.44	12.25	12.68	12.54
信息和通信	10.37	11.43	12.87	14.15	13.77	13.35
金融保险	12.61	11.64	13.27	11.22	12.11	12.06
租赁和商务服务业、科学研究和技术服务业	28.63	28.84	28.88	32.34	33.71	34.53

(数据都来源于:http://www.euklems.net/index.html.)

(4)以信息技术为支撑实现多元化发展。制造大国的信息技术产业、专业软件、网络游戏、通信业等知识密集型服务业即生产服务业成为经济增长的新亮点。如韩国通过大力发展电子信息技术和网络技术,形成了包括数字娱乐信息产业、网络游戏、手机游戏等发展,与此同时,这些产业又直接加速了韩国互联网宽带普及,进而也带动了电子信息服务、电子商务、科技服务业的发展。

三、制造新国生产服务业

以印度、巴西、墨西哥为代表的制造业新兴国家，制造业的扩张性发展，带来旺盛的生产服务需求，改变了以往生产服务特别是高端生产服务由制造强国和制造大国输入的模式，开启了追赶型生产服务业的发展。

（一）制造新国：追赶型生产服务业

（1）生产服务业发展有待增强。由于制造新国的研发设计、金融、信息等现代生产性服务业发展相对滞后，并不足以支撑制造业的跨越式发展。制造新国生产性服务业尽管涵盖了上中下游产业链，但却缺乏相关研发设计服务、金融服务、互联网信息服务等生产性服务业作为发展支撑，整体上发展相对缓慢，因此生产性服务业将成为这些国家重点发展的领域。

（2）制定产业政策并发展重点行业。制造新国的政府往往通过制订生产服务业发展计划，对生产服务业发展重点、结构调整、增长方式、科技创新等提出要求，并扶持相关重点产业，这对于快速形成产业规模具有重要的意义。

（3）加强政策环境建设。制造新国通常都以进一步开放服务业市场，打破部门和行业垄断，建立公开、平等、规范的准入市场制度体系为依托，营造生产服务业发展的公平竞争环境，形成了政府、市场、企业良性互动格局，并加快完善服务业相关法律规范，强化市场监管，营造公开透明的生产服务业发展政策环境，以更好地促进产业发展。

（4）利用国外先进技术发展生产服务业。制造新国特别注重生产服务业的技术引进、模仿与吸收。与引领型、升级型国家不同的是，追超型制造新国主要依靠国外先进技术作为推动本国技术进步的突破口和牵动点，进行技术的开发与研究，这也在一定程度上制约了本国生产服务业发展的水平。

（二）制造新国生产服务业发展经验启示

（1）政府强有力的支持。如历届印度政府都采取了支持服务业发展的政策，投资设立多个软件技术园区，并给予税收、贷款和投资等全方位的优惠政策。墨西哥逐步消除外汇管制，放开资本项目，加大取消对外国投资及其他各种资本流动的限制，大力发展包括出口加工贸易在内的生产服务业。同时借助税收杠杆实现对经济和收入分配的调节，逐步降低关税水平，促进贸易自由化，特别是降低或取消出口税、取消一些特别税，加征增值税促进了生产服务业发展。

（2）充分发挥行业协会的强力推动作用。制造新国大多重视发挥行业组织和协会等中介组织的作用。如印度为了更好地支持生产服务业企业参与到国外市场，推动企业加强合作、避免恶性竞争、营造良好的商业环境和秩序。成立了全国软件和服务公司协会，并联合印度、美国、欧盟、日本以及中国等国家的1 100多家相关企业，共同制订发展方案与协调国内外合作等问题。这些有助于解决软件服务外包发展存在的问题，也带动了与软件服务外包产业相关联的投资、技术、保险、金融、软件开发与研究等领域发展。

（3）大力营造有利于产业发展的良好环境。制造新国为了促进生产服务业发展，大都通过改善基础设施、制定产业政策、发展教育培训等方面，加强政府的引导作用，以形成良好的发展环境。如墨西哥这些年加大对包括商业、金融业、电信产业、旅游、保险、广告、传媒等在内的生产服务业的投入，这些产业不仅是墨西哥产值最高的产业，也是创造就业机会最多的产业，特别是旅馆、餐饮业和商业在墨西哥GDP中占有较大的比例，约为30%，而金融服务，保险和房地产所占比例约为15%。如印度在软件服务业软件园建设方面加大投入，并积极发展外向型软件产业，2017年已建成20多个软件园，集聚了超过6 000多家企业，这些企业发展已经成为软件服务外包的重要力量，为了加大出口，印度还出台了优惠的税收政策，并给资金与技术的大力支持，促进了这些产业的发展。

（4）注重诚信建设。制造新国大多重视诚信建设，以更好地促进租赁、旅游业、金融、保险、信息、广告、咨询和技术服务等行业发展。如巴西从1994年起，NASSCOM开始积极推动政府出台反盗版的法律条款，并且联合各界大力推进软件正版化，特别是修改后的《版权法》明确规定出售未经版权持有者授权的复制计算机软件属于违法行为，被称为世界上最严格的法律之一。在商业诚信方面，印度企业注重服务质量和工作效率，注意替客户保守商业秘密，严格履行合同，赢得了客户的信赖。在服务质量管理方面，印度鼓励企业按照国际标准包括ISO9000认证、SEICMM5认证以及CMM模型等，为企业发展提供重要的认证以及产品品质保障。

第三节　中国生产服务业发展历程与现状特征

一、发展历程

（一）生产服务粗放增长阶段（1990年代以前）

改革开放之前，由于经济发展相对缓慢，加上对服务业不够重视。在1978—1989年间，改革开放的红利还没有释放出来，服务业没有实现大幅度的增长。在1978年、1989年，服务业产出占GDP的比重分别为24.2%和39.9%。生产服务业在服务业中的比重较低，一些行业还在形成发育中。

（二）生产服务快速发展阶段（1990—2012）

进入1990年代，我国政府颁布了一系列加快发展服务业的政策，最为重要的是，1992年6月16日中共中央、国务院出台《关于加快发展第三产业的决定》，成为中国服务业发展的里程碑。这期间中国GDP增长连年保持在10%左右。2012年，服务业产出占GDP比重的45.5%。同时，生产服务业产业的比重不断提升，发展规模迅速壮大，发展速度不断加快，一些重要的生产服务业行业得到发展。到2012年中国生产性服务业占服务业比重的61.2%，显示出较强的发展能力。

（三）生产服务主导发展阶段（2013—至今）

到2013年，中国第三产业比重首次超过第二产业。2014年，国务院发布《关于加快发展生产服务业促进产业结构调整升级的指导意见》，这标志着中国经济转型升级又迈出了重要一步。特别是东部沿海许多地区已经基本完成工业化，正在向后工业化阶段迈进，形成以服务经济为主的经济结构。2015年，中国服务业占GDP比重已上升为50.5%，服务业增加值达282 040.3亿元，对国民经济增长的贡献率为52.9%，其中，生产服务业增加值达到203 684.3亿元，占服务业的比重高达72.2%。

二、现状特征

（一）生产服务业总量不断扩张

改革开放以来，中国经济保持了总体平稳、稳中有进的发展态势。从1978年到2015年期间，服务业产出占GDP比重从1978年的24.2%上升到2015年的50.5%，服务业产业贡献率从1978年的17.1%上升到2015年的52.9%。2013年，服务业增加值占国内生产总值的比重达到46.1%，首次超过第二产业，成为国民经济第一大产业。2015年，中国服务业继续保持较快发展，增加值同比增长8.3%，分别高于GDP和第二产业增加值增速的1.4%和2.3%，服务业增加值达到282 040.3亿元，比第二产业高出10%。其中，生产服务业增加值达到203 684.3亿元。

（二）生产服务业占国内生产总值比重逐年提升

中国经济结构调整步伐将明显加快，服务业比重明显上升。中国服务业进入1990年代以后保持较快发展，到"十二五"期间，中国服务业占比年均上升1.35%。至2015年，中国服务业增加值比重进一步上升至50.2%，达282 040.3亿元,其中,生产性服务业占服务业比重约为72.2%。值得一提的是包括中国互联网和相关服务业、软件和信息技术服务业、租赁和商务服务业、科学研究和技术服务业等生产服务业2015年税收收入分别增长19.0%、21.2%、23.8%和13.0%,保持了更快的发展势头。2011—2015年中国生产服务业主要行业增加值及变化如表2-7所示。

表2-7 2011—2015年中国生产服务业主要行业增加值及变化

单位：亿元

主要行业	2011年	2012年	2013年	2014年	2015年
批发和零售业	43 730.5	49 831	56 284.1	62 423.5	66 186.7
交通运输、仓储和邮政业	21 842	23 763.2	26 042.7	28 500.9	30 487.8
信息传输、软件和信息技术服务业	10 304.8	11 928.7	13 729.7	15 939.6	18 546.1
金融业	30 678.9	35 188.4	41 191	46 665.2	57 872.6
租赁和商务服务业	9 453.4	11 248.2	13 335	15 276.2	17 111.5
科学研究和技术服务业	7 939.4	9 449.4	11 010.2	12 250.7	13 479.6
合计	123 949	141 408.9	161 592.7	181 056.1	203 684.3

（资料来源：根据《中国统计年鉴2016》整理.）

（三）新业态与新模式成为经济转型升级的新亮点

2015年,国务院出台了一系列加快发展生产服务业的政策措施,在"互联网+"的带动下,现代信息技术与传统制造业产业加速融合,推动了生产服务业新业态和新模式的蓬勃发展,成为经济转型升级的新亮点。其中以信息传输及软件和信息技术服务业、文化体育和娱乐业、金融业为主体的生产服务业在2015年分别新增企业24万户、10.4万户和7.3万户,分别增长63.9%、58.5%和60.7%。2015年,高技术服务业、科技服务业、战略性新兴服务业、文化及相关产业服务业等生产服务业营业收入同比增速分别为9.4%、8.6%、12.0%和11.1%。[①] 在规模以上服务业企业中,互联网和相关服务营业收入增长25.0%,软件和信息技术服务增长19.9%。"互联网+"也带动了电子商务的高速发展,2015年电子商务交易额接近20万亿元。

（四）创造了更多的社会就业机会和就业岗位

我国进入了以服务业为主导的发展阶段,生产服务业的快速发展创造了更多的社会就业机会和就业岗位。据国家统计局官方统计,2013—2015年,中国服务业就

---

①http://www.mlr.gov.cn/xwdt/bmdt/201603/t20160312_1398874.htm.

业人员年均增长5.8%,比全部就业人员年均增长高出5.5%。2015年,服务业就业人数占全部就业人数的比重为42.4%。而中国生产服务业发展快速发展,特别是在在规模以上生产服务业企业中的高技术服务业吸纳就业的能力表现更为突出。如2015年互联网和相关服务、科技推广和应用服务业、软件和信息技术服务业等生产服务业的从业人员分别比上年增长13.6%、4.2%和4.5%,而2015年全国就业人员同比增长仅0.3%。

第四节 广东生产服务业发展历程与发展态势

一、广东生产服务业发展历程

随着经济的发展,广东产业结构也在逐步优化,三次产业结构已经由1978年的29.8∶46.6∶23.6变为2015年的4.6∶44.6∶50.8。在发展过程中,广东生产服务业也经历了起步发展、稳步发展以及快速发展三个阶段(图2-2)。

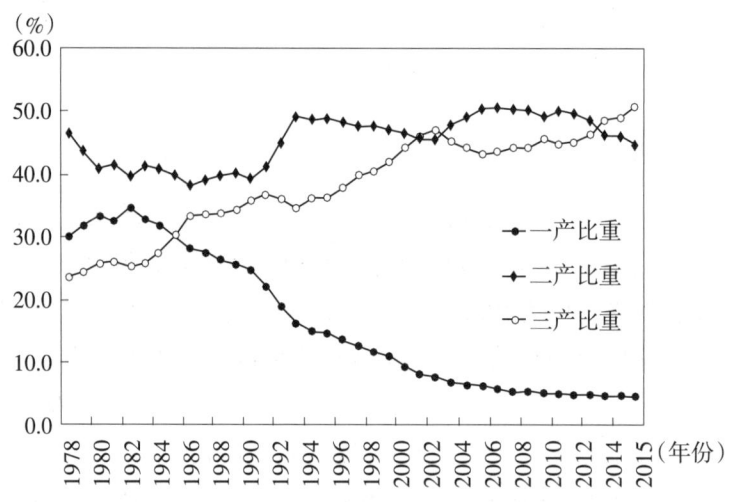

图2-2 1978—2015年广东三次产业结构变化图

(资料来源:根据《广东统计年鉴》整理.)

(一)初步发展阶段(1978—1991)

改革开放之初,广东进入工业化发展初级阶段,以生产制造为主体的经济结构为生产服务业发展提供的产业基础,但广东生产服务业发展总体水平还比较低。由于改革开放初期市场经济体制尚不健全,服务业尚处在摸索阶段。这个阶段广东生产服务业生产总值基数较小,但包括交通运输仓储邮电通信业、批发和零售贸易餐饮业、金融保险业和科学研究综合技术服务业等行业逐步发展起来。1978—1991年广东生产服务行业增加值占全部服务业比重值见表2-8。

表2-8 广东生产服务行业增加值占全部服务业比重（1978—1991）

单位:%

年份	交通运输仓储邮电、通信业	批发和零售贸易餐饮业	金融保险业	科学研究综合技术服务业
1978	22.88	44.15	10.31	0.75
1979	22.05	46.06	9.28	0.74
1980	21.39	46.04	9.51	0.83
1981	22.07	44.34	8.93	0.88
1982	21.23	44.07	9.24	0.95
1983	20.44	43.49	9.39	1.00
1984	20.39	43.21	9.34	1.03
1985	20.44	45.45	7.25	0.95
1986	18.00	40.21	9.33	0.98
1987	18.72	36.65	12.05	0.96
1988	16.78	37.53	12.04	1.16
1989	16.62	28.74	15.29	1.31
1990	18.19	27.37	14.76	1.27
1991	19.94	26.74	13.65	1.14

（资料来源：根据《广东统计年鉴》数据整理.）

（二）稳步发展阶段（1992—2002年）

邓小平1992年南方讲话，进一步确定了中国经济体制改革的目标是建立社会主义市场经济，这为广东发展生产服务业提供了良好的政策环境，广东生产服务业也伴随着广东经济的两位数的增带得到快速发展，特别是受益于中共中央、国务院出台《关于加快发展第三产业的决定》等一系列政策，广东生产服务业到2002年增加值达到3 000亿元，约占全省经济总量的25.4%，显示出了较强的发展能力（表2-9）。

表2-9 广东生产服务行业增加值占全部服务业比重（1992—2002）

单位:%

年份	交通运输仓储邮电通信业	批发和零售贸易餐饮业	金融保险业	科学研究综合技术服务业
1992	19.77	26.84	13.93	1.16
1993	19.34	28.24	12.38	1.10
1994	20.13	29.07	11.94	1.08
1995	19.97	29.87	10.57	1.05

续表 2-9

年份	交通运输仓储邮电通信业	批发和零售贸易餐饮业	金融保险业	科学研究综合技术服务业
1996	19.52	30.81	10.22	1.03
1997	20.78	30.55	9.80	1.03
1998	20.35	30.94	8.83	1.09
1999	19.75	30.26	8.53	1.15
2000	19.74	28.84	9.33	1.28
2001	20.10	27.85	8.13	1.41
2002	19.01	27.76	7.17	1.55
2003	17.60	27.99	7.44	1.59
2004	16.97	27.76	7.21	1.77

（资料来源：根据《广东统计年鉴》数据整理.）

（三）快速发展阶段（2003至现在）

近年来，广东制造业转型升级也推动了生产服务业的快速发展壮大，形成了效率较高且门类较齐全的生产服务体系，特别是中国加入世界贸易组织以及2006年CEPA的实施促进广东生产服务业跨越式发展，生产服务业生产总值连创新高。生产服务业增加值5年年均增长10%，2015年增加值达19 551.98亿元，占服务业比重达52.8%，占GDP比重为26.8%，截至2015年底广东生产服务业企业达45.5万家，比2010年增加20.8万家，占同期新登记市场各类主体的近七成，生产服务业骨干企业占服务业骨干企业的八成。2003—2015年生产服务行业增加值占全部服务业比重如表2-10所示。

表2-10 2003—2015广东生产服务行业增加值占全部服务业比重

单位：%

年份	交通运输仓储邮电通信业	批发和零售业	金融保险业	租赁和商务服务业	信息传输软件和信息技术服务业	科学研究综合技术服务业
2003	23.11	23.85	8.01	—	—	1.91
2005	10.31	23.16	7.02	8.05	7.16	2.18
2006	9.95	22.71	8.33	7.93	7.23	1.98
2007	9.32	20.86	13.37	7.10	6.89	1.91
2009	8.84	21.64	12.65	7.30	7.15	2.30
2010	8.81	22.44	12.84	7.55	6.63	2.34
2011	8.67	23.58	12.10	8.02	6.24	2.27

续表 2-10

年份	交通运输仓储邮电通信业	批发和零售业	金融保险业	租赁和商务服务业	信息传输软件和信息技术服务业	科学研究综合技术服务业
2012	8.92	23.88	11.96	8.04	6.10	2.25
2014	8.24	23.40	13.39	7.63	6.02	2.90
2015	7.94	20.69	15.62	6.98	6.19	3.02

注："—"数据缺失。

（资料来源：根据《广东统计年鉴》数据整理计算.）

二、广东生产服务业发展态势

（一）生产服务业规模与效益提升

近十年来，广东产业转型升级力度不断加大，在产业结构不断优化升级的进程中，生产服务业获得稳步发展，并且在国民经济中的占比不断提高（表2-11）。广东生产服务业均高于广东GDP和服务业年均增速。1999年广东生产服务业还仅为2 406亿元，到2015年，广东省服务业实现增加值3.7万亿元，占GDP比重达50.8%，首次超过50%，其中，以批发和零售业、交通运输仓储和邮政业、信息传输软件和信息技术服务业、租赁和商务服务业、科学研究和技术服务业为主体的生产服务业实现增加值22 282.44亿元，占比达60.4%。同时，内部结构不断优化，金融业发展迅速，突破5 000亿元，达到5 757.08亿元，有力地推动广东经济增长和产业结构调整升级。

表2-11 2005—2015年以来广东生产服务业增加值及其占比变动

年份	总量（亿元）	比重（%）	
		占GDP	占服务业
2005	5 556.77	24.8	57.9
2007	7 996.30	25.7	59.5
2010	12 551.38	27.3	60.6
2012	16 221.28	28.4	61.2
2014	20 468.32	30.2	61.6
2015	22 282.44	30.6	60.4

（资料来源：根据《广东统计年鉴2016》整理.）

2015年，广东生产服务业快速发展带动服务业占GDP比重于2013年首次超过第二产业。同时，2011—2015年间广东生产服务业主营业务收入年均增长约13%，比增加值年均增速快1.4%。

（二）贡献率日益提高与拉动力逐步增强

广东生产服务业发展对GDP的贡献从1978年的12.3%提高到2015年的32.4%。其中，2011—2015年广东生产服务业的贡献度明显提升，年均增长10%，2015年增加值达1.96万亿元，占服务业比重达52.8%。特别是一些生产服务业的主导行业，如金融服务、研发设计与其他技术服务则分别对GDP增长的贡献率从2011年的0.4%和0.9%提高到2015年的13.3%和2.5%，显示出较强的拉动力。

（三）结构调整加快与新兴业态涌现

2005年以来，生产服务业保持较快发展。2011—2015年间广东包括金融、科技服务业和信息传输、计算机服务软件业等在内的生产服务业增加值年均增速基本保持在10%以上，其中，科技服务业发展最快，年均增长达13.2%。此外，新型业态新兴行业增长迅猛。以互联网和相关服务业为主体的新兴服务业发展迅猛，成为广东省生产服务业发展的新增长点。至2015年广东拥有互联网企业3 000多家，占全国一半以上；快递企业1 800多家，接近全国的三分之一；广东经认定的软件企业数量居全国第一；专业工业设计机构1 000多家，数量居全国首位。[①] 随着制造业配套要素延伸，制造业服务化提速，催生出跨境电子商务、城市配送物流、互联网金融、航运金融、数字会展等一批新业态。跨境电商呈现迅猛增长态势，全国跨境电商企业约70%在广东，2015年电子商务交易额达3.20亿元。同期相比，广东生产服务业结构不断升级，生产服务业占GDP比重提升，而传统生产服务业占比下降（表2-12）。

表2-12 2010年和2015年生产服务业各行业增加值占GDP情况

行业	2010年	2015年	比重变动（%）	增加值年均增长（%）
生产服务业	57.7	60.4	+2.7	10.7
1. 现代物流业	6.1	5.5	-0.6	10.8
2. 新兴信息技术服务	6.8	6.2	-0.6	10.9
3. 金融服务	13.3	15.6	+2.3	13.2
4. 租赁和商务服务	7.3	7.0	-0.3	10.0
5. 科学研究和技术服务	2.4	3.0	+0.6	15.4
6. 健康服务	3.2	3.8	+0.6	14.7
7. 文化创意和设计服务	1.2	0.8	-0.4	2.3
8. 其他现代服务	8.9	8.9	0.0	10.3

（资料来源：http://www.gdstats.gov.cn/tjzl/tjfx/201611/t20161110_348031.html.）

[①] 广东省发改委. 广东省生产性服务高增长趋势研究[R]. 2017.7.5

随着产业转型升级和居民消费升级步伐的加快,许多新的服务供给应运而生,推动了网购、快递、节能环保、健康服务等新兴行业以及地理信息、互联网金融等新兴业态的兴起和快速成长。如电子商务 2015 年交易额达到 32 022.08 亿元,增长 29.6%,成为增长最快的行业。

（四）主要行业保持较快增长

从生产服务业行业结构来看,金融服务和房地产业发展迅速,分别实现增加值 5 757.08 亿元和 3 524.35 亿元,占服务业比重分别由 2010 年的 13.3% 和 8.6% 上升至 2015 年的 15.6% 和 9.6%。租赁和商务服务业实现增加值 2 573.11 亿元,占服务业比重的 7.0%。现代物流业、新兴信息技术服务、科学研究和技术服务业、健康服务、文化创意和设计服务占服务业比重分别为 5.5%、6.2%、3.0%、3.8% 和 0.8%。2011—2015 年,金融服务年均增长 13.2%,科学研究和技术服务年均增长 15.4%,健康服务业年均增长 14.7%,带动了生产服务业的较快发展。除文化创意和设计服务业外,现代物流业、新兴信息技术服务业、房地产业租赁和商务服务业等,年均增速均在 10% 以上。

本章习题

一、名词解释

1. 生产服务内置阶段
2. 生产服务分离阶段
3. 生产服务凸显阶段
4. 生产服务主导阶段

二、简答题

1. 全球生产服务业发展总体特征表现在哪些方面？
2. 引领型生产服务业、领先型生产服务业、追赶型生产服务业的特点分别是什么？
3. 中国生产服务业发展阶段与特点是什么？
4. 广东生产服务业发展存在哪些问题？

三、案例分析

近年来,随着全球销售渠道日益多元化,竞争越来越沦为单纯的价格竞争,米其林企业意识到,如果不适时开展差异化发展,竞争优势将会失去。

于是,米其林公司变革传统的发展思维,以提升产品的附加值。其中,2002 年米其林集团在全球推出汽车售后服务品牌——驰加汽车服务中心。它拥有统一的店面形象和服务标准。在驰加整洁明亮的零售店中,不仅摆放着米其林的轮胎和润滑油,还配有改装件、蓄电池、车内装饰、驾驶眼镜等多种与汽车相关的产品。零售店不仅为客户提供服务体验流程,还为客户提供31项车辆检查项目。自2003年2月,米其林在中国建立第一家驰加汽车服务中心以来,驰加汽车服务网络快速发展,到2017年9月18日,米其林的驰加已经在中国运营了整整15年,目前在中国内地大约有2 000家连锁店在不同城市运转,年营业收入在60亿元左右,大约是中国前10家最大的轿车轮胎经销商之和。

请结合案例,分析米其林作为制造业企业的转型之路。

第三章

理论基础

本章主要从形成机制、影响因素、基本规律、空间布局与区域协调等方面归纳总结生产服务业发展的理论基础。

关于生产服务业的形成机制，学者们提出诸多看法，相关观点可归纳为成本节约说、生产组织说、服务外包说、产业竞争说和放松管制说。

经济发展水平、产业结构层次、产业分工程度、科学技术进步和管理模式创新是影响生产服务业发展的五大重要因素。

生产服务业发展的基本规律可归纳为服务需求上升规律、生产服务在三次产业间的分布规律、生产服务业内部结构演进规律、生产服务业主导规律和生产服务贸易竞争规律等。

生产服务业空间布局可以从不同角度来把握。从全球层面看，生产服务业有选择性地跨国迁移与集聚发展；从区域层面看，生产服务业向中心城市的集中不断增强；从城市层面看，生产服务业向城市核心区集聚不断强化；从综合层面看，生产服务业空间集聚与扩散并存且动态发展。

生产服务业发展的区域协调是在发挥各地比较优势和产业分工基础上的互补与合作。各地要充分利用资源禀赋和后天形成的有利条件，坚持错位发展，避免同构，坚持突出特色，打造优势生产服务业，构建地方优势突出、各地相互协调的生产服务业体系。

第一节　形成机制

关于生产服务业的形成机制①，国内外学者从不同视角进行了理论和实证的研究，主要观点可归纳为成本节约说、生产组织说、服务外包说、产业竞争说和放松管制说。

一、成本节约说

成本节约是推动生产服务需求增长的重要力量，企业选择外购生产服务是考虑成本的节约，即其通过市场以更低的价格购买生产服务，从而促进生产服务业的发展。对于外购生产服务的成本驱动，可分为成本推动模式和准成本推动模式（表3-1）。一定时期内，特定企业产出数量越大，平均成本越低。企业可以通过扩大产量来降低成本，从而形成规模经济效应。生产服务的供应方同时为多个企业提供生产服务，形成规模经济获得成本的节约，从而以更低的价格为企业提供生产服务。这类规模经济有两种表现形式。

表3-1　生产服务外购的成本驱动模式

模式		特征
纯粹成本推动型	交易成本	生产服务外部供应者能够通过规模经济降低生产成本，企业可以选择通过市场以更低的价格购买生产服务，放弃内部供应生产服务
准成本推动型	降低风险	外购生产服务，企业能够降低在雇员、培训和投资商的内部风险
	低/不频繁的生产服务	某些生产服务需求频率不高，内部提供是无效和不可行的
	临时性重要生产服务	一些生产服务需要在短时期内实现，企业内部无法提供
	集中于核心业务	企业外购远离核心业务的生产服务

（资料来源：根据 William B. Beyers and David P. Lindahl, "Explaining the Demand for Producer Services: Is Cost-Driven Externalization the Major Factor?" The Journal of the Regional Science Association International, 1996, 75 (3): 351-374 整理.）

一是某些生产服务需要特定高级专业人才和特定的昂贵设备来提供，如果仅仅为本企业内部生产提供生产服务，专业人才和设备不能"满负荷"工作，就无法实

---

①本节内容结合了李江帆教授2011年主持的教育部哲学社会科学研究重大课题攻关项目："加快发展我国生产性服务业研究"的研究成果。

现规模经济；反之如果通过外购由专门生产服务提供商来提供生产服务，则可以通过规模经济而降低生产成本。例如，规模较大的医学独立实验室在成本有限前提下拥有配备齐全的专业检验团队，用他们的知识技能为众多家医院服务，形成规模经济，大大降低检验成本。

二是某些生产服务单个企业需求不大或需求波动较大，而生产服务的非贮存性和非转移性会加重生产服务的时间上和空间上的供求矛盾。许多企业不可能一直维持需求旺季所需要的全部人力和物力，也不可能在各地域布点解决生产服务在供求地域上的矛盾。专业生产服务提供商可以为多个企业提供生产服务，调节需求峰谷从而形成规模经济。

二、生产组织说

生产组织方式的转变是推动生产服务业发展的重要力量。随着社会经济的发展、技术的冲击、不确定因素的涌现和竞争的加剧使得市场需求的多变性和不确定性日益凸显。为了适应这些变化，生产组织经历了不断的演变：从包买商、工场手工业到工厂制度，从工厂制度到大规模标准化生产模式，从大规模标准化生产模式再到大规模定制、弹性专业化和网络生产组织。

在产业层面，生产组织的演变主要表现为垂直分解、横向合并的解构和产业社会分工的深化，生产服务更多地采用市场交易方式来进行。

在企业层面，生产组织的演变主要表现为组织的扁平化和虚拟化、生产服务的市场交易化。生产组织的演变使得生产服务提供市场化的主要原因是，社会分工的深化使得提供生产服务的过程独立出来，成为专门的生产服务业，生产服务业发展的成熟和完善降低了交易成本，生产服务的专业化生产降低了生产服务的成本，扩大的市场提供了必要的规模，使得企业外购专业化的生产服务比企业内部提供更为经济。

纵观生产组织的演变历程可以发现，分工程度愈益加深和扩大，横向分工和纵向分工交错演进，互相促进，生产知识愈加复杂和专业，产业分工日益细化（表3-2）。[①] 这为生产服务业的发展带来了积极的影响：

一是横向分工和纵向分工的深化直接促使企业通过外购生产服务来替代原来内部提供的服务，即企业可以把原先集中在内部进行的研发设计、销售等一系列生产服务委托外部企业完成。

二是随着生产组织的演变，企业需要更多的生产服务来协调处理随之带来的物流、服务流、信息流和资金流。

---

① 王盛. 分工、协调和产业组织形式演化——基于技术和市场的组织适应性研究，复旦大学，2005.

表 3-2　分工演进和生产组织形式演化

时期	主流的生产组织形式	市场和技术特点	分工与协调特点	效率来源
13世纪至16世纪中叶	包买商	由于交通不畅、战乱和季节性原因导致市场需求不断波动；生产工具简单、技术落后	分户加工、分工主要存在于生产者与交易者之间，基本无监督和控制能力	对不稳定需求的适应性、利用闲暇劳动力的低成本
16世纪中叶至18世纪中叶	简单分工的手工工厂、分工协作的手工工厂	需求分散、以当地市场为主；交通、通信条件差，产生专门工具，机器应用很少	以劳动者技能为基础的分工，分工活动之间提出了一定协调要求	技巧经济、专业化经济
18世纪中叶至19世纪80年代	工厂制度	需求上升，但仍然以当地市场为主；机器应用开始普遍，成为生产的基本特点	以机械为基础分工和协作，利用机械力；以企业内分工为主	规模经济、专业化经济
19世纪80年代至20世纪七八十年代	大规模生产下的现代企业组织：M型组织、垂直一体化等	需求大量、稳定，呈较大同质性；交通、通信条件改善；专用机器、电力等大量应用	产业内企业间分工为主，利用专业管理阶层满足迅速增长的协调需求	规模经济、范围经济、协调经济
20世纪七八十年代后	大规模定制：网络式生产组织、虚拟组织、弹性专业化等	需求多样化、个性化，气场不确定性大；交通通信条件显著改善；网络技术、虚拟计算、柔性制造技术等大量应用于生产和交易	在社会范围内分工环节重组、整合；依靠对不同组织能力的快速和低成本重组应对不确定环境	柔性、适应性、弹性专业化

三、服务外包说

服务外包是推动生产服务需求增长的重要力量，即企业把原本由企业内部提供的生产服务转变为由外部企业提供（市场交易替代内部自制），从而促进生产服务业的发展。生产服务外包的过程就是企业的生产服务职能不断地分离出去，由其他专业化的企业专门提供这些生产服务的过程，这些专门化的企业就成为为各产业进行产前、产中和产后服务的生产服务业。如专业化的广告、设计和销售等生产服务业。

生产服务外包过程为生产服务业的发展带来了两方面的积极影响：一是这些生产服务部门独立之后从统计口径上增加了生产服务业的核算；二是这些生产服务业

的增加同时拓展了交易的网络,而交易网络的拓展会催生新的生产服务业,增加企业对生产服务的需求,进而促进生产服务业的发展。

什么因素促使企业外包生产服务呢?不同类型的生产服务具有不同的外包动机。越是标准化和日常化的生产服务,成本驱动越是生产服务外包的主导力量;越是知识密集型和信息密集型的生产服务,生产服务外包越重视非成本因素(生产服务的专业性和生产质量等)的考虑。随着生产向信息化、社会化和知识化的发展,成本效率因素在企业外包生产服务决策中的作用越来越小,而非成本因素,尤其是获得专业化知识,成为企业外包生产服务的重要驱动力。[①] 影响生产服务外包的五个因素如表3-3所示。

表3-3 影响生产服务外包的五个因素

因素	具体内容
成本效率	企业对生产服务的需求可通过市场交易实现,且市场外购成本低于内部提供成本,外购生产服务可以使企业精简组织缩小活动范围来集聚核心活动,还可以将内部提供生产服务的成本风险转嫁给外部企业
非财务资源	企业外部化生产服务是为了获取生产服务企业所拥有的专业知识,即知识资源的稀缺促使生产服务外部化
需求	生产服务的需求不足或需求具有偶然性,造成企业内部提供不经济,促使企业将其外部化
生产服务职能	生产服务的技术复杂性和专业化程度的提升、企业资源的有限性促使企业将生产服务外部化
管制	政府对商业活动各方面的管制的增加,尤其是要求由独立企业提供生产服务(比如审计会计服务),促使企业外部化生产服务

(资料来源:Goe W R. The growth of producer services industries: sorting through the externalization debate. The Journal of Growth and Change, 1991, 22 (4): 118 – 141.)

四、产业竞争说

生产服务业成长机制认为,保持企业竞争优势是推动生产服务业互动发展的根本原因,保持企业竞争优势导致企业将资源转移到具有优势的价值链环节上,降低服务产品生产成本,选择外购生产服务,增强对生产服务的需求,从而促进生产服

[①] W B Lindahl, Beyers D P. Explaining the demand for Producer Services: Is cost-driven Externalization the Major Factor? Papers in Regional Science, 1996. 75 (3): 35 – 60.

务业的发展。随着市场竞争的加剧，企业竞争优势对加工制造环节的依赖越来越少，生产服务是产品价值的重要构成部分和产品差异化的主要来源，生产服务活动的增加对提高产品附加值的意义越来越大。日趋激烈的市场竞争对生产服务业的发展产生两方面的影响。

一是激烈的市场竞争使得企业为了保持自己核心竞争力在经营战略上实施相对竞争优势的策略，从多元化经营逐步走向专业化经营；在资源整合方式上，从注重内部效率到开始同时寻求外部效率，以提高企业竞争优势。"战略性服务外包"现象不断涌现，有力地推动了生产服务业的成长。

二是激烈的市场竞争使得企业需要大量的人力资本和知识资本来提高创新能力保持竞争优势。生产服务业中的行业大多属于知识密集型服务行业，知识的吸收与创新能力决定了生产服务业的产业创新能力较强，其产出（生产服务）内嵌着大量的人力资本和知识资本。生产服务作为"中间投入产品"，被"投入"到各产业的生产活动中去，不仅可以将人力资本和知识资本导入企业生产过程中，还可以产生较大的知识服务"溢出效应"。激烈的市场竞争使得企业通过市场配置的方式外购生产服务来满足其对人力资本和知识资本的需求，从而促进生产服务业的发展。

五、放松规制说

政策限制和体制性障碍不仅限制了生产服务业自身的发展，还阻碍了其他产业的发展进而影响到生产服务业的发展，世界各国逐渐放松经济规制促进了生产服务业的发展。政府放松经济规制从以下两个方面促进生产服务业的发展。

一是放松规制后，随着竞争的引入，成本因素、弥补内部缺乏的专业技能和知识资本、战略因素等因素会促使企业外购生产服务来提高效率，从而促进生产服务业发展。另外，服务业的放松规制，意味着更多的企业进入该领域，增加了生产服务的供给，进而促进生产服务业的发展。发达国家放松经济规制后，重视将自由竞争引进产品市场，促进资源优化配置，有效刺激企业提高对生产服务的需求水平。从20世纪60年代开始，各发达国家相继放松对运输业、电信业、金融保险业等行业的市场进入控制和价格控制，减少对企业活动的各种限制，引入市场机制和实行民营化和私有化。自由竞争，对于企业的发展来说，可谓是机遇与挑战并存。由自由竞争带来的严峻挑战迫使企业从市场采购生产服务来替代非核心生产程序，以将有限的资源用于核心能力的发展，来提高竞争能力。

二是放松规制可以降低生产服务的交易成本，从而促进生产服务业的发展。放松规制后，发达国家注重制定相关法律法规和服务标准，如知识产权保护法、商标法等，为生产服务交易提供法律保障。完善的法律法规和服务标准有利于避免生服务交易纠纷，减少信息不对称程度，从而降低生产服务交易成本。发达国家制定相关法律法规和服务标准也会增加企业对法律服务、管理咨询、政策咨询等生产服务的需求。

第二节 影响因素

综合国内外学者的研究成果，影响生产服务业发展的因素可以从经济发展水平、产业结构层次、产业分工程度、科学技术进步和管理模式创新等方面进行把握。

一、经济发展水平

人均国内生产总值可以衡量一国（地区）的经济发展水平。人均 GDP 综合反映了社会劳动生产率、生产总额、消费与生产者的比例、人口、收入水平以及整个国民经济发展水平等方面的总体状况，与第三产业有某种内在的联系，因此，它就成为影响服务需求的关键因素[1]，这也是目前文献中提到最多的影响生产服务业发展的因素。

生产服务业是社会分工专业化发展，以及各产业与服务业之间产业关联日益强化的表现。随着经济发展水平的提高和市场规模的扩大，社会分工不断深化，企业内部的生产服务环节形成"外部化"趋势，原来存在于企业内部的生产服务活动形成了市场化的新兴生产服务行业，这些新产生的服务行业不但为原来所从属的行业提供服务，而且还开拓新的市场，为其他行业提供生产服务。从产业层面看，这表现为生产服务业向各产业投入的更多的生产服务。因此，国民经济发展水平越高，生产服务业与各产业的互动发展程度越深。

二、产业结构层次

从功能定位上来看，生产服务是满足各产业的中间投入需求的生产要素。狭义生产服务指为工农业提供的服务形式的生产要素。随着第三产业比重日趋增大，生产者概念由工农业生产者扩展到服务业生产者，生产者服务越来越多地被作广义的理解。广义生产服务指在三大产业生产实物产品和服务产品过程中被作为生产要素投入的服务，亦可称为"服务形式的生产资料"[2]。不同的产业结构就意味着不同的生产服务需求。产业结构的演变不仅影响生产服务业发展还对生产服务业内部结构造成影响。下面将从产业间结构（三大产业结构）和产业内结构（三大产业内部各行业结构）来分析其对生产服务业发展的影响。

---

[1] 李江帆. 国民经济的发展水平与服务业就业比重定量分析 [J]. 未来与发展, 1983 (2).
[2] 李江帆. 第三产业与两大部类的关系试析 [J]. 体制改革探索, 1986 (3).

(一) 产业间结构的不同会影响需求规模对生产服务业的拉动作用

三大产业对生产服务的需求程度存在差异，这与三大产业的产品的性质和生产过程的特征有关。第一、第二产业生产实物形态的产品，必须有实物产品的投入。第三产业生产非实物产品，有些需要大量的实物产品投入，如餐饮及旅馆服务、交通运输服务，邮政通信服务等，有些需要少量甚至不需要实物产品投入，如商务服务、教育服务、金融服务、技术服务、咨询服务等。第一产业是三次产业中对自然资源依赖度最高的产业，其生产过程与自然形成过程结合在一起，这决定着第一产业生产必须有实物产品投入。第二产业生产过程是以第一产业的产品为加工对象的再加工过程，这决定着第二产业生产必须有实物产品投入。第三产业生产是以第一、第二产业的产品为物质条件，生产非实物产品的过程。这特点使得第三产业生产可以少投入实物产品，多投入生产服务。

另外，三大产业生产规模大小不一，决定着三大产业对生产服务需求程度不同。囿于生产与消费同时进行的特点，与第一、第二产业相比，第三产业生产规模一般都比较小。如批发零售业、市场服务业、与信息技术相关的服务业和其他商务服务业，这些行业的公司规模一般都比较少，甚至可以做到一人单枪匹马经营公司。第一、第二产业的生产规模比较大，企业规模较大自我服务功能就较强，生产服务内部化程度较高，外购生产服务的可能性就较低。第三产业生产规模较小，服务企业规模不大，自我服务功能较弱，生产服务外部化的程度较高，外购生产服务的可能性就较强，需要借助外购生产服务来营造"麻雀虽小五脏俱全"的优势。研究表明[1]，发达国家20世纪90年代末第三产业对生产服务的需求已经超过了第一、二产业之和，来自第三产业的中间需求已成为生产服务业发展的主要动力。

(二) 产业内需求结构的差异会影响生产服务业发展和其内部结构的优化

一般来说，劳动密集型行业的生产服务需求以批发零售、交通运输等传统生产服务为主；高新技术行业的生产服务需求以研发设计、管理咨询、技术服务等知识密集型生产服务为主。三大产业的内部结构差异都会影响到对生产性服务业的需求，这里以第二产业为例进行分析。由于制造业行业众多，不同类型的制造业产业特征不同，因而对不同类型生产服务的需求强度也会有所不同。

进一步地，劳动密集型的资源性制造业和低技术制造业对批发和零售贸易业、交通运输仓储和邮政业的需求较大，而技术密集型的中技术制造业和高技术制造业对商务服务业、计算机服务与软件业、金融业的需求较多。不同类型的制造业对生产性服务业各行业需求强度的差异直接影响了对生产服务业各行业的需求规模，并

---

[1] 李江帆，蓝文妍，朱胜勇. 第三产业生产服务：概念与趋势分析 [J]. 经济学家，2014 (1).

最终影响了生产服务业的内部结构①。

三、产业分工程度

依据古典经济学的分工理论，生产服务由内部化转向外部化是分工深化、专业化程度提升的表现。社会分工促进了生产服务业的发展，企业内部的研究、设计、会计、营销、咨询等服务职能部门逐步分离出来，由独立的市场主体运作。产业分工程度越高，越有助于促进生产服务业的发展。其原因是：

一是产业分工深化扩大了生产服务供给，产业分工的深化意味着企业内部服务功能的专业化发展，企业内部服务功能的专业化提高生产服务外部化可能性，同时为企业外部发出信号，即存在新的可以利用的市场，于是生产服务业获得发展，扩大生产服务供给。

二是产业分工深化增加了生产服务需求，不管是产业间分工还是产业内分工，产业分工的深化不仅导致生产链条被细分为不同的生产环节，还会不断延长产业链，使生产迂回程度提高，生产服务进入迂回生产过程的深度和广度不断提高，引起相关生产服务投入的需求增加，从而促进生产服务业发展。

四、信息技术进步

狭义上的技术进步主要是指生产工艺、中间投入品以及制造技能等方面的革新和改进。从广义上讲，技术进步是指技术所涵盖的各种形式知识的积累与改进。技术创新指生产技术的创新，包括开发新技术，或者将已有的技术进行应用创新。技术改造主要是指在坚持科学技术进步的前提下，把科学技术成果应用于企业生产的各个环节，用先进的技术改造落后的技术，用先进的工艺和装备代替落后的工艺和装备，实现内涵扩大再生产，达到增加品种、提高质量、节约能源、降低原材料消耗、提高劳动生产率、提高经济效益的目的。技术创新和技术改造是技术进步的途径，技术进步是技术创新和技术改造的结果。信息技术的发展是一种技术创新，农业、工业和服务业利用信息技术来改造传统生产方式就是一种技术改造。信息技术进一步通过以下几个方面影响生产服务业的发展。

（一）信息技术改变服务企业生产方式和组织方式，提高企业外购生产服务的可能性

企业密集使用信息技术，各生产环节之间和企业与顾客之间的信息传递和沟通快捷方便，信息失真度较低，不断拓展劳动专业化分工，提高生产的专业化水平，

---

① 樊文静. 中国生产性服务业发展悖论及其形成机理——基于需求视角的研究. 杭州：浙江大学，2013.

使得生产方式和生产组织由一体化集中化生产向分散化柔性生产发展，使得某些生产工序外部化变得更加容易，提高服务企业外购生产服务的可能性，从而促使生产服务业的发展。

（二）信息技术的发展，降低了外购生产服务的交易成本

首先，信息技术的发展及应用降低了生产服务交易双方的信息搜索成本。企业使用电话、计算机、互联网等工具，可以在世界各地的网站方便快捷搜集、处理、加工和分析生产服务交易的相关信息，降低生产服务交易双方之间的信息不对称的程度，大幅降低生产服务交易的信息搜索成本。其次，信息技术可以使得生产服务交易双方远距离直接传递和交流相关信息，交易双方通过互联网来传递交易相关资料，甚至是通过视频会议直接对话，双方的谈判沟通协调变得非常便捷，通过网上下订单网上支付等方式简化交易流程，大大降低了生产服务交易过程中的协商成本、契约成本、沟通成本和监督成本。交易成本的下降增强了企业购买生产服务的欲望，从而促进生产服务业的发展。

（三）信息技术的发展提高生产服务的可贸易性，扩大生产服务市场

信息技术的发展使得信息的储存、传递和提取均变得非常便捷，信息流动代替人员移动打破了传统服务产品生产消费要求服务产品生产者或消费者至少一方的空间移动和时间配合的低效状态，生产服务的远距离提供成为现实，提高了生产服务的可贸易性，推动了生产服务交易广度和深度的拓展，扩大生产服务市场。依靠信息技术发展起来的电子商务、网上银行、网上购买、网络交易等生产服务面向的市场是全球的。生产服务可贸易性的提高和市场的扩大，一方面使得生产服务生产者形成规模经济降低生产服务生产成本，从而促进生产服务业的发展；另一方面使得生产服务品种丰富，刺激企业购买生产服务，从而促进生产服务业的发展。随着生产服务交易的发展，生产服务交易双方之间的关系日趋紧密，会导致范围更广和规模更大的生产服务购买。

五、管理模式创新

管理模式是指在一定的时空条件和管理情境下，企业为保证其他各类活动的开展及效率而在决策、组织、领导、控制等方面采取的可重复使用的、相对稳定的且能为其他组织所借鉴和模仿的运行方式、方法和手段①。

人类经济发展经历了从农业经济、前工业经济、工业经济、信息经济以及知识

---

①刘涛. 企业管理模式演化机制研究［D］. 北京：首都经济贸易大学，2014.

经济时代，在各个时代，要素之间的相对重要程度不断变化，这些变化是产生管理模式变迁的根本原因①。

前工业时代，财物在企业中占有重要的地位，信息、技术和劳动力成为机器的附属物；重要性次序为 m（表示财务，包括有形的和无形的）、h（表示人力资源）、t（表示技术）、i（表示信息），与此相应的是科学管理理论。此阶段，成本效率因素是生产服务功能外部化的动因，因为公司可以以更小的成本从市场上获得公司内部能够提供的服务。外部供应者能够这样做（提供低价格）在于规模的经济中的服务生产过程是独立的。公司可以考虑到外部服务更廉价而寻求外部服务。

20 世纪三四十年代，随着资本财物相对重要程度下降，技术和人的重要性增加，此时的重要性次序为 h，m，t，i，为提高效率，管理研究的重点转向了对人的研究，出现了人际关系理论。此阶段，公司外购生产服务除了考虑成本效率因素，还考虑规避风险因素。公司通过寻求外部服务，公司可以减少内部职业、培训和内部投资方面的风险。

20 世纪五六十年代，随着科技的进一步发展，技术在企业中的作用凸现，资源重要性次序变为 t，h，m，i，技术主导的管理科学学派提出了自己的观点，充分结合人和技术，提高管理的效率。公司生产服务功能外部化是为了更好获取内部不可能获得的专业化技术和专家。科技的快速发展是生产服务外部化的贡献性因素。

20 世纪七八十年代，经济环境相对稳定，管理理论转向如何提高企业的竞争力来应对激烈的竞争；作为对环境的响应，在既定的资源配置方式前提下，提升了资源配置对外界环境的适应性。公司为了致力于核心技术和快速响应环境变化，选择购买外部服务，因为这些外部服务从战略上远离公司核心活动。

20 世纪九十年代，环境的巨变以及信息技术的高速发展，为企业带来更大的挑战，创新成为企业的主体，创新的主体是人，人和信息成为管理着重关注的对象，此时的资源重要性次序为 i，h，t，m。国内和国外环境日趋复杂，加速了生产过程的创新增加，导致了专业化服务的需求。对错综复杂的环境需要进行独立评估，有必要雇佣外部公司，如审计。

从上述管理模式创新过程可以看出，管理模式创新意味着管理着重关注对象的变化，这意味着生产服务外包的产生，容易将重要性降低的职能外部化，从而影响生产服务业的发展。另外，管理模式的不断创新还会产生新的生产服务需求，促进生产服务业的发展。

---

①钱颜文，孙林岩. 论管理理论和管理模式的演进［J］. 管理工程学报，2005（2）.

第三节 基本规律

生产服务业作为国民经济的重要组成部分，伴随着制造业的发展而成长，也有着自身演变的规律。本节主要从生产服务需求、产业结构、作用地位和产业竞争等方面把握生产服务业发展的基本规律。

一、服务需求上升规律

人类对服务产品的总需求的增长速度随着人类社会的发展而相对上升[①]。服务需求上升律有三方面的涵义：一是服务需求上升指的是对作为整体的服务产品的总需求的上升，并不意味着所有类型、规格的服务产品的需求都日趋上升；二是服务需求上升指的是服务需求的增长速度的相对上升，快于对实物产品需求的增长速度；三是服务需求上升具有概率规律性，是一种发展趋势。服务需求上升律包括生活服务需求的上升和生产服务需求的上升两方面。生产向信息化发展，使与信息的产生、传递和处理有关的生产性服务的需求以超过实物型生产资料的速度增长；生产的社会化、专业化发展，使越来越多企业在生产上存在着的纵向和横向联系加强，相互依赖程度加深，导致对商业、金融、银行、保险、通信以及广告、咨询、情报、检验、设备租赁维修等服务型生产资料的需求量的迅速上升，这样使得三大产业对服务型生产资料的需求以快于实物生产资料的速度增长，整个社会的生产软化系数（服务型生产资料占生产资料的比重）渐趋增大。

服务需求上升规律已经在多国经济发展中得到了验证。一是根据联合国统计司数据，截至2016年全球211个国家或地区中有146个已经进入了服务经济行列，第三产业增加值占GDP份额平均为68.7%。二是各国三次产业中间投入呈现软化趋势。表3-4显示了制造强国、制造大国和制造新国的第三产业增加值的比重均已超过了50%，成为国民经济的主体，并且比重不断上升；制造强国、制造大国和制造新国生产服务占各产业中间投入比重基本呈上升趋势，尤其是第三产业，生产服务在各国第三产业中间投入占主导地位。总的来说，制造强国三次产业生产服务投入水平最高，其次是制造大国，然后再是制造新国。

---

① 李江帆. 第三产业经济学 [M]. 广州：广东人民出版社，1990.

表3-4　不同国家三次产业增加值比重和中间投入软化率（服务化程度）

单位：%

年份	产业	国家	A	B	国家	A	B	国家	A	B
1995	第一产业	美国	1.23	32.78	德国	1.27	45.04	日本	1.73	36.88
	第二产业		23.00	31.69		32.15	37.31		33.70	30.48
	第三产业		75.77	73.80		66.58	74.61		64.57	67.58
2005	第一产业		1.01	28.06		0.87	46.22		1.38	32.10
	第二产业		20.82	33.29		29.15	37.54		29.30	28.53
	第三产业		78.17	78.70		69.99	80.40		69.32	67.39
2014	第一产业		1.24	27.70		0.68	45.08		1.36	25.29
	第二产业		20.53	30.90		30.33	34.77		27.25	25.68
	第三产业		78.23	77.02		68.99	79.64		71.39	64.26
1995	第一产业	英国	1.85	36.56	法国	3.33	32.16	韩国	6.16	18.90
	第二产业		30.68	30.75		24.57	37.48		39.80	18.21
	第三产业		67.47	70.29		72.10	75.89		54.04	62.42
2005	第一产业		0.90	48.13		2.28	35.16		3.33	21.03
	第二产业		23.22	35.38		20.69	38.21		38.01	15.83
	第三产业		75.88	79.97		77.03	80.02		58.66	63.40
2014	第一产业		0.68	27.32		1.68	22.93		2.34	16.03
	第二产业		20.96	27.03		19.44	32.26		38.23	17.36
	第三产业		78.36	75.58		78.89	80.69		59.42	59.60
1995	第一产业	印度	25.71	22.58	巴西	5.77	25.89	墨西哥	5.29	25.91
	第二产业		28.52	26.32		27.53	28.34		33.35	25.23
	第三产业		45.77	40.27		66.70	67.77		61.36	64.79
2005	第一产业		18.58	25.36		5.71	22.37		3.33	27.78
	第二产业		28.58	27.62		29.27	26.49		33.75	25.90
	第三产业		52.84	41.66		65.02	64.60		62.92	63.27
2014	第一产业		16.06	28.41		5.22	26.32		3.30	18.67
	第二产业		24.30	26.37		23.98	32.51		34.53	23.46
	第三产业		59.64	49.92		70.80	73.94		62.17	59.93

注：A为三次产业增加值比重，B（中间投入软化率）＝生产服务投入/中间投入。
（资料来源：根据世界投入产出表数据库计算所得.）

二、生产服务在三次产业间的分布规律

根据服务对象，生产服务可分为第一产业生产服务（农业生产服务）、第二产业生产服务（工业生产服务）、第三产业生产服务（服务业生产服务）。[①] 相应地，生

---

①李江帆. 推进广东生产服务业的发展[N]. 羊城晚报，2008-08-17.

产服务业指为三次产业提供服务形式生产要素的行业。对于发达国家来说，第三产业是生产服务业的最重要服务对象，第三产业的产出有相当大的比重被作为生产要素投入服务业生产过程。在我国第二产业仍是生产服务业的最重要服务对象，但在发达地区和大城市，第三产业生产服务的发展已初露端倪，第三产业是生产服务业的最重要服务对象。

图3-1和图3-2显示了美国、英国和巴西生产服务业结构与产业结构的契合性。美国、英国和巴西的国民经济产业结构是三、二、一，其生产服务业结构也是三、二、一。且美国和英国已经明显呈现出生产服务业结构与三次产业结构的高度契合趋势，其契合程度高于巴西。巴西也在上下波动中呈现生产服务业结构与三次产业结构之间存在高度契合的长期趋势。

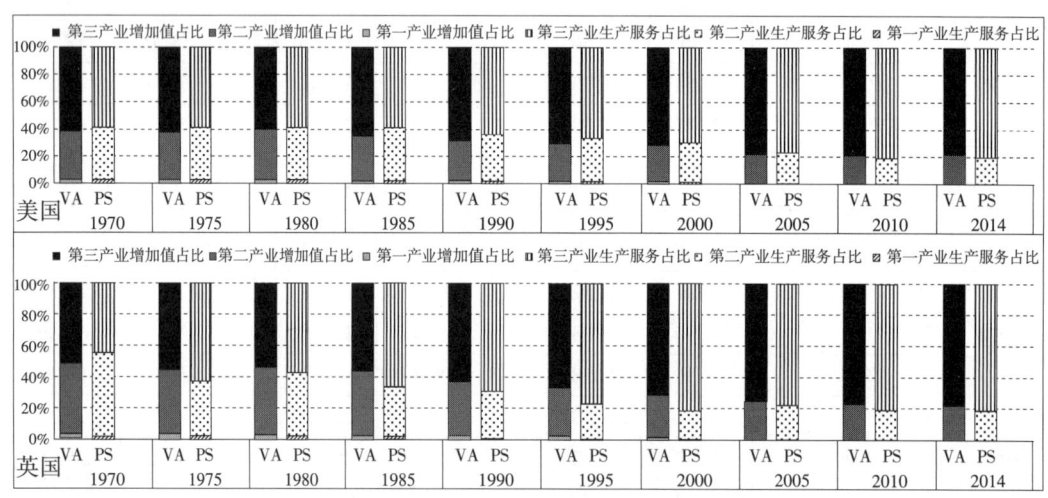

图3-1　1970—2014年美国和英国生产服务业结构与三次产业结构

注：VA为三次产业增加值比重；PS为生产服务内部结构（第一产业生产服务、第二产业生产服务、第三产业生产服务）；1970—2000数据来自EUKLEMS数据库，其余来自世界投入产出表数据库。

（资料来源：根据EUKLEMS数据库和世界投入产出表数据库计算整理.）

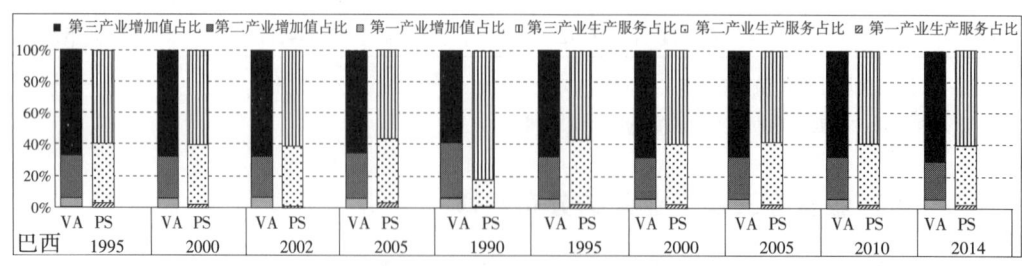

图3-2　1995—2014年巴西国生产服务业结构与三次产业结构

（资料来源：根据世界投入产出表数据库计算整理.）

三、生产服务业主导规律

在企业的生产过程中,生产服务对企业竞争力越来越重要,已超过了能源、原材料等传统的决定因素。这些生产服务不仅包括产品生产前企业需要的研发设计服务、金融服务、市场咨询服务、采购服务,生产过程中需要的设备租赁服务、技术服务、产品质量控制服务、企业管理服务,以及产品生产后企业需要的销售服务、物流服务、品牌宣传服务、售后服务等,还有对产品生产过程起到间接作用的生产服务,例如教育培训服务、人力资源管理服务、酒店餐饮服务、旅游服务、会计服务、文化娱乐服务等。简单地说,企业竞争力不仅来源于实物要素的投入,也来源于这些生产服务的有效组织和提供,并且生产服务的重要性逐渐提高,并占主导地位。

从内涵上看,生产服务业主导规律包括两方面:一是站在企业生产产品的角度,生产服务在企业生产中具有越来越重要的作用,逐渐占主导地位。在工业时代,由于生产服务越来越广泛地参与到生产制造过程中,它的角色逐渐从具有"润滑剂"效果的管理功能演变为有助于提升工业生产各阶段运营效率及产出价值(高附加值)的具有"生产力"效果的促进功能[1]。后工业时代,经济发展不再仅仅依赖于工业生产,生产服务更全面地参与到经济发展的各个层面,成为新技术和创新的主要提供者和传播者,具有"推进器"效果的战略功能。二是站在服务消费者的角度看,生产服务在解决如何为最终顾客提供服务的过程中具有越来越重要的作用,逐渐占主导地位。

生产服务在先进的生产系统中的角色演变如表 3-5 所示。

表 3-5 生产服务在先进的生产系统中的角色演变

Ⅰ(20世纪 50—70 年代) 管理功能("润滑"效果)	Ⅱ(20世纪 70—90 年代) 促进功能("生产力"效果)	Ⅲ(20世纪 90 年代至现在) 战略功能("推进器"效果)
• 财务 • 总量控制 • 存货管理 • 证券交易	• 管理咨询 • 市场营销咨询 • 咨询工程(咨询业) • 商业银行 • 房地产	• 信息和信息科技 • 创新和设计 • 科技合作 • 全球金融中介 • 国际性大项目融资服务

(资料来源:Hutton T A. Service industries, globalization, and urban restructuring within the Asia-Pacific: new development trajectories and planning responses. Progress in Planning, 2004, 61: 13.)

---

[1] 马风华. 第二产业生产服务研究 [M]. 北京:经济科学出版社, 2011.

四、生产服务贸易竞争规律

经济全球化的本质是生产的社会化。科学技术的进步不仅提高了社会生产力,还促使生产组织方式不断改变,生产规模不断扩大,从而推动了国际分工不断深化和世界市场不断扩大。伴随着经济全球化,产业内分工作为国际分工体系的另一种模式更为普遍和日趋复杂,产品生产过程被拆分成不同的区段和工序,然后被分割到不同国家进行,这提高了不同区段和工序外部化的可能性,逐渐成为独立的生产服务业,促进生产服务业的发展。越是经济全球化,生产分割程度越深,越是需要更多的生产服务去协调和链接被分割的不同工序,生产服务的投入随之增加。为了降低生产服务的投入成本,企业外购具有规模报酬递增性质的生产服务,从而促进生产服务贸易的发展。

表3-6中给出制造强国、制造大国和制造新国九个国家生产服务贸易进出口金额变化情况。从中可见,除了墨西哥,这些国家的生产服务贸易出口和进口金额从1995年至2014年均呈现持续上升趋势,而且2005年至2014年增加的幅度要远大于1995年至2005年的幅度。从总体上看,制造强国的生产服务贸易额大于制造大国,制造强国和制造大国的生产服务贸易额远大于制造新国。这说明随着经济全球化进程,三类制造国家在全球范围分散生产,国际化分工不断深化,需要更多生产服务来连接,从而促进生产服务进出口贸易的增长。

表3-6 九个国家的生产服务贸易进出口额

单位:百万美元(当年价)

国家 \ 分类年份	生产服务贸易出口			生产服务贸易进口		
	1995	2005	2014	1995	2005	2014
美国	205 757.60	264 489.00	503 293.80	85 364.96	192 978.62	271 652.50
德国	44 547.84	109 592.70	199 586.10	54 054.72	104 631.45	223 120.04
日本	64 207.25	78 644.77	81 505.47	42 292.51	52 943.44	85 379.99
英国	47 710.48	150 142.1	264 941.10	32 761.11	100 113.66	144 466.08
法国	42 872.11	84 745.35	176 305.80	39 133.91	61 494.67	140 226.84
韩国	21 066.81	26 315.09	67 004.74	13 202.69	37 113.20	52 055.67
印度	4 344.01	35 945.84	56 625.17	6 280.25	8 806.97	26 793.32
巴西	6 361.65	7 219.58	26 327.37	8 618.25	15 220.38	51 356.45
墨西哥	13 654.11	7 282.20	10 681.50	3 452.36	6 351.94	27 079.11

(资料来源:根据世界投入产出表数据库计算所得.)

第四节 空间布局与区域协调

一、生产服务业的空间布局要求

从组织形式上看，生产服务业空间分布的两种基本形式是集聚和扩散，且两者动态发展；从本质上看，产业集聚是生产服务业的主要空间分布形态，且不同层面出现不同的表现形态。

（一）全球层面：有选择性的跨国迁移与集聚发展[①]

生产服务业的跨国迁移与大型跨国服务企业的全球发展战略息息相关（表 3-7），生产服务业向特定城市集聚，在生产服务业分布上体现为"国际性城市—国家级城市—区域性城市—地区性城市"等级差异明显的格局。其中，大型服务企业采用把简单功能分散到其他地区的发展战略的原因：①生产服务业的跨国迁移可以有效打破东道国设置服务贸易障碍，降低服务生产和供给的综合性成本；②生产服务业的跨国迁移可以适应不同国家和地区需求者对服务产品档次、质量和价格等提出的不同要求；③获得各种优势生产要素和资源；④满足面对面接触和交流的要求；⑤通过市场扩张战略排挤竞争对手并获取核心竞争力；⑥适应服务企业组织结构改变的需要。基于这些驱动因素，发达国家的生产服务业原有的全球总部开始跨国迁移到发展环境好的国家中发展水平高的区域的核心城市建立地区总部或分支结构。

表 3-7 全球层面生产服务业跨国迁移的选择方式

选择类别	具体内容	典型案例
转移方式	在其他国家或地区设立地区总部和分支机构等方式，把公司的低端服务部门转移到发展中国家，大部分核心业务和高端服务部门还是留在母国。高端专业化生产性服务集中在"全球城市（Global City）"，而后台办公功能分散于欠发达国家	普华永道在我国内地、香港和澳门地区设立分支机构；UPS、FedEx、DHL、TNT 等全球物流公司在亚太地区设立物流基地或分销中心；毕马威在我国北京、沈阳、青岛、上海、南京、成都、杭州、广州、福州、深圳、香港和澳门等城市设立分公司；英国汇丰银行把地区总部从香港转移到上海，技术保障中心迁到深圳，呼叫中心转移到广州和上海

[①] 刘曙华. 生产性服务业集聚对区域空间重构的作用途径和机理研究——以长江三角洲地区为例. 上海：华东师范大学，2012.

续表 3-7

选择类别	具体内容	典型案例
转移国别	主要选择那些发展环境好、政府政策支持力度强的国家或地区，由此降低跨国开拓新市场的风险和成本，减少开辟新市场的外部障碍，为相关业务的开展提供了便利	印度成为亚洲的服务外包中心，墨西哥成为北美的服务外包中心，东欧和爱尔兰成为欧洲的服务外包中心，中国、菲律宾和俄罗斯等成为承接服务外包较多的国家等
集聚区域	主要选择一个国家或地区的核心城市作为自身的最佳区位，具体表现为跨国服务企业的驻外机构选择高等级城市进驻	波士顿咨询公司在全球 30 多个国家的 50 多个核心城市设立分支机构，长三角核心城市上海集聚有 200 多家投资性公司、300 多家跨国公司地区总部和 300 多家研发中心等

（二）区域层面：向中心城市的集中不断增强[①]

在区域层面，生产服务业在空间分布呈现向中心城市集中不断增强的特征，城市的位序与生产性服务业的差异化程度总体上一致，即相对高端的生产性服务行业集聚在大城市，而相对低端的生产性服务行业则向中小城市集中。不同类型生产服务行业空间集聚具有不同特征（表 3-8），具体表现如下：

表 3-8 区域层面不同类型生产服务行业的集聚特征

行业类别	集聚特征
物流业	空间外围转移、局部集聚
金融服务业	中心、次中心集聚
保险服务业	中心、次中心集聚
房地产服务业	中心、次中心集聚
事务所	中心集聚
咨询代理业	中心集聚
计算机服务业	中心、次中心集聚
研究与开发服务业	中心集聚、创新源集聚（局部）
专业技术服务业	中心、局部集聚

（1）金融服务、保险服务、房地产服务、计算机服务和专业技术服务等行业主要受企业间商务交流和合作的便利性与互补性、面对面接触和交流的需求、人力资

[①] 刘曙华. 生产性服务业集聚对区域空间重构的作用途径和机理研究——以长江三角洲地区为例. 上海：华东师范大学，2012.

本的吸引等因素的驱动,其趋向于中心、次中心集聚,并通过提升中心、次中心服务机构的服务层次与范围,为整个地区、国家甚至全球需求者提供服务。

(2)物流业由于具有明显的地域指向,其通常选择在运输条件比较好的地区集中,在空间布局形态上体现为空间外围转移和局部集聚。

(3)事务所、咨询代理业具有极强的向心性,在区位选择上不会刻意追求接近需求者,而是选择交通、信息便捷性强的地区,其中心集聚的趋势最为明显。

(4)研究与开发服务业属于高密度知识型服务行业,需要投入大量的人力资本、知识资本和技术资本,在区位选择上主要位于人力资本密集区,而城市(尤其是大城市)在高素质人力资源上具有明显的竞争优势,吸引研究与开发服务企业的优势也十分明显,由此引致其向中心城市和创新源集聚的不断加强。

(三)城市层面:向城市核心区集聚不断强化[①]

生产服务业特别是高端生产服务业在地理上越来越表现出集中、集聚发展的趋势,且集中的地点主要是大城市内部的某个区域。由于不同类型生产服务行业在行业特性上有一定的差异,其在城市内部的集聚也就具有一定的差别,虽然大部分生产性服务业是向中心、次中心集聚,但各类行业由于一定的区位指向,其在中心、次中心内部的分布是有所差别的,归纳了城市层面生产服务业空间分布的特点。具体表现为如下几点:

(1)物流业具有明显的交通指向,主要布局在城市内交通便利的地区,也就是主要向城市物流园区、空港物流园区和海港物流园区等集聚。

(2)金融和保险服务业、事务所、咨询代理业由于其市场范围比较大才能生存,其具有明显的需求者指向,在布局区位选择上趋向于在城市内部交通、通信等最为便利的地区,即主要向中央商务区(CBD)、中央游憩区(CRD)集聚。此外其集聚还受历史因素、人文因素等的影响。

(3)计算机服务业和专业技术服务业具有明显的需求者指向,其常选择分布在需求者(尤其是制造业)周边,也就是城市内产业园。

(4)研究与开发服务业由于受地区综合实力、政府政策支持、消费市场、信息沟通便利、科研资源等集聚因子的影响,其主要向各类科技园区、知识创新资源密集区和创新源等地区集聚(表3-9)。

[①] 刘曙华. 生产性服务业集聚对区域空间重构的作用途径和机理研究——以长江三角洲地区为例. 上海:华东师范大学,2012.

表 3-9 城市层面不同类型生产性服务行业的集聚特征

服务行业	集聚趋向
物流业	城市物流园区、空港物流区、海港物流区等集聚
金融和保险服务业	CBD、CRD 集聚
房地产服务业	特定街道集中（局部）
事务所	CBD、CRD 集聚
咨询代理业	CBD、CRD 集聚
计算机服务业	信息产业园集中（局部）
研究与开发服务业	各类科技园区、知识创新资源密集区、创新源等集聚
专业技术服务业	各类产业园集聚

（四）综合层面：集聚与扩散并存且动态发展

源于面对面接触、外部规模经济效益、创新效益和竞争效益、社会文化等对促进生产服务业集聚具有重要作用，大量的生产服务业高度集聚于城市中心，但是社会进步和科技不断创新导致城市功能区的空间替代，新功能的优势使其在空间竞争中对旧功能空间形成威胁，兼之城市中心人居环境恶化以及诸多城市问题的产生，不少生产性服务业已经或将要逐步有选择地向外扩散，而郊区凭借其设施、环境、劳动力等方面的优势，成为扩散的主要目的地。①

集群是动态发展的，根据集群生命周期，生产服务业集群产生的积极效果并不会无限期地持续存在，到了一定的临界点就会成熟，这时集群内的拥挤和竞争现象会加剧，集群内企业的进入和成长速度就会降低，最终会导致集群的衰落。导致生产性服务业集群动态发展的原因：生产服务业集聚能够带来利益，也会产生成本，当利益大于成本时集群就会成长，包括集群内原有服务企业的成长，以及不断吸引新的服务企业加入；而当生产服务业集聚的成本大于收益时集群就会逐渐衰落，生产服务业空间分布呈现扩散形式（表 3-10）。②

生产服务业空间布局扩散模式是企业追求内部规模经济的必然结果，主要体现在三方面：企业品牌效应的市场扩散；边际成本为零的技术、信息以及管理经验在更大范围的重复运用；融资条件和讨价还价能力随规模的增大而改善等。总之，生产性服务业的区位模式是集聚与扩散并存，且二者是动态发展的。③

---

① 赵群毅，周一星. 西方生产性服务业的地理学研究进展［J］. 地理与地理信息科学，2005（6）.
② 王晓玉. 国外生产性服务业集聚研究述评［J］. 当代财经，2006（3）.
③ 范秀成，王莹. 生产性服务业区位模式选择的国际比较［J］. 国际经贸探索，2007（5）.

表 3-10　生产服务业集群成长与衰落的影响因素

	需求方面	供给方面
集群成长	企业临近顾客的益处	集群的知识外溢
	顾客降低搜索成本的益处	专业化投入的益处
	信息外部经济	基础设施利益
集群衰落		集群内企业间良性的相互激励
	需求市场的拥挤和过度竞争	供应市场的拥挤和过度竞争
	技术中断	垄断或高度集中
	客户口味和偏好的改变	一成不变的基础设施
		强制的商会

二、生产服务业发展的区域协调

生产服务业区域协调发展的基础是建立在发挥各自比较优势和产业分工基础上的互补与合作。有利的自然禀赋或后天形成的有利条件可以使某些区域生产某种服务产品的成本低于其他区域，从而在该产品的生产和交换上处于有利地位。各区域按照自身的有利条件进行生产服务业的协调发展，发挥各区域的资源优势，发展优势产业，避免生产服务业的重复建设，将会使各区域的资源、劳动和资本得到最有效的利用，提高区域生产率，增进区域利益。

（一）区域生产服务业分工合作演化规律

区域生产服务业分工合作演化的规律性体现在演化的层次性、阶段性及制约性[①]。

1. 演化的*层次性*

区域生产服务业分工合作演化，最初由企业间的分工合作展开，进而发展到城市、城市群，再到区域尺度的产业分工合作。由最初的单一节点，发展为点—点、点—线、线—线、线—面、面—带等多种空间格局的网络格局，并在区域内形成由区域生产服务业分工合作而联结成网的城市网络、企业网络等。运输成本的下降是提高区域生产服务业分工合作演化进程的途径之一，在诸多联系通道的纽带桥梁作用下，区域生产服务业分工合作演化大致可分为宏观（区域）、中观（城市）、微观（企业）三个层次。

2. 演化的阶段性

区域生产服务业分工合作演化不是一蹴而就的，而是随着生产服务业发展的各

---

① 徐延延. 长江经济带产业分工合作演化研究. 上海：华东师范大学，2015.

个阶段而递阶式发展的。以泛珠三角经济区为例,单就泛珠三角经济区这一宏观区域而言,大区域层面的生产服务业分工合作尚未深入展开,仍以各城市群内部的生产服务业分工合作为主,各城市群中,珠三角城市群的生产服务业分工合作成效最为显著;区域生产服务业分工合作的各主体中,企业间的产业分工合作便于展开,其次为城市,再到城市群,最后为经济区,因此泛珠三角经济带生产服务业分工合作遵循的是由"企业—城市—城市群—经济区"逐层推进的区域生产服务业分工合作空间演化格局。

3. 演化的制约性

区域生产服务业分工合作演化并非一成不变,同分工理论的发展一样,在不同阶段会受到不同制约因子的影响。区域社会经济发展的初期,生产服务业分工初步形成,基本处在产业间分工状态时,区域生产服务业分工合作演化主要受自然禀赋要素(原材料、能源、矿产等)的影响,自然资源等先天因素是区域生产服务业分工合作发展的主要制约因子;随着产业结构的进一步高级化、社会经济的发展,人力资本、技术等后天因素成为区域生产服务业分工合作演化的重要制约因子。进入21世纪以来,区域生产服务业分工合作演化的制约因子变得尤为复杂多样,信息技术、企业战略、创新、制度、文化等对区域生产服务业分工合作演化的制约性皆不容小觑。

(二)生产服务业区域协调发展思路

1. 错位发展,避免同构

生产服务业区域协调发展过程中,面临的突出问题表现在缺乏统筹,区域内各成各自生产服务体系,造成区内经济结构高度同质化和资源内耗;产业分工定位不明,促成区内生产服务业重复建设,服务机构重叠,浪费资源,降低区域整体竞争力。对此,生产服务业区域协调发展应坚持错位发展,避免同构的发展思路,根据区域内各城市有利的自然禀赋或后天的有利条件进行服务业产业分工,进行核心城市和二级城市的错位发展。

从服务业区位功能上[①],长三角大都市圈城市可以划分三个等级体系,上海作为核心城市,南京、苏州、杭州、宁波等作为二级城市,其他城市作为三级城市;从资源整合优势看,圈内现代服务业的竞争合作发展以上海为核心,在上海优先驱动模式下,二级城市与之错位发展,形成水平分工的竞争和合作相结合的服务行业寡头主导的区域市场结构。

在研究京津冀生产服务业区域中,北京应围绕首都和世界级现代化服务型城市的目标,立足高端、高效、高辐射的产业发展方向,把发展现代服务业作为核心,

---

① 谷永芬,洪娟. 区域市场导向下长三角都市圈现代服务业的竞合发展[J]. 当代财经,2008(7).

大力发展具有比较优势的金融、软件和信息服务业、产品研发和中介咨询等产业，增强其服务功能和辐射力。天津应围绕北方经济中心、国际航运物流中心、高端制造和研发转化基地的功能定位，重点发展与高端制造业相互促进的服务业，建设海陆空立体物流网络，加快发展物流业，壮大完善现代金融服务业。河北应充分发挥资源丰富、要素成本低和产业基础好的优势，利用京津的智力、技术优势，通过生产服务化对钢铁、建材、化工等传统优势产业进行改造升级；积极发展具有潜力和基础好的交通运输、仓储物流、批发零售等服务业务，形成新的经济增长点。

修正后的偏离—份额空间结构模型（表3-11）[①]，以长三角十六个城市现代服务业为对象进行实证研究，分析了各城市交通运输、仓储和邮政业，信息传输、计算机服务和软件业，金融业，房地产业，租赁和商务服务业，科学研究、技术服务和地质勘查业，文化、体育和娱乐业等七类现代服务行业的竞争优劣势、空间结构状况和资源配置状况，在此基础上从区域协调发展的角度提出了各城市现代服务业主导产业的空间布局方案。其研究结果是，交通运输、仓储和邮政业应主要布局在沿长江产业带；房地产业应要布局在上海的近邻城市以承接产业转移和人员外溢；金融业则应以上海为中心，以长三角中部城市为据点，形成发散性的布局模式。

表3-11 修正后的偏离—份额空间结构模型的五分量计算方法及含义

名称	计算方法	含义
参照地区分量	i表示现代服务业中第i行业，表示j地区i行业基期0的产值，表示参考地区C的经济总量的增长率	反映了j地区i行业在报告期内以参考地区经济总量增长率为参考标准计算而得的应该达到的产值增长量。数值越大，表示j地区i行业的期望产值的增长量越大
产业结构分量	表示参考地区i行业的产值增长率。i越大，说明该行业发展的基础优势越明显	以参考地区i行业产值增长率与经济总量增长率的差值来反映该行业在参考地区总体经济中的优劣状况。该分量值为正则表示该行业的发展速度高于参考地区经济总量的增长速度，是增长性的行业，反之则是衰退性的行业
空间结构分量	表示与j地区相邻的地区集合第i行业的产值增长率	以参考地区j地区相邻的地区集合的第i行业的产值增长率与参考地区i行业的产值增长率之差反映j地区i行业的空间差异状况。该分量值为正则表示j地区的相邻地区i行业的发展速度高于参考地区该行业的平均发展速度，j地区i行业的发展面临竞争压力，该分量值越大，说明j地区该行业面临的竞争压力越大

[①] 陈伟达，景生军. 基于偏离—份额空间结构模型的长三角现代服务业协调布局研究［J］. 东南大学学报（哲学社会科学版），2012（1）.

续表 3-11

名称	计算方法	含义
竞争力分量	表示按参考地区 i 行业产值比重结构确定的 j 地区该行业基期 O 应能达到的产值	以 j 地区 i 行业的产值增长率和与其空间相邻地区同行业的产值增长率的差值来反映该地区该行业的竞争力状况。该分量值为正,说明该行业具有一定的竞争力,反之则不具有竞争力,该分量值越大,说明该行业在该临近地区范围内的竞争力越强
资源配置分量		反映了 j 地区在剔除了与参考地区基期行业结构差异性的影响后,行业资源向该行业集聚的程度

2. 突出特色,打造优势生产服务业

按照价值链理论,现代生产过程分工细化,价值链条上下环节既要分工又要合作,每个地区至少拥有价值链上某环节的优势。生产服务业区域协调发展,可以保留和控制具有优势的环节,分散处于劣势的环节,通过分工合作释放优势,这样区内各地区就可以突出特色,打造各自优势生产服务业,实现利益最大化,提升区域整体竞争力。对此,生产服务业区域协调发展应坚持突出特色,打造优势生产服务业的发展思路。一般先分析区域内各地区具体生产服务业的竞争优劣势,再结合生产服务业的空间结构情况,提出该区域生产服务业主导产业的布局模式。

港深两地发展生产性服务业合作的必要性是城市特点、长期利益等因素决定的,深港合作发展生产性服务业具有很明显的合作利益,不仅可以做到优势相彰,也可以弥补两地的相对劣势(表 3-12)①。深港生产性服务业合作发展具体体现在以下几方面:一是金融创新合作策略。在深港金融服务链的进一步链接中,其方向应是各具特色,优势互补,合作重点放在两地金融组织的合作与发展、两地金融市场的衔接和开发、两地金融运行机制的衔接、两地金融监管的合作和协调。港深两地通过互补式合作,可以提高深圳资金融通效率,扩大香港的资金投放市场。二是现代物流业的合作策略。深圳物流业的发展可以直接为香港提供延伸和补充。港深两地的物流业合作可以考虑加强两地物流信息链连接。港深两地的物流业合作还可以考虑加强层次互补,弱化相同档次竞争。两地港口虽然紧相毗邻,但两地能够提供的服务是有差别的,香港提供专业化的服务层次,深圳具有地面空间大和综合成本低的优势,提供低增值的业务,做香港的中介。三是会展、商务旅游等商务服务业合作。港深两地在会展、商务旅游、总部经济等商务服务业方面合作是大有可为的。深圳对内地的引力大一些,而香港则对海外有更大的吸引力。两地仍以差异互补方式合作,需要深圳为跳板到香港进行商务活动的,深圳可以积极推介和鼓励,尽可

---

① 唐国兴,段杰. 深港生产性服务业合作发展 [J]. 经济地理, 2008 (4).

能地提供各种便利；反之，需要利用香港做跳板进入内地的，香港可以发挥其信息优势、合作伙伴关系网络优势进行引介。

表 3-12 港深两地优势互补"钻石模型"

关键因子	内容	深圳	香港
要素条件	基本生产要素：普通劳动力、地理位置	一般劳动力充足、成本低，人才洼地；区位优越，土地面积大，经济腹地广	劳动力成本高，土地面积有限，地价较高，地理区位优越
要素条件	关键生产要素：知识、资金、高级服务基础设施、高级人才	科研力量一般，缺乏营销型R&D，创业资金短缺、融资不便，高级服务通信设施有待完善，高级人才比较短缺，高级服务业技术缺乏	营销型的R&D部门齐全，有较强的技术引进和创业能力，高级服务业人才齐备，资金充裕，且有较强的全球融资能力，高级服务业设施完善
需求条件	国内市场	市场潜力巨大，发展势头强劲，较多企业面临转型	市场规模有限，但需求先导性强，有利于服务
需求条件	国际市场	覆盖范围很小，是将来的发展方向	
相关和支持性产业	上游产业和互补性产业	上游产业较全面，互补性服务业价值链欠缺，未形成广泛互补	与上游产业一般是空间上分离，需要外方支持；连通、高效、完善的生产性服务业体系
企业管理、经营策略与结构，同业竞争	经营管理战略与产业构成	经营管理效率低，缺乏长期增长规划，产业构成不合理，不符合城市特点，企业间规模参差，关系松散，未能结合本地竞争优势资源	经营管理效率高，企业多为大型跨国企业，熟悉行业规范，运作流畅，竞合关系显著
企业管理、经营策略与结构，同业竞争	企业竞争	低层次同业竞争激烈，行业尚未形成气候	市场主导，企业竞争激烈，政府采取"积极不干预"
不确定变量	机遇（契机）	全球新一轮分工，科技进步加快	回归祖国、内地加入WTO、CEPA等合作框架协议
不确定变量	政府	改善和完善与香港合作条件，积极推动	有待职能转变，部分实行奖励创新

本章习题

一、名词解释
1. 成本节约说
2. 生产组织说
3. 服务外包说
4. 产业竞争说
5. 放松管制说

二、简答题
1. 影响生产服务业发展因素是什么？
2. 简述生产服务业发展的基本规律。
3. 生产服务业空间分布有什么规律？
4. 如何协调区域生产服务业的发展？

三、案例分析

粤港澳大湾区包括香港特别行政区、澳门特别行政区和广东省广州市、深圳市、珠海市、佛山市、惠州市、东莞市、中山市、江门市、肇庆市，总面积5.6万平方公里，2017年末总人口约7000万人，是我国开放程度最高、经济活力最强的区域之一，在国家发展大局中具有重要战略地位。建设粤港澳大湾区，既是新时代推动形成全面开放新格局的新尝试，也是推动"一国两制"事业发展的新实践。这一政策背景为生产服务业在更深更广的层面上展开合作创造了良好的契机和条件。CEPA的签署使港澳与内地的服务业获得广泛合作空间，有助于建立统一市场、消除生产流通障碍、有效配置资源和生产要素、构筑开放互补、市场广阔、互利共赢的区域经济体系。与此同时，粤港澳大湾区生产服务业合作也具有现实可行性。首先，处于龙头地位的香港、澳门和广州、深圳核心地区有强烈的辐射和带动作用。其次，粤港澳大湾区各地区明显的互补优势和经济差异是推动生产服务业合作的内在动力。

(资料来源：根据"粤港澳大湾区"和"CEPA"的百度百科资料整理.)

请结合上述材料分析，按照错位发展、避免同构、突出特色、打造优势生产服务的理念，分析粤港澳大湾区各地区如何进行生产服务业的区域协调发展。

第四章

产业评价

本章主要阐述生产服务业评价的基本认识，着重介绍了生产服务业评价的基本概念、评价内容、遵循原则、作用意义、评价方法和运行监测，并以中国为例，从发展水平、服务能力、发展潜力三个方面对中国生产服务业发展情况进行评价。评价结果表明：

目前，尽管中国生产服务业的总量规模较大，但生产服务业发展水平低的问题比较突出，主要表现在人均生产服务业增加值、生产服务增加值密度远低于制造强国和制造大国的水平。从具体行业看，中国在科学技术服务、信息通信服务、商务服务等高端生产服务领域明显落后于制造强国和制造大国。值得肯定的是，中国在运输仓储邮政、金融保险等领域有相对优势，与制造新国相比这种优势更为明显。

目前，中国生产服务业对制造业总体服务能力不强，中国生产服务对工业的供给仍不到位。其中，金融保险对制造业的服务能力相对较强，批发零售、信息与通信的服务能力相对较弱。中国生产服务业有一定的国际比较优势，部分行业的国际竞争力较为明显。其中，渠道性特点较为突出的批发零售、运输仓储邮政、商务服务等生产服务业的外向服务能力较强；但金融保险、科学技术服务等高端生产服务业的外向服务能力较弱。

作为世界制造大国，尽管中国工业对生产服务的需求非常旺盛，但中国生产服务业发展水平与工业规模并不相称，与三类国家具有强大生产服务输出能力的情况相比，中国生产服务业正处于高速且稳定增长的态势，依托庞大的工业基础，再加上培育和形成优势生产服务业的出口，中国生产服务业未来发展潜力和发展空间巨大。

本章最后还介绍了生产服务业发展的运行监测方法，着重阐述了生产服务业运行监测的内涵与外延、意义与作用、运行监测方法、运行监测体系构建、运行监测数据的应用、生产服务业运行监测数据的解读，以及如何根据监测指标进行运行调控。

第一节　生产服务业评价基本认识

一、生产服务业评价内涵与外延

（一）内涵

生产服务业评价是指以服务经济理论特别是生产服务业理论为基础，对一个国家（地区）生产服务业发展情况的评价，着力分析总结生产服务业发展状况，针对与生产服务业发展密切相关的影响因素，找出存在问题，理清发展思路，提出解决方案，促进生产服务业健康发展。

（二）外延

生产服务业评价的外延是指对生产服务业评价的内容。生产服务业评价属于产业诊断、产业评估范畴，根据不同的目的和需求，生产服务业评价的内容也会有所不同。应该说明的是，生产服务业发展的好坏不能就生产服务业的发展来评价生产服务业的发展，要结合其服务的对象（制造业）来进行评价，通过制造业发展的结果来检验生产服务业发展总量是否充足、服务能力是否到位、服务潜力是否巨大等。因此，生产服务业的发展水平、服务能力和发展潜力是生产服务业评价的基本内容。

1. 生产服务业发展水平评价

任何一个产业自从诞生后就会有一个发展水平的问题，生产服务业也一样，生产服务业发展水平的评价就是通过与相关样本的比较，把握一个国家（地区）生产服务业发展状况，分析与其他国家（地区）生产服务业发展的比较优势、比较劣势、发展短板，找出存在问题，提出相应的发展取向。

2. 生产服务业服务能力评价

生产服务业不是为了发展生产服务业而发展生产服务业的，生产服务业的发展是为了更好地服务于工农业，特别是制造业的发展，为制造业转型升级提供强有力的支撑。因此，生产服务业评价的另一个重要内容是把握生产服务业提供相应服务功能的能力，考察生产服务业对制造业的支撑和促进作用。生产服务业的服务能力可以从两方面来考察：一方面是生产服务业对一个国家（地区）自身制造业发展的服务能力，这是生产服务业对本国（地区）制造业发展支撑作用的体现；另一方面是对其他国家（地区）制造业发展的服务能力，表现为生产服务输入与输出能力的大小，是生产服务业竞争能力大小的体现。

3. 生产服务业发展潜力评价

除了对现状、能力的评价外，生产服务业评价还要关注其在未来的发展潜力，把握其未来发展空间。由此，生产服务业发展潜力的评价主要是依据一个国家（地区）内外制造业发展需求，对生产服务业发展潜力进行评价，以把握该国家（地区）生产服务业未来的发展空间。

二、生产服务业评价的基本原则

生产服务业的评价要在产业经济理论、服务经济理论的指导下，以生产服务业发展理论为基础，遵循生产服务业发展规律，结合一个国家（地区）制造业发展的实际进行评价。此外，为了提高生产服务业评价的简洁性、方便性和可操作性，还要遵循以下三个基本原则。

（一）全面性与针对性相结合

首先要全面把握生产服务业发展的意义和要求，这是正确理解和评价生产服务业发展情况的基础和前提。但生产服务业的评价不能面面俱到，要突出重点，要有针对性，也就是说要结合一个国家（地区）当前制造业发展的实际和目前生产服务业发展的特点，有针对性地评价该国家（地区）生产服务业的发展水平，查找存在问题，提出发展方向。

（二）完整性与操作性相结合

生产服务业发展涉及行业多，行业特性差异大，再加上对标比较的国家（地区）样本还有很大的差异，因此生产服务业的评价首先要以生产服务业发展理论为基础，建立完整的评价体系，包括评价内容体系、评价指标体系等。从指标体系来说，要从数据可获得性角度，尽可能选择有官方统计资料支撑的数据；从数据共线性角度，剔除重复意义的无效指标；从国家（地区）样本选择角度，则要选择有代表性的国家（地区）样本即可，达到以点观面的效果。

（三）定量与定性分析相结合

定量分析就是从生产服务业的数量特征、结构关系、数量变化、相互依赖程度等方面构建相应的评价指标体系，然后通过一些计算工具、计量模型计算相关结果，定量分析有利于把握生产服务业与制造业发展相互关系的数量程度，但对于一些不可量化的指标，而这些因素又是评价中所必须考虑的，采用定性和定量指标相结合来建立评价指标体系是非常必要的。

更为重要的是，定性分析就是对生产服务业发展情况进行"质"的分析。要在定量分析的基础上，运用归纳和演绎、分析与综合，以及抽象与概括等方法，对获得的各种数据资料，结合相关材料进行思维加工，去粗取精、去伪存真、由此及彼、由表及里，达到认识生产服务业发展本质、揭示内在规律、把握发展大势的目的。

三、生产服务业评价的作用意义

（一）生产服务业评价的作用

生产服务业工作的开展必须以弄清楚生产服务业发展情况为基础和前提。生产服务业评价就是以专业知识为基础按照公开、公平、公正的原则进行的生产服务业发展情况的评价，既是生产服务业发展的基础性工作，也是发展生产服务业结果和成效的检验手段。

（1）摸清发展情况、找准发展方向。在生产服务业工作开展之前，首先必须对生产服务业进行产业评价，摸清发展情况，合理确定对标国家（地区），查找存在问题和发展差距，找到发展优势，提出发展方向，确定发展目标。

（2）评价发展成效、检验政策效果。生产服务业工作的开展，支持政策的实施，生产服务业功能区、生产服务平台的建设，以及重点生产服务业企业的培育成效都得进行政策效果的检验，以总结政策成效，查找政策偏差，寻找政策短板，完善发展措施，修正发展取向。

（二）生产服务业评价的意义

由于生产服务业的评价可以摸清发展情况，找到发展差距，评估发展成效，检验发展效果，因此，对生产服务业发展工作的主管部门和生产服务业实际工作者都有重要意义。

（1）生产服务业评价是生产服务业政策制定部门走向决策民主化和科学化的必由之路。任何一项政策如果不是"帕累托改进"①，这项政策就需要调整。通过第三方研究机构开展生产服务业评价，在把握政策短板、政策偏差的基础上，找出没有达到预期目标的原因，总结经验教训，并通过及时有效的信息反馈，结合专家学者意见，修正政策，更好地支持生产服务业的发展。

（2）生产服务业评价能够为政策作用对象如何对接政府发展要求和发展方向提供指导。政策作用效果的好坏不仅取决于政策制定部门出台政策是否正确、传导机制是否合理，更为重要的是还涉及政策作用对象的反应。通过生产服务业评价，可以检验政策实施作用对象面的广度和深度，把握政策实施作用的生产服务业企业数量、改变生产服务业企业发展的情况、生产服务业企业发展水平提升的效果，从而更好地为生产服务业企业对接政府发展要求和发展方向提供指导。

---

①以意大利经济学家帕累托（Vilfredo Pareto）命名的一种变化状态，即一项政策的实施如果能在没有使任何一个人（企业）的境况变坏的基础上，使得至少一个人（企业）变得更好就称之为帕累托改进或帕累托优化。

四、生产服务业评价方法

生产服务业发展涉及面广、牵涉问题多，而且行业特性差异大，生产服务业评价是一项复杂的系统工程，因此，如何构建一个准确、完整、可操作性强的评价体系，找到一种简单明了的生产服务业评价方法是生产服务业评价必须解决的基础性问题。

（一）生产服务业评价的统计学基础知识

生产服务业评价首先是定量分析，定量分析的基础是统计学。统计学是通过搜索、整理、分析、描述数据等手段，以达到推断所测对象的本质，甚至预测对象未来的一门综合性科学。与生产服务业评价定量分析密切相关的统计指标包括以下四类。

1. 总量指标

总量指标在经济学中是用来反映社会经济现象在一定条件下的总规模、总水平或工作总量的统计指标。总量指标用绝对数表示，也就是用一个绝对数来反映特定现象在一定时间上的总量状况，它是一种最基本的统计指标，表明现象总体发展的结果。

2. 均量指标

均量指标是总体各单位某一数量标志一般水平的统计指标。研究社会经济现象总体时，如果抛开均量指标而谈总量指标和结构指标，往往是没有意义的，均量指标是研究产业发展的质量水平非常重要的指标。

3. 增速指标

增长速度是反映社会经济现象增长程度的相对指标，它是报告期增长量与基期发展水平之比。增长速度与发展速度一样，由于采用的基期不同，分为环比增长速度与定基增长速度。增长速度指标反映国民经济和社会发展变动的情况、趋势和增长能力等情况。

4. 结构指标

结构指标是指总体中部分数值与总体中全部数值对比的结果，表明总体中某部分占总体的比重，故常被称为比重指标。研究社会经济现象总体时，不仅要掌握其总量，而且要揭示总体内部的组成数量表现，亦即要对总体内部的结构进行数量分析，这就需要计算结构相对指标。产业的结构指标可以说明在一定的时间、地点和条件下，总体结构的特征，不同国家产业结构的发展趋势和规律，分析经济结构的演变规律根据各构成部分所占比重大小，可以反映所研究现象总体的质量以及人、财、物的利用情况，还有助于分清主次，确定工作重点。

（二）生产服务业评价的计量经济学基础

计量经济学是以一定的经济理论和统计资料为基础，运用数学、统计学方法与电脑软件技术，以建立经济计量模型为主要手段，定量分析研究具有随机性特性的经济变量关系的一门经济学学科。计量经济学研究方法主要包括模型设定、估计参数、模型检验、模型应用等。以下几种方法是生产服务业评价中常用的计量经济学方法。

1. 指数分析法

生产服务业评价涉及的指标多，而且各指标的计量单位不同，不能直接相加综合，需要用一种综合的方法加以量化，使反映各领域特征的综合评价指标体系数据成为反映社会发展水平的总指数。发展指数的计量方法有多种，目前所采用的是无量纲和标准化评分相结合的一种评价方法，即首先将每一评价指标加工为单项指数，再将单项指数加总为领域指数，最后将领域指数合成为总指数。

2. 回归分析法

回归分析法是确定两种或两种以上变量间相互依赖的定量关系的一种统计分析方法，通过规定因变量和自变量，建立回归模型来确定变量之间的因果关系，并根据实测数据来求解模型的各个参数，然后评价回归模型是否能够很好地拟合实测数据；如果能够很好地拟合，则可以根据自变量作进一步预测。回归分析按照涉及变量的多少，分为一元回归和多元回归；按照因变量的多少，可分为简单回归分析和多重回归分析；按照自变量和因变量之间的关系类型，可分为线性回归分析和非线性回归分析。

例如，要对生产服务业发展的政策效果进行检验，可以将生产服务业发展政策与政策目标之间通过以目标年之前的历史样本数据进行回归，建立回归模型，按照回归方程计算后 N 年度的自然增长程度，然后通过与实际值对比，从而得出生产服务业政策的有效程度。

3. 模型分析法

为了分析其相互作用机制，揭示内部规律，可根据理论推导，或对观测数据的分析，或依据实践经验，设计一种模型来代表所研究的对象。模型反映了对象最本质的东西，略去了枝节，是被研究对象实质性的描述和某种程度的简化，目的在于便于分析研究，借助计量经济模型进行分析，是一种有效的科学方法。

（三）生产服务业评价对标样本的选择

1. 供需对比法

供需对比法是以生产服务业服务于制造业发展为评价基础，找到制造业对生产服务业的消耗程度的国际标准（需求水平），然后与某一时点生产服务业的供给水平进行比较，从而找出生产服务业的服务供给与服务需求之间的差距。供需对比法一般适用于生产服务业互动型、融合型发展模式的政策取向研究。

2. 国际对标法

生产服务业评价的国际对标法就是以国际同类型国家（地区）生产服务业发展水平、行业结构等作为一个国家（地区）生产服务业发展的比较对象，从而找出比较优势、比较劣势，查找存在问题和发展差距，提出发展取向。国际对标法一般适用于生产服务业追赶型发展模式的政策取向研究。

第二节　生产服务业发展水平评价

一、生产服务业发展水平含义和评价指标

（一）发展水平含义

生产服务业发展水平是指一个国家（地区）生产服务业发展的规模、速度、结构、均量等所达到的水准。

（二）评价指标选择

反映一个国家（地区）生产服务业发展水平的主要指标包括总量指标、均量指标和结构指标。

1. 总量指标

（1）生产服务业增加值。指按市场价格计算的一国（地区）生产服务业所有常住单位在一定时期内生产活动的最终成果，它反映的是一定时空范围内的生产服务业经济体实际创造财富的数量，体现了该国（地区）生产服务业的供给规模和能力。

（2）生产服务业就业数。指一国（地区）从事生产服务业的社会劳动并取得劳动报酬或经营收入的人员，它反映了该区域生产服务业对劳动力资源的实际利用情况，也一定程度反映该区域生产服务业发展的规模。

2. 均量指标

（1）人均生产服务业增加值。指一个国家（地区）生产服务业所有常住单位在一定时期内生产活动的最终成果除以总人口所得结果，也是衡量一个国家（地区）生产服务业发展水平和质量的指标。一个国家（地区）人均生产服务业增加值越高，生产服务业的质量和效率就越高，说明生产服务业发展水平越高。

（2）生产服务业密度。指一个国家（地区）生产服务业所有常住单位在一定时期内生产活动的最终成果除以总面积所得的结果，即单位面积生产服务的产出率。

该指标是从另一个侧面反映一个国家（地区）生产服务业的开发程度、发展水平的综合指标。一个国家（地区）生产服务业密度越高，生产服务业的发展水平就越高。

3. 结构指标

（1）生产服务业比重。指一个国家（地区）在一定时期内生产服务业增加值与国内生产总值（GDP）的比值来表示，该指标与生产服务业发展水平呈正相关关系，比重越大，生产服务业的产业地位就越高，对制造业的作用就越强。

（2）生产服务业各行业占比。指生产服务业各行业比重是用一个国家（地区）在一定时期内生产服务业领域各行业增加值与国内生产总值（GDP）的比值来表示，该指标与该行业发展水平呈正相关关系，比重越大该行业的产业地位就越高，对制造业的作用就越强。

4. 发展水平指数

通过主成分分析法，可以把影响生产服务业评价的主要因素找出来，并计算出其发展水平指数。

二、中国生产服务业发展水平评价

通过对标制造强国、制造大国和制造新国三类国家生产服务业的总量、均量和结构等指标（表4-1），可把握中国生产服务业发展水平与三类不同国家相比较的特点。

（一）中国经济发展总体情况

从人口、经济总量、国土面积、服务业增加值总量和服务业增加值占GDP比重的角度看，中国作为一个人口大国、经济大国，地域辽阔的特点明显，尽管服务业增加值总量较大，但服务业增加值比重低的问题突出。

1. 人口大国

2014年中国人口总量达到136 427万人，是世界人口大国，除了印度人口126 740万较为接近外，远远高于其他三类对标国家的人口数量，超过美国人口（31 886万人）的4倍、日本人口（12 713万人）的10倍多，甚至超过了德国（64 51万人）20倍。

2. 经济大国

2014年中国的GDP为102 840美元，与三类对标国家相比，中国经济规模仅次于制造强国的美国（173 481亿美元），高于日本（44 379亿美元）和德国（34 848亿美元）；远高于制造大国的英国（26 661亿美元）、法国（25 377亿美元）和韩国（12 871亿美元），也远高于制造新国的印度（8 689亿美元）、巴西（20 719亿美元）、墨西哥（12 278亿美元），是当之无愧的世界第二大经济体。

表4-1 中国与三类国家生产服务业发展水平相关指标的比较

指标类别		中国	制造强国				制造大国			制造新国	
			美国	日本	德国	英国	法国	韩国	印度	巴西	墨西哥
人口（万）		136 427	31 885	12 713	8 089	6 451	6 620	5 042	126 740	20 203	12 380
面积（百万平方千米）		960.0	983.2	37.8	35.7	24.4	54.9	10.0	328.7	851.6	196.4
GDP（亿美元）		102 840	173 481	44 379	34 848	26 661	25 377	12 871	8 689	20 719	12 278
服务业增加值（亿美元）		47 603	135 709	31 681	24 041	20 892	20 020	7 649	3 766	14 669	7 634
服务业增加值占比（%）		46.3	78.2	71.4	69.0	78.4	78.9	59.4	43.3	70.8	62.2
生产服务业增加值（亿美元）		27 914	68 713	14 930	11 864	11 146	9 407	3 780	2 387	7 368	5 749
人均生产服务业增加值（美元）		2 046	21 550	11 744	14 667	17 278	14 210	7 496	188	3 647	4 644
生产服务业密度（美元/每平方千米）		2 908	6 989	39 498	33 234	45 681	17 135	37 796	726	865	2 927
生产服务业占GDP比重（%）	批发零售业	9.8	12.2	13.4	9.3	10.7	10.3	8.6	13.8	13.0	16.7
	运输仓储邮政业	4.6	2.9	4.6	4.7	4.5	4.7	3.7	4.6	4.4	6.5
	信息通信业	2.6	6.2	4.8	4.9	6.2	4.9	3.8	3.5	3.4	2.2
	金融保险业	6.1	7.3	4.7	4.1	8.2	4.5	5.6	4.0	6.5	3.5
	科学技术服务业	1.7	2.6	5.0	2.7	3.2	3.4	4.3	0	1.6	0.9
	商务服务业	2.4	8.7	1.2	8.4	9.0	9.4	3.3	1.6	6.6	17.0
	生产服务业	27.1	39.6	33.6	34.0	41.8	37.1	29.4	27.5	35.6	46.8

（数据来源：2014年 National Input-output Tables（NIOT）in Current Prices 和2016年国际统计年鉴。）

3. 地域辽阔

目前，中国陆地面积约 960 万平方千米，与三类对标国家相比，仅次于美国（983.2 万平方千米），除了高于巴西（851.6 万平方千米）外，且均远高于其他国家，接近德国（35.7 万平方千米）的 30 倍，相当于近 100 个韩国（10 万平方千米）面积大小，超过了日、德、英、法、韩、印、墨七个国家国土面积的总和。

4. 服务业总量大、比重低

2014 年中国服务业增加值为 47 603 亿美元，与三类对标国家相比，仅次于制造强国的美国（135 709 亿美元），但高于日本（31 681 亿美元）、德国（24 041 亿美元）、英国（20 892 亿美元）、法国（20 020 亿美元）、巴西（14 669 亿美元），远远高于韩国（7 649 亿美元）、墨西哥（7 634 亿美元）和印度（3 766 亿美元）的规模。但是，从服务业增加值占 GDP 的比重看，制造强国的美国（78.2%）、日本（71.4%）、德国（69.0%），制造大国的英国（78.4%）、法国（78.9%），甚至制造新国的巴西（70.8%）都已经达到或接近 70% 左右，而中国只有 46.3%，远远落后于制造强国和制造大国的水平，即使与韩国（59.4%）和墨西哥（62.2%）相比，也有一定的差距，仅略高于印度（43.3%）的水平。可见，中国服务业规模尽管总量规模庞大，但服务业在整个经济发展中的地位还不够突出。

（二）比较优势

从生产服务业发展总量和结构数据看，中国在生产服务业的总量规模和一些渠道性、支撑性的生产服务业领域有一定比较优势。

1. 中国生产服务业总量高

2014 年中国生产服务业增加值达到 27 914 亿美元，与三类对标国家相比，仅次于美国（68 713 亿美元），但高于制造强国的日本（14 930 亿美元）、德国（11 864 亿美元），制造大国的英国（11 146 亿美元）、法国（9 407 亿美元）、韩国（3 780 亿美元），制造新国的印度（2 387 亿美元）、巴西（7 368 亿美元）、墨西哥（5 749 亿美元），中国生产服务业规模大的特点突出。

2. 部分生产服务行业有一定比较优势

2014 年作为渠道性特点突出的运输仓储邮政业，中国该行业的增加值占 GDP 比重达到 4.6%，与三类对标国家相比，高于制造强国的美国（2.9%），制造大国的英国（4.5%）、韩国（3.7%），制造新国的巴西（4.4%）。与制造强国的日本（4.6%）和制造新国的印度（4.6%）相当，仅略低于制造强国的德国（4.7%）和制造大国的法国（4.7%），但低于制造新国的墨西哥（6.5%）。可见，中国运输仓储邮政业有一定的比较优势。

2014 年作为支撑性意义突出的金融保险业，中国该行业的增加值占比达到

6.1%，与三类对标国家相比，高于制造强国的日本（4.7%）、德国（4.1%），制造大国的法国（4.5%）、韩国（5.6%），制造新国的印度（4.0%）、墨西哥（3.5%），仅低于制造强国的美国（7.0%）、制造大国的英国（8.2%）、制造新国的巴西（6.5%）。尽管中国生产服务业总占比（27.1%）低于这九个国家，这两个行业总体看不低于国际平均水平，甚至高于一些制造强国和大国，具有一定的比较优势。

（三）比较劣势

从生产服务业发展的总量、均量和结构数据看，中国生产服务业在增加值的总量、均量和行业优势方面存在明显不足。

1. 生产服务业比重偏低

2014年中国生产服务业占GDP比重为27.1%，是九个对标国家中占比最低的，与印度（27.5%）在同一水平。虽然九个国家占比分布差异性较大，墨西哥的服务业占比甚至到达46.8%，超过了制造强国美国（39.6%）和制造大国英国（41.8%），但是我们只从发展较为成熟的三个制造强国和三个制造大国的占比看，发现生产服务业占比具有一定规律，基本在30%～40%之间，对标我国生产服务业占比27.1%，说明我国生产服务业的产业地位偏低。

2. 生产服务业人均值和地均值偏低

与三类对标国家相比，中国生产服务业的均值指标几乎没有优势。

（1）人均生产服务业增加值低。2014年中国生产服务业人均增加值为2 046美元/人，与三类对标国家相比，仅仅高于印度的188美元/人，远远低于制造强国与制造大国的水平，还不到制造强国美国（21 550美元/人）的1/10，即使与制造大国中最低的韩国（7 496美元/人）相比，韩国也高出中国3倍以上，甚至低于制造新国的巴西（3 647美元/人）、墨西哥（4 644美元/人）的水平。中国人均生产服务业增加值低的特点，估计与中国生产服务业劳动密集程度高、机械化和自动化程度低的情况相关。

（2）生产服务密度也较低。2014年中国生产服务密度为2 908美元/平方千米，与三类对标国家相比，仅与制造新国的墨西哥（2 927美元/平方千米）相当，虽然超过制造新国印度（726美元/平方千米）和巴西（865美元/平方千米）3倍以上的水平，但是远低于制造强国和制造大国的水平，其中，制造强国的日本、德国和制造大国的英国、韩国更是超过中国生产服务密度10倍以上。中国生产服务密度低的情况固然受中国国土面积辽阔，资源分布不均等客观因素影响，但与中国国土面积相当的美国，其生产服务密度却能达到6 989美元/平方千米。可见，中国生产服务业无论在人均量和地均量上都处于劣势，不仅远远低于制造强国和制造大国水平，甚至还不如一些制造新国的水平。

3. 高端生产服务业发展劣势明显

尽管中国生产服务业在渠道性领域有一定的优势，但在高端生产服务业领域的劣势明显。

（1）科学技术服务业占比低。作为引领性和主导性作用非常突出的科学技术服务业，2014年中国该行业占GDP的比重为1.7%，与三类对标国家相比，明显低于制造强国美国（2.6%）、日本（5.0%）、德国（2.7%）和制造大国英国（3.2%）、法国（3.4%）、韩国（4.3），与制造新国的巴西（1.6%）相当，高于墨西哥（0.9%）的水平。由于制造业发展水平特别是制造业创新发展能力与科学技术服务业存在非常强的正相关性，因此，中国制造业不强的问题，估计与中国在科学技术服务业领域不发达有密切关系。

（2）信息通信业占比低。作为对制造业自动化、智能化发展有重要引领促进作用的信息通信业，2014年中国该行业增加值占GDP比重仅为2.6%，与三类对标国家相比，远低于制造强国美国（6.2%）、日本（4.8%）、德国（4.9%）和制造大国英国（6.2%）、法国（4.9%），低于制造大国韩国（3.8%）和制造新国印度（3.5%）、巴西（3.4%），仅高于墨西哥（2.2%）的水平。由于制造业的自动化、智能化发展水平与信息通信业的发展有非常强的正相关性。可见，中国制造业不强的问题，估计与中国在信息通信服务领域发展的滞后性有密切的关系。

（3）商务服务业占比低。作为对制造业发展具有控制性作用的商务服务业，2014年中国该行业的增加值占比只有2.4%，仅高于制造强国日本（1.2%）和制造强国印度（1.6%）与三类对标国家相比处于最低的水平。

（四）小结

通过生产服务业总量和结构指标与三类对标国家的比较，总体看，中国生产服务业发展水平低的问题比较突出，主要表现在人均生产服务业增加值、生产服务增加值密度远低于制造强国和制造大国的水平。从生产服务业具体行业看，中国在科学技术服务产业、信息通信业、商务服务业等高端生产服务领域，明显落后于制造强国和制造大国。值得肯定的是，中国在一些生产服务领域，诸如运输仓储邮政业、金融保险业有相对优势，与制造新国相比这种优势比较明显。

第三节 生产服务业服务能力评价

一、生产服务业服务能力含义和评价指标

（一）服务能力含义

从生产服务业的功能和作用看，生产服务主要是为制造业发展提供中间性服务的活动。为此，生产服务业除了对其发展水平进行评价外，还要评价其服务于制造业发展的能力，即考察生产服务业对制造业发展的支撑能力强不强、服务是否到位、生产服务业与制造业是否协同发展。

（二）评价指标选择

一个国家（地区）生产服务业的服务能力分为两方面：一方面是内向服务能力，即衡量生产服务业对本国（地区）制造业发展的服务能力，强大的内向服务能力是引领本国（地区）制造业转型升级，实现智能制造的关键；另一方面是生产服务业的对外辐射能力，即生产服务对本国（地区）以外区域制造业发展的服务能力。通过发展微笑曲线两端高附加值的生产服务业，形成对外服务辐射能力，是一个国家（地区）提升生产服务业国际（区域）竞争力的核心内容。这两方面能力的评价分别选择如下指标进行衡量。

1. 生产服务业对制造业的服务能力

生产服务业对制造业的服务能力可以从供给和需求两方面来衡量：从需求角度看，制造业对生产服务业的消耗量，反映了制造业在生产过程对生产服务的需求量，具体可以通过计算制造业对生产服务业的直接消耗系数来衡量；从供给角度看，生产服务要素作为一种中间性投入，反映了生产服务对制造业的供给能力，具体可以通过计算投入服务化程度来衡量，而这两个指标均可以利用投入产出表计算得到。

（1）制造业对生产服务业的直接消耗系数。一个产业要生产产品既要消耗别的产业提供的产品，本身的产品也要被别的产业所消耗，从而构成产业与产业之间的相互消耗关系。直接消耗系数可以反映产业与产业之间存在的相互直接提供产品的依赖关系。例如，汽车制造业的生产过程需要直接消耗物流仓储服务，直接消耗系数越大，意味着汽车生产对物流仓储服务的需求就越大。反之，则低。

（2）投入服务化程度。即生产服务要素在制造业生产的全部投入中所占的比例，比例越高，服务化程度越高。从趋势看，制造业服务化不断上升的趋势非常明显，反映了生产服务作为生产要素的重要性日益加强，制造企业为了获取竞争优势，将价值链由以制造为中心向以服务为中心转变。

2. 生产服务业的对外辐射能力

生产服务业不仅可以服务于自身制造业企业的发展，如果服务能力强大，还可以对外提供服务，形成对外辐射能力，从而构成生产服务国际贸易。按照WTO于1994年签署的《服务贸易总协定》，服务贸易有四种提供方式。一是跨境交付，指服务的提供者在一成员方的领土内，向另一成员方领土内的消费者提供服务的方式，如在中国境内通过电信、邮政、计算机网络等手段实现对境外的外国消费者的服务；二是境外消费，指服务提供者在一成员方的领土内，向来自另一成员方的消费者提供服务的方式，如中国公民在其他国家短期居留期间，享受国外的医疗服务；三是商业存在，指一成员方的服务提供者在另一成员方领土内设立商业机构，在后者领土内为消费者提供服务的方式，如外国服务类企业在中国设立公司为中国企业或个人提供服务；四是自然人流动，指一成员方的服务提供者以自然人的身份进入另一成员方的领土内提供服务的方式，如某外国律师作为外国律师事务所的驻华代表到中国境内为消费者提供服务。从国境角度看，考察生产服务业对外辐射能力的大小，可以从以下三个方面进行：

（1）生产服务进口量。即以服务贸易四种形式形成的生产服务进口量。

（2）生产服务出口量。即以服务贸易四种形式形成的生产服务出口量。

（3）生产服务贸易顺（逆）差。生产服务业的对外辐射能力表现为生产服务贸易的出口量大于进口量，形成生产服务贸易顺差。

二、中国生产服务业服务能力评价

（一）生产服务业对制造业的服务能力

通过对标三类国家工业对生产服务业的直接消耗系数（表4-2）、投入服务化程度（表4-3），可以把握中国生产服务业对制造业的服务能力，也即内向服务能力。

表4-2　中国与三类国家工业对生产服务业直接消耗系数的比较

行业	中国	制造强国			制造大国			制造新国		
		美国	日本	德国	英国	法国	韩国	印度	巴西	墨西哥
批发零售业	386	563	573	617	436	651	429	804	858	656
运输仓储邮政业	251	250	270	308	206	235	257	239	383	183
信息与通信业	42	102	107	107	124	76	43	83	54	24
金融保险业	193	81	151	124	231	141	154	110	191	107
科学技术服务业	114	80	228	134	132	112	151	0	140	76
商务服务业	111	557	134	551	397	699	110	91	324	306
生产服务业	1 096	1 634	1 464	1 842	1 527	1 915	1 144	1 328	1 950	1 352

（数据来源：2014年 National Input-output Tables（NIOT）in Current Prices，所有数据已放大10 000倍。）

表4-3　中国与三类国家工业投入服务化程度的比较

行业	中国	制造强国			制造大国			制造新国		
		美国	日本	德国	英国	法国	韩国	印度	巴西	墨西哥
批发零售业（%）	4.95	9.71	8.77	9.83	7.15	9.87	5.89	13.53	13.60	11.18
运输仓储邮政业（%）	3.21	4.32	4.14	4.90	3.38	3.56	3.52	4.03	6.07	3.11
信息与通信业（%）	0.53	1.76	1.63	1.71	2.03	1.16	0.59	1.40	0.85	0.41
金融保险业（%）	2.46	1.40	2.31	1.98	3.79	2.14	2.12	1.85	3.02	1.83
科学技术服务业（%）	1.45	1.38	3.49	2.14	2.17	1.70	2.07	0	2.21	1.30
商务服务业（%）	1.42	9.60	2.05	8.78	6.50	10.60	1.51	1.53	5.13	5.22
生产服务业（%）	14.03	28.17	22.38	29.34	25.03	29.04	15.70	22.35	30.88	23.05

（数据来源：2014年 National Input-output Tables (NIOT) in Current Prices.）

1. 中国生产服务业对制造业总体服务能力不强

（1）中国工业对生产服务的需求非常低。从直接消耗系数上来看，2014年中国工业对生产服务业的直接消耗系数为1096，对标三类国家，制造强国、制造大国工业对生产服务业的直接消耗系数大致在1400～1900之间，而中国只有1096，明显偏低，说明中国制造业发展对生产服务的需求程度非常低，不仅明显低于制造强国美国（1634）、日本（1464）、德国（1842）和制造大国英国（1527）、法国（1915）的水平，甚至低于制造新国印度（1328）、巴西（1950）、墨西哥（1352）的水平。中国工业对生产服务需求低的情况估计与工业企业所需生产服务内置化有关，工业企业的"大而全、小而全"现象较为普遍所致。

（2）中国生产服务对工业的供给不到位。从投入服务化程度来看，2014年中国生产服务业对工业投入服务化程度只有14.0%，对标三类国家工业投入服务化程度，我们发现，制造强国和制造大国投入服务化程度基本在22%～29%的水平，中国工业投入的服务化程度几乎低了10%。可见，中国生产服务对工业的供给不到位，对国内工业发展的服务能力不高。

2. 金融保险业对制造业的服务能力相对较强

（1）中国制造业对金融保险服务的需求较旺。从直接消耗系数上来看，2014年中国工业对金融保险业的直接消耗系数为193，高于制造强国美国（81）、日本（151）、德国（124），制造大国法国（141）、韩国（154）和制造新国印度（110）、巴西（191）、墨西哥（107），仅低于英国（231）的水平。可见，从需求层面看，中国制造业对金融保险服务的需求相对较旺。

（2）中国金融保险服务对制造业的服务能力较强。从服务投入角度来看，2014年中国金融保险服务作为中间性投入工业的比例为2.46%，高于制造强国美国

(1.40%)、日本（2.31%）、德国（1.98%），制造大国法国（2.14%）、韩国（2.12%）和制造新国印度（1.85%）、墨西哥（1.83%），仅低于英国（3.79%）和巴西（3.02%）。可见我国金融和保险服务对国内工业的服务能力相对较强。

3. 批发零售业的内向服务能力弱

（1）中国制造业对批发零售服务的需求相对较弱。从直接消耗系数上来看，2014年中国工业对批发零售业的直接消耗系数为386，与对标的三类国家相比是最低的。制造强国美国（563）、日本（573）、德国和制造大国英国（436）、法国（651）、韩国（429）的直接消耗系数一般在430～650之间，相对于这个水平，尽管现实感觉中国在批发零售业的发展水平不弱，但中国的这一直接消耗系数偏低的情况，估计与大宗商品交易市场、品牌交易中心等高端批发零售业发展不足相关。

（2）中国批发零售业对工业的服务供给能力不足。从服务投入角度来看，2014年中国批发零售服务作为中间性投入工业的比例为4.95%，同样也是三类对标国家中最低的。制造强国的批发零售服务作为中间性投入的程度集中于8.8%～9.8%之间，制造新国印度（13.53%）、巴西（13.6%）、墨西哥（11.18%）相对都过高，制造大国中的法国（7.15%）、韩国（5.89%）相对偏低。而中国只有4.95%，足见中国的批发零售业对工业发展的服务供给能力不足的情况。

4. 信息与通信业的内向服务能力弱

（1）中国制造业对信息与通信服务的需求相对较弱。从直接消耗系数上来看，2014年中国工业对信息与通信业的直接消耗系数只有42，与制造大国的韩国（43）相近，仅高于制造新国的墨西哥（24）。而与制造强国美国（102）、日本（107）、德国（107）相比，中国工业对信息与通信业直接消耗系数还不到制造强国此水平的一半，严重过低。

（2）中国信息与通信业对工业的服务供给能力不足。从投入服务化程度来看，2014年中国信息与通信服务作为中间性投入工业的比例为0.53%，略低于制造大国的韩国（0.59%），仅高于制造新国的墨西哥（0.41%）。而制造强国美国、日本、德国三国工业发展投入的信息与通信服务集中于1.63%～1.76%的范围内。相比于制造强国信息与通信服务作为中间投入的水平，中国工业的信息与通信服务化程度非常低，对中国智能制造的发展非常不利。

（二）中国生产服务业的国际辐射能力

通过对标三类国家生产服务进出口大小（表4-4～表4-6），可以把握中国生产服务业的外向辐射能力，也即生产服务业国际竞争力的大小。

表4-4 制造强国生产服务业进出口额的比较

单位：亿美元

行业	美国			日本			德国		
	出口	进口	顺差	出口	进口	顺差	出口	进口	顺差
批发零售业	2 022.1	686.0	1 336.1	809.2	299.3	509.9	892.3	833.0	59.3
运输仓储邮政业	1 368.3	491.1	877.2	428.0	330.8	97.2	557.3	558.4	-1.1
信息与通信业	1 036.5	371.0	665.5	24.4	58.5	-34.1	456.9	459.8	-2.9
金融保险业	1 195.5	542.2	653.4	37.2	75.5	-38.2	321.0	181.2	139.8
科学技术服务业	535.3	397.8	137.6	61.7	81.8	-20.1	265.1	226.1	39.1
商务服务业	1 114.8	1428.6	-313.8	29.9	44.5	-14.6	440.6	681.2	-240.5
生产服务业	7 272.6	3 916.6	3 355.9	1 390.5	890.5	500.0	2 933.2	2 939.6	-6.4

（数据来源：2014年 National Input-output Tables（NIOT）in Current Prices 和2016年国际统计年鉴.）

表4-5 制造大国生产服务业进出口额的比较

单位：亿美元

行业	英国			法国			韩国		
	出口	进口	顺差	出口	进口	顺差	出口	进口	顺差
批发零售业	865.0	335.0	530.0	932.1	472.7	459.4	310.7	142.0	168.7
运输仓储邮政业	301.7	334.8	-33.1	575.4	410.5	164.8	244.5	124.9	119.6
信息与通信业	400.2	238.1	162.1	171.9	254.6	-82.7	51.9	73.4	-21.5
金融保险业	1 125.4	194.0	931.4	138.1	79.7	58.4	23.2	38.2	-15.0
科学技术服务业	323.0	143.5	179.5	161.8	164.6	-2.8	185.2	168.6	16.6
商务服务业	648.4	417.3	231.1	588.2	555.4	32.8	75.7	136.3	-60.6
生产服务业	3 663.7	1 662.8	2 000.9	2 567.4	1 937.5	629.9	891.2	683.4	207.8

（数据来源：2014年 National Input-output Tables（NIOT）in Current Prices 和2016年国际统计年鉴.）

表4-6 中国与制造新国生产服务业进出口额的比较

单位：亿美元

行业	中国			印度			巴西			墨西哥		
	出口	进口	顺差	出口	进口	顺差	出口	进口	顺差	出口	进口	顺差
批发零售业	1 877.9	533.6	1 344.3	0.0	30.8	-30.8	49.4	89.5	-40.1	144.8	53.9	90.9
运输仓储邮政业	858.6	714.0	144.7	24.1	34.3	-10.2	52.7	73.4	-20.7	52.1	64.3	-12.2
信息与通信业	157.0	155.0	2.1	18.7	23.1	-4.4	10.7	65.8	-55.1	1.5	14.5	-13.0
金融保险业	71.9	89.2	-17.2	1.0	9.6	-8.6	36.9	68.9	-32.0	9.2	103.7	-94.6
科学技术服务业	4.1	32.9	-28.8	0.0	0.4	-0.4	50.0	42.7	7.3	3.5	115.5	-112.0
商务服务业	665.8	567.1	98.8	25.5	26.7	-1.1	82.9	195.1	-112.2	0.0	20.6	-20.6
生产服务业	3 635.4	2 091.6	1 543.8	69.3	124.7	-55.4	282.6	535.4	-252.8	211.1	372.6	-161.5

（数据来源：2014年 National Input-output Tables（NIOT）in Current Prices 和2016年国际统计年鉴.）

1. 中国生产服务业对外输出总量庞大

(1) 中国生产服务业出口规模庞大。2014 年中国生产服务业出口额达到 3 635.4 亿美元，仅次于美国（7 272 亿美元）和英国（3 663.7 亿美元），高于制造强国德国（2 933.2 亿美元）和制造大国法国（2 567.4 亿美元），是制造强国日本（1 390.5 亿美元）的 3 倍，更远远高于制造大国韩国（891.2 亿美元）和制造新国印度（69.3 亿美元）、巴西（282.6 亿美元）、墨西哥（211.1 亿美元）的规模。

(2) 中国生产服务贸易呈顺差状态。2014 年中国生产服务业贸易顺差达到（1 543.8 亿美元），仅次于美国（3 355.9 美元）和英国（2 000.9 亿美元），远高于制造强国日本（500.0 亿美元）和制造大国法国（629.9 亿美元）、韩国（207.8 亿美元）。与此同时，制造强国的德国（-6.4 亿美元），制造新国的印度（-55.4 亿美元）、巴西（-252.8 亿美元）、墨西哥（-161.5 亿美元）皆表现为生产服务贸易逆差。可见，我国生产服务业对外贸易顺差巨大，总体外向服务能力较强，具有一定的国际竞争力。

2. 批发零售业的外向服务能力较强

(1) 中国批发零售业的出口额较大。2014 年中国批发零售业出口总额达到 1 877.9 亿美元，仅略低于制造强国美国（2 022.1 亿美元），超出了制造强国日本（809.2 亿美元）、德国（892.3 亿美元）和制造大国英国（865.0 亿美元）、法国（932.1 亿美元）的 2 倍，远远高于其他国家的规模。

(2) 中国批发零售业呈贸易顺差状态。2014 年中国批发零售贸易顺差达到 1 344.3 亿美元，是九个国家中最高的，已经超过了制造强国美国（1 336.1 亿美元），而位列第三的英国只有 530.0 亿美元，同时制造新国的印度（-30.8 亿美元）和巴西（-40.1 亿美元）还处于批发零售贸易逆差之中，可见，我国批发零售业贸易外向服务能力较强，具有很强的国际竞争力。

3. 运输仓储邮政业的外向服务能力较强

(1) 中国运输仓储邮政业的出口能力较强。2014 年中国运输仓储邮政业出口总额达到 858.6 亿美元，仅次于制造强国美国（1 368.3 亿美元），高于制造强国日本（428 亿美元）、德国（557.3 亿美元），制造大国英国（301.7 亿美元）、法国（575.4 亿美元）、韩国（244.5 亿美元）；远远高于制造新国印度（24.1 亿美元）、巴西（52.7 亿美元）、墨西哥（52.1 亿美元）。可见，中国运输仓储邮政业的出口能力较强。

(2) 中国运输仓储邮政业呈贸易顺差状态。2014 年中国运输仓储邮政业贸易顺差达到 144.7 亿美元，虽然与制造强国美国（877.2 亿美元）相比还较低，也略低于法国（164.8 亿美元）的水平，但高于制造强国日本（97.2 亿美元）、制造大国韩国（119.6 亿美元）。但与制造强国德国（-1.1 亿美元），制造大国英国（-33.1 亿美元）和制造新国印度（-10.2 亿美元）、巴西（-20.7 亿美元）、墨西哥（-12.2

亿美元）还存在贸易逆差。可见，中国的运输仓储邮政业在国际比较中具有明显的优势，具有较强的国际竞争力和国际服务能力。

4. 商务服务业的外向服务能力较强

（1）中国的商务服务业出口能力较强。2014年中国的商务服务业出口总额达到665.8亿美元，仅次于制造强国美国（1 114.8亿美元），高于制造强国德国（440.6亿美元）和制造大国英国（648.4亿美元）、法国（588.2亿美元），远高于制造强国日本（29.9亿美元）和制造大国韩国（75.7亿美元）以及制造新国印度（25.5亿美元）、巴西（82.9亿美元）、墨西哥（0美元）。

（2）中国商务服务业贸易呈顺差状态。2014年中国商务服务业贸易顺差达到98.8亿美元，仅低于制造大国英国（231.1亿美元），高于制造大国法国（32.8亿美元），而制造强国美国（-313.8亿美元）、日本（-14.6亿美元）、德国（-240.5亿美元），制造大国韩国（-60.6亿美元），制造新国印度（-1.1亿美元）、巴西（-112.2亿美元）、墨西哥（-20.6亿美元）还处在贸易逆差之中。可见，尽管中国商务服务业的比重有待进一步提高，但已经形成一定的国际竞争力。

5. 金融保险业外向服务能力不强

（1）中国金融保险业的出口能力相对较弱。2014年中国金融保险业出口总额为71.9亿美元，远低于制造强国的美国（1 195.5亿美元）、德国（321.0亿美元）和制造大国的英国（1 125.4亿美元），相比于中国金融保险业较强的内向服务能力，这71.9亿美元的出口额还是显得不足，国际竞争力相对较弱。

（2）中国金融保险业呈贸易逆差状态。2014年中国金融保险业顺差总额为-17.2亿元，存在贸易逆差，低于制造强国美国（653.4亿美元）、德国（139.8亿美元），制造大国英国（931.4亿美元）、法国（58.4亿美元）、韩国（-15.0亿美元），制造新国印度（-8.6亿美元）。可见，与英国、美国两国金融保险业的国际竞争力相比差距非常大，说明我国金融保险业虽然内向服务能力较强，但是在外向服务能力存在很大不足，缺乏国际竞争力。

6. 科学技术服务业服务能力不强

（1）中国科学技术服务业的出口能力很低。2014年中国科学技术服务业出口总额仅为4.1亿美元，远低于制造强国美国（535.3亿美元）、德国（265.1亿美元），制造大国英国（323.0亿美元）、法国（161.8亿美元）、韩国（185.2亿美元）和制造新国巴西（50.0亿美元）。可以发现中国出口总额还不到美国的百分之一，只与制造新国墨西哥（3.5亿美元）相当。

（2）中国科学技术服务业呈逆差状态。2014年中国科学技术服务业顺差总额为-28.8亿美元，存在贸易逆差。同期制造强国美国（137.6亿美元）、日本（-20.1亿美元）、德国（39.1亿美元），制造大国英国（179.5亿美元）、法国（-2.8亿美元）、韩国（16.6亿美元）和制造新国印度（-0.4亿美元）、巴西（7.3亿美元）、墨西哥（-112.0亿美元）。这反映了我国科学技术服务业对外服务能力较弱，缺乏一定的国际竞争力。

（三）评价小结

从内向服务角度看，中国生产服务业对制造业总体服务能力不强，工业对生产服务的需求非常低，中国生产服务对工业的供给不到位。从具体行业看，金融保险业对制造业的服务能力相对较强，批发零售业、信息与通迅业的内向服务能力弱。

从外向服务角度看，中国生产服务业具有一定的国际比较优势，部分行业的国际竞争力较为明显；中国生产服务业的出口总量庞大，中国生产服务贸易呈顺差状态。从具体行业看，渠道性特点较为突出的批发零售业、运输仓储邮政业、商务服务业等生产服务业的外向服务能力较强；但金融保险业、科学技术服务业等高端生产服务业的外向服务能力不强。

第四节 生产服务业发展潜力评价

一、生产服务业发展潜力含义和评价指标

（一）发展潜力含义

潜力即潜在能力，生产服务业发展潜力是生产服务业未来的发展空间，包括总量增长、辐射范围扩大、服务水平提升等方面的发展空间。

（二）评价指标选择

1. 生产服务需求旺盛程度

生产服务业的发展是为工业，特别是为制造业的发展而发展的产业，因此，工业对生产服务的需求成为生产服务业发展的基础和条件。当然，我们还可以通过生产服务业与工业的比值来把握生产服务业与工业的发展是否匹配。

（1）工业增加值。指工业所有常住单位在一定时期内生产活动的最终成果，它反映的是一定时空范围内的工业企业实际创造财富的数量，与对生产服务产品的需求呈正相关关系，一个国家（地区）工业增加值越高，则对生产服务业需求越强。

（2）生产服务专业化和社会化程度。专业化是指产业链条中的不同环节日益细分，社会化是指这些环节日益外置到企业外部的过程。因此，生产服务专业化和社会化程度决定了生产服务业是否需要外置独立发展，专业化和社会化程度越高，生产服务独立发展的需要越强，生产服务业规模扩大的可能就越大。

（3）生产服务业与工业的比值。即生产服务业增加值与工业增加值之比。从生产服务业发展是为了工业发展的角度看，生产服务业与工业的比值成为把握生产服

务业与工业发展是否匹配,并成为判断工业生产服务需求有否转化为生产服务业发展能量的重要指征。

2. 生产服务业增长速度

生产服务业增长速度指生产服务业某一指标的增长程度,它是报告期的增长量与基期发展水平之比,反映了生产服务业增长的能力,间接反映生产服务业的增长潜力。

(1) 生产服务业增加值(就业)增速。生产服务业增加值或就业数是生产服务业的总量指标,该指标的增长速度反映了生产服务业增长的能力,间接反映生产服务未来增长的潜力和空间。

(2) 生产服务业投资增速。生产服务业发展离不开投资的支持,生产服务业投资增速反映了投资生产服务业的变化情况,把握生产服务业对投资的吸纳能力,从而判断生产服务业的发展空间。

3. 生产服务业的效率

生产服务业的效率指劳动、资本等要素的单位投入量与生产服务业提供的服务量的对比情况,生产服务业的效率可以从劳动和资本两大要素投入两个角度来把握。

(1) 劳动生产率。指一国(地区)生产服务业增加值除以生产服务业就业人数的值,反映了该国(地区)生产服务业的劳动效率。生产服务业劳动生产率越高,则生产服务业的效率越高,未来成长的空间就越大。

(2) 资本生产率。指一国(地区)生产服务业增加值除以当年(或前移 N 年)生产服务业投资总额的值。通过计算生产服务业增加值与投资额的对比情况,从而可以推断生产服务业未来的发展潜力。

二、中国生产服务业发展潜力评价

(一) 中国工业对生产服务的需求旺盛

从中国与三类国家工业总量的比较可以把握中国工业对生产服务的需求非常旺盛,但生产服务业发展水平与旺盛的生产服务需求水平不匹配(表 4-7)。

表 4-7 中国与三类国家工业总量的比较

单位:亿美元

国家类别 项目	制造强国				制造大国			制造新国		
	中国	美国	日本	德国	英国	法国	韩国	印度	巴西	墨西哥
工业增加值	45 443	35 618	12 095	10 569	5 587	4 932	4 921	3 733	4 968	4 239
生产服务业增加值	27 914	68 713	14 930	11 864	11 146	9 407	3 780	2 387	7 368	5 749
生产服务业与 工业的比值(%)	0.61	1.93	1.23	1.12	2.00	1.91	0.77	0.64	1.48	1.36

(数据来源:2014 年 National Input-output Tables (NIOT) in Current Prices 和 2016 年国际统计年鉴。)

1. 中国工业对生产服务的需求非常旺盛

工业发展规模是生产服务需求的基础和前提。2014年中国工业增加值达到45 443亿美元,已经高于制造强国美国(35 618亿美元),超过制造强国日本(12 095亿美元)3倍以上,更是超过了制造新国印度(3 733亿美元)的10倍。中国已经成为世界上工业增加值最高的国家,作为世界制造大国,中国如此高的工业增加值意味着对生产服务业的需求非常旺盛,生产服务业的发展潜力和发展空间巨大。

2. 中国生产服务业与工业规模极不相称

生产服务业对工业的比值反映了一个国家(地区)生产服务业的供给状况是否与工业相匹配的情况。2014年中国生产服务业对工业的比值只有0.61,对标三类不同的国家,中国生产服务业与工业的比例是最小的,远低于制造强国美国(1.93)、日本(1.23)、德国(1.12),制造大国英国(2.00)、法国(1.91),制造新国巴西(1.48)、墨西哥(1.36),说明中国与世界第一大工业规模的地位相比,生产服务业的供给量远远不足。中国生产服务业对工业比值低的情况还可以说明两个问题:一是上述制造强国、制造大国,甚至制造新国的生产服务业与工业比值超过1的情况,意味着这些国家生产服务业在满足本国工业发展所需的生产服务供给以外,还形成了对外服务输出能力,构成生产服务贸易强大的国际竞争力;二是如果中国生产服务业达到这些国家的水平,在满足自身工业发展需要的基础上才能形成庞大的生产服务输出能力,那么中国生产服务业发展潜力和发展空间巨大。

(二)中国生产服务业发展速度快、活力足

从生产服务业发展的速度可以把握一个国家(地区)生产服务业发展的活力,按照产业发展的惯性,可以推断其发展潜力和发展空间的大小(表4-8)。

表4-8 中国与三类国家2010—2014年生产服务业环比增速的比较

单位:%

国家类别 年份	制造强国				制造大国			制造新国		
	中国	美国	日本	德国	英国	法国	韩国	印度	巴西	墨西哥
2010	20.0	3.9	8.5	-3.9	-0.1	-1.4	20.7	35.0	30.7	16.7
2011	24.8	3.6	8.8	8.7	5.9	7.1	10.5	18.0	18.3	10.9
2012	16.3	5.7	0.6	-6.2	0.7	-7.0	1.5	2.9	-4.0	0.6
2013	15.5	3.1	-17.9	6.9	3.9	4.9	5.6	1.7	-0.1	8.7
2014	12.7	4.8	-8.5	3.5	11.7	0.4	7.7	-0.4	-1.1	1.6
5年环比平均	17.8	4.2	-2.2	1.6	4.3	0.7	9.0	10.7	7.9	7.5

(数据来源:2014年 National Input-output Tables (NIOT) in Current Prices 和2016年国际统计年鉴.)

1. 中国生产服务业发展速度位居世界第一

从 2010 年至 2014 年的发展情况看,中国生产服务业平均环比增长速度为 17.8%,远高于同为发展中国家的制造新国印度(10.7%)、巴西(7.9%)、墨西哥(7.5%),制造强国的美国增长速度仅为 4.2%,德国只有 1.6%,而日本则处于负增长(-2.2%)。中国生产服务业高速增长的情况一定程度上说明了我国生产服务业发展活力充足、发展潜力巨大的特点。

2. 中国生产服务业增速不仅高且增速稳

从 2010 年至 2014 年,尽管中国经济发展进入新常态,自 2010 年起的这五年中生产服务业的环比增速逐渐放缓,但对比同期的三类国家,可以发现中国生产服务业增速不仅高而且增速稳。制造强国除了美国在这五年保持稳定增长外,其他国家或多或少都出现了生产服务业增长的波动,出现低增长、零增长甚至负增长的情况。印度在 2012 年、2013 年和 2014 年增长率分别为 2.9%、1.9% 和 -0.4%,巴西更是连续三年出现负增长(-4%、-0.1% 和 -1.1%)。中国生产服务业近年来的稳定高速增长情况说明了中国生产服务业具有很大的发展潜力和发展空间。

(三)评价小结

通过对标三类不同国家生产服务业的发展潜力,可以认为,中国作为世界制造大国,尽管工业对生产服务的需求非常旺盛,但生产服务业与工业规模极不相称,值得肯定的是,中国生产服务业正处于高速且稳定增长的状态,与三类国家具有强大生产服务输出能力的情况相比,依托庞大的工业基础,再加上培育和形成优势生产服务业的出口,中国生产服务业未来发展潜力和发展空间巨大。

第五节 生产服务业运行监测方法

一、生产服务业运行监测的基本认识

(一)生产服务业运行监测的内涵与外延

生产服务业运行监测是通过采集、整理生产服务业的经济运行指标及相关数据,运用科学的统计及分析方法对数据指标进行加工、分析和研判,从定量和定性的角度揭示生产服务业动态发展规律的一项系统性研究活动,是生产服务业运行监测工作不可或缺的组成部分。

生产服务业运行监测按监测范围可分为全面监测和重点监测。全面监测是从宏观层面对生产服务业的整体发展现状进行监测,反映生产服务业的总体发展走势。

重点监测是从生产服务业发展特点和工作重点出发，监测生产服务业重点领域，反映生产服务业重点行业或重点地区的发展走势。根据监测内容的不同，重点监测可分为重点行业监测、重点地区监测和重点企业监测等。

（二）生产服务业运行监测的意义与作用

随着生产服务业推动制造业转型升级的作用日益突显，生产服务业发展情况成为制造业转型升级的重要内容，国家和地方政府出台一系列政策措施大力发展生产服务业，把握和研判生产服务业运行态势是贯彻落实国家、地方政府相关政策的必然要求。

一是预测预警生产服务业经济走势。通过定期采集和分析生产服务业发展的各种指标数据，实时动态监测生产服务业发展的规模、结构、速度以及质量效益等，客观、系统地对生产服务业发展状况进行评价，全面准确预测预警经济运行走势。

二是形成企业与政府的沟通纽带。生产服务业运行监测体系下至企业、上至政府，层层联系，环环相扣，形成企业与政府的沟通纽带。通过生产服务业运行监测的基础数据采集和分析等调查工作，及时发现和上报生产服务业运行中企业、行业倾向性和突出性问题，有助于政府部门及时掌握情况，提前规划应对方案。

三是提供政府及相关机构部门的决策参考。通过生产服务业运行监测的研究分析，结合生产服务业自身的发展情况和特点，提出具有针对性和有效性的措施建议，为决策部门制定相关经济发展政策和产业规划提供参考依据。

四是强化生产服务业统计基础工作。生产服务业运行监测工作建立在及时、准确的数据收集与分析基础上，对建立快速反应的运行监测机制有较高要求，因此通过建立生产服务业运行监测体系，强化经济统计分析的基础工作，有助于生产服务业运行分析工作的制度化、规范化。

（三）国内外产业运行监测方法

目前，国际上产业运行监测方法比较成熟的有指数分析法中的采购经理指数和投入产出法等。其中，采购经理指数（PMI）是一套月度发布的、先行性的综合经济监测指数体系，包括制造业PMI和非制造业PMI（分为服务业PMI和建筑业PMI）。目前全球已有近50个国家和地区建立了PMI体系，我国也建立了完善的制造业和服务业PMI体系，广东省建立了制造业PMI体系，并于2011年11月正式对外发布制造业PMI指数，部分省（市）也建立了相应的监测体系。

1. 国外运行监测方法

投入产出法是借助投入产出表分析经济发展多部门之间的相互依赖关系的一种方法，是进行产业监测研究的有力工具。国外学者通过投入产出法来界定出生产服务业行业分类，进而核算生产服务业增加值或相关经济指标，以达到监测生产服务业运行态势的目的。Goodman 和 Steadman（2002）采用投入产出法，将中间需求率高于 60% 的部门界定为生产性服务业，中间需求率低于 40% 的部门界定为生活性服务业，其余的部门界定为混合服务业。

2. 国内运行监测方法

国家统计局定期发布生产性服务业商务活动指数，用于监测生产服务业发展态势。目前，以上海等为代表的省市依据政府的机构平台和统计规范，选取有效的指数分析法、统计分析法和投入产出法等监测方法，建立了适应生产服务业实际发展情况的经济运行监测体系。

上海的生产性服务业经济运行监测分析工作全国领先，按照《国民经济行业分类》（GB/T 4754—2011）采用拆分法界定了生产性服务业全口径统计范围，将生产性服务业划分为总集成总承包服务、研发设计服务、供应链管理服务和金融专业服务等十大重点领域，结合重点抽样法选取样本，建立了投入和产出等方面的指标体系，采用统计分析法按季度进行生产服务业指标数据收集、汇总和分析等形成分析简报，监测生产服务业运行态势。

江苏省采用指数分析法和投入产出法对生产服务业重点领域实施监测，并形成一套完善的体系[①]。江苏集中监测生产服务业中的物流行业，构建物流业的指数体系和监测指标体系。通过抽样调查、问卷填报的方式获取基础数据，经过加工分析编制成江苏物流景气指数、江苏仓储指数、江苏仓库价格指数和公路物流运价指数等，构成完整的江苏省物流业指数体系。监测的指标体系包括企业经营范围和企业物流状况等指标，江苏省一方面通过发放问卷的形式，由工业企业填报生产性服务业基础数据；另一方面由统计部门协助提供第一和第三产业中属于生产性服务业的行业相关数据资料，采用投入产出法核算出生产服务业增加值。

2016 年，广东省统计局依据生产服务业国家分类标准，采用国民经济核算法计算并发布了 2015 年和 2016 年的生产服务业十个大类的年度增加值，为生产服务业的全面监测提供了重要指标数据。2018 年，广东省采用统计分析与指数分析相结合的方法对广东省生产服务业进行监测，前者用于发展过程的动态监测，后者指数用于发展趋势的判断，二者相辅相成，共同构成一个多层次、多纬度的监测预警网络。

二、生产服务业运行监测体系的构建

生产服务业监测体系是由监测主体（由谁监测）、监测对象（监测什么）和监测方法（如何监测）三部分组成的系统，能动态监测生产服务业发展态势（监测目的）。该体系是进行生产服务业运行分析研究的前提，科学研判其发展趋势的基础。

[①] 江苏省经济和信息化委员会印发《关于发布 2015 年江苏物流指数的通报》[苏经信交通〔2016〕645 号] 和《江苏省生产性服务业统计核算体系建设研究》.

根据生产服务业的内涵外延,建立地方生产服务业监测体系的思路是,结合地方生产服务业发展重点,确定监测对象(总体、产业和专项);基于生产服务业不同行业特点,选取能够体现生产服务业发展状况的共性和个性指标,并选择相应的统计调查方法,进行生产服务业产业监测体系设计;与地方统计局联合监测,充分利用统计部门已有资料,避免重复统计;定期收集、整理汇总和统计分析相关数据资料,并编写分析报告。

(一)运行监测主体

监测主体是监测行为的发起者,依据《中华人民共和国统计法》和《中华人民共和国统计法实施条例》的相关规定,确定生产服务业监测主体,可以由地方生产服务业统筹主管部门与统计局组成联合监测机构。

(二)运行监测对象

根据全面和重点相结合、突出产业优势和特色的原则,确定监测对象为三类。

1. 总体监测

从宏观层面监测地方生产服务业整体发展运行状况,包括研发设计与其他技术服务、货物运输仓储和邮政快递服务、信息服务、金融服务、节能与环保服务、生产性租赁服务、商务服务、人力资源管理与培训服务、批发经纪代理服务、生产性支持服务等十大行业。

2. 产业监测

从地方生产服务业发展特点和工作重点出发,监测生产服务业重点产业运行发展态势,主要包括工业设计、供应链管理服务、现代物流、电子商务、信息技术服务、节能环保服务等六大行业。

3. 专项监测

从发展模式的角度监测地方生产服务业产业集聚效应和发展特色,主要包括总部基地、工业设计中心、现代物流园等生产服务业功能区和服务型制造等领域。

(三)运行监测方法

1. 统计分析

统计分析是指通过科学的方法获取统计指标数据和相关研究资料,运用定性与定量相结合的方法,对经济活动的过程和结果进行分析,形成分析报告,以达到揭示事物间的相互关系、变化规律和发展趋势的目的。根据生产服务业监测对象特点,遵循可获取、可测量和可比性等原则,从规模、速度、结构、效率和创新等角度设置监测指标,构建科学完善的监测指标体系;通过抽样企业平台数据填报与收集官方发布数据相结合的方式获取指标数据,采用相关分析、验算推理和模型预测等多种数据分析方法，多角度分析相关经济指标变动情况和经济指标间的数量关系，反映经济内在联系，可以准确掌握生产服务业运行态势，及时发现和解决运行中的问题，提高对经济发展的把握能力，更好地服务决策。

2. 指数分析

指数分析是指利用指数体系，综合反映由多种因素组成的经济现象在不同时间和空间条件下变动的方向和程度，可用来评价经济发展情况以及研判发展趋势等。生产服务业采购经理指数是经济监测的先行指标，由于采取快速、简便的调查方法，每月发布一次，在时间上大大早于其他官方数据。从已有经验看，采购经理指数大体领先其他经济指标几个月，可用于研判经济发展的趋势变化，具有预测预警功能。生产服务业发展指数是经济监测的一致指标，采用宏观经济指标编制而成，同步于当前经济发展，从多个方面综合测量和反映生产服务业发展的总体水平。生产服务业采购经理指数和生产服务业发展指数，二者前后验证，相辅相成共同构成生产服务业指数体系，强化分析和研判生产服务业运行态势的能力，提高预测预警水平。

三、生产服务业运行监测数据的应用

（一）生产服务业运行监测数据的解读

数据解读是指通过对数据"语言"的翻译、阅读和理解，识别、判断和提取出有用的数据信息，最大限度开发利用数据资源，实现数据的价值。

1. 监测指标解读

（1）整体态势。通过分析生产服务业主要监测指标（如增加值）总量以及增速变化情况，可以反映出生产服务业经济整体变化趋势。从主营业务收入、订单数等指标的变化情况，反映生产服务业需求。

（2）产业结构。通过分析主要监测指标（如增加值）占比情况，以及重点行业（工业设计、供应链管理服务等）发展情况，反映出产业结构优化态势。

（3）质量效益。通过分析生产服务业企业营业利润、实现税收等指标变化情况，可以反映出总体发展的质量效益。

（4）技术创新。通过分析生产服务业企业研发投入、申请和授权专利数的变化情况，可以反映出生产服务业技术创新和发展潜力等。

（5）经济贡献。通过分析生产服务业增加值占GDP比重，从业人员占比、税收占比，服务企业数量等指标变化，反映出生产服务业对经济发展的带动作用。

2. 指数解读

生产服务业采购经理指数在0～100%之间，50%为经济扩张与收缩的临界点。通常当指数大于50%时，反映经济总体扩张；当指数小于50%时，则反映经济总体收缩。生产服务业发展指数以基期指数100点为基准，即基期值为100，报告期指数值大于100，表明发展水平向好，且指数值越大，说明发展水平越好；报告期指数值

小于100，表明发展水平走低，且指数值越小，说明发展水平越差。

（二）如何根据监测指标进行运行调控

认清当今国际和国内经济发展的大环境，以当前宏观经济政策为指导，把握国内外生产服务业发展大势，根据监测指标反映的实际情况，提出相应的政策措施实施运行调控。

1. 继续贯彻落实有关政策，积极壮大生产服务业

根据生产服务业监测指标（如增加值等）和采购经理指数以及发展指数，反映生产服务业整体发展态势，综合客观评价生产服务业发展水平以及在经济发展中的地位，提出继续贯彻落实国家和广东省发展壮大生产服务业的相关政策措施等。

2. 做强生产性服务业对制造业产业链支撑作用

根据监测指标建立模型测算生产服务业对制造业的带动作用，找出生产服务高附加值所在点，做强"微笑曲线"两端，提出加快发展服务型制造和生产服务业的着力点，促进制造业转型升级，实现工业化、信息化、服务化融合发展等措施。

3. 切实提升生产服务业发展质量和效益

根据结构监测指标可综合评价生产服务业发展产业结构、区域结构等情况，找出发展结构中的优势产业、地区，分析其支撑点（如技术创新、模式创新等）进行鼓励和宣传推广，保持并提升发展优势；针对生产服务业发展结构的短板，找出制约因素，研究提出解决生产服务业发展中问题的思路和举措。

本章习题

一、名词解释

1. 生产服务业产业评价
2. 生产服务业发展水平
3. 生产服务业服务能力
4. 生产服务业发展潜力
5. 生产服务业运行监测

二、简答题

1. 怎样评价生产服务业的发展水平？
2. 怎样评价生产服务业的服务能力？
3. 怎样评价生产服务业的发展潜力？
4. 怎样监测地方生产服务业的发展？

三、案例分析

结合本地实际，对本地生产服务业发展情况进行评价。

第五章

公共政策

本章主要阐述推进生产服务业发展的公共政策，重点从公共政策基本认识、国外和国内生产服务业政策、有关省市生产服务业政策等方面进行表述。

公共政策是公共权力机关为解决公共问题、达成公共目标、实现公共利益制定的规范和行动方案。产业政策是公共政策的重要组成部分，生产服务业政策属于产业政策范畴，是公共政策促进生产服务业发展的主要手段。通过分析生产服务业发展的薄弱环节，提出生产服务业政策的着力点。

国家发展程度不同，生产服务业发展政策引导层次不一样；不同地方由于历史、文化、经济基础迥异，政策侧重点也不一样。美国、日本、德国等制造强国强调政策法定化、产业体系完整性、重视税收金融和竞争导向；英国等制造大国重视科研、实施税收优惠和鼓励竞争；印度等制造新国则以政府引导为主，强调单向突破，倾向招商引资。

本章对中国生产服务业政策的演变历史进行梳理，对国发〔2014〕26号文作了重点解读，结合统计标准、规划指导、机构设置和协调制度等政策，介绍了中国生产服务业政策整体情况。

最后，介绍了北京、上海、香港等国内中心城市和江苏、浙江、广东等制造大省生产服务业政策情况，表述了我国不同地区生产服务业政策的特点。先进的地方生产服务业政策，往往得到国家重视并改造提升为国家生产服务业政策。

第一节　公共政策概述

老子《道德经》说："治大国若烹小鲜。"古今中外各国治国理政都是通过各式各样的政策实现的，政策的制定和实施就像烹小鲜的翻炒力度、火候掌控、佐料调配和投放顺序等。公共政策是老百姓耳熟能详的热词，入学高考讲政策、种粮养殖讲政策、开店办厂讲政策，生活工作处处都与公共政策有关。

一、公共政策的认识

（一）公共政策的定义

公共政策是公共权力机关为解决公共问题、达成公共目标、实现公共利益制定的规范和行动方案。公共政策的作用是规范和指导有关机构、团体、企业或个人的行动，其表达形式包括法律法规、行政规定或命令、政府规划、工作意见等，甚至政府权力机关的一个具体通知，都可以说是广义的公共政策。公共政策包括很多范畴，产业政策是公共政策的重要组成部分。产业政策是公共权力机关制定的，引导国家产业发展方向、推动产业结构升级、协调国家产业结构、使国民经济健康可持续发展的政策。产业政策主要通过国民经济计划（包括指令性计划和指导性计划）、产业结构调整计划、产业扶持计划、财政投融资、货币手段、项目审批来实现。生产服务业政策是产业政策的重要组成部分，是政府推动和促进生产服务业发展的一系列措施的统称。

（二）常见的产业政策

产业政策范围很广，有产业发展方向、产业发展目录、统计政策、财税政策、投融资政策、人才政策等，其措施对比如表 5-1 所示。

表 5-1　产业政策措施对比表

类别	适用领域	效果	出台难度	影响面	例子
审批备案	涉及安全、公共利益等行业	非常明显	难度很大，需要法规支撑	大	加油站审批
专营制度	水、电、烟草等特殊行业	非常明显	难度很大，需要法规支撑	大	烟草专卖
指令性计划或配额	一般适用于国家战略物资相关行业	非常明显	难度大，一般由国家层面制定	中	稀土生产指标

续表 5-1

类别	适用领域	效果	出台难度	影响面	例子
税收减免	国家战略扶持的行业	非常明显	难度很大，需要法规支撑	大	高新技术企业所得税优惠
税收返还	政府重点鼓励发展的行业	明显	难度比较大	大	再生资源回收行业增值税返还
财政补贴	政府鼓励发展的行业	比较明显	难度比较大	中	各类产业发展专项资金
要素优惠	政府鼓励发展的行业	明显	难度比较大	中	零地价、低电价等
树立典型	政府鼓励发展的行业	一般	难度一般，规范性文件即可设定	小	各类示范、先进企业认定
打造服务平台	大部分行业	比较明显	难度一般	中	各类展会、行业组织、交流活动等
扶持独立第三方机构	政府鼓励发展的行业	明显	难度比较大	大	补贴担保、保险机构间接扶持企业发展
人才培育引进	大部分行业	比较明显	难度一般	大	各类教育培训、人才引进措施等

二、发展生产服务业的政策诉求背景

（一）产业转型升级对政策提出了更高的要求

目前，我国制造业取得了世人瞩目的成就，成为了世界制造业基地。但近年来，环境污染、资源缺乏、成本上升、产能过剩等问题成为制约我国制造业发展的主要矛盾，中国要跨过这些问题，推动经济高质量发展，必须进行产业结构调整，必须大力发展知识密集型、资金密集型、劳动密集型的生产服务业，这对生产服务业发展政策提出了很高的要求，不仅要考虑自身发展，更重要的是通过政策引导推动构建附加值高、环境友好、就业充分、竞争力强的产业结构。

（二）缺乏生产服务业工作经验迫切要求政策的指导

中华人民共和国成立以来，甚至改革开放后，重视工业、忽视服务业的传统观念一直有之。改革开放以来经济领域取得的主要成就，也主要由工业贡献和拉动，出台的产业政策都是工业政策为主。对如何迎接服务经济时代来临，推动生产服务业发展，无论是学术界还是政府部门，都缺乏实践经验和理论支撑。出台的生产服务业政策往往套用工业政策的惯常做法，针对性不强。由于工业取得的巨大成就，对中国生产服务业的发展提出了很高的要求，一起步就要与世界一流水平对标，亟须与之配套的生产服务业政策给予支持。

（三）各地生产服务业同质发展迫切要求政策的引导

人才、信息、地理区位条件是影响生产服务业发展后劲的重要因素。目前，一些地方发展生产服务业往往不考虑自身的实际情况，没有充分考虑本地区的优劣势，盲目照学照抄，追求大而全。国家鼓励发展物流业，物流园遍地开花；鼓励发展创意设计，创意园如雨后春笋；鼓励发展电商，各类电商平台一窝蜂上线。这种不考虑自身实际的做法，只能事倍功半。因此，发展生产服务业需要有科学到位的生产服务业政策作为引导。

（四）理论研究基础薄弱增大了政策制定的难度

由于产业发展起步晚，科研院校在生产服务业方面的研究明显不足，很多从事生产服务业的研究人员都是"半路出家"，缺乏系统科学的学习，更谈不上生产服务业的实践经验。而近十多年来，由于信息技术的发展，生产服务迅猛发展，新业态新模式层出不穷，理论更新非常快，理论研究跟不上实践的发展。生产服务业政策制定工作的难度较大，需要政策制定者付出更大的努力，进行更深入的调研分析。

（五）思想认识不到位不利于政策的贯彻执行

由于国家和业界的大力呼吁，各级政府对生产服务业的重视程度有所提高，但由于认识的局限性，各级政府对生产服务业内涵外延、运行规律、意义作用了解仍然不够，对工业的偏好仍没有根本改变，个别领导甚至把生产服务业纳入虚拟经济范畴。没有工业就没有生产服务业的说法仍有广泛的市场，被许多人所追捧。这对生产服务业政策的出台以及出台后的宣贯、执行带来较大的阻力。

三、生产服务业的产业特点与政策制定原则

（一）政策制定要把握生产服务业的特点

1. 资源要素消耗利用少

生产服务业是知识密集型、资本密集型或劳动密集型的产业，对水、电、土地的要求总体上比工业企业要少，对上述要素的价格敏感性不高，生产要素优惠对大部分的生产服务企业起不到很大的作用。比如工业企业对电价非常敏感，很多企业

因为西部每度电优惠 2 角钱左右，把工厂从东部搬过去，但是生产服务业企业，比如物流企业、电子商务企业、研发企业，不会受优惠电价吸引。

2. 固定资产投入低

生产服务知识密集的特点，使得生产服务企业多数属于轻资产企业，一般不需要投资大量的硬件，主要投资在人力、流动资金上。即使物流等生产服务业有基建和设备方面的需要，但真正的核心竞争力并不体现在硬件上，而是体现在软件或者软服务、商业模式、运转效率上。

3. 产业附加值高

生产服务主要分布在微笑曲线的两端，产出价值主要来源于知识、创意、技术、效率提升等，一般会有较高的附加值，边际贡献率高（俗称的毛利率），因此，生产服务企业对 GDP 的贡献突出。

4. 人才和商业模式是关键

生产服务业企业对人才的需求非常大，人才往往是企业最大的核心竞争力，而这些人才又很难通过一些指标去评判，只能通过实践去检验。生产服务业的核心竞争力还体现在商业模式上，取决于商业模式的独特性、创新性和找准客户需求上，往往也没有技术上的先进性，或者技术先进性不是最关键的因素。

5. 经营活动跨区域开展

工业企业一般在特定的地域、高度集合的生产车间集中生产，生产服务业服务的对象比较分散，作业场所流动性强，网络性特点较强，往往需要在不同的区域开展经营活动，跨区域服务的特征非常明显。比如，物流企业，网点遍布全国各地，这些分支机构既有独立法人，也有大量非独立法人。

（二）生产服务业政策的制定原则

1. 结合实际

生产服务业政策一定要结合地方实际，要充分分析研究本地区的优劣势，弄清楚本地区的经济现状、资源禀赋、地理位置、人才储备等，科学研判是否适合发展生产服务业，适合发展哪一类生产服务业，在此基础上，制定切合实际的发展规划，不要好高骛远，切忌贪新贪大。

2. 突出重点

要找准发展的重点，集中资源和力量重点攻坚，心无旁骛地发展好主导生产服务业。制定政策也要充分调研，找准痛点，对症下药，出台有针对性的政策，不搞花架子，不求面面俱到。

3. 务求实效

生产服务业政策要坚持实效优先原则，要科学测算政策的效用，把有限的资源用到刀刃上，起到最好的引导带动作用，不要以为政策出了、钱花了、地给了就万事大吉。

4. 普惠优先

制定政策要坚持普惠优先的原则，能够出台普惠的政策就不出台特惠政策。普惠政策最大限度减少了人为的影响，很容易得到企业的认可，能够给企业稳定的预期，可以起到很好的宣传、带动作用，企业自然就会按照政府规划的方向去努力，就能够在短时间通过招商集聚一批目标企业。

四、生产服务业政策的着力点

（一）优化环境

优化环境是所有政策中最重要的着力点。好的环境，自然会吸引好的企业入驻。优化环境主要包括消除对生产服务业的歧视性政策，完善生产服务业所需的基础设施，营造有利于生产服务业发展的舆论氛围，大力弘扬企业家精神。

（二）培育主体

产业的竞争力体现在市场主体的竞争力。培育生产服务业市场主体是关键环节。要针对大、中、小、微型生产服务业企业出台分门别类的政策，要抓住关键的几个大企业贴身服务，更要想办法树立典型，宣传标准，出台惠及中小企业的具体措施，引导大中小企业融通发展。

（三）打造功能区

生产服务业具有集聚效应。生产服务业功能区由于空间的集聚，有利于政策的普及和实施，有利于人才的流动、汇集，能够快速提升产业发展水平。要打造一批生产服务业功能区，把生产服务业功能区打造成信息、技术、人才的高地，形成小范围的发展气候，鼓励企业创业创新。

（四）示范引领

广泛挖掘成功的案例，培育、树立一批示范典型，坚定创业者的信心，指明努力的方向。示范引领要包括各种类型的成功案例，总结出台不同类型企业发展的特点、重点和难点，避免把树立典型变成成绩宣传，只讲效果不讲过程。有条件的地方尽量把发展的完整经验再现，把失败的探索、成功的尝试都全面披露，为其他从业者提供借鉴参考。

（五）夯实基础

建立健全产业分类及统计工作机制，及时监测产业发展动向。要建立健全综合性、专业性公共服务平台，培育一批行业组织，支持各方力量打造一批有影响力的展示、交流、对接活动；抓好人才教育、培训、引进，提升人力资源水平。

五、生产服务业政策的制定过程与发布实施

（一）调研分析

制定产业政策前，需要进行充分的调研分析，根据政策的重要性，通常会组成政策制订工作组对所在地、国内外先进地区进行实地调研走访。调研一般包括实地调研和材料收集两部分。通过资料的收集、整理、分析，摸清现状，找出问题，提出对策，形成调研报告，作为起草政策文件的基础。这个阶段一般专家团队起到更关键的作用。

（二）起草文件

根据调研结果，由工作组起草政策文件。政策文件一般包括发展背景、指导思想、工作目标、工作任务、保障措施等部分。工作组不断修改完善，形成政策文件的初稿。这个阶段工作通常以政府工作人员为主。

（三）征求意见

形成初稿后，工作组将会广泛征求意见，一般包括征求各政府部门意见、专家意见、地方政府意见和生产服务企业意见等。在广泛收集意见的基础上，进一步完善政策文件。征求意见的方式包括网络发布、召开座谈会、书面征询等。

（四）审批发布

在政策文件已成熟的基础上，工作组将会形成政策文件送审稿，报有权审批机构审议。一般以什么机关的名义发布，就报到该机关的办公会议审定。比如，以省政府名义印发的文件，必须经过省政府审批同意。参会人员在会议上提出的意见，将再一次吸收到政策文件。经审批同意的政策文件，将会正式印发，通过纸质、网络等方式对外发布。

（五）宣传贯彻

政策文件出台后，需要进行宣传和贯彻。宣传贯彻的途径包括转发文件、召开贯彻落实会议、新闻媒体解读等。

（六）分工落实

政策文件出台后，牵头部门会把各项任务进行分工，明确落实部门和责任人等。

相关责任机构将根据分工，分头制订实施细则，完成布置的任务。

（七）检查督办

为了防止政策出台后实施不到位，政策制定机关会定期不定期要求各相关部门、机构报送工作进展，了解掌握工作进度。必要时，会派出工作组进行现场检查、监督，确保目标任务落实到位。

（八）总结评估

政策实施期间或期满，会对政策实施情况进行总结评估。对照政策提出的目标、任务，逐项检查落实情况，分析存在问题，提出下一步的工作方向，对政策实施不理想的条款进行完善修正，对于实施效果明显的典型经验要积极推广。评估一项政策的实施效果，需要大量的数据和资料。做好评估工作要抓好几点：一是设定可量化可考评的目标，二是建立完善的监测评价指标体系，三是建立定期监测机制，四是建立评估问题督办机制。

第二节　国外生产服务业政策

烹小鲜的方法因国情、文化、水土和饮食习惯不同而不同，东方人喜欢煎、炒、蒸、煮，西方人流行烧烤油炸；东方人爱好喝热茶，而西方人习惯喝冰水。同样，政策的选择和实施也会因国情不同而不同，尤其是制造强国、制造大国和制造新国等国家出台了有针对性的政策和改革措施，促进生产服务业发展。

一、美国生产服务业政策

美国是世界上生产服务业和服务贸易最发达的国家，最早制定和出台支持生产服务业发展的政策措施，早在20世纪70年代美国政府就通过宣传、立法、设立专门机构等手段，为生产服务业的发展创造一个良好政策环境。

（一）总体发展政策

20世纪80年代后，美国政府实施了一系列研发税收激励政策，1981年通过的《经济复苏税收法案》（*Economic Recovery Tax Act*），正式确立了研发税收抵免政策，这在很大程度上提高了企业的研发投入和创新能力，特别是美国中小企业。2010年出台的《美国制造业促进法案》、2012年的《先进制造业国家战略计划》等多部法规也都明确要加快对先进制造业的投资，加大科技创新的财政税收的政策扶持，将部分暂时性的税收优惠永久化。

近年来，美国大力推动制造业重振和生产服务业加快转型，引入了更多新的应用科技，促使美国制造业在产品价值链每个环节纳入更多的服务。2014年出台的《振兴美国制造业和创新法案》，打造纳米技术等领域为代表的制造业创新中心，体现了满足个性化需求的制造业发展方向，以加强制造业的顶层设计来适应制造业服务化的大发展趋势，并通过推动与其关联的整个供应链，夯实美国的大规模制造业基础。

（二）信息科技政策

信息服务业是推动美国经济飞速发展的巨大推动力，并长期保持其国际领先优势。自20世纪60年代以来，美国政府先后颁布了以版权为主要内容的《版权法规》，以信息自由为主要内容的《信息自由法》《电子信息自由法案》《隐私法案》《电子通信隐私法》，以计算机安全为主要内容的《计算机安全法》《联邦信息安全管理法》，以基础设施建设为主要内容的《1996美国电信法》和《国家信息基础设施保护法》等一系列法律法规，以推动行业制度建设。

除了法律法规体系建设，美国还通过了一系列具体的中长期科学技术发展规划和计划，例如在1993年开始组建一个由联邦各部门负责信息技术发展和应用的联邦部际机构"信息基础设施特别工作小组"，提出了《国家信息基础设施计划（NII）》（亦称信息高速公路计划）和《全球信息基础设施计划（GII）》；2000年由国家科学技术委员会（NSTC）发布的《面向21世纪的信息技术计划》（亦称《21世纪的信息技术：对美国未来的一项大胆投资（IT2）》，*Information Technology for the Twenty-First Century：A Bold Investment in America's Future*）等。

在电子商务领域，白宫于1997年率先提出属于政策性文件的《全球电子商务政策框架》（亦称《全国电子商务架构书》，*A Framework for Global Electronic Commerce*）和以商务实践为主要内容的《统一电子交易法》和《国际国内电子签名法》等，这些法律和文件从整体上构成了行业的法律基础和框架。

（三）物流供应链政策

美国政府陆续出台过《航空规制缓和条款》《铁路和汽车运输的条款》《汽车承运人规章制度改革和现代化法案》《斯泰格斯铁路法》《卡车运输行业规章制度改革法案》《综合系统地面运输效率法案》《1998年远洋航运改革法》《21世纪运输衡平法》等众多具体物流行业的法律法规，逐步放松政府对公路、铁路、航空、航海等运输市场管制，引入市场竞争机制以降低运输费率，促进了运输行业的对外开放，提高了运输业服务水平，确保运输业的发展适应经济增长和对外贸易的需求。

(四) 金融商务政策

历届美国政府对金融服务一向采取积极的扶持政策，建立起了较为完善的法律和政策体系，为服务业和服务贸易的迅速发展创造了一个良好的制度环境，主要包括《金融服务公平交易法》《金融服务现代化法案》《银行公平竞争法案》等。尤其是1999年通过的《金融服务现代化法案》（Financial service modernization Act），放松了对金融行业的管制力度，允许金融公司扩大金融服务的规模和经营范畴，标志着金融监管从单一强调安全、设立严格准入限制到推行功能监管、提倡竞争与效率的改变。

二、日本生产服务业政策

日本的服务业产值占经济结构中的比重始终保持着稳定的增长趋势。从20世纪后期开始，为了有效推进经济快速发展和增强其国际竞争力，日本政府开始通过法制化方式来加强对于信息科技服务业、物流服务业等具体行业的管理与支持，并制定了相应的法律法规和战略计划。

（一）总体发展政策

日本经济产业省（METI）发布的《制造业、信息业、服务业产业政策》中，明确了提高服务业生产率对提升整个国民经济水平的重要意义，生产服务业是服务业的重要组成部分，因此生产服务业的全要素生产率增长是服务业整体生产效率提高的关键。

（二）信息科技政策

在信息技术行业，日本在产业发展初期到转型升级都进行了详细规划，大力推进信息业服务化。在1995年日本内阁通过了《科学技术基本法》，实施科技立国战略，该法成为日后科技政策的基本框架和依据。为确保基本法有效实施和计划的跟踪落实，此后的1996年、2001年、2006年、2011年和2016年日本政府分别制订了5期科学技术基本计划。2000年底通过了综合性的《IT基本法》。进入21世纪后，隶属于首相官邸的IT战略本部开始制订年度e-Japan战略计划，大力推进信息化基础设施建设，力求使日本在五年内成为世界最先进的IT国家。日本政府在2004年发布了以建设所有人随时随地都可使用网络的环境为核心的u-Japan战略以及在2009年发布了推广公共部门信息化应用的i-Japan战略2015。

（三）物流供应链政策

日本于1997年颁布了以指导物流现代化，夯实物流交通基础设施为目的的《综合物流施策大纲》，并于 2001 年、2005 年、2009 年和 2013 年分别重新修订。第五次修改的《综合物流施策大纲》（2013 年大纲）对本国物流行业的情况进行了总结，提出了致力于构建支撑产业活动与国民生活的高效物流体系，并进一步促进全球供应链，降低环境压力，建立更加安全可靠的物流体系等具体内容，对日本今后物流政策发展的方向进行了新指引。

（四）节能环保政策

日本在节能环保方面表现十分出色，也是循环经济法律体系最为完善和健全的国家。2000 年日本政府颁布了作为基础层面的《促进建立循环型社会基本法》，其内容涵盖了循环社会的明确概念、建立循环型社会的基本原则，废弃物处置顺序和划分，以及政府、地方主管、企业和公众责任，等等。围绕《促进建立循环型社会基本法》，另有《废弃物处理法》《资源有效利用促进法》等多部配套法律和单行法规。

三、德国生产服务业政策

德国是个高度发达的工业国家，服务业的发展同样如此。德国经济能持续稳定健康发展，关键在于其政府坚持发展实体经济和生产服务业。德国政府在促进生产服务业发展方面发挥了非常重要的政策引导作用，为企业营造了优良的政策环境，加快了从制造业为主向服务业为主的转变，促进了生产服务业与制造业的关联互动。

（一）总体发展政策

德国于 2013 年正式提出轰动一时的"工业 4.0"的概念，并在德国联邦教育与研究部（BMBF）发表的《实施"工业 4.0"战略的建议》中强调了要从生产型制造向服务型制造转移，通过信息技术与制造技术的高度融合，提升制造业的体系性服务能力。"工业 4.0"战略是涉及制造业与服务业的双重战略，这意味着德国试图变革其制造业的方向，加快向制造业服务化转型。其中涉及的大数据、物联网等应用都有助于生产服务业积极发展，满足多样化、个性化消费需求。

（二）信息科技政策

德国一直有专项财政政策拨款投入信息服务业以提高其科技竞争力和创新能力，其中最具综合性和代表性的是 2005 年颁布针对知识密集型中小企业推出涵盖所有政策范围的"高技术战略"（即高科技创业基金）系列政策，使科技创新能够更好地转化为生产力。对于支持中小企业开展研发创新活动、深化创新合作的政策，有 2008 年提出的中小企业创新核心项目等，为中小企业与科研机构间合作开展科研创新项目提供资助和鼓励。从 20 世纪 70 年代起，德国发布众多研究与科技政策，为私营部门的研发活动创造条件和基础设施，加速科研成果的产业化，促进产业创新。德国联邦教育和研究部发布的《新高科技战略》着重强调创新是关键，此外还有面向特定产业或行业领域的创新政策，例如《信息与通讯技术战略：2015 数字化德国》《纳米技术 2015 行动计划》等。

（三）物流供应链政策

德国物流业发展在欧洲乃至全球都走在了前列，德国高度重视物流技术创新和物流基础研究，鼓励创新和应用，同时大力推进供供应链管理库存、精细物流、闭环物流等先进专业物流管理服务的发展。德国联邦政府充分发挥职能，在 2008 年制定的《德国交通物流发展规划》中拟定了发展交通运输与物流的基本原则、总体目标以及相应措施，例如有效利用财政资源、提高信息化水平、倡导绿色物流、注重培养人才等。此外，德国在服务业发展初期就开始标准化的制定，德国标准化学会负责将研究成果汇总整理后纳入国家标准和国际标准，并将标准化模式加入到物流行业中。由于标准统一，使得物流成本逐渐降低，效率显著提高。德国通过广泛参与国际和国家服务标准化，进一步增强自身服务产业的创新力和竞争力。

（四）节能环保政策

德国在节能环保领域也处于世界领先地位，其节能环保理念深入人心，政策措施涉及生产、生活各个环节。德国早在 1972 年就重新修订并通过了《德国基本法》，将环境保护写入国家宪法并确定为国家发展目标，也赋予政府在环境政策领域更多的权力。尤其是德国的循环经济的立法与实践，更是对其他国家也产生了巨大影响。这些法律法规所遵照的原则主要是以预防为主，谁污染，谁治理，如 1986 年《废弃物限制处理法》、1991 年《商品法》、1994 年《循环经济与废弃物处理法》等。

四、英国生产服务业政策

自 1997 年以来，英国制造业的实际产出在下降，但同一时期服务业却上升了近 60%。英国制造业在整体经济中分量下降正是因为服务产业的强势上升。

（一）总体发展政策

为了振兴低迷的制造业，2012 年英国政府正式启动并于 2013 年通过其科技办公室形成报告《英国工业 2050 战略》，主要观点是利用信息通信技术、新材料等科技手段将与生产融合，这将对制造业中的生产、技术、制造地点、供应链、人才甚至文化产生重大影响。报告认为未来的制造业不再是传统意义上单纯的制造，应该是

"服务加再制造（以生产为中心的价值链）"。政府应鼓励新商业模式，鼓励生产和创新活动的集群化，着力发展生产服务业。

（二）信息科技政策

生产服务业是英国增长最快的行业，也是英国经济增长的动力和源泉。英国政府一直以来高度重视科技创新。1993年，英国政府发表第一个国家科学发展战略《实现我们的潜力：科学、工程和技术战略》（Realising Our Potential：A Strategy for Science, Engineering and Technology）白皮书，强调要将科技优势转化为经济优势，科学技术事业是增加财富、发展经济、提高公众生活质量和提升年国家竞争力的关键，这也是引导英国发展的国家科技发展战略。此后，1998年的《我们竞争的未来：建立知识驱动型经济》（Our Competitive Future：Building the Knowledge Driven Economy）、2000年的《卓越与机遇：面向21世纪的科学与创新政策》（Excellence and Opportunity：A Science and Innovation Policy for the 21st Century）等一系列政府白皮书，均以创新为主题，强调坚持发展本国基础科研和技术创新方面的优势，力争在国际竞争中拔得头筹。2011年，英国商业、创新和技能部（BIS）出台了《以增长为目标的创新与研究战略》（Innovation and Research Strategy for Growth），在已有创新举措的基础上，再次点出科技创新在国家战略中的重要地位并提出政府要从四大关键技术领域加大力度采取措施：生命科学、高附加值制造业、纳米技术和数字技术。

（三）金融商务政策

金融服务业是英国主要经济支柱之一，1986年英国政府推动实施《金融服务法案》（Financial Services Act）和随后进行的金融体制大改革，标志着资本市场打破垄断、放松管制全面开放，正式开启了金融服务业自由化时代，大大提升了英国国际金融地位。2000年颁布的《金融服务与市场法》（Financial Services and Markets Act）确立了金融服务管理局（FSA）为单一监管机构地位，统一了监管标准，规范了金融市场的运作。2008年金融危机爆发之后，英国颁布了《2010年金融服务法》，该法是对2000年《金融服务与市场法》的修改补充，加强对金融稳定性的监督管理，是对在2008年金融危机中表现出的立法漏洞的有效弥补。

五、印度生产服务业政策

近年来，印度服务业占GDP的比重已达50%以上，这与发达国家的产业结构类似并呈现持续扩张态势，其服务业的发展一直离不开政府大力的政策推动。

（一）总体发展政策

2015年，印度政府推动实施新的《对外贸易政策（2015—2020）》，新政策按照

"印度制造"和"数字化印度"计划而制定。其中重点将印度服务出口计划取代之前的印度服务计划，向印度本土服务企业提供优惠政策，根据出口净收益额给予优惠，以促进服务出口，尤其是提升其软件产业在全球的知名度和美誉度。

（二）信息科技政策

由于印度采取了优先发展信息技术产业的鼓励政策，作为新兴产业代表的计算机软件业异军突起，使其成为全球第二大软件出口国。早在1958年，印度国会通过的《科学政策决议》中就明确提出了科技为国家经济和社会发展服务的基本原则。1983年发布的《科技政策声明》，使印度较早开始注重发展软件产业，把握住了80年代中期后美国软件企业外包迅速发展的市场机遇。1991年印度实施生产服务业功能区政策，正式启动了软件技术园区计划，2003年印度政府出台了《科学技术政策》，强调科技服务于国家社会经济发展的同时必须与经济社会协同发展，要加强国际交流与合作等。2013年，印度又通过新的《科学技术和创新政策》，致力于将科学、技术与创新协同起来，利用创新、创业和增加对研发活动投资，力争跻身全球五大科技强国，这也是暨1958年《科学政策决议》、1983年《科技政策声明》、2003年《科学技术政策》之后第四个纲领性科学政策。此外，历届印度政府都采取了支持信息产业发展的政策。印度在1957年颁布了《版权法》并经过五次修订，严厉打击各种盗版行为，使之成为世界上最严格的版权法之一。2000年印度国会又通过了《信息技术法》，为促进电子商务和防止电子犯罪，对非法进入计算机网络和数据库、传播计算机病毒、干扰服务、复制软件、篡改原文件、伪造电子签名等违法行为进行了明确的规定。

六、国外生产服务业政策的启示

（一）制造强国的政策启示

一是政策法定化。发达国家的生产服务业已经比较成熟，政府的工作重点就在于通过法律的形式，确立生产服务业的发展地位，以及相关的准入、竞争、优惠措施，保障和促进生产服务业的发展。

二是产业体系较为完整，政策较为全面。制造强国的产业体系发展较为均衡全面，产业发展层次较高，配套出台的政策也较为全面，不断改善生产服务业发展的环境，促进相关行业纵深发展，效果显著。

三是重视税收金融政策。例如，美国、日本、德国的政策均给予服务企业财税方面一系列的便利，并加大银行和金融机构对于生产服务业的支持力度，例如税收减免、融资扶持、贷款担保、手续简化等，以保证生产服务业企业发展的资金来源。

四是突出信息科技创新。高度重视知识密集型与科技含量高的生产服务业，大力推行科技兴国。

五是强调竞争导向。生产服务业政策体现出政府放松对市场管制，发挥行业组织作用，鼓励自由市场竞争。

（二）制造大国的政策启示

一是政策引导性强。以英国、法国、韩国等为代表的制造大国重视科研、税收优惠和鼓励竞争，在这一点上与制造强国是一致的。

二是着重发展金融服务业，打造全球金融中心。从 20 世纪 70 年代开始，法国政府开始摒弃常年对于货币、资本和外汇进行干预的传统政策，转变为开放的国际竞争型的金融计划。为增强投资者对巴黎区金融市场的信心，2003 年的《金融安全法》彻底打破了保险领域旧有的监管格局，令监管更加透明、更具效率。近年来法国政府宣布在税收、劳动力成本和劳动法等诸多方面的政策进行改革，承诺会简化和加快金融机构申请迁入法国的手续，颇有英国"脱欧"后迅速接替伦敦地位的意味。

三是制定政策时充分考虑提高当地对于新兴服务型人才的吸引力。例如，法国积极考虑延长外籍雇员享受减税优惠的制度的适用期限。

（三）制造新国的政策启示

一是政府主导。印度、巴西、墨西哥等制造新国的生产服务业政策，政府引导和影响的特点突出，在发展的特殊时期中，政策的效率能得到保障，优势显著。如印度政府出台优先发展信息技术产业的鼓励政策，重点发展作为新兴产业代表的计算机软件业。

二是突显优势产业，强调单向突破。受限于产业发展情况，制造新国往往选择了优先发展优势产业，以带动其他产业发展的政策。

三是改善营商环境，招商引资的倾向明显。制造新国不断放宽国内外投资商投资领域的限制政策，吸引外商和私有资金投资。2018 年世界银行发布《2019 年营商环境报告》（*Doing Business* 2019），在 190 个经济体中，墨西哥排 54 名、印度排 77 名、巴西排 109 名，尤其是印度上升迅猛，成为商业环境进步最大的 10 个经济体之一。

第三节　中国生产服务业政策

与西方人就餐用刀叉不同，中国人吃饭用筷子，两根筷子一静一动，体现中国饮食文化的阴阳平衡之美。中国制造业的大发展，亟须与之关联的生产服务业的提速发展，两者相互促进，也同样体现阴阳平衡之美。生产服务业在中国还属于新兴产业，处于发展壮大阶段，产业体系有待完善，发展方向有待引导，在这种背景下，生产服务业公共政策大有可为。

一、中国生产服务业政策历程

生产服务业是工业的"孪生兄弟"，自工业诞生那天，其发展就离不开生产服务业。一开始生产服务业不被重视，因为在商品短缺年代是卖方市场，能生产出产品就不愁销路，产品的外观、功能、质量、便利性、个性化需求等都不需要过多考虑。产品的价值主要体现在生产环节，生产服务业的贡献值不大，统计核算直接将生产服务业算入工业的产值、增加值和利税，因此人们关注工业的发展和成就，制定的产业政策也多是工业政策。随着生产力的提升，中国逐步进入了买方市场，生产服务的价值不断凸显，生产服务业逐渐成为产业发展的主要推动力。中国生产服务业政策发展，经历萌芽期、发展期、成熟期三个阶段。

（一）萌芽期（2006年以前）

第一阶段萌芽期是指2006年以前。在这个时期，生产服务业概念还没有写入国家政策，而生产服务业业态模式正在摸索中逐渐发展。因此，在一些文件出现了一些相应的政策。

1985年4月，国务院办公厅转发《国家统计局关于建立第三产业统计的报告》，提出建立第三产业产值统计是一项新的工作，对各地区、各部门提出了具体要求，为第三产业统计提供了政策条件。

1992年6月，中共中央、国务院出台了《关于加快发展第三产业的决定》，作为国民经济重要组成部分的服务业正式登上中国经济公共政策舞台，此后，随着服务业的快速发展，政府不断加大政策支持力度。

2001年3月，国家第十个五年计划纲要提出，既要发展面向生活消费的服务业，也要发展主要面向生产的服务业。11月国家经贸委在《"十五"工业结构调整规划纲要》提出，要发展面向生产的服务业，加快发展现代物流产业，推动连锁经营、物流配送、多式联运、电子商务等组织形式和服务方式。12月国务院办公厅转发国家计委关于《"十五"期间加快发展服务业若干政策实施的意见》，提出了优化服务业行业结构、扩大服务就业规模、加快企业改革和重组等政策措施。

（二）发展期（2006—2014 年）

第二阶段发展期是指 2006—2014 年。这一时期生产服务业概念写入国家政策，但还没有作为一种产业出台专门的政策文件。在这一时期，生产性服务业取得了快速发展，其增长速度大大高于同期 GDP 的增长速度，因此，在各类文件出现了比较多的针对性政策。

2006 年 3 月，国家"十一五"规划纲要出现"生产性服务业"提法，并明确提出拓展生产性服务业，大力发展主要面向生产者的服务业，细化深化专业化分工，降低社会交易成本，提高资源配置效率。生产性服务业发展被确定为优先发展交通运输业，大力发展现代物流业，有序发展金融服务业，积极发展信息服务业，规范发展商务服务业。

2007 年 3 月，印发《国务院关于加快发展服务业的若干意见》，提出到 2020 年基本实现经济结构向以服务经济为主转变。2008 年 3 月，印发《国务院办公厅关于加快发展服务业若干政策措施的实施意见》，促进"十一五"时期服务业发展主要目标和任务的完成。2009 年 7 月，印发《山东省人民政府关于加快发展生产服务业的意见》，山东成为国内最早以省政府名义出台发展生产服务业政策文件的省份。

2012 年 12 月，国务院印发《服务业发展"十二五"规划》，坚持生产性服务业与生活性服务业并重、现代服务业与传统服务业并举；提出加快发展生产性服务业，包括金融服务业、交通运输业、现代物流业、高技术服务业、设计咨询、科技服务业、商务服务业、电子商务、工程咨询服务业、人力资源服务业、节能环保服务业、新型业态和新兴产业等 12 个领域。

（三）成熟期（2014 年以来）

第三阶段成熟期是指 2014 以来。这一时期，国家出台了专门的生产服务业政策文件。2014 年 7 月，出台《国务院关于加快发展生产性服务业促进产业结构调整升级的指导意见》（国发〔2014〕26 号）（以下简称 26 号文），这是我国第一个国家级别的生产服务业政策文件，标志着我国生产服务业政策发展进入成熟期。

二、26 号文解读

（一）出台背景

2013 年，我国服务业在三产中的比例（46.1%）首次超过第二产业（43.9%），标志着中国经济发展进入了新的时期。随着国际分工越来越细化，企业急需打破

"大而全""小而全"的格局,生产服务业逐渐步入人们视野,迎来全新发展时期,各种新业态新模式不断呈现,迸发出强劲的生命力。2014年5月14日,李克强总理主持召开国务院常务会议,首次部署加快生产性服务业发展。7月28日,国务院出台了26号文,全局统筹的工作局面逐渐形成。

(二) 主要特点

(1) 定位高,作用强。26号文开宗明义、开门见山,一针见血地指出:"生产性服务业涉及农业、工业等产业的多个环节,具有专业性强、创新活跃、产业融合度高、带动作用显著等特点,是全球产业竞争的战略制高点。加快发展生产性服务业,是向结构调整要动力、促进经济稳定增长的重大措施。"生产性服务业包括研发设计、第三方物流等领域,贯穿于整个制造业的前端、中端和后端,占据微笑曲线两头,占领价值链最高点,生产性服务业的作用可见一斑。

(2) 导向定,任务明。26号文给生产服务业指明了方向,发展生产性服务业要"以产业转型升级需求为导向,引导企业进一步打破'大而全''小而全'的格局,分离和外包非核心业务,向价值链高端延伸,促进我国产业逐步由生产制造型向生产服务型转变。鼓励企业向价值链高端发展,推进农业生产和工业制造现代化,加快生产制造与信息技术服务融合"。生产服务业发展是社会分工不断细化的必然结果,高效率运作的产业体系需要高效率、专业化的服务业态出现。26号文提出了生产服务业发展的十一个重点领域,包括研发设计、第三方物流、融资租赁、信息技术服务、节能环保服务、检验检测认证、电子商务、商务咨询、服务外包、售后服务、人力资源服务和品牌建设,这是在国家层面细分生产服务业的重点领域。26号文全面系统地将生产服务业重点领域梳理出来,并明确这些任务的具体内容,具有重要意义。

(3) 政策足,措施多。26号文提出了六个方面的政策导向:进一步扩大开放、完善财税政策、创新金融服务、完善土地和价格政策、加强知识产权保护和人才队伍建设、建立健全统计制度等举措,不断深化改革开放、完善财税政策、强化金融创新、有效供给土地、健全价格机制和加强基础工作等方面,为生产性服务业发展创造良好环境,最大限度地激发企业和市场活力。26号文还提出了政策措施分工表,每一项政策措施具体到部门,具有非常强的实操性。

(4) 反映好,影响大。26号文出台轰动一时,业界为之一振,各省市、各有关部门纷纷制定相应的政策措施贯彻落实,各有关协会等中介机构纷纷在其网站转发,形成一股学习发展生产服务业浪潮。值得一提的是,广东省2014年12月出台的《广东省经济和信息化委关于加快工业和信息化领域生产性服务业发展的实施意见》,就是根据广东实际提出了落实26号文的三大发展导向、十大重点工作和四大保障措施。2017年9月,《农业部 国家发展改革委 财政部关于加快发展农业生产性服务业的指导意见》印发,这是我国第一个农业生产性服务业发展的专门文件。

(5)落实快,效果显。26号文的出台,政策的外溢作用不断显现,配套政策引导作用不断增强。如26号文提及"尽快将营业税改征增值税试点扩大到服务业全领域",2016年5月1日起,我国营改增试点全面启动,增加建筑业、房地产业、生活服务业、金融业等四个行业为营改增试点,营业税逐步退出,增值税制度不断完善。又如2016年《国土资源部关于支持钢铁煤炭行业化解过剩产能实现脱困发展的意见》指出,"转产为国家鼓励发展的生产性服务业的,可以五年为限继续按原用途和土地权利类型使用土地"。再如26号文提出"抓紧研究制定生产性服务业及重点领域统计分类",2015年我国发布了《生产性服务业分类》。

(三)重要意义

26号文是国务院首次对生产性服务业发展作出的全面部署,这是一个里程碑的事件。从国家战略层面肯定了生产性服务业的地位,指明了生产性服务业的重要意义,并且对有关概念和内涵进行了划分,具有重大的基础作用。26号文提出了坚持市场主导、坚持突出重点、坚持创新驱动、坚持集聚发展的基本原则,明确了政府为生产服务业发展创造良好环境的政策措施。加快发展生产性服务业,既服务于生产,比如研发、设计,推动转型升级;又有利于改善消费环境,比如市场营销和售后服务,扩大居民消费。把未来稳增长的着力点之一放在生产性服务业,通过生产性服务业助推中国制造业转型升级,实现由制造大国向制造强国的转变。

三、生产服务业相关政策

(一)统计标准

2015年4月,国家统计局、国家发展改革委出台的《生产性服务业分类》界定了生产性服务业范围,明确了生产性服务业的分类,共有10个大类、34个中类、135个小类,为生产性服务业统计对比分析提供了依据。该分类的编写原则:一是以国务院26号文为指导,按照26号文的有关要求,确定生产性服务业的范围;二是以《国民经济行业分类》(GB/T 4754—2011)为基础,对国民经济行业分类中符合生产性服务业特征有关活动进行再分类;三是以数据可获得性为划分主要依据,类别选取充分考虑统计数据的可获取,以保证统计部门能够采集到生产性服务业的数据。

(二)规划指导

目前,在国家层面还没有制定专门的生产服务业发展规划,相关内容出现在国家制造业、服务业有关发展规划中。

2015年3月,国务院成立国家制造强国建设领导小组,办公室设在工业和信息化部。5月,国务院印发实施制造强国战略第一个十年的行动纲领,"积极发展服务型制造和生产性服务业"成为九大战略任务之一,要求"加快制造与服务的协同发展,推动商业模式创新和业态创新,促进生产型制造向服务型制造转变。大力发展与制造业紧密相关的生产性服务业,推动服务功能区和服务平台建设。"2016年7月,工业和信息化部、国家发展改革委、中国工程院印发《发展服务型制造专项行动指南》,推进服务型制造发展。

2017年6月,国家发展改革委发布《服务业创新发展大纲(2017—2025年)》。提出到2025年实现服务业增加值"十年倍增",占GDP比重提高到60%。提出促进生产服务、流通服务等生产性服务业向专业化和价值链高端延伸,重点发展信息服务、科创服务、金融服务、商务服务、人力资源服务、节能环保服务等六大生产服务领域,以及现代物流、现代商贸等两大流通服务领域。同时提出推进服务业与制造业融合,充分发挥制造业对服务业发展的基础作用,有序推动双向融合,促进有条件的制造企业由生产型向生产服务型转变、服务企业向制造环节延伸,发展服务型制造,推动服务向制造拓展,搭建服务制造融合平台。

(三)机构设置与协调制度

目前,在国家部委还没有设置专门的生产服务业机构。在地方,部分工业和信息化主管部门率先设置专门的内设机构负责生产服务业管理。2009年1月,上海市经济和信息化委员会设置生产性服务业处,9月广东省经济和信息化委员会设置生产服务业处,其后又有重庆、浙江、四川、福建、甘肃等省市设置生产(性)服务业处。

2016年1月,国务院办公厅印发《关于同意建立服务业发展部际联席会议制度的函》,同意建立由发展改革委牵头的服务业发展部际联席会议制度,联席会议由国家发展改革委、教育部、科技部、工业和信息化部、财政部、人力资源社会保障部、国土资源部、住房城乡建设部、商务部、文化部、卫生计生委、人民银行、海关总署、税务总局、工商总局、质检总局、版权局、统计局、知识产权局、旅游局、银监会、证监会、保监会等23个部门组成。联席会议由发展改革委主要负责同志担任召集人,发展改革委、工业和信息化部、财政部分管负责同志担任副召集人,其他成员单位有关负责同志为联席会议成员。

第四节 地方生产服务业政策

中国饮食风味多样、四季有别、讲究美感、注重情趣、食医结合,形成鲁、川、粤、苏、闽、浙、湘、徽"八大菜系",还有东北菜、京菜、本帮菜等地方特色菜系,各具特色。同样,在生产服务业政策的制定和实施上各省市也出台了因地制宜的政策。我国中心城市集中了生产服务业各种高端资源,制造大省需要相当程度生产服务业配套。因此,选择北京、上海、香港等中心城市和江苏、浙江、广东等制造大省作为生产服务业公共政策的研究对象,具有重要的借鉴意义。

一、北京生产服务业政策

(一) 总体发展政策

1. 发展规划

2012 年市发展改革委制定《北京市"十二五"时期生产性服务业发展规划》,提出提升金融服务、信息服务、科技服务、商务服务、流通服务五大优势行业;2017 年制定《北京市"十三五"时期服务业发展规划》,提出要着眼打造"北京服务"品牌,到 2020 年把生产服务业增加值占地区生产总值的比重提高到 53% 左右。

2. 指导意见

2016 年制定《北京市人民政府关于进一步优化提升生产性服务业加快构建高精尖经济结构的意见》,依托首都人才、技术、资本、品牌等优质资源,围绕金融、信息、科技、商务、流通等重点领域,突出研发设计、战略投融资、集成创新、现代营销等高端环节,不断优化产业结构,调整产业布局,促进产业提质增效,搭建共性服务平台。

(二) 地方政策特点

1. 注重服务业扩大开放

2015 年国务院批复《北京市服务业扩大开放综合试点总体方案》,通过放宽的市场准入,改革监管模式、优化市场环境,努力形成与国际接轨的北京市服务业扩大开放新格局,积累在全国可复制可推广的经验。作为全国首个试点城市,北京选取了科技服务、互联网和信息服务、文化教育服务、金融服务、商务和旅游服务、健康医疗服务等六大服务业扩大开放,同时深化对外投资管理体制改革。

2. 注重生产服务业统计监测

2009 年市统计局、国家统计局北京调查总队率先制定《北京市生产性服务业统计分类标准》,本分类标准以《国民经济行业分类》(GB/T 4754 - 2002)为基础,根据业务活动特点将生产服务业划分为流通服务、信息服务、金融服务、商务服务、科技服务五大门类;2012 年出台《生产性服务业统计分类》。

3. 注重文化创意产业

2016 年市委宣传部、市发展改革委制定《北京市"十三五"时期文化创意产业发展规划》，提出立足北京全国文化中心功能定位，突出文化内涵，增强文化创意产业核心竞争力，争取到2020年文化创意产业增加值占全市GDP比重达到15%左右；提出不断壮大设计服务、广告会展等优势行业，办好中国设计红星奖、北京国际设计周等品牌活动，扩大北京设计之都影响力。

二、上海生产服务业政策

（一）总体发展政策

1. 发展规划

2011年市政府印发《上海市工业发展"十二五"规划》，提出重点发展总集成总承包服务、研发设计服务、供应链管理服务、金融专业服务、专业维修服务、节能环保服务、检验检测服务、电子商务与信息化服务、专业中介服务、培训教育服务等十大生产服务业领域。2016年市政府印发《上海市服务业发展"十三五"规划》，提出到2020年服务业增加值占GDP比重达70%左右，生产服务业增加值占服务业增加值比重达三分之二左右。

2. 指导意见

2015年印发《上海市人民政府关于贯彻〈国务院关于加快发展生产性服务业促进产业结构调整升级的指导意见〉的实施意见》，提出优先发展研发设计、信息技术、检验检测认证、知识产权、科技金融、总集成总承包、供应链管理、融资租赁、电子商务、服务外包、节能环保服务、商务咨询、售后服务、人力资源服务和品牌建设等14个重点领域。

（二）地方政策特点

1. 注重生产服务业统计监测

2013年市统计局印发《生产性服务业统计分类（试行）》，本分类以《国民经济行业分类》（GB/T 4754-2011）为依据，将生产服务业划分为农业服务、制造业维修服务、建筑工程服务、环保服务、物流服务、信息服务、批发服务、金融服务、租赁服务、商务服务、科技服务、教育服务等12个类别。从2013年起，市经信委联合市统计局在全国率先开展生产服务业专项统计调查，并建立了季度信息发布机制。

2. 注重总集成总承包服务发展

2009年设立市总集成总承包工程专项引导资金，支持一批制造业企业加快服务化转型步伐。近年通过全生命周期管理、融资租赁、效益分享等新机制提供更为精准的"产品+服务"，培育了一批具有较强自主创新能力的"上海服务"供应商，在"一带一路"沿线国家开展产能合作,构建全球化市场和服务网络,探索提升服务型制造的能力。

3. 注重生产服务业功能区建设

2008年市经委、发展改革委、规划局、房地资源局印发《关于推进本市生产性服务业功能区建设的指导意见》,2015年市经济信息化委、发展改革委、规划国土资源局、环保局印发《关于促进本市生产性服务业功能区发展的指导意见》,坚持"城市总体规划、土地利用规划和产业发展规划相衔接"指导原则,推进土地节约集约利用和园区功能提升,2016年已设立生产服务业功能区39家。

三、江苏生产服务业政策

(一)总体发展政策

1. 发展规划

2016年省政府办公厅发布《江苏省"十三五"现代服务业发展规划》,提出强化生产性服务业发展的主体地位,突出抓好金融服务、现代物流、科技服务、商务服务、信息技术服务、服务贸易等六大重点服务产业,培育壮大电子商务、节能环保服务等两个服务业细分领域和行业。

2. 指导意见

2015年出台《江苏省政府关于加快发展生产性服务业促进产业结构调整升级的实施意见》,提出大力实施"生产性服务业百企升级引领工程"和"生产性服务业百区提升示范工程",即"双百工程";突出抓好科技服务、信息技术服务、金融服务、现代物流、商务服务、服务外包等六大重点服务产业,同时培育壮大电子商务、节能环保服务、检验检测、售后服务、人力资源服务、品牌和标准化等六个领域和行业。

(二)地方政策特点

1. 注重服务型制造

2015年省经信委在国内率先出台《关于推进服务型制造发展的工作意见》,确定了总集成总承包、个性化定制、在线支持服务、全生命周期管理、专业化社会服务、融资租赁服务等六大重点发展领域,积极推进服务型制造示范企业与重点项目的培育和推广。2016年认定第一批省级服务型制造示范企业79家,服务型制造示范培育企业41家。

2. 注重现代物流

2012年省经信委、省现代物流协会制定《江苏省物流统计报表制度》,从省统计局基本单位名录库中选定企业填报，并发布江苏物流景气指数，江苏是国内最早开展物流统计的省份之一。2016年省政府办公厅印发《江苏省"十三五"物流业发展规划》，提出到2020年，努力把江苏打造成现代物流强省、物流业创新发展先导区和示范区。

3. 注重工业设计

2016年，省经信委印发《江苏省"十三五"工业设计产业发展规划》，提出四大重点任务：打造工业设计融合发展平台，建立和完善省区共建示范园区（中心）、省企共建产业平台、省校共建研究中心；构建企业设计创新体系，推进设计创新、管理创新、模式创新、产学研合作；推进工业设计交流合作，举办江苏工业设计周、省工业设计产业大赛等重点活动；提升工业设计服务能力。

四、浙江生产服务业政策

（一）总体发展政策

1. 发展规划

2016年省政府办公厅印发《浙江省服务业发展"十三五"规划》，着重发展信息服务业、金融业、现代物流业、旅游业、商贸流通业、房地产业等六大支柱行业，培育壮大电子商务产业、健康（养老）服务业、科技服务业、文化创意产业等四大新兴行业，着力构筑"6+4"服务业产业体系。

2. 指导意见

2015年印发《浙江省人民政府办公厅关于加快发展生产性服务业促进产业结构调整升级的实施意见》，明确信息服务、研发服务、创意设计、物流与供应链服务、融资服务、服务外包、商务服务、节能环保服务等八大发展重点，提出推进集聚集群发展、深化改革开放、完善财税扶持政策、健全土地和价格政策、强化金融服务支持、加强人才引进培养、加强组织领导和统计考评等七大政策措施。

（二）地方政策特点

1. 注重新产业新业态

2016年省经信委、省国土资源厅制定《浙江省工业和信息化领域新产业、新业态指导目录（第一批）》，明确了全省新产业新业态范围，其中确定了工业设计服务、供应链服务、定制化服务、网络化协同制造服务、网络营销服务、总集成总承包服务、产品全生命周期服务、软件和信息服务、检验检测服务等九大类服务型制造的重点领域和发展重点。

2. 注重工业设计

2011年省政府出台《关于推进特色工业设计基地建设加快块状经济转型升级的若干意见》，将特色工业设计基地建设工作列入相关责任制和党政领导科技进步责任制考核内容；2014年省政府办公厅印发《关于加快推进工业设计发展的指导意见》，2016年省经信委印发《浙江省工业设计产业"十三五"发展规划》，加快工业设计产业发展。2016年工业和信息化部、省政府在杭州良渚梦栖小镇主办首届世界工业设计大会暨2016年中国优秀工业设计奖颁奖典礼。2015年起省政府支持中国美术学院举办中国设计智造大奖。

3. 注重电子商务

2015年杭州成为首个中国跨境电子商务综合试验区；2016年《杭州市跨境电子商务促进条例》审议通过，这是先于全国电子商务法规出台的首部电子商务地方性法规。2016年省政府办公厅印发《浙江省电子商务产业发展"十三五"规划》，提出争取到2020年，努力建成具有全球战略地位的国际电子商务中心。2015年出台《浙江省经济和信息化委关于加快推进制造业网络营销工作的指导意见》，加快推进制造业与网络营销跨界融合，创新制造业企业的营销模式。2014年起国家互联网信息办公室、省政府在乌镇主办世界互联网大会。

五、广东生产服务业政策

（一）总体发展政策

1. 发展规划

2012年省经信委印发《广东省生产服务业"十二五"发展规划》，这是广东省第一个关于生产服务业发展的政策文件，提出重点发展采购分销、产业物流、产业金融、商务会展、信息服务、科技服务与创意设计等六大领域。2016年省经信委印发《广东省工业和信息化领域生产性服务业发展"十三五"规划》，提出重点发展工业设计、供应链管理、电子商务、信息技术服务、节能环保服务、质量品牌建设、服务型制造和生产服务区等七大领域。

2. 指导意见

2014年经省政府同意印发《广东省经济和信息化委关于加快工业和信息化领域生产性服务业发展的实施意见》，提出"促进工业、信息产业、生产性服务业协同发展"和"促进工业化、信息化、服务化融合发展"的发展思路。2015年印发《广东省人民政府办公厅关于加快发展生产性服务业的若干意见》，提出五方面意见：做强先进制造业产业链"微笑曲线"两端；推动制造企业服务化；加快建设面向先进制造业的公共服务平台；打造生产服务业集群化集聚化发展载体；加大政策支持力度。

(二) 地方政策特点

1. 注重设计引领和产业推广

1999年省经委主办第一届广东省优良工业设计奖，2008年更名为广东省"省长杯"工业设计大赛，为国内第一个以省级行政首长职务命名的设计赛事；2008年深圳荣获联合国教科文组织授予中国第一个"设计之都"称号；2010年省人社厅印发《工业设计职业资格制度（专业技术人员）试点工作暂行办法》，在国内最早开展试点；2009年省经贸委率先制定《工业设计示范基地（企业）评定管理办法》推动产业载体建设，2018年广东已有15个国家级工业设计中心，数量居全国第一。搭建产业推广平台，2012年省政府主办首届广货网上行活动，2014年省政府、阿里巴巴集团主办首届广东省县域电子商务峰会；2015年以来省经信委主办首届广东生产服务业峰会、广东生产服务周以及2017年首届中国服务型制造大会等活动。

2. 注重财政支持和投资发展

2009年设立省级现代服务业发展引导专项资金，2012年设立省级工业设计发展专项资金，2015年整合这两个专项资金设立省级生产服务业发展专项资金，重点支持一批生产服务业公共服务平台、生产服务业功能区、工业设计中心以及供应链管理、工业电子商务、服务型制造等试点示范项目。2014年省政府办公厅印发《关于进一步促进服务业投资发展的若干意见》，提出促进以生产服务业为重点的现代服务业投资，大力优化营商环境。

3. 注重人才队伍和交流合作

2013年至2015年省经信委举办广东电商大讲堂，2016年以来举办广东生产服务业大讲堂，免费培训企业人才。2011年广东省生产服务业促进会成立，为国内第一个省级生产服务业社会团体；2016年广东省生产服务业促进中心挂牌，为国内第一个省级生产服务业事业单位。2014年广东邀请上海、浙江、福建、重庆、四川、甘肃等工业和信息化主管部门在广州举办"七省市生产服务业座谈会"，建立交流合作机制；2017年七省市和江苏在广州发布《生产性服务业倡议》。

六、香港生产服务业政策

(一) 总体发展政策

香港在20世纪70年代末开始，政府大力推进"前店后厂"发展模式，制造业实现了生产服务系统和生产制造系统的分离。2007年，香港特区政府发布《香港2030：规划远景与策略》。2016年，香港特区政府发表咨询文件《香港2030＋：跨越2030年的规划远景与策略》，在经济发展方面，对包括生产服务业在内的香港各行各业进行了统筹布局规划。

（二）地方政策特点

1. 注重人才激励和资本引进

香港政府采取不设专业限制、允许带家眷、简化签证手续等对外籍专业人士的鼓励政策，香港企业也制定了颇具吸引力的薪金福利政策，不低于本港同事的薪酬标准。2006年，特区政府开始推行优秀人才入境计划；2015年，实施优化计划。香港实施低税率，对投资者有很强吸引力，并奉行开放和自由的投资政策，不设资金及货物进出的限制，容许外汇自由流动，对企业的拥有权没国籍限制。

2. 注重市场开放和监管服务

香港把一切经济活动纳入制度化、规范化、法治化的轨道，形成了政府廉洁高效、市场公平公正、社会文明有序的营商环境。目前，全球资本在香港的运营与在伦敦、纽约没有区别，香港完全是国际化的市场。香港特区政府主要依靠法制化、规范化管理和众多行业协会、同业组织来引导和监督服务企业进行自我约束和自我管理，一般不直接干预生产性服务市场发展。

3. 注重国际金融和航运贸易

香港一直实行全面彻底的金融自由，推动了金融繁荣。香港积极引入内地国有企业上市，开通"深港通"，进一步巩固香港作为国家的国际金融中心及全球离岸人民币业务枢纽的地位，成为具有重要影响力的国际金融中心。香港特区政府实行低税率的自由贸易政策和投资政策，带动本地运输、仓储的发展。现有800多家与海运相关的公司，提供各种优质海事服务。2016年成立的香港海运港口局，工作重点就是致力扩展在海外及内地的海运业推介工作，引进知名海运企业，并鼓励他们利用香港的商贸和高增值海运服务，打造香港国际海运服务中心。

本章习题

一、**名词解释**

1. 公共政策
2. "前店后厂"发展模式

二、**简答题**

1. 发展生产服务业的政策着力点是什么？
2. 德国工业4.0战略对生产服务业有什么启发？

3. 26号文的主要特点和重要意义是什么？

4. 如何理解工业化、信息化、服务化融合发展？

三、案例分析

材料一：

全国及八省市主要综合经济指标

地域	年份	GDP（亿元）	GDP增长率（%）	三次产业占GDP比重（%）	三次产业增长率（%）	人口（万人）	人均GDP（元）	居民人均可支配收入（元）
全国	2013	568 845	7.7	10.0:43.9:46.1	4.0:7.8:8.3	136 072	41 908	18 311
	2017	827 122	6.9	7.9:40.5:51.6	3.9:6.1:8.0	139 008	59 660	25 974
上海市	2013	21 602	7.7	0.6:37.2:62.2	-2.9:6.1:8.8	2 415	90 092	42 174
	2017	30 633	6.9	0.4:30.5:69.2	-0.8:5.8:7.5	2 418	126 634	58 988
江苏省	2013	59 162	9.6	6.2:49.2:44.7	3.1:10.0:9.8	7 939	74 607	24 776
	2017	85 870	7.2	4.7:45.0:50.3	0.4:6.5:8.5	8 029	107 150	35 024
浙江省	2013	37 568	8.2	4.8:49.1:46.1	0.4:8.4:8.7	5 498	68 462	29 775
	2017	51 768	7.8	3.7:42.9:53.3	2.7:6.6:9.2	5 657	92 057	42 046
福建省	2013	21 760	11.0	8.9:52.0:39.1	4.4:12.9:9.6	3 774	57 856	21 218
	2017	32 182	8.1	6.9:47.7:45.4	3.7:6.8:10.2	3 911	82 677	30 048
广东省	2013	62 164	8.5	4.9:47.3:47.8	2.5:7.7:9.9	10 644	58 540	23 421
	2017	89 705	7.5	4.0:42.4:53.6	3.6:6.2:8.7	11 169	80 932	33 003
重庆市	2013	12 657	12.3	8.0:50.5:41.4	4.7:13.4:12.0	2 970	42 795	16 569
	2017	19 425	9.3	6.6:44.2:49.2	4.0:9.3:9.9	3 075	63 442	24 153
四川省	2013	26 261	10.0	13.0:51.7:35.2	3.6:11.5:9.9	8 107	32 454	14 231
	2017	36 980	8.1	11.5:38.7:49.7	3.8:7.5:9.8	8 302	44 651	20 580
甘肃省	2013	6 268	10.8	14.0:45.0:41.0	5.6:11.5:11.5	2 582	24 296	10 954
	2017	7 460	3.6	11.5:34.3:54.1	5.4:-1.0:6.5	2 626	28 497	16 011

注：全国第三产业增加值2013年比重为46.1%，首次超过第二产业；2015年比重为50.5%，首次突破50%。

（资料来源：国家统计局《中国统计年鉴2018》）

材料二：

生产性服务业倡议

自甲午签合作协议，各方积极履行条款。细化交流合作意向，强化部门工作引导。发挥多元区域优势，提高多方合作水平。凝聚加快发展共识，共享丰硕合作成果。生产服务越发重要，引领作用日益凸显。贯穿生产过程各环，分布微笑曲线两端。创新生产组织方式，满足制造升级战略。世界潮流浩浩荡荡，深化合作时不我待。

我们秉承合作原则，共倡有效合作规律。平等协商协调互动，优势互补互利共赢。
市场主导政府推动，资源共享一体发展。齐心创造机遇条件，合力引导合作竞争。
我们重申合作内容，共倡优势合作方向。加强产业规划衔接，优化区域发展定位。
加强产业配套合作，促进区域项目洽谈。加强产业融合发展，推动产业人才交流。
我们强调合作机制，共倡友好合作方式。实施年度交流制度，各方轮流组织活动。
实行信息通报制度，各方加强联络宣传。落实活动互邀制度，各方踊跃支持参与。
我们重视合作平台，共倡崭新合作品牌。主动适应形势需要，扩大生产服务影响。
巩固原交流会基础，升格区域发展峰会。上级指导业界云集，一方牵头各方呼应。
我们营造合作环境，共倡全面合作力量。推动部省上下联动，争取加强工作指引。
推动省市左右联动，争取加强政策互通。推动政产学研联动，争取加强资源互用。
我们展望合作愿景，共倡长远合作格局。坚持开放包容共赢，传承光荣和谐奋进。
承载中国腾飞梦想，共绘产业发展宏图。促进三业协同发展，促进三化深度融合。

注：甲午指2014年；三业指工业、信息业、生产性服务业；三化指工业化、信息化、服务化。

上海市经济和信息化委员会　江苏省经济和信息化委员会
浙江省经济和信息化委员会　福建省经济和信息化委员会
广东省经济和信息化委员会　重庆市经济和信息化委员会
四川省经济和信息化委员会　甘肃省工业和信息化委员会
2017年9月25日 广州

根据案例材料进行分析：
1. 比较八省市产业发展的特点。
2. 如何加强八省市生产服务业交流合作？

第二篇

工作体系

第六章

生产服务企业

本章就生产服务企业从概念、类型、特点、演变、国内外发展特点和发展经验，以及我国生产服务企业发展导向、发展重点等方面内容进行阐述。

生产服务企业具有资源的整合性、服务的专业性、业务的依赖性等特点，生产服务企业的发展经历了从内置于制造企业到外置出去，进而又与制造企业相互融合的演变过程。生产服务企业的发展是制造业降低成本、提升效率、引导转型的重要力量。

随着全球产业结构从"工业经济"逐步向"服务经济"转变，以信息、金融、商务租赁和专业服务等为主的生产服务企业快速增长，规模不断壮大，日益成长为全球经济中最具创新力、发展最为活跃、增长最快的重要部分。制造强国生产服务企业具有突出的科技创新能力、庞大的国外生产服务市场；制造大国的生产服务企业具有在中心城市集聚发展，研发设计企业获重点支持以及关注政策环境建设等特点；而制造新国生产服务企业重视国际市场开拓、积极向生产服务高端价值链延伸。其中，法律法规先行、促进良性竞争和高度重视创新是值得借鉴的经验。

我国各地生产服务企业发展要按照国际竞争的要求，加快培育一批龙头型生产服务企业的"国家队""省队"和"市队"，要以"大众创业，万众创新"为切入点，加快生产服务的新兴企业和中小微企业的发展，培育品牌生产服务企业。为加快服务业企业的发展，要加大优化外部环境力度，鼓励创新促进结构升级，提高市场化程度，鼓励企业加强国际合作、积极参与国际竞争。

本章还以IBM全球服务部为案例，介绍了生产服务企业如何从制造业中发展的过程，开启了制造业由"硬"向"软"转型，推动自身业务不断向更高的价值链攀升之路。

第一节　基本认识

一、生产服务企业的类型

生产服务企业主要是指为制造业提供生产性服务活动的企业。企业一般是以营利为目的,生产服务企业同样是以营利为目的,独立于制造业之外,从事生产服务活动的独立核算单位,例如工业设计企业、财务咨询企业、科技服务企业、检验检测认证服务企业等。随着生产服务企业市场竞争日趋激烈,生产服务企业分类日渐细化,逐步形成了单独的行业分类,在每个行业下又有了细分领域,每个细分领域又出现清晰分工,对应着各生产行业产前、产中、产后各个程序环节,分工明确,各司其职。

（一）根据行业类别来划分

根据国家统计局《生产性服务业分类（2015）》,生产服务企业对应的分类企业见表6-1。

表6-1　生产服务企业类别（按行业划分）

代码	类别	代码	类别
11	研发设计与其他技术服务企业	16	生产性租赁服务企业
12	货物运输仓储和邮政快递服务企业	17	商务服务企业
13	信息服务企业	18	人力资源管理与培训服务企业
14	金融服务企业	19	批发经纪代理服务企业
15	节能与环保服务企业	20	生产性支持服务企业

（资料来源：国家统计局网站 http://www.stats.gov.cn/.）

（二）根据企业规模来划分

根据国家统计局的规定,采用从业人员、营业收入、资产总额等指标或替代指标,可将我国生产服务企业划分为大型、中型、小型、微型等四种类型。结合国家生产服务业的分类标准,根据行业代码一一对应,将生产服务企业按规模分类,如表6-2所示。

表6-2 统计上大中小微型企业划分标准（按规模划分）

行业代码及名称	大型	中型	小型	微型
201 农林牧渔服务	$Y \geq 20\,000$	$500 \leq Y < 20\,000$	$50 \leq Y < 500$	$Y < 50$
202 开采辅助服务 1532 废弃资源综合利用业 2041 金属制品、机械和设备修理业	$X \geq 1\,000$ $Y \geq 40\,000$	$300 \leq X < 1\,000$ $2\,000 \leq Y < 40\,000$	$20 \leq X < 300$ $300 \leq Y < 2\,000$	$X < 20$ $Y < 300$
1531 再生物资回收与批发 191 产品批发服务 192 贸易经纪代理服务	$X \geq 200$ $Y \geq 40\,000$	$20 \leq X < 200$ $5\,000 \leq Y < 40\,000$	$5 \leq X < 20$ $1\,000 \leq Y < 5\,000$	$X < 5$ $Y < 1\,000$
121 货物运输服务 122 货物运输辅助服务 124 搬运、包装和代理服务 2031 为生产人员提供的交通服务	$X \geq 1\,000$ $Y \geq 30\,000$	$300 \leq X < 1\,000$ $3\,000 \leq Y < 30\,000$	$20 \leq X < 300$ $200 \leq Y < 3\,000$	$X < 20$ $Y < 200$
123 仓储服务	$X \geq 200$ $Y \geq 30\,000$	$100 \leq X < 200$ $1\,000 \leq Y < 30\,000$	$20 \leq X < 100$ $100 \leq Y < 1\,000$	$X < 20$ $Y < 100$
125 国家邮政和快递服务	$X \geq 1000$ $Y \geq 30\,000$	$300 \leq X < 1\,000$ $2\,000 \leq Y < 30\,000$	$20 \leq X < 300$ $100 \leq Y < 2\,000$	$X < 20$ $Y < 100$
2032 为生产人员提供的其他支助服务	$X \geq 300$ $Y \geq 10\,000$	$100 \leq X < 300$ $2\,000 \leq Y < 10\,000$	$10 \leq X < 100$ $100 \leq Y < 2\,000$	$X < 10$ $Y < 100$
131 信息传输服务	$X \geq 2\,000$ $Y \geq 100\,000$	$100 \leq X < 2\,000$ $1\,000 \leq Y < 100\,000$	$10 \leq X < 100$ $100 \leq Y < 1\,000$	$X < 10$ $Y < 100$
132 信息技术服务 133 电子商务支持服务	$X \geq 300$ $Y \geq 10\,000$	$100 \leq X < 300$ $1\,000 \leq Y < 10\,000$	$10 \leq X < 100$ $50 \leq Y < 1\,000$	$X < 10$ $Y < 50$
162 实物租赁服务 171 企业管理与法律服务 172 其他生产性商务服务 181 人力资源管理	$X \geq 300$ $Z \geq 120\,000$	$100 \leq X < 300$ $8\,000 \leq Z < 120\,000$	$10 \leq X < 100$ $100 \leq Z < 8\,000$	$X < 10$ $Z < 100$
11 研发设计与其他技术服务 151 节能服务 152 环境与污染治理服务 2042 生产用汽车修理与维护 2043 计算机和办公设备维修 2044 生产用电器修理 205 生产性保洁服务	$X \geq 300$	$100 \leq X < 300$	$10 \leq X < 100$	$X < 10$

（资料来源：根据国家统计局的划分标准整理而得。其中：营业收入（Y）的单位为万元，从业人员（X）的单位为人。职业教育与培训（182）行业未查询到企业规模划分标.）

此外，中国人民银行会同银监会、证监会、保监会和国家统计局联合研究制定了《金融业企业划型标准规定》，将各类金融业企业划分为大、中、小、微四个规模类型，中型企业标准上限及以上的为大型企业（表6-3）。

表6-3 金融业企业划型标准

行业		类别	类型	资产总额
货币金融服务	货币银行服务	银行业存款类金融机构	中型	5 000亿元（含）至40 000亿元
			小型	50亿元（含）至5 000亿元
			微型	50亿元以下
	非货币银行服务	银行业非存款类金融机构	中型	200亿元（含）至1 000亿元
			小型	50亿元（含）至200亿元
			微型	50亿元以下
		贷款公司、小额贷款公司及典当行	中型	200亿元（含）至1 000亿元
			小型	50亿元（含）至200亿元
			微型	50亿元以下
资本市场服务		证券业金融机构	中型	100亿元（含）至1 000亿元
			小型	10亿元（含）至100亿元
			微型	10亿元以下
保险业		保险业金融机构	中型	400亿元（含）至5 000亿元
			小型	20亿元（含）至400亿元
			微型	20亿元以下
其他金融服务	金融信托与管理服务	信托公司	中型	400亿元（含）至1 000亿元
			小型	20亿元（含）至400亿元
			微型	20亿元以下
	控股公司服务	金融控股公司	中型	5 000亿元（含）至40 000亿元
			小型	50亿元（含）至5 000亿元
			微型	50亿元以下
	其他未包括的金融业	除贷款公司、小额贷款公司、典当行以外的其他金融机构	中型	200亿元（含）至1 000亿元
			小型	50亿元（含）至200亿元
			微型	50亿元以下

（资料来源：国家统计局网站 http://www.stats.gov.cn/.）

二、生产服务企业的特点

(一) 资源的整合性

依靠物联网、大数据、云计算等技术,生产服务企业不断构建和扩展服务框架,高效配置内外资源,将各种生产系统、网络、设施、设备、场地等硬件设施和供应链关系、诚信、标准化、规范化体系等软件设施有效整合,构成开放共享平台,实现市场价值最大化。例如,浙江传化集团从建设公路港起步,逐渐形成"跨地区、跨经济带、跨城市群、跨各种运输方式"的全国公路港"四跨"网络,在传化网生态内,不断衍生出大量围绕制造业、物流企业、卡车司机的服务场景、业务场景以及金融场景,吸引各类资源要素,如金融要素、资源要素、科技信息要素、人才要素等,在传化网内形成服务于制造的系统性生产服务体系。截至2017年6月,各类业务已经覆盖超过30个省市自治区、200多个城市,累计为399万司机及车辆、16.2万物流商提供了服务[①]。

(二) 服务的专业化

从生产服务企业的产生途径来看。随着企业规模的扩大,市场竞争的加剧,在制造企业内部,从事与服务有关的人员比重以及由服务活动所创造的比重不断上升,企业对专业化服务需求增强,对专业化程度要求更高,企业将其非核心业务交给外部团队,逐步促进了独立的专业生产服务企业的产生。其次,从生产服务企业发展趋势来看。在高度专业化的要求下,生产服务企业的分类日趋细化,不仅形成了自己的行业分类,而且在每个行业下又有细分领域,每个细分领域又出现清晰分工,对应着各行业产前、产中、产后每个程序环节,分工明确,各司其职。服务越分越细,专业化程度越来越高。最后,从生产服务企业的人员构成来看,专业化人才是生产服务企业的主要生产要素。例如,软件、信息传输等企业的生产过程就是以专业人才的脑力劳动和智力型服务为基础,在现代高技术特别是信息技术的支撑下,对专业化知识的应用和传播。

(三) 盈利的差异性

资源基础论的观点认为企业间的利润率差异主要源于异质性资源所导致的企业效应以及市场结构导致的行业效应。从盈利能力和盈利效率来看,2012年我国生产服务企业平均销售利润率和人均利润分别达到11.44%和2.243万元,明显高于同期

---

① 传化集团有限公司官网 http://www.etransfar.com/index.php/business/logistics.

工业企业的 6.11% 和 3 460 元。其中，计算机服务业、其他金融活动和道路运输业三个行业的企业销售利润率最高，均值分别为 19.41%、16.38% 和 15.26%；道路运输业、其他金融活动和仓储业三个行业的人均创造利润最高，均值分别为 3.741 万元、3.409 万元和 3.198 万元；软件业和研发实验两个行业的企业销售利润率最低，均值仅为 4.12% 和 6.25%；软件业和科技交流与推广服务业的人均利润最低，分别为 1.740 万元和 1.757 万元（表 6-4）[1]。

表 6-4 不同行业生产服务企业销售利润率和人均创造利润

行业名称	销售利润率（%）				人均创造利润（千元/人）			
	25th	50th	Mean	75th	25th	50th	Mean	75th
道路运输业	3.44	14.58	15.26	27.65	4.00	18.98	37.41	56.72
装卸搬运和其他运输服务业	0.86	9.67	10.63	23.26	1.00	8.80	23.71	31.02
仓储业	1.94	11.35	12.57	25.64	3.24	16.19	31.98	45.59
电信和其他信息传输服务业	1.44	12.55	12.92	28.48	1.40	10.75	23.21	31.50
计算机服务业	7.33	19.86	19.41	33.50	4.67	15.20	27.14	36.00
软件业	-1.71	4.22	4.12	17.56	-1.33	4.00	17.40	23.39
其他金融活动	5.72	16.67	16.38	31.21	4.21	17.90	34.09	49.17
租赁业	1.75	11.54	12.11	26.60	1.00	10.00	23.57	32.50
商务服务业	0.62	9.58	10.24	24.11	0.50	7.71	21.49	29.07
研究与实验发展	0.00	6.50	6.25	20.00	-0.16	5.92	18.19	25.00
专业技术服务业	0.69	7.89	9.12	21.08	0.51	7.00	19.05	25.60
科技交流和推广服务业	0.16	7.23	8.23	21.00	0.20	5.71	17.57	22.33
平均	1.85	10.97	11.44	25.01	1.60	10.68	22.43	33.99

三、生产服务企业的演变

早期生产服务企业内置于制造企业内部，为企业生产提供全部或大部分的服务。随着专业化水平的日益提升，生产服务功能从制造业中外置出来形成独立的生产服务企业，专门为其他企业生产提供全部或大部分的服务。服务经济时代的到来，生产服务在制造企业生产过程中的作用日益重要，生产服务企业和制造业呈现出由外置再次走向更紧密融合的阶段。

---

[1] 陈艳莹，等. 行业效应还是企业效应——中国生产服务企业利润率差异来源分解 [J]. 管理世界，2013（10）：81-94.

（一）从内置到外置

生产服务企业的出现与制造业发展存在密不可分的关系。早期，由于技术水平、生产效率低下以及市场规模等因素的制约，生产服务孕育在母体制造业体系内部。制造企业在内部设置生产服务职能部门，提供生产所需的全部或者大部分服务，如设计、生产、销售、运输等，二者处于一种初级共生关系。伴随生产组织方式的变革（如弹性生产方式的采用等）、专业分工的细化以及企业规模的扩大，在市场竞争日益加剧的压力下，制造业企业为提升核心竞争力，对价值链进行分解，将价值链中的一些支持业务，甚至是基本业务外置出去，如人力资源、会计、研发设计、采购、运输、仓储、售后服务，等等。这些外置出去的业务部门逐渐形成了独立的生产服务企业。企业可以通过内部化方式来满足其生产服务功能的需求，为什么还要选择外置的方式呢？主要原因有以下几点：

（1）成本因素。当企业的需求能够以更低的价格从市场上获得时，成本因素是企业外部化生产服务功能的主要动机。生产服务外置可以为企业削减一些经常开支，如薪酬、保险给付和资本等开支，同时企业可以将诸如雇佣、培训、投资等风险转移给外部生产服务提供商。

（2）资源战略因素。生产服务功能外置是因为生产服务知识的日益专业化和技术复杂性的增强。专业化的知识资源分为两类：一是高度专业化的专门知识，如各类法律服务、工程和投资银行业等；另外是一些常规类型的功能服务，如保洁服务、秘书服务等。当企业不具备某些生产服务知识或者虽然具备却不能达到自己的要求时只能外部化。

（3）需求因素。当企业生产服务需求不充分，导致企业生产能力大量闲置和金融资源的无效率状态时；当企业生产服务需求时有时无、不可预见时；当一些暂时出现的重要需求在很短的时间内很快得到满足时，企业由于不具备这种能力而只能选择外置。

（4）规制因素。随着政府对商务活动各方面规制的日益加强，不断增加的复杂的规制环境使企业对会计、审计、法律服务、保险等独立评估的服务需求不断增加。如政府规制要求一些生产服务功能，如审计等，由一些独立的公司来完成，使外部化的雇佣专业机构成为必要[①]。

（二）从外置走向更紧密的融合

随着生产服务企业专业化水平的日益提升，标准化、定制化和创新型服务逐步出现，规模效益和学习效应持续增强，从制造业中分离出来的生产服务企业，在制

[①] 党怀清. 国外生产性服务业发展的原因与机理述评 [J]. 国外社会科学，2007，(6)：43-46.

造业的产前、产中及产后服务中不断发挥着增加价值、实现价值的重要作用,生产服务企业和制造企业的融合趋势开始出现并不断加强。

(1) 制造企业生产各环节中所需服务资源逐步增长。从原材料采购、研究开发、生产、销售到售后服务、信息反馈,制造企业价值链各环节上,对金融、保险、运输、审计、法律、广告、咨询、检验、租赁、维修等生产服务型生产资料的需求量迅速上升。一项对联想、海尔、中兴、华北制药等14家国内大型制造企业的调研证实,其产品从开始投入到实现销售全周期中有80%以上的时间处于流通销售过程中,服务投入占中间投入的比重在30%~60%[①]。

(2) 制造业企业更加关注生产过程中的服务环节。制造企业不再仅仅关注实物产品的生产,而是关注实物产品的整个生命周期,包括市场调查、实物产品开发或改进、生产制造、销售、售后服务、实物产品的报废、解体或回收。有些制造业企业甚至专注于这些服务活动而把制造活动放弃或外包给其他企业,主营业务以服务为主,增值业务以服务为主,运作模式以服务为主,利润来源以服务为主,制造企业逐渐向服务企业融合转变。如罗尔斯-罗伊斯公司,作为全球最大的航空发动机制造企业,尝试不直接向用户出售发动机,而是以"租用服务时间"的形式出售,依托飞机发动机,扩展发动机租赁、保养、维修和数据分析管理等服务,发动机一旦出现故障,由罗尔斯-罗伊斯公司修理。目前,公司销售的现代喷气发动机中一半以上都签订了服务协议,增加了服务业务收入。

(3) 生产服务企业控制制造企业的生产战略和生产过程。一些在价值链上处于主导地位的生产服务企业,凭借其技术、管理、销售渠道、品牌等优势,在全球市场选择制造工厂进行贴牌生产;根据自身发展战略要求制造企业调整产品价格、产品设计、产品性能甚至产品开发方向。例如,麦当劳凭借其品牌优势在全球选择原材料生产商、加盟店。

四、生产服务企业的重要性

(一) 降低制造业生产成本

从国际竞争看,企业竞争优势对加工制造环节的依赖性在减少,而处于价值链上游的资源开发、物流运输、原料供应、产品开发、采购管理,以及下游的产品发运、市场营销和售后服务等生产服务环节越来越具有战略意义,成为企业价值增值的主要环节。近年来,发达国家依靠研发设计、商务服务、市场营销等生产服务企业的领先优势,主导着全球生产网络和产品价值链,显著提高了产业发展质量和资

[①] 江小涓. 服务全球化的发展趋势和理论分析 [J]. 经济研究, 2008, (2): 4-18.

源配置效率，获取了巨大的超额经济利益。

（二）提升制造业生产效率

作为被组织用作生产商品或提供新的其他服务的生产过程的投入，生产服务能够有效提高制造企业的生产效率：一是生产服务企业为制造企业提供可编码的、标准化的服务活动，降低中间投入成本，提高制造企业生产效率。二是生产服务企业内含的知识、技术和人力资本有助于制造企业形成产品差别化，提升市场控制能力、技术水平和国际竞争力，这种垄断势力降低了市场竞争引致的其他各类成本，提高了制造业生产效率。三是生产服务企业同制造企业之间内生的产业联系将巩固、强化并长期维系两者之间稳定的"客户—供应商"关系，从而大大降低交易成本，提高生产效率。

（三）优化制造业生产流程

首先，生产服务企业能够促进制造企业外部资源的获取。例如中小企业贷款难，企业往往因资金链条断裂而破产，此时，有效的中小企业融资机构能够有效解决中小企业的资金短缺问题；对于远离原料产地的制造企业而言，在物流企业强力支撑下，原料难以及时到达的问题就会迎刃而解。

其次，生产服务企业能够监测制造企业外部资源的获取。企业对于自身所需各类资源流，需要生产服务企业随时跟踪、评估、筛选和测评，进而采取相应经营方针。例如，有些不法企业利用各种高科技手段往生产原料中放入有害添加剂以牟取暴利，如果没有一定范围、一定水准的评估、监测服务，制造业生产及市场将可能遭遇重大信任危机，甚至危及产业安全。

最后，生产服务企业能够确保制造企业外部资源获取的长效性。企业的再生产以资源的持续可获得性为基础，具有经济意义的资源从长远看总是稀缺的，即使暂时供应平稳，但供应过程却往往不平稳。为规避因资源流不稳定带来的经营风险，生产服务企业的专业化服务往往能够起到意想不到的作用。例如，原材料价格涨跌风险曾一度使许多制造企业在金融危机时期陷入困境，但依靠金融企业善用对冲工具能使他们摆脱困境。而在成本节省方面，套期保值等方面金融服务工具也正发挥着越来越重要的作用[1]。

---

[1] 龚凤祥，王国顺，郑准. 生产性服务业与资源配置优化促进工业园区转型升级研究［J］. 财经理论与实践，2014，35（4）：127-130.

第二节 发展现状

一、生产服务企业发展总体情况

随着全球产业结构从"工业经济"逐步向"服务经济"转变,以信息、金融、商务租赁和专业服务等为主的生产服务企业快速增长,规模不断壮大,日益成长为全球经济中最具创新力、发展最为活跃、增长最快的重要部分。

(一)发展规模不断壮大

20世纪70年代,英、美、法三国生产服务需求占服务业全部需求的比重为37%,80年代提高到43%;90年代美国达到54.8%,欧盟达到52.3%,日本达到54%。生产服务企业快速发展的同时,功能也不断完善并逐步转型,从以金融、物流和咨询等管理支持为主,转向以信息技术、创新和设计等战略导向为主,正日益成为支配全球经济增长的主导力量。

(二)品牌影响力日益强劲

随着物联网、云计算、大数据、人工智能等新一代信息技术的兴起,一批以科技企业为代表的生产服务企业在开拓市场、占领市场、获取盈利等方面取得显著成长,品牌价值和品牌影响力不断增强。全球著名的品牌、媒体及传播调研公司Millward Brown发布的"2017年BrandZ最具价值全球品牌100强"排名显示,占据主导地位的是包括电信运营商和电子商务公司在内的科技企业。其中前十强依次是谷歌、苹果、微软、亚马逊、脸书、美国电话电报公司、Visa公司、腾讯、IBM和麦当劳。就统计意义而言,世界十大最具价值品牌都是生产服务企业。而且,该报告指出,从2006年4月到2017年4月之间,科技巨头的品牌价值飙升了124.9%,远远超过了标准普尔500指数82.%和MSCI世界股票指数34.9%的涨幅。此外,2017年新上榜的所有七家品牌也都是科技型生产服务企业,它们分别是YouTube、惠普、软件服务提供商Salesforce、Netflix、Snapchat、Xfinity和Sprint公司。

(三)创新成为核心动力

生产服务企业在技术应用、管理方法、经营方式、业务流程、外部协作等方面不断创新,引领发展潮流。比如,罗罗公司通过OnStar技术把自己打造成一个面向驾驶者的综合信息服务集成商,苹果公司试图通过健康管理APP成为个人医疗服务提供者,等等。而业务流程方面,物流企业借助信息技术,通过智能分析综合消费趋势和大数据计算的新型仓配网络,将物流的多个环节连为一体,做到智能分仓,订单未动,物流先行,实现了"共享物流"理念,使物流高效、准时和快速衔接成为可能。

二、国外生产服务企业发展特点

(一) 制造强国生产服务企业发展特点

以美国、德国、日本为代表的制造强国,制造业已经发展到成熟阶段,具备完备的制造业体系。面对制造业发展对科研服务、商务服务等生产服务的需求,依托国内完善的市场机制,生产服务企业蓬勃发展。

(1) 突出的科技创新能力。制造强国在其国内生产服务企业卓越的科技创新能力支撑下,制造业得到高速发展。例如,"德国制造"的强大生命力依赖于其领先的产品技术含量及其集科研开发、成果转化、知识传播和人力培训为一体的科研创新体系。德国企业对研发投入毫不吝啬,研发经费约占国民生产总值的3%,位居世界前列。在美国,凭借其强大的科研投入与创新能力,金融、法律、咨询等生产服务企业经历了一个以信息技术研发和应用为主要内容的技术创新与改造,新技术的开发与应用又进一步提高了美国生产服务企业产品的科技含量与竞争力。

(2) 庞大的国外生产服务市场。美国长期以来一直坚持外贸型第三产业的发展战略。20世纪90年代后期,美国开始加大力度开拓欧洲和亚洲的生产服务市场,依据亚洲金融风暴之后对管理咨询服务业的强大需求,以及欧洲采用欧元对电子商务和信息咨询需求的增加,使得美国生产服务企业的国际收入持续增长。美国政府还积极推动生产服务贸易的自由化,通过双边主义、区域主义的策略运用,在巩固其欧美市场的同时,逐步打开了日本、韩国以及我国等一些国家的信息、能源、交通运输以及金融等生产服务市场,目前,美国已经成为世界上最大的生产服务出口国[1]。

(3) 充分发挥行业协会的作用。行业协会是企业与政府间沟通的桥梁,能够有效起到上传下达的作用;行业协会也是成员企业间的信用中介,能有效提供较好的信用保障,减少生企业间的信用甄别成本;行业协会还是生产服务企业的"保卫军",能在企业业务供应链断裂时,及时补位,保证企业的正常经营活动。日本成立了众多生产服务行业协会,例如较为著名的信息服务产业协会(JISA)、信息处理振兴事业协会(IPA)、日本数据处理协会(JDPA)等,这些行业协会通过行业研究,为企业提供信息咨询服务和各项专业培训,利用自身优势协助政府制定行业发展规

---

[1] 但斌,贾利华. 国外生产性服务业的发展经验及对我国的启示 [J]. 生产力研究,2008,16:87-88,148,173.

划、规范市场竞争,对日本信息服务企业发展起到了举足轻重的作用。

(二) 制造大国生产服务企业发展特点

以英国、法国、韩国为代表的制造大国,正面对制造业的发展由大到强的阶段性转变。这类国家的国内市场一般具有宽松的宏观环境,同时依靠国家对于服务业的大力支持,尤其是生产服务业的大力支持和政策优惠。

(1) 在中心城市集聚发展。随着地租的敏感性和对"面对面"知识交流的需求程度不同,制造企业移向租金和劳动力成本较低的郊区或者进行跨域转移,而生产服务企业向人力资源和知识密集的中心城市聚集,且越是高级的生产服务企业越趋向于集中分布在高等级城市中。例如英国的金融企业高度集聚于伦敦金融城(City of London) 和金丝雀码头(Canary Whart),英国金融业已经形成了以大伦敦区为中心的核心辐射集群和以南苏格兰为中心的卫星产业平台集群。而英国的商务服务企业、创意文化企业等也集中于为数不多的几个中心城市区,布局集聚性明显高于其他行业企业。

(2) 研发设计企业获重点支持。研发设计是制造业的灵魂,拥有真正强大的自主研发能力是制造业大国的发展关键。在韩国,研发企业承担国家研究开发项目的,政府给予研究开发经费50%的补贴;个人或小企业从事新技术商业化的,政府提供总经费80%~90%的资助;私营企业可为技术开发、技术情报和研究开发人力和设施等开支提取高达销售额5%的储备基金,这笔基金可享受三年税收减免。研发设计企业的快速发展,新产品开发的技术优势加上成功的外观设计,使韩国不少产品成为世界著名品牌[①]。

(3) 对良好的经济政策环境的重视。制造大国长期以来非常注重为企业发展营造宽松的宏观环境。例如,英国政府鼓励公平竞争,通过建立开放市场为生产服务企业营造良好的经济环境,在1991年出台政策打破了英国电信公司垄断市场的局面;大力推行技术预测计划,并通过税收政策鼓励生产服务企业增加研究开发投入;专门成立工作小组对法律法规体系进行梳理,用来解决知识密集型生产服务企业发展过程中出现的知识产权和法律法规等问题;积极鼓励本国企业与国际大型服务企业建立伙伴关系。在这种宽松经济政策环境下,英国的生产服务企业获得了良好发展[②]。

(三) 制造新国生产服务企业发展特点

以印度、巴西和墨西哥为代表的制造新国,制造业正处于蓬勃发展阶段。由于

[①] 郭怀英. 韩国生产性服务业促进制造业结构升级研究 [J]. 宏观经济研究, 2008 (2): 23-28.
[②] 路红艳. 国外发展生产性服务业的政策措施及启示 [J]. 中国经贸导刊, 2010, 19: 21-22.

制造业大发展所带来的对于生产服务的迫切需求,推动了本地生产服务企业的大规模扩张。从低端到高端,从国内市场到国外市场进行了全方位的渗透。

(1) 重视国际市场开拓。国际市场的开拓能为本国生产服务企业创造更多商机,发展规模经济。印度生产服务企业凭借其在生产成本、区位以及语言等方面的优势,一大批的软件服务企业在20世纪末美国经济的持续增长和欧洲国家经济联合的进程中成长起来。随着企业不断壮大,一些大型软件公司纷纷开展跨国并购,借助收购并购等措施进一步融入国际市场,开拓国际业务。另外,印度在外资进入服务业的门槛、税收、产业开放、行业整合等方面屡有举措,进一步推动了印度生产服务企业与国际市场的深入融合。

(2) 致力于向生产服务高端价值链延伸。在知识经济带来的机遇和挑战下,印度政府制定一系列促进高技术产业发展的政策措施,利用风险资本来实现技术创新,加快建立现代知识产权制度、信息立法和规范外包市场的进程,推动印度生产服务企业向高端产业链的拓展。例如,以Infosys为代表的印度IT外包企业并不满足于只在熟悉的领域里逐步扩张,同时也正在向呼叫中心、支票处理等交易密集型服务以外的领域拓展,不停地开拓新的增长点。从ITO业务到BPO业务,再到KPO业务,印度服务外包企业凭借良好的知识管理能力,有效地在知识流程外包过程中提高自身的创新绩效,保持公司的创新能力,并成功嵌入全球服务外包价值链的上游。

(3) 加强低端生产服务企业的精益化管理。精益管理要求企业的各项活动都必须以最小资源投入,包括人力、设备、资金、材料、时间和空间,创造出尽可能多的价值,为顾客提供新产品和及时服务。大量低素质劳动力使得印度本土产生了大量的劳动密集型服务企业。这些低端生产服务企业并不急于转型升级,反而将精益管理模式推行到企业生产实践中,使本土劳动力优势发挥到了极致。这其中,最具代表性的当属"饭盒人"(dabbawala),他们是印度孟买从事将装着刚做好的午饭饭盒从上班族(主要是郊区)的住家运往他们的工作地点,并且将空饭盒带回来这一行业的人。在孟买,有5 000名"饭盒人"为20万顾客送餐,通过明确的分工和协作,成为有机的整体,创造了年营业额1000万美元的效益。大多数"饭盒人"只是半文盲,并且递送时间紧迫,递送方式只限于传统的步行、自行车、火车等交通工具,递送过程也完全不依赖现代通信手段,不产生任何单据,但作为一个快递组织,错误率却只有六百万分之一,完全超越了"六西格玛"的要求,让很多现代的跨国速递公司也自叹不如[1]。

---

[1] 范黎波,刘瀚龙. 印度服务经济的启示:寻找中国服务业的新思路与方向[J]. 清华管理评论,2016,(Z2):90-97.

三、中国生产服务企业发展特点

中国的生产服务企业经历了从改革开放以来的服务业恢复性发展阶段,到2000年后伴随制造业的大发展而带来的突破性发展阶段。生产服务企业数量和吸纳就业能力都有显著增长,但依然存在着行业之间、区域间发展不平衡的问题,企业规模、服务能力和服务水平有待进一步提高。

(一)数量不断增加,就业持续扩大

从企业数量看,我国生产服务企业从2006年仅有185.5万家,发展到2015年已经达到717.7万家,十年间增加了532.2万家,年均增长率16.2%,远远超过同期服务企业(11.5%)、工业企业(6.6%)以及全行业企业(11.2%)的年均增长率(图6-1)。

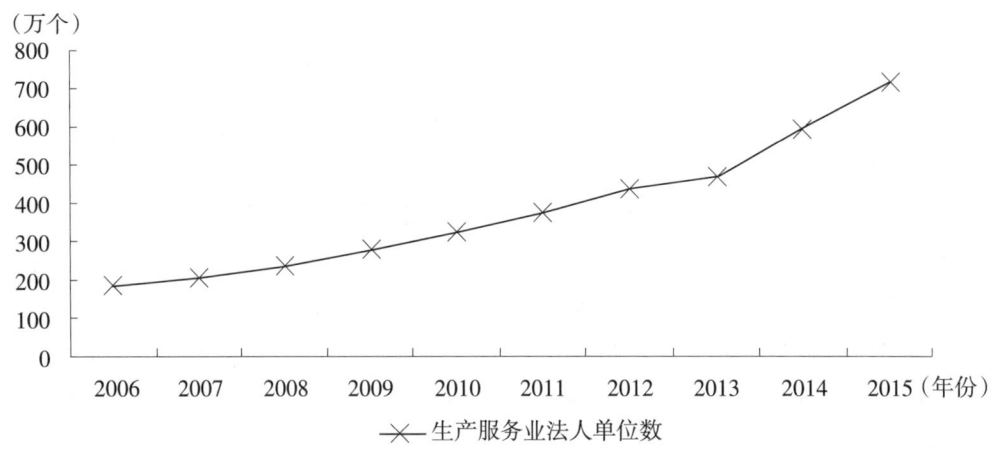

图6-1 历年生产服务企业数量

(资料来源:根据历年统计年鉴中的数据计算而得.)

从就业人数看,我国生产服务企业就业人数2006年有2 106.2万人,发展到2015年已经达到3 579万人,从2006年占服务业就业人数的34.5%增加到2015年的39.8%,十年间就业增加了1 472.8万人,年均增长率6.1%,超过同期服务业企业(4.4%)、制造业企业(4.7%)以及全行业企业(4.9%)的年均增长率(图6-2)。可见,生产服务企业已经成为我国吸纳就业的主要力量。

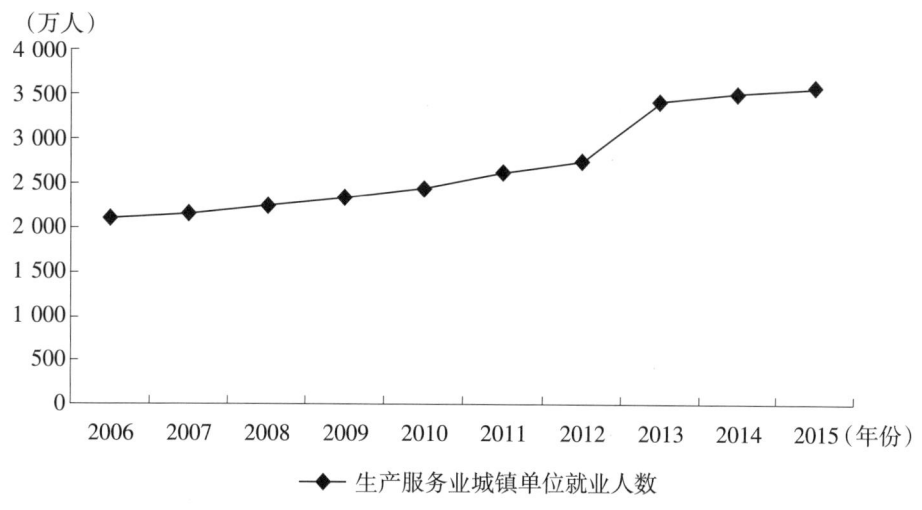

图 6-2 历年生产服务业就业人数

（资料来源：根据历年统计年鉴中的数据计算而得.）

（二）行业发展参差不齐

从企业数量看，批发和零售业的企业数量最多，2015 年达到 419.9 万家。最少的是交通运输、仓储和邮政业，37.9 万家（图 6-3）。增长速度方面，2006 年到 2015 年，六个行业企业数量的年均增长率在 15%～18% 之间，其中租赁和商务服务业的增长速度最快，达 17.7%；交通运输、仓储和邮政业的增长速度最慢，为 15.4%。

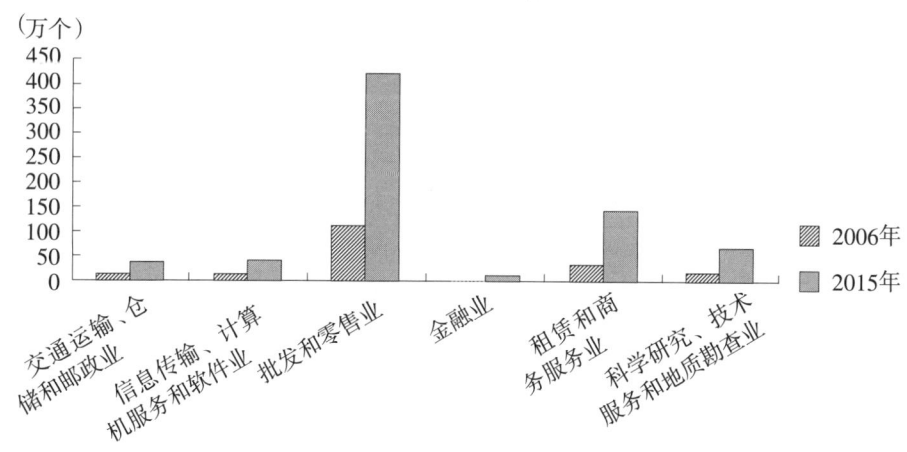

图 6-3 生产服务业内部各行业企业数

（资料来源：根据历年统计年鉴中的数据计算而得.）

从就业人数看，最多的是批发和零售业，2015 年城镇就业人数 883.3 万人；最少的是信息传输、计算机服务和软件业，就业人数为 349.9 万人（图 6-4）。从发展速度来看，信息传输、计算机服务和软件业的就业人数增长最快，2006 年至 2015 年年均增长率达10.9%，是生产服务行业中增长率破10的唯一行业，远远高于同期其他行业；增长最慢的交通运输、仓储及邮电通信业，仅有3.8%的年均增长率。

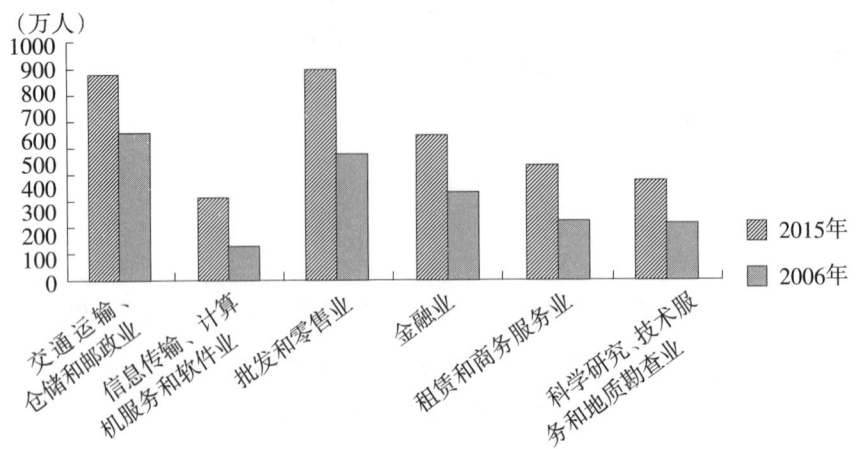

图6-4 生产服务企业吸纳就业人数

（资料来源：根据历年统计年鉴中的数据计算而得.）

（三）地区发展仍不均衡，中西部表现突出

我国生产服务企业的地域发展情况如表6-5所示。

表6-5 我国生产服务企业的地域发展情况

项目		地区 年份	东部	中部	西部	东北	全国
企业数目	数量（万个）	2010	198.4	47.6	52.9	25.6	324.5
		2015	426.5	130.8	118.9	41.5	717.7
	占比（%）	2010	61.2	14.7	16.3	7.9	—
		2015	59.4	18.2	16.6	5.8	—
	年均增长率（%）		16.5	22.4	17.6	10.2	17.2
就业人数	数量（万人）	2010	1250.1	451.5	492.8	229.6	2424
		2015	1939.0	634.4	728.5	277.0	3579.0
	占比（%）	2010	51.6	18.6	20.3	9.5	—
		2015	54.2	17.7	20.4	7.7	—
	年均增长率（%）		9.2	7.0	8.1	3.8	8.1

（资料来源：根据历年统计年鉴数据计算而得.）

从企业数量看，绝大部分的生产服务企业分布在我国东部地区，但该地区占全国生产服务企业的比重呈下降趋势，而中部和西部地区的占比呈上升趋势。2010年，东部地区生产服务企业有198.4万家，占全国生产服务企业总数的61.2%。2015年增加到426.5万家，占比却降至59.4%，下降1.8%。与此同时，中部地区的占比由2010年的14.7%上升到2015年的18.2%，上升了3.5%；西部地区由16.3%上升到16.6%，增加了0.3%；东北地区则由7.9%下降到5.8%，减低了2.1%，呈现较大幅度的降低。增长速度方面，2010—2015年间，四大板块的生产服务企业数量增长都在两位数以上，其中以中部地区的表现最为抢眼，年均增长率达到22.14%，远远高于同期西部地区的17.4%，东部地区的16.5%以及东北地区的10.2%。

从就业人数看，绝大部分生产服务就业人数在东部地区，且人数增加迅速。2010年东部地区就业人口为1250.1万人，占全国生产服务企业总就业人数的51.6%；2015年增加到1930.03万人，占比上升至54.2%，增加了2.6%。同期，中部地区的占比出现下降，从2010年的18.6%下降到17.7%；东北地区的占比也出现明显下滑趋势，从9.5%降至7.7%，减少了1.8%；西部地区的就业人数占比则基本保持不变，仍然为20%。增长速度方面，2010—2015年间，东部地区生产服务企业就业人数增长非常明显，年均增长率达9.2%，高于同期的西部地区（8.1%）、中部地区（7.0%）和东北地区（3.8%）。

四、广东生产服务企业发展特点

广东作为制造业大省，2016年制造业增加值达31 917亿元，占全国制造业增加值12.9%，生产服务业为广东省制造业发展提供了强有力的支撑。

（一）企业贡献率高，拉动力不断增强

广东秉持"创新、协调、绿色、开放、共享"的发展理念，重视生产服务业的发展，如今广东省生产服务企业带动着服务业，撑起了广东经济的"半壁江山"，对广东提质增效发挥了重要的作用。2015年广东生产服务企业对经济增长的贡献率为32.4%，比2011年提高了7.1%，年均增长率为1.8%。生产服务企业的发展在广东经济发展中发挥着稳增长调结构的重要作用。"十二五"期间，生产服务企业平均拉动GDP增长达2.5%。尤其是金融服务企业，其对GDP增长的贡献率从2011年的0.4%，提高到2015年的13.3%，拉动GDP提升了1.0%，有力地支撑了广东经济增长。

（二）龙头骨干企业成长迅速

围绕扩大产业规模、提升自主创新能力的发展目标，2008年至2015年，广东省共规划支出14.23亿元，培育互联网、云计算、物流网等行业相关企业和新兴产业的发展。中国企业家协会公布的 2016 中国服务业 500 强企业名单显示，广东、浙江、北京三地企业数量分别为 78 家、63 家和 51 家。广东省进入全国 500 强服务企业的数量较 2015 年增加了 15 家，首次成为入围服务业 500 强企业数量最多的省份。近年来，广东涌现出如华为、东信和平、中兴、远望谷等一批物联网重点企业。建立起有影响力的企业与品牌，是广东生产服务企业的重要亮点之一。

（三）新兴业态增长迅速

在经济新常态背景下，生产服务的新兴业态企业快速扩张。2015 年，广东省电子商务交易额约 3.20 万亿元。其中，网络零售交易额 7 668.6 亿元，较上年同比增长 39.5%，在电商交易总额中占比 23.96%，相当于全省社会消费品零售总额的 24.5%。无论是电商交易总额，还是网络零售额，广东都稳居全国首位。2015 年"双 11"期间，广东电子商务消费再居榜首，在阿里巴巴平台 912 亿元销售记录中，广东贡献了近百亿[①]。这些数字说明，电子商务已成为新常态下广东经济发展的新亮点。

五、国内外生产服务企业发展经验及启示

（一）国内外推动生产服务企业发展的经验

（1）法律法规先行。完善的法律法规体系是保障生产服务企业发展的首要条件，也是产生和保护企业创新的必要手段，世界各国对此都十分重视。例如，日本制定了《知识产权战略大纲》，把保护知识产权提升到国家战略的高度。现今日本生产服务企业的知识产权管理体系较为成熟，绝大多数公司总部及分支机构都配有专业的知识产权管理团队；同时，日本拥有较为完善的创新奖励制度，专利申请的提出、运用、实施等均能获得数额可观的奖励。

（2）促进良性竞争。发达国家注重市场公平、合理竞争，积极通过市场化改革打破垄断，为企业发展营造良好环境。例如，20 世纪 70 年代，英国金融业由于严格的行业管制，进入壁垒很高，使得金融企业数目很少，产业内部缺乏竞争。80 年代后，金融业兴起大规模的减少管制活动，金融自由化迅速发展，企业的服务范围不断扩大，金融创新工具快速发展。市场化改革显著提高了金融企业经营效益和生产效率，使企业经营方式更具弹性，有效增强企业竞争力。

（3）高度重视创新。创新是生产服务企业获取竞争优势的重要手段和强大动力，发达国家的创新政策主要致力于为生产服务企业提供良好的制度政策支持、充分的

---

① 广东农村涌动电商创业创新热潮 [N/OL]．南方日报：http://blog.sina.com.cn/s/blog_4567e8f30102wqm0.html.

财政补贴、优惠的税收政策、有限的市场规制以及开放的国内外市场等。例如欧盟最早构建了以服务市场一体化、保护服务企业知识产权、改善服务企业"知识库"和培育"创新友好型"服务需求为支点的服务创新政策框架，近年来将注意力更多投入到生产服务领域，鼓励"需求端"创新政策，利用产业集群促进服务创新等方面，推动政策调整和完善。

（二）对我国生产服务企业发展的启示

（1）企业的健康发展需要合适的竞争环境。在当今经济全球化发展与我国经济对外开放的环境下，企业竞争不仅包括国内市场的竞争，还包括国外市场的竞争。就国内市场竞争而言，相较于发达国家，我国的部分生产服务行业垄断性较高，企业进入市场的门槛高，行业内企业缺乏竞争，会导致企业效率低、资源配置失当等问题。外部市场竞争需要生产服务企业不断增强自身实力、提高竞争意识。内部竞争环境优化需要政府部门的政策支持和政府部门的规划引导。

（2）充分利用行业协会的作用。从国内外发展经验来看，行业协会能引领带动生产服务企业发展，约束生产服务企业行为，是完善生产服务业监管机制的重要力量。随着政府职能转变，一些原本由政府负责的企业监管、服务等工作，逐步转移至行业协会或中介机构。行业协会是政府与生产性服务行业间、生产服务企业与生产服务企业之间重要的沟通桥梁。充分发挥行业协会的作用能有效降低生产服务企业信息甄别成本，提高企业运行效率。

（3）创新是企业发展的不竭动力。发达国家依靠新兴科学技术的重要作用来获取竞争优势，十分重视抢占产业科技创新中的领先位置。发达国家设立不同层次的科技创新中心，对在研发方面有突出贡献的企业或个人给予丰厚的奖励以及经费支持。发达国家也十分注重对创新成果的保护、知识产权总量的提高和原创知识产权的质量，积极扶持具有自主知识产权的高新技术企业的发展和产业的形成。

第三节　发展思路

一、发展重点

依据生产服务企业的影响力和企业规模可以分为龙头企业、新兴企业和小微企业，三类企业的发展导向有所不同。要按照国际竞争的要求，加快培育一批生产服务企业的"国家队""省队"和"市队"。要以"大众创业，万众创新"为切入点，加快生产服务的新兴企业和小微企业的发展。

(一) 培育龙头生产服务企业

龙头企业指在生产服务业中，对其他企业具有很强的影响力、号召力和一定的示范、引导作用，并对行业、地区乃至国家做出突出贡献的企业。

(1) 支持龙头企业扩大规模，增强辐射带动作用。通过财政贴息、税收减免、技术补助与科技支持等方式，帮助经济实力雄厚、享有较高市场占有率的生产服务企业，整合资源、扩大生产规模、增强辐射带动效应。鼓励生产服务业龙头企业加大对外开放力度、扩大合作领域。通过参股、控股、兼并，以及向国内外先进企业学习等方式，帮助企业扩大规模，引进资金、技术。

(2) 增强龙头企业创新意识，提高服务产品的技术含量。通过完善生产服务企业创新相关的法律法规，引导企业成为创新主体，保护企业合法知识产权不受侵犯；通过给予适当的奖励及政策优惠等方式，鼓励龙头企业增加科研经费投入力度；通过搭建"政府—生产服务企业—高等院校—科研机构—金融机构"的创新平台，保证生产服务企业在创新过程中得到足够的资金支持。加强对企业家及从业人员的知识培训，调动人员积极性与创新性。

(3) 完善企业内部体制，提高经营管理水平。面对着激烈的市场竞争，龙头企业必须不断反思企业的战略目标、更新观念、树立现代经营理念，建立健全创新机制，推进企业组织结构调整。同时，进一步完善企业治理结构，建立科学决策机制，提升科学决策水平。再次，企业要创造一切条件引进人才、留住人才、启用人才、培养人才，聘请懂经营、善管理的专业人才参与企业内部事务管理，为企业的发展出谋划策。

(二) 鼓励新兴生产服务企业

新兴企业指规模和影响力不是很大的生产服务企业，但是由于拥有先进的技术和管理理念，成为生产服务新业态、新模式的推动者。

(1) 合理引导和支持新兴企业。新兴市场发展初期，面临着较多的体制机制不完善、资源配置低效率甚至无效率等市场失灵问题；缺乏高层次规划与组织协调，也会导致管理缺位、重复建设等问题出现。因此，政府应当合理引导和适当干预，为新兴企业的发展推进体制机制创新，完善基础设施，创造良好的市场环境；维持市场良好竞争秩序，放宽行政管制，给新兴企业更多发展空间；设立产业基金、给予税收优惠、创新金融体系，破解企业融资难的"瓶颈"。

(2) 充分发挥新兴企业在产业发展中的主体作用。发挥企业在创新管理、提质增效中的主体作用，调动企业内部的积极性和创造性；重视企业间的资源共享、共建产业价值生态平衡，提升管理水平和可持续发展能力；鼓励企业积极主动地与国内外知名企业合作，学习先进的管理方法和发展经验，重视标准建设，提高服务质量，打造服务品牌，实现国际化经营。

（3）营造新兴企业发展氛围。要打破区域壁垒，允许并鼓励新兴市场服务企业跨区域经营、连锁发展；利用"互联网+"，积极建设网络信息共享平台，逐步推进各级共享交换平台对接，形成地区间、产业间、企业间平等、便捷、通畅、高效的发展氛围；各地区要以自身资源禀赋为依托，结合新兴生产服务企业发展实际情况，整合公共服务和市场资源，形成示范带动效应。

（三）扶持中小微生产服务企业

中小微企业指一些企业规模小、从业人数相对较少的生产服务企业。生产性服务中小微企业是大众创业万众创新的基础和载体，需要大力扶持。

（1）培育市场主体。积极推行政府部门简政放权，深化商事制度改革，促进创业便利化；加大人才培养力度，为中小微企业提供不同层次、不同渠道、不同行业、不同形式的创业培训；利用规模较大、位置适宜的闲置场地，建设各类中小微企业创业孵化基地；对于尚处于起步阶段，企业规模较小，但拥有较好的市场前景和较大的发展潜力的企业，积极帮助其解决发展过程中的困难和障碍。

（2）完善服务体系。建立部门间法律服务联席会议制度，协调解决中小微生产服务企业相关法律问题；发挥知识产权公共服务平台及专利信息专题数据库等的作用，为中小微生产服务企业提供知识产权信息订制和推送服务；加快健全以中小微生产服务企业需求为导向的技能培训公共服务，制定支持企业人力资源开发的发展规划；鼓励技术优势企业、科研院所与企业深化合作，促进科技成果向中小微生产服务企业加快转移。

（3）减轻中小微企业负担，按照"应享尽享"原则，深入落实国家税收优惠政策，将国家给予中小微企业的税收优惠政策落实到每一户企业；精简税收减免手续和程序，支持中小微企业自行申报享受政策优惠；清理行政事业性收费和政府性基金收费项目，严格控制搭便车或捆绑收费；建立广覆盖的普惠政策支持体系和强有力的特惠政策支持体系，完善政府行政管理服务体系和信息互联互通支撑体系。

（四）培育品牌生产服务企业

（1）增强生产服务企业品牌意识。品牌不仅涉及一个企业的生存与发展，也是一个国家综合实力的体现。政府应当重视提高生产服务企业品牌意识，帮助企业正确树立品牌观念、制订发展计划；通过设立奖励机制对生产服务企业创立品牌给予一定的奖励或者扶持政策，激发企业的积极性和主动性；通过扩大宣传，提升国民的品牌意识，为生产服务企业的品牌发展营造良好的市场需求氛围。

（2）"以点带面"进行品牌培育。重点支持和建设发展潜力大、技术提升快、市场前景良好的生产服务品牌，将这些品牌打造成为具有较高国际国内知名度的生产服务品牌，鼓励企业通过开发新技术、新工艺和新产品来打造企业品牌。之后，通过"先富带动后富"的方式，让较为成熟的生产服务品牌运用自身经验帮助其他企业建立品牌。

（3）重视企业人才的培养。拓宽人才来源，提高企业员工的整体素质是建立企业品牌的动力和关键。首先，生产服务企业通过"干中学"的方式，发掘和积累企业内部适合品牌建设的人才；其次，依靠高等院校及大专学校为企业开发和培养建设企业品牌的专业人才；最后，吸引外国优秀人才加盟，在品牌建立过程中融入更多国际元素和多元化特性，增强品牌的国际认可度与竞争力。

二、发展举措

针对生产服务企业发展存在的市场环境不规范、某些生产服务行业市场化程度不高、不同生产服务业间发展不平衡、缺乏国际竞争和企业影响力弱等问题，未来一个时期，着力从以下四个方面推动生产服务企业发展。

（一）优化外部环境

一个良好的市场运行机制需要有完善的市场环境做保障，尤其是良好的诚信体系做保障。与其他企业相比，生产服务企业的发展更需要信用体系的支撑。强化政府的市场监管职能，整顿和规范市场运行秩序，严厉打击违规、失信等不良行为，大力倡导"规范服务"和"诚实守信服务"，优化行业市场环境；充分发挥行业协会在引导行业发展、规范行业市场秩序等方面的作用，建立相应的职业资格认证制度，强化行业自律管理；建立健全社会诚信体系，加强对企业生产、交易履约情况的监督，形成全社会自下而上的监管体系。

（二）鼓励创新，促进产业结构升级

创新驱动发展早已被党和国家提升至国家发展战略的高度。经济形势与新技术的发展日新月异，对于创新的要求也应根据社会形式的变化不断进行调整。管理部门应即时对现行创新政策的可操作性及政策效力进行评估与改进；在制定创新发展政策过程中，应对共性问题与针对性问题进行区分；人力资源是创新的关键因素，加强人员教育与培训是加强生产服务企业创新能力的重中之重；在创新政策的制定中，一定要处理好政府与市场间的关系，注重市场在资源配置过程中的基础性作用。

（三）深化体制改革，提高市场化程度

进行国有生产服务企业改制，降低垄断经营程度；鼓励和支持非公有制经济参与竞争，按照公平、公正、公开的原则，推动企业产权在不同企业与所有制间的合理变动，提高行业的非国有制经济比重；为个体私营经济更广泛地参与生产服务发

展创造条件，在土地使用、税收、融资信贷、市场准入等方面，对个体私营经济一视同仁，并在技术、管理等方面提供必要的支持与帮助。

（四）鼓励企业加强国际合作，积极参与国际竞争

鼓励生产服务企业打破固步自封，勇于创新和参与竞争，以"走出去"和"以动制动"的方式，为自身争取更为广阔的发展空间；鼓励有竞争力的生产服务企业发挥自身在全球资源配置平台上的积极作用，参与跨国经营和国际竞争，与国内外知名企业进行资产重组；支持符合条件的大公司和企业境外上市，主动拓展国际市场，建立境外营销网络，按国际通行标准组织生产经营活动，运用多策略整合市场资源，扩大企业规模。

第四节 案例剖析

IBM 全球服务部——制造企业由"硬"向"软"转型范例

二十多年前，IBM 以大型机、小型机、个人电脑等硬件产品在 IT 市场独领风骚，但随即进入困境，于是开启了由"硬"向"软"的转型之路。现在的 IBM 已经成为制造企业转型的典范，正将自身业务不断向更高的价值链攀升。而 IBM 全球服务部（IBM Global Services，简称 IGS）的发展正是 IBM 公司转型的一个缩影。

一、IGS 的成立

1993 年，IBM 第七任 CEO 郭士纳提出了建立"以服务为中心"的理念和策略。上任伊始，他着力整顿 IBM 在美国以及全球的服务机构，将这些拥有截然不同的服务程序、服务价格、服务内容、服务术语以及品牌名称的机构，整合成统一的服务机构。从此，IBM 的服务业开始了独立发展之路，并迅速成为蓝色巨人的核心业务和金字招牌。1996 年 IGS 仅是 IBM 一个价值 74 亿美元的业务领域。五年后，其价值已经上升为 300 亿美元。2001 年，IBM 服务在全球超过其全部营收的 40%，IBM 股票价格也从 1993 年的十几美元上涨到超过 100 美元。服务不仅为 IBM 带来了丰厚的利润，而且，它还使 IBM 甩开了所有其他 IT 厂商的尾随，成为一个名副其实的以技术为中心、以服务为导向的公司。

二、IGS 的主要部门

（一）IBM 全球企业咨询服务部（global business services，GBS）

IBM 全球企业咨询服务部为客户提供业务转型和行业专家咨询服务，并通过整

合、快速、创新的业务解决方案实现客户价值。IBM全球企业咨询服务部提供领先的跨行业转型咨询服务，以及策略变革、应用科技服务、应用管理服务、财务管理服务、人力资产管理服务、客户关系管理服务、营销服务、销售服务、供应链管理及采购服务。

（二）IBM全球信息科技服务部（global technology service，GTS）

提供以技术为依托的服务来帮助全世界数千名客户进行业务创新和转型。GTS通过采用标准化流程和技术的IBM交付中心网络来提供这些服务。同时，IBM具备独特的全球整合能力，可以在全球范围内提供一致的高质量IT服务，无论客户需要的是本地、区域还是全球支持。在中国，IBM全球信息科技服务部的客户覆盖了银行、电信、医疗、电力等各个行业。IBM GTS拥有全面的解决方案、清晰的愿景以及卓越的交付能力，通过帮助客户整合复杂的技术，为其提供可扩展、可用的基于强大基础架构的全面解决方案，助力业务快速增长。

（三）IBM战略外包服务部门（strategic outsourcing services，SO）

IBM全球服务部的一个分支，主要负责服务外包。从基础架构、应用到业务流程，通过一系列经过甄选、定制和整合的交付方法（包括管理服务和云计算）来满足客户需求。

三、IGS提供的生产服务

1994年IGS进入中国，在IT服务市场从小到大的发展过程中不断壮大其中国业务，形成了从售后服务发展到外包、整合技术服务和管理咨询的全方位优势。

（一）第一阶段：蓝快/蓝色快车

二十年前，IGS的服务业务刚开展起来时主要提供维修服务，重点以硬件产品的售后维修为主，在中国也不例外。IT硬件产品的售后维修业务一直占了IGS业务中很大份额。于是，IBM和中国原铁道部合作成立了蓝色快车维修公司，将车厢改造成维修站点，拖到各地。这在当时是将IT硬件产品的售后维修带到全国各地的最快捷的方式，九周内蓝快在全国连设了50个站点，可以在126个城市提供服务。

（二）第二阶段：蓝泰科技

2002年底，IBM在天津开发区设立以战略外包服务为主的互联网数据中心——蓝泰科技。这家子公司隶属于IGS，以互联网数据中心业务为运作核心，依托IGS的服务能力和实施经验，为企业提供从IT战略咨询到系统整合和基础架构建设的全面服务。蓝泰成为IGS在中国开展IT外包业务的重大突破。2002年11月，IBM在大中华区成功并购著名咨询公司普华永道,并设立全新的服务部门——IBM 业务咨询服务部(BCS),将自身服务成功升级为以 IT 技术为基础的、企业全面的管理和业务咨询服务。这个部门为 IGS 的服务业务提供了新的亮点,并使 IBM 的服务基于 IT,超越 IT。1999 年 IBM 在上海建立了中国第一家灾备中心,2002 年 11 月分别在北京和广州建立灾备中心。以实现对客户的业务保护服务,不仅可以提供 24 小时的数据备份,更重要的是,提供了企业自身业务连续性的保护。也就是说,当遇到"灾难"的时候,客户可以完全将企业的关键应用,甚至人员转移到 IBM 的"灾备中心"来。北上广三地"中心"实时互相备份,将一旦发生的突发性灾难给客户带来的损失减少到最小程度,使保护客户业务连续性和重要数据的工作日臻完善。

(三) 第三阶段:BTO 和 BPO

IT 外包服务是 IBM 服务确定的主要新业务方向。2006 年,IT 战略外包则成为 IGS 的主题词。IT 战略外包包括 BTO 和 BPO。其中,BTO 业务主要是帮助客户重新规划业务流程,以提高整体效率,这一业务是跨行业的业务外包,甚至包括人力资源、供应链等环节。BPO 主要是指企业将 IT 业务流程外包给 IT 服务商,IT 服务商要做的就是降低 IT 管理的成本。

(四) 第四阶段:供应链咨询管理

IBM 宣布将提供一种新的咨询服务——供应链管理咨询,帮助他们更好地管理全球化的物流。据调查,全球的供应链管理及其咨询服务市场的规模有 3 万亿美元。IBM 已经把它当作一项核心业务来发展。比如,IBM 已经把自己的竞争对手定位在了全球的快运巨头上面,如联邦快运、UPS、DHL 等,而不是与传统的咨询公司如 Accenture 等。

(资料来源:①每天一议之咨询公司;IGS(IBM 全球服务部)。http://blog.sina.com.cn/s/blog_4ad8251f010007tl.html。②从蓝快到蓝泰 IGS 快速变化中的 IT 服务产业 http://tech.sina.com.cn/it/2005-08-03/1115681769.shtml。③IBM 全球信息科技服务部武汉分公司成立 http://www.doit.com.cn/p/69571.html。)

本章习题

一、名词解释

1. 生产服务企业
2. 服务外包
3. 生产服务内置与外置

二、简答题

1. 生产服务企业特点有哪些?
2. 国外生产服务企业发展成功经验?对我国有何借鉴意义?

3. 政府应采取哪些措施促进生产服务企业发展?

三、案例分析

嘉诚国际物流成立于 2000 年,总部设于广州,致力于为制造企业进行全球化采购与销售提供供应链一体化物流服务,其集成采购物流、生产物流、销售物流、逆物流以及流通加工和全球售后服务六大板块的服务方案几乎囊括了供应链的所有环节。服务的客户包括了松下电器、广州浪奇、日立冷机、住友电工等多家国内外知名的制造企业,并与制造企业开展了密切合作,为制造企业实现原材料的集中采购以及零库存管理,减少物流环节,降低物流成本,真正优化客户的生产、销售结构,提高企业的核心竞争力及经济效益。近年来,该公司连续获得 2009 年、2010 年 "中国家电物流示范性企业""中国物流十大杰出贡献大奖""中国物流示范基地""国家高新技术企业"等荣誉,并于 2017 年 8 月 8 日在上海证券交易所主板上市。

嘉诚国际物流主营业务是以物流、商流、信息流、资金流 "四流合一" 为基础加以整合,集成并协同全程供应链一体化管理,为客户提供专业的综合性第三方物流服务。主要包括运输、装卸及搬运、仓储、包装、配送、采购、流通加工、销售代理、信息与技术管理等综合性现代物流服务。通过物流方案策划,以各环节资源整合及物流服务平台为基础,涉及从采购物流、生产物流、成品物流到逆物流全程物流一体化的运作,如图 6-5 所示。

(资料来源:嘉诚国际物流股份有限公司官网 http://www.jiacheng88.com/.)

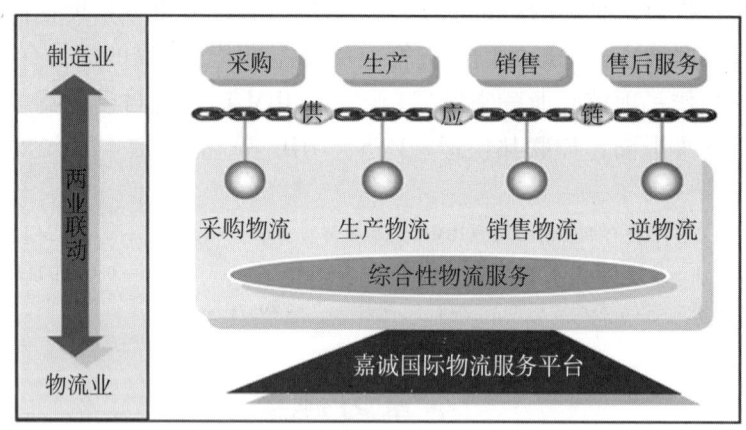

图 6-5 嘉诚国际物流供应链一体化示意图

请结合上述资料分析嘉诚国际物流股份有限公司如何在制造企业生产过程中发挥作用。

第七章

生产服务平台

本章从生产服务平台的概念、基本特征、类型划分、形成机理、建设意义以及国内外和广东省生产服务平台发展特点、经验与启示等方面进行阐述，总结了我国生产服务平台存在的问题，并提出未来建设思路。

生产服务平台是指基于对生产服务共性需求进行展示、交流和交易的空间、场所和舞台，具有边界开放性、资源整合性、权力集中性、多方互动性和网络外部性等特征。生产服务平台按整合程度大小可分为综合性生产服务平台和专业性生产服务平台；按公共属性强弱可划分为纯公共生产服务平台、准公共生产服务平台和非公共生产服务平台。生产服务平台主要由市场力量和政府推动两个方面建立形成，具有提升生产服务业的服务能力、促进工业制造和农业生产现代化、促进中小微企业创新等方面的重要作用。

发达国家的生产服务平台门类齐全，具有专业化实力强、规模化品牌响、国际化程度高和信息化水平高等特点。我国已经形成门类齐全的生产服务平台，一些平台已具有一定的品牌价值，产生了国际影响力。

目前，我国生产服务平台主要存在平台对资源配置作用难以发挥、共性平台数量不足、一体化平台网络体系和服务格局仍未形成、服务标准和服务规范制定滞后或缺失、线上线下分割等问题。今后一个时期内，要加大政府支持力度，建设资源汇聚、能力共享、价值共创、协同发展的新型生产服务平台，加快完善服务业集聚区公共服务平台，着力建设一批综合性公共服务平台和专业性公共服务平台，推动服务业从集聚向集群方向发展。基于上述基础，提出了政府支持建设的生产服务平台可参照的遴选办法。

最后，以"阿里巴巴——生产服务的集成供应平台"为案例，介绍了该平台各个生产服务的功能及其成效。

第一节 基本认识

一、平台及生产服务平台

（一）平台及其特点

1. 平台

平台泛指基于共性需求进行展示、交流和交易的空间、场所和舞台。

2. 平台的特点

一是工具化，即平台形成过程中是被人为设计、规范和操作的市场化工具客体而存在的；二是具体化，平台是市场设计者对理想市场规则在现实世界中的实体映射形态；三是自组织化，平台一旦形成，就具有自觉与自主发展的自组织特性。[①]

（二）生产服务平台及特点

1. 生产服务平台

生产服务平台是指基于对生产服务共性需求而进行展示、交流和交易的空间、场所和舞台。

2. 生产服务平台特点

（1）边界开放性。指在既定的平台规则下，平台用户可以自由选择进出平台。一般情况下，平台通过平台用户角色权限开放、服务体系开放、技术接口开放和平台源代码开放等四种方式开放给平台用户，使他们能接入平台，在平台上提供产品和服务或获取所需产品或服务。例如，最初定位于自营网上零售的京东商城，从2012年开始开放服务体系，为平台商家、服务商和目标客户等提供诸如物流配送服务、供应链服务、大数据服务、创业孵化等服务。

（2）资源整合性。平台把众多、分散、组织化程度低的资源，诸如信息、资金、产品和服务供应者和需求者的服务和产品等进行识别、选择、梳理、配置，使其具有较强条理性、系统性和价值性。平台通过组织机制，把产品和服务的供给者和需求者分别整合到平台两边，成为交互主体；通过汇聚供求信息，降低信息不对称，高效匹配供求；通过调节和平衡供给和需求能力，推动产品和服务生产与需求的联动，从而实现供需的有效衔接。

（3）管理控制性。平台企业依托其掌握大量资源的绝对优势获得强大的话语权，

[①] 徐晋. "平台经济学"总览[J]. 平台经济，2016.

从而制定具有直接强制性的平台规则，要求平台用户包括消费者必须服从。例如，天猫商城规定所有入驻平台的商家根据销售的商品品类缴纳 10 万～50 万不等的保证金、1 万～50 万不等的软件使用年费、每笔交易 0.5%～5% 不等的软件使用费率[①]；当平台成为垄断型或寡头型的市场结构时，平台的控制力就更强，平台各方单个微小能力是难以抵制或反抗的[②]。

（4）多方互动性。传统产业链上的信息和产品传递是从上游逐步向下游推导。而平台模式使平台用户平等参与互动，产生各种关联。用户通过平台这个桥梁对各自的需求进行信息交流、交易、支付、产品和服务交付、评价等互动，以满足各自需求。

（5）网络外部性。Rohlfs（1974）和 Michael Katz, Carl Shapiro（1985）认为，网络外部性是指某产品的使用人数增加时，使用者从该产品的使用中获得的效用越多，则称这种产品具有网络外部性。这里的效用可以指平台用户支付的费用更低、便利性增加、产品的使用价值增加、产品的质量更好、用户满意度更高等。这种用户行为之间的相互影响一般称为正的网络外部性。例如，使用支付宝的消费者越多，则会吸引更多的商家使用支付宝，它既使消费者和商家之间的结算更加快捷便利，又增加了支付宝的使用价值。此外，还存在负的网络外部性。例如，当新闻网站推送的广告不断增加时，浏览网站的人就会产生厌烦情绪而通过各种方式避免看到广告或干脆放弃该网站。

（二）生产服务平台与生产服务区的区别与联系

1. 从形式上看

生产服务平台既可以是现实的交易服务空间或场所（如物流园区、批发市场等），也可以是虚拟的（如物流云平台、B2B 电商平台等），或者是两者的结合（即 O2O），其中虚拟服务平台的服务活动不受地理空间的限制。生产服务区是将生产性服务企业集中在特定地域范围，形成具有特定产业定位的功能性区域，其服务活动受到地理空间的限制。

2. 从功能和作用上看

生产服务平台强调为经济组织间达成产品或服务交换而提供的中介服务功能，通过汇聚和整合资源、调节和平衡供给而发挥资源配置的作用。生产服务区强调的是提供生产服务功能的区域和载体，可促进生产服务业集聚发展，助推制造业转型升级，推动区域产业结构调整。

3. 从基本特征上看

生产服务平台具有边界开放性、资源整合性、权力集中性、多方互动性、网络

---

①资料来源：天猫 2017 年度各类目年费软件服务费一览表，www.tmall.com.
②Martin Kenney, 等. 平台经济的崛起 [J]. 经济导刊, 2016.

外部性等基本特征。生产服务区具有市场驱动、政府助推、政策叠加、资源共享、空间集聚、根植性突出等基本特征。

4. 从形成机理上看

生产服务平台的形成与生产服务业的专业分工深化、市场化密切相关，是生产服务需求者要求提高生产效率和交易效率、节约社会成本、形成规模经济、提高竞争力等目标因素引致的结果。生产服务区一般通过市场自发形成、政府推动建设、政府和市场共同推动三种方式形成。

二、生产服务平台的类型

（一）按整合程度大小划分

1. 综合性生产服务平台

综合性是指提供涵盖三个以上生产服务功能的平台。例如，B2B电子商务平台一般涵盖商品交易、物流配送、资金结算、信息发布等功能。

2. 专业性生产服务平台

专业性是指提供某一生产服务功能非常突出，其他服务功能相对较弱的平台。例如，检验检测服务平台主要提供产品检验检测服务。又如，人力资源招聘服务平台主要提供职业中介服务。

（二）按公共属性强弱划分

1. 纯公共生产服务平台

纯公共生产服务平台是指具有非竞争性和非排他性的生产服务平台。该类平台属于公共产品，是政府提供公共服务的载体之一，一般由政府负责对其进行研究、投资建设和运营，也可以由政府采购。例如，《国务院关于加快推进"互联网＋政务服务"工作的指导意见》（国发〔2016〕55号）提出建设的一体化网上政务服务平台，就是一个纯公共服务平台，它同时为企业和个人提供政务服务。

2. 准公共生产服务平台

准公共生产服务平台是指具有有限的非竞争性或有限的非排他性的生产服务平台，它介于纯公共服务平台和非公共服务平台之间。这类平台可由政府和市场共同投资建设和运营，各司其职、各负其责。例如，国家知识产权运营公共服务平台金融创新（横琴）试点平台，就属于准公共生产服务平台。

3. 非公共生产服务平台

非公共生产服务平台是指同时具有排他性和竞争性的生产服务平台。非公共生产服务平台一般由以营利为目的商业组织进行投资建设和运营。排他性是指平台的所有权和使用权属于特定的组织。例如，2007年成立的深圳市南山科技事务所，是独立的第三方运营服务平台，负责组织并利用其联盟组织的资源力量，为联盟企业提供产业调研及产业研究、产业技术咨询等服务。

三、生产服务平台的形成

生产服务平台的形成与生产服务业的专业分工深化、市场化密切相关，是生产服务需求者要求提高生产效率和交易效率、节约社会成本、形成规模经济、提高竞争力等目标因素引致的结果。

（一）共性需求是生产服务平台形成的基础

生产服务的外部化，为生产服务平台的产生提供了基础。生产服务平台的建设是为了满足生产经营需求，需求决定了平台生产相关服务产品的可能性；需求的大小，决定了平台生产相关服务产品的规模。任何的平台，其生产规模必须达到最低起点才能生存，这就要求社会对其产品的需求量要达到支撑生产规模最低起点的相应量。例如，当生产服务从生产企业中剥离出来，可以汇聚成规模巨大的共性服务需求，生产服务的市场供应者由此可以进行规模化的生产，服务的平台化才有了基础条件，从而支撑起生产服务平台的独立运行、生存和再生产。

（二）节约社会成本是生产服务平台发展的关键

美国经济学家科斯认为社会成本由产品生产成本和交易成本组成。在工业生产领域，平台特别是生产服务平台可以作为生产者和需求者直接交流互动的场所，能实时汇聚大量分散的、个性的需求信息，使生产者能迅速掌握市场需求，并通过精益生产和大规模个性定制来快速响应需求，从而创造出更高的生产率，进一步降低产品生产成本。生产服务平台提供的高效供需匹配服务，节约了平台各方主体的交易成本，吸引众多的资源加入，推动了生产服务平台的持续发展。

四、生产服务平台建设意义

（一）提升生产服务业的服务能力

建设生产服务平台，要重点关注生产服务业中最关键和最薄弱的环节，充分调动闲置的各类生产服务资源，有效组织碎片化、分散化、区域化的服务资源，从而使生产服务业的共性需求得以解决、平台对资源配置的作用得以实现、生产服务业的服务能力得以提升。例如，建设物流公共仓储服务平台，把各类仓库资源集中组织起来，为广大物流企业共享，可以解决物流企业在仓库建设投入的土地、资金、人才、运营管理等问题，使得物流企业既可以降低自身生产服务成本，又可以把资源投入到核心环节和能力建设上，提升服务能力。

（二）促进工业制造现代化

开展生产服务平台建设，可以集中发挥政策、技术、资金、人才等资源优势，提高生产服务业的社会化、专业化和规模化水平，服务于工业制造，提高生产力水平和生产效率，促进工业制造现代化。例如，推进面向产业集群和中小微企业的基础材料、基础工艺、基础元器件研发、系统集成与生产、计量、检测等专业化公共服务平台建设，能整合优化生产服务系统，推进工业制造现代化。

（三）促进中小微企业创新

中小微企业占我国企业总数99%，遇到严重的创新瓶颈：一是资源门槛。创新所需的资源条件，诸如融资渠道不畅、创新所需的资金、人才、设备、技术等缺乏。二是创新观念和意识薄弱。害怕创新风险，满足现状、缺乏创新意识和能动性。三是创新环境、创新扶持政策和服务体系不完善。四是参与外部协作困难。中小微企业囿于自身资源与能力不足，获取资源和市场信息的能力有限，阻碍了自身参与外部协作。生产服务平台在促进中小微企业创新的作用包括以下几个方面：

（1）作为能力赋予者，助推中小企微业创新。例如，工业云平台可以为中小微企业提供创新产品所需的计算、设计实验和测试等设备，既可减少企业的研发投入和设备运维成本，也可以提高创新效率。

（2）作为中介桥梁，为中小微企业参与产业价值链协同牵线搭桥，助力创新实现。例如，中小微企业可以把自身的需求通过平台发包，平台另一方的研发人员/团队根据需求提供产品研发和设计服务，既降低了中小微企业的研发风险，又使服务提供方的能力得以扩散，提高了创新效率，实现创新的价值创造。

（3）降低中小微企业交易成本、增强获利能力、激发创新积极性。平台的开放性使中小微企业能直接对接市场，提高供求匹配效率，减少产品和服务的流通环节，从而降低交易成本。

第二节　发展现状

一、发达国家

发达国家的工业化时间早、历程长，生产服务业是基于其强大的制造业而产生并发展成熟，在此背景下建立和发展起来的生产服务平台门类齐全，已渗透到工业产业链的研发、设计、生产、流通的各个环节,表7-1列举了美国、德国、日本和英国等发达国家的典型生产服务平台。

表7-1 发达国家典型生产服务平台

服务领域	美国	德国	日本	英国
研发设计与其他技术服务	1. 橡树岭国家实验室 2. IBM研究实验室	帝国技术物理研究中心(1884)	日本东京研究中心	—
货物运输、仓储和邮政快递服务	1. UPS联合包裹服务(1907) 2. 罗宾逊全球物流有限公司(1905) 3. Ryder美国莱德物流公司(1933)	1. 德国邮政 2. Hellmann德国海尔曼全球物流 3. Fiege德国飞格国际通运(1873)	1. Nippon Express日本运通(1872) 2. 日本Seino货运 3. 日本大和运输公司(1919)	波罗的海贸易海运交易所
信息服务	1. MFG制造业B2B在线交易平台(2000) 2. 工业互联网平台(2012)	1. IndustryStock B2B工业集市(2003) 2. 工业4.0平台(2013)	export-japan B2B在线交易平台	汤森路透,商务和专业智能信息提供商
金融服务	花旗集团(1812)	德意志银行(1870)	瑞穗金融集团(2000)	—
生产性租赁服务	Cat融资	—	—	—
商务服务	1. 美国国际太阳能展览会(2003) 2. 麦肯锡咨询(1926)	1. 汉诺威工业博览会(1947) 2. 罗兰·贝格国际管理咨询公司(1967)	日本国际机床展览会(1962)	普华永道国际会计公司(1926)
人力资源管理与培训服务	海德思哲(1953)	—	—	Prospects.ac.uk 毕业生就业和职业指导网站

(资料来源:百度百科和各平台的官方网站.)

上述发达国家的生产服务平台具有专业化实力强、规模化品牌响、国际化程度高和信息化水平高的特点。

(1)专业化实力强。主要表现在服务设施、服务组织与人员、运营管理的专业化,品牌实力强。例如,创办于1947年的德国汉诺威工业博览会,汇集了工业领域的先进科技，引领了世界工业的创新、发展，成为全球工业贸易的旗舰展和影响力最为广泛的国际性工业贸易展览会。展会有一套成熟、专业的展览服务运作模式，主办单位提供"一站式服务"，贯穿于整个展览会的展前、展中、展后等各个阶段。此外，德国依靠其成熟的会展经理人市场、完善的会展人才教育培训体系，以及会展专业人才认证制度，为展会输送源源不断的专业人才，保障了德国会展业的专业化和竞争实力。

（2）规模化品牌响。主要表现在业务规模化，塑造了具有国际影响力的品牌。例如，具有百年历史的美国金融机构花旗集团，从定位于为纽约商人服务的商业银行开始，通过不断创新服务产品，开拓国际市场，企业间并购等途径不断发展壮大，成为了集商业银行、投资银行、保险、共同基金、证券交易等多元金融服务于一体的世界上规模最大的全能金融集团之一，位列2017年世界财富500强第74位。

（3）国际化程度高。主要表现在业务网络国际化、员工国际化、服务国际化，资源配置国际化。这些平台企业一般通过在国外设立分公司、办事处或子公司的形式开拓国际市场，或通过并购国外业务，布局国际业务版图，快速开拓跨国市场，实施全球化战略。例如，成立于1963年的德国罗兰·贝格国际管理咨询公司，经过50多年的持续发展，目前拥有遍布34个国家和地区的2 400余员工，服务范围涵盖知识、技术、资本等领域，跻身全球顶级管理咨询公司之列，业务遍及主要国际市场。

（4）信息化水平高。主要表现在平台业务信息数字化、运营管理网络化、管理决策智能化，适应平台规模化、国际化发展需求。高水平信息化有助于改善经营管理水平，实现信息整合与利用，提高竞争力和经济效益。例如，成立于1907年的美国UPS（联合包裹速递服务公司），不断对信息技术研发投入和应用，从数字化、网络化、互联网化到大数据应用等，打造了线上线下一体化运作、全球协同的供应链管理服务平台，形成了服务于全球200多个国家和地区客户的服务能力，成为提供运输、物流、资本与电子商务服务的国际领导企业。

总体而言，以美国、德国和日本为代表的发达国家的生产服务平台建设和发展最为充分和成熟，引领世界工业生产服务平台的发展。例如，美国工业互联网平台和德国工业4.0平台，在平台战略高度、创新性、先进性、规模化、影响力、平台实施和推进效率等方面引领世界工业生产服务平台的建设和发展潮流，进而在推动各国工业生产制造由自动化向网络化和智能化方向升级发展起到了引领带动作用。从上述发达国家生产服务平台的横向比较看，美国的生产服务平台无论在数量还是品牌影响力都走在了国际前列。此外，各国的生产服务平台也因为具体的国情、国家政策和行业特点的差异，其发展也具有各自的特点。

二、国内生产服务平台发展特点

(一) 已经形成门类齐全的服务平台

目前,我国已形成门类齐全的工业生产服务平台,典型工业生产服务平台如表 7-2 所示。

表 7-2 国内典型工业生产服务平台

平台类型及名称		创立年份	主要服务功能
研发设计与其他技术服务	国家产业公共服务平台	2004	在软件与集成电路领域,从共性基础技术、知识产权、人才培训、投融资咨询以及市场开拓与品牌推广等五个方面为广大软件与集成电路企业提供公共服务
	中国技术交易网络平台	2009	交易服务(技术交易、股权交易、能力交易)、融资服务(股权融资、知识产权质押贷款、信托融资)配套服务(专利技术评价、企业创新订制、技术合同登记、专项咨询、会展招商)
货物运输、仓储和邮政快递服务	公路港物流服务平台	2003	传化公路港物流有限公司为货主企业、物流企业及个体货运司机等公路物流主体提供车货匹配服务、金融服务、物流交易服务、城市配送服务、供应链增值服务、综合性物流及配套服务,陆港快线(第四方物流)
信息服务	云链平台	2014	为工业企业提供设计、分析、实验与检测、工程计算、机械制造、运营管理、产品营销、咨询、技术支持、技术培训、在线交易服务
	CAXA 数码大方工业软件云服务平台	2002	国家级高新技术企业及中关村国家自主创新示范区创新型企业。主要面向装备、汽车、电子电器、航空航天、教育等行业,提供以 CAD、MES 和 PLM 软件为基础的智能制造解决方案
金融服务	蚂蚁金服互联网金融平台	2014	起步于 2004 年的支付宝,2014 年 10 月,蚂蚁金服正式成立。为小微企业和个人消费者提供普惠金融服务
节能与环保服务	E20 环境平台	2000	北京易二零环境股份有限公司主要提供产业服务、会员服务、咨询服务、商业服务、金融服务、生态共创平台群
生产性租赁服务	华融金融租赁股份有限公司	1986	我国金融租赁行业中最知名的品牌之一。提供售后回租、直接租赁和经营性租赁服务
	中国工程机械租赁网	2007	提供行业资讯、新闻专题、展会信息等资讯服务,机械设备供求信息,市场行情等服务

续表 7-2

平台类型及名称		创立年份	主要服务功能
商务服务	中国（北京）国际服务贸易交易会	2012	全球唯一一个国家级、国际性、综合型的服务贸易平台。京交会获得了世界贸易组织、联合国贸发会议、经合组织三大国际组织的永久支持，是目前全球唯一涵盖服务贸易12大领域的综合型服务贸易交易会。定位于国家级、国际性、综合型服务贸易交易会
人力资源管理与培训服务	中智（CIIC）	1987	是中国最大的人力资源企业（央企）。提供人力资源外包、管理咨询、猎头，培训，国际业务服务
批发经纪代理服务	中国（太原）煤炭交易中心	2008	提供煤炭现货交易、金融服务、定价、结算、展览等服务

（资料来源：百度百科和各平台的官方网站.）

工业生产服务平台已渗透到工业产业链的研发、设计、生产、流通的各个环节。例如，为工业企业提供设计、分析、实验与检测、工程计算、机械制造、运营管理、产品营销等服务的工业云平台；传统商业银行机构和各类互联网金融服务平台；各类高新技术成果交易会、互联网科技成果和知识产权交易平台；为工业企业提供工业大数据分析与应用服务以及解决方案的工业大数据服务平台；各类实体工业品交易中心、批发市场以及 B2B 电商平台等工业品批发经纪代理服务平台；人力资源管理与培训服务平台；货物运输、仓储和邮政快递服务平台等。此外，生产服务平台加强了工业产业链中各环节供需双方的紧密关系，提高了用户需求解决的效率问题，增强了供应链管理能力和协同能力，提升了产品价值。

当前，我国工业消费品行业网络服务平台的数量相比产业链中游装备和上游原材料行业的网络服务平台多。这是由于工业消费品行业数字化互联网化程度较高，为这些行业利用外部资源的易得性和高效率提供了技术支撑。基于成本和效率考虑，这些行业企业产生了利用外部资源提高生产力的共性需求，使网络服务平台有机会率先进入这些行业供应链的各个环节，包括研发、设计、制造、测试、采购、营销、交付等多个方面，推动工业消费品行业在社交营销、众包设计和研发、规模化定制等多方面的创新。在产业链传导机制的作用下，互联网融合会沿着产业链下游的消费品行业向中游装备行业和上游原材料行业延伸，这将为工业生产服务平台提供广阔的发展空间和应用前景，而激烈的市场竞争环境会激发平台通过持续创新来提供高品质的服务。

（二）一些服务平台具有国际影响力

我国的一些服务平台型企业经过多年培育和发展，已具有一定的品牌价值，产生了国际影响力。可以通过世界品牌实验室（WBL）每年发布的世界品牌500强排行榜来了解我国服务业品牌的国际影响力情况。2012年至2016年近五年中国服务业品牌上榜的各项数据见表7-3。

表7-3 中国服务业品牌上榜情况

年份 上榜情况 行业	2016			2015			2014			2013			2012		
	中国上榜数	上榜总数	占比	中国上榜数	上榜总数	占比	中国上榜数	上榜总数	占比	中国上榜数	上榜总数	占比	中国上榜数	上榜总数	占比
传媒	3	33	9.1%	3	33	9.1%	3	36	8.3%	3	39	7.7%	2	34	5.9%
电信	3	12	25.0%	3	15	20.0%	3	16	18.8%	3	15	20.0%	3	15	20.0%
银行	4	18	22.2%	4	16	25.0%	4	19	21.1%	4	17	23.5%	4	17	23.5%
保险	3	13	23.1%	2	11	18.2%	2	12	16.7%	2	12	16.7%	2	11	18.2%
多元金融	1	14	7.1%	1	11	9.1%	1	10	10.0%	1	9	11.1%	1	18	5.6%
航空与防务	1	11	9.1%	1	20	5.0%	1	19	5.3%	1	18	5.6%	1	14	7.1%
互联网	3	22	13.6%	3	22	13.6%	3	20	15.0%	0	14	0.0%	0	9	0.0%
合计	18			17			17			14			13		

注：①中国上榜数：指该行业中，中国品牌上榜的数量。上榜总数：指500强中属于行业的上榜品牌总数。占比=中国上榜数/上榜总数。

②该排行榜评判的依据是品牌的世界影响力。品牌影响力是指品牌在开拓市场、占领市场并获得利润的能力。品牌影响力的三项关键指标，即市场占有率、品牌忠诚度和全球领导力。

（资料来源：根据世界品牌实验室（WBL）2012—2016世界品牌500强排行榜整理.）

从表7-3的数据可知，2012年至2016年期间，中国服务业品牌上榜数量逐年上升，而且这些企业均为平台型企业，说明我国一批服务平台已具有国际影响力。但值得注意的是，多年来榜上有名的服务品牌仅集中在传媒业（人民日报、新华社、中央电视台）、电信业（中国移动、中国电信、中国联通）、银行（中国银行、中国工商银行、中国建设银行、中国农业银行）、保险业（中国平安、中国太平、中国人寿）、多元金融业（中信集团）、航空业（中国国际航空），以及2014年开始上榜的互联网行业（腾讯、百度、阿里巴巴）七个行业。而批发经纪代理、教育培训、软件、物流、证券、咨询、广告等行业均无缘榜单。此外，除了互联网行业的三个品牌是民营企业外，其余品牌均为国企或国有控股大型企业。中国作为一个拥有13亿多人口、世界排名第二的经济体，其服务品牌覆盖的行业范围和品牌数量却非常少，说明中国驰名服务商标在世界范围内的认知度和认同度都较低，根源在于我国大多数服务行业的服务品牌价值缺失或品牌价值较低。

三、广东生产服务平台发展特点

1. 已形成门类齐全的服务平台

广东工业生产服务平台同样已渗透到工业产业链的研发、设计、生产、流通的各个环节。广东典型生产服务平台如表7-4所示。

表7-4 广东典型生产服务平台

平台类型及名称		创立年份	主要服务功能
研发设计与其他技术服务	深圳软件园测试平台	1990	主要客户是深圳地区IT企业，提供包括测试、认证、评估、监理、咨询、培训等第三方服务
	广东出口家电与配套产业公共技术服务平台	2011	为广东出口家电与配套产业搭建的一个集产品认证、检测、咨询、技术研发、标准查询、信息共享等为一体的公共技术服务平台。提供质量评价服务、预警与信息服务、科研技术服务、咨询、培训服务、认证检测服务
货物运输、仓储和邮政快递服务	广东林安物流园	2003	林安物流园是集网上信息交易平台、网下物流信息交易市场、物流市场、第三方物流总部、物流招投标中心、物流结算中心为一体的现代物流科技创新园区
	顺丰速运	1993	提供物流（快递、冷运、仓储）、金融和商业服务。针对电商、电子、医药、汽配、食品等不同类型客户开提供一站式供应链解决方案，并提供融资、支付、保价、理财等综合性的金融服务
信息服务	微信	2011	即时通讯服务平台，提供即时通讯服务、微信支付、信息服务等
	国家超级计算深圳中心（深圳云计算中心）	2014	是深圳市科技创新委员会批准的深圳市工业云服务平台，提供高性能计算、云计算、IDC托管服务
	衣布到位云平台	2016	广州衣布到位集团旗下有三家公司：衣布到位、衣快链、云制造，核心业务囊括了纺织服装供应链的设计、采购、生产等所有环节。为处于纺织服装供应链各个环节的企业搭建对接交易桥梁。提供基于互联网、智能制造等技术的服务支持

续表 7-4

平台类型及名称		创立年份	主要服务功能
金融服务	广东金融资产交易中心	2013	独立第四方国有金融资产交易平台，是广东省唯一经财政部备案的金融企业国有资产交易平台，是全国唯一的离岸金融资产交易先行先试平台。提供金融股权、实物资产、资产权益流转、投融资顾问服务、资产证券化产品、跨境人民币业务等各类交易，为各类金融资产提供从注册、登记、托管、交易到结算的全程式服务
节能与环保服务	环境服务超市	2014	由国家环境服务业华南集聚区打造的线上展示、交流互动，线下商务洽谈、交易的环境解决方案综合服务平台，依托集聚区核心园区 30 万平方米载体空间，整合国内外数百家环保企业服务资源，搭建环境服务供需平台。提供环境服务咨询、环保需求发布、解决方案定制、环保知识学堂、行业动态播报、环保金融服务
生产性租赁服务	建易网	2007	提供行业人力资源服务、猎头服务、项目劳务对接、行业培训、资质辅导、投标保函、项目融资、咨询认证、工程顾问、保险经纪、呼叫中心运营、供应链、行业商城、法律咨询、会所服务、房屋与商业街定制、和在线项目管理等云计算服务
商务服务	中国进出口商品交易会	1957	旧称广州交易会（广交会）。提供展会服务、商旅服务、驻会商务服务和通信服务
人力资源管理与培训服务	中国深圳人力资源服务智慧广场	2015	构建"三大平台"：一是人力资源公共服务平台，为众多高新科技企业和人才提供"一站式"人力资源服务；二是人力资源服务产业创新集聚平台，创建系列线上线下服务为一体的高端智能化全产业链；三是人力资源配套服务平台，引领人力资源服务产业智能化发展
批发经纪代理服务	广东国际商品交易中心	2014	提供大宗商品现货交易、商品展贸和信息咨询服务，打造集交易、物流、金融、现货、信息一体化国际商品交易平台

（资料来源：各平台的官方网站.）

2. 一些服务平台具有国内影响力

在多个生产服务领域，均有国家级准公共服务平台。例如，研发设计与其他技术服务领域的国家知识产权运营公共服务平台金融创新（横琴）试点平台，国家版权贸易基地（越秀）南方文交所、信息服务领域的国家超级计算深圳中心（深圳云计算中心）、商务服务领域的中国进出口商品交易会。此外，一些非公共服务平台的市场规模大、服务质量高、品牌实力强，引领行业发展，具有较大的国内影响力。比如，物流领域的广东林安物流园、顺丰速运。

3. 高技术工业云服务平台较少

目前，广东省作为制造业大省，能提供基于互联网、智能制造等技术的服务支持云平台比较少，已上线运行的云平台有国家超级计算深圳中心（深圳云计算中心，2014上线）、广州衣布到位集团的衣布到位云平台（2016年上线）。在工业和信息化部公布的2017年制造业与互联网融合发展试点示范项目名单中，工业云服务平台没有一家广东企业入围。这反映出广东省对该领域生产服务平台的重视程度和研发投入还很欠缺。

四、国内外生产服务平台发展的经验与启示

（一）国家政策推动

政府发挥宏观规划作用，制定产业政策引导、健全法律法规制度来保障生产服务平台形成和发展。通过打破政府政策性保护、行业垄断和市场壁垒，培育统一开放、公平竞争的市场环境，营造权利、机会、规则平等的发展环境，鼓励多种渠道资本投资，完善相关法律制度建设，促进生产服务平台自主创新的产权保护和法律保障，为生产服务平台发展创造条件。

以美国电子商务平台形成和发展为例。电子商务起源于美国，首先得益于美国政府实施的《国家信息基础设施行动计划》（1993年）等一系列具有前瞻性、创新性的信息产业发展战略，大力投入信息基础设施建设；其次，从1996年开始美国政府积极制定和实施电子商务产业政策和措施，诸如出台《全球电子商务选择税收政策白皮书》，成立美国政府电子商务工作组这一跨部门的电子商务管理协调机构，颁布《全球电子商务框架白皮书》《因特网免税法案》等。这些政策的有效实施为电子商务发展提供了良好的制度环境和市场环境。

在此背景下，激发了美国电子商务平台的形成和繁荣发展，一批电子商务平台成为行业的世界级标杆，使美国电子商务能够一直引领全球电子商务的发展。例如，B2B领域，拥有全球最大的制造业B2B在线交易平台MFG、著名的dairy.com奶制品交易和物流运输服务平台等、全球首创利用电子商务平台直销计算机产品的戴尔（Dell）公司、全球领先的B2C网上零售电商平台亚马逊等。

可见，生产服务业的发展以及由此而形成和发展的生产服务平台，主要是在国家宏观规划和政策引导下，抓住机遇通过创新获得领先发展。为此，国家站在战略

高度策划，引导相关主体开展生产服务平台建设；加强立法，创造良好政策和市场环境，切实引导和推进生产服务平台主体创新活动。

（二）信息技术支撑

信息技术的应用支撑了服务产品创新、服务方式和服务流程的优化和创新，以及商业模式创新，加速服务平台的形成、升级、转型和跨越发展。国际著名的生产服务平台企业都非常重视对信息技术的投入、研发和应用，或通过收购相关的信息技术公司，加快信息化进程，实现向平台型服务企业转型升级，以打造高效运作的服务体系，不断提升服务质量，培育行业领先的竞争优势。

例如，我国著名的顺丰速运（集团）有限公司，是民营快递领域领导者。2001年之前就着手信息化建设，把企业信息化作为企业战略，坚持研发和引进具有高科技含量的信息技术与设备以提升作业自动化水平，实现物流全过程业务信息化。以信息技术为支撑，打造"供应链+"产业生态，构建集物流、资金流和信息流为一体的开放生态系统，形成了服务于全球20多个国家和地区客户的服务能力。截至2017年2月，顺丰市值达2540亿元，位居全球第四大快递公司[①]。

信息技术进步是驱动"互联网+"新型服务平台形成的技术基础，是打造企业核心竞争力的重要支撑。生产服务平台企业要获得持续的市场竞争力，必须重视信息技术的投入，以支撑平台业务开展的需要，同时要加强员工信息技术技能培训，充分发挥信息技术投资效能。

（三）人才培养保障

生产服务平台的发展迫切需要各种层次、各个领域的专业型人才或复合型人才，而高知识、高技术人才是制约生产服务平台可持续发展的决定性因素。

以世界会展业最发达国家之一的美国会展人才培养为例，其"多元多层次化"人才模式与会展业发展对人才要求吻合，很好地推动了美国会展经济发展，使其成为世界公认的会展强国。美国会展教育是以高校学历教育为核心，行业协会、中介机构和咨询公司承担会展从业人员技能培训为补充的学历教育与职业教育相结合，从一般职业资格认证到学士、硕士学位教育的多层次、多渠道、差异化的相对完善、理论联系实际的教育培训体系。且美国已成为重要的会展管理知识输出国之一[②]。

要实现人才培养保障，一是要依靠大学、职业学校、行业协会和企业共同培养与社会需求相适应的不同层次、不同类型的综合人才和专业人才。二是要建立与平台模式相匹配的平台组织和人才机制，使人才能在不同的组织环境中自由流动，激

[①] 傅盛宁. 顺丰成全球第四大快递公司 [J]. 深圳商报，2017.
[②] 杭宇. 中美德会展人才培养模式之比较研究 [J]. 现代商业，2011.

发人才在企业组织中自主创新、自我价值创造，为平台可持续发展提供更加有力的人才和智力保障。

第三节　发展思路

一、存在问题

目前，我国生产服务平台建设主要存在以下五个问题，对制造业的升级发展的支撑作用仍有待进一步提高。

（一）平台对资源的配置作用有待提高

根源在于受行政区划分割的影响，产权、土地、资金、人力资源等生产要素跨区域的服务平台跨区域辐射难以扩张，各地重复投资、重复建设，同质化发展情况依然严重，存在同一小区域范围内物流园区重复建设，多个园区并存的现象。此外，我国一些港口、机场等现代服务业枢纽性平台存在服务辐射范围受限、能量扩散不出去、市场规模难以扩张的问题。还有，科技资源存在很大程度的重复购置与浪费的现象。例如，国家和地方层面都注重建设科技基础条件平台、技术创新服务平台、科技成果转化平台、科技金融服务平台。然而，部分平台却以行政区划辐射服务范围，各自独立运行，对资源整合力度不强，服务对象非常有限，通常是小部分企业、研究院所、科技工作者，还没形成整个社会共享的资源体系，难以发挥平台对资源配置的作用；此外，这些平台对促进产业、行业和企业的技术升级、转型和竞争力提升，以及推动科技和经济发展的支持作用和贡献还缺乏相关统计分析，平台的服务评价和绩效考核等管理措施缺失。

（二）普惠生产服务平台的数量不足

能够为广大中小微企业提供普惠服务、解决刚性需求和高频需求的生产服务平台建设不足。例如，为广大中小微企业提供多元化金融产品和服务方式、解决小微企业"融资难、融资慢、融资贵"问题的金融服务平台，以及解决物流企业仓储用地、降低运营成本的公共仓库等物流服务平台还非常缺乏，导致企业生产运营成本下降空间小，很大程度制约中小微企业的发展。

（三）一体化平台网络体系和服务格局仍未形成

各地、各机构建设的同类型服务平台缺乏创新合作模式，难以开展资源和服务能力整合，阻碍了平台的协同发展。例如，各地建设的科技资源共享平台、科技成果转化投融资平台、知识产权服务平台、人力资源服务平台等,在同功能服务平台之间未能建立互联互通、信息共享和信任机制,既解决不了数据的碎片化、分散化、区域化的问题,令供需匹配效果大打折扣;又阻碍了打造具有层级性、系统性和协同性的一体化平台网络体系和服务格局,影响平台综合服务能力形成和服务效能提升。

(四)服务标准和服务规范制定滞后或缺失

新业态、新模式下服务平台的行业、企业服务标准与服务规范、安全与质量标准的制定滞后或缺失,服务生产和消费无标准可依,服务质量参差不齐,给平台用户的选择和判断带来困难,一旦产生纠纷,用户权益难以保障。服务标准和服务规范缺失是阻碍平台服务水平和服务质量提高、制约平台产业健康持续发展的瓶颈。

(五)线上线下分割

随着互联网发展,一批依托互联网发展起来的线上企业不断扩张,占据了线下实体企业的市场份额,但线上线下企业和市场分割的局面仍然难以统一和协调。具体表现如下:[①]

(1)实体企业向线上拓展困难。从下游销售渠道看,电商平台已经被淘宝、京东等大型电商平台垄断和覆盖,实体企业向线上自营拓展难度越来越大;从上游、中游的生产要素供应和生产流程组合角度看,一些以云制造平台为切入点的线上资源整合平台,由于受到"红海"市场的影响难以找到市场盈利点,阻碍了发展的步伐。

(2)线上企业缺乏实体产业根基。目前,线上电商企业多以整合线下资源的平台为主体,自身缺乏实体企业的支撑,尽管淘宝在线下建设淘宝工厂,京东也在完善自营物流体系,但线上企业缺乏实体产业根基的问题仍没得到根本转变,线上企业的脆弱性仍然存在。

(3)线上线下企业发展的政策环境不平等。线上企业的无边界性与线下企业行政管理属地性的矛盾日益突出,引致线上线下企业发展的政策环境、政务管理环境有很大的差异。从政策环境看,线上企业与线下企业在税收征管、总部注册等方面存在地方差异;从政务管理角度看,政府有关管理部门对线上企业的监管不到位,诸如打击线上假冒伪劣产品、线上知识产权保护、线上资金结算等问题存在政府管理缺失问题、导致一些线上发展模式存在野蛮式扩张,既不利于线上企业的自由竞争,也不利于线上线下企业的公平发展。

---

① 此观点参考了李冠霖主持的2016年度国家发展和改革委员会产业协调司课题:"我国服务经济创新发展取向和对策——现代服务业发展战略和重大任务研究"的内容.

二、生产服务平台的遴选办法

今后一个时期内,要加大政府支持力度,建设资源汇聚、能力共享、价值共创、协同发展的新型生产服务平台,加快完善服务业集聚区公共服务平台,加快建设一批综合性公共服务平台和专业性公共服务平台,激发服务创新活力,促进产业融合,推动服务业从集聚向集群方向发展。政府支持建设的生产服务平台可参照以下办法进行遴选。

(一)遴选原则

(1)巩固提升。对于续建类生产服务平台,需巩固已形成的优势、获得的成果和取得的市场地位;加大资源整合力度,持续改进提升集约化经营管理水平,提升服务效率;加强规范化和标准化建设,进一步提升管理水平和服务质量;完善服务体系建设,重视对先进信息技术和管理的投入和应用,做实做强主业,巩固实力,提升核心竞争力,塑造品牌形象和影响力。

(2)大力拓展。对于新建类生产服务平台,要坚持开拓思路、务实创新、可持续的发展观;拓宽视野,把握趋势,提升自主创新能力,同时重视通过引进、消化、吸收、再创新的途径缩短创新周期,突破瓶颈,实现跨越式发展。

(二)遴选标准

服务平台遴选标准如表7-5所示。

表7-5 服务平台遴选标准

一级指标	二级指标	三级指标	指标说明
服务能力	服务辐射力	服务辐射范围	单位时间内平台在区域、全国、国际市场开拓和跨国经营销售收入
		服务用户覆盖率	指平台服务的用户数占平台服务辐射区域人口总数的比例。服务人口覆盖率=服务的用户数/服务辐射区域人口总数
	服务效率	人均服务量	指平台的单个员工在单位时间内平均完成的销售收入。在平台的员工人数不变的情况下,完成的销售收入越大,服务效率越高。人均服务量=单位时间的销售收入/总员工数
		人均管理支出	指平台的单个员工在单位时间内的管理成本。人均管理支出=单位时间的管理成本/总员工数

续表 7-5

一级指标	二级指标	三级指标	指标说明
资源整合力	资源整合广度	用户规模	指平台服务对象的数量。用户规模越大，平台的商业价值越大
		业务规模	指平台在报告期内的年销售收入
		市场占有率	是指平台的年收入在市场同类平台中所占的比重。市场占有率可以整体和静态反映服务平台在同类平台中的竞争力，数值越大，竞争力越强
	资源整合深度	研发投入强度	指研发经费投入与销售总收入之比。研发投入强度越大，创新可能性越大，可持续发展潜力越强
		新服务销售收入	新开发服务的销售收入占总收入的比重，反映新服务对总收入的贡献
		新服务利润率	新开发服务的利润占总利润的比重，反映新服务对总利润的贡献
	资源整合速度	新增用户量	指一定时期内新增用户数量，反映平台的吸引力
		新增服务比率	指一定时期内新开发的服务产品数占总服务产品数的比重，反映平台企业的创新能力
		资金周转率	表现为资产在一定时期内（通常为一年）周转的次数反映资金流转速度指标
	资源整合开放度	信息沟通度	指平台企业内部、平台企业与外部之间的信息流畅、信息交互、信息共享的程度，以及信息反馈与处理情况
		分工协作度	指平台企业内部、平台企业与外部之间分工与协作能力
运营管理	制度建设	产权制度完善程度	有完善的平台产权制度，平台拥有的各项资源的所有权、支配权和使用权等权益的归属明确，以及上述各项权力的使用规范
		服务标准和服务规范引用与制度数量	引用国际、国内、行业先进服务标准和服务规范的数量，或平台企业主导、参与制定科学、完善的服务标准或服务规范，成为行业标准
		考核制度和激励机制的有效性	考核制度、激励机制、考核标准和手段的完善程度、科学性、合理性、可操作性
		员工发展制度和机制的完善程度	人才的引进、培训开发、生涯管理等制度机制完善程度
		应急预案完备性	针对突发事件处理的预案完备性
	管理基础	战略规划的前瞻性	平台战略目标定位准确，发展的可持续性，重点任务的前瞻性，平台战略管理过程的柔性，平台资源与内外部环境的平衡性和适配性等
		运营管理的先进性	平台运营管理的理念、制度、方法和流程等方面的先进性
	学习与创新	技术应用先进性	技术领域跨度、可借鉴性、新颖性、可靠性
		技术和模式创新	技术和模式的原创性，或借鉴和模仿后创新
		人力资本开发与培训支出	一定时期内，针对不同层次、专业领域和工作领域的员工开展培训学习的支出

三、生产服务平台的政策导向

(一) 现有政策

我国政府在加快生产服务业发展过程中，出台了相关规划和指导意见，引导了生产服务平台的建设，推动了各类生产服务平台的发展。例如，《国务院关于加快发展生产性服务业促进产业结构调整升级的指导意见》（国发〔2014〕26号）中提出了建设推进面向产业集群和中小微企业的专业化公共服务平台。指导意见的发布促进了一批专业化、市场化生产服务平台的建设，诸如为工业企业提供设计、分析、实验与检测、工程计算、机械制造、运营管理、产品营销等服务的工业云平台；为工业企业提供工业大数据分析与应用服务，以及解决方案的工业大数据服务平台。

目前，我国针对生产服务平台建设的国家级文件极少，只有国家科技部于2004年9月颁布的《2004—2010年国家科技基础条件平台建设纲要》。对生产服务平台的建设，一般是在相关文件中，作为其中一个工程、任务或建议提出的。我国国家层面支持生产服务平台建设和发展的主要政策，归纳总结为政策环境和监管治理体系两大方面。

（1）营造公平普惠政策环境。主要从营造公平市场环境、鼓励多元投资建设、落实财政税费支持和优化土地要素支撑四个方面来营造公平政策环境，鼓励多方主体参与生产服务平台建设。

（2）健全高效监管治理体系。主要从完善法律法规制度、建立健全标准规范、加强组织协调协作、完善统计分析体系、强化质量监督检查等方面保障生产服务平台规范建设、运营和健康发展。

(二) 政策取向

未来一个时期内，我国生产服务平台的建设要面向制造业升级发展的需要，着力从规范化、多元化加大支持力度，同时，在财税、人才队伍建设方面给予大力的支持。

（1）加强标准规范制度建设。建立平等规范、公开透明的生产服务平台准入标准。建立生产服务平台规范经营标准，明确平台经营主体责任和义务。研究制定平台数据在开放、共享、保护等方面的安全管理办法和相关责任追究制度，加强对数据在采集、传输、存储、交换、利用、开放等环节的规范管理。建立生产服务平台互联互通、信息共享和信任机制。

（2）建立多元化投资建设机制。加大政策支持力度，引导推进社会资本投入支持生产服务平台建设发展。鼓励行业协会利用自身资源投资建设，或引导会员企业联合建设生产服务平台，打造行业性品牌。加大财政支持力度，引导和鼓励金融机构提供多元化金融产品和服务方式，为开展生产服务平台建设的主体提供快捷、低成本的信贷、融资、保险服务。

（3）强化财税支持政策。创新财政专项资金支持方式，充分利用国家新兴产业创业投资引导基金、国家中小微企业发展基金等政策性基金，对线下线上生产服务平台采用统一的财政扶持政策。鼓励线上线下生产服务平台所有者探索创新合作模式，支持生产服务平台联盟化发展。税收优惠政策要在普惠性，能符合现行中小微企业税收优惠政策条件的初创型、小规模的企业机构。

（4）强化人才队伍支撑。构建科学的人才培养使用机制，探索职业教育和培训服务新方式。加强人才引进，促进人才流动，鼓励引进海外专业技术人才。鼓励地方政府通过购买服务方式，支持高校、行业协会、产业联盟等采取交流、培训等方式培养各领域的生产服务平台人才，推动生产服务平台持续创新和可持续发展。

第四节 案例剖析

阿里巴巴——生产服务的集成供应平台

阿里巴巴集团于1999年在中国杭州创立，本着为商家、品牌及其他企业提供基本的互联网基础设施以及营销平台的发展目标。经过近二十年的发展，业务范围包括核心电商、云计算、数字媒体和娱乐以及创新项目和其他业务。旗下拥有淘宝网、天猫、全球速卖通、阿里巴巴国际交易市场、阿里巴巴、阿里妈妈、阿里云、菜鸟网络、蚂蚁金融服务集团等九大业务集团（图7-1）。阿里巴巴在强大的信息技术力量支撑和大数据服务驱动下，已经形成了一个通过自有电商平台沉积以及UC、高德地图、企业微博等端口导流，围绕电商核心业务及支撑电商体系的金融业务，以及配套的本地生活服务、健康医疗等，囊括游戏、视频、音乐等泛娱乐业务和智能终端业务的完整商业生态圈。

图7-1 阿里巴巴的商业平台生态圈

就生产服务而言，阿里巴巴创新了包括 B2B 电子商务服务、蚂蚁金融服务、菜鸟物流服务、阿里云服务、网上营销技术服务及其他互联网服务等专业生产服务平台。

一、B2B 电子商务平台

1. 主要服务功能

阿里巴巴集团通过旗下的国际交易市场（www.alibaba.com）和中国批发平台 1688（www.1688.com）提供 B2B 电子商务服务，主要服务功能（产品）包括信息服务、交易服务、诚信通个人会员服务、中国好货源项目、实力卖家服务、出口供应链服务，以及诚信通、贸易通、一达通、Winport 旺铺、1688 无线客户端等服务产品。

2. 多管齐下，成功转型

阿里巴巴 B2B 电商平台于 1999 年创立时定位于为用户提供纯信息服务，在二十年的发展历程中不断探索、创新服务产品和服务模式，成功地实现向交易平台转型。平台转型的难度和风险非常大，因为 B2B 的生意很复杂：一是商品标准化问题，消费品相对标准化，工业品和原材料缺乏标准，不同行业的差距很大，阿里巴巴 B2B 作为综合性平台，要适应不同行业千变万化的需求，挑战性很大；二是用户忠诚度问题，淘宝平台上，用户会持续二次购买，B2B 平台则不同，如果买卖双方建立了首次合作，下回就可以离开平台，直接在线下沟通交易；三是"四流"统一问题，外贸 B2B 从订单到报关、清关、商检、物流、结算、退税的所有环节，需要信息流、商流、资金流和物流的统一[①]。

为此，阿里巴巴凭借自主研发新产品、并购、收购等方式多管齐下，降低依靠单一方式转型的风险。自主研发新产品，存在周期长、投入大，需要不断试验改进的漫长过程，对于竞争激烈而多变的市场环境，面临很大的不确定性风险。而并购、收购等合作方式也存在的法律障碍、决策程序多、整合时间长，以及由此带来的营运风险、财务风险、成本风险等缺点。得益于财力充足，阿里巴巴多种方式并用，成功实现转型。

二、蚂蚁金融服务平台

1. 主要服务功能

蚂蚁金服致力于搭建一个开放、共享的信用体系和金融服务平台，为全球消费者和中小微企业提供安全、便捷的普惠金融服务。蚂蚁金服依托支付宝实施同心多

[①] 徐婷. 阿里巴巴 B2B "重来". 华夏时报，2013 - 07 - 22.

元化战略，构建完整金融生态链，打造开放金融服务平台，其业务触角已遍及支付、基金、保险、银行、征信、互联网理财、股权众筹、金融 IT 系统等诸多领域。蚂蚁家族由支付宝、蚂蚁财富、芝麻信用、网上银行和蚂蚁金融云五个服务平台组成。

2. 技术创新，价值创造

蚂蚁金服致力于通过互联网技术为用户与合作伙伴带来价值。从 2004 年支付宝成立伊始，蚂蚁金服就秉承用技术创新提升用户体验的原则，不断磨砺技术，创造品牌价值。其中，大数据技术的应用为 400 多万中小微企业提供了累计超过 7 000 亿的贷款，帮助了他们解决了资金难题，促进了这些中小微企业生存和发展，并创造了更多的就业机会；人脸识别技术已经成功实现产品化并在网商银行和支付宝身份认证等场景应用；云计算技术助力金融创新、助力金融机构的 IT 架构实现升级，构建更加稳健安全、低成本、敏捷创新的金融级应用，使金融机构可以更好地服务自己的客户；风控技术助力支付宝现实现了风险控制的智能化，其利用原有的历史交易数据进行个性化的验证，提高账户安全性，防控效果显著。

三、菜鸟物流服务平台

1. 主要服务功能

菜鸟物流服务平台目标是建设一个数据驱动、开放、共享、社会化协同的物流及供应链基础设施平台，未来在中国任何一个地区可实现 24 小时内送货必达。菜鸟物流服务平台包括仓配网络服务平台、跨境智能物流平台、快递服务平台、菜鸟物流云服务平台、菜鸟乡村服务平台、菜鸟 E.T. 物流实验室、菜鸟园区服务平台、供应链金融服务平台等八大服务模块。

2. 模式创新，资源共享

由菜鸟网络搭建的"中国智能骨干网"，将通过自建、共建、合作、改造等多种模式，在全国范围内形成一套开放共享的社会化仓储设施网络。同时，利用先进的互联网技术，建立开放、透明、共享的数据应用平台，为电子商务企业、物流公司、仓储企业、第三方物流服务商、供应链服务商等各类企业和消费者提供优质服务。

四、阿里云服务平台

1. 主要服务功能

阿里云以在线公共服务方式提供计算和数据处理能力，可以绑定输出电商、金融等应用能力而形成生态，作为公有云具有很强的竞争优势。现已形成了端到端的解决方案，推动企业业务创新。

2. 自给自足，能力输出

阿里云在技术和架构上能负载几乎是世界上处理能力要求最高、难度最大、对

IT 架构最苛刻的阿里天猫、淘宝、支付宝等应用。阿里云在全球各地部署高效节能的绿色数据中心，利用清洁计算为万物互联的新世界提供源源不断的能源动力。目前已经在全球 14 个地域设立有数十个飞天数据中心，均部署阿里云自研的飞天操作系统，并提供中、英、日三种语言支持，为 200 多个国家和地区的企业、开发者和政府机构提供服务，让计算和人工智能成为普惠科技。

五、网上营销技术平台

1. 主要服务功能

阿里妈妈创立于 2007 年，是阿里巴巴集团旗下数字营销的大平台，依托阿里集团的核心商业数据和超级媒体矩阵，赋能商家、品牌及合作伙伴，提供兼具品牌与电商广告的产品及营销平台，帮助客户以消费者运营为核心打通品效全链路，实现数字媒体（PC 端+无线端+多媒体终端）的一站式全域传播。阿里妈妈平台有 Uni-Desk、淘宝直通车、智钻、淘宝客、品销宝、达摩盘六大服务产品。

2. 顺应需求，持续创新

阿里妈妈平台自创立以来，一直创新经营模式，不断顺应需求，改革平台的服务，并充分共享阿里巴巴网站和淘宝网站的客户资源和网络产品资源，及时为商家和个人推出较新的广告位和广告信息，充分考虑到客户需求和计费方式的方便和利于操作性，推出按时长计费广告、推介广告、按成交计费广告和按点击计费等多种收费模式，吸引了众多用户。目前，阿里妈妈已经全面升级成以阿里大数据为核心，覆盖未来营销核心媒体矩阵，实现"品—传—销"全链路营销诉求的 DT 时代营销平台。

六、趋势性生产服务功能的拓展

阿里巴巴达摩研究院于 2017 年 10 月成立，定位于基础科学研发，要成为对世界、对时代、对社会问题有担当的组织。达摩研究院目标是通过积极参与解决社会问题，在 2036 年前，打造世界第五大经济体——解决 1 亿人口的就业、服务 20 亿消费者、为 1000 万企业赋能使其盈利的平台。达摩院将在全球各地建立实验室，与高校合作建立研究所，建立全球研究中心，开展产学研开放协作，即全球学术合作网络。通过这个项目让国内外更多高校教授参与其中，开展各种技术研究，让研究成果落地。

在中国互联网全面拥抱传统商业的过程中，在互联网、大数据、云计算、人工智能等高技术服务支撑下，阿里巴巴把诸如生产者、销售者、金融服务供应者、物流服务供应者等各种社会资源整合，建构了从原材料采购、生产、加工、贸易、流通到消费的高效供应链服务体系，重构产业规则，共同打造集信息流、商流、物流、资金流一体、互联互通的"互联网+"的生态系统。

本章习题

一、名词解释
1. 生产服务平台
2. 综合性生产服务平台
3. 专业性生产服务平台
4. 纯公共生产服务平台
5. 准公共生产服务平台
6. 非公共生产服务平台

二、简答题
1. 简述生产服务平台基本特征。
2. 简述生产服务平台形成机理。
3. 建设生产服务平台有何意义?
4. 生产服务业发展对生产服务平台的形成和发展具有什么作用?
5. 发达国家生产服务平台的发展特点对我国建设生产服务平台有何启示?

三、案例分析

广州市卓志跨境电商服务平台建立与综合服务提供[①]

广东跨境电子商务成交量占全国跨境电子商务成交量的70%。就2010年而言,在出口方面广东B2B的出口又占到绝对优势,B2C的出口增速非常显著。在B2B出口中,广东的业态最为显著,因为广东的周边聚集着大量的产业集群,同时也是一个主要的出口集散地。2013年9月,广东获批成为快件电子商务的试点城市。海关总署批复,广州在B2C一般出口(邮件/快递)、B2B2C保税出口、B2B一般出口三类业务进行跨境贸易电子商务试点。而随着南沙快件电商B2B2C保税进口试点业务的全面启动,广州跨境电商试点范围进一步扩大。2014年,广州跨境电商交易规模预计达45亿美元。

广州市卓志供应链服务(集团)企业(以下简称"卓志")成立于1997年,是一家以从事港口报关、运输业务起家,到成为港口、场站和仓储物流服务提供商,成长为货代和贸易综合物流服务提供商,最后转型为专为国内进出口中小型企业提供外贸全程供应链综合服务的平台型企业。顺应跨境电商的发展,卓志于2014年3月强势推出自助研发的"茂通天下"跨境电子商务服务平台。该平台实现了与电商企业、物流企业以及海关、检验检疫等监管部门通关申报全程信息化对接,为从事

[①] 赵先德等. 基于平台的商业模式创新与服务设计[M]. 北京:科学出版社,2016.

B2B 一般出口、B2C 邮件快件出口、B2B2C 保税出口和 B2B2C 保税进口四类业务的跨境电商企业提供一站式外贸供应链服务。在出口方面，通过"清单核放、汇总申报"方式，解决了电商企业原有以邮件快件出境无法办理退税的问题；在进口方面，借助保税区等特殊监管园区的政策优势，采取"整批入区，B2C 邮件和快件缴纳行邮税出区"的方式，降低了电商企业进口货物的价格。

依托于跨境电商服务平台，卓志推出包括方案设计、退税服务、进出口通关服务、生产跟踪及货控服务、清关服务、物流服务、供应链信息服务、供应链金融服务等八大服务环节在内的外贸供应链服务体系，基本涵盖了税务、通关、物流、信息、金融等外贸产业链中跨境电商所需的每一个服务环节。卓志"全程外贸供应链服务解决方案"的建立，有赖于其集团实体物流平台和多年国际贸易服务经验。通过整合国内外资源，卓志建立了独有的贸易物流双核驱动的供应链模式，从而在多个产业集群区为多个行业，如烟花、大米、木薯酒精、花卉以及冻肉等行业承接和提供全程外贸供应链服务业务。其中包括确定供应商、国内外门对门配送以及提供资金支持与信息处理等。在对客户承诺得到有效控制服务质量的同时，还提高了客户的效率、节约成本。

阅读上述案例，分析如下问题：

1. 卓志跨境电商服务平台担负的角色是什么？
2. 按服务平台的整合程度大小划分，卓志跨境电商服务平台属于哪种服务平台？
3. 卓志跨境电商服务平台连接了哪些用户主体？平台为这些主体提供了哪些服务？
4. 对卓志提供的综合服务进行分析，在卓志跨境电商平台下包含了哪些专业服务平台，并简要描述它们的服务功能。

第八章

生产服务区

本章从生产服务区的基本概念、主要类型、形成机理和建设意义,以及国内外和广东省生产服务区的发展特点与经验启示、推进生产服务区建设的发展思路、建设重点、政策导向及评价体系等方面进行阐述。

生产服务区是根据现有产业基础及发展潜力,明确区域主体功能定位,统筹经济布局和土地利用,将生产性服务企业集中在特定地域范围,形成的布局合理、特色明晰、配套完善且具有特定产业定位的功能性区域。生产服务区可以从不同角度进行划分,按产业类别可以分为中央商务区、物流服务区、研发设计服务区、信息技术服务区、电子商务服务区等类型;按集合功能程度大小,可以分为综合型和专业型生产服务区。生产服务区一般有市场自发形成、政府推动建设及政府和市场共同推动等三种方式形成,通过大量生产服务业企业的集聚带来的规模效应和外部经济,带来良好的竞争态势,既可以降低制造业生产经营成本,也是提高生产服务供给能力的有效载体。大力推进生产服务区建设,对于提高制造业竞争力具有重要意义。

尽管不同国家生产服务区的形成原因、发展导向和发展特点均有所差异,但政府大力支持生产服务区建设、拥有强大的自主创新能力、构建完善的融资服务体系、发挥商务中介服务机构的参与作用才是生产服务功能区成功建设的关键因素。借鉴发达国家和地区的发展经验,本章提出政府应大力支持生产服务区建设,着力从强化规划引导、加大政策支持力度、推动产业融合等方面,全面优化各类生产服务区,并提出了生产服务区建设和发展的评价体系。

最后以硅谷为案例,剖析了硅谷成为全球高端生产服务区建设的成功经验主要在于高度集聚的科技创新资源、发达的风险投资市场、健全的科技服务体系、成熟的企业生态以及完善的法规政策体系。

第一节 基本认识

一、生产服务区的概念

（一）生产服务区的内涵

生产服务区是生产性服务业功能区的简称，是生产服务业企业集中、集聚发展形成的生产服务功能突出、特色鲜明的区域或载体。生产性服务业功能区建设是2008年由上海市率先提出[①]，作为中国服务经济发展中的新概念，也是制造业转型升级的新探索。

（二）生产服务区与生产服务业集聚区的区别与联系

生产服务区与生产服务业集聚区的概念紧密相关。生产服务业集聚区是在某个特定地理范围内，大量生产性服务企业的集中与集聚发展的区域或载体。生产服务区是生产服务业集聚区通过生产服务业企业的集中与集聚发展后，某一种或某些功能的突起，成为该生产服务业集聚区的主体功能，由此成为生产服务业功能区，简称生产服务区。

生产服务业集聚区以企业集聚的概念为基础，具体表现为大量分工互补、竞争协作的生产性服务企业在一定地域集聚而产生的发展和创新体系。生产服务区是在集聚发展的基础上，通过强化共性平台建设，提高专业性生产服务功能的水平和效率，实现区域经济的高层次增长，是将产业布局和集聚理论应用到产业结构和区域经济发展的良好探索。从本质上看，生产服务区是生产服务业集聚区的升华，功能区是在市场选择性的产业集聚基础上，明确区域主体功能，强化内部企业之间的联系，促进人口、产业布局，资源分布和经济活动的更加科学、协调、可持续发展。由此，可以将生产服务区定义为：根据现有产业基础及发展潜力，统筹经济布局和土地利用，将生产服务企业集中在特定地域发展，形成的布局合理、特色明晰、配套完善具有特定生产服务功能的区域。

（三）生产服务区的基本特征

1. 政策叠加，资源共享

通常由政府划定的产业集聚区或者产业功能区，享有政策资源支持，其资源占

---

① 《关于推进本市生产服务业功能区建设的指导意见》（沪经区〔2008〕600号）.

有及运作能力远远高于传统的行政区域,尤其是国家级产业集聚区域拥有更加广泛的管理权限,如中关村科技园区、广州高新技术产业开发区等国家级高新区,天津经济技术开发区、上海漕河泾新兴技术开发区、广州南沙经济技术开发区等国家级经济技术开发区皆享有众多国家优惠政策。当前,我国生产服务区一方面享有省级政府及市、区或者县的各项叠加的优惠政策,另一方面也与当地经济发展共享资源。

2. 空间集聚,根植性突出

生产服务区空间上表现为众多生产性服务类企业、机构及相关基础设施在地理上的相对集中,实现资源、基础设施的共享,促进知识的流动,从而形成外部经济[1]。此外,生产服务区多数沿用现有工业用地、工业区和工厂,而且功能区内属于开放系统,具有相同的地域文化系统,内部企业既有激烈的竞争,也存在紧密的合作关系,这种相互依存的关系使得区内企业具有很强的根植性[2]。

二、生产服务区的类型

生产服务区的类型可以从不同角度进行划分。从产业类别看,生产服务区可以分为中央商务区、物流服务区、研发设计服务区、信息技术服务区、电子商务服务区等类型。从空间形态看,生产服务区可以根据空间的格局分为开放型功能区与封闭型功能区。从规模层次看,生产服务区可以分为国家级、省级和地市级生产服务区。按集合功能程度大小看,可以分为综合型和专业型生产服务区。

(一)综合型生产服务区

综合型生产服务区就是由功能区内不同生产服务业的企业组成,一般有多个主导产业,不同产业间初步形成了较为稳定的契合关系。综合型生产服务区一般集物流、商贸、金融、科技服务等多行业为一体,能够很好地满足工业企业在产品运输、市场推广、融资、科技等方面的需求。此外,综合型生产服务区往往以原有制造业为基础,形成与制造业处于同一产业链,或者具有上下游关系的关联企业的集聚。例如,中央商务区、总部基地、工业服务区等大型生产服务集聚区,集聚了同类或上下游生产服务企业,从而形成综合型生产服务区。

(二)专业型生产服务区

专业型生产服务区也就是单一的生产服务功能区,主要表现在功能区以某一类生产服务中的一个或多个企业为核心,通过物质和能量的集聚而形成。专业型生产服务功能区更注重专业化,其优势在于能够在特定产业领域内做精做深、形成特色。

---

[1] 朱桦. 上海现代服务业集聚区发展模式探讨[J]. 上海经济研究, 2012(8): 90-99.
[2] 高运胜. 上海生产性服务业集聚区发展模式研究[D]. 同济大学, 2008.

例如，工业设计、物流配送、产业金融等生产服务企业在空间的集聚发展后，通过功能的强化便形成相应的专业生产服务区。

三、生产服务区的形成机理

（一）市场自发形成

市场自发形成的生产服务区是在市场规律作用下，一些特定类型的企业出于经营成本和利润产出的考虑，自发聚集在一些特定区域。市场自发形成下生产服务区的形成和成长均符合市场规律，能够充分满足市场发展需求。例如，美国硅谷高科技园区就是市场自发形成生产服务区的典型代表。该生产服务区中的产业是相互关联吸引而来的，能够形成良好的产业发展生态环境。但是，自发形成的生产服务区往往缺乏统一规划和开发机制，发展较为散乱，且发展到一定时期需要政府相关部门给予有序引导达到可持续发展的目的[①]。

（二）政府推动建设

政府推动建设形成的生产服务区是在政府的统一规划下，明确发展思路、发展导向和发展重点，根据产业和功能定位合理划分空间布局和功能区位，集中资源发展一些特定类型产业，制定优惠政策引入产业相关企业，最终形成生产服务区[②]。上海智能制造生产服务区——保集 e 智谷便是政府推动建设的生产服务区典型代表。

（三）市场自发形成与政府推动相结合

市场自发形成与政府推动相结合发展的生产服务区是指市场自发形成的功能区在发展到一定阶段和水平后遇到不同类型和程度的发展问题，需要通过政府制定科学合理的发展规划来对生产服务区在产业升级、发展定位、空间布局等方面进行引导，从而在更大程度上提升生产服务区的规模效益[③]。这类生产服务区不仅能充分发挥市场自发形成模式的优点，而且通过市场和政府的有机结合可以更好地实现资源的优化配置，典型代表是纽约曼哈顿生产服务区。

四、生产服务区的建设意义

（一）提高生产服务的供给能力

生产服务区的建立能够引导同一产业企业在地理上的集中，促进行业在区域内

---

①－③颜芳芳. 城市功能区发展模式研究［J］. 经济研究导刊，2010（12）：134－136.

分工，使得制造业企业能够更稳定、更有效率地得到服务业企业的服务。大量各具特色、各具发展重点和产业导向的生产服务区不断产生，使得大量同类型生产服务企业集聚，行业内部竞争更为激烈。市场竞争的加剧使得服务业企业不得不追求专业化经营，由"大而全"转向"小而精"。企业间竞争层次得到提升，生产服务区内专业化水平不断提高，进而提升服务产品的有效供给水平。

（二）降低制造业企业生产经营成本

生产服务区的形成带来技术、设备、资金和资源等生产要素的相对集中，使功能区具有明显的规模经济效应，从而降低所服务的制造业生产经营成本[①]。一方面，制造企业通过选择生产服务区内更低成本的服务外包商，将企业内部价值链上一些基础的生产性服务环节剥离出来，进一步实现生产经营外部化和分工细化。另一方面，由于生产服务区内大量相关企业或产业的集中，推动形成专业化劳动力市场，从而降低了企业获取专业化劳动力的搜寻成本和培训成本。

（三）助力生产服务业支撑区域经济发展

一是生产服务区的产业体系具有明显的高端化特征，主要有金融业、科技服务业、文化创意产业和物流业等，并衍生出其他生产性服务。推动生产服务区建设，有助于在较短时间内形成服务业发展的新高地，这也是区域推进产业转型升级的重要手段之一。

二是生产服务区内服务业的有效供给和需求有利于城镇化建设中产城融合的发展。建设生产服务区可通过生产服务业的辐射带动作用吸纳大量的人口，集聚区域自主创新主体，完善产业空间布局，是推进城镇化进程的有效途径。

三是生产服务区是中心城市和门户城市经济建设的重要抓手。在经济全球化的背景下，区域协调、产业分工联动发展是大势所趋。中心城市人口和信息密集、交通和通信等基础设施完善，为生产服务业的集聚化发展提供了广阔的市场空间。在经济全球化的趋势下，由中心城市、门户城市及其腹地组成的具有有机联系的"城市区域"，正在成为全球经济竞争的基本单元。

[①] 盛丰. 生产性服务业集聚与制造业升级：机制与经验——来自230个城市数据的空间计量分析 [J]. 产业经济研究，2014（2）：32-39.

第二节 发展现状

一、国外生产服务区发展特点

20世纪60年代以后,西方国家经济结构发生了较大变化,在服务业快速增长的带动下,许多发达国家产业结构发生革命性变化,逐渐由工业化时代进入服务经济时代。无论是发达国家还是发展中国家,生产服务区的发展都在其经济结构变化和产业升级过程中发挥了重要作用。

(一)制造强国

1. 市场主导形成

制造强国的市场经济相对较为发达,多数生产服务区都是在市场规律作用下由企业自我发展而逐渐形成的。在市场需求的刺激下,生产服务业逐步产生、发展、扩张、集聚。由于技术进步和分工深化,引起了对生产性服务需求的扩张,从而极大地推动了新兴专业服务业的发展。同时,在传统产业增长乏力的形势下,生产服务业成为产业结构转型升级的契机。在传统产业结构升级的需求下,依托高新技术改造传统制造业,推动传统产业的现代化进程。

2. 专业化特征明显

虽然生产服务区内含有不同的行业和机构,但区内最终产品还是以特定的一、两个产业为核心,且企业具有相同的特质。区内企业相互关联、密切合作、企业与机构之间相互支撑,强化集聚区的专业性。彼此间较强的专业化分工与合作关系形成了区内独有的生产氛围和文化,降低了区内企业合作交易成本,提高了产品或服务的专业性,使区域实现了规模生产,如硅谷高新技术产业集群及华尔街金融贸易集群。

3. 国际化程度高

制造强国的生产服务区国际化程度高,区内有大量的国外公司入驻(表8-1)。大量国际金融机构、跨国公司、国际组织总部的集聚发展,能够对全球生产进行控制管理,强烈的市场需求诱发有关服务性企业的崛起和发展,推动发达国家的服务全球化进程[1]。以硅谷为例,硅谷高新技术产业集群有上万家高技术产业,众多大型企业的产品和服务不仅影响着全球的生产生活,也在全球各地开辟基地、拓展业务。与此同时,众多国外的高科技企业也纷纷到硅谷落户,如中国的华为、百度、腾讯、

---

[1] 田华泉,张祥建. 生产性服务业的集群化发展模式与形成机理——基于伦敦和纽约的比较[J]. 上海经济研究,2010(9):46-54.

阿里巴巴等企业皆挺进硅谷。硅谷作为一个高新技术集聚区，不仅推动着企业走出去，也吸引着企业走进来，这是其国际化最直接的表现。

表8-1 制造强国典型生产服务区

国家	集聚区主要类型	典型代表
美国	高新技术产业集聚区、信息技术产业集聚区、生物技术产业集群、金融业集聚区、商务服务业集聚区	1. 旧金山：硅谷高新技术产业集群、生物技术湾、金融集群； 2. 波士顿：128公路高新技术产业集群、波士顿基因城（BT）； 3. 纽约：曼哈顿CBD； 4. 北卡罗来纳三角研究园（BT）； 5. 芝加哥金融集群、波士顿金融集群、夏洛特金融集群、洛杉矶金融集群、达拉斯金融集群； 6. 普洛斯物流园区
德国	高新技术产业集聚区、生物技术产业集聚区、现代物流集聚区、金融业集聚区、商务服务业集聚区	1. 巴伐利亚州：慕尼黑金融集群、慕尼黑生物技术集群； 2. 法兰克福：法兰克福机场物流园区、法兰克福金融集群、莱茵美茵地区信息技术集群、法兰克福商务服务集群； 3. 生物经济集群； 4. 鲁尔物流效益集群、布莱梅物流园区； 5. 海德堡科技园区、北莱茵智能技术系统集群
日本	中央商务集聚区、金融服务集聚区、高新技术集聚区、现代物流服务业集聚区	1. 东京：中央商务区、东京高科技产业集聚区（风险投资、现代物流、信息加工）、物流基地； 2. 筑波科学城、关西科学城； 3. 临空城物流中心（中部临空都市、关西临空都市、成田机场物流联盟）

（二）制造大国

1. 金融业高度集聚分布

从制造大国生产服务业集聚情况来看，金融业呈高度集聚分布特征，且多集聚于中心城市的中央商务区（表8-2）。以英国为例，64%的金融业产值集中在伦敦，其中44%集中在大伦敦区[①]。以金融业为主导的伦敦也成为具有强大影响力的国际金融中心。类似地，韩国金融业多集中在首尔，而一半以上的银行存款则集中在首尔的商业集聚区——汝矣岛。

2. 经济政策环境良好

制造大国基础经济实力强，通常注重为企业发展提供良好的经济政策环境。韩

---

①但斌，贾利华. 国外生产性服务业的发展经验及对我国的启示［J］. 生产力研究，2008（16）.

国于2007年制定了新的"增强服务业竞争力综合对策",在改善服务业经营环境、培育发展前景较好的行业等方面提出发展对策。英国则于20世纪90年代通过成立工作小组对法律法规体系进行梳理,以解决知识密集型生产性服务业发展过程中出现的知识产权和法律法规等问题,并积极推动本国企业与国际大型服务企业建立伙伴关系。在这种宽松的经济政策环境下,英国、法国、韩国等制造大国的生产性服务业获得了良好发展。

3. 大力发展总部经济

总部经济区是城市发展总部经济的重要空间载体。制造大国凭借较强的综合竞争力,在其中心城市形成总部经济区,既集中本国大型企业总部,也吸引跨国公司的区域总部入驻,成为制造大国区域经济发展的特色。英国的伦敦中央商务区、巴黎的拉德芳斯中央商务区、韩国的首尔金融中心集群等均体现了各国总部经济发展特色,也成为经济发展的重要增长极。

表8-2 制造大国典型生产服务区

国家	集聚区主要类型	典型代表
英国	高新技术产业集聚区、生物技术产业集聚区、金融服务业集聚区、物流服务集聚区	1. 伦敦:金融城、中央商务区、航空物流集群; 2. 剑桥科技园(BT、情报技术、电子、计算机、通讯中心、视觉医学技术); 3. 苏格兰高科技区(电子生产、科技研发)
法国	中央商务集聚区、高新技术产业集聚区、金融业集聚区	1. 巴黎:拉德芳斯中央商务区、金融业集群; 2. 索菲亚特高科技工业园区(计算机、电子、机器人、BT); 3. 格勒诺布高科技工业园区
韩国	高新技术产业集聚区、现代物流服务业集聚区、金融业集聚区	1. 大德科技园; 2. 仁川机场物流园区; 3. 首尔金融中心集群

(三) 制造新国

1. 政府主导建设

制造新国主要为发展中国家,大部分发展中国家的生产服务区由政府主导建设。政府通过统筹规划,出台相关优惠政策,吸引大批国内外生产服务企业集中到基础设施完备的功能区域进行生产服务活动。此类生产服务区一般具备行政功能,如印度班加罗尔软件园及中国的中关村科技园。

2. 外生型集群较多

在全球服务经济快速发展和全球化的浪潮下,发达国家服务业扩张和转移成为常态。如美国的生产服务业中的技术服务、软件开发、金融分析及研发创意等,成规模地向具有人才优势的发展中国家转移。由于生产服务区具有产业集聚、空间集约、高效连通的特点,通过合理布局和有效开发,有助于在较短时间内推动区域经济快速发展。发展中国家为承接这些产业转移,建立各种产业集聚区,不仅有利于提高生产服务业发展水平,同时也有助于原有的工业园区进行产业结构调整和产业转型升级[①]。

3. 发展类型较为单一

由于技术、资金、人才等因素的限制,发展中国家生产服务业集聚区类型较单一,高新技术产业集聚区较少,多数为金融业集群(表8-3)。相对于发达国家的多中心发展模式,发展中国家的生产服务业多数集中在各个国家的政治经济中心。如墨西哥的墨西哥城金融集群等。

表8-3 制造新国典型生产服务区

国家	集聚区类型	典型代表
巴西	金融业集聚区	1. 圣保罗金融中心集群; 2. 里约热内卢金融集群
墨西哥	汽车及相关服务业集聚区、金融业集聚区	1. 莫西卡利地区电子工业园; 2. 墨西哥城金融集群
印度	高新技术产业集聚区、金融保险业集聚区	1. 班加罗尔软件园; 2. 马德拉斯软件产业集群; 3. 海得拉巴软件产业集群; 4. 孟买金融中心集群

二、中国生产服务区发展特点

建设生产服务区,引导生产服务业集聚发展,既是发展生产服务业的重要措施,又是促进制造业转型发展的重要手段。目前,我国生产服务区建设和发展具有以下特点。

(一)政府主导规划建设力度大

从我国生产服务区建设与发展过程中各方面的参与情况看,各级政府在功能区规划建设方面投入力度较大。政府前期引导制造业向城市周边地区集中布局发展,然后引导生产服务业依托制造业的集聚扩大需求规模。按照集聚发展、强化辐射的要求,考虑城市规划、生态保护、交通居住条件及社会经济发展趋势等因素,政府

---

① 高运胜. 上海生产性服务业集聚区发展模式研究 [D]. 同济大学, 2008.

通过统一规划布局、积极的政策引导和必要的财政支持等方式,支持生产服务业实现区域性集聚,进而以生产服务区建设为载体,实现生产服务业集群式发展。以上海市为例,陆家嘴金融贸易区是宣布开发开放浦东后,在浦东设立的中国唯一以"金融贸易"命名的国家级开发区,贸易区规划方案由上海市政府审批,并经由上海市政府同意批准组建上海陆家嘴(集团)有限公司进行贸易区的开发和经营。

(二)多数集中在区域中心城市

由于区域中心城市具有经济集中度高、服务需求大、知识密集等特点,因此国内生产服务区多数集中在中心城市。中心城市的生产服务业企业更易于获取公共设施资源、高素质的人力资源以及全面的市场信息、技术信息和竞争信息,从而能够更好地适应市场发展,把握行业变化方向,提高企业生命力。而贸易中心、金融中心、服务中心等经济活动中心也进一步促使生产服务区集聚在中心城市。以江苏省为例,目前江苏省共计有123个服务业集聚区公共服务平台,其中位于南京、苏州、无锡分别有21个、19个、16个,约占全省比重的五成[①]。

(三)产业特色和功能定位明确

由于各地建设生产服务区均有科学规划,我国主要生产服务区的定位都很明确,产业特色也非常明显。从全国总体情况来看,生产服务区主要集中在研发设计、电子商务、移动互联网、信息产业及相关的检验检测、物流等生产服务业重点领域。以上海市为例,截至2016年底,上海市合计有39家生产服务区(表8-4),主导产业包含研发设计的有16家、电子商务有12家、信息产业相关有10家。而江苏省123个服务业集聚区公共服务平台中,关于现代物流、科技服务分别有38个、23个,约占全省比重的五成。

表8-4 上海市生产服务区主导产业情况

国家	功能区名称	主导产业
1	上海陈家镇生产服务区	数据产业、商务办公、科技研发、金融服务、节能环保服务
2	上海生产服务区	总部经济、高新技术创新服务、汽车专业服务及配套服务等
3	上海唐镇生产服务区	电子商务产业
4	上海低碳经济生产服务区	节能环保、低碳照明及相关产业链配套
5	上海淀山湖生产服务区	企业总部、研发和设计机构、软件信息服务业等

[①]数据来源:江苏省统计局。

续表 8-4

国家	功能区名称	主导产业
6	上海南郊生产服务区	电子商务、生物医药、非银行金融服务等
7	上海奉浦生产服务区	以氢能源为主的新能源及其相关领域生产服务业
8	上海国际化工生产服务区	化工品贸易、化工及其相关领域生产服务业
9	上海华新生产服务区	仓储物流、电子商务、总部经济等
10	上海漕河泾开发区松江生产服务区	新一代信息技术、光仪电、检验检测及相关生产服务业
11	上海浦江源生产服务区	研发设计、商务办公、现代物流、中小企业经济总部等
12	上海仓城生产服务区	高端物流、电子商务、企业总部经济等
13	上海西郊生产服务区	总部经济、电子商务、文化信息、金融服务等
14	上海南翔智地生产服务区	电子商务与信息化服务、文化创意、研发与设计等
15	上海钢铁金融产业园生产服务区	钢铁服务业、金融服务业
16	上海国际钢铁服务业中心（钢领）生产服务区	钢铁物流、电子交易与信息服务中心、金融服务与资源中心
17	上海智力产业园生产服务区	电子商务、信息服务外包等
18	上海国际节能环保园生产服务区	节能环保工程及相关产业配套服务
19	上海漕河泾开发区浦江生产服务区	研发设计、节能环保、电子商务、检验检测等
20	上海莲花生产服务区	食品相关生产及总集成总承包、研发设计等生产型服务业
21	上海市北生产服务区	云计算、基础软件、软件信息服务业、新材料、新能源等设计研发
22	上海长征生产服务区	总部经济、汽车贸易、电子电器的研发制造
23	上海桃浦生产服务区	安防智慧、节能环保、生命健康
24	上海南汇工业园区生产服务区	绿色能源研发设计应用和信息技术的融合发展
25	上海康桥生产服务区	生物医药和医疗器械产业配套、医疗服务业
26	上海张江高科技产业东区生产服务区	现代精密医疗器械、光电子等产业配套服务
27	上海张江集电港生产服务区	ICT 集成电路产业的研发与设计服务
28	上海移动商务生产服务区	移动商务应用及相关技术和服务、移动互联网基地公共服务平台等
29	上海九亭生产服务区	研发设计、总部经济、高端物流服务等
30	上海 E 通世界生产服务区	电子商务应用贸易、物流电子信息研发销售、会展商务网络贸易、汽车零部件研发以及先进制造业研发销售

续表 8-4

国家	功能区名称	主导产业
31	上海移动智地生产服务区	移动互联网产业及相关的科技研发、创意设计、检验检测、培训教育等
32	上海产业互联网生产服务区	电子商务、信息产业
33	上海金桥生产服务区	总部经济、研发设计、服务外包等高端生产服务业
34	上海移动智创生产服务区	重点发展移动互联网应用及相关技术和服务，吸引互联网企业总部、区域总部和研发中心
35	上海莘庄工业区智慧科创生产服务区	聚焦面向高端装备、新能源、新能源汽车的总部经济、研发中心、营销中心、高科技孵化、专业服务、外包服务等重点领域
36	国家会展中心（上海）生产服务区	会展及相关产业链上下游行业
37	上海嘉壹智汇生产服务区	智能制造、工业设计、供应链管理、电子商务、传统产业+互联网
38	上海爱企生产服务区	主要集聚各类科技型电子商务企业和产业链上下游服务商，打造企业服务资源对接O2O平台
39	上海智能制造生产服务区	机器人系统集成、智能硬件、医疗器械和高端机床相配套的产业链上下游企业

（资料来源：上海市经济和信息化委.）

三、广东生产服务区发展特点

（一）集中在珠三角地区，广州、深圳领先全省

从广东生产服务业区域发展情况看，广东生产服务业的地理空间分布有明显差异，珠三角地区生产服务业无论是规模总量还是发展水平，都明显高于北部山区及东西两翼。2016年珠三角地区规模以上服务业单位数、营业收入、就业人数均达到全省90%以上①。而从生产服务区发展情况看，珠三角地区尤其是广州、深圳两地生产服务区的数量和规模均远远高于其他地市。已公布的28家生产服务区示范区中有一半在广州、东莞和中山②。2016年的37家功能区申报单位（不含深圳）中，有27家在珠三角城市。深圳尽管没有提出严格意义上的生产服务区概念，其生产服务业集聚在全省乃至全国也是发展较为领先的地区之一。以罗湖、福田、南山、前海为中心形成了四大中央商务区，依托港口航运优势形成了九大综合物流园区，而在信息科技、创意设计等领域各类园区均不在少数。此外，佛山顺德"广东工业设计

---

①数据来源：广东省统计局.
②数据来源：广东省经济和信息化委. 2016年和2017年分别评选出14家生产性服务业功能区示范单位.

城"以工业设计产业为核心，集聚了一批国内外设计企业、设计研发人员，业已发展成为以工业设计为主题的专业型生产服务区。

（二）集中在金融、信息、物流等行业，与产业发展布局同步

从广东省各地市生产服务区总体发展情况看，既包括研发设计、信息技术、电子商务、金融服务、物流等行业比重较高的专业型或综合型功能区，也包括一批围绕工业园区形成的集检验检测、节能环保、批发代理等行业为一体的综合型生产服务区。但从各功能区主要行业分布情况看，全省生产服务区主要分布在金融、信息科技、物流等领域。此外，各功能区的空间分布与各区域产业分布基本同步。一是以金融服务为主的功能区，主要集中在城市中心区。以广州、深圳为例，两地CBD由于城市化集聚经济效应多分布在各区域中心城区。二是以信息科技为主的功能区，多分布在靠近中心城区的区域。从各地市生产服务区分布情况来看，以信息科技为主的功能区多数既不在城市核心区域，也很少分布在郊区。三是以物流服务为主的功能区，依托港口航运优势多集中在郊区。

（三）功能区类型基本均衡，政府与市场共同推动

生产服务区分为专业型和综合型两类，一般由政府推动或市场自发形成。从2016年各地市申报生产服务区示范区的相关材料看，37家功能区（不含深圳）中专业型功能区有16家、综合型功能区有21家。而从各地市生产服务业集聚情况看，专业型功能区和综合型功能区的总体分布基本均衡。一方面，由于部分行业企业自发集聚形成专业型功能区，或是连通上下游行业或相关行业形成综合型生产服务区。另一方面，出于城市整体发展定位和产业发展布局的原因，为强化产业内企业间的互动，降低物流成本或信息交流成本，从而形成专业型或综合型生产服务区。从各功能区申报主体看，广东生产服务区是在政府和市场的共同作用下推动发展的。37家生产服务区申报单位中，既有以大型生产服务业企业为主体的功能区，也有以政府为主导、企业共同参与的功能区（表8-5）。

表8-5 2016年广东省生产服务区示范区

序号	功能区名称	地区	类型	入驻企业数	行业分布
1	综合型物流生产服务区	广州	综合型	100多家	综合物流、商品销售、代理采购、代加工、国际贸易
2	广州中小微企业金融服务区	广州	专业型	74家	金融服务业、金融配套服务业
3	状元谷	广州	综合型	56家	电子商务、高端制造、仓储物流、现代服务
4	东莞百茂物流城	东莞	专业型	400家	货物运输服务

续表 8-5

序号	功能区名称	地区	类型	入驻企业数	行业分布
5	虎门电商产业园	东莞	综合型	400余家	服装电子商务销售类、电子商务服务类、配套类
6	中山生产企业贸易综合服务区	中山	专业型	36家	现代物流
7	中山美居产业园	中山	综合型	约230家	电子商务、信息技术服务、工业设计
8	潮汕文化创意产业园	汕头	综合型	97家	工业设计、电子商务、服务外包
9	大树玩具生产服务区	汕头	专业型	2000多家	玩具产业
10	柏亚电子商务生产服务区	汕头	综合型	48家	电子商务、金融服务、现代物流
11	黄沙坪创新园	韶关	综合型	60多家	电子商务、金融服务、投资管理
12	河源市高新区生产服务区	河源	综合型	30家	工业设计、现代物流、电子商务
13	广东珠西智谷生产服务区	江门	综合型	148家	产业孵化、现代物流、服务外包、电子商务
14	湛江港生产服务区	湛江	专业型	23家	现代物流

（数据来源：广东省经济和信息化委.）

四、国内外生产服务区发展经验与启示

尽管不同国家生产服务区的形成原因、发展导向和发展特点均有所差异，但总体发展情况对我国推进生产服务区建设仍然具有一定的启示借鉴意义。

（一）政府大力支持生产服务区建设

无论是发达国家还是发展中国家，生产服务区的发展均离不开政府的大力支持。为促进生产服务业高端化、集聚化发展，政府通过加大财税支持力度、制定发展战略和相关规划、建设重点产业园区（功能区）等一系列措施，促进重点区域、重点领域生产服务区的发展。

（二）拥有强大的自主创新能力

从国内外生产服务区发展情况来看，无论是综合型生产服务区还是专业型生产服务区，拥有强大的自主创新能力是生产服务区长期保持竞争优势的重要因素。生

产服务区的自主创新能力一方面体现在各类创新资源集聚，形成产学研有效结合的创新网络；另一方面则体现在完善的科技服务体系，以科技信息交流、科技培训、技术咨询、技术孵化、知识产权服务、科技评估和科技鉴证等为主的科技服务能够有效整合创新资源、培育创新主体、提升服务能力，为生产服务区经济快速发展提供技术支撑。

（三）构建完善的融资服务体系

生产服务区的形成意味着大量中小企业的集聚，其发展则依赖于区内企业的良性发展，而区内企业的健康发展则离不开完善的融资服务体系。从先进国家和地区的发展情况来看，推动生产服务的快速发展，一方面需加大对中小企业融资的支持，健全中小企业信用担保体系；另一方面则需充分发挥风险投资市场的资源配置作用，建立健全激励机制和风险防范机制，营造有利于风险投资发展的市场环境。

（四）发挥商务中介服务机构的参与作用

从国内外生产服务区发展情况来看，专业化的商务中介服务机构对促进生产服务区有序发展发挥着重要作用。生产服务区内专业化的商务中介服务机构为制造企业提供信息、咨询、评估、经纪、法律、仲裁等各种服务，不仅是降低交易成本、提高企业国际竞争力的有效推动力，也是衡量市场经济体制健全状况的重要指标。

第三节　发展思路

一、总体思路

牢固树立和坚持创新、协调、绿色、开放、共享发展理念，以生产服务区为重要载体，突出生产服务功能，优化产业空间布局，推动生产服务业高端化、服务化、集聚化、融合化发展。

（一）高端引领，创新发展

贯彻落实国家创新驱动发展战略，发挥高端生产服务区对地区经济的支撑作用，汇聚全球高端创新资源，积极培育本地创新主体，加大研发投入力度，形成一批以高技术创新服务为主体的自主创新能力强、辐射范围广的高端生产服务区。

（二）突出功能，特色发展

立足本地发展实际，强化区域主体功能，结合地方经济特色，着眼于产业集群化和区域经济发展差异化，将生产服务区区位特征与产业特色相统一，将现代服务业发展与传统优势服务业相结合，在不同区域形成特色各异的生产服务区。

（三）合理布局，协调发展

以本地产业现状、功能布局为基础，前瞻性考虑区域与产业发展趋势，贯彻国家重大发展战略，对接省市相关规划，优化调整产业空间布局，形成区域间协同发展的生产服务区发展格局。

二、建设重点

（一）全面优化综合型生产服务区

1. 完善生产服务区配套功能

以先进制造业基地为依托，促进各类工业园区转型升级，积极打造一批全面服务工业生产、功能配套完善的综合型生产服务区。强化服务区与制造业基地（工业园区）的互动，围绕工业生产服务需求，重点发展集检验检测、节能环保、科技服务、营销推广等行业为一体的生产服务区。加强生产服务区公共信息平台建设，为制造企业提供"菜单式"服务，提升公共服务水平。以提升工业产品质量为重点，加快发展检验检测服务，引进培育一批检验检测品牌。以推进制造业绿色化发展为重点，加快发展节能环保服务，培育壮大节能环保服务企业。以服务制造企业科技创新需求为重点，加快发展科技中介服务，促进科技成果转化。

2. 积极打造中央商务区（CBD）

进一步发挥中心商务区双向开放的枢纽作用，强化发展核心支撑作用。着力提升中心城市中央商务区的国际金融、高端商务、文化传媒和总部经济的国际竞争力和影响力。积极拓展与培育次中心城市中央商务区，打造各具特色、错位发展的生产性服务区。围绕各个中央商务区的战略定位，紧扣高精尖产业体系，提高中央商务区的产业集聚度、区域形象和配套建设水平。积极提升金融促进产业发展功能和开放创新水平，鼓励境内外金融机构在粤开展财富管理业务，建设全国性的财富管理、创业投资、私募股权投资基地。全方位实施"互联网+"战略，推进大数据、云计算、移动互联等信息网络技术在政务服务、社会治理以及企业商务服务等领域的广泛运用，打造智慧、高效的中央商务区。

3. 加强总部基地建设

加强总部基地建设，推动总部经济向更高层次发展，充分利用"一带一路"发展机遇，大力吸引跨国公司设立地区总部、研发中心、营运中心等各类区域总部及功能性机构，扩大集聚效应。拓展跨国公司地区总部及功能性机构的发展空间，积极推动著名品牌和大型企业的集聚，打造总部基地，促进总部经济发展。清理淘汰落后产能，加快推动加工贸易转型，采取多种方式支持和鼓励本土企业加快自主创新，培育核心竞争力，提升其在国际价值链分工体系中的地位，促进总部经济集聚发展。鼓励国内外著名企业设立总部、地区总部、全球研发中心等，扩大区域总部职能范围，提升总部基地产业能级与影响力。支持总部基地企业拓展总部功能，整合区域内投资、销售、研发、结算等业务，开展区域总部业务一体化运作。

（二）分类发展专业型生产服务区

1. 大力发展工业设计服务区

大力发展工业设计相关产业，形成与城市定位相适应的设计产业形态和功能特色鲜明的设计产业功能区。鼓励发展面向汽车、IT产品、医疗设备、机械装备等工业设计服务。依托高校、专业设计单位等设计资源，搭建公共服务业平台，加快设计资源向工业设计服务区集聚，推动设计与产业、设计与城市的深度融合。加快构建具有中国特色的工业设计创新发展体系，着力推进工业设计服务区"设计+"创新发展推动"中国制造"加快向"中国创造"转变。支持各地主办与承办国际、国家、省级工业设计活动，搭建区域设计文化交流与传播平台。强化工业设计国际合作，积极与国际优秀工业设计机构合作，加强双方的设计推广及提升设计产业的国际竞争力。

2. 优化提升现代物流服务区

结合城市功能定位和产业布局，依托物流枢纽和中心城市，重点打造一批对物流业发展具有较强示范带动作用的现代物流服务区。按照广东省物流园区规划布局，对现有物流园区的发展情况进行全面梳理，科学规划和引导园区分层错位发展。着力提升物流服务区公共仓储、运输、配送、信息平台等物流基础设施水平，加快建设和改造多式联运及中转设施。构建便捷通畅的骨干物流通道，加强内河航道和港口群一体化建设。促进物流企业集聚发展积极推进物联网、云计算、移动互联网等信息技术在物流园区的开发应用，提升园区在产品可追溯、在线调度管理、全自动物流配送以及智能配货等领域的信息化与智能化水平。完善物流服务区综合服务功能，构建园区政务服务、公共信息、投融资等服务平台。

3. 加快建设科技创新服务区

加快建设一批研发基础好、创新能力强的科技创新服务区。积极吸引高校、科研院所在功能区共建产学研于一体的新型研发机构，鼓励企业在功能区建设高水平企业实验室、企业技术中心、工程技术研究中心等自主研发机构。加快研发机构向制造业园区集聚，增强科技服务业对科技创新和产业发展的支撑力。搭建科技成果深度信息发布、交流平台，强化科技成果信息的有效供给和共享，发挥各类科技成果转化服务机构的作用。开拓科技成果转化小试、中试基地，积极引导、支持高等院校、科研院所和企业面向市场开展科技成果转移转化活动，加快知识集成并向行业用户渗透，促进企业创新和科技成果产业化。鼓励区内研发机构围绕创新服务进行多方协作、资源整合和网络延伸，不断提升服务能力。充分发挥科技创新服务区的节点辐射效应，带动周边地区的开发建设。

4. 大力发展信息技术服务区

依托我国电子信息产业发展基础优势，积极打造高端信息技术服务区。以功能区建设为载体，推动形成信息技术服务业高端化、集聚化、差异化、特色化的空间总体布局。积极抢占全球信息技术发展前沿，大力发展大数据、云计算、人工智能等新一代信息技术，形成一批龙头企业带动、大量中小企业集聚、创新创业氛围浓厚的信息技术服务区。以信息技术服务区建设为载体，强化区域间企业的互动，加快新一代信息技术的研发应用，围绕先进制造业集群打造一批服务工业生产、技术应用多样化的信息技术服务区。结合本地产业发展特色，强化信息技术应用，加快完善信息基础设施建设，打造服务本地产业发展的特色功能区。

5. 完善电子商务服务区建设

以现有电子商务产业园为基础，提升电子商务产业集聚区的功能带动作用，逐步完善电子商务服务区建设，形成一批具有产业特色、区域特色、带动作用强的电子商务服务区。各地应结合当地产业发展实际，积极打造与当地实体经济高度融合的电子商务服务区。进一步完善电子商务服务区信息和物流基础设施建设，为电子商务企业提供稳定、高速、灵活、低廉的网络接入条件，为电子商务运营企业提供大数据应用与管理方面的服务支持，为电子商务运用企业提供低成本、高效率、广覆盖的物流服务支持。进一步加强工业电子商务平台建设，提升公共服务能力。以功能区为载体加快发展跨境电子商务，培育发展一批集海关、国检、国税、外管、电子商务及物流仓储高度统一的跨境电子商务服务区。

6. 推动发展会展中心服务区

以提升"中国制造"品牌国际影响力为目的，依托会展品牌，培育发展一批国际影响力强、行业特色明显、市场带动作用强的会展中心服务区，进一步提升会展国际化程度，积极引进国际知名品牌会展，优化会展商务区发展环境，打造国际商务会展中心服务区，提升产业辐射和带动能力。各地市结合当地产业资源，强化会展中心与人文、环境、特色产业等资源的融合，积极承接国内外知名会议会展，打造具有区域特色和行业特色的会展中心服务区，以会展中心建设促进制造特色产业集群发展。

三、政策导向

(一) 现行政策概况

从现行政策导向看,各地区主要集中在主体功能区的区域性规划,针对生产服务区建设而专门出台的政策较少,一般出现在相关行业规划中,且多以促进产业集聚发展为目的。

从国家层面看,2014 年 8 月国务院出台《关于加快发展生产性服务业促进产业结构调整升级的指导意见》,提出要引导生产服务业区域集聚,实现规模效益和特色发展;2015 年 5 月国务院指出要强化服务功能区和公共服务平台建设,建设和提升生产服务业功能区。

从省级层面看,2015 年 7 月上海市先后出台了《关于贯彻〈国务院关于加快发展生产性服务业促进产业结构调整升级的指导意见〉的实施意见》和《关于促进本市生产性服务业功能区发展的指导意见》,提出深化推进特色鲜明的生产服务业功能区等集聚区建设,并明确上海市生产性服务业功能区的发展导向和重点。除此之外,其他省市区多在生产服务业相关规划中提及生产服务区建设。

(二) 未来政策导向

借鉴国内外先进地区主要生产服务区的发展经验,结合我国生产服务区发展实际,需进一步加大生产服务区的政策引导。

一是强化规划引导,优化空间布局。通过合理规划布局,注重生产服务区内商务、生态与人文环境的协调,注重各职能部门的协调,避免重复建设和恶性竞争,营造良好的物理与人文环境。

二是加大政策支持力度。继续加大对研发设计、信息技术等生产服务业的支持力度,可对产业集群内重要性高但发展薄弱的生产性服务行业设立专项资金予以鼓励和支持。

三是生产服务区建设与产业发展有机结合。依托产业发展实际,强化生产服务区的功能性作用,鼓励建设符合地方经济特色的生产服务区。

四、生产服务区的评价体系

当前,不同生产服务区的发展水平参差不齐,为有效指导生产服务功能区建设,需要建立一套科学、全面的评价体系。针对生产服务区的遴选、淘汰要求,探索从基础效益、建设活动及功能作用的维度,并以多个细分指标进行评价。

（一）基础效益评价

1. 企业入驻情况

（1）入驻生产性服务企业（机构）数量：在一定范围内，入驻的生产性服务企业数量的增加有助于提升功能区的整体经济效益，也表明功能区具有较强的综合实力吸引企业入驻。

（2）占生产服务区企业总数比重：入驻的生产性服务企业占生产服务区企业总数比重越大，表明该地区生产服务业专业化程度和产业集聚度越高。

2. 产出效益（主营业务收入/利润/税收）

（1）主营业务收入：指企业从事某种主要生产、经营活动所取得的营业收入。

（2）利润：企业在一定会计期间的经营成果。利润是衡量企业优劣的一种重要标志，往往是评价企业管理层业绩的一项重要指标，也是投资者等财务报告使用者进行决策时的重要参考。

（3）税收：国家为满足社会公共需要，凭借公共权力，按照法律所规定的标准和程序，参与国民收入分配，强制地、无偿地取得财政收入的一种方式。税收体现了企业经营对国家税务系统的贡献。

（二）建设活动评价

1. 公共服务平台

加强产业公共服务平台的建设具有增进信息沟通、提高融资能力、提供技术支持、开展人才培训、提供管理咨询、辅导帮助创业、营销开拓市场和政策法规服务等作用。区域内公共服务平台的建设情况，在一定程度上体现出功能区内企业间的互动和关联情况。

（1）经济效益：平台的直接经济效益与间接经济效益，主要包括平台年度服务收入增长情况，以及本地域或本产业企业通过平台服务降低的生产经营成本、带来的经济效益。

（2）服务规模：年度服务中小企业的数量，实现服务目标的情况；以及年度服务中小企业的增量及较上一年度增长比例。

2. 科技活动

在所有科学技术领域内，与科技知识的产生、发展、传播和应用密切相关的全部的、有组织的、系统的活动统称。区内科技活动的活跃程度可以通过衡量企业科研投入、检验检测、知识产权等行业发展情况。

（1）企业科研投入：区内企业科研投入与主营业务收入比值。

（2）检验检测：区内检验检测服务机构数量。

（3）知识产权：区内知识产权服务机构数量，年度专利申报成功数量。

3. "互联网+"应用

"互联网+"是指以互联网为主的一整套信息技术（包括移动互联网、云计算、大数据技术等）在经济、社会生活各部门的扩散、应用过程。该项指标可通过功能区网络基础接入、服务信息化、信息化建设水平等维度来衡量。

（1）网络基础接入：3G/4G 覆盖率、宽带光纤接入率。

（2）服务信息化：区内综合服务信息化应用率。

（三）功能作用评价

1. 服务工业情况

从服务行业的分布、服务业工业企业数量、服务业工业企业规模、企业知名度、消耗系数等维度衡量功能区服务工业的情况。

（1）服务行业的分布：反映功能区服务行业的广泛程度，较为多样化的服务利于功能区的长远发展。

（2）服务工业企业数量：功能区服务业工业企业数量。

（3）服务工业企业规模：功能区服务业工业企业年度主营收入总量。

（4）企业知名度：功能区服务业工业企业在所属行业知名度。

（5）消耗系数：单位工业增加值（或总产值）对生产服务业增加值的消耗量。

2. 带动就业情况

从生产服务区的就业人数、人才层次、人才要素的空间及行业分布等维度衡量功能区的就业带动情况。

（1）就业人数：功能区内生产性服务业从业人员数量。

（2）人才层次：功能区内生产性服务业本科及以上学历从业人员占比。

（3）人才要素的空间及行业分布：功能区内生产性服务业从业人员来源以及所属行业分布均匀程度。

第四节　案例剖析

硅谷——全球高端生产服务区

一、硅谷概况

20 世纪 60 年代中期以来，硅谷因微电子技术高速发展而逐步形成，汇集了一批科研力量雄厚的世界知名大学，聚集了大量高技术中小企业，并拥有思科、英特尔、苹果、谷歌、惠普、朗讯等众多知名企业。80 年代后，生物、空间、海洋、通信、能源材料等新兴技术的研究机构纷纷出现,使得硅谷成为美国乃至全球高新技术的摇篮。

经过多年发展,目前硅谷形成了以高新技术产业和相关生产服务业为主的产业群,成为全球高端生产服务区的典型代表,集聚了高新技术研发、信息技术服务、创意和创新服务(如艺术设计、广告和营销)、总部经济等一系列占据全球价值链顶端的生产服务功能。

二、硅谷生产服务高端化演进动力

(一)科技创新资源集聚

1. 高等教育发达

首先,硅谷聚集了斯坦福、加州理工等世界名校,为硅谷高科技企业的创新与发展提供了丰富的人才储备和智力支持。其次,高校利用校园的闲置土地来建设实验室、研究所、办公写字楼等基础设施,再低价出租给初创企业,催生了世界上第一个高校工业园区。最后,成立创业孵化器为学生创业整合市场资源,并鼓励高校教师以研发成果技术入股初创公司,通过获取市场利润回报反哺高校自身的发展。

2. 高科技公司源源不断吸引高价值人才流入

硅谷拥有大批全球顶尖科技公司,源源不断地吸引着各种高科技人才的流入,这些高端人才反过来又促使企业快速发展。在硅谷,约45%的人口至少拥有学士学位,而美国总人口中这一比例为28%,近20%的硅谷人持有研究生或其他专业性学位。硅谷吸引着来自全球的人才,逾60%在硅谷科技和工程领域工作的毕业生出生于美国本土以外。

(二)风险投资市场发达

1. 风险投资提供资金支持

美国约有三分之一的风险投资基金在硅谷运作,对高科技公司早期的发展提供了重要的帮助。据一项对硅谷的调查表明,20世纪70年代以后成立的风险企业,有30%把风险资本作为主要创业资金来源,15%的企业则表示在前五年中,风险资本是他们最主要的资金支持。苹果、英特尔、思科等一批著名的电子企业都是得益于风险投资;到20世纪90年代初,硅谷已经吸引了60亿美元的风险投资,帮助创办了1700多家高新技术企业。同时,美国政府连续出台鼓励投资和对中小企业实行税收优惠政策,促进了风险投资的发展,投资逐步取代军费成为硅谷创业者的主要来源,而大学也与产业之间形成了更为开放和互惠的纽带。

2. 娴熟的资本运作方式

并购是硅谷的风险投资家们常用的一种方式,很多创业公司被其他公司并购,进而扩展成为大公司。谷歌创立初期，至少有30个类似的竞争者也在创业。这些创业公司相互竞争，最终少数取得优胜地位，其余多数被大公司收购。近年来受金融危机影响，通过纳斯达克市场IPO退出硅谷的风投大幅减少，而采用并购作为退出方式的企业比例则逐步上升。在硅谷发达的社会网络中，创业者团队能够更快地在业内传播其创意及技术，吸引风投的注意。而一个创意团队也往往能够获得不同的天使投资人的投资。

（三）科技服务体系完善

1. 成立斯坦福工业园区

斯坦福是美国首家在校园内成立工业园区的大学，斯坦福工业园区以象征性的租金长期租给工业商界或毕业校友创办企业，企业再与斯坦福合作，提供研究项目和实习机会。该园区奠定了"硅谷"电子产业的基础，而研究区带来的租金，也为斯坦福大学的发展提供了财力。

2. 委托高校研发

美国主管科研的机构，如全国科学基金会、国防部、太空署、国家卫生研究院等，每年都有大量的科研经费提供给研究型大学和国家重点实验室，这些经费的获取主要靠竞争夺取。优胜劣汰、提升研发效率，是支持硅谷技术创新的关键因素之一。例如，2000年斯坦福大学16亿美元的年收入中有40%来源于受政府委托的研究项目。

3. 立法和政策扶持

首先，为了营造鼓励创新、公平竞争的市场环境，美国政府依据反垄断法在20世纪先后对IBM、微软等大型公司进行反托拉斯诉讼，为一大批硅谷高技术创业型公司争取了进入计算机技术市场的机会，有力地推动了硅谷高技术产业集群的发展。其次，为增强科研高校与产业界的密切合作，1980年美国国会通过贝赫－多尔法案和小企业专利法，允许大学、非盈利机构和小企业拥有利用联邦资助获得的发明的知识产权，催生了科研成果转化的强大动力。除联邦政府层面外，加州政府还专门出台政策，推动硅谷的创新发展，如制定人才储备的相关政策，实施学徒制度，发展多个领域的职业培训等；允许养老基金管理者从事风险投资，保证风险投资有足够的资金；推行小企业投资公司（SBIC）计划，通过小企业投资公司向小企业提供风险投资。

4. 配套完善的孵化和中介服务体系

众多顶尖孵化器、加速器、众创空间等构成的孵化体系，为初创企业提供从创业辅导、融资到市场开拓的全链条服务。各类律师事务所、会计师事务所、专利事务所、咨询公司、猎头公司、金融机构等构成中介服务体系，覆盖人力资源、财务管理、技术转移、知识产权保护等各个领域，为创新创业提供全方位服务，使初创企业获取资源的便捷程度和成长能力大幅提高。

三、硅谷生产服务区经验启示

硅谷的形成与发展壮大,反映了美国科技创新的许多独特经验,具有很强的参考价值。

(一)高新技术的驱动是硅谷发展壮大的根本动力

硅谷从无到有,最终成为全球最大微电子产业基地,靠的是抓住了高新技术尤其是信息技术发展的历史机遇。二战后的电子工业技术的创新,即20世纪60年代的半导体技术、80年代的个人电脑、90年代的互联网,均与硅谷密不可分,领导了世界科技新潮流,并在人才、资金、市场等方面占据主导权。

(二)风投等商业模式是硅谷不断壮大的资金基础

硅谷中后期的发展壮大主要靠风险资本的支撑。硅谷是美国风险投资活动的中心,在斯坦福大学附近的沙丘大街3 000号,集中了200多家风险投资公司,吸引的风投资金占美国风投总量的三分之一。通过风投,初创企业可以迈出从技术到市场的关键一步。对于高科技企业而言,风投是绝佳的孵化器,为他们带来资金和技术发展意见,推动了技术的快速更新换代。

(三)鼓励创新的法规政策是硅谷成功的制度保证

美国建立了一套完善的鼓励创新、保护创新的法律体系,包括《专利法》《商标法》《版权法》《反不正当竞争法》等,《拜杜法案》使私营企业享有联邦自主科研成果的专利权成为可能,从而产生了促进科研成果转化的强大动力。

(四)成熟的企业生态是硅谷形成发展的重要基础

硅谷的大部分公司都没有实行纵向联合,而是有需要就从供应商网络中购买,创造了一种组合与重新组合非常灵活的公司网络。硅谷多数企业规模较小,仅凭自身不可能完全满足生产服务的要求,这就产生了大量的外包需求。硅谷地区竞争力强的外包支持系统,就可以及时地将创意和构思变成产品,进行小批量的工业化生产。这些公司相互配合,共同营造了硅谷生态系统。此外,硅谷的信息交流速度极快,信息交流渠道多样,可以实现高效的信息交换。

本章习题

一、名词解释
1. 生产服务区
2. 生产服务业集聚区
3. 综合型生产服务区
4. 专业型生产服务区

二、简答题
1. 生产服务区的功能和空间布局有何特点？
2. 生产服务区形成原因和发展动力是什么？
3. 简述制造强国、制造大国和制造新国生产服务区的特点？
4. 如何构建简洁、明了、操作性强的生产服务区评价体系？

三、案例分析

佛山中德工业服务区地处广东省佛山市中南部的顺德区，于2012年挂牌成立，是广东省六大重大合作平台之一①。佛山本来就具有雄厚的制造业基础，中德工业服务区的建设无疑成为产业顺势而为的杰作。作为与"德国工业4.0"战略对接的国家级对外交流合作平台，中德工业服务区不仅承担着助力佛山乃至广东省制造业转型升级的示范作用，也是探索我国与发达国家深入合作的新形式。

中德工业服务区以搭建工业服务支撑体系为主导，集聚了以会展业为核心的高端服务业，涵盖研发设计、检测认证、知识产权、技术转移与服务、职业培训等工业服务业。在服务地区制造企业的同时，还为欧洲工业企业、技术、人才等"引进来"和华南地区优质制造"走出去"提供资源双向对接大平台，实现德国技术、人才、产品与"佛山制造"的对接，并以高技术产业服务体系向国内输出"佛山服务"品牌。

根据上述材料，分析中德工业服务区生产服务业发展的产业基础是什么？该区为推进地区制造业转型升级发挥了什么作用？在推进生产服务区建设方面有什么启示和借鉴？

---

① 广东省第十一次党代会报告提出打造的"六个重大合作平台"分别是广州南沙新区、深圳前海新区、珠海横琴新区、中新（广州）知识城、东莞台湾高科技园、佛山中德工业服务区.

第九章

新业态新模式

本章从生产服务业新业态新模式基本认识、国内外培育经验借鉴、培育工作导向等方面进行阐述。

生产服务业新业态是指生产服务业随着信息、互联网等技术升级应用，为适应现代制造业发展需求，从现有领域衍生或叠加出的新环节、新活动。当前，基于大数据、云计算、物联网等先进技术产生的生产服务新业态不断涌现。同时，以市场需求为中心，打破原先垂直分布的产业链及价值链，实现制造业与服务业重新高效组合的生产服务新模式日新月异，对促进产业结构升级、提高企业生产效率、扩大就业等方面起着重要的作用。

各国都通过健全法律法规、推动特色产业集群、加强行业协会建设、培育专业化人才资源等措施，探索本国的生产服务业新业态新模式。我国把握云计算、物联网、大数据等现代信息技术进步带来的资源整合、模式创新和新兴服务拓展等重大机遇，通过创新驱动，大力促进生产服务业新业态新模式发展。广东省在加强组织领导、加强人才培育、财税支持等措施下，积极引导生产服务业新业态新模式的培育和发展。

针对目前我国新业态、新模式发展存在的市场化程度低、专业化人才短缺、创新成果保护力度不够、法律法规不够健全等问题，提出了鼓励应用先进技术、打破区域分割、扩大辐射范围，设立服务业新兴业态发展集聚区、搭建新兴服务业相关服务平台、推动体制机制创新、强化资金支持等措施。

最后以微信营销为案例，分析伴随着微信的兴起而发展起来的这种社交营销新模式所具有的客户群体精准、营销形式灵活多样，以及与客户互动性更强的特点。

第一节 基本认识

一、内涵

(一) 新经济

"新经济"一词最早出现于美国《商业周刊》1996 年 12 月 30 日发表的一组文章中。新经济是指在经济全球化背景下，信息技术（IT）革命以及由信息技术革命带动的、以高新科技产业为龙头的经济。新经济具有低失业、低通货膨胀、低财政赤字、高增长的特点。现在提的"新经济"是指 2008 年金融危机以后，以技术进步为主要动力，在制度创新、需求升级、资源要素条件改变等多因素驱动下，聚焦于科技和产业的新一轮变革。

(二) "四新"经济

2014 年 12 月召开的中央经济工作会议，针对经济"新常态"特征提出了新技术、新产品、新业态、新商业模式的"四新"经济。"四新"经济是在新一代信息技术革命、新工业革命，以及制造业与服务业融合发展的背景下，以现代信息技术广泛嵌入和深化应用为基础，以市场需求为根本导向，以技术创新、应用创新、模式创新为内核并相互融合的新型经济形态。[①]

(三) 生产服务业的新业态、新模式

生产服务业新业态是指生产服务业随着信息、互联网等技术升级应用，为适应现代制造业发展需求，从现有领域衍生或叠加出的新环节、新活动。比如，在移动通信、卫星定位等技术发展之后，汽车服务带动导航、车载信息、车联网等新增值服务；移动互联网领域随着移动终端的普及推出位置应用服务；社会经济领域海量数据挖掘分析形成大数据应用服务，互联网企业介入银行核心业务形成互联网金融等。

生产服务业新模式则是以市场需求为中心，打破原先垂直分布的产业链及价值链，实现制造业与服务业重新高效组合。如制造业平台化、平台经济、共享经济、联盟经济等。

---

① 上海"四新经济"发展绿皮书（2015 年版）.

二、分类

（一）国家分类标准

国家统计局发布的《新产业新业态新商业模式统计分类（2018）》（国统字〔2018〕111 号）界定"三新"的范围包括现代农林牧渔业、先进制造业、新型能源活动、节能环保活动、互联网与现代信息技术服务、现代技术服务与创新创业服务、现代生产性服务活动、新型生活性服务活动、现代综合管理活动等九大类，涉及国民经济63 个中类、353 个小类。其中，与生产服务相关的新业态新模式如表 9-1 所示。

表 9-1　《新产业新业态新商业模式统计分类（2018）》的生产服务内容

生产服务内容	具体内容
现代农林牧渔服务	农业生产托管服务、农林牧渔业智能管理服务、专业化农业服务
先进制造业服务	航空维修及服务业、智能机器设备维修、轨道运输设备维修、城市轨道交通设备维修、电子设备及精密仪器维修、海洋工程设备维修、新能源设备维修、新能源汽车充电及维修服务、海洋工程装备服务、汽车改装服务
节能环保服务	节能设计服务、节能评估、认证服务、碳交易市场服务、节水工程设计服务、节水认证服务
互联网与现代信息技术服务	现代信息传输服务、互联网平台（互联网+）、互联网信息及其他服务、软件开发生产、数字内容设计与制作服务、现代信息技术服务、网络与信息安全服务
现代技术服务与创新创业服务	研发服务、技术推广服务、质量检验（测）技术服务、知识产权服务、相关专业技术服务、其他现代技术服务、创新创业服务、追溯技术服务
现代生产性服务活动	
现代贸易物流服务	现代商品交易服务、外贸综合服务、现代铁路运输综合服务、城市轨道交通、现代水上运输综合服务、现代道路货物运输、现代装卸仓储服务、新能源汽车销售服务、供应链管理服务、物流信息和货运代理服务、冷链物流服务、多方式联合运输服务、城市配送
互联网金融服务	互联网支付、网络借贷服务、股权众筹、互联网基金销售、互联网保险、互联网信托、互联网消费金融
其他现代金融服务	金融信息服务、风险投资、天使投资、创业投资基金、风险投资类活动、股权众筹、第三方支付服务、保理服务、融资担保服务、融资租赁服务

续表 9-1

生产服务内容	具体内容
现代商务服务	互联网广告服务、信用与非金融担保服务、会计审计税务和律师服务、调查与咨询服务、商业呼叫电话服务、其他现代商务服务
人力资源服务	人力资源管理咨询等服务、人力资源外包、高级技能培训

注：分类来源于《新产业新业态新商业模式统计分类（2018）》（国统字〔2018〕111号）.

另外，国家统计局最新颁布的《战略性新兴产业分类（2018）》（国家统计局令第23号），涵盖了一批以重大技术突破和重大发展需求为基础，对经济社会全局和长远发展具有重大引领带动作用，知识技术密集、物质资源消耗少、成长潜力大、综合效益好的产业。其中也有一些属于生产服务新业态新模式的内容，包括新一代信息技术产业（新一代移动通信网络服务、其他网络运营服务、计算机和辅助设备修理、新兴软件和新型信息技术服务、互联网与云计算大数据服务、人工智能），高端设备制造相关服务（智能制造相关服务、卫星应用服务），新能源汽车充电及维修服务，新能源工程技术服务（核电工程技术服务、风能发电工程技术服务、运维服务），节能环保产业（节能研发与技术服务、环境评估与监测服务、环境保护及污染治理服务、环保研发与技术服务），检验检测认证服务，标准化服务，知识产权及相关服务，创新创业服务，其他技术推广服务，航空运营及支持服务，现代金融服务。

应该说明的是，国家统计局发布的《新产业新业态新商业模式统计分类（2018）》（国统字〔2018〕111号）是将"三新"作为一个整体概念，以现行《国民经济行业分类》（GB/T 4754-2017）为基础，对其中符合"三新"特征的有关活动进行再分类，确定了"三新"专项统计的主要内容，重点体现先进制造业、互联网+、创新创业、跨界综合管理等"三新"活动。"三新"的内涵是个开放的、不断更新扩大的概念，因此"三新"的统计对象和范围也不断变化。

（二）本书的界定

新兴生产服务业是以服务新需求为导向，由技术进步推动形成的新业态和由管理创新推动形成的服务新模式逐渐成长壮大之后形成的产业。

1. 技术进步推动

当今世界，以现代信息技术、物联技术、智能技术等为代表的先进技术改变了服务业发展的时空距离和质量控制水平，催生了信息服务、物联服务、智能服务等服务业新产品。根据科技部、财政部、国家税务总局联合发布的《高新技术企业认定管理办法》（国科发火〔2016〕32号）及其附件《国家重点支持的高新技术领域》分类，未来一个时期内，国家重点支持的高新技术主要包括电子信息、生物与新医药、航空航天、新材料、高技术服务、新能源与节能、资源与环境、先进制造与自动化共8类，其中6类技术与民用性服务业新兴业态发展密切相关（表9-2）。

表9-2 技术进步推动产生的新业态

新技术类别		影响服务业新兴业态发展的主要技术	服务新业态	具体表现形式
一、电子信息技术	（一）软件	嵌入式软件	自动及智能控制服务	机器人使用服务、智能安保服务等
		地理信息系统（GIS）软件	定位服务	安全服务、监控服务
		电子商务软件	电子商务服务	电子广告、宣传、展示、交易、支付、结算等
		物联网应用软件	物联服务	溯源服务、原产地电子认证服务
		云计算及大数据技术	云计算及大数据服务	云制造平台、征信、咨询、策划等
	（二）计算机产品及其网络应用技术	网络设备设计与制造技术及网络应用技术	实时数据监控服务	远程医疗、远程教育、远程监控、智能互联家庭、智能家居、智慧社区、可穿戴式电子设备服务、网络游戏等
	（三）通信技术	宽带通信技术	信息高速传送服务	高清视讯服务、大容量数据传送
		卫星通信技术	泛在服务	卫星定位服务、全球通讯服务
	（四）广播影视技术	广播电视节目采编播系统技术	大众化广播影视服务	微电影、视频主播、创意广告
		虚拟现实与增强现实（VR/AR）制作技术	VR/AR视讯服务	新一代影视、创意广告、电子游艺
	（五）信息安全技术	信息密码技术	泛在安全服务	电子认证、溯源物流、监控监管等
	（六）智能交通和轨道交通技术	交通基础信息采集、处理技术	智能交通管理	出租车、物流车、旅游越野实时监控服务
		交通运营管理与服务技术	智慧交通服务	网约车服务

·214·

续表 9-2

新技术类别	影响服务业新兴业态发展的主要技术	服务新业态	具体表现形式
二、生物与新医药技术	（一）基因治疗技术	基因诊疗服务	基因检测服务、基因治疗服务、精准医疗服务
	（二）创新药物、新型医疗仪器、医疗设备研发技术	亚健康治疗服务	养生、疗养、美容、养老服务等
三、航空航天技术	（一）低空飞行器技术	低空飞行服务	低空飞行旅游、短途商务旅程服务
	（二）无人机控制技术	无人机服务	无人机物流配送、航拍摄影、工程监控
四、新材料技术	（一）医用新材料	新材料应用服务	医疗、保健服务
五、新能源与节能技术/资源与环境技术	（一）高效节能技术	节能服务	合同能源管理、一体化节能
	（二）污染控制技术	环保服务	集中式供冷、供热、污水危废处理服务
六、先进制造与自动化技术	（一）生产过程控制技术	自动化控制服务	嵌入式软件、机电一体化管理、远程控制服务
	（二）机器人技术	机器人服务	生产性机器人服务、生活性机器人服务
	（三）增材制造技术（3D打印技术）	设计服务	个性化工业设计、多样化工业设计、个性化定制生产

2. 管理更新带动

20 世纪初，为解决当时社会企业组织中的劳资关系、管理原理和原则、生产效率等方面的问题，泰罗发起的科学管理革命，提供了管理思想的指导和科学理论方法，引致古典管理理论的产生。随着经济全球化和社会分工专业化，20 世纪末期产生了总承包、总代理、总集成、全生命周期管理为代表的先进管理理论。而进入新世纪后，由于互联网技术和信息服务的发展，信息不对称问题得到有效缓解，从而催生了一批管理新理论、新方法，如去中心化、分享经济、合作经济、免费经济、粉丝经济、社群经济、长尾理论，并由此推动服务管理模式不断创新，催生服务新模式、新组织，形成新的服务业态，改善服务供给，提高服务效率（表 9-3）。

表9-3 管理更新带动的新模式

	新管理类型	服务功能	具体表现
先进管理模式	总承包	生产并安装	承包商、交钥匙工程服务
	总代理	集权	代理商
	总集成	整体组织、全过程参与、全方位管理	一站式服务、电商平台
	全生命周期管理	产品供应链管理,提高产品开发效率	产品信息管理、终身保修
新兴管理模式	合作经济	推动各类要素资源集聚、开放、合作,提高资源配置效率	众筹(资金资源合作)
			众包(人力资源合作)
			众帮(自愿原则)
			众扶
			众创(大众广泛平等参与创新创业)
	共享经济(分享经济)	资源过剩,有平台,按需分配,获得回报	泛在服务
	免费经济(体验经济)	注重品牌建设品牌,提高用户黏性,增加附加价值	试用服务、试客、体验店
	粉丝经济	架构在粉丝和被关注者关系之上的经营性创收行为	IP概念,明星定制产品
	社群经济	基于相同爱好和信任构建社区	圈层化服务
	去中心化(去中介化)	在减少参与者信息不对称的前提下,减少交易成本	扁平化服务、候鸟式孵化
	长尾经济	长尾实现的是许许多多小市场的总和	个性化、定制化服务

三、新业态新模式演化机理①

(一)产业发展形态变化中的新业态和新模式

信息技术革命背景下的生产服务业新业态和新模式的主要推动机制就是信息技术与生产服务业的融合发展,这种融合主要体现在信息技术与研发设计、物流等生产服务环节的深度融合,这种融合大大提升了制造业的生产效率和产品附加值,使生产服务环节成为决定制造业竞争优势的关键环节,形成以生产服务业为主导的制

---

① 胡春燕. 基于信息技术革命的新业态和新模式演化机理及效应[J]. 上海经济研究,2013(8):124-130.

造业服务化发展方向，服务型制造业成为重要的制造业发展形态和模式。

（二）产业链细分与整合中的新业态和新模式

一是产业链纵向整合中的新业态和新模式。在信息技术革命下，市场应用的强大牵引力对生产服务业企业整合上下游产业链的能力也提出了更高要求，如谷歌收购摩托罗拉后，随即与英特尔开展深度合作，实现了"芯片＋系统＋终端"的全产业链整合。二是产业链横向整合中的新业态和新模式。通过收购兼并、业务重组等途径，不断整合内外部资源，深化技术、产品、服务等多层面的整合，加快构建全业务综合集成服务体系。

（三）产业分工特征变化中的新业态和新模式

信息技术革命导致的产业分工特征变化，主要是从产业间分工和产业内分工向产品链不同环节分工的转变，同一产品生产过程中不同环节在不同区域布局，区域之间的产业体系差异主要不是产业领域差异和产品差异，而是同一产品不同环节的差异。主要体现在产品链两头的研发设计、品牌营销和中间的加工制造环节之间的跨区域布局，形成新的业态和模式。

（四）产业组织特征变化中的新业态和新模式

信息技术与生产服务业的融合发展，导致产业组织特征的重要变化，特别是企业之间关系结构的变化，形成新的业态和模式。这种过程主要是通过供应链的整合实现的。资金流、物流、信息流是掌控产业供应链整合的三大重要资源，不同类型核心企业通过对这三种重要资源的有效配置。

案例

从众筹模式发展看新模式的成长

众筹（crowdfunding）是一种大众通过互联网相互沟通联系，并汇集资金支持由其他组织或个人发起的活动的集体行动。企业或个人通过互联网介绍自身的筹资需求和描述自己的项目，大众根据情况选择企业或个人项目进行小额的投资，并获得一定的报酬。2005 年，美国开始出现一些为企业和个人提供众筹服务的网站；2009 年众筹网站 Kickstarter 的出现，使众筹走入大众和媒体的视野；2012 年美国颁布的《促进创业企业融资法案》使众筹合法化。

中国众筹的发展处在起步的阶段，由于缺乏相关法律法规，众筹一度游离于非法集资的边缘。国内的 IT 人士借鉴美国众筹平台，成立了一批类似的网站。"点名时间"是成立于 2011 年的中国众筹网站，它仿照 Kickstarter 的商业模式运作，网站的规章制度，甚至页面设计都参考 Kickstarter 的风格。在完成了几个经典项目的众筹活动后，"点名时间"获得了国内知名网站和媒体的支持与关注。"淘梦网"的商业模式与"点名时间"类似，不同的是，该网只针对微电影进行众筹，旨在打造国内最大的微电影筹资平台。2013 年 10 月，国内借鉴众筹理念的融资平台"天使汇"被"新闻联播"报道，成为互联网金融创新的典范。成立于 2011 年的"天使汇"自成立至 2015 年 7 月，共有近 400 个项目完成筹资，总筹资额高达 40 多亿元人民币。所有这些将对我国互联网金融，以及投融资模式的创新发展产生重要的借鉴作用。

（资料来源：孟韬，张黎明，董大海. 众筹的发展及其商业模式研究［J］. 管理现代化，2014（2）：50 - 53.）

四、新业态新模式演变趋势

（一）产业分工方式的变化

一是制造业与服务业融为一体。基于信息技术革命的信息技术与产业链两端的融合，使生产服务业与制造过程分离，形成以生产服务业为主导的制造业服务化发展形态。新产业变革背景下，新一代信息技术在加工制造环节的应用，使制造过程与生产服务业从分离走向整合，制造业与服务业融为一体，制造过程就是一个服务过程，服务业和制造业将成为同一产业形态中包含的两方面特征。

二是新一代信息技术与加工制造环节的融合，将使研发设计、营销服务等产品链两端与中间的加工制造环节从分离走向一体化融合。个性化定制和就地生产需要产品链不同环节的一体化，数字化制造又为这种一体化提供了技术基础，将使产品链环节的纵向整合成为重要的发展方向。

（二）产业组织特征的变化

一是新一代网络技术的发展和广泛应用，将使不同类型和不同地区的生产过程在网络空间实现相互关联，物理空间的集聚将转变为网络空间集聚。大型企业将转变为一种平台型企业，通过研发平台、营销平台和信息平台实现与大量中小企业的连接，平台化成为重要的生产组织方式。

二是扁平式组织结构将成为重要的企业体制特征。分散化、扁平式的市场组织方式不仅表现在企业之间的关系层面，同时也对企业内部的体制特征带来重要影响。职能部门间的纵向分离将改变，扁平式的企业管理体制逐步形成，这种变化将在很大程度上改变总部经济的发展方向。

> **案例**
>
> **服务共享发展新趋势**
>
> 共享服务的作用在于通过企业内部不同部门或业务单元间的组织和资源整合，实现服务共享，从而强化企业核心竞争力，优化资源配置，降低企业成本，提高管理效率。服务共享发展有以个三个趋势。
>
> 1. 建立服务共享平台
>
> 在发展较成熟的大型企业集团中，存在许多重复的职能和架构。为了更有效率地进行成本控制，企业将这些重复部分的职能组成一个作业平台，共享作业内容。这种在企业集团内部集中作业的模式称为"共享服务平台"，如日本的金融调查公司，原富通（Fortis）的电话共享中心等，就是其中的典型代表。
>
> 2. 建立第三方管理
>
> 健康保险公司在健康保险计划中保留核心的风险责任，而将部分或全部管理服务性工作委托给其他擅长于管理的实体经营。这种健康保险的经营管理模式称为"健康保险领域的第三方委托管理"，即TPA进而发展成独立的运营管理模式。例如，比利时的Vanbreda International公司，美国的Blue Cross公司等。
>
> 3. 建立服务管理公司
>
> 在集中作业平台基础上，将服务受理平台（如服务柜台、服务门店）统一纳入集中管理，形成服务受理、后台处理、风险管理于一体的独立法人的管理模式。该模式是欧美市场新生的模式。比如，著名咨询公司埃森哲（Accenture），正在积极规划全球性金融公司服务管理公司，平安集团公司也正在自建集中管理公司。
>
> （资料来源：沈南宁. 我国金融保险业的共享服务建设——构建以客户为中心的共享服务平台［J］. 中央财经大学学报，2011（12）：43-46.）

第二节 培育借鉴

一、国外生产服务业新业态新模式培育借鉴

（一）制造强国

1. 美国——市场引导发展模式

技术的发展推动形成新的商业模式，美国是全球最大的高技术产品和服务的出口国，半导体、芯片制造设备及电脑软件所占市场份额居于全球首位。此外，美国政府大幅增加对纳米技术、能源材料、信息网络、生物医学等基础研究和技术前瞻

领域的资助,同时大力支持视频传播、云计算、虚拟技术、大数据和建造信息模型等高新技术的发展来积极引导新业态新模式的形成与发展。目前,美国企业的商业模式已从基于现金流的传统商业模式向基于企业价值的现代商业模式转变;从单一的商业模式向智能型商业模式转换;从加法型商业模式转向乘法型商业模式;此外是大量出现网络新媒体的发展模式、众筹融资模式和B2C电子商务模式等。①

(1)美国在推动生产服务业新业态、新模式的发展中充分运用了市场的力量,注重市场化改革。在贸易物流服务业方面,美国逐步放宽对航空、铁路、公路等运输市场的管制,来放松由公共承运人和契约承运人提供的有关服务、价格,以及承担义务方面的限制。同时不断健全管理网络,各层级职责分明的物流立法、行政、司法管理机构以及强大的行业管理机构,为各种物流政策的出台、颁布、执行以及理论研究为物流行业稳定发展提供了保障。在融资租赁方面通过积极引导企业重视财产设备的使用权,淡化所有权观念,通过租赁实现产业调整、引导、鼓励投资,引导消费。②

(2)美国对生产性服务业的税收支持主要集中在技术创新方面。一是对科研机构免征各类税收,为支持科学技术的发展,美国把各类科研机构作为非营利机构,对其不征税;二是对高新技术产业尤其研究与开发费用实行投资减免,允许企业直接从应纳税额中扣除用于科技投资的一定比例的支出,例如美国颁布的《经济复兴税法》将研究与开发费用的抵免限额设定为研发费用的20%,如果当年研究与开发支出超过前三年的研究与开发平均值的,其增加部分给予25%的税收抵免,该项抵免可以向前转回三年,向后结转十五年。三是对研究与开发用的机器设备实行加速折旧,允许公司在投资后的两到三年内,对新购置使用的固定资产提取很高比例的折旧,并对某些设备实行一次性折旧,这相当于对高新技术产业实行巨额补贴,从而支持生产性服务业新业态新模式的发展。

2. 日本——政府主导发展模式

(1)日本政府灵活运用税收制度来推动新业态、新模式的形成与发展。一是实行延迟征收措施。日本实施延迟征收政策主要包括特别折旧制度和压缩记账制度两方面。为促进技术进步,有效利用能源和开发国土资源,日本政府对固定资产陆续实施各种特别折旧制度,包括"实验研究开发用特别折旧制度""科学技术振兴折旧制度""新技术投产用机械设备特别折旧制度",允许企业在提取正常的折旧外,加倍提取折旧,其涉及的法人税实行政策性减税的税额抵免。而实行压缩记账制度是为配合产业政策的实施而设置的法人税法,对特定资产在置换、转让时按固定比例减少其账面价值,将减少的部分记入亏损的制度。二是鼓励金融业发展的税收政

---

① 赵君丽,吴建环. 发达国家"四新"经济的发展及对上海的启示[J]. 上海经济研究,2015(5):79-85.
② 毕斗斗,方远平. 发达国家生产性服务业的政策导向及启示[J]. 生产力研究,2008(22):97-99.

策。在金融税制方面,日本对大多数金融业服务(货币结算、存贷款业务)实行不可抵扣的免税政策,在间接税上采取与其他行业不同的所谓的"从轻不从重"的特殊政策,对有关条款规定的有价证券以及法定支付手段转让的不征收消费税。例如在融资租赁方面,政府通过实行储蓄课税优惠措施和压低银行存款利率,使大量资金流入设备投资,为租赁业发展提供资金支持[1]。

(2)日本政府通过立法、规划等引导新业态、新模式的形成与发展。例如在物流方面,日本政府从整体上规划、组建物流园区,提供长期的低息贷款予以扶持,积极加快交通设施的配套建设以及信息、咨询、维修和综合服务。还通过立法行政的改革,减少国家对铁路、港口运输业的控制,通过自由竞争降低日本国内物流运输成本,促进物流的整体效应与自由发展;同时政府制定纲领性文件,明确物流业的发展目标,涉及放松管制、完善基础设施、物流系统升级、政府部门的协调促进机制等内容。

(二)制造大国

1. 英国——政府引导发展模式[2]

1979年英国开始的大规模国有企业私有化改造,极大推进了英国生产性服务业的新业态新模式发展。在此后几十年的发展进程中,英国政府发挥了非常重要的政策引导作用。从20世纪80年代初开始,英国政府主要采取了以下引导性举措。

(1)开放资本市场,为产业发展创造有利金融环境。撒切尔夫人上台后,取消了对资本和外汇长达二十年的管制,大量外资迅速涌入。1986年10月启动金融改革,全面开放金融市场和金融服务,对传统金融制度产生剧烈冲击,人们称之为"金融大爆炸",这标志着金融服务业自由化的开始。改革的核心内容是废除各项金融投资管制,银行开始提供包括证券业务在内的综合性金融服务等。在监管方面,英格兰银行将监管银行业的职能移交给英国金融服务监管局。这一改革不仅提升了英国的国际金融地位,还促进了资本市场的规范发展,使企业融资变得更加方便。

(2)降低产业发展壁垒,调动生产投资积极性。政府通过一系列行政、财政及金融政策,放松或取消国家控制与干预,从而调动生产和投资的积极性。例如税收方面,英国政府在交通运输业上,对陆路客运实行低税率,对邮局的邮包托运以及邮局提供的其他应税劳务免税;在金融业上,按照金融业务的类别征税,对货币发行或者各种货币往来,股票、债券和其他有价证券交易等核心金融服务实行免税政策,对辅助金融服务征收增值税;在高新技术产业上,减免资本税,提高印花税起征点,降低税率。同时,为扶持技术密集型等风险企业的发展,鼓励向新企业投资,

---

[1] 孙浩敏. 促进生产性服务业发展的税收激励政策研究[D]. 哈尔滨商业大学,2013.
[2] 沈建明,刘晓清. 英国:催化经济转型[J]. 新理财:政府理财,2010(8):42-43.

对风险投资予以特殊优惠。此外，先后废除了180多项对经济活动的限制规定并积极改革劳资关系，重点削弱工会的权力和作用，又先后通过5项重要工会立法，取消工会作为一个整体所享有的普遍的法律豁免权，缩小排外性雇佣制企业，解除劳动力市场壁垒，促进劳动力由制造业向服务业转移。

（3）做好咨询服务和职业培训，对企业和劳动者进行指导。英国政府在每个地区建立了顾问署，作为专门的企业管理和咨询机构，负责帮助企业制订发展计划，引导企业改变经营策略，如帮助其上市，通过上市融资，同时积极开展企业高层培训。此外，英国政府在20世纪80年代提出了"国家教育培训目标"，内容涉及基础教育和继续教育的各项主要指标，强调一切企业都要进行人力资本投资，一切个人都有获得教育和培训的机会，一切教育培训都应当朝向培养自信力、适应力、就业力的方向，特别是要朝向培育核心技能的方向发展。

2. 韩国——政府引导推动新业态新模式的发展①

在1990年代之前，在韩国服务业内部结构中，生产性服务业并不占优势，批发、零售、餐饮和旅店等服务业的增加值位居第三产业之首。直至20世纪90年代后期，韩国政府开始重视生产性服务业的发展，从1995年至2004年，韩国生产性服务业产值从23万亿韩元增加到近38.9万亿韩元，增长近41%。生产性服务业增加值占服务业总增加值的比重在2004年达到了61.57%。如今，生产性服务业的高速发展成为韩国制造业结构升级不可或缺的动力。近年来随着新一轮信息技术革命及制造业与服务业融合的发展，韩国生产性服务业开始呈现以市场为导向，以技术、应用和模式创新为内核的新态势，在此过程中韩国政府发挥着重要的引导作用。

（1）政府政策及金融支持。其一，20世纪60年代至80年代末，韩国基本上形成了一种政府主导、将有限的金融资源以低价利率和政策金融的方式集中起来以支持主导产业优先发展的模式。近年来，韩国政府将60%的社会投资投入服务业，生产性服务业中交通运输业的基础设施不断完善，信息服务业、金融保险业也得到了快速发展。其二，政府对包括公共交通服务、金融保险服务、技术研究服务等在内的生产性服务业项目免征增值税。韩国的增值税主要是针对销售、进口及提供商品和劳务征收，进项税额可以抵扣政策，实行的是10%的单一比例税率。其三，实行支持FDI（foreign direct investment）的税收激励政策，主要包括在高新技术产业上对产业配套服务实施的税收优惠、对外商投资地区的优惠、对自由贸易区的优惠三方面。为促进物流业的发展，韩国对外国投资额超过3 000万美元可以建立后勤服务业的设施，如分销中心或港口设施，享受优惠；对经营物流业的外资企业，外商投资额高于3 000万美元，自取得收入起前三年免税，后两年减半征收。

（2）研发与创新支持。政府积极鼓励研发机构的专业化投资。韩国于20世纪

---

① 郭怀英. 韩国生产性服务业促进制造业结构升级研究［J］. 宏观经济研究，2008（2）：23-28.

60年代至70年代就制定一系列法律，包括《韩国科学技术研究所扶持法》《技术开发促进法》《特定研究机构扶持法》等，鼓励科研机构和企业的研发投入。其中，由政府直接出资设立研究所，为国家重点科研项目的研发提供硬件设施。同时，韩国政府也重视民营企业，为强调鼓励和保障民营企业的自主创新，形成了一整套鼓励企业研究开发的政策和措施，例如个人或小型企业从事开发新技术商业化的，政府将提供开发总经费80%～90%的资助。在一系列政策举措的鼓励和推动下，韩国的民营企业不断加大新技术开发投资力度，逐步取代政府成为技术创新的主力。新技术的蓬勃发展进一步推动了生产服务业新模式新业态的发展。

（3）注重设计能力培育，着力提升品牌价值。韩国政府从1993年起连续提出了3个五年计划，提出将于2007年在釜山、大邱和光州完成建设新的地区性设计中心，并在大城市的高等学府建设12个设计创新中心；2008年韩国要成为全球设计领袖，设计产业产值从50亿美元扩大到160亿美元。同时建立相应的设计振兴组织，其中韩国产业设计振兴院成为推动21世纪韩国设计产业的主力。新产品开发的技术优势加上成功的外观设计，使得韩国不少产品成为世界著名品牌。根据韩国产业研究院的数据，2013年韩国品牌价值位居世界第9位，三星、现代、LG等韩国企业进入世界品牌100强。韩国已从一个典型的廉价产品制造商转变为一个高级产品创造者。

（三）制造新国

印度——政府主导发展软件"金三角"。软件产业在印度经济发展中可谓一枝独秀，政府的主导是其发展的重要支撑力量。印度拉奥政府在班加罗尔建立软件技术园区，同时引入国外著名的信息业公司，微软、英特尔、苹果、西门子、惠普、康柏、摩托罗拉、奥瑞克公司、得克萨斯仪器公司等都在印度设有研发中心和生产基地。一些公司甚至已经把它们在全球一半以上的软件研究和开发项目转移到印度，从而在班加罗尔形成了软件业的产业集群，该产业集群不断扩散推进，形成全国的软件技术网络。在班加罗尔的带动下，马德拉斯、海得拉巴等南部城市的软件产业集群接踵而起，形成印度南部著名的软件业"金三角"，极大地推动了软件产业的发展。目前印度已经发展成为全球第一大软件外包承接国。

对高科技园区的企业实行税收优惠政策。印度政府对进入园区的企业实施各种优惠政策以促进海外资本的流入，促进软件企业的发展，主要优惠政策有：放宽审批与外资政策；对园区软件企业进口资本品免征进口关税，对进口电信基础设施实行零关税，国内采购免交地方税，在前八年中允许免除五年的所得税；园区内的软件企业享受出口加工特区的其他各项税收优惠政策。印度政府后来又出台了税收优惠力度更大的税收政策：无论是外资、内资还是合资企业，只要在软件园区注册的企业就可十年免交企业所得税；进口软件设备免税和加速折旧，出口导向型电子企业三年内折旧可达90%；成立软件和行业风险投资基金；出口型外商直接投资

100%股权自动批准。

人才培养和引导政策。专业人才是推动新业态、新模式发展的重要动力,印度政府一直重视人才的培养,印度高校推行"产学合作"的方式,鼓励民间办学,对于企业、个人和社会团体投资兴办的各种学校和教育培训机构,可对其营业收入和所得减免营业税和所得税。此外,为吸引更多的人才进入软件行业,实行各种税收激励政策,例如对从事软件行业的个人免片个人所得税等税收。

二、我国生产服务业新业态新模式的主要培育领域

党中央、国务院高度重视新业态新模式发展,各地区为加快生产服务业新业态新模式发展,坚持市场主导、突出重点、创新驱动与集聚发展为基本原则,主要从四个方面为生产服务业新业态新模式的培育与发展提供支持。一是全面拓展新业态新模式。各地大力发展生产服务业的新业态新模式重点领域主要有互联网金融、数据服务、物联网、跨境电商、人工智能应用、供应链管理、第N方物流、智慧产业等新业态,以及共享经济、平台经济、社交经济、循环经济、精准营销、柔性制造等新模式。二是大力完善新业态新模式发展载体建设。发展市场化、专业化、集成化、网络化的众创空间,打造了一批先行先试、示范带动、政策聚焦、点上突破的经济创新集聚区。三是积极打造公共服务平台,促进信息数据开放和专业服务共享,建设网络化、特色化、专业化的科技创新公共服务支撑体系。四是深化落实现有政策,强化政策引导的协同性,采取包容审慎监管方式,促进新业态新模式的健康发展。

案例

上海新业态新模式培育成效

顺应新一轮工业革命发展潮流,上海加大了以新技术、新产业、新业态、新模式为主要内容的"四新"领域的培育发展,取得明显成效。特别是新业态、新模式的发展,不仅有利于上海跟上全球个性化和智能化革新浪潮,还能加快改造提升上海传统制造业,延伸产业链,拓展新市场,借力新技术新经济,实现上海制造的新飞跃。

1. 新业态加速集聚

网络视听、互联网教育等14个应用信息等技术从现有领域衍生叠加的新业态已初具规模。其中,网络视听领域,2014年产业规模超过130亿元,占据全国市场四分之一份额。互联网教育领域,上海拥有互联网教育企业近150家,2014年新增企业近60家,企业创新速度加快,新业态不断涌现,产业增长潜力巨大,产品覆盖互联网教育产业链各环节,包括教育平台、教育工具、内容提供、慕课(大规模网络开放课程,MOOC)、技术支撑等五类,并初步形成了竞争力。

2. 新模式蓬勃涌现

在鼓励发展 O2O（线上线下）模式、促进传统商业与电商互联网互通的同时，进一步探索发展顶级旗舰店、买手制百货、特色主题商店、概念店、DIY 商店、会员制商店等新型商业类型和网订店取、前店后库、个性定制等新型销售模式。百货、超市等零售企业逐步加大自主经营比重，扩大买断经营范围，开发自有品牌，盈利能力不断提升。2015 年上半年全市商品销售额 45 129.23 亿元，比上年同期增长 5.9%；社会消费品零售总额 4 832.91 亿元，增长 8.2%，增速提高 0.4%。

（资料来源：调研组. "四新"经济的上海路径 [J]. 决策，2016（12）：36–38.）

浙江"互联网+"计划下新业态新模式重点领域

浙江经济正处在"互联网+"的风口上，充分发挥信息产业的先发优势和应用优势，2016 年 1 月 14 日实施《浙江省"互联网+"行动计划》，积极培育"互联网+"为核心的新业态新模式，已经成为该省经济发展的重要支撑力量。

1. 互联网新业态

互联网金融成为金融创新发展的重要突破口。浙江省着力打造以支付宝、浙江网商银行为龙头引领的互联网金融新业态，规范发展第三方支付、网络理财、网络小额贷款等业务。由浙江大学互联网金融研究院、蚂蚁金服、浙商银行发起组建成立浙江互联网金融联盟，这是政府引导行业自律规范发展的创新尝试，将积极引导行业健康有序发展，把浙江打造成金融创新中心。跨境电子商务成为建设开放型经济强省的新手段。国务院批准设立中国（杭州）跨境电子商务综合试验区，浙江成为推动全国跨境电子商务健康发展的示范区，也成为跨境电子商务带动浙江构建开放型经济新体制的先导区。杭州和义乌探索跨境电子商务发展模式，尤其是在便利通关、外汇结算、退税等方面开展创新，取得了显著成效。

2. 互联网新模式

"互联网+全渠道"销售模式成为主要趋势。随着社交和移动网络的兴起，新兴的移动线上渠道得到强势发展，与传统的线下渠道以及电子商务渠道构成了"互联网+"时代的全方位渠道。同时，浙江零售业正加速由实体、电商等不同类别的业态，转变成没有绝对线上线下区分的全渠道发展新模式。另有，临安云制造小镇，用智能制造的抓手，将制造业与创新有机结合，把互联网、数字化、智能化技术植入到传统装备制造业中去。同时在这个平台上，企业可以邀请消费者一起，进行设计、研发、制造等多个环节的合作，使个性定制成为可能。

（资料来源：浙江在线新闻《"互联网+"：浙江经济新动能》与浙江经济增长动力结构和机制转换研究课题组."互联网+"下的新业态新经济 [J]. 浙江经济，2015（20）：28–29.）

三、广东省推动生产服务业新业态新模式发展的做法

广东省政府坚持市场主导与政府引导相结合,坚持技术进步与模式创新相结合,积极把握云计算、物联网、大数据等现代信息技术进步带来的资源整合、模式创新和新兴服务拓展等重大机遇,促进生产服务新业态新模式发展。

(一)新业态

近年来,广东省新业态不断涌现,新兴产业应用环境不断优化,物联网、云计算、大数据、基因检测等新兴信息技术产业快速发展。广东信息消费规模居全国首位,跨境电子商务交易量占全国近70%,网购普及率、电子商务总订单、市场交易规模和在全国电子商务交易中所占份额等多项指标均居全国前列;基因检测服务年均增速超50%,涌现出一批第三方基因检测机构;软件产业年均增速超30%,带动数字创意产业快速发展。

为了促使新业态进一步发展,广东省推动产业链协同发展,通过优化增量和调整存量,推动新产业、新业态加快发展和集群发展,打造一批产业链条完善、辐射带动力强、具有国际竞争力的战略性新兴产业集群,建设成为全国战略性新兴产业发展重要策源地,加强创业创新公共服务平台建设,加快构建众创、众包、众扶、众筹等大众创新创业支持平台,取得了一定的成效。

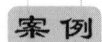

深圳一达通的全程服务外包新模式

一达通公司成立于2001年,不同于一般的产业供应链公司,一达通专为外贸中小企业提供一条龙式的全程服务外包。一达通中小企业进出口服务集成平台上提供了包括报关、商检、物流、银行、保险、退税等所有的外贸环节,中小企业在此平台上,只负责生产货物,其余的都由平台来解决。

一达通平台最大特色在于金融服务,通过深度介入,解决了困扰外贸企业的"赊销"难题。通过与银行合作,一达通的金融服务可以帮助中小外贸企业实现赊销。新业态一达通是外贸发展方式转变过程中非常典型的案例,这个平台降低了中小微企业外贸出口的成本,提升了中小微企业的市场竞争力。

(资料来源:根据阿里云"云资讯";"广东全省推广'介入式'电商平台推动外贸转型升级"整理. http://www.aliyun.com/zjxun/content/26269268.html.)

> **案例**

广州南沙自贸区先行先试接轨国际贸易规则

在南沙自贸区，检验检疫部门率先在全国推出多项"先行先试"新监管手段，比如2015年6月1日，在全国自贸区中首个推出跨境电商质量溯源体系。消费者可24小时全天候快速免费查询跨境电商商品18项信息，目前查询量已接近10万，随后南沙再追加推出"CIQ溯源"手机APP，率先对跨境电商进口商品和进境预包装食品实施扫码溯源。

同时，搭建了"智检口岸"平台，企业可通过"智检口岸"平台与自身生产系统的瞬时互联，实现市场采购业务的高效便捷申报，同时可进行相关信息的即时查询。企业通过自身生产系统与"智检口岸"平台数据直传，单证错误率接近于零，绝大多数货柜可在1分钟内办完所有检验检疫手续，平均通检时间由原来的两到三天缩短为16分钟，查验比例与传统相比下降了90%。

此外，还推动加强粤港澳产品检验检测技术和标准合作，试行粤港澳认证及检测业务互认制度。为CEPA食品量身定做"预报预检""即查即放"等系列优惠措施，以香港四洲集团进出口业务为例，该企业的口岸监管流程时间降至3小时以内。

（资料来源：新华网，财经新闻《广东"智检口岸"升级助市场采购新业态效率大幅提升》.）

（二）新模式

为推动广东省生产服务业新模式发展，广东省统筹推进制度创新、管理创新、模式创新，着力提升原始创新、集成创新、引进消化吸收再创新的综合能力。鼓励发展新商业模式，支持传统市场、商业街改造升级，通过运用大数据、云平台、物联网等信息网络提升产品和消费趋势的契合度。把握跨区跨境、线上线下、体验分享等新兴消费业态蓬勃发展，着力推进互联网等信息技术与相关产业融合发展，刺激信息消费，带动其他领域消费。

> **案例**

广州唯品会名牌商品网上特卖新业态

唯品会是一家专门经营名牌商品特卖的网站，成立于2008年，总部位于广州。唯品会独有的商品并不多，配送服务相比京东甚至"四通一达"都有一定的差距，但仍然在中国激烈的电商企业竞争中取得一席之地，成为中国最大的名品折扣网站，其核心竞争力就是独特的新商业模式。

唯品会在国内开创了"名牌折扣+限时抢购+正品保险"的商业模式，也被称作"闪购"模式。加上其"零库存"的物流管理以及与电子商务的无缝对接模式，唯品会得以在短时间内在电商领域中站稳脚跟。在采购上与正规品牌合作，采购服装鞋帽、箱包、化妆品等百货产品知名高端品牌的库存及滞销货。同时，也吸纳一些大众化品牌的促销折扣商品；在销售上根据策划，每天固定上线新不同的商品，而且有些商品数量不多，价格普遍在2～5折，这使得用户每次登陆网站都有所期待，非常容易形成购物黏性，唯品会相对其他电商平台较高的重复购买率主要源于此。

（资料来源：根据百度百科"唯品会"介绍整理. http://baike.baidu.com/item/%E5%94%AF%E5%93%81%E4%BC%9A/8403006.）

案例

佛山维尚家具开创"大规模个性化定制生产"新模式

维尚家具集团成立于2006年，是依托科技信息创新迅速发展起来的家居企业，也是中国全屋家具定制新模式的开创者，为消费者提供整体家居空间的家具个性化设计、生产与安装一体化服务，同时在国内创新性地提出数码化定制概念，开创了"大规模个性化定制生产"新模式。维尚以"家具制造到家居服务"不可复制的商业模式和"数码化定制""信息化制造"的核心竞争力，在短短九年时间，销售额突破50亿，员工从100人到6 000多人，成为家具行业的领军企业。

拥有世界先进的3D虚拟设计、3D虚拟生产和虚拟装配系统，2006年巨资打造基于数字条形码管理的生产流程控制系统，"秒"级的加工控制评估，理念和技术堪称世界一流。利用先进的三维虚拟现实技术，消费者通过网络就可以看到家具摆到自己家里效果，然后直接确定购买意向。维尚家具还通过技术革新与流程再造，解决了板式家具大规模定制的多个技术瓶颈，实现了"个性化"与"低成本"的双赢。例如，维尚家具每天要处理超过20万块板材，每块板的材质、颜色、形状、尺寸都不同，通过完整的内部软件系统及数字化标签，维尚的每一块物料都能"物有所用"，生产成本因此比一些批量生产同一种产品的工厂还要低。

（资料来源：根据维尚家具官网中的企业简介整理. http://ww.wisionzp.com/wsjj.html.）

第三节　发展思路

一、生产服务业新业态新模式发展瓶颈[①]

（一）市场化程度低

高投入、高风险、高收益、高溢出效应都是生产服务业本身所具有的特点，特

[①] 周玉婷. 互联网时代中国发展生产性服务业面临的主要问题及对策［D］. 对外经济贸易大学，2015.

别是在该行业发展的初始阶段，尤其需要较长时间的培育和对其健康发展的保护。在发达国家，通常会建立起公平公正的市场竞争环境。相比之下，广东生产服务业的市场化程度低，许多生产服务行业如保险、科研、教育、通信等大多属于各级政府和大专院校的附属机构，这些行业尚未完全进入市场，仍带有福利和公益性质，缺少竞争机制，影响生产服务业的新业态新模式的培育和发展。

（二）专业人才短缺

生产服务业新业态新模式在一定程度上对人才提出了更高的要求，生产服务业的发展过程中离不开人力资本的和高科技的参与，这两个元素的不断发展成为生产服务业的强大助推力。但是，在人力资本方面，一直存在着专业人才缺乏的问题，这里的缺乏指的是具有高素质和能力的综合性人才的有并行供给不足。随着产业结构的不断升级，当然要求生产服务业提供更高质量的产品和服务，但是目前提供的产品和服务只能是低价值的产品和服务，综合型专业人才的缺乏成为生产服务业无法在质量上跟上产业发展步伐，并成为阻碍产业升级的主要原因之一。

（三）创新成果保护力度不够

首先，生产服务业的创新是以服务创新为主体的，而服务具有无形性的特点，因此服务的创新难以像产品的创新一样用确定的标准和体系进行鉴定。所以传统的产权保护的标准和规定，在生产服务业领域适用范围和标准不够准确。其次，我国并未充分形成保护服务产品知识产权的市场氛围，无论是消费者还是企业，产权保护意识都还有待提高。再者，近年来，虽然我国在创新成果的保护上有所进步，但是仿造、盗版的现象仍然层出不穷，所以在打击知识产权盗版的执法力度等方面还有待提升。

二、培育生产服务业新业态新模式的政策取向[①]

（一）鼓励应用先进技术

通过公共技术服务平台建设，为新兴服务业发展提供便捷廉价和较成熟的公共技术和资源服务，提升新兴服务业的科技含量和整体竞争力，实现科技引领创新驱动的新兴服务业发展模式。通过政府投入和社会化运作方式，积极推进科技成果向高新技术企业转移。

---

① 夏杰长. 我国新兴服务业的四大发展战略［J］. 中共中央党校学报，2012（2）：75–78.

（二）打破区域分割，扩大辐射范围

对内而言，最大限度允许新兴服务业企业跨区域经营，打破区域壁垒，促进服务业企业连锁发展；对外鼓励新兴服务业结合"一带一路"国家倡议，开展新兴服务业服务贸易，提高新兴服务业服务贸易在占服务贸易中的比重。

（三）设立服务业新兴业态发展集聚区

各地依托资源禀赋和区位优势，并结合新兴服务业发展实际情况，确立新兴服务业发展集聚区主导产业，重点引进一批龙头企业和项目，整合公共服务和市场资源，形成示范带动效应。

（四）搭建新兴服务业相关平台

充分集成科技资源，构建新兴服务业领域的公共技术服务平台，为新兴服务业发展提供便捷、廉价的公共技术和资源服务。同时，要加快公共信息平台建设，增强信息资源的公益性开发，加快建设统一的电子政务网络平台和信息安全基础设施，加快建设公共信息资源目录体系和交换体系，支持信息共享和业务协同，要鼓励社会力量兴办各类中介机构和服务平台，鼓励和支持有条件的科研单位、高等院校充分利用科研设备和人才优势，兴办各类科技中介机构。

（五）体制机制创新

（1）制定公开透明的准入条件和标准，除对少数垄断行业以及关系到国家安全的重点服务业，制定"否定"或"限制"行业目录外，其他的一概实施"非禁即入"的准入制度，最大限度地减少行政审批。

（2）减少行政直接干预，把资源配置权更多地交给市场。行政部门实施管理应以宏观调控和产业引导为主，避免直接干预新兴服务业项目。

（3）扩大政府采购范围，增加政府购买服务比重，把新兴服务业领域如公务消费、会展会议、政策咨询、检验检测等纳入其中，并引进竞争机制，面向全社会服务行业公开招标、投标，以促进这些行业提升服务标准、优化服务方式、丰富服务内容、创新服务项目，引导服务业的发展方向。

（4）针对新兴服务业不同阶段，采取各有侧重的财税政策。在高新技术研发环节，可建立货物和劳务税退税制度，房产税与城镇土地使用税优惠制度，创新型人才的个人所得税优惠制度；在运营和使用环节，可以丰富优惠手段，如补充加速折旧建立、再投资退税或抵免制度，以及有力的政府采购制度、财政补贴、贴息等财税政策。

（5）建立与新兴服务业相适应的金融创新体系。拓宽机构对新兴服务业企业贷款抵押、质押及担保的种类和范围，加大金融创新对新兴服务业的支持力度，破解服务业融资难的"瓶颈"；积极发展包括高收益债券、中小企业集合债券、短期融资券、中期票据等各类债务融资工具，为新兴服务业企业提供灵活的融资方式。

（6）实施有利于新兴服务业发展的土地管理政策。在符合城市规划、土地利用总体规划前提下，优先用于发展新兴服务业，对园区或集聚区内的重点项目及列入鼓励类的新兴服务业重大项目，在供地安排上，具有优先选择权，实现对服务业发展用地有效供给。

（7）健全新兴服务业统计体系，加强新兴服务业统计基础工作，在国民经济核算体系中增加新兴服务业的内容，增加反映新兴服务业发展规模、结构、质量、速度、效益、开放的统计指标，界定其统计范围，并动态调整统计内容。建立和完善新兴服务业调查和核算制度，实施周期性经济普查制度。切实加强相关企业的信息系统和数据库的建设工作，建立健全新兴服务业企业和个体经营户的常规性调查核算制度，提升新兴服务业统计调查能力。实行新兴服务业统计信息发布、重大信息披露制度，实行统计信息资源共享，确保统计数据的准确性和及时性，加强对统计数据的分析，为促进我国新兴服务业发展提供科学依据。

（六）资金支持

（1）设立新兴服务业科技促进专项基金，采取计划资助、补贴和税收优惠等财税政策，促进新兴服务业发展。为了促进基于高新技术的新兴服务业快速高质量发展，可以考虑建立财政性资金优先采购自主创新产品和服务的制度，建立激励自主创新的政府首购和订购制度。

（2）搭建科技型企业的融资平台，解决科技型企业的融资瓶颈。政府积极与具有一定信誉的投资机构和担保机构合作，建立科技型中小企业融资担保机制，引导企业成为技术创新的投入主体，支持企业向金融机构或社会广泛融资。引导支持企业申报国家及地方各类科技计划，从而形成多渠道、多层次、多元化的技术创新投资、融资体系。

（3）设立优秀新兴服务业人才培养专项基金。充分调动大学、科研机构与企业的积极性，促进它们之间的合作，以此加强应用性技术的开发和应用，鼓励高等院校开办市场急需的专业与课程外，还应引导企业、行业组织及民办教育机构开展多层次的人才培训与教育工作。

第四节 案例剖析

微信营销——社交营销的新模式[①]

微信营销是网络经济时代营销模式的一种,微信营销开启了社交营销的新模式,也是伴随着微信的火热而兴起的一种营销新业态新模式。与传统营销相比,微信营销的新特点主要表现在以下三个特点。

一、精准营销

微信拥有庞大的用户群,借助移动终端、天然的社交和位置定位等优势,每条信息都是可以推送的,能够让每个个体都有机会接收到这条信息,继而帮助商家实现点对点精准化营销。微信群和微信公众号的存在可以有效的将用户分类,实现定向营销信息投放。

微信营销也很好的利用了粉丝经济。在粉丝经济中,商家通常借助一定的平台,通过某个兴趣点聚集朋友圈、粉丝圈,给粉丝用户提供多样化、个性化的商品和服务,最终转化成消费,实现盈利。而现在微信公众号就提供了这样一个平台。个人或商家可以在微信公众平台上申请微信公众号,并在微信平台上实现和特定群体的文字、图片、语音、视频的全方位沟通、互动。形成了一种主流的线上线下微信互动营销方式,来吸引一大批粉丝。并最终利用粉丝资源为自身,或者为其他商业目的进行营销或者宣传来获取利益。

一个典型的案例就是微信公众平台的付费会员制。自媒体人罗振宇的"罗辑思维"是微信付费会员制的最初尝试,他将会员费统一定为200元,仅半天就卖出5 500个会员,最终收获了160万元的会员费。但罗振宇除了发出会员编号之外,对于会员并没有额外的服务承诺,而会员费也是基于粉丝认同所自愿付出的"打赏",而后续付费会员制才逐渐成熟起来。

依托微信平台的庞大流量和熟人社交的优势,微信营销的粉丝经济新模式将会有进一步的发展。截至2017年7月,微信公众号数量超过2 000万,并有政府机构开设了超过10万个微信公众号。

二、营销形式灵活多样

微信提供了多种多样的社交方式,而依托这些社交方式衍生出了各种各样的营

[①] 张周平. 国内三大社交营销平台:人人、微博、微信 [J]. 信息与电脑, 2013 (2): 21 – 23.

销形式。可以利用不同社交方式的关系强度、社交范围等特点展开特色各异的营销形式。

（1）漂流瓶：用户可以发布语音或者文字然后投入"大海"中，如果有其他用户"捞"到则可以展开对话。

（2）位置签名：商家可以利用"用户签名档"这个免费的广告位为自己做宣传，附近的微信用户就能看到商家的信息。

（3）二维码：用户可以通过扫描识别二维码身份来添加朋友、关注企业账号；企业则可以设定自己品牌的二维码，用折扣和优惠来吸引用户关注，开拓O2O的营销模式。

（4）开放平台：通过微信开放平台，应用开发者可以接入第三方应用，还可以将应用的LOGO放入微信附件栏，使用户可以方便地在会话中调用第三方应用进行内容选择与分享。

（5）公众平台：在微信公众平台上，每个人都可以用一个QQ号码，打造自己的微信公众账号，并在微信平台上实现和特定群体的文字、图片、语音、视频的全方位沟通和互动。

（6）朋友圈：微信用户可以在一个面向所有好友的空间中发布自己的日常动态。商家也可以利用这个平台发布营销信息来推广自己的商品。

（7）微信群：微信的聊天群组，支持多人同时文字、语音聊天。用户可以自建群，召集兴趣爱好相同的用户进行定向营销，或者可以加入别的群组，在数量众多的群组中广撒网，发布营销信息。

三、互动性更强

微信作为一种强社交关系平台，相较于之前的博客、人人网、QQ、QQ空间、微博等一系列的社交软件，其独特的优势在于，微信是一种相对闭环的熟人社交软件。在这种强社交关系之下，微信用户可以在相对隐私的环境下与好友和商家等展开交流，获取信息。微信的点对点产品形态注定了其能够通过互动的形式将普通关系发展成强关系，从而产生更大的价值。

微信的强互动性使得微信营销成为一种熟人经济。利用自己的好友资源在朋友圈或者微信群中为自己经营的商品发广告，做推销，这种经营方式往往被称为微商。现在日益增多的朋友圈广告就是这种熟人经济壮大的典型代表。《2017年中国微商行业研究报告》显示，2016年中国微商行业市场交易规模为3 287.7亿元，预计到2019年这个数字将增长到1万亿。据数据显示，目前微商从业者人数达到3 000万人。

本章习题

一、名词解释
1. 生产服务新业态
2. 生产服务新模式
3. 智能专家系统
4. 众创、众包、众扶与众筹

二、简答题
1. 生产服务业新业态新模式的内涵以及类别?
2. 从国外对生产服务业新业态新模式的培育我国应该吸取什么经验与教训?

三、案例分析

印度班加罗尔从软件外包到研发服务的发展轨迹

(一)封闭条件下的程序员输出阶段(1980年代中期之前)

20世纪80年代以前,印度政府奉行内向型的经济发展战略,实行基于进口替代的给自足型产业自模式,印度的软件及服务外包产业发展处于政府高度管制的框架之下,印度经济孤立于全球经济之外。班加罗尔的软件商只能选择将拥有高超技术的程序员派往国外进行现场工作(on site),接受客户直接向他们分配的任务,或者加入客户的团队进行程序开发。相比于直接出口程序,外派程序员可以规避在国内的高运营成本并提高工作效率。Balaji Parthasarathy 等将早期的这种软件服务模式称为"人体商店"(body shopping)。此阶段,印度的软件出口并非程序的出口,而是印度头脑最聪明的软件工程师的"出口"。

(二)政府支持下的软件业初创阶段(1984—1990年代初期)

甘地当选印度总理被认为是印度软件与计算机产业政策改革的转折点。1984年和1986年,甘地政府连续颁布两项涉及电子、软件、通信等新兴产业的新政策,大幅降低硬件及软件的进口关税,鼓励各种形式的软件出口并允许外资进入。甘地新政标志着印度软件业摒弃了进口替代的思想。1985年美国德州仪器公司率先在班加罗尔设立海外研发中心,随后摩托罗拉、惠普、北电等跨国巨头也相继进驻,客观上为班加罗尔本地软件服务商的创立提供了发育的土壤。1990年,印度政府在电子部的倡导下开始实施"软件技术园区计划",为印度软件业集群式发展提供空间上的保障与支持。班加罗尔软件园是其中建立最早、规模最大的一个。软件园的开发也为班加罗尔的城市发展提供了空前机遇。1992年,政府在班加罗尔和美国之间架设了印度第一座卫星通信设备,以专门的卫星通信渠道为软件出口提供高速信息交流服务。这些关键的数据通信基础设施,使本地软件商成功摆脱了人体商店的服务模式,推动了国内软件离岸服务外包业的发展。

(三) 外资主导下的研发集聚阶段（1990年代初期—2000年）

20世纪90年代初期，跨国公司海外研发中心的进驻仍局限于小规模，但是，先行者们对于低成本与高素质技术人才的价值诉求得到满足之后，在示范效应带动下，跨国公司一改之前的谨慎态度，入驻班加罗尔的势头与规模大幅攀升。受益于信息与通信技术的高速发展，研发要素空间流动约束性大幅降低而掀起的研发全球化浪潮更是强化了班加罗尔研发集聚的态势（表9-4）。此阶段，跨国公司以平均每月5家的频率涌入到这座城市的软件园，其中不乏太阳微系统、思科、IBM、英特尔等全球顶尖的软件及计算机公司。在外资吸引下，本地软件商也大量集聚，到2000年，在班加罗尔注册的信息技术企业总数达到了782家。

表9-4　1990年代部分跨国公司在班加罗尔设立的研发机构

跨国公司	机构概况
甲骨文	建立于1994年，是甲骨文在美国之外最大的开发中心，2003年底达到4 000人，主要负责甲骨文数据库产品、应用产品和应用型开发工具等
太阳微系统	建立于1999年，开始时仅20人，2003年增加为500人，从事包括Solaris和Sun One在内的软件开发
IBM	成立于2000年，参与该公司所有软件的开发
SAP	成立于1998年，当时为100人，2003年9月增加到750人，该公司约10%的工作在这完成
飞利浦	建立于1996年，当时有10人，2003年增加到1000人，是飞利浦在荷兰之外最大的软件中心

(四) 外包驱动下的研发服务兴起阶段（2000年至今）

进入21世纪以来，跨国研发投资的注入出现新特征。跨国公司在班加罗尔修建的研发中心通常都比在其他国家和地区的研发中心规模大，而且从事的工作也更为重要，越来越多的中心从最初为母国同类机构提供支持转向当前的受命研发整体产品。在此过程中，既培养了众多具有国际水准与视野的本地研发人才，同时也为围绕在其周围的本地软件服务商提供了大量的研发外包合同。

在十多年前，班加罗尔的软件公司还只限于从事低层次的系统维护、编码编程工作，而现如今，他们已经能够承接软件研发、系统综合等高端研发外包项目。"千年虫问题"的顺利解决，证明了印度公司有能力承担服务外包领域价值链中的高附加值部分。最新的趋势是，班加罗尔的研发服务已经走向纵深，突破了原有软件研发的范畴，拓展至硬件设计、汽车与飞机核心部件研发、新药开发等多重领域，班加罗尔已从"软件外包之都"成功转型为"研发服务之都"。

（资料来源：黄亮，邱枫. 从软件外包到研发服务：班加罗尔的案例研究 [J]. 世界地理研究，2016，25（3）：21-29.）

根据上述材料，请分析印度班加罗尔如何推动新业态新模式的发展？

第十章

服务型制造

本章从服务型制造的基本内涵、主要模式、形成发展的原因和意义,以及国外发展服务型制造的典型经验、我国发展服务型制造的现状和问题、推动服务型制造发展的工作思路和政策建议等方面进行阐述。

服务型制造是制造与服务融合发展的新型产业形态,制造企业通过创新优化生产组织形式、运营管理方式和商业发展模式,不断增加服务要素在投入和产出中的比重,实现以加工组装为主向"制造+服务"转型,从单纯出售产品向出售"产品+服务"转变,有利于延伸和提升价值链,提高全要素生产率、产品附加值和市场占有率。

从国际看,服务型制造已成为引领制造业产业升级和保持可持续发展的重要力量。无论是德国"工业4.0"、美国的先进制造业计划,还是英国工业2050战略,都将服务型制造作为制造业未来发展的重要方向,并出台相应的政策和战略措施。

制造企业之所以转变传统的生产经营方式,向服务型制造转型,是内外部因素共同作用的结果。大力发展服务型制造,对制造企业提质增效、形成产业竞争新优势、更好地满足市场需求具有重要意义。借鉴德美英等发达国家服务型制造的发展经验,我国要加强服务型制造政策引导、推动服务型制造创新发展、开展服务型制造示范评选推广、完善服务型制造发展支撑平台、健全服务型制造公共服务体系、加强服务型制造人才队伍建设,推动企业向服务型制造转型,不断提升制造业竞争力。

最后以华为企业为案例,剖析了如何以产品制造商为基础,从基于产品的简单维护和安装服务开始,逐步发展到提供可选择的增值服务组合,最终发展成为以系统解决方案为主的提供商,转型为以客户为中心的服务型制造企业的经验和启示。

第一节 基本认识

制造业是国民经济的主体,是立国之本、兴国之器、强国之基。随着服务经济时代的来临,产业结构正在向服务业主导转型,我国应加快发展以创新设计、协同管理等生产服务业态和模式为引领的服务型制造的发展,实现由单纯的生产型制造向服务型制造的转变。

一、服务型制造的内涵

(一) 服务型制造的概念

20世纪90年代开始,世界范围内掀起了制造业服务化的浪潮,GE、IBM等跨国企业率先实施提供解决方案的服务化战略。服务化成为全球顶级制造企业发展的大趋势,服务收入逐渐占据主导地位。伴随全球经济进入新的发展阶段,以信息网络技术为代表的新一代科技革命广泛而深刻地改变着传统制造业的生产方式,服务型制造应运而生。

所谓服务型制造,是制造与服务融合发展的新型产业形态,制造企业通过创新优化生产组织形式、运营管理方式和商业发展模式,不断增加服务要素在投入和产出中的比重,实现以加工组装为主向"制造+服务"转型,从单纯出售产品向出售"产品+服务"转变,有利于延伸和提升价值链,提高全要素生产率、产品附加值和市场占有率。[①]

从本质上看,服务型制造是通过服务使产品给用户带来更大的价值,其发展基础是高质量的工业产品。只有制造业的高度发达,才能衍生出更多的服务化需求;反之,没有先进的制造业,服务型制造也就成了无源之水、无本之木。发展服务型制造,实现制造业的服务化转型,必须坚持以制造为基础实现制造与服务的融合发展。

(二) 服务型制造的特点

不同于传统的生产型制造,服务型制造作为一种新的制造模式,是基于制造的服务和面向服务的制造,是基于生产的产品经济和基于消费的服务经济的融合。具体说,服务型制造具有以下特点。

(1) 从价值实现看,产品价值和服务价值都是重要的价值来源。传统制造企业

---

① 本概念采用由工业和信息化部、国家发展改革委、中国工程院共同牵头制订,自2016年7月12日起实施的《发展服务型制造专项行动指南》中的界定.

主要通过产品的制造实现有限的价值增值，较少通过关注服务来创造产品的差异化以构建企业的竞争优势。而服务型制造强调由传统的产品制造为核心，向提供"产品+服务"转变，直至为顾客提供整体解决方案。通过差异化和聚焦战略推动价值链向"微笑曲线"两端延伸，既实现产品价值又实现服务价值，拓宽了制造业的价值实现空间，构成了不易被模仿和复制的企业核心竞争优势。

（2）从经营导向看，客户导向和需求导向贯穿整个生产组织。传统制造模式以实物产品为核心，客户需求和产品技术之间的信息传导慢、有效衔接难。而服务型制造模式转向以人为中心，通过流程再造和信息支撑，使内部生产经营各个环节能够围绕客户导向和需求导向开展业务，实现企业内部生产经营目标的一致性和管理节奏的协同性。

（3）从组织模式看，面向客户的主动协同成为企业运作的重要模式。传统制造模式在生产组织上更多地强调制造资源的集成与优化，追求自上而下的生产动员和资源组织方式。而服务型制造不追求纵向的一体化，它更关注不同类型的市场主体，通过构建响应市场需求、及时服务客户的生产网络，在相互动态协作中自发形成资源优化配置，打造具有动态稳定结构的服务型制造系统。围绕客户需求，以各自业务功能及协作流程为契合点，实现制造资源、知识资源和服务资源的有效整合。

（三）服务型制造与制造业服务化的区别与联系

从内涵上来看，制造业服务化是指制造企业为获取竞争优势，将价值链由以制造为中心向以服务为中心转变。

从外延上来看，制造业服务化可分为投入服务化和产出服务化，其中投入服务化是指企业的核心投入以实物要素为主向以服务要素为主转变，产出服务化是指企业的全部产品中服务所占比重不断增加的现象。①

制造业服务化与服务型制造相比，本质上是一致的，都是强调制造和服务的相互融合，强调服务在企业投入和产出中的比重越来越高。但是，两者的侧重点有所不同。制造业服务化侧重于描述制造业的发展趋势，强调制造企业从加工制造环节向价值链两端服务环节延伸的趋势；服务型制造侧重于描述制造业的发展模式，是相对于传统的生产型制造模式而言的，强调通过服务环节来引领制造业的升级发展。

二、服务型制造的模式

根据《工业和信息化部、国家发展和改革委员会、中国工程院关于印发〈发展服务型制造专项行动指南〉的通知》（工信部联产业〔2016〕231号）的分类，结合

---

①刘继国. 制造业服务化发展趋势研究［M］. 北京：经济科学出版社，2008.5：40-41.

未来发展趋势,服务型制造主要有以下十种模式。

(一)创新设计

创新设计是制造企业通过加强价值链各环节的研发设计,增强市场竞争力、提高盈利能力的商业模式,既包括产品的研发设计、系统设计、工艺流程设计和生产装备设计等过程,也包括供应链、商业模式、服务和品牌的设计与创新。创新设计能够实现价值链各环节的提升,增强产品市场竞争力,提高产品附加价值和企业利润。创新设计是制造企业内部重要的具有服务性质的活动,也是服务型制造最典型的模式之一。

案例

ARM 公司

许多企业都或多或少地采用创新设计的模式,但其极致是完全聚焦于研发设计,通过专利授权和版税获得收入,典型代表就是芯片行业的隐形冠军企业 ARM(Advanced RISC Machines)公司。ARM 公司完全不涉及半导体芯片的生产和销售,主要从事智能手机、平板电脑、嵌入控制、多媒体数字等处理器的研发设计,并将知识产权授权给高通、飞思卡尔、三星、德州仪器、联发科、华为海思等芯片公司使用。ARM 向 250 多家公司出售了 800 个处理器许可证,全世界超过 95% 的智能手机和平板电脑、80% 的数码相机以及 35% 的所有电子设备都采用该公司的技术,至今已售出超过 200 亿个 ARM 架构的芯片。创新设计处于制造业产业链的前端和价值链的高端,带动了制造业的升级和产业结构的优化。

(资料来源:工业和信息化部服务型制造专家组,工业和信息化部电子第五研究所. 服务型制造典型模式解读 [M]. 北京:经济管理出版社,2016.)

(二)定制化服务

定制化服务是在客户参与或与其交互情境下,满足客户个性化需求的一种特殊服务提供模式。制造企业利用物联网、云计算、大数据等信息技术,通过客户体验、在线设计和大数据挖掘等方式采集和处理客户需求,在生产制造柔性化改造基础上,对产品标准化零部件、模块化部件做动态的个性化重组,实现产需互动的高度协同。定制化服务适用于能够识别群体客户需求共性的制造业领域。以这些共性为基础,制造企业才有可能为离散客户提供定制化服务。

> **案例**

九牧厨卫

九牧股份有限公司是一家集研发、生产、销售、服务于一体的大型综合卫浴龙头企业、国家高新技术企业。九牧推出"九牧五星定制空间"概念和无缝隙管家服务，实现了以个性化定制为主要模式的服务型制造转型升级。九牧的五星定制，顾客可根据在线的 2D 或 3D 户型线上，通过户型导入、样版间体验、3D 空间生成、DIY 布局、效图展示等，出具报价单，定单传至后台管理系统，订单传至蓝鹏/sap，系统自动进行排产与 MES 进行数据交互，尔后工厂实现生产、包装、配送等流程。其中线下是核心，用户将线下体验反馈回线上，根据客户的线下反馈，提供完善的售后服务来保证消费者的利益，同时调查客户满意度来驱动生产出更加符合客户需要的产品。

（资料来源：福建省服务型制造公共服务平台 http://www.fjfwxzz.com//.）

（三）供应链管理

供应链管理是制造企业应用工业物联网、大数据等现代信息技术，加强与上下游企业、第三方物流供应企业开展外包合作或建立战略联盟，采用智能化物流装备和仓储设施，做好订单管理、物料配送、仓储库存等服务，优化生产管理流程，提高供应链的市场响应效率，保障原辅料和产品销售库存稳定有序。供应链管理改变了市场竞争形式，使得产业链价值凸显，带来传统的企业竞争向产业链竞争转变。服务型制造的供应链模式，是实现整个产业层面的供应链优化与协同，在整体上将孤立的上下游企业整合形成完整的制造——服务综合体。

> **案例**

怡亚通供应链服务

深圳市怡亚通供应链股份有限公司成立于 1997 年，是一家供应链服务上市企业。公司旗下的怡亚通综合供应链服务平台顺应制造企业服务转型的需求，帮助制造企业面对终端消费市场，在原有平台的商流、物流、资金流、信息流基础上嵌入服务流，形成以客户需求为核心、供应链服务为载体、物流为基础、互联网为工具的智能化、一体化的综合供应链服务平台。平台将传统的制造供应商与各服务提供商进行集成，依据各类制造企业的不同需求，向不同行业的制造企业提供从原材料采购到分销系统架构、物流、供应链金融、互联网供应链服务为核心的全程供应链服务和定制化供应链解决方案，助力制造企业优化供应链管理流程，向服务型制造转型升级，提升产业竞争力。2017年公司获评工信部"首批服务型制造示范企业"。

（资料来源：怡亚通官网 http://www.eascs.com/.）

（四）网络化协同制造服务

网络化协同制造是基于敏捷制造、虚拟制造、网络制造、全球制造的生产模式，打破时间、空间的约束，通过互联网使整个供应链的企业和合作伙伴共享客户、设计、生产经营信息。从传统的串行工作方式，转变成并行工作方式，最大限度地缩短新品上市的时间，缩短生产周期，快速响应客户需求，提高设计、生产的柔性。网络化协同制造服务一般需要依托于网络化协同制造系统实现，这个系统是一个面向群体协同工作并支持开放集成性的系统。

案例

波音787客机的研制

波音公司基于全球协同环境GCE研制的787"绿色"环保客机于2009年12月15日进行首飞。波音787是不折不扣的国际化产物，实现了资源、信息、财力、物力和技术等重要因素的协调、管理及整合，全球网络化协同研制思想贯穿始终。其大部分部件的细节设计工作都是由来自海外供应商、美国本土供应商以及波音的分公司进行。为了运作这个世界上最复杂的生产线，波音的构想是利用先进的数据库系统和管理系统与世界各地的供货商保持密切联系，实现24小时设计。在装配过程中，采用了数字化装配技术。通过网络技术将各个需要进行装配的部件图上传到应用软件中，然后进行三维数字化处理，协同多个装配方的部件图样进行无缝组合。

（资料来源：王者归来："梦想客机"波音787研制情况简析. 2010 – 04 – 06 17:59:59 网易军事. http://war.163.com/10/0406/17/63JTC7VN00011232.html.）

（五）服务外包

服务外包是指企业将原本分散在传统管理部门的非核心业务按照专业领域，独立出来集中交给专业化公司运作，以实现提高效率、降低成本的目标。通过服务外包，企业可以实现精简化运作，集中精力做好主营业务。发包方和承包方的利润都来自于通过外包节约下来的成本，从而形成"双赢"的利益分配，使得双方的合作能够稳定、持久。发展制造型制造，采取服务外包模式，是向价值链高端延伸的必然趋势。

案例

上海通用汽车（SGM）的一体化服务外包

上海通用汽车（SGM）作为中国一体化服务外包的先行者，构建了中国汽车制造业最先进的一体化外包管理体系，通过对非核心业务的一体化外包管理，很好地解决了企业非核心业务专业化管理的难题，不仅精简了管理流程，而且降低了成本。上海通用的第一个一体化管理项目是化学品一体化外包，将化学品管理全部交给美国辛辛那提化学品管理公司，由它负责所有化学品的选择、二级供应商开发、及时交货、用量统计和控制、现场管理和排污处理等。其投资和成本要比传统的外包服务降低一半以上。该项目实施三年后，节省物流成本1亿多元，节省人员超过700人。除化学品管理外，一体化外包管理在上海通用还应用于刀具管理、检量具管理、零部件物流管理、一般仓库、公用动力、保洁服务等方面的20多个项目，这些业务全部交给专业公司运作和管理。

（资料来源：郭炜，程丽，杨治. 非核心业务的一体化管理——以上海通用汽车有限公司为例 [J]. 经济管理，2002（20）：47-51.）

（六）产品全生命周期管理

当前资源环境约束趋紧，制造业强调绿色和可持续发展，企业更加注重从产品需求分析到淘汰报废或回收再处置的整个生命周期的系统管理。产品全生命周期管理就是管理产品从需求、规划、设计、生产、经销、运行、使用、维修保养直到回收再处置的全生命周期中的信息与过程。因为产品全生命周期管理需要提供产品全生命周期信息的创建、管理、分发和应用的一系列应用解决方案，所以提供商通常是从产品数据管理提供商转型而来，而且通常需要集成企业资源规划、客户关系管理和供应链管理等系统。

案例

施耐德公司的产品全生命周期管理

施耐德电气（中国）为了更好地满足本土客户的需求，深入挖掘中国市场内需，以更加本土化的产品和服务满足中国客户的需求。在对某跨国洗护用品制造企业实施智慧工厂改造时，施耐德电气通过对企业负责人、工厂运营经理、车间班组长等多个维度，分析其改造关注点，实现了产品生命周期端到端的集成、各生产工厂之间的横向集成，以及企业内部的纵向集成。改造后，该制造企业整体设备效率得到提升，生产的准确性和实时性显著提高，运营效率提高3%~5%，投资回报周期为7个月。

（资料来源：施耐德电气官网 https://www.schneider-electric.cn/zh/.）

（七）系统解决方案提供

系统解决方案是企业通过有效的产品与服务融合，为客户提供专业性强、系统集成化程度高、解决客户问题的产品服务组合方案。它具有强调产品和服务的融合，强调客户价值导向，强调产品全生命周期服务，强调生产性服务、服务性生产以及客户参与来协同创造供需双方价值等特征，能够以最优化、最高效的协作机制实现资源的匹配和对接，从源头上对产品生命周期进行科学设计，在运作过程中以服务的方式贯穿整个价值链，更为高效地发挥产品功能和满足客户价值创造需求。

案例

罗尔斯·罗伊斯公司

罗尔斯·罗伊斯公司是全球最大的飞机引擎和汽油涡轮机制造商，并提供陆路、海洋和航空用电力系统。自20世纪80年代以来，航空发动机市场的竞争开始从产品竞争向服务竞争演变，该公司率先提出服务化转型，由初期以设备维修和备件供应作为其售后服务的主要内容慢慢转向PBC模式这种集成解决方案的提供，建立起一套全新的服务支持体系，不断延伸服务价值链，推出全面维护服务（totalcare），逐步确立了位列全球三大航空公司的主导地位。全面维修服务为航空公司提供一整套售后服务方案，不仅包含传统的维修服务，还整合了新型的增值服务，形成模块化的服务包组合方案。运用优秀的数据分析能力、成熟的供应链体系、出色的成本控制能力和世界顶尖的技术，罗尔斯·罗伊斯公司为客户提供了高性能的发动机产品，并且最大程度减少了潜在故障带来的损失，帮助客户实现了风险转移。

（资料来源：罗尔斯·罗伊斯公司官网 https://www.rolls-royce.com/country-sites/china.aspx.）

（八）信息增值服务

信息增值服务是围绕企业的核心产品，不断融入能够带来市场价值的信息，使企业从传统的单纯提供实物产品，转变为提供融入大量信息服务要素的产品服务系统。制造企业借助软件和网络技术延展产品服务，在生产领域为企业客户提供设备状态监测、产品质量监测、在线技术支持、生产运行分析等服务，在消费领域为终端消费者提供基于硬件产品的增值服务和个性化服务，能够有效提高产品附加值，实现生产经营管理的信息集成和协同运营。

苹果公司信息增值服务

苹果公司是在信息增值服务方面最为成功的企业之一。创立之初,公司主要开发和销售个人电脑,2001年1月,苹果推出iTunes音乐商店。正是配合了其独家的iTunes网络付费音乐下载系统,iPod一举击败索尼公司的Walkman系列成为全球占有率最高的便携式音乐播放器。在iPod成功的基础上,苹果公司的产品范围还得到了横向扩展,从Apple TV扩展到iPhone。2007年6月,iPhone上市,随后苹果公司发布了iPhone应用程序开发工具包,供免费下载,以便第三方应用开发人员开发针对iPhone及iTouch的应用软件。2008年7月,App Store正式上线,供用户提供免费或付费的应用程序下载,苹果公司和应用程序开发者共享信息增值服务收益。信息服务使苹果公司的硬件产品比其他电子设备供应商更具有市场竞争力,成为新的利润增长点。

(资料来源:工业和信息化部服务型制造专家组,工业和信息化部电子第五研究所. 服务型制造典型模式解读 [M]. 北京:经济管理出版社,2016.)

(九)金融支持服务

服务型制造中的金融支持服务,是一种以解决制造业全流程或重点环节金融服务需求为目标,将金融服务深度嵌入服务型制造系统内部,进而增强制造系统综合能力的服务模式。在这种模式下,金融服务模块与生产制造各环节相结合,通过金融服务优化整个流程,降低生产经营风险,提高运行效率。例如,供应链金融、融资租赁等模式,就是基于金融服务深入嵌入制造过程而产生新服务模式。金融服务成为一种内化要素后,对企业制造能力的增强作用更为显著,而金融与制造业融合的程度决定了经济发展的速度与质量。

卡特彼勒金融服务公司

卡特彼勒是世界上最大的工程机械和矿山设备生产厂家、燃气发动机和工业用燃气轮机生产厂家之一,也是世界上最大的柴油机厂家之一。为帮助客户解决购买大型机械设备时资金不足的问题,卡特彼勒公司于1981年成立了卡特彼勒金融服务公司,通过与经销商合作,向客户推出了以金融融资服务为基础的"一站式服务"的销售支持方案,承诺客户可以在任何一家卡特彼勒经销商的销售网点选购机器设备、设备融资、设备维护以及提供原厂零备件支持等一系列的专业服务。在这一模式下，实现了卡特彼勒与代理商业务契合与利益共享。代理商获得了卡特彼勒的优质产品，还通过卡特彼勒在代理商网点直接提供的融资解决方案服务促进了产品销售。卡特彼勒金融服务公司继续挖掘客户的需求，将业务拓展到卡特彼勒再制造服务，以及设备管理解决方案服务，形成覆盖全生命周期的服务生态系统。

（资料来源：卡特彼勒公司官网 https://www.cat.com/zh_CN.html.）

（十）智能服务

2015年3月，德国国家科学与工程院发布的《智能服务世界》报告给出了智能服务的概念：智能服务是智能产品、实体服务和数字化服务相结合的不同类型服务组合，是智能制造的延伸，可以作为一种柔性的"按需服务"来销售。制造企业开展智能服务的运营有多种形式，包括基于产品/设备所有权和使用权的转让、基于服务的交易以及跨界合作等。智能服务的本质是由软件和数据驱动的服务，在保障数据安全，不侵犯用户隐私的前提下，开展数据分析服务也是智能服务拓展盈利来源的可行性方向。

案例

宝马汽车"DriveNow"即时出行智能服务模式

为保持高端个人交通出行领域领导者地位，宝马集团从汽车制造商向个人出行服务提供商转型。一方面加快旗下车辆数字化技术改造步伐，另一方面相继推出提高乘客出行体验的三大智能服务：即时用车、即时停车和即时充电，并能按需提供以及量身定制。其中，即时用车"DriveNow"为没有买车的用户解决用车需求。这项服务目前由德国宝马汽车与汽车租赁公司 Sixt 合资运营，为客户提供基于宝马品牌车辆的灵活、弹性的车辆即时使用和分时共享服务。其特点主要体现在：依托宝马集团的 BMW 和 MNI 两大品牌最新车辆型号，为乘客提供广泛、高品质且多样化的车辆选择；创新提出"自由浮动使用"（free-floating Usage）概念，用户可以通过手机 App 应用快速就近取车；最充分考虑到用户的便利，车辆的使用费是一口价。

资料来源：工业和信息化部服务型制造专家组，工业和信息化部电子第五研究所．服务型制造典型模式解读 [M]．北京：经济管理出版社，2016.

三、服务型制造形成发展的原因

以全球顶级制造企业为引领，服务型制造日益成为制造业发展的重要趋势。制造企业之所以转变传统的生产经营方式，向服务型制造转型，是内外部因素共同作用的结果①。

(一) 制造业与服务业日益融合和互动

从服务业发展看，研发设计、风险投资、金融物流、质量管理、广告会计、法律咨询等专业中介服务正加速向制造业全过程渗透。从制造业价值链来看，前期的研发、设计，中期的融资、管理和后期的广告、销售等过程的每一个环节都伴随着大量的服务需求，服务的投入不断增加。制造业越发达，对服务的市场需求越大，相关的生产性服务业就越发达；而发达的生产性服务业，又为制造企业剥离一些非核心的生产性服务环节创造了条件。制造企业将其自身不擅长的业务交给专业服务公司，以此来降低企业成本并扩大了生产性服务业的需求。生产性服务企业则应通过整合，不断提高服务供给能力，满足制造业企业的服务需求，并鼓励规模大、信誉高、服务质量好的企业，实施跨地区、跨行业的兼并重组，促进生产性服务业发展壮大。此外，信息技术的迅猛发展，促进服务业和制造业中的许多行业融合互动，制造业部门的功能也日趋服务化。

(二) 制造业内在价值链的逐步延伸

国际专业化分工的深化逐步打破了制造企业"大而全""小而全"的经营模式。随着制造业内在价值链的延伸，企业看到与服务相关的业务拥有巨大的市场需求，一些企业便结合自身的长处，专门从事价值链中的某一服务环节，服务要素的价值被重新发现。随着服务要素效率的提高，建立在专业化基础上并从制造业生产体系中逐步分离出来的生产服务业成为新的独立的价值增值环节。制造业所提供的产品不仅是有形产品，更是从产品开发、销售、报废到回收的全生命周期的服务保证；产品的内涵已经从单一的实物，扩展到为用户提供全面解决方案。至此，服务成为企业价值增值的重要环节，甚至已经超过了产品本身的价值。对于许多制造企业来说，内在价值链中的上、下游服务环节不仅能创造大量的营业额，还是公司重要的增值环节，服务在制造业价值链中的增值化趋势越来越明显。

(三) 制造业产品内在特性的需要

适应现代科技快速发展的形势和客户的专业化需求，制造业产品中出现了大量技术含量高、操作复杂的新产品，如用于企业生产作业的大型机床、医疗器械、重型运输设备及航天飞行、海上运输、精密半导体产业等高新技术行业的产品。该类产品由于技术特性以及产品具有结构复杂、零部件多样等诸多特点，仅出售产品显然是不够的。为保证产品使用的便捷和安全，制造企业还必须向客户提供相关操作

---

① 参见杨书群. 服务型制造的实践、特点及成因探讨 [J]. 产经评论, 2012 (4): 46-55.

技术以及日常维护和定期检查的售后服务。因此，制造企业能否提供到位的产品服务在很大程度上影响着客户的购买决策。相对于无制造背景的纯粹服务企业而言，制造企业更具专业技术优势，在整个产品生命周期内向客户提供专业性服务，不仅能有效发挥制造企业的技术优势，也能满足消费者的专业需求，使这种制造业获得更多的竞争优势。

（四）全球制造产品由卖方市场向买方市场转化

由于国际制造业的快速发展，制造业大多数行业由过去的卖方市场转变为当今的买方市场，消费者需求成为市场的中心。市场参与者之间的竞争主要是制造企业的竞争，这种竞争既有来自于国内的也有来自国际的。制造企业为了应对各种竞争压力，避免过度竞争，一方面在制造业投入中增加服务要素如研发设计、金融、物流、信息、市场研究和其他服务等，通过投入服务化以提高制造企业的效率；另一方面通过产出服务化的方式，如在售前、售中及售后为消费者提供诸如技术咨询、培训服务、安装调试、维修保养、购买融资、系统集成等方面的服务，来满足消费者多元化、个性化需求，以获取更多的竞争优势。显然，世界市场变化、制造业行业竞争加剧是服务型制造趋势产生的重要外在动力。

（五）全球资源能源约束以及要素成本上升

国际经验表明，产品生产所创造的价值约占产品整体价值的 $1/3$，而服务所创造的价值约占 $2/3$，与波特的竞争优势理论和"微笑曲线"理论所指出的生产加工环节在全球价值链分工中处于最低端的结论相一致。加工制造环节一方面非常容易遭到对手模仿，难以形成企业的竞争优势；另一方面又有着资源消耗高、环境污染大且附加值较低的属性。近年来，随着全球原材料价格上扬、能源资源价格的逐步上涨和土地、人力等生产要素成本上升，制造业的各项成本越来越高，原本已经很低的利润空间再度受到挤压，传统加工制造业的发展空间变得越来越窄，原有制造业的粗放型增长方式难以为继，这些都迫使全球高耗能、高污染的制造企业向服务业转型发展。

四、推动服务型制造发展的意义

发展服务型制造，是现代制造业的发展趋势，也是促进生产服务业协同发展的重要途径。大力发展服务型制造，对制造企业提质增效、形成产业竞争新优势、更好地满足市场需求具有重要意义。

（一）发展服务型制造有利于满足顾客的消费需求

随着工业产品科技含量提高和技术升级加快，产品复杂程度不断提高。同时，伴随消费结构的升级，顾客对物质型消费的需求基本得到满足，对服务型消费的需求在不断增长。有的顾客由于不具备复杂产品使用、保养、维修的能力，需要制造企业为他们提供这些服务；还有的顾客出于专业化经营的考虑不愿意自己从事保养、维修甚至使用等活动，就把这些活动委托给制造企业，这就需要制造企业提供更大范围"产品+服务"的组合。发展服务型制造，使制造企业通过延伸服务体系创新增值服务的方式，带给顾客更大的价值，从而也使自身产品更有吸引力。

（二）发展服务型制造有利于创造差异化竞争优势

随着全球化竞争的日益加剧，在生产制造环节的利润空间将会越来越小，服务环节在制造业价值链中的作用越来越大。只有从单纯提高产品技术水平转向提高产品与服务的综合水平，增加产品附加值，才能逐步走向价值链高端。制造业企业只有把服务整合到其核心产品中，通过产品与服务的结合，以客户需求为导向，才能创造出独特的差异化竞争优势，保持长期稳定的经济利益。基于制造业产品的服务活动已经成为越来越多制造企业销售收入和利润的主要基础，成为制造业竞争优势的核心来源。

（三）发展服务型制造有利于提升体系性服务能力[①]

工业化进程中产业分工协作不断深化，催生制造业的服务化转型。信息化特别是新一代信息通信技术的深度应用，进一步加速了服务型制造的发展。无论是德国工业4.0，美国工业互联网，还是日本机器人战略，都强调通过信息技术与制造技术的高度融合，构建资源、信息、物品和人紧密联系的物理信息系统，实现制造产业价值链子系统的互联互通、协同运行，提升制造业的体系性服务能力。信息技术提升了创新设计效率和制造效能，通过建立分散的消费者与制造企业紧密的联系，生产企业在获得消费者的个性化需求后，依托基于大数据的产品开发系统和高度柔性化的生产线，能够为用户提供按需定制的服务。

（四）发展服务型制造有利于破解制造业发展约束[②]

随着发展环境和全球分工格局的变化，无论是发达国家还是发展中国家制造业都面临新的矛盾和约束，突出表现为资源稀缺、环境脆弱、要素成本的上涨和市场增长乏力。服务型制造的出现和发展推动了制造业的技术创新和管理创新，成为破解制造业发展约束的重要途径，甚至对全球制造业分工格局产生潜移默化的影响。例如，合同能源管理模式使得制造企业能够以较低的成本安装节能环保装备，并在使用过程中逐步偿还债务，这种模式已经在很多重化工业得到很好的应用。制造业

[①②] 参见赵剑波，覃毅，邓洲. 服务型制造，渐成新型产业形态[J]. 中国中小企业，2016（8）：72-75.

的产出服务化也可以有效降低资源能源消耗。例如，源自美国的化学品管理服务创新改变了以增加销量获得更多收益的销售模式，化学品功能成为交易的基础，顾客按照功能支付报酬，节约使用化学品成为买卖双方共同目标。

第二节 国外借鉴

从国际看，服务型制造已成为引领制造业产业升级和保持可持续发展的重要力量。无论是德国"工业4.0"，美国的先进制造业计划，还是英国工业2050战略，都将服务型制造作为制造业未来发展的重要方向，并出台相应的政策和战略措施。

一、德国："工业4.0"强调围绕产品全生命周期各环节融入增值服务

（一）德国"工业4.0"的提出

德国工业高度发达，拥有世界上最完备的工业体系。面对其他发达国家的"再工业化"战略和发展中国家制造业转型升级步伐的加快，为保持德国制造业的国家优势，德国政府加大力度推进制造业发展。2013年4月，德国机械及制造商协会、德国信息技术、通信与新媒体协会、德国电子电气制造商协会合作设立了"工业4.0平台"，并向德国政府提交了《关于实施工业4.0战略的建议》的报告，该提议随后上升为国家战略，其核心内容包括建设信息物理网络、智能工厂和智能制造等。"工业4.0"着重强调从生产型制造向服务型制造转型，围绕产品全生命周期的各个环节不断融入能够带来市场价值的增值服务，以此实现从传统的提供制造业产品向提供融入了大量服务要素的产品与服务的组合。

（二）德国推进"工业4.0"的举措①

（1）推动制造企业向智能化转型。德国拥有强大的机械和装备制造业，在嵌入式系统和自动化工程领域居于全球领先地位。而互联网技术是德国工业的相对弱项。德国在推进"工业4.0"的过程中，注重发挥制造业的主导性，将设备、原材料、产品等制造领域的因素和资源都通过CPS连接起来，并利用互联网、物联网以及模块化技术，实现工业生产方式的变革。这一举措有利于从根本上改进制造、工程、材料使用、产业链、生命周期管理等过程，实现工业生产过程的智能化与效率提升。同时，智能制造还可以实现定制化服务，通过打造物联网流水线，可以让产品直接在车间实现大规模个性化定制，从提出需求到交货只要1个月时间。目前，智能制

---

①参见德国如何推进"工业4.0"的实施？http://www.big-bit.com/.

造已经在相当一部分德国制造业企业中实现，并颇具成效。

（2）注重标准化建设。德国提出"工业4.0"概念之后，制订了8个优先行动计划，其中标准化排在首位。"工业4.0"战略认为，实现目标的核心和关键是建立一个人、机器、资源互联互通的网络化社会，物联网、互联网、服务化的智能连接必然要求一个系统框架。在这个框架内，各种终端设备、应用软件之间的数据信息交换、识别、处理、维护等必须基于一套标准化的体系。同时，标准化不能单纯依靠政府自上而下地制定、协调，应强调由企业牵头，成立"工业4.0社区"，以自下而上的方式发展，政府对时间、协调成本、利益冲突等进行调控，以便达成共识。2013年12月，德国电气电子和信息技术协会发表了德国首个"工业4.0"标准化路线图。2016年，德国工业界与标准化领域权威机构共同宣布设立"工业4.0标准化理事会"，以提出"工业4.0"数字化产品的相关标准，并协调其在德国和全球范围内落地。

（3）打造样板工厂。2015年11月，德国"工业4.0平台"在德国全国信息技术峰会上正式推出了"工业4.0平台地图"。这份虚拟在线地图上清晰标注了遍布德国各地的200多个"工业4.0"应用实例和试验点。其中，位于安贝格的西门子工厂堪称典范。西门子工厂通过Simatic可编程逻辑控制器制造Simatic设备及相关产品，实现"机器控制机器的生产"，即端到端的数字化。西门子成都工厂采用产品生命周期管理软件（SiemensPLM），实现从订单、设计、生产到物流的全数字化管理；通过制造执行系统SimaticIT和全集成自动化解决方案（TIA），集成产品和生产的全生命周期，将产品上市时间缩短50%。

（4）加强"双元制"人才培养。德国制造业有着强有力的技术技能型人才的支撑，其中"双元制"职业教育扮演着重要角色，被誉为"德国制造"的基石、德国经济腾飞的"秘密武器"。在"双元制"职业教育中，职业学校的学生同时也是企业中的学徒，企业培训和职业学校学习交替进行，而且以企业培训为主导。据统计，德国从事培训的企业占企业总数的比例接近22%，这个比例在500人以上的企业达到了近90%。同时，"双元制"职业教育充分发挥职业学校、企业、商会和政府机构等主体的作用，分工协作，不仅能培养企业实际需要的技能技术型人才，而且能敏锐地对工业和职业变化做出调适。

（5）注重应用技术研究。德国政府十分注重产业创新体系的发展，对基础研究和应用研究同样重视。其应用科学创新体系具有鲜明的特色，是"工业4.0"得以顺利实施的基石。弗劳恩霍夫协会是德国最著名，也是最重要的应用研究机构。在"工业4.0"变革中，弗劳恩霍夫协会不仅仅是倡导者，还是重要的参与者，为"工业4.0"企业提供专业支持。它在德国境内有多达67家研究所，雇员人数超过23 000人，在海外也设有研究中心。每一个独立研究所都有与工业和制造领域相对应的应用研究专长。凭借和企业的深度融合,弗劳恩霍夫协会一直是推进德国企业层面研发的骨干力量。

二、美国:实施先进制造业计划确保持续占据全球制造业价值链主导地位

(一)美国先进制造业计划的提出

长期以来,制造业一直是美国经济的核心,同时也是应对其他国家挑战、产生创新性解决方案的重要支撑。2008年金融危机全面爆发前,美国虚拟经济过度膨胀,产业空心化问题严重,致使美国制造业竞争力严重流失,国际竞争地位不断削弱。2008年金融危机爆发后,美国重新认识到发展实体经济特别是制造业的重要性,启动了工业化战略。美国政府先后发布了《重振美国制造业政策框架》《先进制造伙伴(AMP)计划》。所谓"先进制造",是指制造业对信息技术、自动化技术、计算技术、软件技术、传感技术和网络技术等加以综合运用,以新技术、新材料、新工艺改造现有产品制造方式,或研发新产品。2012年2月,美国国家科学技术委员会发布了《美国先进制造业国家战略计划》的研究报告,从国家战略层面提出了加快创新,促进美国先进制造业发展的具体措施和建议,确保美国持续占据全球制造业价值链主导地位。

(二)美国推进先进制造业计划的举措

(1)建设国家制造业创新网络。2012年3月,美国首次提出建设"国家制造业创新网络"的计划,目的是建立45个研究中心,加强高等院校和制造企业之间的产学研有机结合。2013年1月,美国总统执行办公室、国家科学技术委员会和高端制造业国家项目办公室联合发布了《国家制造业创新网络初步设计》,投资10亿美元组建美国制造业创新网络,集中力量推动数字化制造、新能源以及新材料应用等先进制造业的创新发展,打造一批具有先进制造业能力的创新集群。每一个创新中心都聚集了利益相关者,如工业界、学术界(包括大学、社区学院、技术学院等)、国家实验室、联邦政府、州政府和地方政府等,形成创新生态系统,促进非政府投入和加快美国先进制造能力的发展,从而提高美国制造业的竞争力。

(2)完善先进制造业创新政策。该政策的目标是应对市场失灵,核心原则是采取有凝聚力的措施开展研究、开发和应用。一是加强"产业公地"建设,公共部门扮演"先进制造商合作投资者"角色,打造许多制造商所共享的知识资产和有形设施,有助于解决加速创新、加快后续市场渗透但又是单一的公司无法独自承担的共同资源供给问题。二是加大研发投资力度。加快对先进制造技术,特别是对中小企业先进技术的投资,促进它们更有效地利用联邦政府的力量和设施,包括联邦政府

部门的早期采购促进计划。采取跨机构投资组合的方式对联邦先进制造业的投资做出相应地调整优化，提供有效的技术平台，更好地完成机构所承担任务。三是激发中小企业创新活力。注重中小企业在项目申报、实施中的参与和收益，并为中小企业提供充足资金用于开展科技创新活动，提供大型试验设备用于攻克关键技术。四是重视技术人才培养。美国制造业创新研究所可作为"教学工厂"，帮助培训制造企业（尤其是中小企业）员工以提高劳动技能，为企业研发和运营提供技术支持，促进科技和教育的有效结合。

三、英国："工业2050"战略鼓励发展生产世界级高附加值产品和相关服务的高价值制造业

（一）英国"工业2050"战略的提出

20世纪60年代以来，英国"去工业化"现象明显，逐渐形成以金融服务为中心、制造业退居二线的经济发展定位。直到2008年金融危机爆发，让英国重新认识到制造业在维护国家经济韧性方面的重要意义。财政大臣奥斯本在2011年春季预算报告中提出，制造业是英国经济复苏的核心，英国需要"英国制造""英国创造""英国发明""英国设计"，需要"制造者的前进来带动英国发展"。由此，催生了英国工业2050战略。《英国工业2050战略》提出，制造业并不是传统意义上"制造之后进行销售"，而是"服务再制造（以生产为中心的价值链）"，政府需要关注三个系统性领域，包括更加系统、完整地看待制造领域的价值创造，明确制造价值链的具体阶段目标，增强政府长期的政策评估和协调能力。不同于以往的工业化进程，英国的"再工业化"所针对的领域多集中在高科技产业、高端制造业、创意产业等，其重要战略意图就是要扶植制造业，使制造业回归经济主体，从而减少经济对于金融业的依赖。

（二）英国"工业2050"战略的举措[①]

（1）鼓励制造业回流。为了吸引更多之前将生产环节迁至海外的本土生产力回流，英国政府选择帮助制造业企业削减成本，例如利用税收优惠政策直接降低英国公司的税费。在此背景下，一部分英国企业选择将海外产能转移回本土，包括约翰—路易斯百货商场、霍恩比玩具模型公司、列顿集团等生产商纷纷将其海外的生产基地部分回迁。

（2）保证制造业发展质量。政府的中心思路在于高度重视创新升级，通过鼓励高附加值设计与发明创造，抢占高端制造业制高点。2011年，英国政府确定了制造

[①]参见张蓓.英国工业2050战略重点［N］.学习时报，2016，2（15）.

业的五大竞争策略，即占据全球高端产业价值链、加快技术转化生产力的速度、增加对无形资产的投资、帮助企业加强对人力技能的投资、占领低碳经济发展先机等。同年3月，英国政府宣布投入5100万英镑，在工程和物理科学研究理事会下建立9个创新制造研究中心，其发展高端制造业的意愿初见端倪。《英国工业2050战略》也主要将高价值制造业作为未来发展的方向，通过发展高价值制造业，鼓励英国企业在本土应用先进的技术和专业知识生产出世界级的高附加值产品和相关服务，保证高价值制造业在促进英国经济增长中的助推作用。

（3）投资高价值制造弹射中心。英国高价值制造弹射中心是英国高价值制造战略的重要组成部分，包括七个技术和创新中心，即先进制造研究中心（AMRC）、先进成形研究中心（AFRC）、制造技术中心（MTC）、国家复合材料中心（NCC）、流程创新中心（CPI）、核AMRC、沃里克制造集团（WMG）弹射中心。这些中心能提供多个制造领域的技术创新和规模化能力，拥有顶尖的设备、专业技术能力和企业合作环境，与各类规模的企业共同为技术概念和商业化之间搭建桥梁。

四、德美英发展服务型制造的经验与启示

尽管德国工业4.0、美国的先进制造业计划和英国"工业2050"战略的侧重点各有不同，但是对于我国发展服务型制造仍然具有一定的启示。

（一）政府引导制造业发展模式创新

德国"工业4.0"强调围绕产品全生命周期的各个环节不断融入能够带来市场价值的增值服务；美国先进制造业计划重视综合运用信息技术、自动化技术、计算技术、软件技术、传感技术和网络技术等加快创新，确保占据全球制造业价值链的主导地位，英国"工业2050"战略注重技术创新发展高附加值的制造业。都从价值链的不同环节强化服务要素，促进制造业从生产型向服务型转变。

（二）制订促进制造业发展创新政策

为提高制造业竞争力，德、美、英三国政府加大资金投入力度，颁布一系列促进制造业发展的创新政策。通过推出发展规划，制订行动计划，建立创新中心，开展项目研究等，为发展服务型制造提供了优良的政策环境和氛围。

（三）构建产学研结合的创新网络

传统制造业企业的研发进程采用的线性创新，是从基础科学到应用实验，从设计研发到制造销售的逐次渐进的过程。如今，服务型制造企业以动态非线性交互创新模式替代线形模式，打破了从技术神坛走向市场检验的单向链条。

（四）重视技术技能人才培养

发展服务型制造需要强有力的技术技能型人才的支撑，德、美、英毫无例外都高度重视人才的培养，并建立"产学研用"联合人才培养机制。德国的"双元制"职业教育和美国以制造业创新中心为"教学工厂"，都极大地促进了科技和教育的有效结合。

第三节 发展思路

近年来，我国从战略层面大力推进制造业的转型升级和创新发展。以服务化转型引领中国制造创新发展，积极推动服务型制造产业发展，是供给侧结构性改革的新举措，也是新常态下精准实施产业政策的新探索。

一、我国服务型制造发展的现状与问题[①]

（一）制造企业在不同程度上开展了服务型制造，但转型能力仍有不足

从中国工业经济联合会开展的服务型制造调研结果来看，在抽样企业中，有四成以上独立开展了服务业务，六成以上与其他机构合作开展了服务业务。江苏省作为在全国率先出台政策推进服务型制造发展的省份，2016年规模以上工业企业中，30%的企业在服务型制造转型上已取得成效。广东作为我国制造业大省，在发展服务型制造方面走在全国前列，工业设计、供应链管理等领域的制造业服务化水平在全国较为突出。

但从总体上看，我国服务型制造仍是有待探索研究的新领域，对其重要意义和现实路径缺乏足够的认识和能力积累。制造企业转型能力不足，企业普遍缺乏开展服务业务所需的技术、资本以及专业人才，面对市场不确定性时难以选择。同时，开展服务业务的制造企业，其业务也主要集中在简单的基本服务领域，包括产品开发、质量检验、售后服务等，而创新设计、产品全生命周期管理、供应链管理优化、融资租赁合同能源管理、总集成总承包等高附加值服务，在开展广度和深度上还有较大提升空间。

（二）领军企业的服务型制造步伐不断加快，但整体发展水平不均衡

在市场需求和政策的推动下，不同领域、不同地域和不同规模的企业中，服务

---

① 参见国家制造强国建设战略咨询委员会，中国工程院战略咨询中心. 服务型制造 [M]. 北京：电子工业出版社，2016.5：7-9

型制造的开展方式和应用深度差距很大。

一些行业内特色优势企业以及知识密集型企业已经成为服务型制造的先行者，在装备制造、通信设备、信息技术、汽车、智能设备等制造领域涌现出一批成功案例。例如，华为、中兴、TCL、广汽、广电运通等广东制造业领军企业，采取创新设计、供应链管理、产品全生命周期管理、智能服务等模式，由生产型向服务型转变，加大服务的中间投入，并在产品端嵌入更多服务内容。这些企业重点发展独立的服务业务单元以及基于客户需求的整体解决方案，并积极运用资本杠杆实施业务多元化策略，实现了提质增效的目的，拥有竞争新优势。和它们相比，大部分制造企业只能提供安装或维修等基本服务。工业和信息化部于2017年和2018年分两批公布了63个服务型制造示范企业、110个服务型制造示范项目、61个服务型制造示范平台、6个服务型制造示范城市（苏州、嘉兴、泉州、郑州、广州、厦门）。

从地域分布看，经济发达地区的企业开展服务型制造的主动性强，而中西部很多省份由于发展阶段和基础条件的限制，开展服务型制造的意愿有限。广东服务型制造主要集中在珠三角地区，粤东西北地区无论是制造业服务化水平还是生产服务配套均远远落后于珠三角地区。

（三）制造企业发展服务型制造空间广阔，但服务对制造业的利润贡献很低

我国是全球制造业第一大国，也是产业门类、产业配套体系最完善、制造产品种类最丰富的国家，制造业服务化转型具有非常广阔的空间。2017年以前我国制造企业的服务收入占总营业收入比重不到10%，而发达国家已超过30%，个别领先企业如美国GE公司高达70%。而我国只有6%的企业服务收入占比超过20%，这和全球制造业26%的平均值差距较大。

（四）支撑服务型制造发展的公共服务不足，技术技能产业人才短缺

针对服务型制造，我国尚未形成系统性、针对性的技术支撑和政策支撑体系，基础性的社会化服务体系还不能满足服务型制造的发展需要，特别是在引导企业对接市场需求、深化产业链协作等方面，需要更加到位、更加优质的公共服务。同时，长期以来，制造业在以产品为核心的模式下，人才储备大多围绕产品本身开展，适应服务型制造的创新型人才培养体制机制还不够完善，缺乏复合型高端人才成长环境，人才保障和智力支持有待加强。

二、推动服务型制造发展的工作思路

牢固树立和贯彻落实创新、协调、绿色、开放、共享的发展理念，围绕我国总体部署要求，强化生产服务功能，探索创新发展模式，促进服务型制造发展。

（一）鼓励制造企业强化生产服务功能

通过多层次示范引领、宣传推广，让制造企业充分认识到发展服务型制造是抢占价值链高端、打造产业竞争新优势的有效途径。以提质增效和转型升级为导向，引导和鼓励制造企业强化生产服务功能，围绕产品全生命周期的各个环节，不断强化能够带来市场价值的增值服务，实现从单纯提供实物产品向提供产品与服务的有机组合。

（二）鼓励探索服务型制造发展新模式

支持和鼓励制造企业基于行业的特点，聚焦核心业务和产品，加快服务模式创新、技术创新和管理创新，探索服务型制造新模式，促进制造业与服务业更紧密的融合发展，以服务带动制造能力和制造水平提升，进而提升制造业竞争力。

三、推动服务型制造发展的政策导向

（一）现行主要政策

为促进制造业由生产型制造向服务型制造转变，2016年工业和信息化部联合国家发改委和中国工程院共同发布《发展服务型制造专项行动指南》，作为推动我国服务型制造发展的指导性文件。该文件明确提出要打造有利于服务型制造发展的政策体系，落实支持制造业企业进入生产性服务业领域的财政、税收、金融、土地、价格等政策；利用现有资金渠道积极支持服务型制造发展；发挥好营改增推动服务业发展的积极作用；鼓励金融机构创新适合服务型制造发展的金融产品和服务，支持重点工程和重大项目实施；鼓励社会资本参与制造业企业服务创新，健全完善市场化收益共享和风险共担机制；加大对企业研发设计知识产权的保护力度，建立知识产权协同应用和风险防范机制，健全知识产权交易和中介服务体系；大力推动自愿性产品认证；深化理论研究，逐步完善统计调查体系，探索开展服务型制造概念术语、参考标准和评价体系研究制订及应用推广。

（二）未来政策取向

借鉴国外发展服务型制造的经验，结合我国发展服务型制造的实际，要进一步加强服务型制造政策引导。一是实施服务型制造创新能力提升计划，推动建立产学研结合的创新网络，打造多方参与的创新生态体系，以服务促进企业向全球制造业价值链高端环节进军，从而提高中国制造业的竞争力。二是实施服务型制造服务平台支撑计划，培育一批为制造企业向服务型制造转型提供管理咨询、业务拓展、专业培

训、智力支撑等服务的服务型制造公共服务平台，支持制造企业特别是小微企业依托平台网络开展个性化特色服务。三是实施服务型制造人才引进培养计划，鼓励企业瞄准国外服务型制造龙头企业，积极引进能引领和带动服务型制造技术进步和产业升级的高层次人才及团队；鼓励服务型制造企业与科研院所（校）合作建立教育实践、实训基地，开展职工在岗、转岗技能培训，建设服务型制造多层次人才队伍。

第四节　案例剖析

华为——从传统制造商到服务型制造的凤凰涅槃[①]

在 2015 年第十二届全球分析师大会上，华为轮值 CEO 徐直军首次发布重新调整华为在运营商业务、企业业务和消费者服务的发展战略，标志着华为从基于产品的简单维护和安装服务开始，逐步发展到提供可选择的增值服务组合，最终发展成为以系统解决方案为主的提供商，转型为以客户为中心的服务型制造企业。

一、华为发展服务型制造的动因

华为从卖设备开始，其技术服务部门就已成立。为了促进销售，华为免费进行安装、调测、处理故障。为了辅助销售设备，2001 年起华为运营商业务开始对专业服务收费。直到 2010 年，华为服务才真正走到前端，引领解决方案和设备销售。究其原因，就在于华为发现客户需要的不只是一个简单的设备，而是一套整体解决方案。原来运营商主要就是做语音，业务是固化在硬件里面的，未来运营商可能会提供一个管道，这个管道业务不仅是自己来提供，很多都是通过上下游产业链合作伙伴来提供，在这种情况下他们需要的是整体的解决方案，找传统的 CT、IT 厂商不一定能解决。如此一来，运营商提供的服务越来越多样化，其对设备供应商提供的服务要求也变得越来越高。基于此，华为将"被咨询与系统集成"即从规划、设计、集成到最终解决方案交付作为未来重点发力领域，并围绕用户的"ROADS"体验确定为发展转型战略，助力运营商转型。因需而变，是华为发展服务型制造的根本动因。

华为全面的服务转型带来自身收入的持续增长。2015 年运营商服务业务保持强劲增长，销售收入达 120.6 亿美元，近五年复合增长率达 19%，占华为运营商业务总收入的 33%。从 2010 年 52 亿美元到 2014 年 100 亿美元，2015 年突破了 120.06 亿美元，五年来运营商服务业务实现连级跳，华为的服务产业已经成为运营商 BG 高速、稳健增长的引擎。

[①]相关资料来源于华为官方网站 http://www.huawei.com/cn/.

二、华为发展服务型制造的路径

互联网正逐渐改变消费者的消费行为和方式，华为将其总结为 ROADS，即实时（real-time）、按需（on-demand）、全在线（all-online）、服务自助（DIY）和社交化（social）。ROADS 已经成为所有行业新的用户体验标准，所有企业都不能忽视互联网对消费者行为模式的改变，所有企业都要采取行动转型。

运营商市场中，ROADS 体验需要企业具备更加敏捷的运营能力，这意味着企业将不得不面对更加复杂、更加动态的 ICT 基础设施与更加个性化和更加敏捷的企业运营需求之间的矛盾。为帮助运营商应对这些挑战，华为重新定义了运营商业务战略：要成为运营商互联网化运营转型的战略合作伙伴，使运营商实现 ROADS 体验和敏捷运营；要成为运营商 ICT 基础设施转型的首要集成商，提供完整的商业解决方案，帮助运营商顺利实现基础设施转型；要成为网规网优及 CEM（客户体验管理）的领导者，帮助运营商持续提升用户体验；同时引领管理服务产业升级，从面向网络走向面向业务和体验，从 OPEX Saving 走向价值创造。华为从过去由产品驱动、服务支撑转为产品与服务共同驱动，持续加大服务产业的投资。

企业市场中，让所有行业"+互联网化"就是华为倾力打造的全联接世界的具体表现形式。华为在企业市场坚持被集成的战略，企业服务的定位就是"使能合作伙伴"。围绕这一定位，华为通过开放合作，构建良性服务生态系统；持续投资和开放工具，建设开放实验室，帮助合作伙伴提升服务能力；建设华为信息与网络技术学院，促进 IP、IT 以及 ICT 融合人才发展，打造华为的千军万马。

消费者市场中，ROADS 体验要求服务平台在线化、社交化、移动化，服务需求个性化、感性化，服务范围扩展至全生命周期，服务模式转向自主服务为主。为适应这一市场转变，华为消费者服务的定位从产品维修服务向全生命周期用户体验管理转变。为此，华为在全球 100 多个国家的重点城市，打造 5 公里实体服务中心和全覆盖的多渠道线上服务平台，以及统一的卓越运营平台，打通包括产品咨询、产品体验、发货进度、使用指导、性能提升、维修等在内的全生命周期服务，实现线上线下多渠道协同，持续提升消费者满意度、口碑和黏性。

三、华为发展服务型制造的启示

互联网时代，华为基于满足用户 ROADS 体验，无论是传统的运营商业务，还是新兴的企业业务、消费者业务，全面实施服务产业战略转型，都适应了制造业服务化发展趋势，是服务型制造企业的典型代表，对于制造业转型发展具有一定的启示。

首先，要对所处行业有敏锐的洞察力。面对数字商业浪潮，华为及时快速地调整了运营商业务发展战略，从过去由产品驱动、服务支撑转为产品与服务双驱动战略，通过将咨询与系统集成服务，与运营商和产业一同，实施 ROADS 体验驱动的运营重构和 ICT 基础设施重构，准确把握了行业发展趋势。这是向服务型制造转型成功的基本前提。

其次，要因客户需求提供最适合的服务解决方案。华为在精品网、HUAWEI Smart Care ®、OSS、网络能力开放、数据中心系统集成服务、管理能力服务六大方向，通过提供标准化、自动化、集中化的解决方案帮助运营商实现 ICT 运维，提升运维效率，实现业务敏捷和业务创新，满足了运营商的发展需求。这是向服务型制造转型成功的重要因素。

最后，要有强大的服务软硬件支撑。华为设有 3 个全球技术支持中心（GTAC），向全球超过 170 个国家和地区的客户提供全天候技术支持服务；设有 3 个全球业务交付中心（GSDC），4 个管理服务能力中心（COE），45 个培训中心，2 个全球验证中心，一个 GENEXCloud（网规网优云集约化智能平台）。同时，华为还持续加强与运营商联合创新的投资和能力中心建设，已建立了 1 个华为 NFV 开放实验室、2 个全球客户体验转型中心（CETC）、1 个华为云数据中心开放实验室、1 个全球网络演进与体验中心（GNEEC），1 个业务提供商运营实验室（SPOLab）。如此大规模的投入保证了华为在各方面的优势，这就是向服务型制造转型成功的强力支撑。

本章习题

一、名词解释

1. 服务型制造
2. 制造业服务化
3. 投入服务化
4. 产出服务化

二、简答题

1. 与传统的生产型制造相比，服务型制造有何特点？
2. 当前，我国为什么要鼓励发展服务型制造？
3. 政府应该从哪些方面入手推动发展服务型制造？

三、案例分析

广州广日电梯工业有限公司（以下称"广日电梯"）成立于 1956 年，主营业务是乘客电梯、无机房电梯、自动扶梯、自动人行道、观光电梯、载货电梯等产品的研发、设计、制造、安装和售后服务。广日电梯将公司土建图系统、OA 系统、U9 系统和 CRM 系统信息进行了升级和整合，新的系统可以通过检索工号、项目名称、签订单位等方式对电梯的售前、售中、售后（包括安装、调试、质保期及质保期外的问题处理）信息跟踪，实现从合同签订到电梯生命周期结束的全过程信息化可追溯。广日电梯引入呼叫中心和远程遥监双系统实现总部监控模式，在电梯出现异常时远程监控系统及客服中心通过 CRM 系统和移动终端安排应急维修，实现对电梯运行和维保情况的有效监控。建立从问题解决到顾客回访，最后优化完善的"一站式三归档"的客户服务。对在用电梯的运行情况进行回访和抽查，及时收集用户意见，促进质量改进以及确保电梯在生命周期内的运行安全。

（资料来源：广日电梯. 弄潮改期强化产品质量安全［J］. 中国品牌，2016（3）：72-73.）

结合上述案例，谈谈广日电梯运用了哪一种服务型制造的模式？哪些成功经验值得其他企业借鉴？

第三篇

重点领域

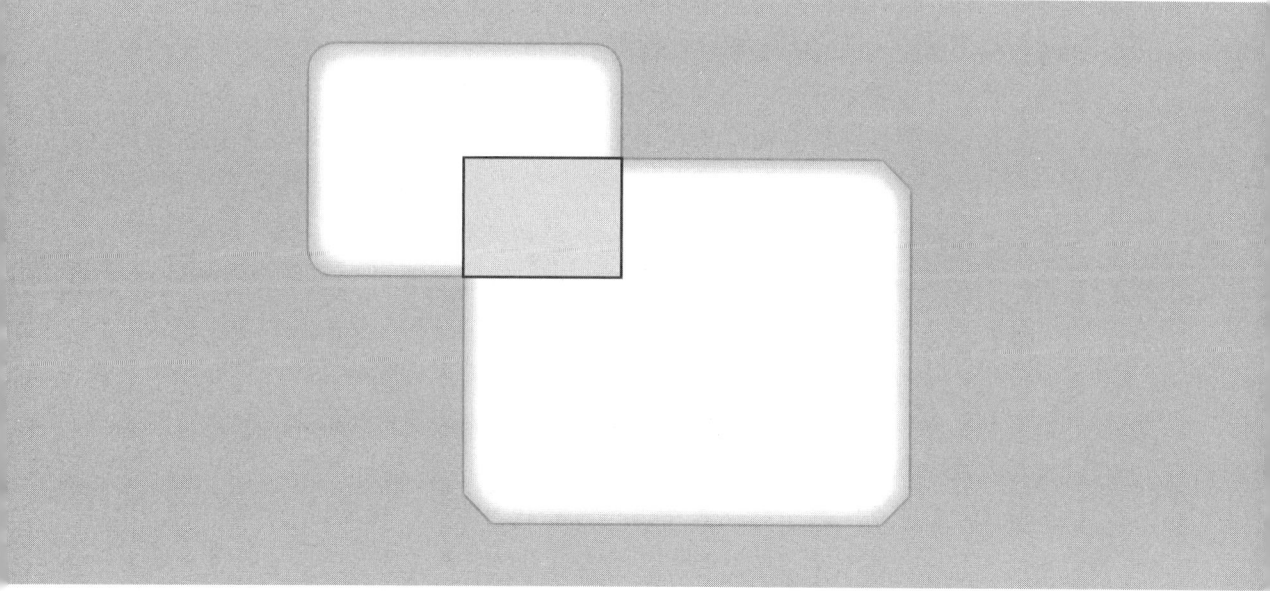

第十一章

工业设计

本章主要从基本认识、发展工业设计服务的功能与必要性、国内外工业设计服务发展特色、工业设计服务发展导向、案例剖析等方面对工业设计进行阐述。工业设计旨在引导创新、促进商业成功及提供更好质量的生活，是一种将策略性解决问题的过程应用于产品、系统、服务及体验的设计活动。工业设计对驱动制造业自主创新、实现工业产品"增值结构创新"起到了重要作用，成为工业发达国家引领产业革命的共同战略。本章对国外制造强国、制造大国、制造新国三类国家和国内以广东省为例的典型工业设计发展特色进行剖析，总结出工业设计与产业发展的经验与启示。中国工业设计伴随着工业设计教育与企业的出现开始起步，尽管在发展路径上基本沿袭了全球的逻辑演进体系，但与英国、美国、日本等国相比还有较大差距。

未来一个时期，我国要加快完善设计创新体系，推动设计与制造业深度融合，加快推动工业设计服务转型升级。具体地，要加强工业设计的公共服务平台建设，培育完善的工业设计产业链，促进设计产业的集聚化发展，改善人才培养模式，加快培养适应市场需求的设计专业人才，加强对工业设计的财政支持，建立知识产权保护的有效机制，完善规范设计服务市场，提高企业设计创新能力，积极推动国内设计市场发展。

本章还以广东省"省长杯"工业设计大赛作为案例，综述省长杯的发展历程，剖析省长杯作为广东制造业转型升级重要驱动力的作用，展示了工业设计服务对制造业升级的重要力量。

第一节 基本认识

一、工业设计服务的内涵与外延

（一）工业设计的国际定义

2015年，世界设计组织（World Design Organization，WDO）更新了工业设计的定义：工业设计旨在引导创新、促发商业成功及提供更好质量的生活，是一种将策略性解决问题的过程应用于产品、系统、服务及体验的设计活动。它是一种跨学科的专业，将创新、技术、商业、研究及消费者紧密联系在一起，共同进行创造性活动，并将需解决的问题、提出的解决方案进行可视化，重新解构问题，并将其作为建立更好的产品、系统、服务、体验或商业网络的机会，提供新的价值以及竞争优势。

（二）工业设计的基本范畴

随着时代的进步和社会结构的变化，全新的知识经济社会、信息技术社会以及日后的生物技术社会，无疑将赋予工业设计更多的目的、任务和意义，其应用领域也将以此得到不同程度和方向的延伸。表11-1展示了工业设计的基本范畴。

表11-1 工业设计的基本范畴

产品设计	结合材料、技术、结构、工艺、形态、色彩、表面处理、装饰、成本等因素，从社会的、经济的、技术的角度进行创意设计
企业品牌识别设计	统一的企业理念、规范的企业行为及一致的视觉形象所构成
交互设计	设计人和产品或服务互动的一种机制，以用户体验为基础进行的人机交互设计要考虑用户的背景、使用经验以及在操作过程中的感受
服务设计	有效地计划和组织一项服务中所涉及的人、基础设施、通信交流以及物料等相关因素，从而提高用户体验和服务质量的设计活动
设计管理	善于运用设计手段，贯彻设计导向的思维和行为，并将之与战略或技术成果转化为产品或服务的过程

（三）我国对工业设计的界定

2006年，工业设计第一次出现在"十一五"规划纲要中，表述为"发展专业化的工业设计"，工业设计开始进入政府与公众的视野。《关于促进工业设计发展的若干指导意见》（工信部联产业〔2010〕390号文）中指出："工业设计是以工业产品为主要对象，综合运用科技成果和工学、美学、心理学、经济学等知识，对产品的功能、结构、形态及包装等进行整合优化的创新活动。工业设计的核心是产品设计，广泛应用于轻工、纺织、机械、电子信息等行业。"工业和信息化部对于工业设计的描述有两点突破：一是将工业设计的工作过程明确为一种整合优化的创新活动；二是将其业态性质定位为"生产性服务业"，并将其纳入产业范畴。①

国家统计局发布的《生产性服务业分类（2015）》中将"工业设计"包括在了"研发与设计服务"之中。2017年第四次国民经济行业分类（GB/T 4754—2017）修订中，将"工业设计服务"归为专业技术服务业，突出了设计服务的作用。另外，国家统计局在2012年7月公布的《文化及相关产业分类》将"工业设计"划入文化产业的范畴，根据文化创意产业的概念，设计产业包括在文化创意产业中。

二、工业设计的产生与演进

（一）工业设计的简要发展历程

从整个现代设计史的角度看，工业设计孕育于18世纪60年代工业革命后的英国，诞生于20世纪20年代的德国，成长于20世纪30年代后的美国。

总体来说，工业设计产业演进经过了四个阶段（图11-1）：一是以"促进工业设计职业化"为中心的阶段，可以视作产业的"生产化阶段"，专业性需求主导了该阶段的工业设计产业发展。二是工业设计产业的规模化阶段，是以"扩大工业设计行业规模"为中心的阶段。在规模化阶段中，企业成长需求主导了工业设计产业的发展。三是以"完善工业设计商业市场"为中心的阶段，可以视作工业设计产业发展的"市场化阶段"。四是当文化性经济形态逐步占据国民经济的中心角色后，国家意识形态的介入将不可避免，工业设计产业由此将进入战略化发展阶段，即以"形成工业设计国家战略"为中心的阶段。②

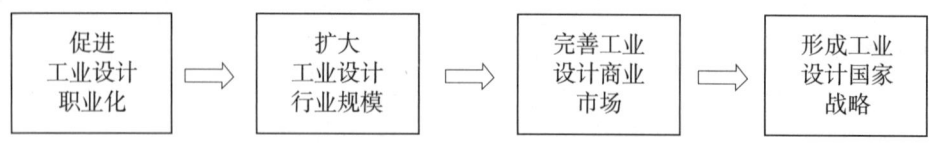

图11-1 工业设计产业演进

（二）工业设计历史演进的社会背景

设计往往只是人类世界很小的一个侧面，左右它变化的内在动因要在更广泛的

---

①② 李昂. 设计驱动经济变革——中国工业设计产业的崛起与挑战[M]. 北京：机械工业出版社，2014.

宏观语境下去寻找，因此就需要考察设计活动发生当时的社会结构（生活的组织方式）、生产方式（经济与技术的因素）、文化模式（观念的作用）。[①] 工业革命使得人类的生产组织方式发生了深刻的变化，并因此催生了一批新兴学科与职业。经济学、管理学、心理学、社会学、工程学等一批实用色彩浓厚的学科纷纷从哲学或自然科学母体中剥离，会计师、律师、建筑师等专业化的职业也开始出现。现代或专业化的设计概念也一样，经历了15～18世纪的文化、科技与社会的孕育，随着工业革命的爆发和发展而逐渐形成了。它是一个过程的产物。因此，我们不可能确切地宣告，就在某天的清晨，现代意义上的设计诞生了。

（三）大规模定制下的绿色设计

随着绿色产品的市场竞争在全球范围内展开，为了适应现代市场的需求，大规模定制下的绿色设计也应运而生。大规模定制模式下的绿色设计，集大规模定制生产模式与绿色设计的优点于一身，不仅能够快速、准确地满足客户的定制需求，而且适应了绿色市场的环境。合理利用大规模定制生产的绿色设计基本理论的部分关键技术，将大大完善和加强产品设计的技术实现手段，使面向大规模定制生产的绿色设计同时满足功能属性和环境属性，不仅能够缩短产品研发与制造周期，提高产品质量，同时可以减少对环境的不利影响，从而开发出符合环境友好型的产品。[②]

三、发展工业设计的必要性

（一）发展工业设计是工业发达国家引领产业革命的共同战略

美、德、芬、英、日、韩等工业发达国家始终高度重视工业设计对产业创新的作用，并与本国的科技、经济、社会、教育、文化融合发展。德国早在1907年就确立了"设计定标准、设计定质量"的战略，1953年成立了德国设计议会，从而为8 000万人口的德国铸就了2 300个世界名牌。英国政府于1944年建立了国家设计委员会，推动英国国家设计战略。1950年代，芬兰政府制订了"设计立国"的政策，使芬兰经济在北欧国家中后来居上。1968年日本政府先后成立设计行政室和产业设计振兴会，并设立"好设计"（G-Mark）奖，推动设计产业蓬勃发展，造就了20世纪80年代日本的鼎盛。韩国政府自1993年起连续提出三个"五年计划"实现设计立国，推动三星、现代、LG等企业成为全球领袖。美国政府为了巩固全球创新优势地位，2013年投资3.2亿美元成立了"数字制造与创新设计研究院"。2011年欧盟成立设计领导力委员会，制定了面向未来的"欧洲非技术性创新与用户创新联合计

---

① 柳冠中. 事理学论纲 [M]. 长沙：中南大学出版社，2005.
② 刘志峰等. 大规模定制模式下的绿色设计方法研究 [J]. 中国科技论文在线，2010，5（8）：598 – 601.

划",并发布了《为发展和繁荣而设计》纲要。

产品创新链的源头和产业价值链的起点都是工业设计,发展工业设计是从源头解决我国跟风模仿、实现跨越引领的突破口,是把握新产业革命机遇的关键环节,也是实现"中国制造向中国创造、中国速度向中国质量、中国产品向中国品牌"三个转变的重要着力点。

(二)发展工业设计是打造企业核心竞争力的重要手段

《关于促进工业设计发展的若干指导意见》(工信部联产业〔2010〕390号文)中指出:"大力发展工业设计,是丰富产品品种、提升产品附加值的重要手段;是创建自主品牌,提升工业竞争力的有效途径;是转变经济发展方式,扩大消费需求的客观要求。"

(1)良好的工业设计与新产品销售收入显著性正相关。据英国国家设计委员会调查,英国50%以上的企业采用了设计环节后,销售收入、利润和竞争力明显提高,英国快速增长的公司中有95%经过设计开发新产品。日本日立公司统计数字表明:1000亿日元的销售增加额中工业设计的贡献率达51%,仅12%是由技术改造带来的。2011年北京工业设计促进中心的研究结果表明:在主要关联产业中,工业设计对企业的平均贡献率为1∶12.99。针对广东顺德的研究表明:每增加1个单位的工业设计投入,则能带来101.03个单位的新产品销售收入。①

(2)良好的工业设计与产品销售量无关,但与产品销售利润率正相关。工业设计通过提升用户体验、增加产品附加值、消除制造复杂性、降低制造成本来提升产品利润率。就税前利润(EBITDA)与销售净额的比值而言,工业设计良好的企业超过行业平均水平75%,而工业设计低劣的企业低于行业平均水平55%,两者相差近3倍。②

(3)良好的工业设计与企业财务业绩和股市表现正相关。工业设计良好的企业股市回报增长超过行业平均值,而工业设计低劣的企业股市回报增长低于行业平均值。英国国家设计委员会曾针对英国上市公司进行调查,调查对象是过去十年中设计的有效使用者及其股价活动,发现63家公司的有价证券在1994—2003年的熊市和牛市中大多超过了FTSE(Financial Times Security Exchange)指数的200%。据美国设计管理协会2013年发布的数据,苹果、耐克、福特等"设计驱动型"企业,十年来股市市价表现高于标准普尔指数228%。③图11-2展现了苹果公司的股价与新产品研发设计的关系。

---

①③ 王晓红等. 工业设计蓝皮书:中国工业设计发展报告(2014)[M]. 北京:社会科学文献出版社,2014.
② 布伦斯. 解读财务报告[M]. 北京:中国人民大学出版社,2006.

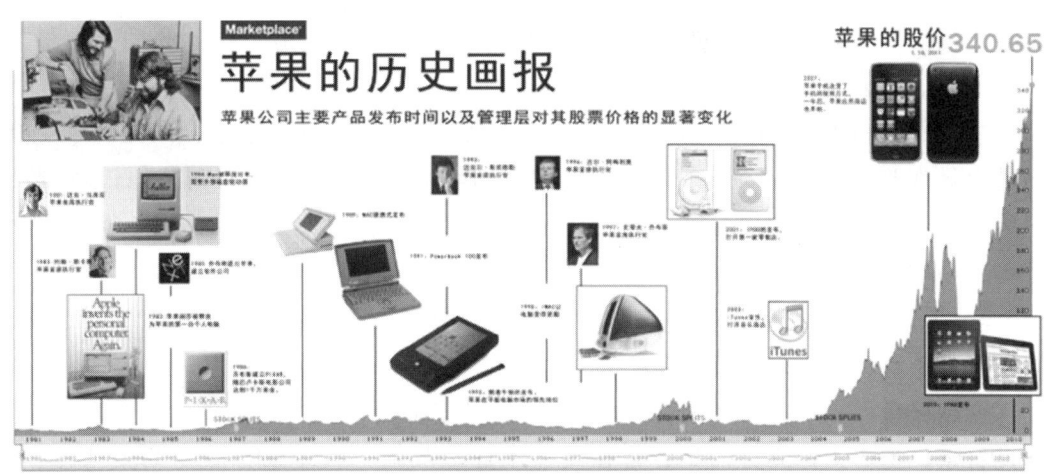

图 11-2　苹果公司的股价与新产品研发设计的关系①

暨南大学产业经济研究院测算，工业设计对广东经济增长的贡献率已达 28%，对产业的撬动比超过 100 倍。在实施工业设计战略的企业中，约有 80% 开拓了新产品市场，70% 降低了产品成本，企业有 40% 的利润和 25% 的销售增长来自工业设计。设计作为价值放大器，在产业进阶所体现的倍增作用正被社会认知。②

第二节　发展现状

一、国外工业设计发展特色

（一）典型制造强国发展特色

1. 工业设计的持续发展能力和高端化发展能力强

以德、美、日为代表的制造强国将设计运用到企业中，不仅给企业带来了巨大的经济效益，还改变了人们的生活方式、审美和价值观念。

"德国制造"不仅是德国企业的共有品牌，而且也是德国经济的世界名片。从支柱产业的机械制造业和汽车业，到不起眼的文具产品，每一件产品都有设计的元素。如今，设计已成为国家经济发展的重要环节，涵盖了工业设计、建筑、艺术品市场等的创意设计产业成为德国的第三大产业。

与欧洲普遍盛行的功能主义理念不同的是，美国的工业设计更注重通过设计生产令人愉悦的产品以达到增加销量的目的。商业化、以市场为导向是其最显著的特

---

① 苹果公司历史发展演进图，网址：https://churchm.ag/history-of-apple-computers/.
② 李昂. 设计驱动经济变革——中国工业设计产业的崛起与挑战［M］. 北京：机械工程出版社，2014.

征。美国设计的最大目标，就是立足于全球化视野最大化地追求设计驱动高端科技创新的商业价值。

"二战"后的日本工业设计产业让西方发达国家刮目相看，它以强劲的力量支撑着整个日本的工业企业敲开了世界市场的大门。20世纪50年代初期，"日本制造"一词代表着质次价廉，却通过工业设计扭转了这种形象。时至今日，日本设计仍被誉为"GoodDesign"（好设计）的代名词。

2. 工业设计具有国家战略层面的推进模式与自由商业市场并行驱动。德、美、日都把发展设计产业当作提升经济实力的重要政策

德国议会设立了"德国文化调查委员会"，并实施了"文化创意产业倡议"。基于此背景，工业4.0应势而出，旨在支持工业领域新一代革命性技术研发与创新，是信息技术发展到深层次阶段的一种崭新的工业发展模式，核心在于不断增强企业、行业甚至国家的整体竞争力。西门子在2014德国汉诺威工业博览会上向世人展示了未来的汽车生产线，从数字化产品设计、虚拟规划、智能化生产和贯穿全生命周期的服务集成向观众描绘了工业4.0下的汽车制造工业，改变了传统制造业的节奏。

"美国设计"国家战略口号强调的民主、实用主义的技术创新为美国设计、文化、制造进入国际市场奠定了基础。1994年的"美国设计年"让其国人认识到了工业设计的重要性，这使得美国的国际贸易大展雄风。硅谷逐渐成为美国工业设计中心，先进的技术和多元化的文化精神吸引了大批设计机构的成立，欧洲和亚洲的设计企业及部门也纷纷在硅谷设立办公机构，使得硅谷成为全球最具影响力的工业设计聚集地。①

工业设计是日本制造业发展的先导行业，日本政府或有关部门为推进工业设计，制定和实施有关政策、法规，从中央到地方建立了一系列工业设计及设计教育事业发展的机构、工业设计中心等；同时日本工业设计所开展的振兴工业设计活动，通过媒介对设计广泛宣传普及，举办国内外工业设计的展示活动；奖励优秀的工业设计家以及对工业设计事业发展有贡献的人员，最大化地发挥了集体和个人的能动创造性。

3. 工业设计企业及机构拥有良好的发展效益，占据价值链高端环节

提到德国的设计公司，就不得不说作为德国设计典范的博朗以及在国际设计界最负盛名的欧洲设计公司青蛙设计。博朗的产品关注制造技术和实用性，摒弃了商业运作和淘汰原则，在实用性设计手法的基础上强调的是历久弥新的形式，使产品形成了独特的审美效果。青蛙公司的设计既保持了德国式的严谨简练，又带有后现代主义的绮丽怪诞甚至嘻哈的特色，在设计界独树一帜。青蛙设计公司与博朗的设计一样，成了德国工业设计的杰出代表。

美国IDEO的设计和创新有其坚实的基础，采用综合方法实现、评估和精炼设计

---

①郭雯，张宏云. 国际工业设计服务业发展及启示［J］. 科技促进发展，2010（7）：14-18.

开发，同时考虑用户需求、技术可行性以及成果的市场生存能力，最终为用户提供完美的体验。美国苹果公司的 iMac、iPhone、iPod、iPad（图 11 - 3）与苹果产品系统今天获得的成就与工业设计密不可分。对于苹果公司来说，以服务为导向的公司将与消费者建立并维护密切关系放在首位，提供更多"非物质化"商品以赢得消费者。例如，苹果的 iTunes 音乐商店就是一个最佳的实例。这一服务占据整个音乐下载市场 75% 的份额，其音乐销量高于美国其他任何一家公司，而且它提供的服务也不止音乐这一个方面。①

图 11 - 3　苹果公司的产品 iMac、iphone、ipod、ipad②

日本工业设计发展可通过工业设计师人数的变化来说明。从图 11 - 4、图 11 - 5、图 11 - 6 可以看出，工业设计师人数的增长和经济的发展呈正相关，工业设计的进展较经济阶段性调整时间稍早（这里以标志性的年度为分界），这体现出设计能较早地感应出人们生活变化的特性，这种变化发展到一定时候，宏观层面才会显示出来。图 11 - 6 中的曲线显示，设计师人数的增长也伴随着日本经济的增长，从 1970 年到 1990 年来看，这一时间段是工业设计发展最快的时期，也是日本企业利润增长最快的时期，而同样，这一时期的日本经济也是发展最快的。

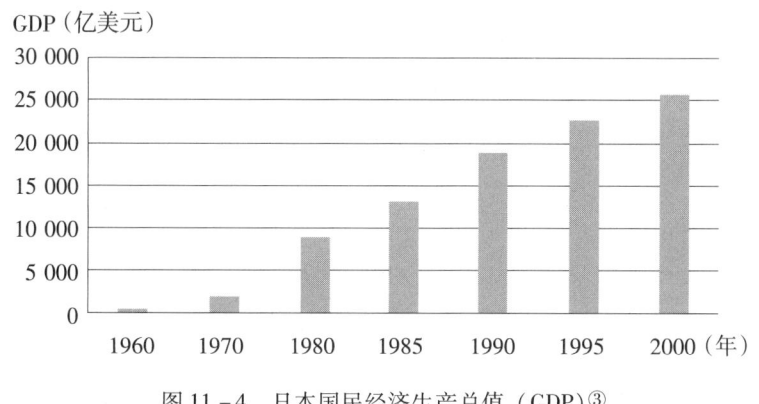

图 11 - 4　日本国民经济生产总值（GDP）③

---

①佟雪娜. 从产业价值链角度看美国音乐产业 [J]. 新闻爱好者，2010（10）：182 - 183.
②苹果公司的产品，网址：https：//www. apple. com/cn/.
③雷芳. 日本经济强国兴起中的工业设计角色研究 [D]. 长沙：湖南大学，2007.

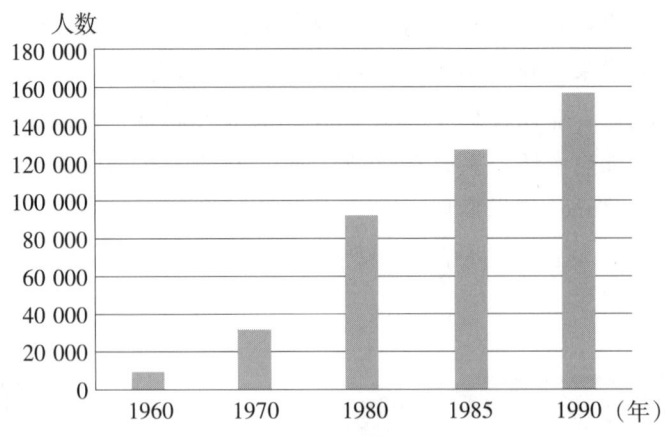

图11-5 日本工业设计师人数①

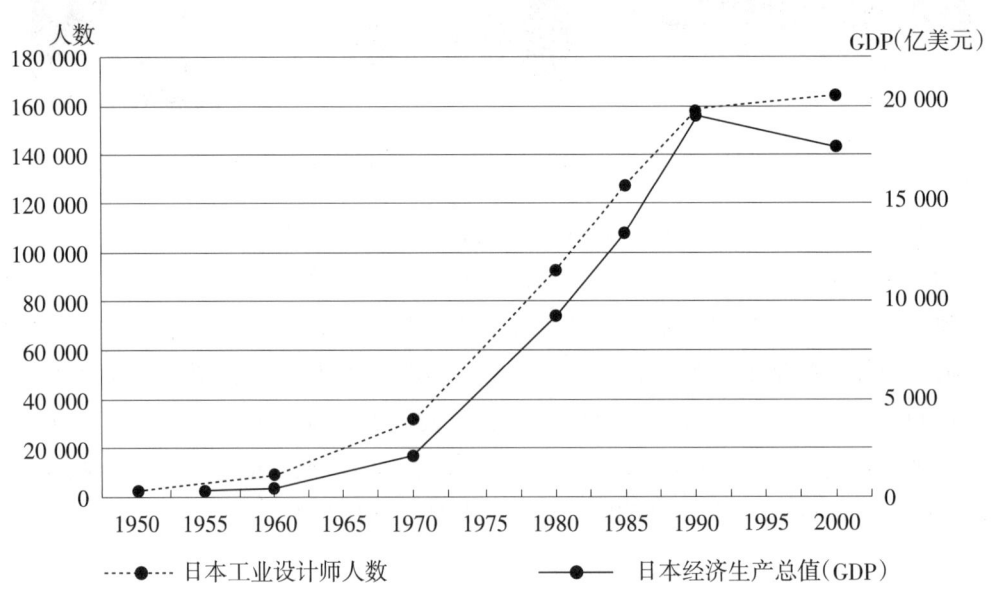

图11-6 日本设计师人数与经济增长曲线对照②

索尼公司是战后日本经济高速增长和走向国际化的象征。索尼非常注重技术创新，其成长与技术创新有着密切的关系。例如，索尼的第一项产品创新是实现磁带录音机国产化的目标。索尼不断地研发新产品、新技术，反映了索尼的技术至上主义和功能创新能力。索尼的产品不但使消费者满意，更给了消费者惊喜，启发了无数设计师和企业决策者，使他们重新审视自己的产品和设计。图11-7为索尼公司的部分产品。

---

①②雷芳. 日本经济强国兴起中的工业设计角色研究［D］. 长沙：湖南大学，2007.

图 11-7 索尼公司部分产品①

（二）典型制造大国发展特色

1. 工业设计产业范围较大并具有长期发展潜力

20 世纪 30 年代经济大萧条发生后，英国积极进行产业转型，大力发展包括创意产业在内的生产服务业。英国作为制造大国，是世界上最大的设计业出口国，设计业也是英国文化创意产业中规模最大的产业，包括美术设计、平面设计、时尚设计、手工艺术设计、多媒体—网络—数字媒体设计、电视图文设计、制造业设计等。英国是全球最早提出创意产业概念的国家，目前该产业年产值接近六亿英镑，平均增长速度是其整体经济增长速度的两倍，现已作为振兴其经济的聚焦点。

韩国的工业设计最早从 1950 年开始，经历了 20 世纪 60 年代的设计出口期、70 年代的设计发展期，在 90 年代末进入设计的鼎盛时期。韩国已从一个典型的廉价产品制造商，转变为一个高级产品创造者。

2. 工业设计在国家战略层面的推进模式与市场并行驱动

英国劳工部出台了很多政策推动设计产业的发展。比如，通过委托相关机构发布专门研究创意与商业融合的广告以帮助商业界意识到设计对于商业创新的促进作用；与英国创意与文化技能组织合作建立英国的设计技术与能力标准；与英国贸易和投资组织共同制定工作计划，将英国设计咨询服务输出到中国和印度等新兴市场等。同时，英国政府扶持型的发展促进了英国设计教育体系的完善。在全球制造业发展的新浪潮中，底蕴深厚的法国也走出了自己的道路，一方面，顶层设计"两步走"，逐步明确了在"新工业法国"计划蓝图下，以打造"未来工业"为核心的国家战略；另一方面，以税收杠杆为抓手，通过"竞争力与就业税抵免"的新政实现了"控成本"的目标。韩国制定了长期规划及相应的短期计划来明确发展目标，从而更加有效地配置社会资源，实现工业设计产业又快又好地发展；同时工业设计规划的制定可以发挥信号作用，使得社会各界认识到发展工业设计是政府所鼓励和倡导的，引导社会资源配置。韩国政府为促进工业设计产业发展实施了许多支持政策，如根据企业的市场需求为企业定向培养设计人才等②，并依赖政策性金融的作用，通

---

①索尼产品图，网址：http://www.sony.com.cn.
②谢子远.工业设计："浙江制造"走向"浙江创造"的桥梁——来自韩国的经验与启示［J］.宁波广播电视大学学报，2009，7（1）：28-30+39.

过行政力量配置金融资源，支持产业发展。

3. 工业设计企业及机构注重经济转型和市场细分

2009年4月，英国发布了"打造英国的未来——新产业、新就业"战略，确定了英国未来发展的方向是依托科技与创新，发展高技术与低碳产业，带动就业，实现经济结构转型，加快经济复苏。据英国国家统计局披露的数据显示，2015年英国从事创意产业总计190万人，比2014年增加了32%。[①] 以剑桥区产业集群为例（表11-2），可以一窥英国创意产业发展现状。英国设计咨询服务行业在世界工业设计界异常活跃，每年创造近210亿英镑的产值，是欧洲工业设计的中心之一。

表11-2 剑桥区域主要产业及企业分部状况[②]

领 域	地 点	公司数量（个）	产出（十亿英镑）	人数（人）	主要产品	代表公司
先进材料与制造	大剑桥区	2 070（其中高科技制造为734个）	6.84（其中高科技制造为5.11个）	36 138（高科技制造人数为25 303）	打印机、军工复合材料、航空航天、机床ICT制造	多米诺喷码机、赫式集团、马歇尔航空军工集团、ARM公司等
生命科学	大剑桥区	412	2.6	12 273	制药、药物研发综合服务、生物技术、基因工程、医疗设备	Napp制药、PPD公司（全球四大新药研发合同外包服务机构）、亨廷顿生命科学公司等
ICT	大剑桥区	3 620	3.69	20 367	芯片研发、芯片制造、软件和编程、物联网、人工智能、大数据、游戏	ARM公司，CSR公司（萨瑞半导体。全球十大无晶圆半导体厂商之一）、AVEVA集团（世界第一个三维工厂设计系统开发商）、DeepMind（开发的阿尔法狗机器人击败李世石）、微软、苹果、三星、华为等
创意产业	大剑桥区	2 373	4.13	22 967	建筑设计、软件与计算机服务业、媒体、广告、音乐、音像、电影	Kier集团（建筑设计）、Vecix Limited（全球领先的内容分发网络公司）等

---

① 李振兴. 英国创意产业发展概况及政府支持的举措［J］. 全球科技经济瞭望，2012，27（7）：47-53.
② 剑桥科技园，网站：http://www.cambridgesciencepark.co.uk/.

法国也有一些著名的独立设计事务所，比如位于巴黎的创造计划设计事务所，这个设计事务所主要为波舍尔公司设计各种水龙头；另外一个公司是 MBD 设计事务所，这家公司的设计风格比较法国化，讲究豪华的设计特点，主要为法国厨房用品企业罗尼克公司设计。

从韩国大型财团三星、现代已经实现全球化战略开始，韩国正式步入工业设计大国的行列。韩国企业不仅在本国注重"设计经营"的理念，也将"设计经营"理念作为其在世界推广发展的主要方式。以 LG 公司为例，在进入中国市场时采取了差异领先的战略，这种差异化的策略是对以前以成本为中心的战略的转移，这是本土化的需要。这种战略在当时的确起到了明显的效果，迅速占领了中国部分家电市场。

（三）典型制造新国发展特色

以印、巴、墨为代表的制造新国，或凭借廉价生产要素，或以牺牲生态环境为代价所获得的竞争力优势，成为制造业的后起之秀。

1. 工业设计尚处于产业价值链的低附加值部分，发展空间大

印度一直位居全球劳动力成本最低国家前列，充足的劳动人口数量为印度制造业提供了丰富的劳动力资源，也为印度制造业发展提供了有利条件。印度在 1947 年由英属殖民地取得政治独立以后，开始实施一系列规划来实现经济上的独立，许多新的核心工业由公共部门在发达国家的帮助下建成。但直到 20 世纪 60 年代中期，印度工业还没有把设计产业或者产品设计作为一个独立的成熟的领域来看待，因此工业设计仍有很大发展空间。

巴西素来具有良好的商业与法律基础，其形成可以追溯到 19 世纪初，那时巴西就已成为世界第 4 个颁布专利法的国家。但由于缺乏自主发展的动力和工业设计被政府所强化等因素，在无法得到新兴跨国公司支持的情况下，巴西现代艺术学院（巴西第一所开设工业设计、宣传、市场销售和时尚课程的学校）甚至在一段时间关闭了工业设计课程，因为它们只是在巴西复制他国使用的产品而已。

2. 劳动力成本优势突出，力求通过工业设计发掘相关行业新优势

工业设计中心（IDC）在位于孟买的印度技术学院建立，这是对工业设计教育进行的新尝试，它建立的目的是在工业设计和产品设计领域内对建筑和工程专业的毕业生进行研究生水平的培训。这次尝试取得了很大的成功。自 20 世纪 70 年代早期开始，工业设计的情形已开始发生巨大改变。采用西方的增长模型，印度主要在建立研究实验室、培训机构等方面进行了大力投资，以提高本国的科学技术和设计水平，力求通过工业设计实现经济结构的转型。

巴西具有天然的牧场、橡胶等丰富的自然资源和完整的工业产业基础，同时巴西劳动力成本相对于发达国家和一些新兴发展中国家与地区而言有一定的竞争优势，然而巴西的产业化却没有跟上欧洲的脚步。巴西工业设计发展以航空工业为鲜明代

表,在竞争激烈的国际航空市场上崭露头角。20世纪30年代,巴西迎来工业化浪潮,巴西政府强调发展包括钢铁、煤炭和石油在内的民族工业,巴西国家钢铁、淡水河谷等一大批重工业国有企业相继建立,为巴西组建飞机制造工厂打下了重要的基础,巴西航空工业也在这一时期迅速发展。20世纪90年代之后,巴西政府随着全球经济环境和航空产业的发展变化而做出了调整,在经营战略上做出了从工程技术导向到消费者体验导向的革命性转变,注重工业设计提升服务体验的产品研发思路,实现了航空业的巴西奇迹,并力图将其经验向更多的产业推广。

二、国内典型工业设计服务发展特色

我国工业设计公司大部分是2000年以后成立的,主要分布在北京、上海、浙江、江苏、广东、山东等沿海发达地区,服务领域已经覆盖通信产品、医疗机械、家电、交通工具、家具、玩具、服装等各个行业。工业设计服务的产业除了从事外观设计外,逐步向研发设计、服务设计等价值链高端环节拓展。

（一）国内工业设计与产业融合发展背景

近几年来,我国工业设计产业逐渐渗透到人们的日常生活中,企业通过市场的需求可以对产品的设计方向进行了解,通过以人为本的设计理念,提高我国工业设计产业的总体实力。目前我国工业出口总额为全球第一,但是自主品牌的占比较低,这也是在另一个角度对工业设计发展提出更高的要求。2014年2月印发《国务院关于推进文化创意和设计服务与相关产业融合发展的若干意见》（国发〔2014〕10号）,提出文化创意和设计服务与装备制造业、消费品工业、建筑业、信息业、旅游业、农业和体育产业等重点领域融合发展。

（二）国内工业设计与产业融合发展现状

近年来,我国对于工业设计行业的重点扶持,使其得到了健康迅猛的发展,尤其是在长三角地区一带,涌现出了大量的高水平工业设计企业。目前我国的部分工业设计公司已从单纯的外观造型设计,发展为能够将内在功能、外观元素及情感分析相结合的综合设计,标志着我国工业设计的发展由起步阶段转向发展阶段,并在随后产品流动环节中将品牌策划设计等融入其中,实现系统化的综合服务发展趋势。受到世界先进理念与时尚理念的冲击,上海快速建立了属于中国特色的设计发展模式。通过多年不断发展,长三角地区的设计产业圈积累了大量的国内外客户,将工业设计的产业提高到了一个新的层次,成为目前长三角地区中多个城市的主要经济发展方向。

珠江三角洲地区通过加大经济结构战略调整力度,正逐步改变长期以来以低附加值、劳动密集型加工贸易为主的产业结构,大力发展战略性新兴产业和高技术产

业,利用"设计引擎"实现转型升级,以制造业、传统优势产业为依托的工业设计产业也获得了长远发展,产业集群逐步发展壮大、产业链不断延伸、产业配套体系逐渐完善,目前珠三角地区已成为全球重要的制造业基地之一。

(三)国内典型工业设计服务发展特色

1. 工业设计企业及机构集群化发展态势明显

如表 11-3 所示,深圳、北京、上海、广州已经形成工业设计企业集群发展的态势。例如,北京已经形成了中关村设计产业带、以清华大学美术学院为中心的建外设计产业带、以中央美术学院为中心的大山子设计文化产业带(酒仙桥、798 艺术区)等工业设计产业聚集区。北京通过各类工业设计创新平台和浓厚的创新文化氛围,营造适合工业设计企业发展的环境。

表 11-3 我国工业设计主要聚集区①

地区	主要园区
深圳	深圳设计之都创意产业园、深圳 F518 时尚创意园、深圳设计产业园
北京	北京 DRC 工业设计创意产业基地、国家新媒体产业基地、751 时尚设计广场、北京尚 8 文化创意产园
上海	上海市 8 号桥设计创意园、上海国际工业设计中心、上海国际设计交流中心
广州	广州设计港、广州创意大道、信义会馆
重庆	五里店工业设计中心
厦门	厦门 G3 创意空间
无锡	无锡(国家)工业设计园
南京	南京模范路科技创新园区、南京紫东国际创意园
江苏	江苏(太仓)LOFT 工业设计园
大连	大连高新技术产业园区
宁波	宁波和丰创意广场
顺德	广东工业设计城、顺德工业设计园
山东	青岛创意 100 产业园
浙江	绍兴轻纺城名师创意园、富阳银湖科创园、杭州经纬国际创意广场、杭州和达创意设计园
成都	成都红星路 35 号工业设计示范园区
河南	郑州金水文化创意园

2. 工业设计产业升级支撑作用显现

工业设计充分发挥其先导性和引领性的作用,从洞察经济发展社会进步的角度

---

①王晓红等. 工业设计蓝皮书:中国工业设计发展报告(2014)[M]. 北京:社会科学文献出版社,2014.

出发，综合技术趋势、文化演变、人类社会进步等各方面因素，创造一个新产业的原始本体，协同引导企业各个流程力量，整合全球范围内的信息化、工业化先进技术和商业资源，开发全新商业价值。近几年国内出现的联想 yoga 电脑、海尔智慧家电，以及小米手机、小米盒子等，都是工业设计在产业设计层面的优秀创新案例。

3. 引领传统制造业进行可持续生态转型

通过绿色生态设计理念即绿色、健康的可持续生态设计思想，在产品的生命周期内对产品的环境属性进行有限考虑，不仅要对产品的质量、功能、成品进行评估，还要对产品后续的处理与回收加以分析，并且融入产品的审美与创新性。除了产品自身以外，还要考虑在提高产品效率的同时，提高相关服务业的发展，这不仅对产品自身的设计提出了更高的要求，对产品相关服务领域的发展也带来了新挑战，从而为客户营造出更为良好的消费环境。

三、广东省典型工业设计服务发展特色

（一）广东省工业设计与产业融合发展背景

广东省是经济强省也是制造大省，拥有庞大的制造业集群，更是中国现代设计的发源地。20世纪80年代初起，不断加强与欧美发达国家设计界的交流与合作，引入现代设计思想理念并发展至今。20世纪90年代末，由于企业的发展与市场竞争的需要，部分具有规模的大型家电产品生产企业意识到工业设计的重要性，专门组建了工业设计部门，如美的、TCL、华为、康佳等公司。这些企业内部的设计部门，成为企业产品创新的重要力量。除了为社会提供先进设计思想和优秀设计人才外，还站在制造业的第一线，为企业提供产品设计服务。

（二）广东省工业设计与产业融合发展现状

进入21世纪以来，在广东省委、省政府的高度重视和领导下，省经济和信息化委积极推进信息化与工业化融合，带动产业转型升级，转变经济发展方式，走出一条独特的新型工业化道路。图11-8展现了广东省设计行业发展模式。

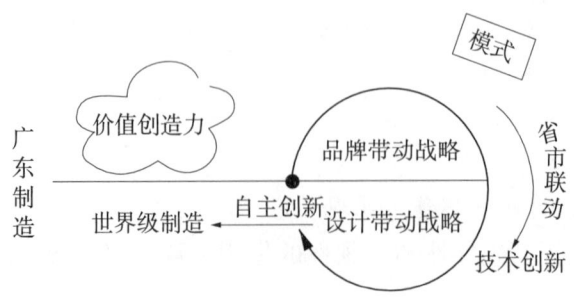

图11-8 广东省设计行业发展模式

设计机构：在"十一五"期间，广东省专业设计公司由原来的十几家增至300多家，支撑这种跳跃式发展的强劲动力来源于珠三角地区强大的制造业，形成了庞大的企业客户群，更主要的还在于企业对自主创新的认识，对设计越来越大的需求和接受。广东省内个别设计公司已形成了一定的规模，且其设计水准、创新能力、业绩都处在全国同类公司的前列，同时还配备了手板、模具制作以及技术研发部门。

但是广东省设计机构的发展仍存在一些问题。如发展不平衡，设计公司主要集中在深圳、广州、佛山、东莞等制造业发达的珠三角地区核心城市。尤其是深圳，已有超过500家工业设计公司，其主要服务于东莞、佛山等城市，数量上已在中高水平了，但其可以发展的优质客户并不多，还需要提升客户群，注重数量与质量同步提高。这也说明设计公司是需要产业支持的，同时也需要企业理念的转变。就全省市场需求来说，工业设计机构的数量还远远满足不了对工业设计的需求，与国外相比更是相形见绌。刚进入21世纪，日本仅大阪一个城市就有设计公司以及机构500余家；韩国有1200多家专业设计公司，而且60%以上的企业都有设计人员，超过50%的企业在最近5年中开发了设计项目。[①]

制造企业：在广东省部分发达地区以及一些大型企业中，工业设计已深入人心。以美的、TCL、华为、康佳等为代表的产业集团纷纷斥资创建自己的工业设计中心，通过产学研相结合，走上了以自主开发而拥有产品知识产权的道路。这些企业已经具备一定规模，能够相对系统、有计划地针对新产品开发的每一个环节进行策划与监控，能够做到申请专利与新产品获益额同步增长，有效地提高了企业的核心竞争力。还有一些中小企业的后起之秀，另辟蹊径，依靠工业设计迅速崛起。

但是广东省大部分中小企业仍缺乏对设计的重视和投入，没有专业设计人员，不少中小企业的产品甚至停留在仿制的初级水平，产品设计的高附加值不能得到提升，设计、模具、加工不能及时更新换代，这已成为企业发展的严重障碍。由于保护知识产权、打击假冒伪劣产品的力度不断增大，企业面临的是国际化的竞争，促使越来越多的企业加速向创新转变。可以预见，随着产业结构的调整，产品更新换代的速度必将越来越快，企业对工业设计的需求也将越来越迫切。

(三) 广东省典型工业设计服务发展特色

1. 搭建了一系列广东特色设计公共信息服务平台

广东省根据工业设计领域产业链上下游特点，整合国内外技术供应商、技术应用商、高校研发机构等设备和服务资源，搭建了专业化服务平台。比如设计技术公共服务平台、信息服务平台、成果转化平台等，为企业成长提供品牌推介、国际交流、技术转移、科技创新、信息共享、人才培训、知识产权服务、政策和法律咨询

[①] 蔡美玲，杨美健，徐添明. 广州工业设计发展战略研究 [C] //寰宇生产力产业经营交流论坛. 北京：社会科学文献出版社，2006：192-205.

等系统服务。

2. 建设了一批广东特色工业设计产业载体

以工业设计园区和基地为主要载体，通过市场运作和政府引导，推动设计产业集聚集约发展。全省创意设计产业园有 100 余个，省级工业设计示范基地（企业）53 个，国家级工业设计中心 15 家，省级工业设计中心 94 家。其中广东工业设计城发展至今，其核心启动区已吸引国内外设计企业 253 家，拥有发明专利和授权专利 3 191 项，创新设计产品转化率已近 85%，累计设计服务收入近 30 亿元。①。

3. 构建了广东特色工业设计创新体系

广东省牢牢树立设计创新、技术创新和品牌创建"三位一体"的创新理念，通过加强工业设计产学研对接，推动设计机构、高等院校、企业联手开展基础性、通用性、前瞻性设计研究和基于新技术、新工艺、新装备、新材料、新需求的设计应用研究；通过以产业链、产品链、技术链、商贸链为依托组建设计产业联盟，开展关键共性环节设计创新攻关。全省家用电器、家具制造、纺织服装、五金制品、玩具游艺制品等传统支柱产业企业通过对消费需求的准确把握，综合运用各种元素进行设计创新，不仅优化了产品外观、提高了产品性能，也极大地提高了传统产业劳动生产率和产品附加值。

（四）工业设计对广东省经济的贡献

根据相关部门的统计数据显示，工业设计对产业的带动优势异常明显。迄今为止，广东省工业设计对全省经济增长的贡献率约达到 28%②，如图 11-9 所示。

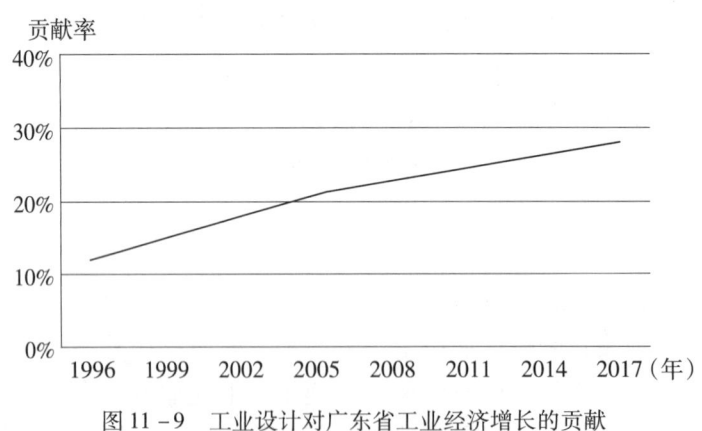

图 11-9　工业设计对广东省工业经济增长的贡献

---

① 人民网. 创新设计：三次腾飞"原动力". http://cpc.people.com.cn/nl/2018/0601/c415067-30029450.html. 2018-06-04.

② 陈茂清. 关于广东发展工业设计促进制造业转型升级现状分析与建议探讨 [J]. 科技风，2017（13）：286+289.

广东省在实施工业设计战略的各大企业中,已经有80%的企业开拓了新产品市场、70%的企业降低了产业生产的成本价值。各大制造类企业在所获得的经济利润中,有40%的经济效益和25%的销售增长来自于工业设计。特别是大型企业的销售业绩,设计研发的投入占到了整体销售经济效益的2.5%,这一数据体现出工业设计在促进制造业转型升级中所具备的价值意义。

企业利润的40%来自工业设计;工业设计带来的效益是企业投资于技术设备更新的5倍[1],如图11-10所示。

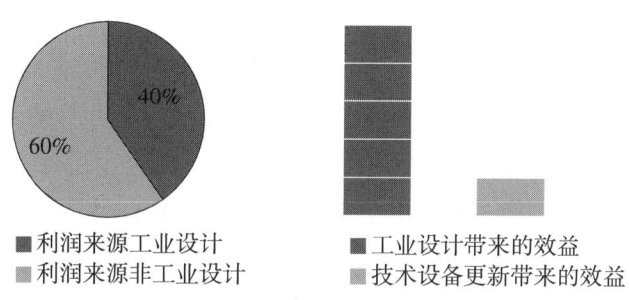

图11-10 工业设计带来的效益

以广东工业设计城为例,此设计城位于广东佛山顺德区北滘镇,于2009年正式启动建设,是以工业设计产业为核心,串联工业设计产业链上下游,并为其提供高端增值服务的现代产业聚集区。广东工业设计城虽然不是国内建设最早、投资最大的工业设计园区,但经过多年发展已经成为中国最具影响力的主题园区之一,将可扭转广东工业设计学术滞后于广东工业设计产业的局面,让设计产业与学术前沿同步发展。

2012年12月9日,习近平总书记在参观广东工业设计城时,对设计城的发展成果给予了充分肯定,此次到访把设计城在全国的影响和地位推到了高峰,对中国工业设计产业发展有着深远意义。

广东工业设计城打破了"高端设计的是德美日做的,低端设计的是广州、深圳做的"陈旧观念,改变了当地工业设计大需求、零服务的状况。为此,针对工业设计快速成型技术进行了研究和应用,提高了设计效率,提升了设计企业竞争力和创新力。此外,建立了设计材料知识库、材料样板库、测试实验室,构建工业设计知识库体系,这也是孵化器的重要手段。广东工业设计城在实践中发现,搭建一个好的产业平台,是"大众创业、万众创新"的有效抓手。他们为一些小型设计工作室提供孵化平台,提升后者的创新设计水平和发展能力;为初创型、小微型企业提供好的创新设计产品,拓宽发展思路。工业设计公共服务平台帮助孵化企业集聚资源,

---

[1] 广东省经贸委. 广东工业设计发展之路 [J]. 广东经济, 2008 (8): 6-9.

降低设计成本，提高设计效率。孵化器的效果显著增加，对外产生的经济和社会价值也明显提升。现在，广东工业设计城不仅能为顺德提供创新设计，还能向外输出50%的设计，甚至为国际客户提供设计服务。[①]

第三节　发展思路

一、我国工业设计服务发展存在的问题

我国的工业设计总体水平与发达国家还相距甚远，作为"世界工厂"的中国，自主设计和品牌能力依旧薄弱，企业的自主创新能力和动力不够。目前，在国内企业中工业设计的作用并未完全发挥，一方面是许多国内企业还处于OEM（原始设备制造商）阶段，处于价值链的低端，无法实现自主创新；另一方面企业的创新程度相对不高，设计没有得到应有的重视，设计价值未能得到充分的体现，影响了国内设计市场的成长，也制约了我国制造业的国际竞争力。

（一）统计体系尚未建立

我国至今没有将设计作为独立的行业纳入国民经济统计体系，行业协会等中介服务组织也没有建立相应的数据库。由于统计数据缺乏，影响了行业研究的针对性和前瞻性。

（二）公共服务平台建设尚不完善

目前，工业设计领域缺乏信息服务、技术服务、研发服务等平台建设和投入。行业信息缺乏，色彩及行业流行趋势等基础性研究滞后。由于缺乏信息平台，设计企业获得业务信息主要是通过自身的网络搜集和以往客户的联系。目前，各地园区设立的技术服务平台，主要为企业提供快速成型、数据计算、检测等基本服务，缺乏全国性的技术服务平台，造成部分共性科研成果难以信息共享。

（三）行业准入制度尚未建立

目前，国家对工业设计企业、设计从业人员、设计产品进入市场缺乏资质条件认定，造成设计公司良莠不分、设计师队伍参差不齐、设计作品粗制滥造等问题，损害了客户企业利益，影响了设计公司信誉和社会影响力。由于我国设计产业起步较晚，目前仍然没有形成规范的价格交易机制和有序的市场竞争。同一地区、同一

---

①叶青. 广东工业设计城撬动一方经济［N］. 广东科技报，2015－08－14004.

行业的设计价格千差万别，造成企业之间为了争夺业务，价格战十分激烈，其结果一方面降低了设计价格，影响了设计公司利润；另一方面影响了承接国际设计外包业务的对外谈判能力，损害了我国设计公司的国际形象。

（四）设计侵权问题严重

无论是企业工业设计机构还是专业工业设计公司，都存在设计成果被侵权的现象。设计侵权对行业造成了诸多不良影响，导致设计公司利润减少，设计师收入降低，影响了创新积极性；降低了设计价格，减少了对工业设计的市场需求，影响了设计服务市场的发展和产业规模扩大；影响了国际设计服务业转移的速度和规模。[1]

二、推动工业设计服务发展的工作思路

工业设计促进的主要对象是制造业，推动生产制造企业的发展是应用工业设计的第一要务。工业设计服务业作为知识密集型服务业，是一种"其创新活动是技术、产品、组织、分销系统、客户交互界面与新的网络和价值构造的多维有机结合"，这样的结合也正是由具备不同功能的各类主体在资源依赖、分权协商的基础上共同合作而形成的，因此工业设计服务业的发展应更加关注政策参与的多维主体以及各主体的功能及其相互联系的交互机制。

（一）加快完善设计创新体系

2013年7月至2014年12月底，中国工程院院士路甬祥和潘云鹤主持的重大咨询研究项目《创新设计发展战略研究》是中国设计政策的一个重大转折点。[2] 项目的研究目标是为了充分认识创新设计在我国制造业以及社会经济发展中的重要意义与作用，通过创新设计加快实现我国从制造大国向制造强国的转变，进一步助推转型升级，建设创新型国家。面对设计创新体系仅初步形成的情势，其重中之重是把工业设计作为实施国家和区域创新战略和打造中国经济升级版的重要抓手，进行顶层设计、系统规划和组织实施。如可考虑制定国家工业设计发展规划、发展路线图和产业政策；设立国家工业设计重点实验室、重大专项和产业基金；规范国家工业设计中心、示范基地、设计企业、工业设计师等资质认定标准。

（二）推动设计服务与制造业深度融合

服务业与制造业融合已经成为全球产业发展的主导趋势，这一趋势将快速扩大制造企业对于设计服务的投入和需求，形成设计与制造相生相伴、融合发展的模式。

---

[1] 王晓红. 工业设计拦路虎虎视眈眈［N］. 中国经济导报，2010-05-27（B05）.
[2] 邓崴. 路甬祥：创造"中国好设计"［N］. 浙江日报，2014-05-21（09）.

一方面，应积极引导具备创新能力的大中型制造企业使用设计、增加设计开发费用投入，提高设计创新水平；另一方面，通过鼓励设计服务外包等方式快速培育和扩大国内设计服务市场。政府、中介机构可通过各种展会、项目推介会等活动为设计企业与制造企业对接搭建桥梁和平台，形成长期战略合作关系。

（三）加快推动工业设计服务转型升级

我国工业设计仍处于初级阶段，设计服务能力和水平还不能满足产业、技术快速发展的需要。应按照以信息技术驱动设计产业发展、以智能计算奠定设计技术基础、以产业跨界融合拓展设计服务市场空间的路径，推动我国工业设计向高端发展。尤其要加强行业基础性平台建设，形成以市场为导向、企业为主体、产学研相结合的协同创新机制，提高设计服务市场化、信息化、国际化水平，支持设计企业提高国际化经营能力、品牌影响力，积极引进国外设计服务机构，加强国际合作。

三、推动工业设计服务发展的政策导向

（一）国内外推动工业设计服务发展的政策借鉴

国家设立专门机构对工业设计加以规划和引导是一条重要的国际经验。美、英、德、日等发达国家及韩国、我国台湾地区等在振兴工业设计时期，都设立了专门的管理部门，其主要职能是制定国家工业设计发展规划，实施行业管理和指导等。2008年，欧洲的项目研究报告 INNO GRIPS《设计作为创新的工具》，指出欧盟主要国家对设计产业的创新政策可分为两个层面。第一个层面上，多数国家和地区都有所涉及，比如在全国范围内开展设计展和设计奖、推动设计产业的全球化等。第二个层面上，政府给予工业设计商业、金融、场地平台等财政和物质支持，比如美国硅谷先进的技术和多元化的文化精神吸引了大批设计机构的成立，欧洲和亚洲的设计企业及部门纷纷在硅谷设立办公机构，使得硅谷成为全球最具影响力的工业设计聚集地。近年来，广东省也通过打造粤港工业设计走廊、广东工业设计城、华南设计院等方式，提升了广东工业设计区域化和国际化水平。

然而，很多国家已经开始在另外层面完成了设计政策战略的引导。比如自1994年起，韩国设计振兴院（Korean Institute of Design Promotion，KIDP）连续制定了三个工业设计促进五年计划，用以指导国家的工业设计产业发展，目的是把设计概念融入韩国各个系统、体制当中，把韩国建设成一个东亚的设计中心。KIDP的主要工作包括搭建设计资源平台，为产业发展提供全方位服务；组织论坛和出版相关杂志；组织设计研究和调查，为制定设计政策奠定基础；开发促进设计的第四个五年计划；整合先进技术，提高工业设计创新能力；培养具备商务能力的创新型设计师。2000

年后,芬兰政府首先在教育和研究机构增加设计专业,并于 2002 年由芬兰技术与创新基金组织(TEKES)发布"DESIGN2005"项目。对企业、大学及研究机构在设计领域的研究与应用项目进行资助,并吸引芬兰科学研究院及社会投资 1 100 多万元,涉及研究机构和企业近 100 家,有效地促进了芬兰设计公司与大学、科研院所和设计采购方之间的合作,逐渐形成了完整、稳定的工业设计产业网。[①]

(二) 我国推动工业设计服务发展的政策着力点

1. 加强工业设计的公共服务平台建设

通过政府资金引导社会投资,搭建创意产品(项目)孵化基地、工业设计基础设施共享实验室、人才培训基地、信息发布中心、用户体验中心、设计服务交易中心和知识产权交易中心等公共服务平台,采取企业化运作的管理模式促进设计企业之间、设计服务企业与用户、大学及科研机构的交流与合作,推动设计服务外包与设计服务贸易。

2. 培育完善的工业设计产业链条,促进设计产业的集聚化发展

按照国家提出的"建设若干具有世界影响力的创新设计集群,培育一批专业化、开放型的工业设计企业"要求,鼓励建设模具开发与制造、工业设计公司(部门)、工业设计人才培养等产业链条完善的工业设计产业基地或园区,推动设计服务企业从产业链的低端向高端设计研究拓展。以区域集聚化模式促进工业设计服务企业的发展以及设计服务企业与当地制造企业协同发展。

3. 改善人才培养模式,加快培养适应市场需求的设计专业人才

积极探索与市场需求相适应的教育模式,推动中国设计教育与社会需求同步,与国际设计服务业发展趋势接轨。鼓励行业协会、民间设计教育机构、咨询机构参与建立起社会培训体系,提升区域内工业设计素质。建立设计师职称资格评定体系,以鼓励设计专业人才爱岗敬业,不断稳定、扩大设计专业人才队伍。

4. 加强对工业设计服务的财政支持

提供税收优惠政策支持,探索实施设计企业税收视同高新技术企业享受相关优惠政策。设立政府工业设计发展专项基金,通过补贴、资助等方式,推动设计公司的国际化发展。强化融资与信贷支持,为设计公司迅速扩张和规模化发展创造条件,鼓励社会资本进入设计服务业,加速扩大产业规模。

5. 建立知识产权保护的有效机制,完善规范设计服务市场

知识产权保护的有效程度直接影响到设计创新的积极性。发达国家之所以不断出现"好的产品设计",重要的经验是注重知识产权保护,使生产企业不得不对设计进行投资,由此激发了设计师的创作热情,提高了设计公司经济效益。

[①] 郭雯,张宏云. 国际工业设计服务业发展及启示 [J]. 科技促进发展,2010 (7):14 – 18.

6. 提高企业设计创新能力，积极推动国内设计市场发展

企业是利用工业设计的主体，推动企业更广泛地使用工业设计，对于培育市场具有极为重要的意义。为此，要积极推进工业设计服务与实体经济深度融合，促进工业设计向高端综合设计服务转变，推动工业设计服务领域延伸和服务模式升级，积极推广众包、用户参与设计、云设计等新型研发组织模式和创业创新模式，支持企业利用互联网采集并对接用户个性化需求，推进设计研发、生产制造和供应链管理等关键环节的柔性化改造，开展基于个性化产品的服务模式和商业模式创新。

第四节　案例剖析

设计的力量
——"省长杯"工业设计大赛已成为广东制造业升级重要引擎

广东省是我国工业设计起源地之一，广东省"省长杯"工业设计大赛是国内首个以政府首长的名义命名的设计竞赛。大赛依托广东制造业大省的先天优势，结合中央和省委省政府"珠江三角洲地区改革发展规划""三促进一保持"及"双转移"等重大战略部署，通过创新的大赛模式，广泛发动全社会各企业、设计机构、院校、设计师参与，挖掘设计创意，营造全社会重视设计、崇尚设计的良好氛围；通过促进设计与制造的互动和对接以及产业化扶持等措施，实现产业设计化、设计产业化，从而推动产业发展；通过引入国际先进的工业设计职业资格评价标准，促进工业设计人才培养，使广东成为设计人才培养的聚集高地。①

科学技术和工业设计是工业创新体系的纵横脉络，两者有机融合便可编织出纵横交错的工业创新体系网络。广东试图通过"省长杯"这项工业设计大赛发挥工业设计对产业发展的"撬动"作用，促进广东经济发展方式转变，实现从制造转向创造。

一、"省长杯"工业设计大赛的成长

"省长杯"工业设计大赛的诞生

为贯彻落实省政府关于要重视工业设计，发挥工业设计在广东经济增长方式转变中积极作用的战略部署，2008年起第四届"广东优良工业设计奖"正式更名为

---

①刘译蔚. 工业设计评奖机制研究 [D]. 北京：中央美术学院，2014.

"省长杯"工业设计大赛，实为我国开先河之创举，体现了广东省委、省政府对工业设计的高度重视。随着大赛影响力逐渐扩大，"省长杯"工业设计大赛推动广东与各地展开工业设计合作，从而加快推进产业转型升级和经济发展方式转变，建立现代产业体系，实现广东由"广东制造"转向"广东设计制造"，是广东制造业转型升级的重要驱动力。其后每届"省长杯"工业设计大赛都紧跟时代趋势不断发展。2010年第五届"省长杯"工业设计大赛针对加快工业设计产业发展和工业设计人力资源开发，推动广东省产业转型升级和经济发展方式的转变起到了积极作用。2012年第六届"省长杯"工业设计大赛期望树立"广货"新形象，大力推动"产业设计化、设计产业化、设计人才职业化"。2014年第七届"省长杯"工业设计大赛以整合广东省政产学研各方资源为目标，建立设计引领的协调创新发展平台，鼓励支持工业设计与科技文化、商业模式、相关产业融合。2016年第八届"省长杯"工业设计大赛则紧紧围绕广东省制造业特别是先进制造业，以工业设计与广东制造融合为着力点，加强工业设计成果转化。大赛提倡"面向现代产业的设计"——针对加快建设现代产业体系，大力推动"产业设计化、设计产业化、人才职业化和发展国际化"，充分发挥工业设计对广东省产业转型升级和经济发展方式转变的推动作用。

二、大赛成为广东制造业升级的重要引擎

根据广东工业大学联合广东省工业设计协会对第五届（2010）、第六届（2012）和第七届（2014）中获产品奖和概念奖的调查，仅这三届大赛成果共申请了发明专利620项，外观专利751项，实用新型专利1 136项，产生的直接经济效益达590 812万元。其中第九届"省长杯"工业设计大赛就收到了32 051件参赛作品，这是一个令人惊讶的新纪录。"省长杯"工业设计大赛作为广东省制造业转型升级的重要驱动力，服务于广东省的制造业发展，充分发挥了工业设计的引导作用。

（1）为广东省制造业搭建公共服务平台，提供人才培养、金融支持、政策互动、设计指导等服务，为广大中小企业提供优质的全流程供应链服务。针对但不限于"省长杯"工业设计大赛优秀概念设计作品、量产产品，导入创投基金、众筹孵化平台、品牌企业等资源，与原创设计师或设计团队面对面交流，探索优秀设计项目落地。另外成立设计成果交易中心，组织开展各类设计成果推介会等活动，推动优秀设计、优秀创意走向市场。

（2）引导企业建立规范的研发设计过程和科学的评价体系，发挥设计在产业整合、商业模式创新、新技术应用、新领域拓展、创新成果产业化等方面的引领和协同整合作用。以创新驱动为导向，整合设计创新领域的政、产、学、研各方资源，

建立协同创新发展平台，推动广东省设计提升、产业升级和经济转型。为获得行业认可和扩大自身行业影响力，企业积极参与比赛，并设立了多种举措支持鼓励和刺激创新。除此，有的企业还成立研发中心，鼓励产学研相结合，并且主张与国际接轨，提升国际视野。

（3）推动企业产业组织结构的改革和创新，适应消费需求结构升级。工业设计正朝着绿色、智能、协同方向发展，与产业结合更加紧密，设计的范围也早已从外观设计延伸到产品开发前端的构架设计以及下游的服务设计，统筹新技术、新材料、新工艺、新模式的应用。"省长杯"工业设计大赛专门设立"产业组"，重点征集以设计为核心的新型生产服务业功能区、新型生产服务业模式以及设计基础研究项目参与总评选。

（4）充分发挥工业设计对产业转型升级的服务和驱动作用，促进高校科研力量与广东制造业深度融合，加快形成新的生产力和增长动能。"省长杯"工业设计大赛作为广东省"万众创新"的平台，推动广东省设计及相关产业的发展，广泛发动全社会各类企业、设计机构、院校、设计师参与，挖掘设计创意和自主创新，激发全社会的创新能量，营造尊重原创、崇尚创新的良好氛围。

三、"省长杯"工业设计大赛的影响力

大赛的发展历程从人才培养、设计成果市场化、整合资源建立平台，最后再服务于制造业的发展，符合时代背景发展要求，对时代发展的前瞻性把握较高。"省长杯"工业设计大赛从1999年来的近十年里，一路成长一路积累，为中国工业设计大赛树立起一个新的标杆。

"省长杯"工业设计大赛发展到今天，它的目的已经转移到推动设计成果转化和产业化应用上来。近几届"省长杯"工业设计大赛好作品层出不穷，正是广东经济转型升级的最好印证。工业设计是创新链的起点，是价值链的源头，来源于制造也服务于制造，是实现制造业高质量发展的关键环节。近年来，工业设计在实体经济中的地位发生了显著变化，工业设计已经摆脱过去从属于营销与工程的客体地位，逐步成为主导营销与技术创新的主体。虽然"省长杯"工业设计大赛只是广东省推动工业设计引领带动的一个缩影，但正是由于这多方位的步步前进，才使得工业设计不仅有效引领了制造业转型升级，还使广东省保持制造业的持续增长，对于推动广东制造向广东创造转变，广东速度向广东质量转变，制造大省向制造强省转变具有重要的意义。

在这过程中"省长杯"工业设计大赛不断改革创新，形成广东省独有的创新特色。"省长杯"工业设计大赛这个广东省在全国开先河的设计评价制度，尤其在产业

界，获得了越来越多的关注与响应，获得了越来越多的支持与参与。面向产业是"省长杯"工业设计大赛始终坚持的价值取向，也是"省长杯"工业设计大赛区别于其他赛事、奖项的最鲜明特色，"省长杯"工业设计大赛坚持根植于广东制造业的土壤，将大赛作为推动创新设计成果与产业对接、促进制造业转型升级的平台来发展。"省长杯"工业设计大赛也同步追随世界工业设计的最新发展，大赛从最初的产品组、概念组评奖，到增设产业组评奖、设立专项赛复赛环节、增加企业命题、增加设计论文征集等不断发展，同时"省长杯"工业设计大赛大赛的有机组成部分地方联赛——"家具专项""服装专项"以及地方行业组织有积极意愿承办的其他专业设计赛事，也与"省长杯"工业设计大赛相融合成为大赛的有机组成部分。专项联赛成为"省长杯"工业设计大赛独有的亮点。"省长杯"工业设计大赛所承载的使命与价值，已越来越在广东并超出省域范围获得认同和认可。

本章习题

一、名词解释

1. 工业设计
2. 绿色设计

二、简答题

1. 从国家和企业角度，阐述发展工业设计对制造业转型升级的作用。
2. 从国外工业设计服务发展经验，阐述对我国工业设计服务发展的启示。

三、案例分析

近年来，以"尚品宅配"为代表的定制家居火遍大江南北。就产品而言，"尚品宅配"提供的产品与其他板式家具并无本质差别。就用户而言，"尚品宅配"的诱人之处不是家具的质量和价格，而是免费的、参与式的设计服务，能够有效满足消费者的个性化需求。就价值链而言，"尚品宅配"利用虚拟设计、体验设计和产品设计，在原料采购、加工制造之前就实现了销售定制，从而"先设计、再销售、后生产"。

家具的功能结构基本是大"同"小"异"；消费者选购家具时更看重的外观款式却是小"同"大"异"。"尚品宅配"就在这一"同"一"异"中做足了文章。以存储各式服装为主要功能的衣柜为例，只要几块隔板围合成封闭的空间，这就是大"同"。衣柜的结构设计就是在围合的空间中，通过隔板和挂衣架的大小、高低对柜内空间进行分割，从而实现不同功能。在这里，隔板、挂衣架等装配件是各个衣柜都必备的，是小"同"；而隔板和挂衣架的具体尺寸和位置却因用户的不同喜好和习惯而千变万化，因而是小"异"。谈及衣柜的外观，因配件、材质、色彩、面饰工艺的不同而千变万化，这也是体现用户个性化的大"异"。运用圆方家具设计系统和云计算渲染技术，用户和设计师一起修改设计方案，并以三维效果图的形式即时呈现。用户买家具就像买衣服一样，可"看"又可"试"，甚至"试到满意再买"。因此，销售终端免费的体验式设计、基于互联网的整合设计、基于空间解决方案的协同设计成为"尚品宅配"的促销利器。

(资料来源：胡飞，王炜. 创新设计驱动的"互联网+"服务型制造 [J]. 美术观察，2016（10）：11-13.)

通过以上材料，试分析"尚品宅配"是如何利用设计成为"互联网+"服务型制造的引领者的？

第十二章

现代供应链

本章介绍现代供应链的相关内容,从基本认识、国内外发展现状、未来发展思路等方面进行阐述。

现代供应链是以客户需求为导向,以提高质量和效率为目标,以整合资源为手段,实现产品设计、采购、生产、销售、服务等全过程高效协同的组织形态。[①] 随着信息技术的发展,人工智能、互联网、物联网的出现推动供应链到达智慧新阶段。供应链管理为生产服务业的发展提供了一种先进的思想、模式和方法。它是在经济全球化、信息技术飞速发展、价值链重构、客户需求飞速变化、环境恶化、全球动荡等背景下产生并发展起来的,旨在降低企业库存水平,降低供应链整体成本,提高客户服务水平。

20世纪80年代,美国工业在遭到日本重创之后,开始系统学习和总结日本企业的生产运营模式,并结合自身信息技术的应用,创造性地提出了供应链及供应链管理的概念,随后,相关理论开始在全球范围内快速发展。党的十九大报告中提出了"现代供应链"的概念,因此,开展现代供应链的研究工作,对提升生产服务业的水平、加快制造业转型升级、实现产业降本增效、推动供给侧结构性改革具有重要的作用,同时,对于整合全球资源,促进产业链、供应链和价值链的融合与创新发展具有重要意义。本章通过对制造强国、制造大国、制造新国三类国家现代供应链的发展现状进行总结,认为制造强国现代供应链的发展时间最长,实践经验最丰富,其次是制造大国,最后是制造新国。

本章还提出了现代供应链发展的总体思路,国家应积极制定现代供应链政策,营造供应链创新与应用环境,转变供应链发展理念,推行现代供应链试点示范,扶持现代供应链行业组织协会发展,推进供应链标准化体系建设,加快培养多层次供应链人才。最后,本章对利丰集团案例进行了分析,指出了其带给我国企业发展现代供应链的经验和启示。

---

①国务院办公厅印发《关于积极推进供应链创新与应用的指导意见》。详见中央人民政府网站.

第一节 基本认识

一、现代供应链的内涵与外延

(一) 现代供应链的内涵

1. 现代供应链的概念

供应链是一个系统的概念，其贯穿在人类的整个生产与经济活动中。从人们开始分工合作和交换开始，供应链就出现了。古代，农夫首先在土地上种出小麦，收割后将小麦卖给磨坊，磨坊再将小麦磨成面粉，然后把面粉卖给点心作坊，点心作坊将面粉加工成点心，最后再将点心放在市集售卖，供人们购买。这些活动连接起来，就构成了一条供应链。

供应链（supply chain）概念的演进如下：20世纪90年代，供应链的概念更多是指内部供应链，强调它是制造企业中的一个内部过程，把从企业外部采购的原材料和零部件，通过生产转换和销售等活动，再传递到零售商和用户。其后，20世纪90年代发展为外部供应链，概念侧重了与其他企业的联系，关注了企业的外部环境。进入21世纪，概念开始注重围绕核心企业的网状链关系，比如核心企业与供应商、供应商的供应商乃至与一切向前的关系，核心企业与客户、客户的客户及一切后向的关系。至此，对供应链的认识形成一个网状链的概念。

供应链是围绕核心企业，通过对信息流、物流、资金流的控制，从采购原材料开始，制成中间产品以及最终产品，最后由销售网络把产品送到消费者手中的，将供应商、制造商、分销商、零售商，直至最终用户连成一个整体的功能网链结构。[1]

综上所述，现代供应链是以客户需求为导向，以提高质量和效率为目标，以整合资源为手段，实现产品设计、采购、生产、销售、服务等全过程高效协同的组织形态[2]。党的十九大报告提出：在"现代供应链"领域培育新增长点、形成新动能[3]，使得"现代供应链"的概念首次进入中央工作的视野和范畴。也因此肯定了现代供应链理念在提升企业竞争力、提高企业效率、降低企业成本上取得的效果。

---

[1] 马士华，林勇. 供应链管理 [M]. 5版. 北京：机械工业出版社，2017.
[2] 国务院办公厅印发《关于积极推进供应链创新与应用的指导意见》. 详见中央人民政府网站.
[3] 《十九大报告》详见 http://www.gov.cn/zhuanti/2017-10/27/content_5234876.htm.

> **专栏：供应链案例**[①]
>
> 以一个顾客走进沃尔玛为例。供应链始于顾客对清洁剂的需求，下一个环节是顾客访问沃尔玛零售店。沃尔玛的存货摆满货架，这些库存由成品仓库或者分销商用卡车通过第三方供应，制造商（宝洁公司）为分销商供货，宝洁公司制造工厂从各种供应商处购进原材料，这些由更底层的供应商供货。例如，包装原材料可能来自 Tenneco 包装公司，而 Tenneco 包装公司从其他的供应商处购进原材料来生产包装材料。这一供应链过程如图 12-1 所示。由下图可知，供应链由所有节点企业组成，其中核心企业可以是制造商，如汽车制造商；也可以是零售型企业，如沃尔玛等。
>
>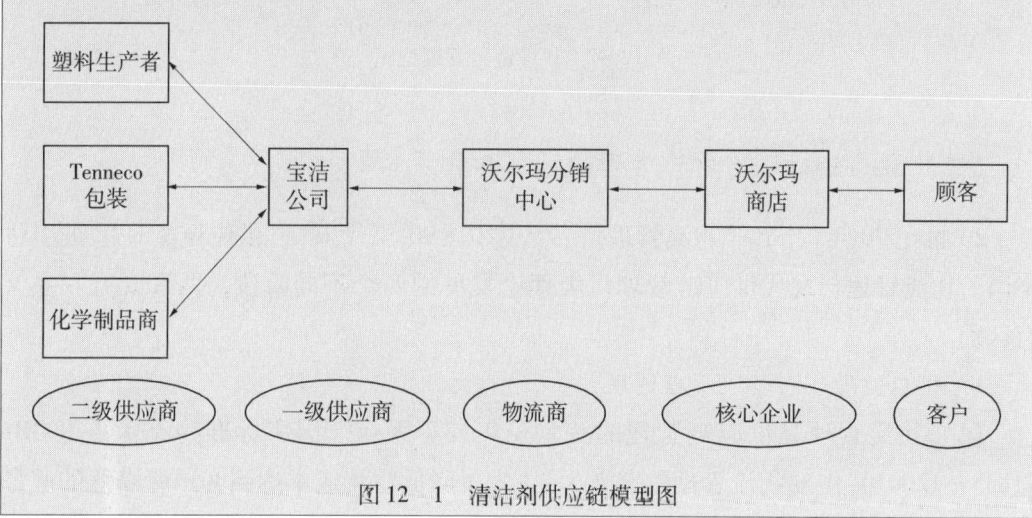
>
> 图 12-1　清洁剂供应链模型图

2. 供应链管理的概念

供应链管理的范畴非常广泛，包括采购与供应商管理、生产管理、物流管理，以及供货网络设计、车辆调度、仓储管理，也包括供应链管理软件，如 ERP、Oracle、SAP 等。[②]

供应链管理就是使以核心企业为中心的供应链运作达到最优化，以最低的成本，令供应链从采购开始，到满足最终客户的所有过程，包括工作流、实物流、资金流和信息流等高效率地运作，把合适的产品，以合理的价格，及时准确地送到消费者手上。[③] 它是一个综合管理思想，试图摆脱单个企业、单个职能层面的局部优化，以实现供应链领域的全局优化。在实践操作中，供应链管理由三大领域构成，跨越企

[①] 苏尼尔·乔普拉，彼得·迈因德尔，等. 供应链管理 [M]. 5 版. 陈荣秋，等译. 北京：中国人民大学出版社，2013.
[②] 刘宝红. 采购与供应链管理 [M]. 2 版. 北京：机械工业出版社，2017.
[③] 马士华，林勇. 供应链管理 [M]. 5 版. 北京：机械工业出版社，2017.

业管理中的供、产、销三大块。这三大块是执行职能,它们由计划职能驱动,但计划依附于其他职能,很难独立出来(图12-2)。①

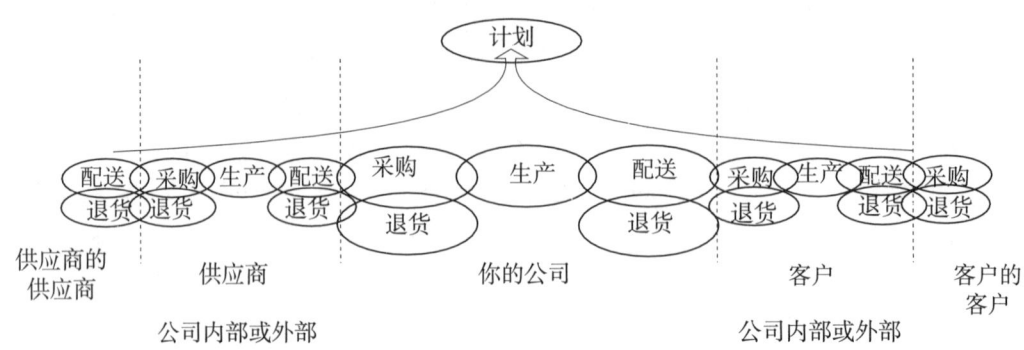

图12-2 供应链运营模型图

(二)供应链管理与物流管理的区别和联系

20世纪70年代末,"物流管理"传入中国;90年代末,"供应链管理"被引进中国。物流管理与现代供应链管理代表理论发展的两个不同阶段,两者既有联系又有区别。

1. 供应链管理与物流管理的联系

(1)物流管理是供应链管理的一个子集或子系统。国家标准物流术语(GB/T18354—2001)中对物流管理的定义为:"为了降低物流成本达到客户所满意的服务水平,对物流活动进行的计划、组织、协调与控制。"②而供应链管理是运用先进的技术和方法对供应链网络中信息流、资金流、物流进行计划、组织、协调和控制,以期达到供应链整体利益的最大化和成本最小化。从管理对象来讲,物流管理的对象是以运输和仓储为核心的物流相关活动;而供应链管理的对象是供应链网络中所有的物流、信息流和资金流活动,因此,可以说物流管理是供应链管理中的重要组成部分。

(2)物流管理是供应链管理的起源。从美国供应链管理专业人士协会发展历史也可验证该观点。该协会成立于1963年,当时命名为美国实物配送协会,以运输为主;1985年,改为美国物流协会,覆盖运输之外的更多业务内容;2004年,再次改名为供应链管理专业协会,正式从物流领域进入供应链领域。此外,美国供应链的协会组织呈现三足鼎立之势,其余两者分别是供应管理协会(ISM,前身是美国采购

---

① 刘宝红. 采购与供应链管理[M]. 2版. 北京:机械工业出版社,2017.
② 刘志学,付国庆,许泽勇. 物流与供应链管理的比较[C]//第三届中国物流学术年会论文集. 2004.

经理联合会，世界上规模最大、影响最大的组织）和运营管理协会（APICS，侧重生产与库存管理）。① 这与前面第一部分阐述供应链管理的概念时提到的三大运营领域采购、生产、分销不谋而合。从供应链管理的发展和起源可以看出，物流管理早于供应链管理出现，是供应链管理的起源；而供应链管理在发展阶段上高于物流管理。

（3）物流管理是供应链管理的核心内容。物流贯穿整个供应链，是供应链的载体、具体形态或表现形式，它衔接供应链的各个企业，是企业间相互合作的纽带。没有物流，供应链中生产的产品的使用价值就无法得以实现，供应链也就失去了存在的价值。因此，物流管理很自然地成为供应链管理体系的重要组成部分，是供应链管理的核心，有效地管理好物流过程，对于提高供应链的价值增值水平有举足轻重的作用。②

2. 供应链管理与物流管理的区别

（1）存在基础和管理模式不同。任何单个企业或供应链，只要存在物的流动，就存在物流管理；而供应链管理必须以供应链导向为前提，以信任和承诺为基础。物流管理主要以企业内部物流管理和企业间接口物流管理两种形式出现，主要表现为一种职能化管理模式；供应链管理则以流程管理为表现形式，它不是对多个企业的简单集合管理，而是对多个企业所构成的流程进行管理，是一种流程化的价值链管理模式。③

（2）导向目标不同。物流管理的目标是以最低的成本产出最优质的物流服务。对于不存在供应链管理的环境，物流管理在单个企业战略目标框架下实现物流管理目标；对于供应链管理环境，物流管理指供应链物流管理，以供应链目标为指导，实现企业内部物流和接口物流的同步优化。而供应链管理是以供应链为导向，目标是提升客户价值和客户满意度，获取供应链整体竞争优势。④

（3）管理层次不同。物流管理是对运输、仓储、配送、流通加工及相关信息等功能进行协调与管理，通过职能的计划与管理达成降低物流成本、优化物流服务的目标，属于运作层次的管理；而供应链管理聚焦于关键流程的战略管理，这些关键流程跨越供应链上所有成员企业及其内部的传统业务功能，供应链管理站在战略层次的高度设计、整合与重构关键业务流程，并做出各种战略决策，包括战略伙伴关系、信息共享、合作与协调等决策。

（4）管理手段不同。物流管理以现代信息技术为支撑，主要通过行政指令或指导，运用战术决策和计划来协调和管理各物流功能；供应链管理则以信任和承诺为基础，以资本运营为纽带，以合同与协议为手段，建立战略伙伴关系，运用现代化

---

① 刘宝红. 采购与供应链管理 [M]. 2版. 北京：机械工业出版社，2017.
②③④ 刘志学，付国庆，许泽勇. 物流与供应链管理的比较 [C] //第三届中国物流学术年会论文集. 2004.

的信息技术，通过流程化管理，实现信息共享、风险共担和利益共存。[①]

随着全球贸易、国际分工不断深化，企业为了追求成本最小化，开始对全球范围内的资源进行重新分配，全球供应链体系不断扩展和创造价值，人类已经全面进入"供应链竞争时代"。

（三）现代供应链的外延

基于企业视角的现代供应链可按照供应链管理思想和提供供应链管理服务角度划分为应用型供应链和服务型供应链。现代供应链分类如下：

（1）应用型供应链。指在企业内部应用现代供应链管理思想和技术的前提下，为满足客户需求，将本企业制造和销售过程中的原材料、在制品、产成品等的采购、生产、存储、销售等环节涉及的参与者组成一个整体。

（2）服务型供应链。指为其他企业提供供应链管理服务的模式，这种模式的服务对象往往不是单个企业，可能是成百上千个同一类型或不同类型的企业，其典型特征是服务于多个产业链、业务综合性强、涉及面广、体量大。企业通过建设供应链管理平台将业务流程标准化、固化，借助信息化、网络化为某一行业或多行业成百上千的企业服务。以世界知名企业作为例子，其分类见表12-1。

表12-1 基于企业视角现代供应链模式

序号	企业名称	供应链类型	发展模式
1	苹果公司	应用型	集成式供应链管理体系
2	宝洁公司	应用型	制造企业主导型供应链
3	亚马逊公司	应用型	电商企业主导型供应链
4	沃尔玛百货有限公司	应用型	零售企业主导型供应链
5	香港利丰集团	服务型	全程供应链一体化物流服务
6	深圳市怡亚通供应链股份有限公司	服务型	O2O供应链商业生态圈

（资料来源：《广东省供应链管理发展研究》报告）

在应用供应链领域，还可以依据行业不同，对供应链进行细分，一般包括以下几类：

（1）制造行业供应链。目前，供应链管理思想运用最多的行业就是制造业。在世界知名企业中，如宝洁、苹果、联合利华等企业的卓越的供应链管理能力成为人们追捧的对象。

（2）贸易行业供应链。伴随近半个世纪以来的全球化，贸易公司得到了长足的发展。无论是20世纪60年代的美国向日本的产业转移，还是20世纪70年代日本向

[①] 刘志学，付国庆，许泽勇. 物流与供应链管理的比较［C］//第三届中国物流学术年会论文集. 2004.

我国台湾、香港地区和韩国的制造业转移，及20世纪80年代香港、台湾向中国内地（大陆）的制造业转移，都催生了大量的贸易商。因此，贸易企业成为应用现代供应链的重要领域。

（3）零售行业供应链。虽然现代供应链的起源是生产制造业，但该思想同时在各行各业进行传播与应用。一个典型的例子就是沃尔玛，作为一家巨头零售商，其应用卓越的供应链管理能力为世界各地的消费者提供低价、优质的服务。沃尔玛通过建立高效率的全球采购中心、开发适应自身门店物流系统、运用先进的信息技术收集用户大数据并进行全球采购，运用全球各地的资源优势进行供应链管理。

（4）生鲜供应链。随着人们生活品质的提高，生鲜产品的需求迅速增加，因此，衍生出了一类新的供应链类型。目前，生鲜产品主要包括水果、蔬菜、肉类、水产、干货及熟食、日配、鲜花等。因为生鲜产品独有的特点，其物流的整个过程中都需要保鲜、冷藏、冷冻，另外，产品的保质期一般比较短，所以对生鲜产品供应链管理的要求就更高，供应链一旦管理不善，企业必受损失。

（5）电商供应链。在互联网技术与电子商务模式不断更新的情况下，现代供应链出现了不少新变化：供应链变得越来越扁平化、商流在交易过程中逐渐弱化，物流在经历大规模的整合，资金流开始转化为服务平台，零库存成为可能，虚拟工厂开始出现，大数据需求预测越来越准确，供应链金融开始走入大众视野。伴随B2B（企业到企业）、B2C（企业到客户）、O2O（线上到线下）、E2E（端到端）等新模式的出现，现代供应链的技术和思想也在不断转变，由传统到个性，再到智能化，供应链管理的运用在成功企业身上屡见不鲜。

（6）绿色供应链。绿色供应链又称环境意识供应链，其总的概念是指在供应链的基础上，增加环境保护意识，把"无废无污"和"无任何不良成分"及"无任何副作用"贯穿于整个供应链中，这就是绿色供应链。[①] 目前，绿色供应链管理的理念在各行各业兴起，其目的是使产品从原料获取、加工、包装、存储、运输、使用到废弃回收的整个过程，注重对环境的保护，从而促进经济、环境的协调发展。[②]

二、现代供应链的产生与演进

20世纪早期，是纵向集成盛行的年代，其特点是供、产、销大都处于同一个公司内部，其经典代表是福特汽车，从炼铁厂到零部件到整车组装，都试图集中在自己旗下。20世纪60年代以后，日本制造业开始崛起，以精益生产为代表的供应链管理概念出现，开始进入横向外包阶段。20世纪80年代，国内外供应链管理的概念开始发展，最终形成网状供应链内外部整合。进入新世纪以来，在欧美发达国家，供

---

① 薛晓燕. 基于SCM思想的外贸出口企业信息系统研究［D］. 北京：对外经济贸易大学，2006.
② 来源：MBA智库百科.

应链管理的应用开始从大批量行业（如汽车、个人电脑）扩展到小批量行业（如飞机制造、手机制造等领域）。① 近几年供应链管理的概念更加深入，除大企业重视和关注外，中小企业也开始涉足相关领域。现代供应链随着网络和信息技术的发展而逐渐发展起来，产品品种越来越多，产品生命周期越来越短，客户对订单响应速度的要求越来越高。根据《中国制造业供应链管理调查报告》，现代供应链在中国的发展可分为以下五个阶段。

1. 1978年以前——供应链的"推式"时代

这一时期中国的制造业比较落后，企业要生产什么往往不是自己决定，而是被原材料制约，直至把成品销售给客户。这一时期由于处于计划经济时代，资源短缺，企业拼命抢项目、扩建厂房、更新设备，导致制造能力大量过剩，而销售和供应能力则很弱。企业基本上对供应链管理这个概念一无所知。②

2. 1979—1992年——供应链的"拉式"时代

在这个阶段，中国的对外贸易开始蓬勃发展，客户的需求逐渐成为影响企业经营活动的重要因素。在客户需求的"拉动"下，企业开始注重对整个经营活动加以控制和管理，这是供应链管理的最初意义。

3. 1993—2000年——供应链内部集成阶段③

这个阶段中国逐步由计划经济转变为市场经济。中国市场渐趋繁荣，大部分商品已出现过剩，产品质量及成本竞争的重要性逐步体现出来。在这种情况下，企业不得不考虑如何从原材料采购开始加以管理和控制，以提高企业的整体效益，便开始了供应链内部集成的阶段。

4. 2001—2007年——供应链外部集成阶段

过去企业对供应链的关注主要集中在供应商—制造商这一层面上，只是供应链上的一小段，研究的内容主要局限于选择供应商、降低成本、控制质量、保证供应链的连续性及经济性等问题，没有考虑从供应商、分销商、零售商到最终用户的完整供应链，而且研究也没有考虑供应链管理的战略性问题。企业面临的成本压力越来越大，开始注重供应商管理和协作，引入供应链管理的理念和思想，进入外部供应链整合阶段。

5. 2008年至今——供应链网状链阶段

随着信息时代的到来、全球经济一体化的迅猛发展以及产业不确定性的增加，供应链管理进入了一个新的发展阶段：价值链网络阶段。人们对供应链的认识也从线性的"单链"转向非线性的"网链"，实际上，这种网链正是众多条"单链"纵

---

① 刘宝红. 采购与供应链管理 [M]. 2版. 北京：机械工业出版社，2017.
②③《中国制造业供应链管理调查报告》，中国物流与采购联合会，2004年；利丰研究中心. 供应链管理——香港利丰集团的实践 [M]. 2版. 北京：中国人民大学出版社，2009.

横交错的结果。① 此时供应链的概念更加注重围绕核心企业的网链关系,其跨越了企业的边界,从关注内部向关注全局转变,并从整体的角度重新配置利益的分配,提升产品供应链的竞争力。

三、现代供应链的功能与作用

进入21世纪,企业所面临的市场空间和形态都与以往不同,信息和网络化带来了工作和生活方式的改变,消费需求由注重功能向注重个性转变。同时,全球制造的出现导致企业竞争日益激烈,而企业制造成本已经无法再减少,但成本降低的目标一直存在,那么企业就只有从供应链的其他环节入手。例如,一件商品在美国的售价是4美元,其制造费用是1美元,而另外3美元就是供应链各个环节的价值,包括产品设计、原材料采购、物流运输、批发零售、信息和管理。从这个方向思考,企业尚有很多机会可节省成本,增加利润,而供应链管理的重点就是在这"软三元"内的工作(图12-3)。② 现代供应链以对整个系统的优化为目标,运用现代信息技术进行业务流程再造,通过建立长期合作伙伴关系、整合冗余环节、降低库存等手段,不断提高企业的运营效益与经济效益。供应链管理在节约企业成本、提高经济效益等方面发挥着越来越重要的作用。

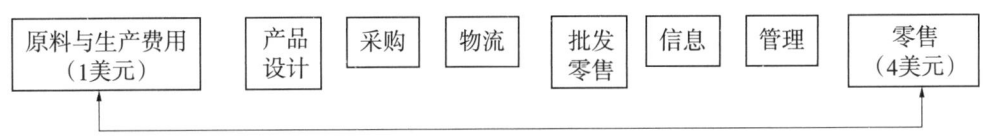

图12-3 软三元模型图

同时,供应链管理也是一种思想,为企业提供了一套制定战略的分析和管理方法,它通过对市场需求和生产流通过程的整体、系统的考察,为战略的制定和执行提供一个思考框架,使企业能在新的经济环境下参与竞争,创造盈利。③ 同时,它也为制造业、生产服务业提供管理模式和方法。

四、发展现代供应链的必要性

1. 中国经济转型的需要

经过30年的攻城略地,中国经济进入"L"型转型发展时期,出现了GDP增速

---

① 王迅,陈金贤. 供应链管理在不同历史时期的演化过程和未来趋势分析 [J]. 科技管理研究,2008.10.
② John Magretta, "Fast, Global, and Entrepreneurial: Supply Chain Management, Hong Kong Style, An interview with Victor Fung," Harvard Business Review, 9-10/1998. 利丰研究中心. 供应链管理——香港利丰集团的实践 [M]. 2版. 北京:中国人民大学出版社,2009.
③ 杜淑芳. 河北省产业供应链研究 [D]. 保定:河北农业大学,2011.

放缓、出口需求疲软、国内消费不足、环境污染严重、人力成本上升等问题。但目前国内企业的资产已经相当丰厚，虽说创业还是主旋律，但是守业的压力已经越来越大。守业与创业要求的能力不同：创业需要企业家精神，要敢为天下先；而守业则需要提高科学管理的水平，建立合适的系统、流程，制定相应的规章制度，让企业更加平稳、高效地运作，这正是现代供应链管理的职责。[①]

2. 在互联网环境下提高企业效率的需要

在互联与共享经济的时代背景下，互联网、大数据、云计算等现代信息技术正在深刻地改变着人们的生活与生产方式。2015年末，我国网络购物人数达到4.13亿人，市场规模高达上千亿元。[②] 网络购物更加推崇个性化的体验，倒逼企业生产模式的变革，小批量生产占比不断提升，同时全球化带来的资源和环境的改变，这些都促使现代供应链产业的发展。多批量、少批次、定制化的生产模式需要现代供应链体系相配合，才能达到高效率。

3. 降低库存、提高企业运营效率的需要

库存是指暂时处于闲置状态的资源。零库存是企业经营管理的最佳状态，但在现实生活中，企业往往为了提高客户满意度而设置一定的库存。企业库存失控，是企业资金流断裂的重要原因之一。而现代供应链理念的提出，则是通过信息共享、建立合作伙伴关系，消除或减少供应链上各企业的库存，提高整条供应链上所有企业的运营效率。

4. 降低成本、提高企业竞争力的需要

时代在前进，同时企业降低成本的进程却一直在持续，而且成本降低的压力也越来越大。"第三利润源泉"概念的提出更是深刻验证了这一点。依据现代供应链理念，供应链管理可以促使核心企业集中精力发展自身业务，合理运用企业之外的优势资源，通过协作共享，最终降低整个供应链的成本，提高企业在国内外市场的竞争力。

5. 提高客户服务水平、扩大市场规模的需要

进入21世纪以来，客户需求越来越多样化，对订单响应的速度要求越来越高。因此，为满足客户需求，企业不得不改进供应链运营，来不断提高客户服务水平，以此不断吸引新客户，锁住老客户，进而提高市场占有率。

[①] 刘宝红. 采购与供应链管理 [M]. 2版. 北京：机械工业出版社，2017.
[②] 中国互联网信息中心的数据.

第二节 发展现状

一、国外现代供应链发展现状

（一）制造强国现代供应链发展现状

1. 美国现代供应链发展现状

当前，全球国家间竞争的主线已日益深化为全球供应链之间的竞争，欧美国家已经将全球供应链竞争从企业微观层面上升为国家宏观战略层面。2015年，美国联邦政府公布了白宫供应链创新计划，并发布了《供应链创新：强化美国小型制造商》报告，希望通过一系列公私伙伴关系以及其他联邦政府的行动计划帮助中小型制造商获得创新及提升生产力所需的技术和资源。[①] 美国于2012年就发布了《全球供应链安全国家战略》，美国国家领导人一再强调重新掌握全球产业链与供应链，确保美国国家安全和经济利益。[②]

现代供应链及供应链管理的概念和理论起源于美国，其原因包括客户需求多样化、对低成本的诉求、竞争及贸易全球化，其中最根本的原因——日本制造企业对美国制造业的冲击。自20世纪80年代以来，从汽车到家电、从消费品到工业品再到航天航空品，日本开始全面赶超美国，在这些领域与美国企业直接交锋，其情形类似于虎口夺食。在这场较量中，日本制造产品以其质量好、价格低、速度快等特点快速抢占美国市场，因此从政府到工业界再到普通老百姓都有一种大难临头的感觉。在经历了日本企业带来的沉痛打击之后，美国开始认识到自身契约经济模式的不足，系统地学习日本关系模式的做法，总结并完善了现代供应链理论及成套的做法和模式。因此，可以说日本是供应链管理始祖，而美国借着"师夷长技以制夷"进行发扬光大。美国在系统学习了日本的生产模式之后，开始在各行各业运用供应链管理的思想。目前，供应链管理做得比较好的企业包括苹果、宝洁、亚马逊、沃尔玛、思科、Intel、3M、耐克等。[③]

美国传统的关系模式是契约经济。所以，美国企业供应链协作较少，正是因为协作度低、互信度低，为了控制的需要，企业就需要设计更复杂的流程、编制更多的报表，从而需要更加复杂、强大的IT系统。因此，美国企业非常注重信息系统技术的运用，比如MRP、ERP以及其后的电子商务、互联网。美国对供应链管理的主

[①] 黄健，万勇. 对美国白宫供应链创新计划的分析与思考[J]. 科技管理研究，2016（6）.
[②] 丁俊发. 美国为何把全球供应链为何看的如此之重？[EB/OL]. 搜狐财经网站.
[③] 刘宝红. 采购与供应链管理[M]. 2版. 北京：机械工业出版社，2017.

要贡献是 IT 工具。①

美国供应链管理的发展趋势包括：①安全问题正在成为供应链管理关注的焦点。②绿色供应链成为供应链管理发展的潮流和趋势。③业务外包将在新的领域或以新的方式出现。④用更少的资源做更多的事将成为新的规范。⑤为结果而不是具体任务付费。越来越多的美国公司在寻求与供应商构建一种基于供应链业务共同分担风险和回报的业务合作系统。②

自 2004 年起，市场研究机构 Gartner 每年都会公布供应链 25 强名单，旨在提升业界对供应链管理的认识，并且了解领先企业对行业的影响。2015 年，宝洁、苹果、亚马逊被评为大师级供应链，不再参与排名。在上榜的 25 家企业中（表 12 - 2），有 11 家是美国本土企业，占据半壁江山。另外英国、德国、瑞典、西班牙、中国等国家的企业也榜上有名。这从侧面反映出美国企业的供应链管理能力及现代供应链在全球企业管理中承担的重要作用。

表 12 - 2　2017 年全球供应链 25 强排名

	2017 年排名	2016 年排名	2015 年排名	三年加权平均 ROA - 20%	库存周转率 - 10%	三年加权收益 - 10%	CRS—5%	综合得分
联合利华	1	1	3	10.20%	6.8	1.9%	10	6.39
麦当劳	2	2	2	13.90%	174.5	-4.2%	3	5.27
Inditex	3	6	5	16.30%	3.7	12.0%	10	4.98
思科	4	7	6	8.30%	13.5	0.8%	10	4.82
H&M	5	5	7	22.00%	3	12.5%	10	4.63
英特尔	6	4	3	10.50%	4	4.6%	7	4.42
雀巢	7	10	17	7.90%	5.1	-0.6%	10	4.1
耐克	8	11	10	16.20%	3.8	7.9%	6	4.07
高露洁	9	13	9	18.00%	5	-4.9%	6	4.03
星巴克	10	12	12	20.30%	11.1	12.7%	4	3.8
百事可乐	11	15	15	8.50%	9	-1.8%	6	3.67
3M	12	14	14	15.30%	4.2	-1.1%	10	3.54
强生	13	21	21	11.80%	2.6	0.4%	7	3.5
可口可乐	14	9	11	7.80%	5.7	-4.2%	4	3.46
诺基亚	15	NA	NA	5.80%	5.6	46.3%	10	3.32
巴斯夫	16	20	NA	6.10%	4	-10.6%	10	3.21
施耐德电气	17	18	NA	4.20%	5.1	-0.3%	10	3.15

①刘宝红. 供应链管理的起源 [EB/OL]. 供应链管理专栏.
②齐严. 美国供应链趋势及其对我国物流业的启示 [J]. 宏观经济与管理, 2010 (10)：70 - 72.

续表 12 – 2

	2017 年排名	2016 年排名	2015 年排名	三年加权平均 ROA – 20%	库存周转率 – 10%	三年加权收益 – 10%	CRS—5%	综合得分
沃尔玛	18	16	13	7.50%	8	0.6%	3	3.11
惠普	19	17	NA	6.60%	9.8	-5.4%	10	3.06
欧莱雅	20	19	22	10.40%	2.8	5.1%	5	2.72
金佰利	21	24	20	11.80%	6.5	-2.6%	5	2.68
宝马	22	22	NA	3.70%	4.1	6.6%	10	2.62
帝亚吉欧	23	NA	NA	8.90%	0.9	-1.7%	7	2.57
联想	24	25	18	1.50%	14	7.2%	7	2.5
三星	25	8	8	7.30%	15.1	-3.6%	4	2.46

（资料来源：gartner、businesswire、scdigest、万联网编译分析整理①.）

2. 日本现代供应链发展现状

日本是供应链管理思想的始祖，其供应链管理思想的来源是汽车工业的精益生产模式，即 JIT。"二战"之后，日本就开始发展自己的汽车工业，当时日本汽车业在经受着"资源稀缺"和"多品种、少批量"制约。丰田公司在考察福特汽车公司之后，发现了大规模流水线的不足，并根据日本的国情，提出了丰田生产方式。丰田生产方式是日本竞争战略重要组成部分，体现在制造、电子、计算机、飞机制造等工业中。同时，它也是精益生产的来源，其指导思想是通过对生产过程整体的优化、改进技术、理顺物流、杜绝超量生产、消除无效劳动与浪费、有效利用资源、降低成本、改善质量，达到用最少的投入实现最大的产出的目的。②

所以，供应链管理中很多理念如长期关系、供应商早期介入、合作设计、JIT、精益生产、降低库存、快速响应、全面质量管理等都来源于日本。供应链管理问题归根到底就是一个关系问题，很多事情从技术层面看都不难，关键是大家愿不愿意协作。日本非常注重关系领域，致力于建立供应链上的长期合作关系，以 JIT 为例，看上去是稳定的产品流，但没有双方的深度协作、信息共享，就很难做到。③

今天的日本企业已远不是三十年前的日本企业，很多经典的做法，也随着时过境迁而变化。在全球供应链前 25 强做得很好的企业中，鲜见日本企业，也从一个侧面反映了现在日本的供应链管理水平。

---

① 这些企业都是从《财富全球 500 强》和《福布斯全球 2000 强》名单中筛选出年收入大于 120 亿美元的企业，因此，非上市公司如华为、玛氏，就不可能入围了。虽然此评选有失偏颇，但从中可以看出各个国家供应链管理水平的高低。

② 蒋湘强. 精益生产在 P 企业的研究与应用 [D]. 天津：天津大学，2007.

③ 刘宝红. 采购与供应链管理 [M]. 2 版. 北京：机械工业出版社，2017.

(二) 制造大国现代供应链发展现状

2015年,英国商业、创新和技能部也推出了制造业供应链行动计划,该计划提出,未来5年每年资助的企业数量将提升50%,面向中小企业的研发项目数翻倍,提供企业创新所需支持,还在技能、融资渠道等方面提升中小企业能力、深化供应链间的合作、打造更具韧性的供应链。①

目前,依据国家的制造业规模和市场竞争情况进行排名,英国、法国、韩国为制造大国。英国是一个高度发达的资本主义国家,是欧洲四大经济体之一。在两次世界大战之前,英国一直是世界霸主。"二战"之后让位给美国。但英国的工业发展水平及产业链布局仍然占据世界高端地位。

英国自20世纪80年代开始引入和系统学习现代供应链及供应链管理的相关理念,并运用相关模式和方法大力发展自身优势行业。目前,英国已经建立了以化工、制药、生物技术、食品饮料、电子工业、软件及环保产业为支撑的成熟工业体系,并且在这些领域均处于世界先进水平。在服务业方面,其教育和金融服务逐渐成为经济支柱。目前,其现代供应链的研究和应用较为成熟,其应用逐渐扩展到农业、出版业及涉及国家安全的核工业等。近年来,英国现代供应链有三大发展趋势:

(1) 供应链管理开始注重绿色、低碳化。与一些发展中国家利用供应链管理降低库存和成本不同,英国企业的供应链管理开始注重环境保护,降低碳的排放量。②

(2) 可持续性供应链管理得到越来越多企业的重视。随着供应链管理的发展,英国的私营企业越来越关注购买、供应产品和服务的可持续性。可持续性供应链管理,即利用采购活动来减少对环境、经济和社会的负面影响。③

(3) 供应链管理对可视化的要求越来越高。供应链的可视化,已经成为供应链管理最大的挑战。例如汽车制造商,希望知道汽车生产到流通过程中完整的物流情况,包括组装线上正在生产的每个部件、销售中心或客户库房中正在卸载的每个货盘、即将离港的货物情况等,这在国际贸易中是一大挑战,要知道全球库存的布局以及全球货物运输每一个点实时的动态,这是不容易实现的。

(三) 制造新国现代供应链发展现状

印度、巴西、墨西哥均为制造新国,以下简单介绍印度供应链管理的发展情况。印度是世界第二人口大国,金砖国家之一。农业、手工艺、纺织、服务业为印度的支柱产业,其中农业生产技术落后,工业基础相对薄弱;服务业相对较发达,在国

---

① 黄健,万勇. 对美国白宫供应链创新计划的分析与思考 [J]. 科技管理研究,2016,36 (6):45-47.
② 英国电信集团如何创建绿色供应链 [N]. 中国政府采购报,2014-06-24.
③ Helen Walker. 英国私营企业的可持续供应链管理 [J]. 李玉荣,译. 世界农业,2015.01.

民经济中占比一度超过 50%，近年来，其经济产业呈现多元化的发展态势。由于工业基础设施落后和投入不足，印度选择了一条绕过制造业、依靠服务业的发展来推动经济增长的道路。其中，印度软件及软件服务业经过多年的扶持发展，为印度经济的发展做出了巨大贡献，也提升了印度在国际市场上的竞争能力。①

近年来，印度政府也认识到制造业发展落后的弊端，大力发展基础设施相对薄弱的产业，并取得了不俗的成绩，其汽车零配件制造、生物制药、化工、食品加工在国际市场上的竞争力日益凸现。② 但在整个国家产业结构上，制造业发展很不平衡，如工业就是一个不健全的存在。

目前，印度大部分制造业没有成熟的供应链，大部分制造业，如手机制造基本都是依靠美国、韩国和中国这些手机终端商进行供应。2016 年，功能机在印度手机市场占比还高达 65%，与中国智能手机出货占比已经达到 86%，形成天壤之别。因此，在家电、手机、电脑等产品进行跨国经营的条件下，其先进的供应链管理的方法和理念也在不断传入印度。但印度作为制造业转移过程中的承接方，其供应链管理的能力较差，尤其在工业基础薄弱的情况下，其供应链管理主要在农业和服务业开始提倡和应用。

二、国内现代供应链发展现状

20 世纪 90 年代，现代供应链及供应链管理的概念传入国内，尽管很多人还把物流管理误当作供应链管理③，但现代供应的雏形已经形成。

（一）全球化、互联网化、专业化需求凸显

近年来，随着互联网技术、移动职能终端的普及，国内消费者的网络购物需求被极大激发。在经济新常态背景下，全球化已不能带动我国经济的快速发展，而新零售、共享经济、"互联网＋"等概念的不断凸显，促使我国的供应链管理企业需求不断上升，专业化需求凸显，更加反映了我国供应链管理水平低下。

（二）国内企业重竖向集成、企业兼并，重资产运作，不重视供应链管理

在后工业化时代，竖向集成、企业兼并仍然重要，但不是用来解决供应链管理能力低下的问题。当大公司发现了商业机会之后，它们会通过兼并集成，快速进入这个领域，但目的不是重资产，而是获得相应的知识产权和管理能力。这种方式的兼并集成总体上来讲是为了快速提升企业管理能力，它与重资产的兼并存在天壤之

---

① 李好，陆善勇．印度对外贸易政策改革促进经济增长剖析［J］．广西社会科学，2012（5）：65 – 68．
② 中华人民共和国商务部网站：mep128.mofcom.gov.cn/mep/xwzx/schj/302277.asp．
③ 刘宝红．采购与供应链管理［M］．机械工业出版社，第二版，2017．

别。而国有企业大多数时候属于后者,通过重资产运营,企业的利润不增反降,其供应链管理能力可见一斑,从中可以看出企业重兼并,不重供应链管理。①

(三)企业处于供应链的低附加值的位置

美国供应链理事会研究指出,整个国际产业链呈现出一条清晰的"微笑曲线"。在"研发—制造—营销"形成的 U 形曲线中,研发和营销两端分享到的利润比较多,而制造环节所得利润非常少,而且需要承受极大的库存压力。曲线上翘的两端代表那些竞争力强的企业,左端是以知识产权为主导的研发创新企业,右端是以品牌和服务为主导的优秀营销企业,而中间深陷的弧底部分则汇集了大量的制造企业——大多数的制造企业都位于此。②因此,国内仅靠劳动力、价格、资源等非竞争性的比较优势,从事国际品牌 OEM、加工贸易或低端产品的生产企业均是供应链中低附加值的产业。

(四)供应链管理在国内有很大的发展空间

近年国内企业都面临着人工成本飙升、人民币坚挺、成本和库存问题,开始注意到供应链管理的重要性,亦纷纷投资于科技应用。但是,目前都只是少数大企业能有效而充分地利用信息技术系统。一般的中小企业对技术的应用仍处在起步状态,POS、EOS、VAN、EDI 等信息系统的普及率较低,大部分企业只有现金收款机,难以通过信息系统对销售进行管理分析,以带动生产,做到快速反应,有效地响应消费者的需求。另外,供应链管理需要整体互动配合。

三、广东省现代供应链发展现状

得益于改革开放,广东省供应链管理起步较早。早在 1998 年,华为引入 IBM 一体化供应链管理解决方案时,供应链管理的理念就开始传播。与此同时,怡亚通作为国内第一家供应链管理服务的提供商开始成立。经过 20 年的发展,广州、深圳成为全国供应链服务企业的发源地和集聚地,诞生了一批具有代表性的企业,如怡亚通、腾邦、朗华、越海、飞马、普路通、东方嘉盛、九立等,深圳供应链管理服务的企业数量已占全国的 80%③,有供应链服务"世界看中国,中国看深圳"的说法。其发展现状如下:

(一)发展环境良好,萌芽起步时间较早

改革开放以来,广东省积极顺应新时代背景下国际产业价值链分工和国内产业

---

①刘宝红. 采购与供应链管理——一个实践者的角度 [M]. 2 版. 北京:机械工业出版社,2017.
②中国企业供应链管理向 SCOR 过渡 [J]. 现代商业,2006(4):50-51.
③郑艳玲. 到底什么是供应链服务 [EB/OL]. 搜狐财经,2017-08-25.

升级的大趋势，充分利用毗邻港澳的优越区位、珠三角密集的产业集群、活跃的市场氛围、高效的政府服务等诸多优势，一大批物流、外贸等企业率先打破地域、资源、环境的局限，优先于其他省份积极吸引外资，与国外及港澳企业拓展商贸合作交流，更快接触新思维、新模式，营造了良好的供应链管理发展环境，从而诞生了最初一批供应链管理企业。

（二）发展基础扎实，市场竞争力较强

广东是全国的经济大省，市场经济发展早、发育成熟，拥有开放、自由的外商投资环境，经济总量、产业规模、商贸流通、外贸经济的发展规模和速度较快，处于全国领先地位，为供应链管理发展提供了扎实的市场基础。2014 年、2016 年《中国供应链管理蓝皮书》编委会与美国供应链管理专业协会评选了两批共 39 家中国供应链管理示范（优秀）企业，其中广东省企业 14 家，约占全国的 36%。广东省在供应链管理不同领域涌现了一批龙头企业，这些企业积极创新技术、模式，快速崛起并各具特色。在应用型供应链管理模式领域，华为从产品开发入手，通过引进 IPD 集成产品开发理念控制生产制造、销售、交付、售后服务等环节，形成了全球供应链管理模式；在服务型供应链管理模式领域，怡亚通通过打造覆盖中国一至六线城镇的"380 平台"，为 150 万家供应链网络终端、2 000 多个国内外知名品牌提供一站式供应链服务。

（三）市场规模扩大，逐渐走向成熟

根据全国供应链管理市场发展情况，广东集聚了全国 70% 以上以"供应链"命名的企业，且形成了庞大的服务产业。在供应链服务行业良好发展势头下，这些企业的经营业务不断向供应链深层次发展，经营规模不断扩大，企业逐渐走向成熟，一批企业陆续上市，如深圳市飞马国际供应链股份有限公司、深圳市怡亚通供应链股份有限公司已在中小板上市。供应链管理行业运用广泛，跨界融合不断深化；供应链管理在制造业、物流业、电子商务、金融业、工业设计、服务型制造等多行业领域的应用不断深化，且促使不同产业深度融合。

（四）模式创新发展，龙头企业不断崛起

供应链管理技术应用深化，催生多种新兴业态。基于技术进步，催生了一批供应链新业态、新模式，例如绿色供应链、协同供应链、虚拟供应链、供应链金融、服务供应链、智慧供应链、供应链可视化等。例如，顺丰速运采用全自动化的分拣机器人，可达到一小时分拣四万件的速度；安得物流与美的空调共同推动供应链可视化，实现了信息流的共享与无缝连接，使得仓储利用率提升了 60% 以上。

四、国内外现代供应链发展经验与启示

（一）提升企业现代供应链观念，加强基础研究，发挥行业组织的重要作用

国内企业的传统发展模式是垂直扩展，例如目前大多数国内企业还存在这样一种"小农"思想：企业可以开展任何业务，在与供应商和客户做生意时，"肥水不流外人田"的意识严重，因此纵向一体化严重，"大而全，小而全"的企业结构层出不穷。[①] 在当今快速发展的市场中，必须转变供应链管理观念，树立业务外包的意识。对供应链管理发展的模式、经验等进行有效梳理，有力指导行业发展。要发挥有关行业组织在供应链管理宣传推广、政企对接、统计监测等方面的作用，形成合力，共同推进。

（二）普及、推广现代供应链应用

将供应链管理发展与产业、企业发展相结合，打造具有全球资源配置能力的跨国企业。运用现代供应链相关理论推进农村一、二、三产业融合发展，促进制造协同化、服务化、智能化，提高流通现代化水平，积极稳妥地发展供应链金融，积极倡导绿色供应链，努力构建全球供应链。推动制造企业应用精益供应链等管理技术，完善从研发设计、生产制造到售后服务的全链条供应链体系。建设一批服务型制造公共服务平台，发展基于供应链的生产性服务业。推动感知技术在制造供应链关键节点的应用，促进全链条信息共享，实现供应链可视化。[②]

（三）提高供应链的"软件"配套

要加大对现代供应链的支持，从资金、政策、环境、人才等不同角度，给供应链管理发展营造良好环境。积极开展供应链创新与应用试点示范，加强供应链信用和监管服务体系建设，推进供应链标准体系建设，加快培养多层次供应链人才。支持高等院校和职业学校设置供应链相关专业和课程，培养供应链专业人才。鼓励相关企业和专业机构加强供应链人才培训。创新供应链人才激励机制，加强国际化的人才流动与管理，吸引和聚集世界优秀供应链人才。[③]

（四）重视供应链的绩效，提高企业制度灵活性

供应链的运作绩效的评估工作十分重要，可从企业供应链的可靠性、柔性和反

---

① 利丰研究中心. 供应链管理——香港利丰集团的实践［M］. 2 版. 北京：中国人民大学出版社，2009.
②③《国务院办公厅关于积极推进供应链创新与应用的指导意见》. 中央人民政府官网。http://www.gov.cn/zhengce/content/2017－10/13/content_5231524.htm.

应能力、成本、资产利用率等方面对国内制造业的供应链绩效进行评估。①

从供应链绩效调查结果来看，订单完成率较高，总体比较令人满意，但相对国外供应链而言，却有不足之处，例如中国文化中时间意识与西方不同，按时交货率相对较差；供应链反应能力良莠不齐，整体水平较低；供应链衔接不畅，物流停滞时间长；付款周期和订货周期较长。另一方面，国内有些企业受制度约束较大，生产经营的灵活性有待进一步加强。

第三节 发展思路

一、总体思路

现代供应链的发展要以推进产业融合、提高效率、整合效益为目标，积极发展现代供应链产业，倡导绿色、全球、智慧、可持续供应链，推进供应链金融等工作。国家应积极制定现代供应链政策，在营造供应链创新与应用环境、转变供应链发展理念、推行现代供应链试点示范、扶持现代供应链行业组织协会发展、推进供应链标准化体系建设、加快培养多层次供应链人才等方面做出努力。②

二、发展重点

（一）推进农村一二三产业融合发展

将农业、农村、农民纳入现代供应链体系中，鼓励农业产业组织体系创新，鼓励农户采用土地流转、股份合作等方式融入农业供应链体系；发展现代农业，将信息技术、信息平台运用到生产经营的各个环节，提高农业科技水平；运用大数据，进行精准定位，加强农产品标准化建设，建立重要产品的供应链质量安全追溯体系。③

（二）促进制造协同化、服务化、智能化

推进供应链协同制造，推动制造企业应用精益供应链等管理技术，完善从研发设计、生产制造到售后服务的全链条供应链体系。发展服务型制造，建设一批服务

---

① 何明珂，董理，任豪祥，等. 我国制造业供应链管理调查报告[J]. 中国物流与采购，2005（2）：50 – 56.
②③《国务院办公厅关于积极推进供应链创新与应用的指导意见》，中央人民政府官网。http://www.gov.cn/zhengce/content/2017 – 10/13/content_5231524.htm.

型制造公共服务平台，发展基于供应链的生产性服务业。促进制造供应链可视化和智能化，推动感知技术在制造供应链关键节点的应用，促进全链条信息共享，实现供应链可视化。推进机械、航空、船舶、汽车、轻工、纺织、食品、电子等行业供应链体系的智能化，加快人机智能交互、工业机器人、智能工厂、智慧物流等技术和装备的应用，提高敏捷制造能力。①

（三）提高供应链现代化水平，推动服务型供应链发展

推动供应链创新转型，应用供应链理念和技术，大力发展智慧商店、智慧商圈、智慧物流，提升供应链智能化水平。推进流通与生产深度融合，鼓励流通企业与生产企业合作，建设供应链协同平台，准确及时传导需求信息，实现需求、库存和物流信息的实时共享，引导生产端优化配置生产资源，加速技术和产品创新，按需组织生产，合理安排库存。实施内外销产品"同线同标同质"等一批示范工程，提高供给质量。提升供应链服务水平，引导传统企业向供应链服务企业转型，大力培育新型供应链服务企业。②

（四）积极稳妥发展供应链金融，提升供应链安全性

推动供应链金融服务实体经济，推动全国和地方信用信息共享平台、商业银行、供应链核心企业等开放共享信息。有效防范供应链金融风险，推动金融机构、供应链核心企业建立债项评级和主体评级相结合的风险控制体系，加强供应链大数据分析和应用，确保借贷资金基于真实交易。加强对供应链金融的风险监控，提高金融机构事中事后风险管理水平，确保资金流向实体经济。③

（五）积极倡导绿色供应链，推动企业低碳化进程

大力倡导绿色制造，推行产品全生命周期绿色管理，在汽车、电器电子、通信、大型成套装备及机械等行业开展绿色供应链管理示范工作。积极推行绿色流通，积极倡导绿色消费理念，培育绿色消费市场。建立逆向物流体系，鼓励建立基于供应链的废旧资源回收利用平台，建设线上废弃物和再生资源交易市场。④

（六）努力构建全球供应链，成为供应链核心企业

积极融入全球供应链网络，加强交通枢纽、物流通道、信息平台等基础设施建设，推进与"一带一路"沿线国家互联互通。提高全球供应链安全水平，鼓励企业

---

①②③④《国务院办公厅关于积极推进供应链创新与应用的指导意见》，中央人民政府官网 http://www.gov.cn/zhengce/content/2017-10/13/content_5231524.htm。

建立重要资源和产品全球供应链风险预警系统，利用两个市场两种资源，提高全球供应链风险管理水平。参与全球供应链规则制定，依托全球供应链体系，促进不同国家和地区包容共享发展，形成全球利益共同体和命运共同体。①

三、发展政策

（一）战略层面的政策

1. "一带一路"倡议加速供应链一体化形成

国家倡导的"一带一路"建设强调政策沟通、道路连通、贸易畅通、货币流通、民心相通，有助于构建全方位、多层次、复合型的互联互通网络，实现沿线各国多元、自主、平衡、可持续的发展。

2. 供给侧结构性改革推动供应链创新发展

当前经济形势下，供给侧结构性改革作为实现我国经济转型的突破口和着力点，正在不断深入加强。供给侧结构性改革强调去产能、去库存、去杠杆、降成本、补短板五大任务目标，每一个任务都与供应链结构优化、供应链金融创新、供应链技术创新等息息相关。

3. 粤港澳大湾区促进供应链市场规模增加

2017年，国务院总理李克强在政府工作报告中提出，要推动内地与港澳深化合作，研究制定粤港澳大湾区城市群发展规划，发挥港澳独特优势，提升在国家经济发展和对外开放中的地位与功能。②随着《深化粤港澳合作推进大湾区建设框架协议》的正式签署，意味着粤港澳大湾区变成全方位对外开放的国家战略，该战略必定会促进区域经济活动的发展，香港企业现代供应链的经验也会不断传入内地，提升供应链市场整体规模。

（二）产业层面的政策

《关于积极推进供应链创新与应用的指导意见》中指出：随着信息技术的发展，供应链已发展到与互联网、物联网深度融合的智慧供应链新阶段。因此，为加快供应链创新与应用，促进产业组织方式、商业模式和政府治理方式创新，推进供给侧结构性改革，必须积极推进现代供应链领域的创新，加强应用。③

国务院发布的《物流业发展中长期规划（2014—2020年）》中指出，要鼓励传

---

①③《国务院办公厅关于积极推进供应链创新与应用的指导意见》，中央人民政府官网 http://www.gov.cn/zhengce/content/2017-10/13/content_5231524.htm.

②王锐丽. 粤港澳大湾区畅想［J］. 珠江水运，2017（8）.

统运输、仓储企业向供应链上下游延伸服务，建设第三方供应链管理平台，为制造业企业提供供应链计划、采购物流、入厂物流、交付物流、回收物流、供应链金融以及信息追溯等集成服务。加快发展具有供应链设计、咨询管理能力的专业物流企业，着力提升面向制造业企业的供应链管理服务水平。①

国务院办公厅《关于推动实体零售创新转型的意见》中指出，为适应经济发展新常态，推动实体零售创新转型，必须强化供应链管理，支持实体零售企业构建与供应商信息共享、利益均摊、风险共担的新型零供关系，提高供应链管控能力和资源整合、运营协同能力。②

（三）企业层面的政策

国务院《关于降低实体经济企业成本工作方案》中指出，鼓励引导企业内部挖潜，加快推进绿色制造，大幅降低资源能源消耗，实现降本增效。推进小批量、多批次、低库存、少环节的柔性化生产和作业成本法应用，提高企业供应链管理水平。③

国家发展改革委《营造良好市场环境推动交通物流融合发展实施方案》中指出，要推进"互联网+供应链管理"，鼓励在生产、流通、仓储等单元推广应用感知技术，推动库存、配送信息在供应链上下游及时共享、协同响应。鼓励供应链管理企业采用大数据技术，分析生产、流通、仓储等数据，对原材料、零部件、产成品等运输仓储提供系统化解决方案。④

四、发展举措

（一）扩大现代供应链市场规模

转变思想观念，重新认识现代供应链在促进产业转型升级、供给侧结构性改革以及参与"一带一路"建设、"粤港澳大湾区"战略中的重要地位和作用，将现代供应链的创新与发展作为全省重点支持发展方向，提高现代供应链发展的市场地位。加强现代供应链思想在政府和企业中的宣传和推广，支持、鼓励制造企业、物流企业等各类主体进行创新发展，引导企业主辅分离，运用业务外包，强化供应链管理能力，以开拓全球供应链市场。

---

① 国务院官方网站 http://www.gov.cn/zhengce/content/2014-10/04/content_9120.htm.
② 国务院官方网站 http://www.gov.cn/zhengce/content/2016-11/11/content_5131161.htm.
③ 国务院官方网站 http://www.gov.cn/xinwen/2017-11/23/content_5241803.htm.
④ 国务院官方网站 http://www.gov.cn/zhengce/content/2016-06/21/content_5084083.htm.

（二）培育现代供应链骨干企业

鼓励实体经济运用现代供应链理念，优化组织结构、重塑业务流程，在汽车、电子、家电、纺织服装、装备机械、医药等优势产业普及现代供应链思想，培育一批应用型供应链企业，实现企业内部供应链顺畅运转。集中力量培育和打造一批千百亿级规模的服务型供应链企业，鼓励服务型供应链企业扩大市场影响力，向全球扩张业务。

（三）强化现代供应链试点示范

继续深入开展现代供应链试点企业示范认定，从企业、集群、城市三个视角三个层级分别打造一批各具特色的供应链发展模式，共同提升全国现代供应链发展层次。围绕线上线下融合、生产制造与现代服务融合、现代供应链与新兴业态融合、供应链与新一代信息技术融合等方向，重点认定一批符合国家产业政策，模式新颖且具有推广价值的试点企业。严格对试点企业、集群和城市进行评估，加强对试点企业、集群和城市的培育，从中择优确定一批供应链示范企业、集群和城市，并进行供应链示范模式推广。加强对试点企业的跟踪观察，制定评估方法和方案，对实施效果进行有效、合理评价。

（四）强化技术对现代供应链支撑

实施"互联网+"供应链战略，强化现代供应链互联网思维，推动各类要素资源聚集、开放和共享，创造供应链企业增长新方式，提高现代供应链动态适应和弹性。探索建立产业互联网供应链平台，为创客等群体提供原料采购、生产组装、物流配送、销售渠道、出口报关、资金支持等全方位供应链服务。支持应用型和服务型供应链企业充分利用互联网、物联网、大数据、云计算、人工智能、VR、区块链技术等新一代信息技术，提高供应链管理服务的精准性、动态性和敏捷性，创新发展供应链咨询、供应链大数据、供应链金融、供应链软件等高端服务。

（五）推进现代供应链的协同发展

鼓励供应链企业积极与制造企业、产业集聚区、功能区等需求方对接，深度嵌入产业供应链运营管理体系，提高产业协同发展水平，消除冗余环节，减少信息不对称，促进制造业降本增效。积极推进政府、行业、学校及各类研究机构的深入合作，构建纵向供应链联盟，促进现代供应链产业政策、学术研究和发展实践的协同进步。积极推动行业间以供应链管理企业为主体的横向供应链联盟建设，搭建供应链行业企业及管理人员的沟通交流平台。

（六）营造供应链创新发展的政策环境

加快依托国务院相关部门成立现代供应链专家委员会，建设现代供应链研究院。鼓励有条件的地方建设供应链科创研发中心，把推进供应链管理列为深化供给侧结构性改革的重要举措和降本增效的根本出路，结合"一带一路"倡议以及粤港澳大湾区发展战略，构建全球经济命运共同体，明确现代供应链发展的总体战略方针，从总体战略、产业战略和企业战略三个层次，推动现代供应链管理发展。[①] 同时，加强财政资金支持力度，创新供应链金融扶持方式，鼓励银行业金融机构等积极开发符合供应链管理需求的金融产品，以更加丰富的金融产品和服务支持供应链发展。

（七）加强供应链信用和监管服务体系建设

完善全国信用信息共享平台、国家企业信用信息公示系统和"信用中国"网站，健全政府部门信用信息共享机制，促进商务、海关、质检、工商、银行等部门和机构之间公共数据资源的互联互通。研究利用区块链、人工智能等新兴技术，建立基于供应链的信用评价机制。推进各类供应链平台有机对接，加强对信用评级、信用记录、风险预警、违法失信行为等信息的披露和共享。创新供应链监管机制，整合现代供应链各环节涉及的市场准入、海关、质检等政策，加强供应链风险管控，促进供应链健康稳定发展。[②]

第四节 案例剖析

利丰供应链——全球现代供应链管理的典型模式[③]

利丰集团是一家以香港公司为基地的大型跨国商贸集团，集团下属出口贸易、物流、分销和零售三大核心业务。该集团作为贸易供应链的代表被大家所熟知，其依靠出色的供应链管理运营模式屹立在世界舞台上。利丰于1906年在广州成立，经过一个多世纪的发展，利丰集团在全球逾40个国家雇用39 900名员工，截至2016年12月，总营业额超过225.1亿美元。

一、利丰贸易的业务发展阶段

1906—2017年，利丰贸易的业务角色经历了由简单的采购代理到全球性的供应

---

①②《国务院办公厅关于积极推进供应链创新与应用的指导意见》，中央人民政府官网 http://www.gov.cn/zhengce/content/2017 - 10/13/content_5231524.htm.

③哈佛案例分析，利丰集团官方网站.

链管理者的转变（图12-4）。在此过程中，利丰贸易为客户提供的增值服务日益增加，其创造的附加值也不断增长。①

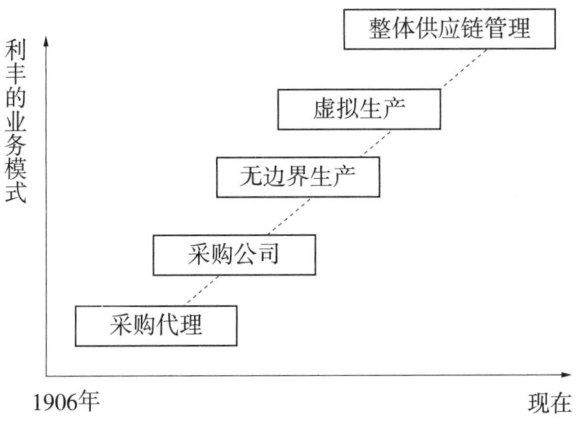

图12-4 利丰贸易的转变图

利丰贸易业务模式主要经历了采购代理、采购公司、无边界生产、虚拟生产、整体供应链管理五个阶段。其供应链管理的过程如下：首先，接收客户的订单，根据各区域采购中心的能力，将客户订单分配给合适的采购小组；接着，该采购小组会根据某个客户的需求，组建一条最具效益的全球供应链，负责采购原材料、管理加工工厂生产计划，质量检测，出口报关等工作；最后，将产品交到客户手中。利丰利用自己的优秀供应链管理能力为客户提供具有成本竞争力的产品。

二、利丰供应链管理有七大基本理念

利丰从一个单一的采购代理商逐步发展为区域货源代理商，直至发展成为具有创新精神的大型跨国集团，从一个单一的企业运营者到整个供应链的组织协调者，其成长过程无不体现了现代供应链管理成功的作用。②

利丰供应链管理有七大基本理念：客户需求为导向、非核心业务外包、合作伙伴关系管理、延伸管理范围、信息化管理、缩短生产周期、降低采购库存运输等成本。这七大基本理念贯穿于利丰的整个运营管理过程，从供应链上游的采购活动开始，到下游最终客户的产品交付过程，涉及物流、资金流、信息流。利丰始终坚持以合理的价格，将合适的产品及时送到客户手中为目标，通过各种方式和途径不断促进着供应链的高效运转，它是一个优秀的现代供应链组织者和协调者。③

---

①③利丰研究中心. 供应链管理——香港利丰集团的实践 [M]. 2版. 北京：中国人民大学出版社，2009.
②高爱颖. 香港利丰的供应链管理 [J]. Enterprise Management，2010（08）：53-55.

三、给我国内地企业的经验启示

（一）确立供应链管理理念

在全球化的今天，企业很难单凭自身的力量获取竞争优势，需要运用供应链的网链结构以联合其他相关企业实现供应链整体优化。利丰作为供应链的核心企业，扮演了组织和协调者的角色，其将先进的供应链管理的理念与优秀的传统理念融入企业经营管理的实践过程中，重塑供应链上各环节的业务流程，优化合作伙伴活动，提升供应链快速反应能力，促进整个供应链上的企业、消费者、合作伙伴"共赢"。

（二）科学地设计供应链

利丰根据自身发展特点和未来发展趋势，以消费者需求为导向，科学地设计公司供应链，使多个分散企业在一个整体的供应链管理下实现协同运作、资源和信息共享，大大提高了供应链的整体优势和企业的个体成本优势。

（三）在平的世界中竞争

在如今这个因信息技术而紧密连接的世界中，任何产品都可能被全世界共享，都可能以最高效率和最低成本的方式实现，世界是平的。在平的世界中竞争，协作成为企业发展的决定性因素。利丰很早就参透了在平的世界中竞争的管理理念，充分发挥中间商的优势，跨越不同国界和地区，通过现代科技令供需双方及供应链各个环节的贸易合作伙伴相互沟通，缩短地域距离，拉近供需关系。它是纯粹的网络协调员，自身没有一家工厂，没有工人，只有网络的存在。

（四）动态价值链的分解与重组

产品生命周期的每一个业务活动都是价值形成的源泉，所有业务增值活动连接成一个动态价值链。利丰在供应链管理中，尤其注重价值链的分解、合理重组和优化，在生产过程中不断寻找新的、合适的生产合作伙伴。

（五）供应链运作的有效管理与控制

利丰作为供应链上的核心企业，供应链的组织者，除了要管理好企业自身资源，同时要加强对供应链上下游企业的管理，才能有效管理和控制整个供应链。

（六）持续不断的供应链管理创新

根据市场需求及时调整产品结构、实施供应链结构重组是非常重要的，企业的供应链管理方式应该与时俱进，不断摸索，不断创新。当利丰发现从多国进货、分类包装、提供一揽子产品不能满足客户多样化需求时，便开始尝试对顾客提供定制化的创新服务，即根据客户的实际需求，重新构建供应链，为客户提供满意服务，实现供应链管理创新。[①]

本章习题

一、名词解释
1. 现代供应链
2. 供应链管理
3. 应用型供应链
4. 服务型供应链

二、简答题
1. 物流管理与供应链管理的关系是什么？
2. 供应链管理的演变过程大概经历了哪些阶段？
3. 美国和日本对供应链管理概念的贡献各是什么？
4. 推动供应链管理的发展举措有哪些？

三、案例分析

ZARA 是属于 Inditex 集团的一个时装连锁店，Inditex 集团是来自于西班牙的世界时装零售集团之一。近年来凭借旗下 ZARA 的风靡流行与全球扩张，逐渐超越 H&M、GAP 等时装零售巨头，成为世界最大的时装集团公司。2009 年，Inditcx 集团报告称，其在 76 个国家和地区的 4700 多家零售店的总销售额超过 110 亿欧元。

在时装界，传统的"设计到销售"周期平均超过 6 个月，但 ZARA 公司却把这个周期缩短为 4～6 个星期。这个速度使公司每个星期都可以推出新产品，而且其产品每 3～4 个星期就会更换 75%。ZARA 公司在其生产中将欧洲灵活而快速的货源和亚洲低成本的货源结合起来，以满足不同区域、不同客户的需求。与那些将制造基地转移到亚洲的服装制造公司不同，公司自己保有约 40% 的生产能力，而其他则外包出去。在欧洲生产需求高度不确定的产品，在亚洲生产需求确定的产品。40% 以上的成品购买和内部生产是在销售季节开始之后进行的。这种知晓各种潮流趋势之后的快速反应和延迟决策帮助公司减少了库存和避免了需求预测误差。所有产品通过集团分销中心发送到商店。目前，从分销中心接收订单开始计算，到欧洲零售店的平均交货时间为 24 小时，到亚洲和美洲零售店的平均交付时间是 48 小时。每周发运几次，完美匹配存货和消费者的需求。公司现已大量投资信息技术以确保最新

[①] 高爱颖. 香港利丰的供应链管理 [J]. Enterprise Management，2010 (08)：53-55.

的销售信息及时传递，促进及时补货和进行生产决策。

（资料来源：苏尼尔·乔普拉，彼得·迈因德尔，等著. 供应链管理［M］. 5版. 陈荣秋，等译. 北京：中国人民大学出版社，2013. 有删减.）

围绕ZARA公司的成功，请分析以下供应链管理方面的问题：

1. ZARA公司通过快速反应供应链管理获得了哪些好处？

2. 为什么ZARA公司既选择内部生产又选择外包生产？从供应链管理的运营角度解答。

3. 你认为ZARA公司供应链管理过程中有哪些值得学习的地方？

第十三章

现代物流

本章从基本认识、发展特点、主要政策和发展思路等方面进行阐述,重点论述现代物流的生产服务属性和功能。

现代物流是根据客户的需求,以最经济的费用,通过将运输、仓储、装卸、加工、整理、配送、信息等方面进行有机结合的集成式管理,为用户提供多功能、一体化的综合性服务,从而将物品从供给地向需求地转移的全过程。产品生产和产品销售离不开物流服务,同时也决定着物流服务的相关特性。制造企业可获得的物流能力、物流水平直接关系到企业生产、销售、客户服务等过程,最终影响企业的经营绩效。

现代物流发展中,制造强国的物流效率持续提高,总体发展水平较高;企业物流组织模式发生重大变化,并向供应链物流演进;物流企业兼并重组,推动着全球物流的扩张;大力发展循环物流并注重物流安全体系建设等。制造大国的物流基础设施较为完善,物流结构较为合理;国家大力支持与引导;积极发展综合性物流服务;第三方物流市场份额较大且物流信息化水平较高。制造新国的现代物流正逐渐兴起。

当前,加快整合各种物流存量资源,协同规划并有效利用好增量资源,加快培育第三方物流企业,建立布局合理、高效运转的物流园区和物流配送网络,积极采取扶持政策鼓励对传统物流方式再造,加快物流信息化进程,不仅是我国推进现代物流发展的重点,也将成为未来物流政策的着力点。现代物流发展要打造高效物流服务体系,引导物流集约发展,实现设施连通、网络互通、信息畅通,创新物流组织方式和运营模式,统筹区域、国际、国内物流协调发展。

本章还以联邦快递为案例,剖析联邦快递如何提供全方位、综合性、定制式、一体化的生产性物流服务,支持制造业企业的原材料购进、产品销售配送,有效促进制造业的发展。

第一节 基本认识

一、现代物流的概念及特征

(一) 现代物流

现代社会的物流,特别是作为经营领域的物流,实际上开始于第二次世界大战。"二战"后,"logistics"从军事领域引入企业界。20世纪80年代以来,随着经济全球化的持续发展、科学技术水平不断提高以及专业化分工的进一步深化,在美国、欧洲一些发达国家开始了一场对物流各种功能、要素进行整合的"物流革命",物流活动由此开始走向系统化、专业化[1],并由独立的经济组织承担的新型经济活动,出现了专门从事物流服务活动的"第三方物流"企业。进入20世纪90年代,各种专业化的物流服务企业在欧美发达国家大量涌现并呈现出快速的发展趋势,由此形成了物流产业,并成为发达国家服务业中的一个重要组成部分。在经济全球化和电子商务的双重推动下,物流业正在从传统物流向现代物流迅速转型并成为当前物流业发展的必然趋势。现代物流业作为复合型服务业,融合了运输、仓储、货代、信息等产业,与社会经济的发展息息相关,成为支撑国民经济发展的重要产业,也是国家现代化建设和综合实力的衡量标准之一。

现代物流是根据客户的需求,以最经济的费用,通过将运输、仓储、装卸、加工、整理、配送、信息等方面进行有机结合的集成式管理,为用户提供多功能、一体化的综合性服务,从而将物品从供给地向需求地转移的全过程。[2]

(二) 现代物流的主要特征

与功能单一、物流技术和管理模式相对落后的传统物流相比,现代物流主要有五个方面的特征[3]:

(1) 物流功能集成化。现代物流着重于将物流与供应链的其他环节进行集成,包括物流渠道与商流渠道的集成、物流渠道之间的集成、物流功能的集成、物流环节与制造环节的集成等。

(2) 物流服务系列化。现代物流强调物流服务功能的恰当定位与完善化、系列化。除了传统的储存、运输、包装、流通加工等服务,现代物流服务在外延上向上

---

[1] 黄宁. 制约我国第三方物流发展的因素研究 [J]. 企业科技与发展, 2012 (08): 6-10.
[2] 魏际刚. 发达国家现代物流发展的特点、经验及启示 [J]. 中国流通经济, 2006 (10): 15-18.
[3] 韩勇. 物流园区系统规划的理论、方法和应用研究 [D]. 天津:天津大学, 2003.

扩展至市场调查与预测、采购及订单处理，向下延伸至配送、物流咨询、物流方案的选择与规划、库存控制策略建议、货款回收与结算、教育培训等增值服务；在内涵上则提高了以上服务对决策的支持作用。

（3）物流目标系统化。现代物流从系统的角度统筹规划一个公司整体的各种物流活动，处理好物流活动与商流活动及公司目标之间、物流活动与物流活动之间的关系，不求单个活动的最优化，但求整体活动的最优化。

（4）物流手段现代化。现代物流使用先进的技术、设备及现代化的管理手段，计算机技术、信息技术、通信技术、机电一体化技术、语音识别技术等得到普遍应用，先进的物流系统运用了 GPS（全球卫星定位系统）、卫星通信、射频识别装置（RFID）、机器人，实现了机械化、无纸化、可视化、信息化、自动化和智能化，加强了供应商、生产商、物流商、批发商、零售商在组织物流过程中的协调和配合以及对物流过程的控制，大大降低了物流过程的风险。

（5）物流组织网络化。为了保证对产品促销提供快速、全方位的物流支持，现代物流需要有完善、健全的物流网络体系，网络上点与点之间的物流活动保持系统性、一致性，这样可以保证整个物流网络有最优的库存总水平及库存分布，运输与配送快速、机动，既能铺开又能收拢。分散的物流单体只有形成网络才能满足现代生产与流通的需要。

二、现代物流的构成要素与分类

（一）现代物流的构成要素

（1）基础要素。物流的基础要素是维系物流活动得以运行的基本条件，没有这些基本条件，物流就无法发生，也无法运行。这些基础要素就是与物流活动有关的"人、财、物"三要素。

（2）功能要素。物流的功能要素是指与物流有关的各种作业活动（功能），包括运输、储存、包装、装卸、流通加工、配送及物流信息等。

（3）系统要素。物流的系统要素主要是指构成物流系统的要素。物流系统是指在一定的时间和空间里，由需要位移的物资、包装设备、装卸搬运机械、运输工具、仓储设施、人员和通信联系等若干相互制约的动态要素所构成的具有特定功能的有机整体。一般来讲，按照所发挥的作用，物流系统由三个方面的要素构成，即流动要素、资源要素和网络要素。[1]

---

[1] 何明珂. 中国制造业供应链管理报告［J］. 上海海事大学学报，2004（03）：5-11.

（二）现代物流的分类

（1）按空间范围，可分为国际物流、国内物流或国民经济物流、区域物流、城市物流、企业物流等。

（2）按物流主体，可分为制造商物流、中间商物流、专业化物流、消费者物流。

（3）按物流业种，可分为铁路物流、公路物流、航运物流、航空物流、邮政物流等。

（4）按物流阶段，可分为供应物流、生产物流、销售物流、退货物流、回收物流、废弃物物流等。

（5）按物流客体，可分为生产资料物流、消费品物流、散装货物物流、包装货物物流等。

（6）按物流属性，可分为生产性物流、生活性物流。

（7）其他分类。如宏观物流、中观物流、微观物流。

三、现代物流的地位与作用

（一）现代物流对制造业发展的作用

物流业是一种复杂而重要的生产服务业，其发展具有重大意义。制造业是物流业发展的需求来源，物流业是制造业提高核心竞争力、进行转型升级的重要途径。制造业与物流业联动发展已经成为一种经济趋势，它有利于制造业降低物流成本，提高核心竞争力，提高科学技术水平，促进产业转型发展；有利于社会物流资源的充分利用，提高物流业的运行效率和整体水平；有利于提高整个产业链的效率，推动整个地区经济产业结构升级，促进地方经济的发展。

当前，生产制造业的竞争已经相当激烈，在这种情况下，贯穿于生产过程中的生产性物流服务成为产品差异和增值的主要源泉，也是生产制造业非价格竞争力的决定性因素；同时，生产性物流服务所具有的降低交易成本的经济功能成为生产制造业成本降低的重要影响因素；技术密集型的物流服务则是商品和服务提高竞争力和效率的关键。

现代物流是制造业生产、销售的重要支撑系统。生产和销售离不开物流，同时也决定着物流的种种特性。现代物流与企业生产经营全过程的每一个环节密切相关。物流已与生产工艺流程交织融为一体，物流系统的服务质量、作业质量直接与生产的速度及质量相关。同时企业可获得的物流能力、物流水平直接关系到企业生产、销售、客户服务等过程，最终影响企业的总体绩效。

在经济全球化的推动下，资源配置已从一个工厂、一个地区、一个国家扩展到整个世界。作为现代物流重要组成部分的国际物流通过现代运输手段和信息技术、网络技术，降低了物流成本，提高了物流效率，在国际贸易和全球资源配置中发挥着越来越大的作用。

在经济全球化背景下，任何一种产品或服务都不可能由一个企业单独完成，更多是通过供应链的形式生产并传递给消费者，因此，企业之间的竞争也转化为供应链与供应链之间的竞争。在中国从制造大国逐渐向制造强国发展的趋势下，大多数现代制造企业为了在供应链层次上进一步谋求自身的竞争优势，通过将其非核心业务外包或者与第三方物流企业战略联盟的方式，更加注重提升自身核心竞争力，这就促进了生产性服务业的快速发展，加速了生产性服务业与制造业互动的进一步加深。[①] 生产性物流服务业作为生产性服务业的一个重要类别，在现代制造业的全球化发展中发挥非常重要的作用。

（二）现代物流与制造业的联动发展

制造业是我国国民经济的支柱产业，也是物流社会化需求的基础。物流业作为重要的生产性服务业，对于制造业结构调整与产业升级意义重大。制造业与物流业供需关系紧密，促进两者的有机融合、联动发展，不仅是调整产业结构、转变经济发展方式的重要途径，也是制造业与物流业发展的共同要求和迫切愿望。[②]

制造业与物流业的联动发展，有利于制造业降低成本，提高效率，促进产业转型升级；有利于集聚和释放物流需求，整合全社会的物流资源，提高物流业的整体服务水平和服务质量，对促进产业结构调整与优化升级、加快经济发展方式转变有着积极的推动作用。

在国家政策的驱动下，2010年广东省发布《广东省物流业调整和振兴规划》，其中包含了众多制造业与物流业联动发展激励政策。截止到2014年，广东制造业与物流业联动发展取得了初步成效。2011年国家发改委公布了131家首批"全国制造业与物流业联动发展示范企业"，广东省有16家企业入选，涵盖了家电、汽车、纺织、电子等众多行业，既有制造企业，又有物流企业，占总数的12.2%，数量居全国第一，而这些企业均坐落于珠三角地区；两业联动主要集中在珠三角地区的汽车、电子、家电、医药、装备制造行业，这些行业的两业联动程度较高。[③]

（三）现代物流在国民经济发展中的地位

现代物流业是重要的服务业，融合了运输业、仓储业、货代业和信息业等，是

[①] 朱卫平，刘伟，高志军. 生产性物流服务业与制造业的互动研究——以安得物流与美的电器供应链的互动为例[J]. 西安电子科技大学学报（社会科学版），2011，21（03）：22-30.

[②] 韦琦. 制造业与物流业联动关系演化与实证分析[J]. 中南财经政法大学学报，2011（01）：115-119.

[③]《广东省现代物流业发展规划（2016—2020年）》，广东省人民政府官网 http://zwgk.gd.gov.cn/006939748/201611/t20161125_682397.html.

国民经济的重要组成部分。其在国民经济中的基础作用是实现商品流通，商品流通的效率和成本决定着一个企业的市场竞争能力和国家的商品竞争能力。在当前市场经济条件下，用于物流的费用支出已越来越大，越来越成为决定生产成本和流通成本高低的主要因素。另一方面，现代物流业涉及的领域非常宽广，大量地吸纳就业人数，在国民经济中起到促进生产和拉动消费的重要作用，在促进产业结构调整、转变经济发展方式和增强国民经济竞争力等方面都能够发挥重要作用，其发展水平成为衡量一个国家现代化程度和综合国力的重要标志之一。

第二节 发展现状

一、国外现代物流发展特点

（一）制造强国现代物流发展特点[1][2]

美国、德国、日本等三个制造强国的现代物流业的发展代表了当今世界现代物流业发展的最高水平，成就了这些制造强国的品牌。

1. 不断应用先进的物流技术，物流效率总体水平较高

近20年来，制造强国物流成本与GDP的比率一直处于下降态势，目前平均约为10%，而且这种下降趋势还在继续。其中，引致物流效率提高的最重要因素是存货持有成本的连续下降。制造强国现代物流的迅速发展和效率的不断提高，离不开持续不断地应用先进的物流技术。从叉车、托盘、集装箱、高层货架仓库、自动化仓库，到计算机仓储管理系统以及条形码、无线射频技术、全球卫星定位系统、智能交通系统、机器人、物流网等先进技术和设备在现代物流系统不断得到应用，实现了物流活动和物流过程的机械化、无纸化、可视化、信息化、自动化和智能化，给制造强国物流效率持续不断地提高带来技术上的支持。特别是信息技术在现代物流发展中的广泛应用，成为制造强国物流水平继续保持领先的最重要因素。

2. 第三方物流发展迅速

制造强国的制造业普遍专注于价值链中的核心环节，积极推进企业内部物流活动社会化，仓储、运输和配送等环节已经成为物流外包的重点。物流外包促进了第三方物流的迅速增长，并成为物流市场发展中一个新兴领域。德国第三大物流公司德莎物流集团公司在全球设立了265个分公司或办事处，通过一体化的供应链解决

---

[1] 张瑗，魏际刚. 全球物流业形势与中国物流业发展 [J]. 中国流通经济，2009，23（10）：30-33.
[2] 魏际刚. 发达国家现代物流发展的特点、经验及对我国的借鉴（上）[N]. 现代物流报，2007-04-17（007）.

方案，为全球性生产商的产品和原料供应提供第三方服务。

3. 物流企业规模化、国际化，并朝供应链物流演进

目前，一个以跨国公司为核心的"国际生产体系"已经形成，为适应这一发展趋势，制造强国的一些大型物流企业跨越国境，展开连横合纵式的并购，大力拓展国际物流市场，以争取更大的市场份额和达到更大的规模效益。制造强国的物流企业实施兼并重组，主要着眼于在全球化背景下，通过优势互补或网络扩张，实现物流服务在全球的一体化、规模化、集约化和高效化，其结果是出现了世界级的"物流巨头"。如美国的联邦快递 FedEx，从 20 世纪 80 年代至 2016 年，通过不断国际并购进行扩张，2016 年收购 TNT 快递，将全球四大快递巨头变为"三足鼎立"的格局，成为一个年营业收入近 500 亿美元、服务区域达 200 多个国家和地区、拥有全球 30 多万员工和 600 多架飞机运力、日均包裹处理量近 800 万件的巨型国际物流公司。20 世纪 90 年代以来，许多有远见的企业实施基于供应链管理的组织改进，即利用信息技术全面规划上下游企业之间的物流、信息流、资金流等，并进行供应链全过程的计划、组织、协调与控制，这种改进突破了单一企业的局限，用更开阔的视野关注上下游企业间的物流总成本和效益，这种物流组织的改进效果极其显著。

4. 配送中心、物流中心和物流园区有较大发展

配送中心、物流中心和物流园区的出现，是制造强国现代物流发展的一个重要特征。这类物流集聚区广泛兴起，一是为了减轻物流对城市交通的压力，如日本东京的"物流团地"使进入市区的货物先集中在物流园区，化整为零，按市内的运输路线统一配送，限制大型运输车辆进入市区；出市区的货物集中到物流园区，集零为整，再统一运输，提高车辆利用率。二是提高物流经营的规模效益。通过将多个物流企业集中在一起，发挥整体优势和规模优势，实现物流企业的专业化和互补性，同时，这些企业可共享一些基础设施和配套服务设施，降低运营成本和费用支出，获得规模效益。三是满足仓库建设大型化趋势。在城市中心地区，大面积的可用于大型仓库建设的土地越来越少，必然迫使企业向城市中心以外地区寻找新的发展空间，这就在一定程度上导致了集中布局的物流中心、物流园区的出现。四是为了满足货物联运发展的需求，如德国货运中心的建设和规划。德国通过发展物流园区，促进物流企业集聚，提高产业集约化和规模化水平。

5. 大力发展循环物流

随着经济增长受资源、能源、环境等方面的约束越来越强，制造强国从重点关注正向物流转向统筹考虑正向物流和逆向物流的一体化，即着眼于构筑循环物流体系，这使得废弃物的收集、运输、循环利用、最终处置在制造强国成为新的发展动向。为了推进这方面的建设，制造强国十分注重相应的立法。如美国 1976 年就制定了《固定废弃物处置法》，后又经多次修改。德国、日本等国先后颁布了促进废物回收利用的相关法律，推动逆向物流的有效实施。2002 年，日本在颁布的《新综合物

流施政大纲》中提出"构建低环境负担的物流体系，为循环型社会做出贡献"的目标。

6. 重视发展绿色物流

美国在面向2025年的《国家运输科技发展战略》中规定，交通产业结构或交通科技进步的总目标是："建立安全、高效、充足和可靠的运输系统，其范围是国际性的，形式是综合性的，特点是智能性的，性质是环境友善的。"一般企业在实际物流活动中，对物流的运输、配送、包装等方面应用诸多的先进技术，为物流活动的绿色化提供强有力的技术支持和保障。欧洲较早将现代技术用于物流管理，提高物流绿色化水平。比如探索一种新的联盟型或合作式的物流新体系，即综合物流供应链管理，通过合作形式实现原来不可能达到的物流效率，从而减少无序物流对环境的影响；提出一项整体运输安全计划，监控船舶运行状态，尽量避免或者减少海洋运输对环境的污染。欧洲货代组织（FFE）对运输、装卸、管理过程制订出相应的绿色标准，加强政府和企业协会对绿色物流的引导和规划作用，同时鼓励企业运用绿色物流的全新理念来经营物流活动，加大对绿色物流新技术的研究和应用。把物流行业作为本国经济发展生命线的日本，从一开始就没有忽视物流绿色化的重要意义。除了在传统的防止交通事故、抑制道路沿线的噪声和振动等问题方面加大政府部门的监管和控制作用外，还特别出台了一些实施绿色物流的具体目标值，要求企业必须承担更新旧车辆、使用新式符合环境标准的货车的义务，积极实施在干线运输方面推动模式转换和干线共同运行系统的建构，在都市内的运送方面推动共同配送系统的建构以及节省能源行驶等，来减低物流对环境造成的负荷，建立适应环保要求的新型物流体系。[①]

7. 注重物流安全体系建设

近年来，制造强国还大大加强了物流安全体系方面的建设，主要鉴于物流过程中发生的事故会造成突发性的严重损害，包括人身伤亡、设备损失、商品损失以及环境的破坏等。特别是"9·11"后，制造强国加强了货物与人在物流过程中的安全措施，把物流与供应链安全上升为国家安全的战略高度。例如，美国投入上百亿美元改善航空安全，提供数亿美元来改善铁路运输安全，启动海洋运输安全行动计划，加强与改善货车公路运输的安全，特别是危险品运输等。

（二）制造大国现代物流发展特点

中国、英国、法国和韩国等制造大国对现代物流发展也起到重要的推动作用，特别是中国，作为全球第一制造大国，制造业的快速发展为现代物流发展带来了极大市场，也带动了现代物流业的快速发展。

[①] 高本河，魏际刚. 绿色物流在国外的发展及我国的差距 [J]. 中国物流与采购，2003（12）：32-33.

除中国以外，英国、法国、韩国等三个制造大国的现代物流业发展的水平对推动其制造业生产规模的扩张具有很重要的借鉴意义。这些制造大国的现代物流发展呈现如下特点：物流基础设施较为完善，物流结构较为合理；政府支持与引导；发展综合性物流服务；第三方物流市场份额较大；信息化水平较高。

（三）制造新国现代物流发展特点

一是以制造业发展促进现代物流发展。由于国家间政治原因、地理环境、经济原因等多种因素，物流基础设施建设并不完善，但劳动力成本较低和国内消费市场较大促进制造业的兴起和发展，国家对现代物流逐渐重视，现代物流发展空间巨大。二是以自身产业优势吸引发达国家参与现代物流建设。制造新国由于自身的产业优势，吸引了发达国家较多物流能力很好的企业入驻，促进了本国现代物流的发展。三是现代物流业发展多渠道、多样化。现代物流业的发展通过跨国物流公司的并购、合资和扶持国内企业等多渠道同步进行，现代物流业发展水平呈多样化。

二、国内现代物流发展趋势与特点[1][2]

（一）物流作业一体化

现代物流的精髓在于其系统整合的概念，即整合传统的作业领域，将生产、销售、包装、装卸、运输、存储、配送、物流信息处理等分散的、跨越各企业部门的活动综合、有机地结合在一起，作为一个系统来管理，使物流活动各作业环节有效地组合，形成以服务客户为主的综合能力，节约流通费用，提高流通的效率与效益。

（二）物流管理信息化

物流系统是一个大跨度系统，物流活动不但活动范围广阔、涉及部门众多，而且一直处于动态变化过程。随着全球经济一体化，商品与生产要素在全球范围内以空前的速度自由流动，物流活动范围、流动速度也进入一个前所未有的发展阶段，物流业正向全球化、网络化和信息化方向发展，EDI 技术与国际互联网的应用使物流效率的提高更多地取决于信息管理技术；计算机和条形码技术的普及应用则提供了更多的需求和库存信息，提高了信息管理的科学水平，使商品在各种需求层面上的流动更加容易和迅捷。信息化已成为物流活动的核心和物流创新的动力。

---

[1] 韩勇. 物流园区系统规划的理论、方法和应用研究 [D]. 天津：天津大学，2003.
[2] 陈剑. 我国现代物流"五大"发展趋势 [J]. 商业时代，2004（15）：9-10.

(三) 物流管理自动化

在信息化基础上的自动化的核心是机电一体化，自动化的外在表现是无人化，其效果是省力化。我国正在研究开发和推广应用自动化设施，如：条码/语音/射频自动识别系统、自动分拣系统、自动存取系统、自动导向车以及货物自动跟踪系统等。自动化设施的应用，可扩大物流作业能力、提高劳动生产率、减少物流作业的差错。

(四) 物流管理智能化

这是自动化、信息化的一种高层次应用，物流作业过程涉及大量的运筹和决策，如库存水平的确定、运输、配送和搬运路径的选择、自动导向车的运行轨迹和作业控制、自动分拣机的运行及物流配送中心经营管理的决策支持等问题都需要借助大量的知识才能解决。随着专家系统、机器人等相关技术在国际上的推广普及，在物流自动化的进程中，智能化必将是现代物流的一种发展趋势。

(五) 物流系统网络化

在信息化的基础上，现代物流的网络化有两种趋势：一是物流配送系统的计算机通信网络化，包括配送中心与供应商、制造商之间联网及配送中心与下游顾客之间联网，订货过程将会使用网络通信方式，借助于增值网（VAN）上的 EOS 和 EDI 来自动实现。二是物流组织网络化，即在全球范围内把各种制造资源、需求资源、供应资源和人力资源组织起来，使之得到充分的利用。

(六) 物流资源社会化

随着市场经济和社会化的发展，专业化分工越来越细、各专业之间的合作越来越密切。生产企业与零售行业所需的原材料、中间产品、最终产品大部分由不同的物流中心、批发中心与配送中心提供，以实现少库存甚至零库存。现代物流社会化趋势是社会经济活动发展、物流规模经济效益、物流资源综合利用的必然结果。在大城市出现现代化综合性或专业性物流园区、物流中心、物流基地已成为普遍现象。

(七) 物流体系综合化

现代物流离不开运输与仓储。仓储现代化则要求高度机械化、自动化、标准化、信息化，以组织高效的人、机、物系统；而运输现代化要求建立铁路、公路、水路、空运与管道的综合运输体系，这是现代化物流生存发展的必要条件。

(八)"三流"一体化

传统商贸流通涉及的商流、物流、信息流是分离的。商流可以使物质资料的使用价值得以实现,经过商流,物质资料就变更了所有权;物流解决的是物质资料从其生产地域向其消费地域的位移,无法变更物质资料的所有权;信息流解决的是流通主体之间的信息传递。在现代社会中,由于不同的材料、产品或商品的转移形成不同的流通方式与营销形态,为了适应这一变化,商流、物流和信息流的统一势在必行。此外,代理制的推行也使现代物流更趋科学合理,因为这种方式的流通体制更有助于实行"三流合一"。"三流合一"已成为现代物流的重要标志之一。

港航公共智能仓向工业4.0起航

现代仓储是现代物流的重要组成部分,利用智能控制技术实现的机电一体化、全程溯源化的智能仓储已经成为支撑现代物流发展的重要内容。

2017年2月15日,中山市港航公共智能仓正式落成,开始为纬创、资通等企业提供智能仓储物流服务,标志着港航集团向工业4.0时代起航。该项目占地8500平方米,建筑主体为高24米,建筑面积5155平方米的钢结构多单层仓库,仓库内部配有5条双伸线自动化生产线,可提供8760个仓储格位,总容积超过3万立方米。

智能仓与传统仓库的最大区别:一是节省空间,提高了土地利用率。5000平方米的建筑面积,可以容纳近9000个托板或等同于30000立方米的货物,相当于传统仓库的5倍。二是可以实现智能化、自动化作业。在作业过程中,通过港航开发的仓储管理WMS系统和指令,智能仓可以做到精准定位,大大缩短了人工定库位和识别货物种类的时间。三是通过机械作业,流水线装填货架和提取货物,减低了货损,增加了效率,大幅降低了人力成本。

(资料来源:中山港航集团股份有限公司官方网站 http://www.zhongshanshipping.com/index.php?_m=mod_article&_a=article_content&article_id=434.)

三、广东省现代物流发展现状特点[①]

(一)物流组织方式不断创新

一是积极发展多式联运,构建高效集疏运体系。积极构建高效运行的多式联运

[①] 广东现代物流研究院. 广东省物流业发展报告(2016 – 2017). 暨南大学出版社,2018:14 – 16.

体系，打造连接"一带一路"的国际物流大通道。加快推进广州、深圳、珠海、汕头、湛江5个沿海主要港口疏港铁路建设，支持大型综合性物流园区集疏运体系建设，率先发展集装化货物多式联运，积极推进东莞石龙海铁联运、深圳陆水联运、广州港南沙港区多式联运示范工程，推进首批国家示范项目中外运（广东）"东盟—广东—欧洲"公铁海河多式联运示范工程建设。二是积极推广甩挂运输、无车承运人等新型物流发展模式。重点在大宗物资、集装箱运输等方面开展绿色低碳联运服务和创新试点，培育一批以甩挂运输、无车承运为主业的物流龙头企业。

（二）跨境物流通道建设不断完善

随着广东省参与"一带一路"建设走向深入，广东省与东盟、中亚、南非等"一带一路"沿线国家跨境物流通道建设不断完善，近年围绕陆路丝绸之路、海上丝绸之路和空中丝绸之路新增多条跨境物流通道，国际物流通道从"单一运输"到"多式联运"变革，大大提高了国际物流效率。据悉，跨境公路方面，开通了"粤新欧""粤满俄""中韩快线"等国际货运班列；港口方面，沿海主要港口开通超过270条国际航线，与泰国、巴基斯坦等国家缔结友好港口39对；航空方面，全省民用机场共开通国际航线160多条。2016年，广州港新增了中东线、东南亚线、美洲线等11条国际班轮航线；广物控股集团等2016年开通中欧班列和广州—南亚公铁联运班列等。

（三）物流企业海外仓布局加快

跨境电子商务的持续蓬勃发展，推动了本土物流企业走出国门，加快海外物流网络布局，创新海外仓发展功能，实现从传统海运、国际邮件、国际速运等粗放式发展方式，到国际专线物流、跨境海外仓的演化，逐渐实现全线订单查询追踪、提供清关、物流保险、物流融资等综合性服务。据统计，目前广东约有210家企业开展公共海外仓业务，建设面积达150万平方米，主要分布在美国、英国、德国、澳大利亚、中国香港等国家（地区），土耳其、越南、哈萨克斯坦等"一带一路"沿线国家海外仓布局也逐步发展起来，如环球易购在全球设有海外仓50个、顺丰设有海外仓20多个、广东卓志供应链服务集团有限公司设有海外仓8个、广东省心怡科技物流有限公司设有海外全资子公司7个、深圳递四方速递有限公司设有海外仓20万平方米等。

（四）供应链物流发展受到重视

2016年，广州市广百物流有限公司、广州华新商贸有限公司、广州市嘉诚国际物流股份有限公司、风神物流有限公司、广州卓志供应链科技股份有限公司等几十家物流企业被认定为"广东省供应链管理试点企业"。从物流业的发展来看，供应链管理思想和技术逐渐在物流企业中普及应用，越来越多的物流企业认识到发展供应链管理对其业务扩展、降本增效和竞争力提升的重要性，纷纷积极应用供应链管理技术加速与制造业、商贸流通、电子商务等行业的融合，加快向供应链服务企业和服务平台转型，一批物流企业更名或成立供应链管理企业，如江门市安捷物流有限公司更名为广东安捷供应链管理股份有限公司、卓志集团成立广州市卓志供应链服务有限公司等。

四、国内外现代物流发展的经验与启示

（一）现代物流发展的主要经验

（1）适应市场环境变化。现代物流已延伸到供应链层面，供应链将上下游企业连接在一起，使得企业对市场敏感，反应加快。企业与企业之间的竞争变为了供应链之间的竞争，要在竞争中取胜，企业要着眼于对"物"的全过程管理，通过总成本降低和提供差异化服务来提高经营效率和效益。电子商务的兴起，使贸易活动更加自由化，物流的范围进一步扩张，现代物流业必须适应市场环境变化，才能在竞争中立足。

（2）积极发展第三方物流。制造强国企业的生产方式发生巨大的变革，由大量生产转变为按订单生产、准时制生产等，生产方式的变革促进了物流外包的出现，第三方物流应运而生。第三方物流既不是货物的买方，也不是卖方，而是专门从事物流业务的企业，为生产企业、销售企业提供专业化的物流服务。制造强国第三方物流蓬勃发展，已经产生了许多行业巨头，例如 UPS、FEDEX 等，带动了整个现代物流的快速发展。

（3）根据本国国情发展现代物流。每个国家都有自己的国情，制造强国也不例外，在发展本国物流业的同时充分考虑了自己的国情。例如，美国地广人稀，大力建设平面仓库；而日本国土面积狭小，所以积极建设向纵深发展的立体仓库。

（4）积极制定政策推动物流业发展。制造强国积极制定相应的政策和法律法规大力促进物流业的发展。例如，欧盟推行统一的贸易政策、税收政策和货币政策等，形成欧盟物流的统一政策，大大促进了欧盟范围内的货物流通。日本自 1997 年以来，已连续多次修订《综合物流施政大纲》，还积极建立和完善相关法律法规，有力地推动物流业的发展。

（二）现代物流发展的启示

（1）积极促进绿色物流的发展。制造强国在绿色物流的发展上起步较早，有着丰富的经验，我国政府应借鉴制造强国的经验，制定绿色物流发展规划，成立专门组织来研究发展中出现的各种问题。绿色物流的概念尚未在社会中普及，因此，政府应加大宣传力度，开展各类活动使这一概念深入人心。同时，通过树立绿色物流发展的典型，可以是地区典型，也可以是企业典型，大力推动绿色物流的推广和应用。政府还可以利用税收政策对绿色物流企业进行税收优惠，对污染企业加征环境税，从政策上保障绿色物流的发展。

（2）现代物流业发展要充分考虑国情。与制造强国相比，我国在经济结构和经济水平上还比较落后。现代物流行业的发展，既要积极学习制造强国的经验，也要充分考虑自己的国情，选择适合自己的发展模式。例如，我国物流业在区域上发展不平衡，要根据各地不同特点采取不同的物流发展模式；通过城乡对比会发现，我国城市物流业较为发达，农村较为落后，因此，更应该关注农业和农村物流的发展；在信息技术的应用上，先进的信息技术众多，我们应选择适合企业现状的信息技术加以推广。

（3）物流基础设施建设要有前瞻性。与制造强国相比，我国物流业基础设施还较为落后，例如农产品冷链车辆占比较少，铁路建设跟不上经济发展的需求。一些重要的港口货物吞吐能力较差，容易造成大量货物积压。今后，我国现代物流的发展必依赖于物流基础设施的建设，因此，物流基础设施建设要充分考虑未来物流业发展趋势，要具有一定的前瞻性。

（4）提高信息化水平。供应链时代的竞争是信息的竞争，物流必然伴随着信息流，物流信息化是现代物流发展的必然趋势，也是在竞争中取胜的关键。通过各类信息技术的应用，可以借助信息连接上下游企业，形成通畅的供应链，提高企业的运作效率。在当前电子商务迅猛发展的背景下，物流业更需要信息技术的支持，例如，利用条形码和视频识别技术进行商品信息快速录入，利用电子数据交换技术进行信息传递，利用GPS技术进行物流动态跟踪，利用GIS技术进行配送路径优化等，全面提升物流企业的信息化水平。

第三节　发展思路

一、存在问题

总体上看，广东省现代物流业发展已步入快速转型升级的新阶段，但与制造强国相比还有较大差距，这些问题在全国也有一定的普遍性和代表性。

一是物流成本仍然偏高、效率偏低，与制造业的协同度有待提高。2015年广东省社会物流总费用与GDP的比率为15%，物流成本还有很大压缩空间。在与制造业协同发展方面，虽然制造业物流需求的开放程度正逐步提高，但与美国等发达国家相比，广东省外包比重相对低下。尤其是制造业企业对物流释放的态度较为保守，通常只涉及货运仓储业务等企业链条体系的最终部分，而物流企业服务层次低、创新性不强、管理水平和信息化程度较低的状况，也无法适应制造业的需求。制造业与物流业协同发展被制约，严重影响了经济结构调整和经济发展方式转变。

二是综合运输体系尚未完善。广东省物流基础设施配套性、兼容性不强，沿海港口优势发挥不充分，公路集疏运比例过高，多式联运仍未实现无缝连接。各种运输方式基本是各自发展，物流运输大多没有经过科学的规划和设计，难以实现不同运输方式的合理衔接，公路、水路、铁路、航空、管道之间基础设施和技术装备等缺乏高效连贯性和相互衔接，水、电、路、网络、通信、信息、联运等配套能力和服务功能不强，兼容性较差，存在绕道运输和重复运输等问题。即使在单一的运输行业，运输企业往往也存在着规模较小且分散、结构雷同、管理水平不高、竞争压力较大、盈利水平较低等问题。

三是物流信息共享机制尚未全面系统形成，公共信息平台作用未能充分发挥。虽有南方现代物流公共信息平台、南方物联网示范工程、宝供第三方物流信息平台、林安物流信息交易平台等一批信息平台项目投入使用，智慧港、智慧仓等物联网项目投入运营，但物流行业整体信息交换和共享效率水平仍有待提高。

四是物流标准推广力度还不够，各种运输方式之间装备标准不统一，产品包装标准与物流设施标准之间缺乏有效的衔接，信息系统之间缺乏接口标准。

五是物流政策法规体系有待进一步完善，市场秩序不够规范，已出台的政策措施有待进一步落实，物流信用体系建设滞后。[1]

二、总体思路

（一）发展方向

以提高物流效率、降低物流成本为重点，以市场为导向，以先进技术为支撑，积极营造有利于现代物流业发展的政策环境，着力构建高度社会化、专业化、标准化、智慧化、现代高效的物流体系，推动现代物流业供给侧结构性改革。加快现代信息技术和交通运输技术在物流体系中的应用，大力推进"互联网+"现代物流发展，促进现代物流与制造业高效联动发展。

---

[1]资料整理自《广东省现代物流业发展规划（2016—2020年）》，广东省人民政府官网 http://zwgk.gd.gov.cn/006939748/201611/t20161125_682397.html。

（二）主要任务[①]

（1）打造高效物流服务体系。效率提升替代成本降低将成为今后一个时期产业发展的着力点。要充分利用现代化信息技术和装备设施，增强物流的自动化、机械化和智能化水平，减少各种闲置、库存、冗余等浪费现象，通过效率提升降低产业链物流成本。

（2）引导物流集约发展。通过整合优化实现集约发展是现代物流的重要特点。要充分利用兼并重组、平台整合、联盟合作等多种方式，整合分散物流资源，促进市场优化配置，提高市场集中度和行业盈利水平。

（3）实现设施连通、网络互通、信息畅通。连通性是物流业发展的基本要求。要抓住多式联运发展机遇，推动铁路、公路、水运、航空货运的网络对接和业务衔接，充分利用多种运输方式，降低综合运输成本。要着眼实体网络平台和虚拟信息平台建设，促进网络共享、业务共享、信息共享，倡导形成互利共赢、协同发展的局面。

（4）创新物流组织方式和运营模式。创新是行业转型升级不变的主题。要推行多式联运、甩挂运输、无车承运等多种运输组织方式，加强模式创新和管理创新。要重点发展精益物流，优化重点产业供应链，促进物流业与相关产业联动融合，努力寻找行业发展新动力。

（5）统筹区域、国际、国内物流协调发展。要着力打造国内物流服务网络，提升区域物流服务水平。要充分利用国际国内物流大通道，完善物流基础设施建设，补齐短板。要抓住"一带一路"建设机遇，开展国际产能合作和兼并重组，提升国际物流服务能力，加快融入全球供应链体系。

三、主要政策

（一）国家层面的政策

1. 产业发展规划及指导政策

（1）国务院发布的《物流业发展中长期规划（2014—2020年）》[②]中明确指出发展目标：到2020年，基本建立布局合理、技术先进、便捷高效、绿色环保、安全有序的现代物流服务体系。具体而言，即物流的社会化、专业化水平进一步提升；物流企业竞争力显著增强；物流基础设施及运作方式衔接更加顺畅；物流整体运行

[①] 何黎明."十三五"中国物流业发展的六大战略重点[J]. 中国物流与采购，2016（13）：24.
[②] 见中华人民共和国中央人民政府官方网站 http://www.gov.cn/zhengce/content/2014-10/04/content_9120.htm.

效率显著提高。把着力降低物流成本，着力提升物流企业规模化、集约化水平和着力加强物流基础设施网络建设作为发展重点，要大力提升物流社会化、专业化水平，进一步加强物流信息化建设，推进物流技术装备现代化，加强物流标准化建设，推进区域物流协调发展，积极推动国际物流发展，大力发展绿色物流。

（2）《国务院关于加快发展生产性服务业促进产业结构调整升级的指导意见》[①]（2014年）为我国现代物流业，特别是第三方物流发展指明了方向。优化物流企业供应链管理服务，提高物流企业配送的信息化、智能化、精准化水平，推广企业零库存管理等现代企业管理模式。加强核心技术开发，发展连锁配送等现代经营方式，重点推进云计算、物联网、北斗导航及地理信息等技术在物流智能化管理方面的应用。引导企业剥离物流业务，积极发展专业化、社会化的大型物流企业。完善物流建设和服务标准，引导物流设施资源集聚集约发展，培育一批具有较强服务能力的生产服务型物流园区和配送中心。加强综合性、专业性物流公共信息平台和货物配载中心建设，衔接货物信息，匹配运载工具，提高物流企业运输工具利用效率，降低运输车辆空驶率。提高物流行业标准化设施、设备和器具应用水平以及托盘标准化水平。继续推进制造业与物流业联动发展示范工作和快递服务制造业工作，加强仓储、冷链物流服务。大力发展铁水联运、江海直达、滚装运输、道路货物甩挂运输等运输方式，推进货运汽车（挂车）、列车标准国际化。优化城市配送网络，鼓励统一配送和共同配送。推动城市配送车辆标准化、标识化，建立健全配送车辆运力调控机制，完善配送车辆便利通行措施。

（3）国家发展改革委印发的《"互联网+"高效物流实施意见》[②]（2016年）指出，主要任务一是构建物流信息互联共享体系，即推动传统物流活动向信息化、数据化方向发展，促进物流相关信息特别是政府部门信息的开放共享，夯实"互联网+"高效物流发展的信息基础，形成互联网融合创新与物流效率提升的良性互动。二是提升仓储配送智能化水平，即利用互联网等先进信息技术手段，重塑企业物流业务流程，创新企业资源组织方式，促进线上线下融合发展，提高仓储、配送等环节的运行效率及安全水平。三是发展高效便捷物流新模式，即依托互联网等先进信息技术，创新物流企业经营和服务模式，将各种运输、仓储等物流资源在更大的平台上进行整合和优化，扩大资源配置范围，提高资源配置有效性，全面提升社会物流效率。四是营造开放共赢的物流发展环境，即加快调整不适应"互联网+"高效物流发展的管理规定，利用先进信息技术提高物流行业的监测、预警和管理水平。

[①] 见中华人民共和国中央人民政府官方网站 http://www.gov.cn/zhengce/content/2014-08/06/content_8955.htm.

[②] 见中华人民共和国国家发展和改革委员会官方网站 http://www.ndrc.gov.cn/gzdt/201607/t20160729_813595.html.

2. 企业降本增效相关政策

（1）国务院《关于降低实体经济企业成本工作方案》①（2016年）中指出，较大幅度降低企业物流成本，健全现代物流标准体系，强化物流标准实施，推动物流业与制造业等产业联动发展。完善城市物流配送体系，优化资源配置，提高物流效率。推广多式联运，加快构建国家交通运输物流公共信息平台，推进跨部门、跨区域、跨国界、跨运输方式物流相关信息的互联共享，鼓励企业间运力资源共享，提高运输车辆实载率。大力发展多式联运甩挂、企业联盟甩挂、干线运输和城市配送衔接甩挂等运输模式。推动无车承运人业务加快发展。

（2）国家发改委《营造良好市场环境推动交通物流融合发展实施方案》（2016年）② 要求着力打通全链条、构建大平台、创建新模式，加快交通、物流与互联网三者融合。一是打通衔接一体的全链条交通物流体系；二是构建资源共享的交通物流平台；三是创建协同联动的交通物流新模式。

（3）国家发改委《关于做好2017年降成本重点工作的通知》③ 中指出，降成本的主要目标在于进一步降低物流成本。完善基础设施网络节点布局，推动物流业和制造业深度融合发展，完善物流业相关基础设施、服务规范、技术装备、信息交换接口等方面标准规范，支持基于大数据的运输配载、跟踪监测、库存监控等第三方物流信息平台创新发展，继续执行物流企业大宗商品仓储设施用地城镇土地使用税优惠政策，对物流企业自有大宗商品仓储设施用地按所属土地等级适用税额标准的50%计征城镇土地使用税。

（4）《国务院办公厅关于进一步推进物流降本增效促进实体经济发展的意见》（2017年）④ 指出，深化"放管服"改革，激发物流运营主体活力；加大降税清费力度，切实减轻企业负担；加强重点领域和薄弱环节建设，提升物流综合服务能力；加快推进物流仓储信息化、标准化、智能化，提高运行效率；深化联动融合，促进产业协同发展，特别是推动物流业与制造业联动发展，提升制造业物流管理水平；打通信息互联渠道，发挥信息共享效用；推进体制机制改革，营造优良营商环境。

（二）广东省层面

1. 加快发展生产性服务业政策

《广东省人民政府办公厅关于加快发展生产性服务业的若干意见》（2015年）⑤

---

① 见中华人民共和国中央人民政府官方网站 http://www.gov.cn/zhengce/content/2016-08/22/content_5101282.htm.
② 见中华人民共和国中央人民政府官方网站 http://www.gov.cn/gongbao/content/2016/content_5088766.htm.
③ 见中华人民共和国中央人民政府官方网站 http://www.gov.cn/xinwen/2017-06/30/content_5207093.htm.
④ 见中华人民共和国中央人民政府官方网站 http://www.gov.cn/zhengce/content/2017-08/17/content_5218207.htm.
⑤ 见广东省人民政府官方网站 http://zwgk.gd.gov.cn/006939748/201510/t20151010_622722.html.

强调要提升现代物流服务水平。《广东省经济和信息化委关于加快工业和信息化领域生产性服务业发展的实施意见》（2015年）[①] 在推进现代物流发展部分，特别强调，积极推进制造业与物流业联动发展，大力推广多式联运、甩挂运输、共同配送、统一配送等先进的物流组织模式，建立"嵌入式""一站式"联动发展体系，降低制造业物流成本。

2. 现代物流业发展规划

《广东省现代物流业发展规划（2016—2020年）》[②] 指出，主要任务包括推动物流业降本增效；提升物流企业规模化、集约化水平；加强物流基础设施网络建设；提升物流社会化、专业化水平；推进"互联网+"高效物流发展；推进物流技术装备现代化；加强物流标准化建设；推进区域物流协调发展；推动国际物流发展；鼓励发展绿色物流。

四、政策取向[③]

（一）完善物流相关政策法规体系

物流立法工作需要进一步加强，尽快弥补物流法律存在的不足，通过立法规范物流企业的准入、退出制度，用法律来引导物流企业的发展，鼓励物流企业进入不同的服务领域，为物流产业发展创造公平的市场竞争环境。此外，国务院、各级地方政府应从产业发展的角度制定必要的导向性物流政策，出台相应的鼓励物流业发展的纲领性文件。可以制定类似于五年规划之类的物流业发展规划，明确物流业的近期目标和长期目标，近期目标要尽量详尽而具体地制定出对策措施，长期目标要具有引导性、前瞻性，循序渐进地发展物流业。

（二）加强对公共物流基础设施的支持

我国物流系统中的各种设施建设仍在发展完善中。编制科学合理的规划，对于引导现代物流业健康发展具有重要指导意义。规划中既要体现"物流管理"这一核心，同时也要突出物流系统的观念，应吸收先进国家的经验，强调物流的系统性。如根据城市总体规划，为确保城市交通畅通与城市环境的可持续发展，应对物流活动进行适当集聚，发展物流园区或基地等物流服务聚集地，处理好城区集配送点的规划布局，同时必须考虑物流业发展的需要，完善综合交通运输网络规划。对于

[①] 见广东省经济和信息委员会官方网站 http://www.gdei.gov.cn/flxx/scfwy/gzdt/201501/t20150104_113714.htm.
[②] 见广东省人民政府官方网站 http://zwgk.gd.gov.cn/006939748/201611/t20161125_682397.html.
[③] 梁晓杰，刘芳，东朝晖. 政府推动物流业发展的国外经验借鉴 [J]. 中国流通经济，2012，26（01）：33 - 38.

公益属性较强的内河水运通道、港口集疏运系统、综合性货运枢纽等基础设施要优先安排实施计划和资金预算。

（三）加快推动物流园区发展

物流园区按照专业化、规模化的原则组织物流活动，将众多物流企业集中在一起，共享相关基础配套服务设施，有利于发挥整体优势。我国的物流设施普遍由物流或生产、销售企业分头建设，专业化、规模化、社会化的物流园区较少，且物流设施规模小，能力不足，存在土地和运输资源不能集约利用的现象。应该重视物流园区的发展，充分发挥园区在节约土地、提高交通基础设施利用效率等方面的作用，合理规划、理性发展，在重要物流节点城市、制造业基地及综合交通枢纽，要充分利用已有设施，建设一批布局集中、用地节约、产业集聚、功能集成、经营集约的物流园区，吸引分散的物流企业进驻，发挥产业集聚的规模效益。

（四）促进多式联运发展

将铁路、公路、航空、水运等多种运输方式和运输节点连接成网络格局，能够极大地提高运输效率，降低物流成本。我国不同运输方式之间由于行业管理体制等原因，各自为政、重复建设现象比较普遍，交通基础设施和运输资源浪费严重。因此，需要在建立高效物流管理体制和机制的基础上，加快现有港口、铁路和公路、机场等交通运输设施间联运设施的统筹规划和建设，选择重点地区与综合交通枢纽，加快发展集装箱多式联运中转设施和连接两种运输方式以上的转运设施，解决货运过程中的多次搬运、拆装等问题，实现多种运输方式的无缝衔接，提高物流效率，达到货物安全快速输送和降低物流成本的目的。

（五）推进物流信息化

信息化是现代物流发展的重要依托，是物流系统的灵魂，更是未来发展的趋势。目前，我国物流业缺乏统一的信息基础标准，不同信息系统的接口成为制约信息化发展的瓶颈；由于缺少实用可靠的成熟物流软件，使企业在建设物流信息系统时不敢投入，而自主开发又存在起点低、周期长的问题；公共物流信息平台的缺乏也使企业物流信息系统成为信息孤岛，中小企业的物流信息化举步维艰。因此，有必要以加快物流信息标准化建设为基础，以提高物流信息化应用水平为目标，整合利用信息资源，推进我国物流信息化建设，并进一步以物流信息化带动物流现代化发展。

（六）建立物流标准体系

物流标准的广泛应用是提高物流效率、增加服务可靠性、改善物流服务质量的重要手段。目前，我国的物流标准建设还有待进一步加强，物流标准规范体系尚未形成。需要加快对现有仓储、转运设施和运输工具的标准化改造，鼓励企业采用标准化的物流设施和设备。开展物流术语、计量与技术标准、数据传输标准、物流运作模式与管理标准的普及工作，积极推进托盘、集装箱、各种物流装卸设施、条形码等通用性较强的物流技术和装备的标准化进程，推动物流企业进行国际认证，并以企业物流标准化水平作为是否给予政策倾斜的重要条件，以提高物流标准化作业水平以及与国际接轨的能力。

（七）推动现代物流技术的研发和推广应用

现代物流的发展，科技是支撑，应用是关键。要针对当前我国物流业发展中存在的物流作业机械化与自动化程度不高、运力与装卸设备落后、信息化建设进程缓慢等问题，进一步强调现代科学技术对物流业发展的引领和提升作用，加快科技创新与推广应用的步伐，并加快先进科技成果向现实生产力的转化与应用，逐步提高科学技术对我国物流业发展的支撑作用。

第四节 案例剖析

FedEx——全方位综合定制一体化物流服务商

美国联邦快递公司（FedEx Corporation）成立于 1971 年，经过 45 年的发展，成为发展最迅速、最具开拓创新、拥有全球最多数量及规模最大的速递空运机队的公司，同时具备世界上最庞大的物流网络系统。

一、联邦快递全方位的物流供应链解决方案

近年来，新一代信息通信技术产业、智能制造装备、航空航天装备、生物医药及高性能医疗等领域成为高增长的物流市场领域，这些领域的物流需求不是单一、标准化的，而是需要从生产、库存、分拣、包装、配送到信息处理等全方位的物流供应链解决方案。以生物制药和高性能医疗行业为例，医药产品物流不同于一般货物的运输，对物流运输要求极高，更具复杂性和多变性。在全球医药市场格局变化的推动下，医药产品制造企业面临着因各国对医药产品的监管和法规方面的要求所带来的国际运输和通关等新的问题。联邦快递深入了解这个行业的客户所面临的困扰，以领先的技术开发出多种冷链物流解决方案，比如"一站式"冷链解决方案，对需要温度控制在 2~8 摄氏度的货件，提供高达 96 小时的冷藏环境。同时，协助有需要的客户完成通关手续，让货物最终能快速、完好无损地运到目的地。

二、联邦快递针对中小型制造企业的综合服务

作为正在快速发展的中国制造业,中小型企业的蓬勃发展将推动制造业的转型,但中小型制造企业在转型过程中,所面临的挑战会更大。虽然中国大陆中小企业意识到走出国门的巨大潜力,他们仍然觉得面临一些障碍,并缺乏克服障碍的支持。但同时,他们也将物流服务供应商列为最重要的出口业务建议来源,有效的物流和供应链管理能够使得中国中小型制造企业降低与其客户间的运输成本,高效地使用仓储资源。联邦快递在跨区域运输货物方面具有丰富的经验,能为企业提供解读和申报合规复杂的国际海关法规,让中小企业可以更易拓展全球市场。目前,联邦快递在全球有超过3 000名团队成员专门处理全球网络内客户包裹的清关事宜,通过准备跨境贸易所需要的所有文件,并提前向各个海关申报将要来到的货物,以加快递送流程,让中小型制造企业可以更易解决跨境通关难题,实现海外业务的发展。[①]

三、联邦快递的定制化物流服务

针对不同的细分产业领域,联邦快递都有相应的解决方案,为客户提供定制化物流服务。如在医疗保健行业领域,有相当多的货品需要用冷链方式处理。联邦快递在这方面就可以提供完整的冷链运输解决方案。从25℃到-150℃的深度冷冻运输,都能提供专业的服务来满足客户在不同温度段上的不同需求。再如,对于高价值物品领域的运输,联邦快递针对不同货物的价值,会设计不同的安保方案满足客户需求,由客户自己来做选择,包括包装、密码箱等。通过这些针对不同细分领域市场的解决方案,联邦快递良好地把握了客户需求,不仅保证了包裹的按时、安全到达,更以全方位的监控服务让客户放心。[②]

四、联邦快递全球一体化专业运输解决方案

联邦快递公司通过高效的运作模式,依靠强大的技术及全球网络实现运输、报关、配送、仓储管理一体化,配合电子商务平台,为制造企业客户提供创新的全球一体化专业运输解决方案,赢得了企业的信任。最为著名的是联邦快递为戴尔公司产品在马来西亚的整体安装与美国的零件制造供应提供成本低、全程透明化及最具安全保障的运送服务,使得戴尔公司产品周转效率加快,控制了存货成本,并使其将大部分时间投入研发创新中,在电子市场占据优势地位,联邦快递自身也获得良好收益,促进了国际化经营。[③]

[①] 陈嘉良 (联邦快递高级副总裁、中国区总裁),物流智道助力"中国制造2025",http://union.china.com.cn/tbgz/txt/2016-04/11/content_8694848.htm.

[②] 联邦快递全面深耕中国市场,http://wuliu.juhangye.com/201608/weixin_3108267.html.

[③] 彭剑锋. 联邦快递"飞速"物流的聚焦业主[M]. 北京:机械工业出版社,2013:233.

本章习题

一、名词解释
1. 现代物流
2. 第三方物流

二、简答题
1. 简述现代物流对制造业发展的作用。
2. 简述制造强国现代物流的发展特点。
3. 现代物流政策的着力点在哪里?
4. 我国发展现代物流的战略要点有哪些?
5. 现代物流有哪些新业态、新模式?

三、案例分析

为了解决运输能力不足和服务水平增加的问题,联邦快递在2000年初提出了联合运输(Collaborative Transportation Management,CTM)方案,并与主要的笔记本电脑生产商商讨合作协议。在CTM的计划阶段,联邦快递会把合同主要内容提出来,包括利率、期望的运输时间、提货时间和每日的最大运输量,假如实际运输量大于每日的最大值,那么就会在运输时间上加上一天。联邦快递在出货人的计划需求基础上制定容量需求计划。在预测阶段,出货人提供每月和每周的出货预测,联邦快递更新飞机运输容量计划,通过这样,联邦快递赢得足够时间,安排充足的容量,以便满足月末和季度末的需求高峰。

在实施阶段,信息技术的集成是整个合作关系的基础。而联邦快递发展了一个新的CTM整合器,用以连接生产商的ERP系统,在运输投标的阶段中找到货运信息,确定提货时间。一旦货物被提取,提单确认通知就会通过CTM整合器发送回生产商,联邦快递还提供货物实时状态的网上查询,那样发货人就可以发现任何不符要求的运送问题,通过邮件或电话通知联邦快递令其更改。另外最终消费者也可通过网络或客户服务部查询。

在CTM中,联邦快递委派一支细心的队伍,随时调整CTM的实施,解决运输过程的所有例外情况。另外,该队伍回顾运输预测并根据联邦快递每天的要求改变实际情况。在集成系统的帮助下,联邦快递也很好地解决了发票的鉴别和验证问题,有效地把每天或每月的合并运输情况通知生产商。

2000年6月,CTM方案成功地在三个主要生产商中得到了实施。通过总的计划,联邦快递取得了额外的飞机运输量。CTM方案实施以后,运输准确率得到保证的同时,运输周期也更短了。此外,联邦快递的飞机容量利用率更高,运营成本减少,计划准确率升高，而生产商减少了库存成本，保证了运输的可靠性，销售额也增加了。除了可视性和即时性的收益，CTM 还使合作双方在全球供应链中更具竞争性。[①]

问题：

1. 联邦快递为笔记本生产商提供的运输服务有哪些优点？
2. CTM 物流服务如何降低生产商的成本并提高物流效率？

---

① 徐冠杰. 供应链合作新概念——协同运输管理（CTM）[J]. 物流技术，2006（02）：73-76.

第十四章

电子商务

本章介绍了电子商务的概念、分类和作用,以工业电子商务为重点,分析了工业电子商务的应用模式和工业电子商务的发展趋势,总结了国内外电子商务发展情况,提出了我国电子商务未来一段时期的发展方向。

电子商务是依托计算机网络技术特别是互联网技术来实现以商品和服务交换为中心的经济活动,包括信息流以及资金流、物流、商流的电子化、信息化、网络化、数字化。金融、物流、信息等生产服务业与电子商务充分融合,衍生出互联网金融、物联网、云信息平台、大数据营销等诸多新兴服务业态和新模式,并为生产制造业发展营造全新的生态环境与发展机遇。

工业电子商务的应用模式主要有:基于供应链的工业电子商务,基于第三方电子商务平台的工业电子商务,制造业企业自建电子商务网站、微信公众号或服务号、手机APP。工业电子商务的发展趋势是制造业数字化与智能化,并向"工业4.0"迅速迈进,同时"互联网+制造"和"物联网+制造"快速发展。在经济全球化背景下,全球电子商务交易规模快速膨胀,各地区电子商务发展差距逐渐缩小,发展中国家电子商务增长空间巨大,互联网企业成为国际资本投资热点。由信息技术创新、管理模式创新、服务理念创新相结合而产生的电子商务为经济增长注入新的强大动力。

未来一段时期,推动电子商务实体化、制造电子商务化及电子商务国际化是我国电子商务发展面对的核心问题,破解问题的关键不仅要坚持通过税收减负、融资支持、鼓励技术创新、规范电子商务市场制度与立法等现有政策帮助电子商务产业良性发展,更要在促进电子商务与线下实体经济融合发展、依托电子商务平台开展以消费者为中心的C2B模式拉动上游制造企业升级转型、拓宽电子商务在各行各业应用领域等方面给予强有力的政策支持,真正发挥电子商务作为生产服务业对制造业、零售业、物流业等实体经济的正向拉动引领作用。

最后还以京东商城为典型案例,分析京东电子商务平台通过大数据、云计算等现代互联网技术,如何为制造企业提供良好发展平台,促进制造业升级转型与健康发展。

第一节 基本认识

现代管理学之父彼得·德鲁克曾说："互联网革命所带来的翻天覆地的变化就是电子商务。"如今，互联网应用已渗透世界各个角落，电子商务正在从根本上改变各国各地经济，改变市场和行业结构，改变产品和服务的生产、交换和分配形式，改变消费者行为和客户价值，改变生产方式和劳动力市场。

一、电子商务的概念

（一）电子商务的含义

电子商务可分为狭义电子商务（Electronic Commerce，E-Commerce，EC）和广义电子商务（Electronic Business，E-Business，EB）两层含义。

狭义电子商务是指依托计算机网络技术，特别是互联网技术实现以商品和服务交换为中心的商贸活动，包括信息流以及资金流、物流、商流的电子化、信息化、网络化。《中华人民共和国电子商务法》所称电子商务，是指通过互联网等信息网络销售商品或者提供服务的经营活动。

广义电子商务是指利用数字技术（包括计算机技术、网络技术、信息技术）进行的一切营利性商业活动和非营利性业务往来或服务活动的总和，包括电子政务以及企业内部业务的电子化、信息化、网络化、数字化。

狭义电子商务和广义电子商务的区别在于：前者关注的是营利性的、交易性质的商务活动；而后者在范围上更广，不仅包含了前者的内容，包含了实现前者所需的支撑体系，还增加了非营利性、服务性质的业务内容。本章主要阐述狭义电子商务的内容。

（二）电子商务的生产服务属性

鉴于电子商务包含了对传统商贸、物流、金融等活动的电子化、信息化、网络化、数字化，可以将电子商务视作生产服务业在互联网与信息时代的升级与变革。电子商务所体现的生产服务属性表现为：

（1）电子商务从企业生产与商贸流通的内部，促进业务流程、应用系统与组织结构的复杂融合，从而形成高效的企业经营模式。[1] 企业生产与经营管理内部环节的信息化和网络化、业务流程的改造和优化是电子商务得以实现的重要支撑，另一方

---

[1] 付丽琴，仇喜雪. 基于技术—经济范式分析框架下的我国电子商务现象内涵辨析［J］. 经济研究参考，2016（53）：85-88.

面也有效促进了生产效率提高。

（2）电子商务是利用互联网（Internet）技术和万维网（World Wide Web，WWW）技术实现交易，强调参加交易的买方、卖方、银行或金融机构和所有合作伙伴，通过企业内联网（Intranet）、企业外联网（Extranet）和互联网（Internet）实现网络计算环境下的商务电子化应用。[①] 由此，电子商务更显著地作用于不同企业主体之间的金融、物流、商贸等外部活动，与同属生产服务业的金融产业、物流产业、商贸产业高度融合，可增强整个经济社会的生产与服务效率。

二、电子商务的分类

（一）电子商务的类型

随着电子商务的深入发展，电子商务的渗透性与根植性不断增强，日益引申、裂变出许多新业态、新模式。基于目前的发展态势，电子商务主要有以下几种类型。

（1）按照开展电子交易范围，电子商务可以分为区域化电子商务、农村电子商务、远程国内电子商务、全球跨境电子商务等。

（2）按照交易对象，电子商务可以分为企业对企业的电子商务（B2B），企业对消费者的电子商务（B2C），政府对企业的电子商务（G2B），政府对消费者的电子商务（G2C），消费者对消费者的电子商务（C2C），代理商、企业、消费者三者相互转化的电子商务（Agent Business Consumer，ABC），以消费者为中心的全新商业模式（Consumer to Business-Share，C2B2S）等。[②]

（3）按照运营模式，电子商务可以分为综合商城、衔接通道型、服务型网店、导购引擎型、社交电子商务、团购模式、线上线下一体等模式。

（二）电子商务的产业归类

电子商务作为近年来迅速发展起来的一种新兴产业，特别是作为生产服务业的新业态、新模式，不仅体现在提供新颖的商品交易平台，还体现在为企事业单位、政府部门和个人重构了整个经济体系，并提供了电子化、信息化、网络化、数字化与智能化的巨大附加价值。电子商务服务覆盖生产制造与商贸流通活动的各个领域，大体上可以分为以下三类[③]：

（1）电子化交易服务。包括面向行业、区域、企业及消费者的第三方交易及相关信息增值服务，还包括国际贸易领域的电子商务公共服务，具体的形式有基于网

---

① 桂学文. 电子商务促进经济发展的效果测度研究 [D]. 武汉：华中师范大学，2011.
② 傅业涛，玉峰. 电子商务企业价值评估初探 [J]. 中国农业会计，2015（11）：36－41.
③ 电子商务服务业 MBA 百科《互联网文档资源（http://wenku.baidu.c)》，2017－1－11，4:42:27.

络的采购、销售及相关的认证、支付、征信等服务。

（2）电子商务相关的业务外包服务。包括基于网络的研发设计、生产制造、现代物流、财务管理等生产经营性业务外包服务，也包括在线人力资源、管理咨询、技能培训等辅助性业务外包服务。

（3）电子商务相关的信息技术外包服务。包括面向政府和企事业单位的信息处理、数据托管、应用系统等信息技术外包服务。

《生产性服务业分类（2015）》对于生产性电子商务进行了划分，具体分类如表14-1所示。①

表14-1 生产性电子商务分类

代码			名称	说明
大类	中类	小类		
	133		电子商务支持服务	第三方电子商务综合服务平台，电子商务集成创新，开放式电子商务快递配送信息平台和社会化仓储设施网络服务，电子商务可信交易保障等服务包含在此类
		1331	数据处理和存储服务	电子商务平台服务、物流信息平台服务、再生资源回收和废弃物逆向物流交易平台服务、大宗商品交易平台服务、互联网信贷平台服务（P2P）和大数据服务等包含在此类
		1332	互联网销售	仅包括为生产活动提供的互联网零售，以及企业间的网络营销活动（B2B）
		1333	非金融机构支付服务	互联网支付服务包含在此类

另外，《国民经济行业分类》（GB/T4754—2017）在GB/T4754—2011分类标准中设立了"互联网零售"的基础上，增设了"互联网批发"。其中，互联网批发（5193），指通过互联网电子商务平台开展的商品批发活动。互联网零售（5292），指零售商通过电子商务平台开展销售的活动，不包括仅提供网络支付的活动，以及仅建立或提供网络交易平台和接入的活动。同时，在"互联网和相关服务"（64）中增设了"互联网平台"（643），包括互联网生产服务平台（6431）、互联网生活服务平台（6432）、互联网科技创新平台（6433）、互联网公共服务平台（6434）和其他互联网平台（6439）。至此，电子商务以及互联网生产服务开始得到国家统计部门的正式认定。

---

①北京市统计局. 国家统计局北京调查总队关于执行国家生产性服务业分类（2015）的通知.《北京市人民政府公报》，2015-09-16.

三、电子商务对现代生产制造业的促进作用

(一) 电子商务倒逼生产制造企业供给侧改革与创新

以互联网经济为基础的电子商务,本质上是实体经济与虚拟经济的结合。电子商务架构起庞大的以客户为中心的信息系统,从客户需求端出发,为处于供给端的制造企业探明改革与创新的方向,最终成为制造业供给侧改革的巨大动力。电子商务在消费者和生产者之间架起便利的信息桥梁,使信息交换和沟通更加高效、透明、平等、顺畅,节约了生产制造企业收集消费者需求偏好、数量与特征等信息的时间和成本,有的放矢进行产品创新与研发,真正实现制造业个性化、批量化、定制化的智能化生产模式。

(二) 电子商务促进制造企业信息化水平提高

电子商务不仅作用于制造企业外部,同时依托企业 ERP 系统以及供应链信息化管理作用于制造企业内部。制造业信息化从最初的成本核算到后来的财务分析,扩展到实现财务与进、销、存等管理数据的一体化处理,进而全面覆盖企业的生产管理、人事管理、采购、库存管理、营销管理等。伴随着 ERP (Enterprise Resource Planning,企业资源计划)、CRM (Customer Relationship Management,客户关系管理)、DSS (Decision Support System,决策支持系统)、OLAP (Online Analytical Processing,联机实时分析) 等信息系统的发展,制造企业内部及供应链上下游之间的资金流、业务流和物流实现高度的信息集成化,有效解决了"信息孤岛"[①] 问题。

(三) 电子商务拓宽了制造企业销售渠道

制造企业无论是通过大型电子商务平台,还是通过自建垂直电子商务,抑或是通过微商等渠道,均能够缩短中间商环节,获得直接面向消费者的广阔销售渠道。资金实力较弱的中小企业依托电子商务,可大大降低市场渠道建设的初始资金投入,赢得更大的市场生存空间;资金实力雄厚的大中型企业同时发展线上、线下销售渠道,"线下引流、线上销售",可以更低成本扩大市场销量,提升销售利润水平。

四、工业电子商务的应用模式

(一) 基于供应链的工业电子商务

基于供应链的制造业 B2B 电子商务模式,一方面可以帮助处于供应链上游的制

[①] "信息孤岛"是指相互之间在功能上不关联互助、信息不共享互换以及信息与业务流程和应用相互脱节的计算机应用系统。

造企业找寻下游采购商,另一方面可以帮助处于供应链下游的制造企业找寻上游供应商,依托互联网及电子商务技术手段为制造企业提供市场渠道、商贸流通、商务服务、物流仓储、信息系统等诸多业务环节的外包服务,帮助供应链上游的制造企业拓展市场渠道并有效降低运作成本,同时代理供应链下游的批发商和零售商的货源采购,化解其缺货风险,提高整个供应链信息处理、资金结算、物流仓储等业务流程的效率与效益。

金银岛——以"岛"为名,链接上下游企业

金银岛(北京)网络科技股份有限公司于2004年成立,是中国大宗产品电子商务领导品牌,主要采用集合采购模式,通过集合多个贸易商采购能力,向上游供货商批量采购,重构大宗产品产业链,降低采购成本,提升客户盈利能力。借助产业链交易数据整合优势,金银岛建立起一套完整的交易监管信息系统,平台企业可以即时查询合同流程、资金结算、货物运输等全程交易信息,切实提高了产业链上下游交易的信用程度。依托交易监管信息系统,金银岛于2009年拓展供应链金融业务,与近200家银行建立认证交割仓库网络,以仓单产品或运单商品为抵押,为大宗商品交易双方提供融资对接服务,促成金融机构累计放款超过500亿元,实现了大宗产品交易信息流、资金流、物流"三流合一"。

类似金银岛的产业链互联网服务平台,正依托于各个产业龙头企业,如雨后春笋般成长起来。这些产业链互联网服务平台,逐渐实现了产业链上商贸、物流、结算、信贷等各个环节的第三方服务,并向着产业大数据集成与应用的领域不断前行,大大降低了制造企业采购或销售环节的交易风险,增大了中小企业融资机会,提升了产业链运作效率,提高了产业链企业整体盈利能力。

(资料来源:沈凌莉. 金联储大宗商品现货交易产业链多刺怎么玩?[J]. 创业邦,2015(Z1):28-29.)

(二)基于第三方电子商务平台的工业电子商务

基于第三方平台的工业电子商务模式,是制造企业通过第三方电子商务平台进行电子商务活动。第三方电商平台主要有综合类电子商务平台和垂直行业类电子商务平台两大类。综合类工业电子商务网站,如阿里巴巴、中国政府采购网、慧聪网、环球资源网等,可全方位地展示制造业企业的产品信息,提供在线搜索、会员服务、电子商务认证、在线交易等服务;垂直行业类工业电子商务平台,如中国制造网、中国机械网、中国汽车网等,[①]主要提供细分行业的制造企业产品信息及第三方电子商务交易服务。

---

①李凯. 制造业电子商务发展时机来到[J]. 互联网天地,2008(5):7-7.

第十四章 电子商务

一呼百应——专注上下游企业的匹配与撮合

"一呼百应"原材料采购交易平台,由广州一呼百应网络技术有限公司于2005年创立,专注于提供制造企业原材料采购环节B2B业务的第三产业电子商务平台,为下游制造企业提供在线备选的上游原材料供应商,提供上下游匹配撮合、在线交易与供应链金融等B2B服务。2016年"一呼百应"平台营收增长率超370%,拥有670多万家生产制造企业会员,实现采购订单总金额超过800亿元。

据悉,"一呼百应"正创新"交易+SaaS+供应链金融"模式。通过大数据分析技术,提升制造企业上下游之间原材料采购的匹配与成交效率,简化交易流程,节省采购交易成本。与此同时,"一呼百应"将供应链金融作为新的业务增长点,依靠长期积累采购交易数据,为制造企业建立数据资产库,针对优质制造企业提供信用评级、融资贷款等服务,真正解决中小制造企业融资难问题,帮助实体经济快速稳定发展。

(资料来源:网易新闻:"中国B2B行业百强榜出炉 一呼百应再次上榜。"网址:http://news.163.com/17/0730/00/CQ16DSL600018AOP.html。)

(三)制造业企业自建电子商务网站、微信公众号或服务号、手机APP

大中型企业通过自建电子商务网站,集成品牌宣传、产品销售、客户维护、售后服务等电子商务服务功能,作为主推自营产品的门户以及对外进行市场宣传的门户;中小型企业可以通过开设微信公众号或服务号,或开发手机APP等方式,建立符合自身商业模式的独立电子商务服务渠道,通过社交网络进行产品宣传和营销,快速打开销售市场,维护客户群体,实现在线交易和服务。

海尔自建在线商城

海尔集团作为一家大型国际化企业集团,在全球17个国家拥有8万多名员工,用户遍布世界100多个国家和地区。海尔集团于2000年成立"海尔电子商务有限公司",正式运营海尔在线商城(www.ehaier.com),向个人消费者销售海尔集团各品牌家电、计算机、生活家电等产品和服务方案。2016年9月,海尔正式启动"电商+店商+微商"三商融合的全新战略布局,通过独具特色的O2O模式,实现了线上线下渠道资源的同步共享,不仅拓宽了销售渠道,实现了产品互补、服务一致的协同体系,还大大提高了用户端的购物体验。

· 347 ·

相比起很多传统企业，将天猫、京东视作自己唯一的电子商务平台，以海尔为代表的一部分传统企业自建电子商务平台，利用自身制造优势、品牌优势、物流优势和售后优势，主动与广大客户群体建立多元互动联系，实现了较高的客户黏性和高转化率。目前，海尔自营电子商务平台销售额已占全网电子商务销售额的一半以上，作为电子商务转型的典范，海尔商城荣获"2016年度最具影响力电商平台"称号。

（资料来源：曾庆俐. 海尔电商 社群交互 虚实整合 共创共赢[J]. 成功营销，2017（Z1）：62-62.）

五、工业电子商务的发展趋势

（一）制造业数字化与智能化，向"工业4.0"迅速迈进

数字化对传统制造企业的改造，从应用计算机数控机床开始，到实现计算机辅助制造，再到利用电子商务技术实现订单接收、产品设计、工业设计、主生产计划制订、备料、加工产品装配、交付等所有业务环节的计算机化和网络化。

数字化是电子信息化时代"工业3.0"的重要基础，而智能化则是代表"工业4.0"高度灵活的智造模式，而智能制造则被认为是信息化和工业化融合的突破口。[①]促进传统制造业转型升级，实现制造强国目标意义重大。智能制造工程分为两个阶段实施："十三五"期间，通过数字化制造的普及、智能化制造的试点示范，推动传统制造业重点领域基本实现数字化制造，有条件、有基础的重点产业全面启动并逐步实现智能转型；"十四五"期间，加大智能制造实施力度，关键技术装备、智能制造标准/工业互联网/信息安全、核心软件支撑能力显著增强，构建新型制造体系，重点产业逐步实现智能转型。[②]

（二）"互联网+制造"

制造业互联网具有5C架构。最底层是智慧的连接层（Connection），即一个企业所需要的数据都必须能够无障碍地获取。第二层是转换层（Conversion），即将数据转化为信息，对获得的数据进行数据挖掘和分析，得出对决策有用的信息。第三层是计算网络层（Cyber），是企业信息中心的枢纽，在这一层，将取自第二层的信息与原来设定的期望值进行对比，发现企业运行中的问题或机会。第四层是认知层（Cognition），由第三层获得的信息，以及监控资产和设备状况，以可视化的方式，向决策者提供关于企业目前存在问题的认知，并使决策者能够做出相应的决策。第五层是配置层（Configuration），目的是通过网络空间，把决策信息送到物理空间，

[①] 资讯. 自动化博览. 2015-05-15.
[②] 智能制造"蔚然成风"机械设备行业面临新调整（http://www.chinastoc.com）.

送到相应的子系统中,完成对相应的设备或系统做出调整的实际操作。①

未来"互联网+制造业"必将成为一种新的经济形态②,应充分发挥互联网在生产要素配置中的优化和集成作用,将互联网的创新成果深度融合于经济社会各领域之中,提升实体经济的创新力和生产力,形成更广泛的以互联网为基础设施和实现工具的经济发展新模式。

(三)"物联网+制造"

物联网是一个基于互联网、传统电信网等信息承载体,让所有能够被独立寻址的普通物理对象实现互联互通的网络。它具有普通对象设备化、自治终端互联化和普适服务智能化等三个重要特征。③"物联网+制造"给制造业带来前所未有的影响,除了提升生产效率之外,还能保障产品安全、保质的物流配送过程,从而创造出更多新的商业机会。

物联网对制造业影响的具体表现为:一是预测性维护,设备处于实时监控的环境下,公司可以在设备需要维护的时候进行维护,而不是定期检查维护;二是可视化供应链,制造商可以实时预见供应链中所发生的一切事件,保证产品从原料采购、生产加工到销售过程都是可控的;三是设备效率分析,制造商可以使用工业物联网技术收集和分析来自多个设备的数据,更好地了解设备的工作状况,提升生产效率,为质量控制做出合理决策;四是自动化,能够让机器在没有人干预的情况下彼此通信,提高机器的效率和产品质量;五是安全控制,通过物联网跟踪导致停工的安全因素,提前采取措施防范风险事件。

第二节 发展现状

一、国外电子商务发展现状

经济全球化背景下,由信息技术、商务技术和管理技术相结合而诞生的电子商务模式不断创新,电子商务产业规模不断扩大,为各国经济增长注入强大的新动力。

(一)全球电子商务交易规模快速膨胀

据联合国统计,2015 年全球电子商务市场规模已经达到 24 万亿美元,占全球交

---

① 周宏仁. 互联网+与制造业融合的发展趋势 [J]. 行政管理改革,2017 (1):25-31.
② 迎接"互联网+"时代. 中国建设信息,2015-03-23.
③ 李明平,吴德华,王爱军,等. 基于物联网的作物智能化精准灌溉技术研究与应用 [J]. 山东农业大学学报(自然科学版),2017,48 (1):117-120.

易总额的30%，相比2013年18万亿美元的电子商务市场规模增长33.3%，近年来均保持双位数的增长速度。全球电子商务市场规模结构中，约90%是企业对企业（B2B）交易，10%为企业对消费者（B2C）交易。B2C电子商务市场规模相比B2B虽然偏小，但发展速度更快，根据国际知名调查公司E-marketer的数据，2011年到2016年，全球网络零售交易额从0.86万亿美元增长至1.92万亿美元，年平均增长率达17.4%。①

（二）各地区电子商务发展差距逐渐缩小，发展中国家电子商务增长空间巨大

2015年，经济体的电子商务市场规模加起来超过16万亿美元。其中，美国依然是最大的电子商务市场，电子商务交易额超过7万亿美元，其次是日本（2.5万亿美元）和中国（2万亿美元）。接下来的排名依次是韩国（1.2万亿美元）、德国（1万亿美元）、英国（8 450亿美元）、法国（6 610亿美元）、加拿大（4 700亿美元）、西班牙（2 420亿美元）和澳大利亚（2 160亿美元）。②除美国遥遥领先外，其他经济体的电子商务市场规模差距缩小，中国、印度、俄罗斯、巴西等发展中国家电子商务市场规模增速较快，呈现巨大的发展潜力。

（三）东亚三国引领移动电子商务时代

2014年，在移动电子商务发展史上是一个重要分水岭。根据We Are Social公司数据，2014年9月全球独立移动设备用户渗透率超过了总人口的50%；2015年1月，全球接入互联网的移动设备总数超过70亿台。③伴随着移动设备的快速普及，东亚地区正成为移动电子商务时代的引领者。根据Criteo数据，2014年第四季度移动端占全球网络零售交易额的30%，而中、日、韩三国的移动端交易额占比则接近50%，分别达到49.8%、49%和45%。至2016年，中国移动端网购规模已经远远超出PC端，成为广大民众网络消费的首选途径。

（四）互联网企业成为国际资本投资热点，同业并购趋于频繁

互联网经济天然具有规模效应，随着竞争加剧以及投资人的撮合，竞争对手有动力、有条件进行合并，市场集中度不断提高。《福布斯》杂志评选最有投资价值的10大公司，9家是互联网企业，其中阿里巴巴位居榜首，脸书（Facebook）和优步（Uber）分列第二和第三。2012—2016年，全球私营电子商务企业共获得467亿美元投资，获得1亿美元以上投资的企业主要分布在中国、美国和印度，分别有25家、20家和10家④。

---

①④王炳南. 把握发展特点和趋势推动电子商务健康可持续发展［J］. 时事报告：党委中心组学习，2017（4）：73－87.

②中国居B2C贸易市场榜首［J］. 时代金融，2017（13）：62.

③闫德利. 2014年全球电子商务发展特点综述［J］. 中国信息化，2015（3）：89－93.

(五) 共享经济蓬勃发展

共享经济伴随着移动互联网的发展而迅速崛起，共享领域不断拓展。从最初的汽车、房屋共享发展到金融、餐饮、空间、物流、教育、医疗、基础设施等多个领域，并向农业、能源、生产甚至城市建设扩张。共享经济让全球数十亿人既是消费者，也是经营者，最大限度地提升了资源利用效率，并带来了就业方式的变革。目前，全球估值超过100亿美元的共享经济企业有四家，分别是优步（Uber）、爱彼迎（Airbnb）、滴滴和联合办公（WeWork）。

二、国内电子商务发展现状

（一）电子商务发展规模迅速增长

电子商务行业伴随互联网而生，经过近20年的发展，业务模式不断创新，市场规模逐年扩大。最新数据显示，从2012年到2016年，网络购物用户人数从2.42亿人增长至4.67亿人，增长近一倍；电子商务交易额从8.1万亿元增长至20.2万亿元，年均增长26%；网络零售交易额从1.31万亿元增长至5.16万亿元，年均增长40%，对社会消费品零售总额增加值的贡献率从17%增长至30%；直接和间接带动的就业人数从1 500万人增长至3 700万人。2016年电子商务产生消费增量带动生产制造、批发、物流增量创造税收超过2 000亿元。① 图14-1为2012—2018年中国电子商务市场规模增长及预测图。

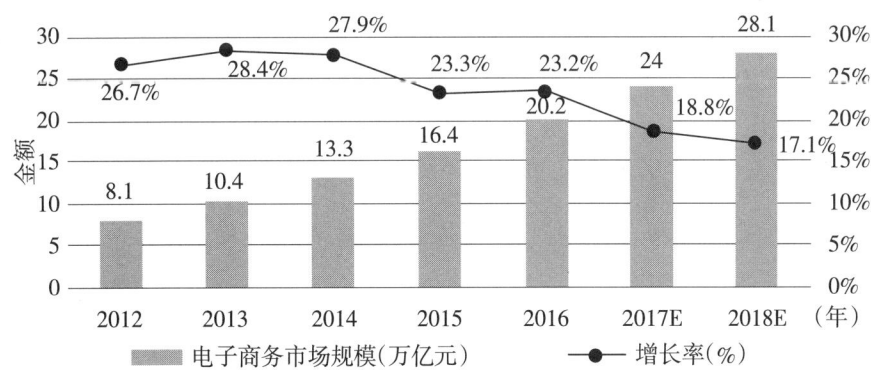

图14-1　2012—2018年中国电子商务市场规模增长及预测

（数据来源：艾瑞咨询.）

---

① 王炳南. 把握发展特点和趋势推动电子商务健康可持续发展 [J]. 时事报告：党委中心组学习, 2017 (4): 73-87.

（二）移动电子商务蓬勃发展

2013—2014年，随着移动互联网的发展和智能手机的普及，移动电子商务进入风口期。至2015年，移动交易规模占比超过PC端，标志着移动电子商务时代正式到来。2016年中国移动网购在整体网络购物交易规模中占比达到68.2%，同比增长22.8%，移动端已超过PC端成为网购市场更主要的消费场景。[①]伴随着用户消费习惯的转移、移动端已经成为电子商务发展主流。图14-2为2012—2018年中国移动端交易市场占比图。

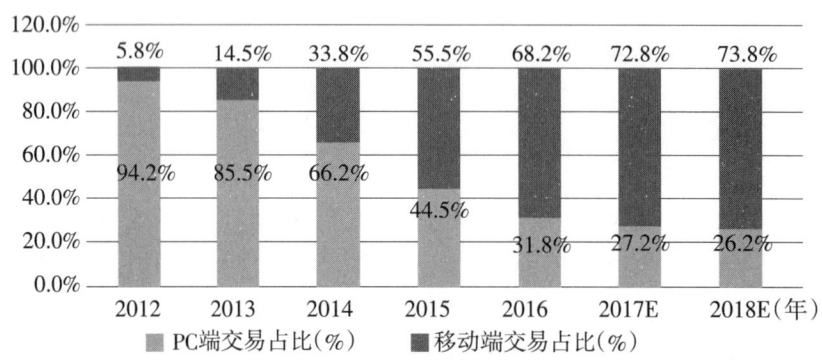

图14-2　2012—2018年中国移动端交易市场占比图

（数据来源：艾瑞咨询.）

（三）电子商务渠道占制造企业销售比重日渐提高

2015年，中国制造业领域电子商务采购和销售普及率进一步提升，平均达到37.24%，部分行业接近60%。[②]制造业企业通过建立集采集销平台，实现了上下游信息的高效整合以及对中小企业的辐射引领；综合型电子商务平台逐步从单纯提供信息发布向交易服务、供应链金融等方向转型；行业性电子商务服务平台的业务范围已开始向网上交易、物流配送、信用支付等服务领域延伸。

（四）互联网金融与第三方支付逐渐替代传统金融模式

第三方支付的发展近年来呈现稳定上升的状态，据国家互联网金融风险分析技术平台监测，截至2016年8月，互联网金融平台8 490家，互联网金融的活跃用户达到了6.18亿[③]；互联网金融呈蓬勃发展态势，也在全方位地改变公众的生活方式。图14-3为2013—2016年中国互联网支付用户规模增长趋势图，图14-4为2013—2016年中国移动支付用户规模增长趋势图。

[①] 2017年中国移动电商行业研究报告. 中国连锁. 2017-03-01.
[②] 陈轶丽. 民营企业电子商务发展研究［J］. 黄河科技大学学报，2017（4）：35-41.
[③] 黄震，蒋松成. 监管沙盒与互联网金融监管［J］. 中国金融，2017（2）：70-71.

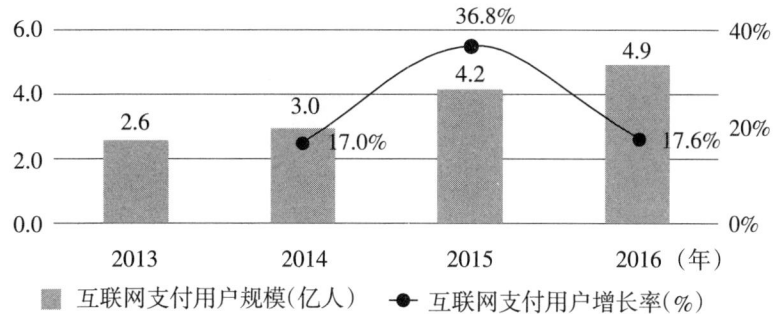

图 14-3　2013—2016 年中国互联网支付用户规模增长趋势

（数据来源：艾瑞咨询.）

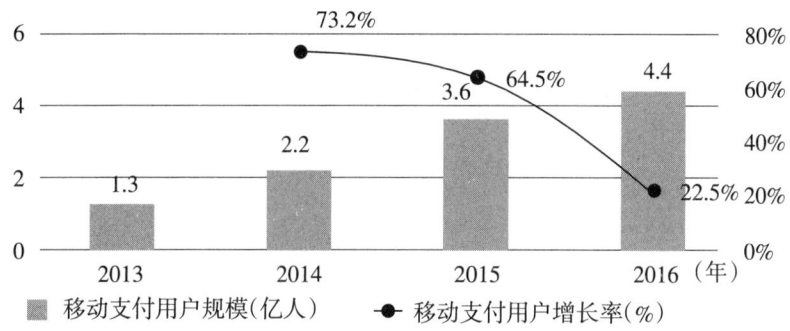

图 14-4　2013—2016 年中国移动支付用户规模增长趋势

（数据来源：艾瑞咨询.）

2016 年，传统的金融机构积极加速拥抱互联网金融，互联网保险等领域发展迅速。互联网保险作为保险保费收入的新渠道，在收入规模增加的同时占总保费比重也不断提升，有望成为互联网金融领域重点发展的一部分。

截至 2016 年 12 月，我国购买过互联网理财产品的网民规模为 9 890 万人，相比 2015 年底增加用户 863 万人，网民使用率为 13.5%，较 2015 年底提升 0.4%。[①] 图 14-5 为 2015—2016 年中国互联网理财网民规模及使用率图。

---

① 董立人，赵晨. "互联网+"背景下赛博世界发展趋势研究 [J]. 天津行政学院学报，2017，19（2）：3-9.

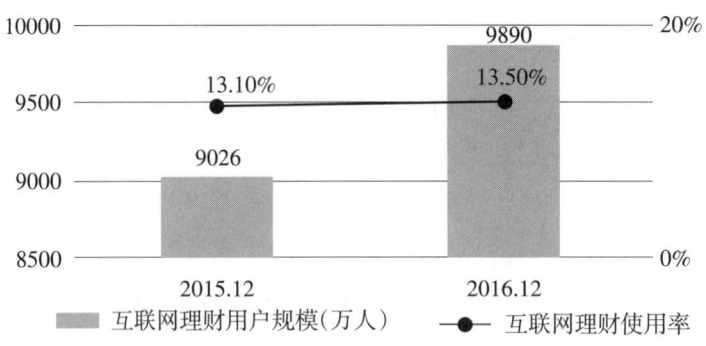

图 14-5 2015—2016 年中国互联网理财网民规模及使用率

（数据来源：艾瑞咨询.）

互联网金融消费在过去半年规模迅速发展，2016 年 6 月 30 日出台的《关于加大对新消费领域金融支持的指导意见》中明确提出对消费金融发展的强力支持，为互联网金融消费的发展前景打了一剂强心针。现今，电子商务平台的消费更加灵活多样、贴近消费者，尤其是满足了年轻一代消费者的需要。网络分期等平台的出现更是推动了消费信贷的进一步发展。消费金融是互联网金融领域发展的核心之一，未来的发展空间十分广阔。图 14-6 为 2011—2016 年中国互联网金融消费交易规模增长趋势图。

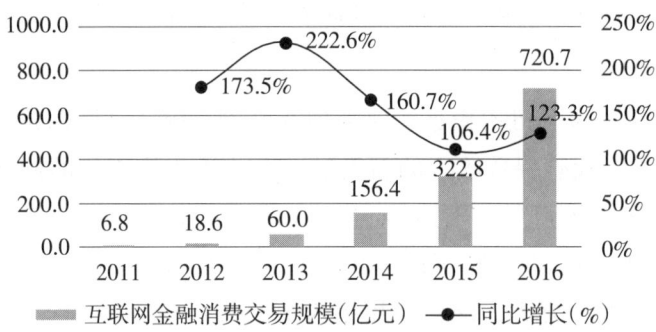

图 14-6 2011—2016 年中国互联网金融消费交易规模增长趋势

（数据来源：艾瑞咨询.）

三、广东省电子商务发展特点

广东作为我国电子商务第一大省，网络零售用户交易额连续多年位居全国第一。2016 年第一季度，广东电子商务交易额占比 13.7%，继续稳居全国首位。电子商务产业的飞跃式发展，已经使其成为广东以信息化引领传统产业转型、探路新业态新经济的重要引擎之一。

（一）广东省电子商务企业善于创新，应变能力强

广东省电子商务在全国领先，不仅因为广东地处沿海，经济发达，电子商务发展起步早，有许多知名电子商务企业，大部分传统企业电子商务意识强；还因为广东企业捕捉商机的敏感性特别强，而且常年身处国内外市场激烈竞争中，这令广东企业更具创新力。在千帆竞发、万舸争流的电子商务行业，广东省电子商务或模式创新，或技术创新，或产品创新，或供应链改革，始终走在全国前列。

（二）广东省电子商务产业供应链上下游体系完整

广东省电子商务产业迅猛发展的背后，还有着"制造大省"的强力支撑。广东省电子商务之所以有今天的成就，除了其领先优势，还因为其"广东制造"的核心，常言道"卖东西首先得有货"，而广东是货源地。"广东制造"的品质、品牌素来在海内外都有一定影响力，这为广东省电子商务抢占市场份额提供了巨大竞争力。一方面，广东省依托陶瓷、家居、建材、服装、家具等传统优势产业，利用原产地优势，为电子商务发展提供巨大的空间；另一方面，电子商务产业发展也带动了广东省制造产业链的转型升级，形成了中山牛仔、虎门制衣、大朗毛织、顺德家电等数十个电子商务产业集群。

（三）电子商务倒逼"广东制造"升级

广东省电子商务产业与制造业发展互为支撑，一方面电子商务的迅猛发展有赖于"制造大省"的强大支撑；另一方面，电子商务产业又推动"广东制造"快速转型升级。电子商务产业的爆发式发展，已经成为广东省以信息化引领传统产业转型、探路新业态、新经济的重要引擎。电子商务作为流通渠道的补充和优化，为广东省制造业裂变、创新发展提供了强大的内在动能。以广东省具有传统优势的服装制造业为例，随着近几年电子商务企业对服装上下游供应链的整体改造，电子商务已从市场需求端影响至服装加工厂、面辅料企业、服饰设计商等上游制造企业，由此，广东省服装产业为迎来新一轮产品升级，服装厂商由重视代工生产，转变为强化新面料开发、款式设计、品牌提升、创新业态模式，提升了服装产业可持续发展能力。

（四）广东省跨境电子商务领跑全国

在传统外贸发展压力较大的背景下，广东省跨境电子商务连续多年保持30%以上的增速。2014年广东跨境电子商务零售进出口总额约为260亿美元，同比增长约30%。[1] 广东跨境电子商务交易额占全国交易总额的七成。在此基础上，2015年广

---

[1] 李小玲. 跨境电子商务发展对广东省进出口贸易的影响分析 [J]. 环渤海经济瞭望, 2017 (7): 34-34.

东省继续保持中国跨境电子商务第一大省的发展规模[①],对欧美、东盟出口增势也保持良好。2015 年,多家跨境电子商务体验店在广东自贸试验区三大片区落地建设。目前,广东省跨境电子商务企业包括了平台、物流及综合服务、支付和仓储等行业,基本涵盖了跨境电子商务产业全链条,在零售出口、保税进口、直邮进口三类业务的流程也基本成熟。

(五) 广东省拥有众多竞争力强劲的标杆性电子商务平台或电子商务企业

以广东省为总部的腾讯、兰亭集势、环球市场等一批龙头标杆电子商务陆续在国内外成功上市。B2C 领域,唯品会成为我国第三大市值的互联网公司,引领特卖网络零售行业的发展。B2B 领域,环球资源、环球市场位居全国前列;腾邦国际、芒果网位居中国在线旅游市场营收份额前十位。大宗商品电子交易领域,也涌现出广东塑料交易所、欧浦钢网等一批年交易额超 100 亿元的大宗商品电子商务平台。[②]

第三节 发展思路

一、存在问题

目前,中国电子商务快速发展,规模、速度都走在了世界前列,许多电子商务新业态、新模式也在中国不断产生和推广,但商品诚信、恶性竞争、税收漏洞、监管缺失等问题亟待解决。更为严峻的是,从促进我国制造业升级角度看,电子商务与制造业的融合发展亟需解决以下三大问题。

(一) 如何推动电子商务实体化

目前,线上电子商务企业多以整合线下资源的第三方平台为主体,自身缺乏实体企业的支撑,尽管淘宝在线下建设淘宝工厂,京东也在完善自营物流体系,但线上企业缺乏实体产业根基的问题仍没得到根本转变,线上企业的脆弱性仍然存在。

(二) 如何推动制造电子商务化

实际上,实体制造企业向线上拓展困难。从下游销售渠道看,电子商务平台已经被淘宝、京东等大型电子商务平台垄断和覆盖,实体制造企业向线上自营拓展难度越来越大;从上游、中游的生产要素供应和生产流程组合角度看,一些以云制造平台为切入点的线上资源整合平台,由于受到"红海"市场的影响难以找到市场盈利点,阻碍了发展的步伐。

[①]解梅娟,丛俊骐. 电子商务发展典型省份经验及启示 [J]. 桂海论丛,2017 (2):63 - 68.
[②]程晓,邓顺国. 广东省电子商务发展报告 (2014—2015) [M]. 北京:社会科学文献出版社,2015.

（三）如何推动电子商务国际化

制造业的发展离不开国际市场。但从跨境电子商务发展看，国际贸易规则、国际物流配送、商品国际纠纷、国际商务服务等问题依然成为制约跨境电子商务发展的瓶颈，使得国内对出口货物的税收监管、报检报关，国外对进口货物的物流配送、售后服务等都面临许多挑战，容易产生国际贸易纠纷，导致国内制造业企业利益得不到保护。

二、总体思路

我国电子商务经过近20年的快速发展，已经进入从市场规模扩张向服务质量提升转变的重要阶段，未来较长的一段时间，必须确立"发展与规范并举、竞争和协调并行、开放和安全并重"的发展思路与政策导向，赋予电子商务服务经济增长和社会发展的双重目标，[1] 建立"政府推动、市场主导、依托实体、服务实体"的发展理念，优化电子商务治理环境，积极开展制度、模式和管理方式创新，全方位提升电子商务市场主体竞争层次，推进电子商务与传统产业深度融合，全面带动传统产业转型升级，发展电子商务要素市场，推动电子商务人才、技术、资本、土地等要素资源产业化，完善电子商务民生服务体系，使各行各业和广大群众均能享受到电子商务快速发展带来的巨大经济与社会效益。[2]

三、发展重点

未来一个时期，面对制造强国建设的需要，主要从以下七个方面强化生产性电子商务服务对制造业发展的支撑作用。

（一）依托电子商务整体提升制造业生产力水平

以电子商务技术为代表的信息技术，已经成为促进传统工业制造业改造升级、提升生产率、推进工业现代化必不可少的重要手段，更是促进工业制造业结构优化升级的重要动力。通过电子商务对产业链上游企业的拉动作用，整体上提高制造业的生产力水平，促进社会化协作的供应链形成，协助制造企业实施质量和品牌战略。

（二）提升制造企业生产、研发、管理水平

电子商务构成虚拟社会中的整个商品交易网络，使得实体社会中商品的盲目实物移动转变为目标明确、井然有序的实物移动。借助于电子商务的信息沟通和需求

---

[1] 要闻. 中国中小企业. 2017-02-01.
[2] 资讯. 中国邮政. 2017-02-01.

预测，企业可以组织有效生产，形成高效流通、交换体制，有效克服企业在传统的生产方式、研发、库存等方面的缺陷，适时把握市场需求，提高企业生产决策科学化水平，合理控制库存，提高企业资金利用率。①

（三）促进产品定位更加准确，实现生产过程柔性控制

电子商务的生产方式是需求拉动型的生产，网络将生产企业和消费者紧密联系在一起，使消费需求信息得以迅捷地传达给生产者。随着互联网在商业领域的持续扩散，一幅全新的商业图景也日益清晰：在搜索和社交网络营销平台上，展开低成本、高效率、精准互动的个性化营销；在 eBay、亚马逊、淘宝网等巨型零售平台上，完成覆盖长尾市场的个性化销售；在基于互联网的、可展开大规模实时协作的供应链平台上，完成以消费者为中心的社会化分工与协同。据此组织生产，使得生产方式由大批量、规格化的典型工业化生产向顾客需求拉动型生产转变，在生产过程中实现柔性化管理。因此，电子商务一定程度解决了大规模低成本的标准化生产与用户需求的"个性化""快速化"的矛盾，利用商业智能分析帮助企业分析客户个性化需求，并能够以大规模定制的方式更快捷、更低成本提供产品和服务。

（四）缩短制造企业生产与研发的周期

电子商务加快了信息和资金的流转速度，提高了运营效率，缩短了生产周期，从而降低了单位产品的生产成本。另外，在电子商务环境下，厂商总是用自己全新的技术和产品赢得市场，以获得差异化竞争优势。在互联网上，消费者可以互动的方式进行订购，并协助企业设计出一套解决方案，使企业最大可能地理解顾客，理解消费者，从而使产品几乎以零开发周期的速度进入市场。

（五）借助电子商务 C2B 模式创新，促进制造业全面升级

C2B 模式的核心思想是消费者驱动整个商业活动。传统工业经济时代衍生出的是大规模、流水线、标准化、成本导向的 B2C 运作模式，所有环节都由厂家驱动和主导，而 C2B 运作模式则是由消费者驱动，以消费者需求为起点，在商业链条上一个一个环节地进行波浪式、倒逼式传导。

（六）鼓励电子商务企业与传统零售商通过并购重组实现战略共赢

电子商务与传统零售商应"化敌为友"，强强联合，通过并购重组走向融合共赢。2014 年 9 月，阿里巴巴入股银泰商业，持股占比达 32.07%。2015 年 7 月，银泰商业原大股东宣布转让股份，阿里巴巴顺利成为银泰商业第一大股东。2014 年 9

---

①电子商务 20 年之扩展：存量变革 + 整体转型（http://www.360doc.com）．2017 - 2 - 19 10：21：08．

月,另一 IT 巨头腾讯控股(00700,HK)通过行使购股权获得了华南城(01668,HK)9.25 亿股股份,占华南城已发行股份数的 11.55%。2015 年 8 月,永辉超市宣布,京东以定增方式耗资 43 亿元获得永辉超市 10% 的股份,之后两家宣布签订战略合作框架协议。2017 年 2 月 20 日上午,阿里巴巴集团和百联集团在上海签署战略合作协议。

(七)积极扶持云计算、大数据等技术应用推广

云计算的鲜明特点将是"网络化"。将"云计算"作为任务发送给各个处于不同地理位置的服务器处理,得到结果后返回。这种网络是一种"云网络",有内存的拓扑结构,能够最有效地利用服务器的计算性能,为用户提出的"云计算"任务提供高效的计算服务。"网络化"还将用户的存储资源分布地存储在各大服务器上,一是保证了脱离本地机时,仍能使用自己的存储资源,二是可以方便与他人共享。大数据具备四项典型特征,即海量、多样、高速、易变。大数据时代,数据类型繁多,从结构化数据,转向非结构化数据,如网络日志、视频、音频、图片、地理位置信息等。新时代数据被创建和移动的速度快,因此必须帮助企业按照需要创建实时数据流,快速数据处理、分析及用户反馈,以实时满足用户不断变化的需求。基于大数据技术应用,电子商务产业将呈现平台化、数据化和普惠化的发展特征。

四、发展举措

(一)现有主要政策

为了加快推动电子商务发展,国家和许多地方政府纷纷出台相关的政策措施,对电子商务发展起到了重要的促进作用。

1. 融资支持,为电子商务企业国内上市打开方便之门

2015 年 5 月 4 日印发《国务院关于大力发展电子商务加快培育经济新动力的意见》(国发〔2015〕24 号,简称 24 号文)要求建立健全适应电子商务发展的多元化、多渠道投融资机制。应研究鼓励符合条件的互联网企业在国内上市等相关政策。支持商业银行、担保存货管理机构及电子商务企业开展无形资产、动产质押等多种形式的融资服务。鼓励商业银行、商业保理机构、电子商务企业开展供应链金融、商业保理服务,进一步拓展电子商务企业融资渠道。引导和推动创业投资基金加大对电子商务初创企业的支持。

2. 扶持互联网金融和农村电子商务模式创新

24 号文对电子商务推动转型升级的要求也不局限于消费层面,而是涉及"创新服务民生方式""创新工业生产组织方式""推广金融服务新工具""规范网络化金

融服务新产品"等方面。例如,鼓励证券、保险、公募基金等企业和机构依法进行网络化创新,完善互联网保险产品审核和信息披露制度,探索建立适应互联网证券、保险、公募基金产品销售等互联网金融活动的新型监管方式。并特别提出,要积极发展农村电子商务,研究制定促进农村电子商务发展的意见,出台支持政策措施。鼓励农业生产资料企业发展电子商务。

3. 规范制度与流程,促进跨境电子商务有序发展

24 号文明确了如何推进跨境电子商务加速发展,包括加强电子商务国际合作,积极发起或参与多双边或区域关于电子商务规则的谈判和交流合作,力争国际电子商务规制制定的主动权和跨境电子商务发展的话语权。提升跨境电子商务通关效率,大力支持中国(杭州)跨境电子商务综合试验区先行先试,尽快形成可复制、可推广的经验,加快在全国范围推广。

4. 税收扶持,电子商务新业态"减负"

2015 年 5 月 5 日,国家税务总局公布了《关于坚持依法治税更好服务经济发展的意见》(税总发〔2015〕63 号),其中明确提出,"要深入分析电子商务、互联网+等新兴业态、新型商业模式的特点,积极探索支持其发展的税收政策措施,特别是对处在起步阶段、规模不大但发展前途广阔、有利于'大众创业、万众创新'的新经济形态,要严格落实好减半征收企业所得税、暂免征收增值税和营业税等税收扶持政策,坚决杜绝违规收税现象。"

5.《电子商务法》正式颁布,为电子商务长远发展保驾护航

2013 年 12 月,全国人大财经委牵头启动《电子商务法》起草工作;2016 年 12 月,《电子商务法(草案)》提请十二届全国人大常委会初次审议;2018 年 8 月,备受瞩目的《电子商务法》正式颁布。该套法案共七章 89 条,主要对电子商务经营者、电子商务合同的订立与履行、电子商务争议解决与电子商务促进和法律责任等内容做了规定,其长远意义在于明确了电子商务经营者和电子商务第三方平台的责任与义务,更好地保护消费者的合法利益;加强知识产权保护;平等地对待线上线下的商务活动,促进线上线下融合发展;实现跨部门电子商务协同监管与社会共治。《电子商务法》的出台,填补了电子商务这一与传统产业密切关联而又独具特点的新生业态的法律空白,能规范电子商务行为,维护市场秩序,成为电子商务持续健康发展的重要保障。

(二)未来政策取向

未来一个时期,电子商务将进入大发展的时期,电子商务的行业渗透性、地域扩展性会进一步加强。为支撑制造强国建设,政策取向要注意引导电子商务与制造业的融合发展。近年来,国务院办公厅印发《关于促进跨境电子商务健康快速发展的指导意见》(国办发〔2015〕46 号)、《关于促进农村电子商务加快发展的指导意见》(国办发〔2015〕78 号)、《关于推进电子商务与快递物流协同发展的意见》

(国办发〔2018〕1号)、商务部中央网信办发展改革委印发《电子商务"十三五"发展规划》、工信部印发《工业电子商务发展三年行动计划》(工信部信软〔2017〕227号)等文件相继推出,构建起电子商务长期可持续发展的政策体系。

1. 优化电子商务发展环境

降低市场准入门槛。深化商事制度改革,推进商事登记便利化。全面落实注册资本认缴登记制和"先照后证"改革,放宽企业名称登记条件,简化住所登记手续,改革经营范围登记。

合理降税减负。落实国家支持电子商务及相关行业发展的税收政策措施,以及与电子商务密切相关的高科技产业、以电子商务为载体的新型服务行业税收优惠政策。从事电子商务活动的企业,经认定为高新技术企业的依法享受相关优惠政策,小微企业依法享受税收优惠政策。

维护市场公平竞争。建立健全电子商务产品质量监督地方性政策法规体系,加强电子商务产品质量监督,推行电子商务产品标准信息明示与鉴证工作。加大网络执法监管力度,加强执法部门联动,严厉查处电商平台、侵权产品生产企业的侵权违法行为。加强网络交易商品质量监管,严厉查处电子商务领域制假售假、虚假广告、以次充好、服务欺诈等违法行为。制定电子商务行业价格行为规则和监管办法,建立电子商务监管平台和监管体系,营造规范有序的市场竞争环境。

2. 推动电子商务转型升级

加快商贸流通领域电子商务发展。支持大型龙头商贸流通企业应用电子商务,打造集物流、信息流、资金流于一体的综合电子商务平台。推动商贸流通企业与国际供应商、采购商之间通过企业对企业(B2B)电子商务实现无缝对接。

创新工业生产组织方式。加快推动电子商务应用向工业研发设计、加工制造、原料采购、库存管理、市场营销等环节渗透。鼓励大型工业企业建立开放的电子商务采购平台,支持有条件的大型电子商务平台面向工业行业构建垂直电商平台,推动制造业加快转型升级。在原材料、装备制造、消费品等领域,支持制造业企业利用电子商务创新营销模式,发展柔性制造、大规模个性定制等创新型工业生产组织方式,提高供应链整体竞争能力。

积极发展农村电子商务。加强农村电子商务基础设施建设,深化农村流通体制改革,创新农村商业模式。推动一批基础较好的县(市、区)建设具有当地特色的农村电子商务产业基地,加快乡镇电子商务创业园及人才孵化基地建设。引导电子商务企业与社区便利店等传统商贸企业合作,提升生鲜农产品网上销售服务水平。引导电子商务服务企业为农村电子商务发展提供仓储物流、代运营等专业化服务。鼓励各类经营主体建设涉农电子商务平台,拓宽农产品、民俗产品、乡村旅游等市场。引导知名电子商务平台建立农村电商县级服务中心和村级服务站,构建连接农产品龙头企业、农产品批发市场、农产品和日用品配送中心、农资流通企业的新农村电子商务服务体系。

3. 扶持电子商务创新创业与人才培养

拓宽电子商务领域就业创业空间。加大电子商务相关就业创业政策落实力度，健全扶持电子商务创业工作机制，统筹各类创业扶持政策、资金和服务资源，扶持小微电子商务初创企业、创业服务平台和创业孵化基地（园区）建设。

完善人才培育体系。加快电子商务人才培养平台建设，鼓励有条件的高校加强电子商务学科建设，推进校企合作建设电子商务大学生创业孵化器。鼓励高校和社会培训机构探索电子商务非学历教育，提供短期培训、定向培训等实用性培训教育。支持规模以上电子商务企业对接职业院校，共建实习实训基地，加快培养电子商务高素质应用型和技术技能人才。大力开展电子商务领域高级研修、紧缺人才培养和岗位培训项目。

4. 提升电子商务对外合作水平

推动电子商务走出去。做大做强外贸新业态，建立健全新型外贸支撑服务体系，积极探索以跨境电子商务贸易方式推动地方自主品牌"走出去"。鼓励制造业、外贸企业与国际电子商务平台、国内电子商务服务商合作，延伸贸易流通产业链。加强电子商务国际合作，简化电子商务企业境外直接投资外汇登记手续，拓宽其境外直接投资外汇登记及变更登记业务办理渠道。

促进跨境电子商务加快发展。充分发挥跨境电子商务综合试验区示范引领作用，培育壮大跨境电子商务经营主体，加强产业集聚园区建设。完善跨境电子商务监管措施，推广自由贸易试验区跨境电子商务监管模式，对跨境电子商务企业和商品实施"一点备案、全关通用"，对商品出入境实施全申报管理。

5. 构建电子商务安全保障防线

保障电子商务网络安全。加强电子商务网站网络安全监管，督促指导相关网站到业务主管部门进行备案或申请相关经营许可资质，以及按照国家有关标准开展计算机信息系统安全等级保护工作。健全电子商务信息安全监管与评估制度，提高电子商务信息系统的安全防护能力。

确保电子商务交易安全。加快广东省数字证书交叉认证平台建设，实现省内数字证书应用的一证通行，逐步完善网络身份认证体系。进一步推进粤港、粤澳跨境电子签名互认证书的应用。督促网站加强对危害交易终端的有害程序的信息发布和宣传，引导用户提高交易终端安全保护意识。完善12345投诉举报平台功能，加强与全国12315互联网平台的数据交换和对接。

预防和打击电子商务领域违法犯罪。督促银行业金融机构、非银行支付机构切实保护消费者合法权益，预防和打击电子商务盗窃、电子商务诈骗、侵犯知识产权、攻击电子商务信息系统等违法犯罪。防止非法机构以发展电子商务为名，利用互联网平台从事非法集资、非法发行证券、非法投资咨询等违法活动，坚决打击非法保险机构和利用互联网平台开展非法保险业务的违法犯罪行为。

6. 完善电子商务支撑体系

健全法规标准体系。完善电子商务领域地方性政策法规体系。加快制定各类电子商务主体信用信息目录、数据规范、技术规范、信息分类分级标准和电子商务数据库标准等。统筹规范电子商务认证机构建设和运营，建立健全重大违法行为公示制度、"黑名单"制度和电子商务领域法律监控体系。完善电子商务标准规范体系，推动研究电子商务基础性关键标准建设。

加强信用体系建设。建立健全电子商务企业客户信用管理和交易信用评估制度，促进电子商务信用信息与社会其他领域相关信息的交换和共享。实施电子商务主体身份标识制度，落实网店实名制。健全电子商务失信惩戒机制，对失信主体建立行业限期禁入制度。完善电子商务信用服务保障制度，推动第三方信用服务和产品的推广应用。

强化科学技术支撑。加强电子商务专业领域科学研究，支持高等学校加强电子商务基础理论和发展规律研究，与电子商务企业共建产学研结合的工程（技术）研究中心和重点实验室，推进技术应用开发和成果转化。深化产学研合作，加快培育发展企业研发平台，引导企业加大技术研发和技术改造投入。

第四节　案例剖析

京东商城——电子商务平台对制造业的促进作用

京东是中国目前最大的自营式电子商务企业。旗下设有京东商城、京东金融、拍拍网、京东智能、O2O及海外事业部等。2013年正式获得虚拟运营商牌照。2014年5月在美国纳斯达克证券交易所正式挂牌上市。2016年6月与沃尔玛达成深度战略合作，1号店并入京东。[①] 2017年4月25日，京东集团宣布正式组建京东物流子集团。2016年，京东GMV（Gross Merchandise Volume，成交总额）已经超过了9 000亿元，交易规模保持了年均150%以上的复合增长率，物流网络已经覆盖了中国98%以上的人口。京东依托强大的市场号召力、庞大的客户群体与超过十年的交易信息，建立起巨大的数据仓库，该数据仓库广泛地服务于京东商场、金融、物流等各个业务板块，并将京东的商品供应商整合成一张庞大的供应链网络，实现供应链层面的协同互动，共同享受大数据精准营销、精准采购、精准物流的经济收益。京东作为一家大型电子商务平台，已经成为上游制造企业智能生产的重要推动力量。

一、京东大数据用户画像，为制造商抓准用户个性需求提供依据

用户画像就是解决把数据转化为商业价值的问题，也就是从海量数据中来挖金

---

① 云舒. 京东与沃尔玛达成合作1号店成焦点 [J]. 经济视野，2016（14）：42-45.

炼银。这些以 TB[①] 计的高质量、多维度数据记录着用户长期大量的网络行为，用户画像据此来还原用户的属性特征、社会背景、兴趣喜好，甚至还能揭示内心需求、性格特点、社交人群等潜在属性。了解了用户各种消费行为和需求，精准刻画人群特征，并针对特定业务场景进行用户特征不同维度的聚合，就可以把原本冷冰冰的数据复原成栩栩如生的用户形象，从而指导和驱动业务场景和运营，发现和把握蕴藏在细分海量用户中的巨大商机。

在京东用户行为日志中，每天记录着数以亿计的用户来访及海量行为数据。京东通过对用户行为数据进行分析和挖掘，发掘用户的偏好，逐步勾勒出用户的画像。用户画像通常通过业务经验和建立模型相结合的方法来实现，但有主次之分，有些画像更偏重于业务经验的判断，有些画像更偏重于建立模型。[②]

基于客户对金额、利润、信用等方面的贡献，建立多层综合指标体系，从而对用户的价值进行分级，生成用户价值的画像。通过用户画像，可以帮助上游制造企业洞悉用户需求及变化，有针对性地调整产品定位，并制定营销策略（图 14 - 7）。

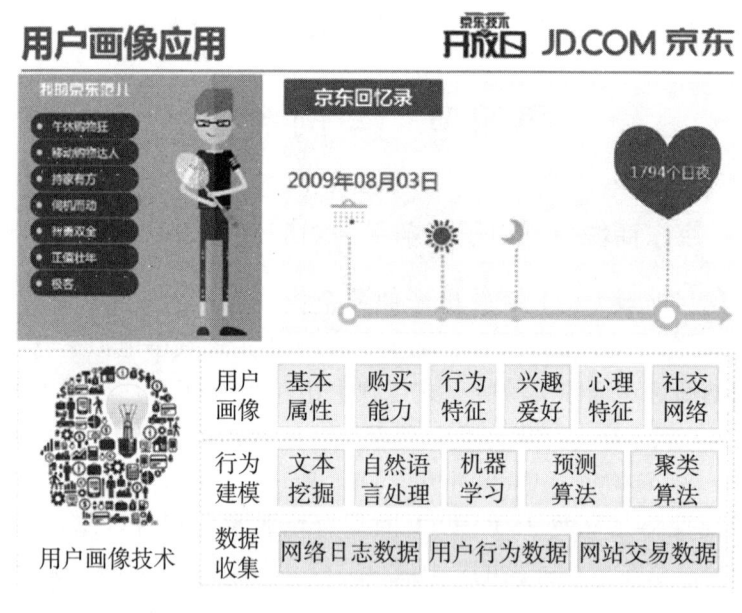

图 14 - 7　京东大数据用户画像应用

---

①计算机存储单位一般用字节（Byte）、千字节（KB）、兆字节（MB）、吉字节（GB）、太字节（TB）、拍字节（PB）、艾字节（EB）、泽它字节（ZB，又称皆字节）、尧它字节（YB）表示，它们之间的换算关系是：1KB = 1024B；1MB = 1024KB；1GB = 1024MB；1TB = 1024GB；1PB = 1024TB；1EB = 1024PB；1ZB = 1024EB；1YB = 1024ZB。

②重点：用户画像. 军军的专栏. 博客频道. CSDN. NET（http://blog.csdn.net）.

二、京东零售端与制造企业之间的智能协同（图14-8）

大数据环境下，京东平台能够解决零售市场与制造企业之间最重要的需求预测问题。通过大数据来做需求预测，能做到自动补货、自动调拨、整体库存分析、SKU①备货等，做到在用户下单之前就将商品送到最近的仓库。京东目前能做到：通过 28 天预测值，预测每一个 SKU 未来量并驱动 RDC（Regional Distribution Center，区域分发中心）② 与 FDC③ 的调拨和补货，保证商品量和限购率、人工智能来预测仓。

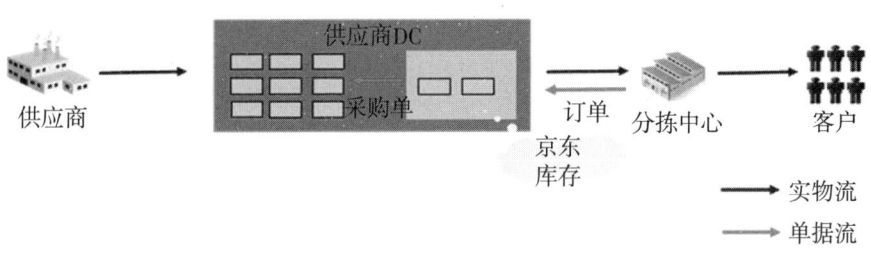

图 14-8　京东零售端与制造企业智能协同

三、京东网络零售大数据分析为制造企业创造的经济效益

（1）降低制造企业库存水平与缺货风险。京东可介入作为供应商的生产制造企业生产环节，通过有效的数据共享，将商品的销售数据、销量预测等数据实时共享给供应商，使供应商提前进行排产，降低缺货的风险；其次，实现供应商排产计划和库存数据共享后，生产商就可以单独区分开给京东的库存，因此可将过去大批量、低频率的补货方式，优化为少批量、高频次的补货方式，能显著提高库存周转速度，降低库存水平。④ 从长远来看，京东与生产商的密切合作，将实现完全的以销定产，达到零库存销售。

（2）实现销售、生产、配送供应链一体化，提高制造企业获利能力。销售、生产、配送供应链一体化，有效保证了从销售到生产的预测准确性以及配送到达率。基于对历史销量数据的模拟，应用相应的数据模型，并参考促销、天气等复杂因素，得到对未来销量的预测，预测结果为制造企业生产计划制定提供了有力参考；与此同时，制造企业共享库存数据给京东，而京东将智慧采购系统共享给制造企业，当

---

① SKU（Stock Keeping Unit），库存量单位，即库存进出计量的基本单元，可以是以件、盒、托盘等为单位.
② RDC（Regional Distribution Center）即区域分发中心，可理解为一级仓库，向供货商采购的商品会优先送往这里，一般设置在中心城市，覆盖范围大.
③ FDC（Forward Distribution Center）即区域运转中心，可理解为二级仓库，覆盖一些中、小型城市及边远地区，通常会根据需求将商品从 RDC 调配过来.
④ 美的：联手京东实现供应链深度协同. 浙江电商网. 浙江在线（http://ec.zjol.com.cn）.

有客户订单时，系统自动驱动向供应商采购，商品入库后自动执行订单配送，提高了京东零售企业与制造企业双方的销售额与利润率。

（资料来源：经京东商城官网及旗下平台网站资料整理而成。相关网站包括：京东商城，www.jd.com；京东金融，http://jr.jd.com；京东智慧供应链商家平台，https://ysc.jd.com；京东物流，http://www.jdwl.com；京东慧采，https://vsp.jd.com.）

本章习题

一、名词解释

1. 电子商务
2. B2B、B2C
3. 网络营销
4. 电子货币

二、简答题

1. 工业电子商务发展的驱动力是什么？
2. 电子商务如何提升传统制造业竞争力？
3. 工业电子商务的应用模式有哪些？
4. 工业电子商务未来发展趋势如何？

三、案例分析

2014—2015年，东莞市经济增长速度明显放缓，众多制造企业出现经营困难，以至于曾经被形容为"世界工厂"的东莞，陷入了"倒闭潮"的传闻和质疑。为此，东莞市大力推动电子商务产业发展。2016年东莞举办了"中国加工贸易产品博览会"，特意设置了面积达1万平方米的电子商务物流展区，eBay、亚马逊、阿里巴巴等一批优秀的电子商务企业在加博会期间开展了线上线下的展示、演示、推广以及订货交易，吸引了众多东莞制造企业的眼球。短短几年，东莞新生电子商务服务类企业2 000多家，电子商务网络平台超过10个，电子商务网络经营主体已达5.5万家，网络经营主体总量占全省14.7%，在全省地级市中排名第一。[①] 2016年，东莞市经济发展重新步入快车道，实现地区生产总值6 827.67亿元，比上年增长8.1%，GDP增速高于同期全国全省平均水平。

（资料来源：南方日报，"电子商务，制造业之都转型升级的新动力"，2016.9.21.）

问题：东莞市为发展电子商务产业提出了哪些鼓励性措施？发展电子商务产业对于拥有"世界工厂"的制造业发展具有何种意义？电子商务在此过程发挥了怎样的驱动作用？

---

①电子商务：制造业之都转型升级的新动力．东莞新闻（http://dg.southcn.com）.

第十五章

信息服务

近年来全球信息技术加速发展，以新一代通信技术、云计算、大数据等新技术、新业态、新模式为代表的信息服务，对推动生产领域创新发展起到了重要的支撑引领作用。本章就信息服务从基本概念、分类、全球和国内发展现状、现有政策以及下一步发展思路等方面进行阐述。

信息服务是以信息技术为手段面向制造业各个环节提供的数据传输、咨询、集成、运维等服务的总和，具有智力密集、渗透能力强、高附加值和辐射带动作用突出等特点。从全球技术演进趋势看，制造技术与信息技术的融合发展是未来制造业发展的重要方向；从我国制造业发展看，发展信息服务是推动制造业由大变强的必然选择。

通过梳理和研究国内外重点地区信息服务业发展情况、现有政策，探讨制造强国、制造大国以及制造新国发展信息服务的不同思路和侧重点，为进一步提升信息服务能力，加快制造业发展动力转换，应该围绕信息技术服务创新、新兴业态培育、两化深度融合等工作重点，以创新驱动和融合发展为中心，从政府推动、应用示范、生态系统、标准体系和人才建设等方面，制定符合产业发展需求的政策措施。

本章还以谷歌为案例，分析了谷歌推出的"Google for work"信息服务模式，通过将与生产场景相关联的制造业环节搬到云端，为制造业提供企业级互联网服务，帮助制造企业提高发展水平的经验和做法。

第一节 基本认识

一、信息服务的概念

信息服务作为生产服务业的重要组成部分,是指以通信网络、计算机以及软件等信息技术为手段,对信息进行生产、收集、处理、加工、存储、传输、检索和应用,以信息产品、劳务活动等形式,面向制造业各个环节提供的数据传输、咨询、集成、运维等服务的总和。

信息服务可应用于研发设计、生产制造、业务管理等全流程领域,帮助制造业企业提升研发设计效率、提高生产制造监管和协调能力、优化公司治理和运营体系,对制造业附加值和市场竞争力的提升发挥重要的推动作用。信息服务是信息技术加速向制造业渗透融合的重要抓手,是将制造业技术及业务与信息技术、产品进行融合式链接的关键环节。

当前,信息技术迅速发展并且广泛应用,推动制造业与服务业加速融合,制造业与服务业的边界变得越来越模糊,相互融合、相互依赖的程度日益加深。以生产为中心的制造业正在向以服务为中心的综合整合转变。依靠科技创新、降低能源消耗、减少环境污染、增加就业、提高经济效益、提升竞争能力,能够实现可持续发展的"新型制造业"成为全球发展的主要趋势,也成为世界各国、各地区重要的竞争手段,客观上要求大力发展面向制造业的信息服务。

二、信息服务的分类

国家统计局《生产性服务业分类(2015)》统计标准将信息服务作为生产性服务业的10个大类之一,其中主要包括信息传输服务和信息技术服务(表15-1)。

表15-1 信息服务分类

代码			名 称	说 明
大类	中类	小类		
13			信息服务	
	131		信息传输服务	
		1311	生产性固定电信服务	仅包括为生产活动提供的固定电信服务
		1312	生产性移动电信服务	仅包括为生产活动提供的移动电信服务
		1313	其他生产活动电信服务	仅包括为生产活动提供的电信增值服务

续表 15-1

代码			名称	说明
大类	中类	小类		
	132		信息技术服务	制造业智能化、柔性化服务；知识库建设、信息技术集成实施、运行维护、测试评估、信息安全等服务；工业流程再造和优化服务，软件服务、生产经营数字化服务等包含在此类
		1321	生产性互联网服务	仅包括为生产活动提供的互联网接入及相关服务
		1322	互联网信息服务	
		1323	其他互联网服务	云计算服务、物联网服务、农村互联网服务包含在此类
		1324	软件开发	
		1325	信息技术咨询服务	信息安全服务包含在此类
		1326	信息系统集成服务	系统解决方案服务包含在此类
		1327	集成电路设计	
		1328	其他信息技术服务业	
	133		电子商务支持服务	第三方电子商务综合服务平台，电子商务集成创新，开放式电子商务快递配送信息平台和社会化仓储设施网络服务，电子商务可信交易保障等服务包含在此类
		1331	数据处理和存储服务	电子商务平台服务、物流信息平台服务、再生资源回收和废弃物逆向物流交易平台服务、大宗商品交易平台服务、互联网信贷平台服务（P2P）和大数据服务等包含在此类
		1332	互联网销售	仅包括为生产活动提供的互联网零售，以及企业间的网络营销活动（B2B）
		1333	非金融机构支付服务	互联网支付服务包含在此类

该分类中"信息服务"大类下还包括"电子商务支持服务"，由于本书中电子商务支持服务另有章节详述，本章省略不提。

(一) 信息传输服务

信息传输服务主要指为生产活动提供信息传输、分发和供给的服务，根据使用场景的不同，可进一步分为固定电信服务、移动电信服务和电信增值服务。

（二）信息技术服务

信息技术服务是以软件技术、网络技术等信息技术为支撑提供的信息采集、存储、传递、处理以及应用等服务性工作的总称，对推动生产领域信息化建设和创新发展方面具有重要的支撑引领作用，其主要业态包括信息系统集成服务、信息技术咨询服务和数据存储与处理服务。

（1）信息系统集成服务。是指基于制造业发展需求，通过信息系统需求分析和设计，通过结构化的综合布线系统、计算机网络技术和软件技术，将各个分离的设备、功能和信息等集成到相互关联的、统一和协调的系统之中的服务，以及为信息系统的正常运行提供支持的服务。按照执行的先后顺序，包括信息系统设计、集成设施、运营维护等服务。从制造业环节来看，包括研发协同管理平台、制造执行系统（MES）、工业过程控制系统集成办公管理平台等信息系统集成服务。

（2）信息技术咨询服务。是指在信息资源开发利用、系统工程建设、管理体系建设、技术支撑等方面，面向制造业企业提供的咨询评估服务。从业务类型来看，包括为企业信息系统提供建设方案的信息化规划服务、协助企业提升和优化信息化活动的信息技术管理咨询服务、保障信息系统建设的信息系统工程监理等。

（3）数据存储与处理服务。主要指面向制造业采用云计算模式为企业提供软件服务、工业数据存储和处理、信息系统基础设施等信息技术资源，及综合利用工业数据分析、模型技术为企业提供决策支撑，可应用于制造业产品设计、生产工艺改进、工业供应链优化、产品质量管理、产品需求管理、产品售后服务等领域。

近年来，全球信息技术加速向网络化、服务化方向发展，信息网络应用快速扩展和深化，云计算、大数据、移动互联网、物联网等新技术、新业态、新模式迅速兴起，网络传输与信息技术服务成为信息服务的主要内容，在推动生产领域信息化建设和创新发展方面具有重要的支撑引领作用。大力发展以信息传输服务和信息技术服务为主要内容的信息服务业，成为世界各国提升经济社会发展水平和国际竞争力的必然选择。

三、信息服务业的特点[①]

（一）具有智力密集性

信息服务的提供是围绕信息技术应用而开展的，与其他生产性服务相比具有智力密集性的特征。首先，知识和技术是信息服务的基础，是信息服务业的发展动力，

[①] 杨婉云，陈光. 我国信息技术服务业发展研究. 工业和信息化部赛迪研究院《软件与信息服务研究》，2015年第2期（总39期）.

只有拥有充足的知识储备和高超的运用水平才能更好地提供信息服务。信息技术的快速发展使得产品和服务越来越知识化、智能化和数字化。而信息服务业依托这些产品和服务使得现代社会的生产模式不断转变，生产工艺不断智能化，企业的管理不断创新，推动企业经济效益越来越依赖于知识和创新。其次，信息服务业不但是信息技术的使用者和推广者，同时也是先进技术的创新者。尤其在新一代信息技术服务、数字内容服务、集成电路设计等细分领域，信息技术不断实现重大突破，云计算、大数据等技术不断在提供信息服务的过程中产生并发展。第三，信息技术服务业的从业人员普遍具备良好的专业素质、教育背景和知识水平。这些因素都决定了信息服务业是一个具有智力密集性的产业。

（二）渗透能力强

信息的高度扩散性使得信息技术和信息服务能够不断扩散和渗透到社会的各领域、各产业部门中，对社会生活各个方面产生巨大的影响，而信息服务正是从信息技术进步到信息技术应用的媒介。目前，国民经济的各个领域都已经和信息技术相融合，不论是第一产业、第二产业还是其他服务业，都在大量采用信息技术服务，尤其是在生产制造过程中，激烈的市场竞争推动制造型企业通过信息服务的应用，向服务型企业转型。例如，IBM 由制造大型计算机转向 IC 设计服务业和更大范围内的全球 IT 服务业，成为"服务业和制造业一体化的企业"。通过信息技术服务向信息化迈进，企业不断降低生产成本、提高生产率、加快产品更新换代、加强产品的竞争力、提高经济效益，最终通过其信息化进程，实现产业转型升级、产业结构调整和优化以及技术的革新和发展。

（三）附加值高

比起一般的服务部门，信息服务业具有更高的附加值。一方面，由于信息传输和信息技术服务业从业人员素质高、技术先进，信息服务的采用可以使企业更大程度地提高生产率、降低生产成本、增加产品产出，可以使企业创造更多的价值、获得更高的经济效益。另一方面，信息技术服务能够使企业的产品更加多元化、差异化、个性化，使产品具有更高的附加价值。此外，信息服务业还具有明显的乘数效应和带动效应，能够为社会创造巨大的财富。

（四）辐射带动作用突出

信息技术的换代和信息化深度应用显现出重塑产业生态链的影响力，引发企业战略调整和转型，引领产品换代和产业跨越式发展。一方面，信息服务可带动软件、硬件等相关产业的发展，而对生产性行业而言，其推动作用则是通过改变产业格局、创新商业模式，促使生产性行业升级改造。例如小米手机的出现，就改变了过去传统的制造业封闭式生产、生产者与消费者之间角色割裂的思维定式，用互联网思维做出 C2B 定制产品，制造企业转成供应商的角色，消费者全程参与生产环节。小米模式的成功对于传统制造企业来说，不啻为一次思维观念的洗礼：原来不用交付昂贵的商业地产入场费和电商平台使用费，销售额也能达到亿元级别。

四、制造业转型升级对信息服务的需求

（一）制造技术与信息技术的融合发展是未来制造业发展的重要方向

从全球技术演进趋势看，制造技术与信息技术的融合发展是未来制造业发展的重要方向。全球主要国家均提出了制造业振兴计划，高端制造、智能制造作为未来经济发展制高点已成为全球各国的共识。随着互联网理念、模式和技术向制造业领域加速渗透，基于互联网的新型制造体系、管理体系和服务体系相继诞生，新的制造业发展模式被催生出来。德国提出的工业 4.0、美国提出的工业互联网均无一例外将制造技术与信息技术的融合发展作为核心环节。其中，信息服务成为连接互联网、工业软件与制造业发展环节的关键纽带，结合基础信息系统、制造系统、工业软件和信息技术服务的综合解决方案成为行业发展的主要产品形态。

（二）发展信息服务是推动制造业由大变强的必然选择

一是信息服务能力成为制造业升级发展的重要基础。信息技术服务从供给侧推动信息消费的转型升级发展，加快制造业与互联网创新融合的步伐。同时，基于信息技术的双创平台将极大促进制造业创新资源的汇集，为制造业升级发展增添创新动能。二是信息服务推动制造业模式创新。信息服务支撑制造业个性化定制的发展，信息平台是客户明确产品需求的直接界面；信息服务引领服务型制造的发展，新兴信息技术的融合应用极大丰富了传统制造产品的功能，延伸了产品相关服务的领域；信息服务保障网络协同制造的发展，网络协同制造实现的基础就是互联网与工业软件的集成应用。三是信息服务提升综合性系统解决方案能力。信息服务能力将成为综合解决方案提供商的核心能力之一，极大提升解决方案的专业化、规模化和市场化水平。四是信息服务提供工业安全保障新手段。工业安全产品的应用将更多依赖信息技术服务的实现，安全产品和安全服务将共同构建形成工业安全的新保障体系。

第二节　发展现状

一、国外信息服务业发展情况

新一代信息技术引领未来制造业发展已成为全球共识。在信息技术的不断演进

和推动下，智能制造、3D 打印等革命性的制造方式，众包、电商、网购等新的业态和商业模式不断涌现，推动了制造业和信息服务业之间的融合不断深化、范围不断拓展，加速模糊制造业与服务业的边界，呈现出"你中有我、我中有你"的特征。全球信息服务业规模也快速增长，面向制造业的信息服务蓬勃发展。据统计，2016 年全球信息技术服务业市场规模约为 7 040 亿美元，预计到 2019 年，其市场规模将达到 7 720 亿美元。从全球发展格局来看，全球信息服务市场主要由美国、欧盟、日本占据主导地位，亚太新兴国家信息服务业近年来则一直保持高速增长。制造强国在充分利用信息技术，全力以赴重塑制造业竞争新优势。传统制造业大国通过推进信息化、智能化，重构价值链，着力探寻制造业复兴之路。一些发展中国家也在新一轮的国际分工中瞄准制造业积极行动，主动承接产业转移，建立工业基础，甚至通过深化制造业信息服务应用，提升制造业水平，实现产业发展弯道超车。

(一) 制造强国：重塑制造业竞争新优势

1. 美国：以工业互联网战略推动制造业创新和转型

美国是当今世界信息技术最为发达的国家，凭借其强大的计算机技术、通信技术以及网络技术构成信息技术产业的基础架构，推动信息服务业快速发展。美国信息技术服务市场份额占全球总体份额的 40% 以上，并在软件业（尤其是系统软件）、数据库业、互联网服务业、咨询业等产业领域中占据了全球领先的地位。金融危机后，2009 年 12 月美国为振兴经济提出制造业复兴计划，并强调以工业互联网战略推动制造业创新和转型发展。"工业互联网"的核心内容是工业体系与互联网技术的高度融合，其特点主要表现为：

一是市场主导。"工业互联网"主要由市场主导，美国政府发挥推动、倡导与引领作用，通过政策扶持、规则制定、国际协调等途径，为企业创造适宜的发展环境。

二是企业主导。美国工业互联网发展主要以大型企业为核心，GE、思科、IBM 等 80 多家企业成立工业互联网联盟，基于企业发展与市场需求考虑，在技术、标准、产业化等方面做出前瞻性布局，推动全国乃至世界制造业互联。

三是需求主导。美国企业将机器设备单体连接成为工业运行系统，主要从客户需求出发，以实际应用为导向，以 GE 公司为代表的大型制造企业将信息物理系统反馈的客户信息通过大数据分析以及云计算处理，从市场需求角度改进并创新产品设计，实现供需匹配。目前，美国工业互联网发展已经取得初步成效，信息服务成为带动经济复苏、拉动就业增长的重要力量。[1]

---

[1] 闫敏，张令奇，陈爱玉. 美国工业互联网发展启示 [N]. 中国金融，2016 - 02 - 01.

> **IBM：由制造企业蜕变成为 IT 服务领导者**
>
> IBM 曾是硬件制造商的典型代表，曾是计算机行业龙头、个人计算机标准的创立者。自 20 世纪 90 年代起，IBM 在郭士纳的率领下探索转型之路，成功由制造业企业转型为信息技术和业务解决方案公司。IBM 在已具有较强制造业技术的基础上开展 IT 业务，提出用"服务产品化"的方法创新 IT 服务。至 2006 年，IBM 全部营收的 75% 以上均来自于高端服务。
>
> 制造业是 IBM 提供 IT 服务的主要领域之一。当前，在中国 IBM 可提供制造业解决方案，重点面向机械制造业、汽车及零配件、快速消费品行业和高科技电子行业提供服务，服务方向包括了产品管理、生产执行、流程与业务优化等。以面向产品生命周期管理的集成服务管理解决方案为例，其可对服务实施统一管理，提供全面的工具和流程来帮助企业加速实现增长并且创造独特的竞争优势。IBM 在中国的主要客户包括张煤机、一汽、雅戈尔、长虹等公司。
>
> **通用电气（GE）：引领工业互联网的发展**
>
> GE 曾经是世界上最大的电器和电子设备制造企业，产品包括生产消费电器、工业电器设备、医疗设备、军用设备等。但近年来，GE 服务性业务收入不断增加，GE 已经发展成为集商务融资、消费者金融、医疗、工业、基础设施和广播传媒于一体的多元化的科技、媒体和金融服务公司。2012 年，GE 提出工业互联网概念，通过在工业设备中嵌入传感器、人工智能科技以及数据软件，从而为设备拥有者提供了实时数据反馈，并据此推动效率和生产力的提升。
>
> 作为全球数字化工业公司，GE 创造由软件定义的机器，强化互联、响应和预测，推动传统工业的演进变革。2013 年 6 月，整合了智能机器、传感器和高级分析的功能，GE 推出了第一个大数据与分析平台，用于管理大型工业机器所产生的工业大数据。在此基础上，GE 不断加强与 IT 企业的合作，从而组建并拓展工业互联网。2013 年 6 月，GE 的合作战线扩展到亚马逊网络服务，利用其全球基础设施、广泛的服务和大数据优势，提供面向工业应用和基础设施的云解决方案。2015 年，GE 为工业开发者推出了工业云平台——Predix.io，推动工业应用的研发与部署。基于强大的技术优势，GE 已推出了 40 余款工业互联网产品，产品与服务涵盖航空、医疗、石油天然气、发电与水处理、能源管理等多个行业领域。
>
> （资料来源：赵一婷，刘继国. 制造业服务化：概念、趋势及其启示. 当代经济管理 [J]. 2008（7）：45-48. 刘静. CE：畅想工业互联网. 维善网.）

2. 德国：通过"工业 4.0"革新制造业旧思维模式

制造业是德国传统的经济增长动力，德国工业增长离不开制造业的发展。正是基于这一认识，德国政府 2013 年正式推出"工业 4.0"研究项目，倾力推动进一步的技术创新，提高德国工业的竞争力，在新一轮工业革命中抢占先机。在德国，"工业4.0"概念被认为是以智能制造为主导的第四次工业革命,或革命性的生产方法。该战略旨在通过深度应用信息技术和网络物理系统等技术手段,将制造业向智能化转型。与美国的第三次工业革命说法不同,工业4.0的根本目标是对智能工厂实行标准化,将各种资源、物品、信息和人融合在一起,形成相互联网的信息物理系统(Cyber-Physical System,简称CPS)。CPS包括智能设备、数据存储系统和生产制造业务流程管理,从生产原材料采购到产品出厂,整个生产制造和物流管理过程,都基于信息技术实现数字化、可视化的智能制造。

(二)制造大国:实施数字革命,支撑工业再复兴

1. 法国:新工业法国,探寻复兴之路

法国在核电、高速列车、航空航天、汽车等制造业领域处于世界领先水平。2013年,法国政府为了振兴法国制造业,加快工业调整,颁布了《新工业法国》战略,该战略为期十年,主要解决三大问题:能源、数字革命和经济生活,共包含34项具体计划。该项计划展现了法国在第三次工业革命中实现工业转型的决心和实力。在法国财政紧张的情况下,法国仍投入35亿欧元支持上述项目,并鼓励私人投资,保证企业科研工作,政府层面的推动有力地支持了法国工业再复兴。在《新工业法国》战略公布后的一年时间里,法国已推出了10项标志性成果,包括:无人机、搭载氢燃料电池的雷诺kangoo电动汽车、外骨骼机器人、智能仿生腿、联网T恤、增强现实眼镜、教育平板电脑、小学生平板电脑、新型电动飞机等。2015年底,法国与德国宣布加强在数字经济领域的合作,推动工业领域的数字化转型,携手承担起欧洲数字战略引擎的角色,对法国经济与产业发展起到了持续、巨大的推动作用。

2. 英国:工业4.0不能输的全球战略

制造业在英国经济中重要性下降是不争的事实,对英国经济产出的贡献从1970年的30%下降到2014年的10%。2008年、2009年金融危机引发的经济衰退让英国重新认识到制造业在维护国家经济韧性方面的重要意义,由此催生了"英国工业2050战略"。《英国工业2050战略》定位于2050年英国制造业发展,主要观点是科技改变生产,信息通信技术、新材料等科技将在未来与产品和生产网络融合,极大改变产品的设计、制造、提供甚至使用方式。制造业并不仅仅是传统意义上"制造之后进行销售",而是"服务—再制造(以生产为中心的价值链)"。目前,信息服务已成为英国制造企业核心竞争力提升的平台。以空中客车公司为例,依托网络化的协同设计平台,空客实现了全球协同研发和协同生产,大大缩短了研发制造周期,形成了多线联合研发制造设计体系。

(三) 制造新国：开启信息高速公路，提升制造业水平

1. 印度："印度制造"与"数字印度"的结合引领经济发展

印度对制造业有着巨大的需求，因此发挥软件优势，利用物联网提升制造业生产技术，改进产品功能，将是印度传统产业发展千载难逢的机遇。2014年10月，印度政府发布了《物联网策略》，目标是2020年培育实现150亿美元的物联网产业。这项战略被认为是"印度制造"与"数字印度"之间的纽带。"印度制造"是旨在推动印度本国制造业快速增长的经济计划，其核心思想是"引源扩流"，一方面通过系列改革，辅之以积极的经济外交来吸引投资，另一方面扩大对外开放和出口，实现制造业大幅增长和在全球市场的扩张，到2025年将制造业占GDP的比重提升至25%，并创造大量正式就业岗位，最终将印度打造为全球的制造业中心。"数字印度"计划则旨在加快宽带和移动互联网基础设施建设，实施公共网络接入计划，推行电子政务改革，推动全民信息计划，发展电子制造业，增加IT就业岗位，通过"信息高速公路"的方式，实现医疗、教育和社会福利等关键服务的数字化展开。

2. 墨西哥：重回低制造业成本经济体，机器人引领制造业发展

20世纪80、90年代，美墨边疆的工业区树立起数以千计的联营工厂，成为当时世界制造经济的中心。而随后中国加入世界贸易组织，以往从服装到汽车，制造所有一切的美墨联营工厂的投资和就业都蜂拥般转移到工人数量众多并且工资极低的中国。随着"中国制造"的涨价，墨西哥经济在蒙受了金融危机所造成的衰退之后，从2010年开始反弹，借助其在成本上的强竞争力以及地理位置和贸易环境优势，墨西哥重新成为领先的低制造业成本经济体。另一方面，机器人产业在墨西哥发展迅速，2015年的机器人销量增长了119%，机器人及相关信息技术的应用，推动了墨西哥制造业的迅速增长，同时吸引了外商在工业上的直接投资，如汽车、航空航天、消费电子和医疗设备行业等。其中消费电子方面，LG、三星、夏普等均在墨西哥设有电视工厂，联想也在墨西哥建立了相当巨型的计算机生产基地。目前，墨西哥信息服务业发展增势明显，推动服务业成为拉动全国GDP增长的龙头产业。

二、国内信息服务业发展情况

在国家政策、社会需求以及产业资金的驱动下，我国信息服务业一直保持平稳较快发展，增速高于软件产业整体增速。在云计算"软件即服务"（SaaS模式）的推动下，信息服务在整个软件产业中的比重也不断攀升，2016年我国信息技术服务收入达到2.5万亿元，占软件产业比重达到51.8%。从结构上看，信息技术服务产业链向高端不断延伸。新兴业态和模式创新推进电子商务消费需求与跨领域业务的增长，电子商务平台服务成为产业增势最突出的细分领域；受运营互联网化的带动，

运营相关服务保持快速增长态势；信息技术咨询设计服务、系统集成、运维服务、数据服务等增速均处于较高水平。信息技术服务业创新能力持续增强，企业服务能力不断提升。信息技术服务扎根于传统行业信息系统建设，加快向更多领域深度渗透。总体上看，我国信息服务业发展呈现五个主要特点。

（一）新一代信息基础设施加速形成

在国家战略以及政府一系列举措的大力推动下，我国逐步建成全球先进水平的信息基础设施，网络规模和用户规模全球第一。在此基础上，我国加快构建以高速宽带、泛在移动、天地一体、智能敏捷、综合集成为特征的新一代信息基础设施，以超高速、大容量光传输技术升级骨干传输网，以光纤到户为基础推动大中城市家庭用户宽带实现百兆以上服务能力，以4G网络深度覆盖为重点推动无线宽带网络向重点行政村、风景区、高速铁路等延伸覆盖，不断提升信息网络的高速传送和接入能力。

（二）系统集成业务加快向云转型

随着云计算、大数据技术和商业模式的进一步成熟，相关服务应用快速普及，系统集成服务全面转向云端发展，以响应企业客户互联网转型需求，降低企业IT运营成本。越来越多的行业信息技术解决方案采用云平台作为IT基础平台，进行系统集成和平台搭建，并提供系统迁移业务，保障用户业务连续性。

（三）线上线下融合（O2O）服务催生新商业模式

云计算、大数据、物联网、移动互联网等信息技术相互交叉融合，为信息技术服务打开全新的业务领域，产生了基于位置服务（LBS）、移动社交、定制服务等综合性应用。尤其是在制造业领域，基于云计算、大数据、物联网等新技术，网络零售加速与制造业的深度融合，推动销售渠道更为扁平化，从而实现精准营销，支撑企业从"制造"到"智造"的转型升级。

（四）服务外包面临机遇与挑战

在结构调整和成本上升的压力下，服务外包业面临新的机遇和挑战。随着国家"一带一路"战略推进，信息技术服务作为企业实现全球化战略的重要配套，也将为中资企业出海以及国际化研发经营网络的建设提供支撑，这对服务外包企业开发技能、管理水平等各方面有着更高要求。

（五）一批信息服务企业开始崛起

技术创新成为骨干企业提升服务能力的着力点。以用友、软通、金蝶等软件企业为代表的信息服务企业开始崛起，通过自主创新，按行业、领域推出定制解决方案,推动发展以云计算为代表的平台化业务模式,服务能力和水平均获得较大提升。软通动力结合物联网、互联网、云计算、大数据等相关信息技术,基于生产过程的工艺流程要求提出了软通动力"智能制造平台"解决方案。东软集团推出全新一代智能电池管理系统平台,通过对电池大量的测试和对测试数据的大数据挖掘,依靠高精度传感器、电芯内部温度算法和具有东软专利技术的SOC算法,实现对电池的热管理以及高精度电池状态监控和估算。海尔、航天云网、三一重工、徐工、华为等国内巨头竞相推出各自的工业互联网平台,推出支撑制造企业柔性生产、产品个性化定制、产品运行过程监控及相关的个性化服务。表15-2为国内部分生产性服务重点企业。

表15-2 国内部分生产性信息服务重点企业列表

序号	企业名称	序号	企业名称
1	上海宝信软件股份有限公司	11	启明信息技术股份有限公司
2	埃森哲(中国)有限公司	12	东软集团有限公司
3	北京矿冶研究总院	13	承德钢铁集团有限公司
4	用友软件股份有限公司	14	中软国际信息技术有限公司
5	软通动力技术服务有限公司	15	福建升腾资讯有限公司
6	北京世纪互联宽带数据有限公司	16	北京乐金系统集成有限公司
7	沈阳新松机器人自动化股份有限公司	17	日电信息系统(中国)有限公司
8	金蝶软件有限公司	18	宇星科技发展(深圳)有限公司
9	和利时自动化有限公司	19	徐州重工集团
10	广州日滨科技发展有限公司	20	四川艾普网络股份有限公司

三、广东省信息服务业发展经验

广东省是国内的信息产业大省和制造业大省,产业集中度高,汇聚国内众多知名软件服务企业,行业应用软件实力突出,具备持续发展的动力。而珠三角强大的电子制造业基础、领先的城市信息化建设及旺盛的企业客户需求,也为信息服务产业发展提供了广阔的应用市场。近年来,在云计算、物联网、移动互联网等新兴业务的带动下,广东省软件信息服务业产业规模不断扩大,创新能力显著提高,对国民经济和社会发展的支撑作用进一步增强。2016年广东软件业务收入达到8 223亿元,规模居全国第一,软件产业服务化和网络化加速发展,信息技术服务收入达到3 895.9亿元,增长突出,占软件产业的比重达到47.4%,较上年提高了3.4%。

(一)积极布局新一代信息网络,建设信息化先导区

近年来,广东省积极加快建设信息化先导区,出台信息基础设施建设三年行动

计划，重点扶持光纤网络、移动通信基站以及新一代信息网络建设。2016年，广东省4G基站数达79.4万座，4G用户达9 085万户，并在信息传输网络、RFID、传感技术、信息集成平台、智能控制等领域形成了比较优势。此外，广东省大力支持超高速无线局域网（euht）新一代芯片研发，加快制定euht与制造业融合的技术标准，在此基础上加快全省重点工业园区、智能制造基地万兆光纤网络扩容建设，推进窄带物联网（NB-IoT）应用创新，率先启动5G网络部署应用，为制造企业提供计算、传输、存储和安全等综合服务。

（二）加快发展软件产业，提升信息服务供给能力

广东省作为信息产业发展大省，电子信息制造业和软件服务业相互融合渗透，相互促进。结合城市产业定位和区位优势，广东省软件产业区域特色鲜明。其中，广州、深圳优先发展高端新兴信息服务产业，在移动互联网、数字内容创意产业、嵌入式系统软件、云计算、工业软件、卫星导航等信息服务业高端领域和新兴领域开拓创新，不断涌现新亮点。珠海着力发展软件和集成电路设计产业，形成了芯片设计、制造、封装测试、系统应用的集成电路设计产业链。惠州、东莞、佛山、中山等电子信息制造业集中城市则大力发展面向设计开发、生产制造、物流仓储、商贸流通的现代信息服务业，以及支撑传统产业优化升级的工业软件和嵌入式软件业。

（三）着力推动"互联网＋制造"，颠覆传统制造模式

2015年，广东省出台《广东省"互联网＋"行动计划（2015—2020年）》，围绕"互联网＋"创业创新、先进制造、现代物流、现代商务等13项重点行动，不遗余力地推动"互联网＋"快速发展。2016年，省政府又出台《关于深化制造业与互联网融合发展的实施意见》，以互联网新技术、新产品、新应用促进产业转型升级。通过培育提升智能制造示范基地、实施机器人应用计划、支持国家级和省级互联网与工业融合创新试点企业建设、推进两化融合贯标试点等工作，不断深化信息服务与制造业的融合创新。

（四）率先部署大数据产业，培育发展新经济动能

广东省委、省政府高度重视大数据发展，把大数据作为实施创新驱动战略和培育发展新经济、新动能的重要内容来抓，成为当前我国大数据产业热潮中的"领跑者"，凭借基础设施、产业支撑、市场应用等方面优势，走在探索前列。2016年10月，广东省政府举办广东省大数据应用及产业发展大会，正式启动了珠三角国家大数据综合试验区建设，成为全国首批确定的跨区域类综合试验区，开启了广东培育发展数据经济新动能、建设数据强省之路。

(五）发展工业互联网，推进制造业与互联网融合

广东是制造业大省和信息化大省，工业门类齐全、企业数量多、市场成熟度高，拥有大量工业互联网的应用场景和丰富的工业大数据资源，制造企业运用信息化手段转型升级的需求迫切，是国内最有条件发展工业互联网的地区之一。因此，广东省将工业互联网发展纳入制造强省建设总体框架，围绕制造业转型升级需求，打造广东特色的工业互联网发展模式。2016年，按照中国两化融合服务联盟发布的数据，广东省"制造信息化指数"为49.4，全国第三，较全国水平36.9高出12.5，制造业总体水平正由工业2.0向工业3.0过渡，为广东加快布局工业互联网奠定了坚实的基础。

第三节 发展思路

未来一个时期，全球新一轮科技革命和产业变革持续深入，围绕技术路线主导权、价值链分工、产业生态的竞争日益激烈。国内经济发展已经进入新常态，发展动力加快转换，以改革创新为核心的新动能加速孕育，同时也赋予信息服务业新的使命、新的任务和新的要求。我们必须进一步破解信息服务业发展中存在的问题和障碍，准确把握信息服务业发展面临的新形势，顺势而为，抢抓机遇，推动信息服务在生产行业深入渗透和信息服务业由大变强，打造我国全球竞争新优势。

一、存在的主要问题

随着互联网和信息技术服务的深入应用，制造业发展的新模式、新业态层出不穷，信息服务正在重塑产业组织与制造模式，重构企业与用户关系。但由于制造业企业的传统工业化思维仍然盛行，自身竞争力不足，影响了信息服务与制造业的融合进程和深度，在现实推进过程中仍存在较大障碍。与此同时，信息服务业自身发展也仍存在不足之处。

（1）全面集成和融合的能力不足。互联网等信息服务融入传统制造业，涵盖了通信运营商、互联网企业、制造企业等多个方面，由于各方对信息互联互通、接入技术标准等难以形成统一认识，未能对标准规范、业务流程、管理模式、知识经验等数字化能力要素进行全面集成和充分融合，容易形成"信息孤岛"。

（2）信息服务企业创新和服务能力不足。国内信息服务企业由于规模小、起步慢、人才少等原因，技术积累较为有限，加上缺乏优质的本土工业软件等基础产品，创新能力和服务能力较全球领先企业仍存在较大差距。

（3）缺乏细分行业整体解决方案。信息服务提供商虽然重视信息化产品研发与

销售，但大多不重视为制造企业提供总体设计、客户化开发、软件系统配置和运行维护管理等整体服务方案，且多分布在设计制造和管理环节上，对制造业服务环节的支撑明显不足。

（4）信息服务的公共服务平台尚未形成规模，服务能力弱，可持续发展能力不足，对制造企业转型升级发展的整体支撑不足。

（5）信息安全问题。我国网络安全研发能力不足，防范能力有限，加上网络立法不够及时、不够系统，工业控制系统、智能技术应用、云计算、物联网、大数据等领域面临的网络安全风险进一步加大，对制造业的信息安全造成威胁。[1]

二、发展趋势

"十三五"时期，信息服务业加快向网络化、平台化、服务化、智能化、生态化演进，以"技术+模式+生态"为核心的协同创新持续深化产业变革。从产业融合发展态势来看，以"软件定义"为特征的融合应用开启信息经济新图景，网络为平台、软件为载体、数据为要素、云计算为方法和途径，成为融合应用的显著特征。

1. 市场需求进一步释放

随着我国大战略的部署与实施，发展智能制造、服务型制造的理念逐渐被大部分制造企业接受和重视，面向制造业的信息服务发展潜力巨大，骨干企业将不断加大对制造业信息服务的投入和拓展力度。

2. 行业分化特征日益明显

在重点行业加快网络化、智能化改造提升需求的带动下，面向行业的成套解决方案发展较快，如机械、航空、轨道交通等行业对设计、分析、测试等服务的集成和综合数据管理分析的需求，逐渐成为新一代信息技术服务创新的源头动力，信息服务市场将进入重视实施和深度定制的发展阶段。

3. 平台化成为首选的业务发展方式

随着制造企业互联网化进一步深入发展，制造业信息技术服务的应用需求向平台化和智能化方向发展。越来越多制造企业将逐渐集成各项业务系统，构建私有云平台，或者依托公有云平台开展业务，促进生产经营各环节智能协同，促进数据、产能等制造资源的共享。

三、总体思路和工作重点

按照党的十九大报告提出的"加快建设制造强国，加快发展先进制造业，推动互联网、大数据、人工智能和实体经济深度融合"的战略要求，以及《国务院关于

---

[1] 童有好. 我国互联网+制造业发展的难点与对策[J]. 中州学刊，2015（8）：30-34.

深化制造业与互联网融合发展的指导意见》《软件和信息技术服务业发展规划（2016—2020年）》《信息产业发展指南》等政策导向，结合信息服务业发展实际，面向制造业的信息服务业发展应该以创新驱动和融合发展为中心，以推动信息服务和制造业融合创新、形成制造业发展新模式新格局为主攻方向，通过创新驱动，着力提升信息服务业核心竞争力；通过加快融合发展，推动传统产业转型；通过坚持协同共进，增强发展凝聚力。

1. 加强信息技术服务创新

积极发展涉及网络新应用的信息技术服务，创新服务模式。深化互联网与制造业融合，加速制造业服务化转型，推动大规模个性化定制、网络化生产等加快发展。加强对区块链、人工智能、虚拟现实、增强现实等新兴技术在行业系统解决方案中的应用推广，加快向高端价值服务提供商转型。加快综合集成和智能运维平台研发和产业化进程，鼓励企业加快服务标准化和产品化。

2. 加快发展信息服务产业

重点发展电子信息、电器机械、汽车制造、海工装备等行业的应用软件和嵌入式系统。推广无线射频识别、全球定位系统、地理信息系统等自动识别和采集跟踪技术在物流业的应用，加快以互联网和无线识别技术为基础的物联网发展。建设安全、快捷、方便的在线交易平台，推进金融信息服务业发展。鼓励行业电子商务平台创新发展，拓展面向制造业的供应链管理和市场销售。

3. 推动信息技术与制造业融合创新

建立完善智能制造和两化融合管理标准体系，全面推进两化融合管理体系贯标。面向工程机械、轨道交通、航空船舶等制造业重点领域，鼓励和支持信息技术服务在智能工厂、数字化车间、绿色制造中的应用，推广工业云、工业大数据、工业电子商务和系统解决方案等应用，建设一批高质量的工业云服务和工业大数据平台。突破工业物联网关键核心器件、系统集成及服务、技术应用三大关键环节，推进工业物联网生态系统构建。促进个性化定制、网络化协同制造、服务型制造等智能制造新模式的应用推广。

4. 推进"互联网+"行动

依托互联网平台，大力发展众创、众包、众扶、众筹，完善技术支撑、创业孵化、测试认证、实验环境、业务咨询等创业创新服务。推进"互联网+"安全生产，提升安全生产重点领域企业的全过程、全链条在线监测和预警预控能力，强化跨部门、跨区域信息共享与业务协同。开展新型网络经济培育行动，支持互联网企业、信息技术服务企业、制造企业联合打造服务产业转型的平台经济模式，加快人工智能、云计算、大数据等在经济活动中的发展应用，强化对智慧交通、智慧能源、智慧环保、高效物流等的支撑。

四、发展举措

(一)现有主要政策

近年来,受益于我国制造业体量优势和转型升级过程中对信息技术服务应用需求,信息服务的市场空间逐步打开。国家连续发布了一系列重要政策,随着我国大战略的部署与实施以及"互联网+"行动计划,力争依托现代信息系统提升制造业发展层级,将面向制造业的信息服务发展提升到前所未有的高度,同时也为信息服务业发展提供了更多的创新突破口。

1. 在推动信息服务融合方面

为贯彻落实、统筹推进我国大战略和国务院关于积极推进"互联网+"行动指导意见,2016年,国务院发布《关于深化制造业与互联网融合发展的指导意见》(下称《意见》),成为指导我国制造业与互联网融合,推进建设制造业强国的又一重要文件。《意见》对制造企业、互联网企业以及跨界融合新生态构建等方面提出了要求。从制造企业角度,制造企业要打造互联网"双创"平台,深化工业云、大数据等技术的集成应用,加快构建新型研发、生产、管理和服务模式。从互联网企业角度,互联网企业要构建制造业"双创"服务体系,支持大型互联网企业、基础电信企业建设面向制造企业特别是中小企业的"双创"服务平台。同时,强调制造企业和互联网企业跨界融合,要建立适应融合发展的技术体系、标准规范、商业模式和竞争规则,形成合作共赢的融合发展格局,要培育制造业与互联网融合新模式,打造制造企业和互联网企业跨界融合的生态基础。

与此同时,各省市积极落实国家和省的决策部署,出台了具体实施意见和行动纲要,着力推动制造业与互联网跨界融合。北京市制定出台了政策,提出了"三四五八"发展战略,以"正面清单"的方式,指导北京未来5~10年高精尖产业的发展。广东省出台了《广东省人民政府关于深化制造业与互联网融合发展的实施意见》(粤府〔2016〕107号),其亮点举措包括:创建"互联网+先进制造"示范区,支持专业镇制造企业开展"双创",加快"广东工业云"等云平台建设,发展智能工厂,实施"工业机器人推广应用"计划,以及加快超高速无线局域网建设和应用、推进制造业大数据应用等。浙江省出台了《浙江省人民政府关于深化制造业与互联网融合发展的实施意见》(浙政发〔2017〕9号),从打造平台、推进应用、发展智能制造、培育新模式、提升支撑力和安全水平六大重点任务着手,系统性推进制造业与互联网融合。

2. 在加快信息服务产业化方面

软件和信息技术服务业是引领科技创新、驱动经济社会转型发展的核心力量,是建设制造强国和网络强国的核心支撑。建设强大的软件和信息技术服务业，是我国构建全球竞争新优势、抢占新工业革命制高点的必然选择。为鼓励软件信息服务业发展，国务院及有关部门先后颁布了一系列优惠政策，建立了行业发展优良的政策环境。2016年，工业和信息化部正式印发了《软件和信息技术服务业发展规划（2016—2020年）》（以下简称《规划》），强调以"软件定义"为特征的融合应用，并以创新发展和融合发展为主线，聚焦"技术、业态、应用、体系"发展重点，设置了务实可操作的6项主要任务、9项重大工程、5个方面保障措施，明确打造具有国际竞争力的产业生态体系。

此外，根据财政部、工业和信息化部、国家税务总局、海关总署等部门的相关政策文件，软件和信息服务企业可以享受软件产品增值税、企业所得税减免的政策，有力地扶持和推动软件信息服务产业的发展。其中，软件企业销售其自行开发生产的软件产品，按17%税率征收增值税后，对其增值税实际税负超过3%的部分实行即征即退政策；符合条件的软件企业自获利年度起可享受企业所得税"两免三减半"优惠。

3. 在信息服务创新发展方面

当前，云计算、大数据、机器人、人工智能等新一轮信息技术蓬勃发展，成为全球关注重点。我国高度重视新一代信息技术产业的发展，相继出台了一系列的政策和措施。云计算领域，国务院2015年发布了《关于促进云计算创新发展培育信息产业新业态的意见》，工业和信息化部发布了《云计算综合标准化体系建设指南》。大数据领域，国务院发布了《促进大数据发展行动纲要》，明确提出了大数据发展的重点方向和路径。电子商务领域，国务院印发了《关于大力发展电子商务加快培育经济新动力的意见》，提出积极利用移动互联网、地理位置服务、大数据等信息技术提升流通效率和服务质量，深化信息技术在生产制造各环节的应用。

随着国家级规划文件的实施和落实，各地也结合自身优势出台促进大数据、云计算等新兴信息技术发展的配套措施和支持政策，推动国内信息服务业的政策环境进一步优化，为信息服务加快发展、加速与制造业融合创新提供了新机遇。表15-3为2015年以来国家及部分省市关于信息服务业的部分政策。

表15-3 2015年以来国家及部分省市关于信息服务业的部分政策

发布部门	时间	政策文件
国务院	2015年7月	国务院关于积极推进"互联网+"行动的指导意见（国发〔2015〕40号）
国务院	2016年5月	国务院关于深化制造业与互联网融合发展的指导意见（国发〔2016〕28号）
工业和信息化部、国家发展和改革委员会、中国工程院	2016年7月	关于印发《发展服务型制造专项行动指南》的通知（工信部联产业〔2016〕231号）

续表 15-3

发布部门	时　　间	政策文件
工业和信息化部	2016年12月	关于印发大数据产业发展规划（2016—2020年）的通知（工信部规〔2016〕412号）
工业和信息化部	2016年12月	关于印发软件和信息技术服务业发展规划（2016—2020年）的通知（工信部规〔2016〕425号）
工业和信息化部、国家发展改革委	2017年1月	《信息产业发展指南》（工信部联规〔2016〕453号）
工业和信息化部	2017年4月	关于印发《云计算发展三年行动计划（2017—2019年）》的通知（工信部信软〔2017〕49号）
广东省人民政府	2015年7月	广东省人民政府关于印发《广东省智能制造发展规划（2015—2025年）》的通知（粤府〔2015〕70号）
广东省人民政府办公厅	2016年5月	关于印发广东省工业企业创新驱动发展工作方案（2016—2018年）的通知（粤府办〔2016〕46号）
广东省人民政府办公厅	2016年4月	《广东省促进大数据发展行动计划（2016—2020年）》（粤府办〔2016〕29号）
广东省人民政府	2016年10月	广东省人民政府关于深化制造业与互联网融合发展的实施意见（粤府〔2016〕107号）
广东省经济和信息化委员会	2016年12月	《广东省工业和信息化领域生产性服务业发展"十三五"规划》（粤经信生产〔2016〕389号）

（二）未来政策取向

1. 充分发挥政府的推动和引导作用

完善激励创新的政策措施和机制，鼓励信息服务企业加大研发投入。支持制定推动软件技术与其他行业融合发展的政策措施。进一步完善鼓励政府购买服务的相关机制和措施手段。支持有条件的地区开展产业政策创新试点。鼓励地方研究制定加快企业"走出去"的政策措施。加强产业政策执行、评估和监管，推动完善产业相关法规体系。

2. 推广试点示范带动服务能力提升

加快建立"双创"示范基地，加快开展物联网技术应用示范，实施工业大数据应用示范工程，以点带面开展示范试点建设，积极探索有利于信息服务业发展的新路径和新模式，培育信息服务新业态，营造信息服务新生态，全面提升信息服务水平。

3. 建设产学研用一体的产业生态系统

支持建设重点行业领域制造业工程数据中心、科学研究和试验重大设施、智能制造创新设计应用中心，促进科技基础条件平台开放共享，建设一批面向区域或全国的制造业创新中心，支持多元创新发展。引导构建工业企业、软件企业和科研院所协同攻关、联合研发、深化应用的新模式,加快建设产学研用一体的产业生态系统。加快培育一批集咨询设计、集成实施、运行维护于一体的大型系统解决方案提供商,提供更加成熟的行业解决方案。

4. 积极推进信息服务产品标准化

加快制定重点智能工厂、工业软件、数据共享等一批关键标准,推进智能终端、工业大数据、工业互联网等标准化工作,统一规范术语、格式和参考架构,解决各个环节中数据不贯通、接口不统一等问题,面向工业软件、云计算、大数据、信息安全等重点领域,加快产业发展和行业管理急需标准的研制和实施。

5. 培育信息服务专业人才

强化人才培养链与产业链、创新链有机衔接,依托重大人才工程,加强"高精尖缺"软件人才的引进和培养。对列入计划的高端人才,在住房、子女入学等方面给予倾斜支持,优先支持其承担国家和省重大项目。鼓励有条件的地区设立信息服务业人才培养基金,重点培养技术领军人才、企业家人才、高技能人才及复合型人才。鼓励校企、院企合作办学,推进信息服务专业技术人才培训。建立完善以能力为核心、以业绩和贡献为导向的人才评价标准,大力弘扬新时期工匠精神。

6. 加强信息安全保障

围绕信息安全发展新形势和安全保障需求,支持关键技术产品研发及产业化,发展安全测评与认证、咨询、预警响应等专业化服务,增强信息安全保障支撑能力。构建统筹设计、集智攻关、信息共享和协同防护的工业信息安全保障体系,支持工业控制系统及其安全技术产品的研发,鼓励企业开展安全评估、风险验证、安全加固等服务,提升工控安全监管和企业工控安全防护水平。

第四节　案例剖析

谷歌——让制造业插上信息的翅膀飞翔

2016年,谷歌市值超过5 000亿美元。作为互联网龙头企业,谷歌积极向制造业进军,参与到"互联网+制造业"发展的历史进程中,推出"Google for work",通过将与生产场景相关联的制造业环节搬到云端,为制造业提供企业级互联网服务。

一、Google for work 服务

谷歌推出的 Google for work(以下简称 GFW)是以云为基础的一系列企业级服务套装,包括工作应用、云平台、工作浏览器、工作地图、工作搜索。可以说,谷歌为传统行业企业提供了一整套的"互联网+"解决方案,既包括工作场景中的 e-mail、电视电话会、文件处理、分享/存储,也包括后台服务如云存储、计算、API 开发,还有打包的互联网增值服务如搜索、地图,等等(图15-1)。这些成套解

决方案对于节约 IT 成本、提高运营效率作用突出。实际上西门子、GE 都是谷歌的客户，使用 GFW 中的一项或多项互联网服务套装。

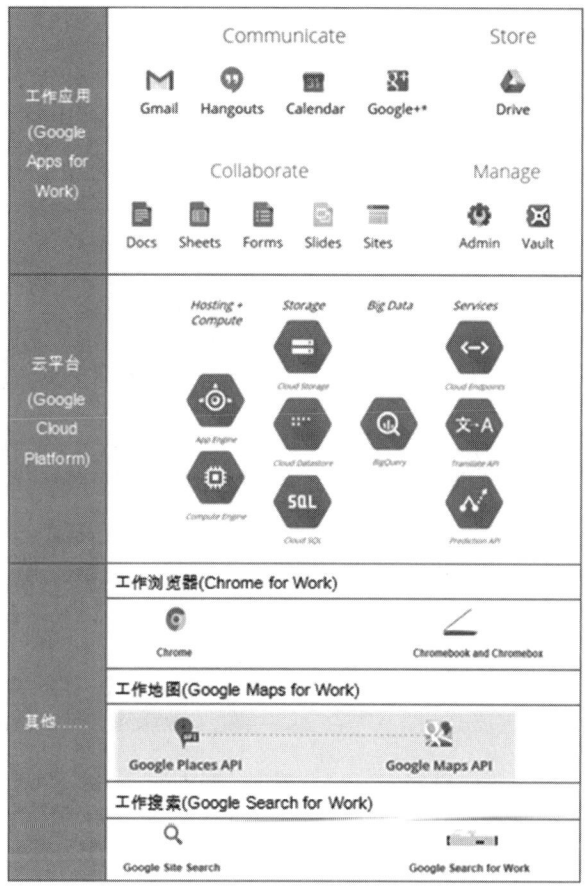

图 15-1　Google for work 解决方案

目前谷歌内部隶属于"Google for Work"的产品或者业务单元有：

Search for Work：也被称为谷歌搜索服务器（Google Search Appliance），是谷歌的第一款企业产品。

Gmail for Work：它只是谷歌"软件即服务"产品 Google Apps 的一部分，但现在已经成为许多公司购买或定制 Google Apps 的重要理由之一。

Drive for Work：它是谷歌无限云储存产品。

谷歌文档（Google Docs）：这是一种文字、数据等处理工具，也是 Google Apps 的一部分。

Hangouts：谷歌打造的视频会议云服务产品。

Chrome：Chrome 团队为工作便利所打造的免费浏览器，即 Chrome for Work。

Chromebooks：一种可使用 Chrome OS 操作系统的云 PC。

Chromebox for Meetings：谷歌推出的一款安全视频会议硬件产品。

Android for Work：一种针对企业、加强安全和功能版的 Android 系统，它也包括专为汽车娱乐信息系统准备的特别版本 Android Auto 和 Android for cars。

谷歌云服务——谷歌地图：这种服务允许开发者向自己的应用中嵌入地图和 GPS 软件。比如，地图可嵌入 Android Auto 中，可为类似特斯拉的电动汽车提供 GPS 导航，但主要以 Maps API，和 Places API 等产品为主。

针对制造业，谷歌提出了所谓"做联网的制造者"（Be a connected manufacturer）的口号，如图 15-2 所示，利用自己的产品，帮助制造业者建立快速多层次沟通网络。

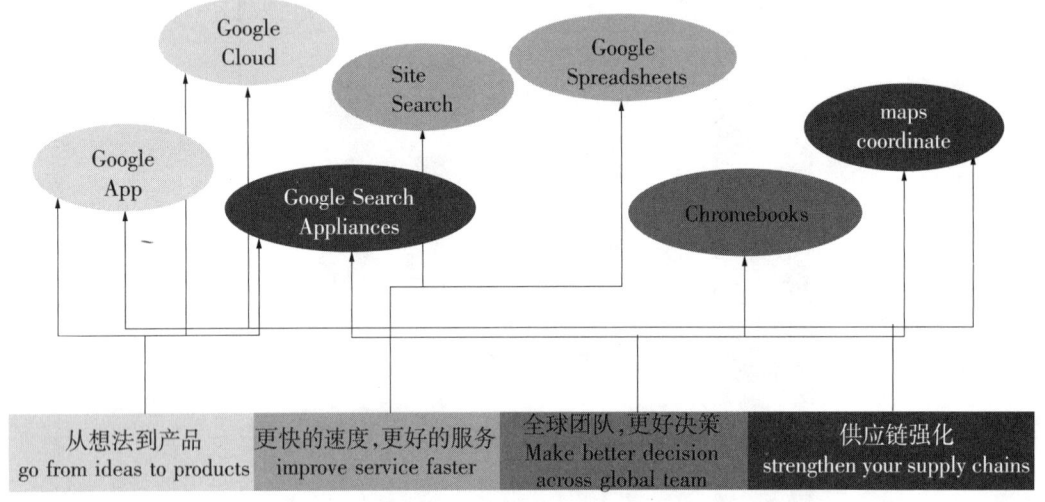

图 15-2 "做联网的制造者"

目前 GFW 仍然聚焦在线上的部分，套装中的硬件产品很少，也不是 GFW 的主打诉求。但近两年 Google 在硬件方面，特别是机器人相关产品上，正在加紧布局。虽然从目前来看，这些投资似乎与制造业没有什么关系，但这些机器人在传感器、软件集成等方面有突出优势，这与目前"工业 4.0"中生产场景智能化的发展方向不谋而合。①

二、互联网及其他服务

（一）谷歌广告：为企业提供海外推广服务

自 2005 年始，谷歌在中国寻找合作伙伴，借助谷歌广告为中小企业进行海外推广。2014 年进一步联合地方政府开始建立 AdWords 体验中心，通过展示和培训，向广大中小企业传授跨境转型的实战技巧。

---

① 参考：腾讯研究院报告《互联网+制造业篇》及互联网资料综合.

义翘神州是北京的一家生物科技公司，产品以重组蛋白和抗体等科研工具试剂为主，是出口至美国、日本以及欧洲等 80 个国家和地区的生命科学和生物医药企业。成立于 2007 年的义翘神州从苦于海外推广无门，到选择在电商平台投放，经历过一段高成本广告投放、低回报率的时期。2009 年义翘神州开始借助谷歌 AdWords 等一系列广告工具进行推广后，情况开始有所好转。2014 年，义翘神州在谷歌上新增了海外 10 多个国家的订单。

（二）谷歌汽车：投身无人驾驶汽车制造，带动行业发展

与整车厂商不同，互联网厂商进入汽车制造行业是以颠覆式的姿态，直接从无人驾驶切入，以人工智能、高精度地图和激光雷达等技术综合实现最高级别无人驾驶（任何时间、任何路况自动驾驶）。与汽车厂商、零部件厂商不同的是，互联网厂商在整车制造、零部件制造等领域经验尚浅，但在云计算、大数据处理、人工智能、高精度地图等领域有较为明显的优势，以人工智能和高精度地图等"软实力"为核心推出无人驾驶解决方案。

谷歌无人车 2016 年 12 月 14 日正式宣告成立独立实体公司 Waymo，从谷歌 X 实验室中剥离。这意味着在实验室孵化了 8 年的项目即将开始商业化。据外媒介绍，Waymo 这个公司名所代表的是"A new way forward in mobility"（未来新的机动方式）。2017 年 4 月，Waymo 的自动驾驶测试成绩在 6 家主要厂商中领先。Waymo CEO John Krafcik 在底特律的 Automobili-D 会议上作了一场公开演讲，在这次演讲中 Krafcik 详细解释了 Waymo 全套自研的传感系统及其重要性。Waymo 所有自行开发的传感器，包括 LiDAR，视觉系统和雷达，都是为自家软件特别设计的，能与自动驾驶汽车的"大脑"深度兼容，软硬件的紧密融合不仅让 Waymo 的自动驾驶离走向市场更近了一步，无疑也将带动其他无人汽车企业的技术革新与发展，最终促使无人汽车行业的快速发展。

本章习题

一、名词解释
1. 信息服务
2. 信息系统集成服务
3. 信息技术咨询服务
4. 数据存储与处理服务

二、简答题
1. 制造强国、制造大国、制造新国分别是如何通过发展信息服务业促进制造业发展的？

2. 结合国内发展现状，下一步发展信息服务主要有哪些重点工作？

三、案例分析

工业大数据是在一个企业的设计、创新、生产、经营和管理决策过程产生、使用和转型升级过程需要的信息之和。以下有两个大数据服务应用的典型案例：

1. 维尚家具。维尚家具是著名的家具定制品牌企业，在制作板式家具的时候，将前台的订单与后台的生产环节打通，自动形成配料单，对同样需要某一类板木的订单进行合单。依据这些新的组合，再运用到相同的材料上进行切割生产。采用这种信息化的手段，维尚家具不仅得以破解了定制家具难以批量化生产的难题，还能将板材利用率提高至93%。

2. UPS。UPS通过各类社交媒体的信息，预测各种危机节点，在转运关键节点出现意外、罢工、天气灾害等可能时，自动优化、调整配送线路，保证客户（特别是汽车领域的客户）空运订单及时到达。

（资料来源：1. 维尚家具打造会"思考"的智能工厂. 文章来源：企鹅号－腾讯新闻版权合作－南方日报.

2. 看UPS如何用大数据优化送货路线. 来源：财富中文网.）

根据上述材料，简要分析制造业可以从哪些环节利用大数据服务。

第十六章

科技服务

本章就科技服务的内涵、特征、分类、功能与意义、国内外科技服务业的发展特点与现状、科技服务业发展的基本思路、对策措施等方面进行阐述。

科技服务是指运用现代科技知识、现代技术和分析研究方法，以及经验、信息等要素向社会提供的智力型服务，是实现科技创新引领产业升级、推动经济向中高端水平迈进的关键一环，对于深入实施创新驱动发展战略、推动经济提质增效升级具有重要意义。

对比美国硅谷的知识密集型服务业与日本的研发服务业，我国科技服务业主要集中在北上广深一线城市，而且整体呈现出产业高速发展、集聚趋势显著等特征，但普遍存在科技资源分散、科技服务企业规模小、专业人才匮乏等问题，导致其对产业转型升级的作用不够突出。

未来一个时期，要以支撑创新驱动发展战略实施为目标，以满足科技创新需求和提升产业创新能力为导向，以研发服务、技术转移、检验检测认证、创业孵化、知识产权、科技金融等为重点，培育和壮大科技服务市场主体，创新科技服务模式，延展科技创新服务链，加快建设专业化、网络化、规模化、国际化的科技服务体系，为建设创新型国家、打造中国经济升级版提供重要保障。同时，通过对国外先进政策与法律体系进行总结，从国家和地方两个层面提出我国科技服务业未来发展的基本思路和政策着力点。

本章还以案例分析的形式重点分析"苏州工业园"的科技服务体系、发展科技服务业的有效措施，以及科技服务体系如何促进工业园内制造业发展，为我国各地科技服务业的发展提供借鉴。

第一节 基本认识

一、科技服务

科技服务是指运用现代科技知识、现代技术和分析研究方法，以及经验、信息等要素向社会提供的智力型服务，主要包括科学研究、技术推广、专业技术服务、技术咨询、技术孵化、科技信息交流、科技培训、知识产权服务、技术市场、科技评估和科技鉴证等活动。从制造业发展角度看，科技服务更多的是指从技术定向开发到成果转化为直接生产力的整个科技成果和科技服务过程的一种高智力密集型的服务。

二、科技服务业

科技服务业是指由提供科技服务的企业和机构组成的集合体，是促进先进科学技术与社会经济各个部门相结合的行业。

（一）科技服务业的产业与演进

国外关于科技服务业的演变，首先是出现了"知识服务业"的概念，而后逐渐发展成知识密集型服务业（KIBS），对应于我国科技服务业的概念。从 20 世纪 80 年代开始，随着科学技术的高速发展，科技成果产业化的速度不断加快。国外学者 Daniel Bell 率先提出知识服务业的概念，认为由于理论和知识居于中心地位，科学和技术之间出现了一种新的关系，使社会的重心日益转向知识领域的行业，也就是知识服务业。知识服务业受到许多学者的关注，而知识密集服务业就是由此后续发展而来的。它是指对专门领域的专业性知识具有显著依赖性，向其他服务对象提供以知识为基础的中间产品或服务的公司和组织。

相对国外发达国家科技服务业的演变而言，我国科技服务业起步较晚，针对科技服务业的界定从 1992 年至今，内涵不断丰富。1992 年国家科委颁布的《关于加快发展科技咨询、科技信息和技术服务业意见》中，首次提出了新型科技服务业的概念，新型科技服务业主要指"科技咨询、科技信息和技术服务业"。当时该文件对科技服务业的定义过于笼统和宽泛，尚未进行二次细分和界定，主要表现在两方面：其一是没有统计口径对科技服务业进行统计和界定，只是列出重点行业，如咨询、信息业和技术服务业，也并未对这些行业的范围进行说明；其二是行业涵盖的内容比较狭窄，并没有全面概括与科技服务相关的所有行业活动。近年来，为了顺应现实的需要，我国科技服务行业的内涵不断被扩充，2015 年，国家统计局颁布了我国科技服务业的行业分类标准，对科技服务业进行了充分而细致的分类，其涵盖内容已经涉及研究开发、技术转移、科技咨询等七大类服务。

（二）科技服务业的分类

依据《国务院关于加快科技服务业发展的若干意见》《国家科技服务业统计分类（2018）》中所界定的科技服务业统计范围，将科技服务业范围确定为科学研究与试验发展服务、专业化技术服务、科技推广及相关服务、科技信息服务、科技金融服务、科技普及和宣传教育服务、综合科技服务等七大类，如表16-1所示。

表16-1 国家科技服务业统计分类（2018）

代码	类别名称	说明
11	**科学研究与试验发展服务**	科技创新平台、工程实验室、工程（技术）研究中心、大型科学仪器中心、分析测试中心、企业技术中心、新产品开发设计中心、科研中试基地、技术创新联盟等开展的服务活动包含在此大类
111	自然科学、工程、农业和医学研究	
112	社会人文科学研究	
12	**专业化技术服务**	为科技活动提供的规划设计服务
121	专业化技术公共服务	
122	检验、检测、标准、认证和计量服务	
123	工程技术服务	
124	专业化设计服务	
13	**科技推广及相关服务**	为科技活动提供的创业孵化服务、科技评估鉴定服务；知识产权的代理、转让、登记、鉴定、评估、认证、咨询、检索；为科技活动提供的法律代理、法律援助等服务
131	科技推广与创业孵化服务	
132	知识产权服务	
133	科技法律及相关服务	
14	**科技信息服务**	为科技活动提供的信息传输、互联网在线信息、电子邮箱、数据检索、信息和数据分析、计算、存储等加工处理服务
141	信息传输科技服务	
142	互联网技术服务	
143	软件和信息技术服务	
15	**科技金融服务**	各类银行为科技活动提供的存款、贷款和信用卡等货币金融服务，提供的证券投资机构自营投资、直接投资以及风险投资等服务，以及天使投资、创业投资等股权投资对科技企业进行投资和增值服务
151	货币金融科技服务	
152	资本投资科技服务	
153	保险科技服务	
154	其他科技金融服务	

续表 16-1

代码	类别名称	说　明
16	**科技普及和宣传教育服务**	为科技活动和科普宣传等提供的图书管理、文献检索等服务；为科技活动和科普宣传等提供的图书、报纸、期刊、音像制品、电子出版物等出版服务等
161	科普服务	
162	科技出版服务	
163	科技教育服务	
17	**综合科技服务**	中央和地方人民政府为科技活动提供的综合事务管理、会计、审计、税务等综合服务
171	科技管理服务	
172	科技咨询与调查服务	
173	信用担保科技服务	
174	职业中介科技服务	
175	其他综合科技服务	

注：代码首列为大类，次列为中类。

根据国家统计局发布的《生产性服务业分类（2015）》，其中，研发设计与其他技术服务、信息服务、金融服务、节能与环保服务、生产性租赁服务、商务服务等均涉及科技服务业。

此外，根据最新发布的《国民经济行业分类（2017）》（GB/T 4754—2017），科技服务业主要包括研究和试验发展、专业技术服务业、科技推广和应用服务业三大类。其中，研究和试验发展指为了增加知识（包括有关自然、工程、人类、文化和社会的知识），以及运用这些知识创造新的应用，所进行的系统的、创造性的活动。该活动仅限于对新发现、新理论的研究，新技术、新产品、新工艺的研制研究与试验发展，包括基础研究、应用研究和试验发展。专业技术服务业包括气象服务、地震服务、海洋服务等科技服务业。科技推广和应用服务业则包括将新技术、新产品、新工艺直接推向市场而进行的相关技术活动，以及技术推广和转让活动，还包括为科技活动提供社会化服务与管理，在政府、各类科技活动主体与市场之间提供科技中介服务等。

三、发展科技服务业的重要意义

科技服务具有人才智力密集、科技含量高、产业附加值大、辐射带动作用强等特点。加快发展科技服务是推动科技创新和科技成果转化、促进科技经济深度融合的客观要求，是调整优化产业结构、培育新经济增长点的重要举措，是实现科技创新引领产业升级、推动经济向中高端水平迈进的关键一环，对于深入实施创新驱动发展战略、推动经济提质增效升级具有重要意义。

1. 科技服务业产生高附加值，为传统产业转变经济发展方式起到示范作用

科技服务业是典型的"三高一低"（高人力资源含量、高知识含量、高附加值和低碳）的新业态，对其他业态转变经济发展方式具有极为重要的示范作用。其中，科技服务业最核心的优势体现在产业附加值较高，属于人才和技术密集型的产业。此外，科技服务业还具有较大的产业带动作用，这些优势作用决定了科技服务业所具有的创新性和发展潜力，能迅速提高现代产业的创新水平和生产经营效率，具有积极的促进作用。因此，导致科技服务业原本的价值传递的职能开始转向创造价值的作用上发挥，科技服务业强调要为服务对象创造更大的发展空间，以最大程度提高自身价值。这种价值方式的转变，更好地实现了社会资源的整合，充分发挥了科技服务业的积极促进作用。

2. 科技服务业是传统产业转型升级、新兴产业发展的加速器

科技服务业具有极强的辐射性，它从生产中分离出来，又在更大范围和更深层次上与生产融合。科技服务业与制造业融合，促成了服务式制造和分布式制造等的发展。科技服务业与农业融合，提高了农业现代化、知识化程度，形成了创意农业、研发农业等。目前，我国传统制造业体量大，中小企业多，技术落后，生产方式粗放，对传统产业的改造主要通过科技服务业。我国农业人口众多，农业现代化程度低，创新的技术源也主要靠科技服务业。新兴产业虽然有了很大发展，具有一定规模，但技术仍处于中低端，除了靠企业独立研发外，科技服务业也是重要支撑。

3. 提供了多元化的服务主体

科技服务业主体的多元化是科技服务业发展的趋势所在。科技服务业可以有效地提高产业在市场上的竞争力和竞争地位，对科技服务业与现代产业的结合具有积极的作用。由于科技服务主体的多元化和其服务类型的多样化，不同的服务主体、不同的服务类型、相同的对经济利益的要求，通过不同的服务方式实现了现代技术服务的介入，这对实现现代产业结构的调整、产业的生产经营方式的转变、现代产业中遇到的矛盾和问题的解决等诸多方面发挥着重要作用且具有积极意义。

4. 推动了业态模式创新

业态文化指的是进行企业人本管理体现的文化，是建立在以人为本的基础上进行企业内部沟通的文化。因此，企业服务业为了满足客户情感上的需求，应建立起以尊重客户个体性差异为重点的服务管理系统，它可以有效地促进产业与客户之间的沟通和交流，同时还实现了自身的服务价值，改变了产业与客户传统形式上的关系，对进行企业文化的更新起到积极的作用，也可以有效地提高经济效益与社会效益。

第二节 发展现状

一、国外典型科技服务发展现状及特点

（一）美国知识密集型服务业发展现状及特点

1. 具有形式多样、层次分明的科技中介服务机构

美国的科技中介服务机构形式多样，功能丰富，层次分明。其中细分领域不仅包括专业性高的科学研发、技术服务、专业设计等，同时也包括广告、法律、会计服务等商务服务、综合性的服务机构如美国国家技术转移中心等国家级机构；技术咨询或经纪机构、大学和研发机构的转移办公室、科技项目孵化器、技术评估组织、技术测试与技术示范机构等多种业态并存。科技服务业中各个子行业的机构数量如图 16-1 所示。

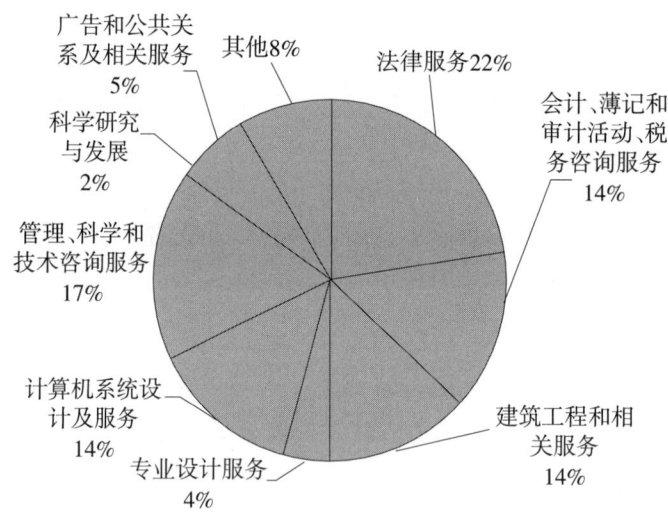

图 16-1 美国科技服务业各个子行业分布

（资料来源：唐守廉、徐嘉玮. 中美科技服务业发展现状比较研究［J］. 科技进步与对策，2013 年第 9 期.）

美国的科技服务业中，非盈利性机构和盈利性机构并存。其中国家设立的非盈利机构数量少，但在整个技术服务机构中占据相当重要的地位，其机构的设立、业务范围及经费来源都由政府决定，如国家技术转移中心和联邦实验室技术转移联合体。民间设立的非盈利机构指由大学等研究机构或其他私人投资建设的组织，如美国的威斯康星校友研究基金会。盈利性机构以公司化运作为模式，以获取利润为目标，其服务专业、质量较高，已成为美国科技服务业的中坚力量，如美国著名的全

企网络公司。

2. 以硅谷为主导的高科技研发服务业集群

硅谷位于美国加利福尼亚州旧金山以南，形成于20世纪50年代。作为全球高技术产业发展的发起地，经过几十年的飞速发展，已经成为世界信息技术和高技术产业的中心。硅谷高新技术产业集群的成功，对研究开发、软件及服务、商务服务、设计等科技服务业细分领域的发展起到了重要作用，形成了围绕高新技术产业发展的科技服务业集群。例如，硅谷现有约2 700家电子信息企业，但为其服务的科技服务企业达到3 000多家，科技服务企业的数量已经超过高技术企业的数量。目前，硅谷被称为世界上最具创新能力的高技术产业集群，其全球领先的技术包括生物技术、网络信息技术、半导体、通信等，集聚了一大批如微软、网景、英特尔、雅虎等世界知名企业（图16-2）。硅谷七类主导产业群中，研发、软件、创新服务、设计和技术有关的服务及总部等均属于科技服务业集群。

图16-2　美国硅谷著名高科技公司LOGO一览表

硅谷的科技服务业主要以研发、设计和高技术服务为主，处于全球产业分工的高端环节。首先，硅谷软件行业的就业人数占全球软件行业人数的16%，该行业是典型的以研发为主的行业，半导体设备、计算机通信等主导产业也是以研发为主的行业，很少涉及制造部分。其次，硅谷重视服务于创新、创业企业的发展。为创业企业服务的创新服务产业如技术服务、商务服务、风险投资等产业集群发展迅速，企业数量众多，从业人员仅次于软件业，是硅谷第二大产业集群。

3. 美国知识产权保护制度发达，科技服务贸易远超我国

强化知识产权保护是世界各国产业发展特别是具有高技术含量的新兴产业发展的重要战略，而科技服务业具有显著的创新性特征，这就决定了科技服务业对知识产权保护具有更高的要求。美国知识产权保护制度十分完善，法律保护体系健全。因此，美国在与科技相关的服务贸易中一直处于贸易顺差的地位，除了2009年受到金融危机的影响略有下降之外，贸易顺差额呈现出不断增长的态势。

与美国相比，我国的专有权利使用费和特许费一直处于贸易逆差状态，而且贸易差额从2004年开始一直在增加，这充分说明了虽然我国科技投入不断增加，但是国际竞争力依旧不足。提高科研机构的知识产权经营能力，支持知识产权交易机构加强交易平台建设等，将有力促进科技服务业的发展。

(二) 日本研发服务业发展现状及特点

1. 科技服务企业服务较多元，公共机构职能以科技中介服务为主

日本从事科技服务的机构组织多达千余个。公共科技服务机构主要以提供科技中介服务的平台为定位。而民营的科技服务业则以提供多层次的服务为定位。其中，公共科技中介服务机构的代表为日本科学技术振兴机构、日本中小企业综合事业团和日本产业技术振兴协会。日本科学技术振兴机构隶属于日本文部科学省，其主要工作包括新技术的研发、产业化，促进信息的流通、研究交流和支援，促进科技的普及。日本产业技术振兴协会的主要职责是为企业提供工业技术研究院的研发技术成果信息。日本中小企业综合事业团是半官方机构，其主要职能是为应变能力差的中小企业提供技术支持和融资担保等。日本从事科技服务业的机构更多是民营私营机构，包括个人独立开业的咨询公司以及各类高校、科研单位和企业创办或从中分离出来的机构，主要针对行业内或相关领域提供多层次的科技服务。如（株式会社）NTT经营研究所、富士通总研究所和大阪的木村经营研究所等。

2. 日本科技服务业具备完善的法规和制度体系

战后的日本迅速成为经济、科技强国的成功经验之一，是建立面向商业应用的产业技术开发体系和技术服务体系，并制定了一系列促进科技服务业发展的法律，主要包括《产业技术振兴法》《中小企业技术开发促进临时措施法》《日本中小企业事业团法》《科学技术振兴事业团法》《产业活力再生特别措施法》等，为促进和鼓励高校和研究机构开放其研究资源，加快其研究成果向民间企业的转移，日本政府制定了《国家新技术化贷款制度》《发明创造的扩大试验研究费补助金制度》等法规。早在1986年日本政府科技厅就制定了《研究交流促进法》，极大地促进了政府研究机构、高校和民间企业间的科技人员的流动和技术转移。

日本的法律规范具有较强的操作性，包括了从政府机构的立法和管理地位的确定到各种中介机构的任务、职责的规定，再到大学、企业的科技中介服务机构的扶植和优惠政策的制定。日本政府不但会为促进企业科技创新制定宏观战略规划，鼓励其积极引进国外先进技术，以推进本国科技服务业发展，而且政府在必要时也会跨越组织协调职能，直接参与企业的科技创新过程之中，建构起"政府—企业"的技术创新体系。

(三) 韩国研发服务业发展现状及特点

韩国研发服务业的发展得益于20世纪90年代后期政策重视和信息产业的带动，尤其是科技金融、通信等产业发展迅速。目前，韩国的研发服务业已经形成大邱东南圈R&D基地，大德R&D特区为韩国最大的产学研综合园区，汇聚了韩国高等科技学院等4所高等学府、70多家政府和民间科研机构、2 000余家高新技术企业、上万名研发人才。大德R&D特区已经成为亚洲最优秀的研发、人才培养和产业化基地之一。从韩国研发服务对制造业结构升级的作用来看，主要表现在以下三个方面：

1. 研发来源提高了制造业的技术创新能力

韩国制造业在加工技术、组装技术、设计技术等领域已经达到世界先进水平，这主要来源自大量、高效的研发服务活动的推动。20世纪80年代的韩国，以汽车、电子、机械等产业为核心的技术密集型工业主要是在依托海外引进、消化和吸收西方发达国家先进技术的基础上发展起来的，韩国通过支付巨额的技术转让费购买研发来源，1990年后韩国终于迎来自主创新阶段，开始自主开发研发服务产品，从而大幅度提高了韩国制造业的技术创新能力。

2. 设计产业促进了韩国自主品牌的国际化

韩国曾在第三个设计产业五年计划中提出，2008年成为全球设计领袖。韩国的大企业都十分重视设计领域，不断在产品设计方面增加投资。新产品开发的技术优势加上成功的外观设计，使韩国的汽车和电子产品成为世界著名品牌。三星、现代、LG三家韩国企业进入世界100强，韩国已经具备设计、制造高级产品的能力。

3. 科技金融的倾斜式支持为产业技术创新提供保证

韩国是以银行间融资为主的国家。在制造业结构升级的过程中，韩国产业银行、进出口银行和长期信用银行为企业或者政府项目提供了长期低息的融资。韩国政府强大的金融动员能力为大企业积极进行技术创新提供了重要的资金保证，稳定的资金支持也有利于韩国企业早期自主研发技术能力的提升。

二、国内典型科技服务发展特点

(一) 北京科技服务业发展现状及特点

1. 科技服务业发展势头良好，专业化、集聚化发展程度不断提高

科技服务业是承载北京科技创新中心定位的重要功能性产业。2015年，北京科学研究和技术服务业实现增加值1 820.6亿元，同比增长14%，占GDP比重达到7.9%。2016年1～6月，北京科学研究和技术服务业实现增加值1 086.8亿元，同比增长12%，占GDP比重达到9.5%；实现利润154.8亿元，同比增长3.4%，收入

利润率达到6.6%。北京是我国科技资源最为密集的地区之一，依托丰富的科技资源，成为我国重要的科技服务业发展集聚区。2013年，北京科技服务业增加值占GDP比重为7.4%，远高于全国1.7%的比重；北京科技服务业区位熵达到4.5。中关村自主创新示范区是北京科技服务业集聚的重要载体。2013年末，北京共有科学研究和技术服务业法人单位7.1万个，从业人员95.2万人，分别比2008年末增长248.2%和68.7%。

2. 通过创新链与科技服务链耦合，为高新企业提供服务支撑体系

围绕创新中心功能的实现，北京创新链与科技服务链耦合，为高新技术企业提供服务支撑体系。2014年，北京高技术服务业中相关科技服务业实现增加值1 683亿元，其中，专业技术服务业实现增加值702亿元，占42%；研发与设计服务业实现增加值485亿元，占29%；科技成果转化服务实现增加值291亿元，占17%；知识产权及相关法律服务、检验检测服务实现增加值分别占6%左右。同时，科技服务业体系支撑了创新创业生态系统的建设，创新创业生态系统的完善又进一步带动了科技服务业创新发展，由中关村自主创新示范区主导的创新创业生态系统已经初具规模。在中关村，创业孵化服务加速发展，涌现出平台型企业孵化器、创业社区等孵化形态，形成了市场化、专业化、集成化、网络化的创业服务模式，搭建起高端创业要素集聚平台。依托中关村示范区，已经形成了围绕创新链的科技创新服务平台。产业联盟等社会服务组织、领军企业成为打造行业创新创业生态系统的重要引擎，由此帮助中关村等产业园区内的高端制造企业创造先进技术工具。

3. 科技服务业成为支撑高技术产业转型升级的主体

科技服务业是支撑高技术产业转型升级的主体，在北京高技术产业体系建设中起到十分重要的作用。2014年，涵盖研发与设计服务、高技术专业技术服务、科技成果转化服务、知识产权及相关法律服务等的科技服务业，在北京高技术产业增加值中占到35.5%。从投入来看，2014年，科技服务业研发人员占到北京研发人员总数的39%；科技服务业研发经费内部支出占到北京总量的59%，其中科技服务业用于基础研究和应用研究的经费支出分别占到相应总量的65%。在科技成果产出方面，2014年，北京输出技术合同成交额达到3 136亿元，占全国的36.6%；其中流向外省市的合同成交额占55%。庞大的技术市场为北京高新技术产业内部技术升级提供了天然来源，加速了高新技术企业的更新换代和产品升级，从而助力其产业转型。

(二) 上海科技服务业发展现状及特点

1. 科技服务机构日趋壮大，形成具有"上海特色"的发展格局

近些年在上海市政府和相关单位与企业的推动下，上海科技服务业总体发展势头良好，已初步形成了较完善的科技服务框架体系，基本满足科技创新和社会发展的需要。以上海市科技创业中心等为代表，整合相关科技服务机构，在空间上形成一定集聚，提高了服务效能，发挥了上海区位优势，着力打造出了科技服务业的新

增长点，大力推动科技会展业和专业中介服务业等新兴科技服务业发展，发展公共科技服务平台，形成了具有"上海特色"的科技服务业发展格局。

在科技企业孵化器方面，截至2015年底，上海科技企业孵化器共计149家，孵化场地建筑总面积190万平方米，工作人员4 300人，创业导师219人，服务创业人员1 100人。图16-3所示为上海张江孵化器规划图。在生产力促进机构方面，上海市目前共有生产力促进中心7家，工程技术研发中心31个，国家重点实验室52个，市重点实验室92个。而在技术交易机构方面，上海已形成了以上海科技开发交流中心、上海联合产权交易所、上海盛知华有限公司、国家技术转移东部中心为代表的技术交易机构。最后在行业协会方面，目前，在上海市社团管理局注册登记的行业学会（协会）约500家。

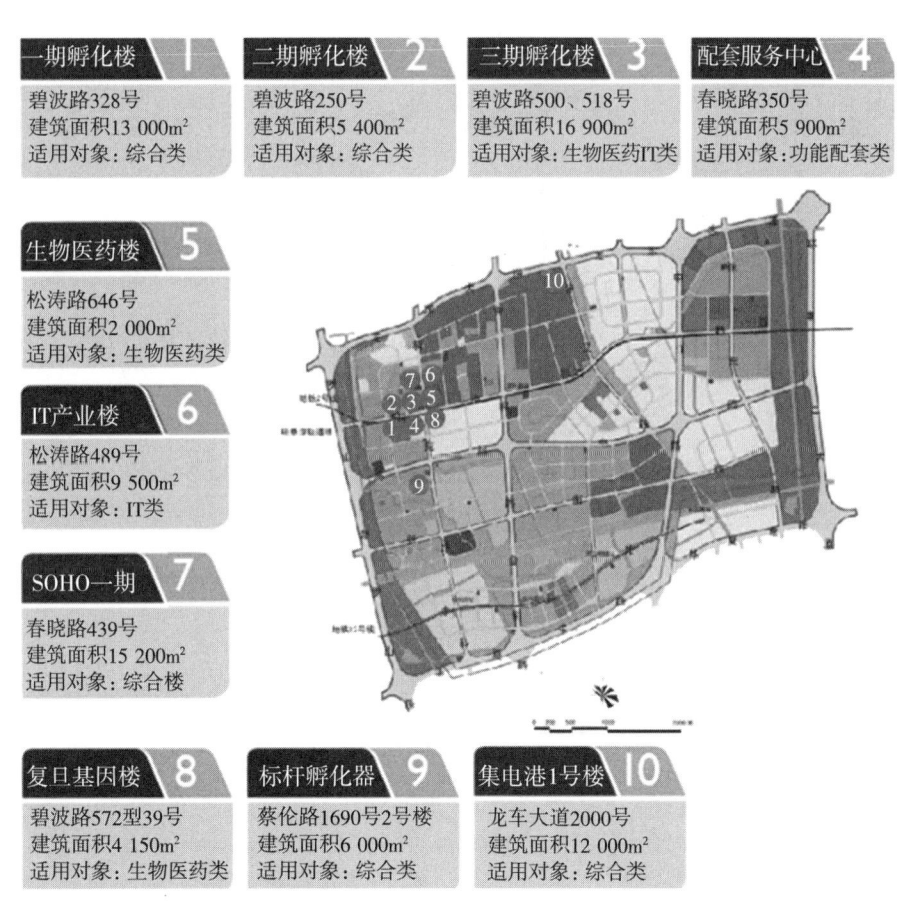

图16-3　上海张江孵化器规划图

2. 目前科技基础资源相对分散，对制造业转型升级的作用有限

上海拥有丰富的高校、科研单位等科研资源，也具有大量优秀的企业资源，但是由于缺乏有效的组织和整合，目前，这些资源没有通畅的信息沟通和了解渠道。

虽然各高校都有相关的成果转移部门，但是由于认识不同和部门分割等原因，各个单位的科技资源信息没有有效汇总沟通，一定程度上增加了沟通成本，阻碍了科技服务效率的提高。

目前，上海的科技服务体系由不同层次的科技服务机构组成（图16-4），但大部分只能提供基础服务，专业化的服务机构非常少，对制造业转型升级的作用有限。具体分析，科技服务专业人才的匮乏是专业机构少的原因之一，随着科技的发展，科技服务业对人才的要求也越来越高，不但要了解专业领域中的知识，还要熟悉法律、金融等知识。而复合型的专业人才已经成为上海科技服务业发展的瓶颈之一，需要大力推进专业服务机构和市场化运作机构的发展。

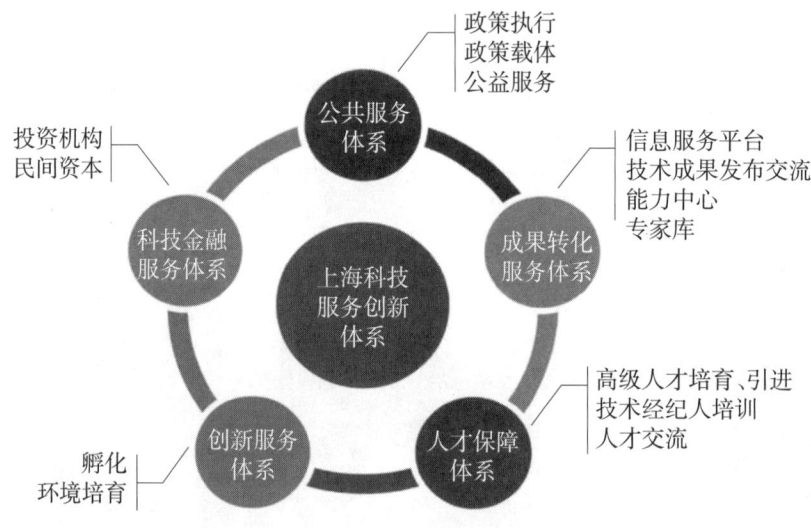

图16-4　上海科技服务业创新体系构成图

三、广东省典型科技服务发展特点

（一）广东省科技服务业特色发展模式——以深圳南山模式为例

近年来，广东省在发展科技服务业过程中，先行先试、大胆探索、勇于创新，不断冲破体制机制束缚，在取得明显成效的同时，也在实践中形成了多种特色鲜明的科技服务业典型发展模式，在全国独树一帜。这些模式包括：园区科技服务、集聚科技服务、连锁专业科技服务、生产力促进服务、外包科技服务等多种服务模式。其中，南山模式结合了多种发展模式，打造出"广东特色"的科技服务业发展模式，该经验与启示值得广东省其他地区学习与借鉴。

作为中国改革开放的"窗口"，深圳于2014年6月获批建设国家自主创新示范区，而作为打响改革开放第一炮的地方，南山片区占示范区总面积的12.3%，拥有华侨城创意文化产业区、深圳湾超级总部基地、留仙洞——大学城产业区、前海深港现代服务业合作区、深圳高新技术产业园区等9大区块，汇聚着深圳80%的人才和60%的创新资源，是深圳名副其实的科技创新摇篮、高端科技创新资源集聚地。深圳南山区已经发展成多功能、多层次、综合性和外向型工业区，高新技术产业实现规模效应，形成以计算机及其软件、通信、新材料、生物工程等为主题的高新技术产业群。南山科技服务业的快速发展对深圳其他地区科技服务业的发展具有重要的借鉴作用，表16-2所示为南山区科技服务业发展路径与措施。

表16-2 南山区科技服务业发展路径与措施

路径一 差异化经营	路径二 项目化管理	路径三 集群效应发展
发展措施		
差异化结合专业化	IT技术为运营基础	形成行业集群效应
业务差异化战略定位	实现标准化运营管理	集群促进协同发展

1. 差异化经营提高技术能力相对性

采取差异化与专业化相结合的方式。每家科技服务业的业务发展都有优劣之分，未到面面俱到的水平，因此企业从自身的设计出发走差异化路线，为每个企业的生存都保留了空间。差异化凸显针对性，针对性方显专业性。这样技术能力针对性的差异化运作，间接将行业竞争推入良性轨道，进一步促进了自身的发展。

2. 项目化运营提高研发运营效率

科技服务企业的项目一般具有高技术含量，需要大量研发经费投入和人员投入。项目运营实现标准化管理将提升研发运营的效率，从而促进科技服务企业的专业化发展。一项科技项目的完成一般包括后台研究、搜集资料、对服务对象进行培训等，项目流程较为复杂，标准化管理可以提升项目完成效率，对每一步工作进行把关和评估。另外，项目一般实行自上而下的沟通，主要包括客户的高层、技术人员等，以便科技服务企业做出项目的最终对接，项目的标准化管理也有利于与客户交流项目进度与完成效果。以南山区汉捷公司为例，作为一家研发管理公司，做项目的时候以项目小组的形式开展，为客户提供资料，并通过培训和工作模块后台的加工为客户提供咨询，而项目的标准化管理是汉捷咨询项目质量的保证。

3. 集群效应引领科技服务协同发展

南山区高新企业已经成为深圳推动产业结构优化、提高区域竞争力的重要手段。科技服务业依靠高科技企业生产，高技术企业的集聚自然引起科技服务企业的集聚，这种集群效应加速了企业间资源的共享和信息交流，也促进了科技服务业的配套建设。对于科技服务企业本身，由于空间的邻近性，也有利于形成知识和技术的溢出效应，形成科技服务企业间的良性互动。

(二）广东省科技服务对制造业转型升级的作用

1. 加快物云产业发展，加快传统产业转型升级

在数据爆炸式增长的时代下如何在海量数据中取得有效信息，是科技服务要解决的大问题。广东省实施"珠三角联云计划"进行示范应用，为政府、企业和个人用户提供基于云计算技术的日常办公、社会管理、电子商务、数字娱乐等产品和信息服务。深圳实施"健康云"服务公众医疗；佛山发展云计算推进智能制造产业发展；东莞应用云管理帮助企业进行产业模式、管理和商业模式创新；惠州实施"惠云计划"，积极占据云计算技术与服务的产业链高端；汕头政府启动云计算项目，给力粤东产业升级。2017年广东省云服务产业规模达到1 600亿元，云终端制造产业规模达到4 000亿元，50%以上的中小企业和70%以上的个人互联网用户使用公共云计算服务（数据来源于广东省云计算标准化技术委员会），云计算的发展为广东省科技服务业开辟了不少新业态。

2. 新兴服务业加入科技服务元素，推进科技与传统产业的融合

新兴服务业大多都是在研发创新的基础上形成，或在传统服务业基础上运用新资源、新技术或新服务模式发展起来的。广东省在谋划新兴服务业发展时增加科技服务元素，引进创新服务机构，推进科技与传统产业的融合。珠三角是新兴服务业重点发展区，广东省以产业集群和专业镇为依托，推进制造业服务化，引导区域内加工制造业向产业链两端的研发设计、品牌提升、市场服务等延伸发展，逐步形成产业服务体系。将粤东西北环珠三角列为拓展区，优先发展面向中小企业的金融、研发设计、专业服务、节能环保技术服务。总投资2 000多亿元的首批30个现代服务业集聚区，基本上是以创新服务为牵引，科技与金融、健康产业、文化产业、商贸旅游相融合的项目。

3. 创新平台孵化出高端制造企业

新型研发机构是面向市场需求的创新平台。该类机构围绕着高技术的研究开发，提升反应能力，创新服务方式，创造出一批新型高技术企业带动产业转型升级。它融合了"应用研究—技术开发—服务产业—孵化企业"的"一条龙"创新服务链条。截至2016年底，广东全省共有新型研发机构180家，通过技术改造、成果转化、合作研发、企业孵化、创业投资等方式成功孵化1 000多家企业，服务3万多家企业转型升级。

四、国内外科技服务发展的经验与启示

（一）积极创造科技服务业市场需求

目前，欧美国家已经逐渐改变它们对科技服务业的扶持策略，从主要支持公共科技服务机和科技服务企业的发展，转向支持中小制造企业对科技服务的运用，即

更加重视促进市场对科技服务的需求。现在，几乎所有欧盟国家都至少实施一项支持制造企业使用创新咨询服务的计划，这不仅有助于中小企业实现技术创新，而且还能为科技服务业带来需求拉动效应。另外，政府还利用其他计划为科技服务业创造市场机会，如英国贸工部发起实施的旨在加强产学研联系的"法拉第合作伙伴"计划，明确要求有关产学研机构共建的组织中必须吸收科技中介机构参加，通过科技中介机构与企业界、大学的良好关系，促进产学研合作的有效发展。此外，英国、德国等国家还有一个重大举措，就是要求政府所有的项目评估必须以公开招标的方式由独立的咨询机构来完成，从而把政府变成科技咨询市场中的买方。

（二）建立现代化的科技服务网络平台

近年来，欧美国家和政府充分运用信息化、网络化手段打造科技服务业信息服务平台，搭建产学研对接的桥梁，实现虚拟空间中不同信息资源的高效整合与对接，为制造企业和科技服务业企业的技术咨询与成果推广提供了更为全面和快捷的服务。例如，瑞典的 TIPPS 中心网络主要是利用大学的实验室条件和人力资源，采用商业化的运作方式，建立起的一个主要针对中小型科技企业进行技术转移的全国性网络，未来的目标是建立成一个国际性网络。该网络与瑞典驻外领事馆联络局、瑞典科技园协会、瑞典国家测试研究所、国家远程教育网等机构和一些地方性支持中小企业技术转让的基金和技术转化中心保持密切的合作关系。

（三）助力科技服务业联盟与行业组织发展

在市场经济发达的欧美国家，政府对产业的管制不断削弱，但企业间的交易机制却规范有序，其中一个很重要的因素是政府积极推动中介机构建立行业自律协会，让其担当重任。行业协会的重要任务是为会员企业或者机构服务，实行行业自律规范，代表会员与政府、消费者沟通，并为会员提供信息、技术、管理、经营、培训等方面的支持。因此，科技服务业联盟或行业协会的发展，能够有效加强科技服务企业的规范化和标准化。政府应积极支持有关的行业协会和机构，制定和实施科技服务业组织认证、投诉、评估和排名制度，对技术经纪人实行资格认证和持证上岗，引导科技服务企业与机构建构良好的信用体系。

第三节　发展思路

一、科技服务发展存在问题

总体来看，我国科技服务业仍处于发展初期，存在着市场主体发育不健全、服务机构专业化程度不高、高端服务业态较少、缺乏知名品牌、发展环境不完善、复合型人才缺乏等问题。

1. 科技服务业整体服务质量不高，难以为制造业提供全链条服务

科技服务业依附性强，整体水平与服务质量不高。目前我国科技服务中介机构往往是由政府批准，在主办单位利益驱动背景下发展起来的。如技术市场中介机构往往是当地科委的下属单位，科技咨询机构往往是在某研究机构或大学内成立的等，这直接导致这类科技服务中介机构缺乏独立性、公正性。此外，由于缺乏系统的上岗许可、退出机制，致使整个科技中介服务机构及服务队伍良莠不齐，处于零散、各自为政的状态，难以形成一个较为完整的科技服务链，难以为制造企业提供全面、全程、高端的科技服务。

2. 科技成果转化率不高，与企业技术转型升级的需求不匹配

科技成果转化率不高是我国科技服务业发展中面临的一个突出问题。科技成果的最终产业化需要三种要素（企业、科研机构、科技中介）的相互联动来实现。而目前，三种要素的有效互动往往不理想：高等院校、科研院所作为我国科技创新与技术输出的"供体"，由于与企业之间缺乏有效的联动机制，使得科技成果缺乏针对性，产业驱动性不明显，导致科技成果有效供给不足；企业科研能力普遍偏低，有依赖外部研究成果推动产品更新的需求，如果与科研机构没能形成有效联动，往往导致"受体"有效需求不旺；科技服务中介机构等"媒体"整体素质不高和连接状态不佳，最终导致科技成果产业化艰难、科技成果转化率不高的困境。

3. 科技服务业高素质人才匮乏

人力资源是科技服务业发展最宝贵的战略资源，是科技服务机构在竞争中生存与发展的重要基础。素质较高的科技服务人员能在错综复杂的环境中准确把握交易对象的需求，提高交易成功率。目前，我国许多科技服务机构规模小，专业化服务水平低，对高素质人才缺乏吸引力。例如，深圳专利代理机构对电子通信与生物医药类的专业人才需求较多，但这些专业人才大多数宁愿选择高收入的高新技术企业，很少到待遇不高的专利代理行业，这就造成代理人队伍人才匮乏。人才队伍建设滞后，导致科技服务机构服务水平低，专业能力不强，无法满足客户的综合性需求。

二、推动科技服务发展的工作思路

（一）总体思路

未来一个时期，要以支撑创新驱动发展战略实施为目标，以满足科技创新需求和提升产业创新能力为导向，培育和壮大科技服务市场主体，创新科技服务模式，延展科技创新服务链，加快建设专业化、网络化、规模化、国际化的科技服务体系，为建设创新型国家、打造中国经济升级提供重要保障。

（二）发展方向

科技服务业的发展方向是多样的，应结合各区域的实际情况，做出差异化选择。

1. 延展科技创新服务链，完善科技服务业产业链

我国科技服务业区域发展差异较大。为了完善不同地区的科技服务业产业链，应按照"缺什么？补不补？怎样补？"的思维，设计差异化的政策体系，使得科技服务组织由分散的机构演变成系统有序、各有分工、紧密协作的科技服务产业。

2. 科技服务化——发展新兴科技服务业

按照"有什么技术？能否成为服务？怎样使技术成为新兴科技服务业"的思维，催化新兴科技服务业。即科技的应用本身是一种服务，如利用各种网络，传送或接收文字、影像、声音、数据及其他讯号所提供的服务；运用ICT平台如因特网、无线网络、终端装置如PC、手持行动装置、自动服务亭等提供远程服务，使服务能跨越时空限制等。

3. 服务科技化——提高原有服务业

按照"有哪些新的或需要提高的服务需求？有什么技术？如何应用科技去改善或创新这种服务"的思维，改善提高原有服务。即科技结合服务创新价值，以此使得服务业转型加值。

（三）重点领域

未来一个时期，针对制造业发展需要，科技服务发展将是提升科技服务业对科技创新和产业发展的支撑能力。

1. 研究开发服务

鼓励制造业企业加大对基础研究的投入力度，支持开展多种形式的应用研究和试验发展活动。支持产业联盟开展协同创新，推动产业技术研发机构面向产业集群开展共性技术研发。支持发展产品研发设计服务，促进研发设计服务企业积极应用新技术提高设计服务能力。

2. 技术转移服务

建立制造业企业、科研院所、高校良性互动机制，促进技术转移转化。鼓励高校、科研院所、产业联盟、工程中心等面向制造业开展中试和技术熟化等集成服务。鼓励技术转移机构创新服务模式，为企业提供跨领域、跨区域、全过程的技术转移集成服务，促进科技成果加速转移转化。

3. 检验检测认证服务

鼓励发展面向设计开发、生产制造、售后服务全过程的观测、分析、测试、检验、标准、认证等服务，培育一批技术能力强、服务水平高、规模效益好的检验检测认证集团，开展检验检测认证结果和技术能力国际互认。加强技术标准研制与应

用,支持标准研发、信息咨询等服务发展,构建技术标准全程服务体系。

4. 创业孵化服务

鼓励在先进制造业领域构建以专业孵化器和创新型孵化器为重点、综合孵化器为支撑的创业孵化生态体系。引导企业、社会资本参与投资建设孵化器,促进天使投资与创业孵化紧密结合,推广"孵化+创投"等孵化模式,积极探索基于互联网的新型孵化方式,提升孵化器专业服务能力。整合创新创业服务资源,支持建设"创业苗圃+孵化器+加速器"的创业孵化服务链条,为培育新兴产业提供源头支撑。

5. 知识产权服务

以科技创新需求为导向,大力发展知识产权代理、法律、信息、咨询、培训等服务,提升知识产权分析评议、运营实施、评估交易、保护维权、投融资等服务水平,构建全链条的知识产权服务体系。支持相关科技服务机构面向重点产业领域建立知识产权信息服务平台,提升产业创新服务能力。

6. 科技金融服务

推动在创新型制造业发展方面,发展科技金融服务,建立适应创新链需求的科技金融服务体系,鼓励发展科技保险、科技担保、知识产权质押等科技金融服务。支持天使投资、创业投资等股权投资对科技企业进行投资和增值服务,探索投贷结合的融资模式。利用互联网金融平台服务科技创新,完善投融资担保机制,破解科技型中小微企业融资难问题。

三、推动科技服务发展的政策导向

(一) 国外科技服务业发展的政策借鉴

目前,国外政府对科技服务业的宏观引导主要体现在三个方面:其一是建立法律支撑体系;其二是打造推动科技服务业发展的良好外部环境;其三是制定产业发展政策。

1. 国外法律支撑体系:美日韩三国对比

从法律角度来看,对比发达国家政府关于科技服务业所出台的政策和法律。美国政府对科技服务业的作用主要体现在宏观管理、政策法律体系建设和市场培育规范运作方面,而这也促成美国成为国际科技服务业最具实力的国家,市场规模占世界市场的一半以上。此外,日本等发达国家十分重视立法,通过出台相关的法律、法规给予科技中介服务业较大的发展空间,如表16-3所示。

表16-3 部分发达国家政府关于科技服务业所出台的法律

国家	适用范围	具体法规
美国	技术转移 成果推广 宏观调控 市场体系建设	《联邦技术转让法》《国家技术转让与促进法》《技术转让商业化法》《史蒂森—威德勒技术创新方法》《贝尔—多尔法案》《小企业创新研究法》《综合贸易与竞争法》
日本	技术转移 成果推广 宏观调控 市场体系建设	《促进大学等的技术成果向民间事业转移法》《科学技术基本法》《重振产业生命力特别措施法》《科学技术振兴事业团法》《中小企业创新促进法》
韩国	技术转移 成果推广 宏观调控 市场体系建设	《科技评估法》《科技框架法》《科学家教育法》《科技振兴法》《科学技术促进法》

2. 科技服务业发展的良好外部环境

政府在推动科技服务业发展的过程中起到资源支配和机构协调的作用。政府管理可以分为3种类型，分别是政府间接支持、政府主导和完全依托市场驱动，如图16-5所示。美国重视立法，政府通过建立科技服务网络营造良好的环境间接支持产业发展；日本属于政府直接干预产业发展，主导大量大型的科技项目为科技服务业提供直接需求；欧盟则完全凭借市场驱动产业发展，国家科研机构和单位作为创新平台之一起到促进沟通的作用；我国采取激励政策，政府管理模式与美国的间接管理较为接近，重在结合各地区发展优势，利用优惠政策扶持科技服务业有序发展。

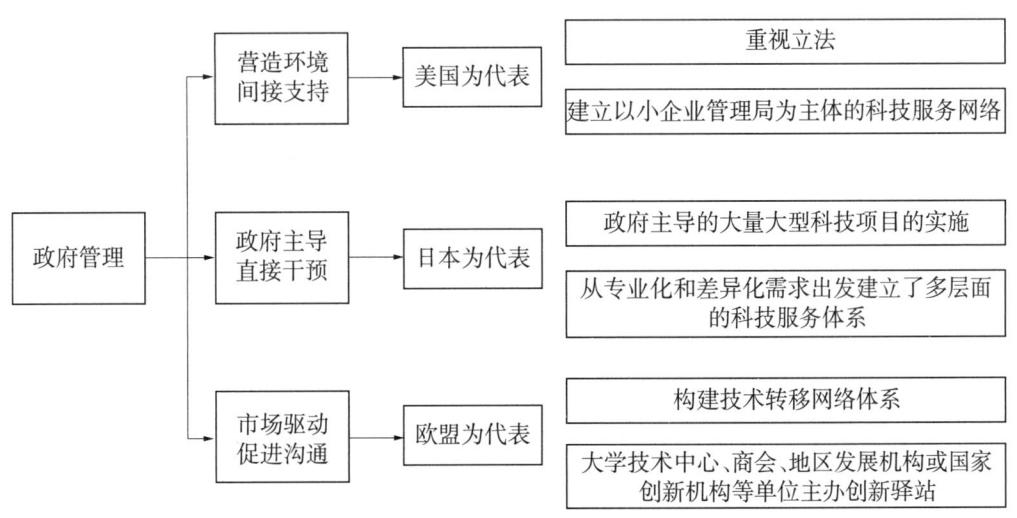

图16-5 各国政府对科技服务业的管理模式

3. 科技服务业的发展政策

美国、日本和英国,其科技服务业代表了世界范围内的最高发展水平。通过对三国的科技服务业的激励政策的系统梳理,分析其各自的政策特色,并通过从制度保障、经济支持、人力资源和平台建设四个方面进行对比,进而概括出代表政府科技服务业激励政策的三种典型模式,对我国各级政府科技服务扶持政策的制定和实施,具有一定的参考价值,如表16-4所示。

表16-4 美、日、英三国科技服务业激励政策比较

考察维度	美 国	日 本	英 国
制度保障	以《国家技术创新法》《美国联邦技术转让法》《贝尔—多尔法案》《史蒂文森—威德勒技术创新法》和《小企业法》为制度基础营造良好的科技服务业市场化运作和法制环境	以《科学技术基本法》《科学技术基本计划》《中小企业基本法》等制度确立政府在科技服务发展中的主导地位,从法律上明确日本科技发展战略由"技术立国"发展为"科学技术创造立国"	在基础研究领域,形成"自下而上"的市场运作机制,而应用研究领域,实施"自上而下"的政府主导制度;调整了对外来移民的工作许可证制度,放宽对外国技术移民的法律限制
经济支持	政府直接设立风险投资基金,使其对研究和试验投资的税收减免规定永久化;设立中小企业管理署,以优惠利率贷款给专门投资于高技术小企业的风险投资公司;对民营风险投资进行鼓励	设立中小企业信息中心、"中小企业金融公库"和"研究与开发财团",成立系统的政策性金融机构,在金融、税制、人才培训和信息咨询提供等方面帮助中小企业,产学研的经费全部由国库支出,企业无偿分享高新技术所有权	实施企业扩展计划,规定个人在非上市公司进行投资,5年内资本增值可免税。促进了风险资本产业的兴起;建立非上市证券市场,对新风险资金增长起到了相当大的作用;设立一个基金,每年增加2亿英镑用于资助大学和企业的联系
人力资源	提出联邦政府雇用的科研人员对与职务发明专利的技术转让收入,个人所得不少于15%;实施《富布莱特计划》《共同教育与文化交流》《国际教育法》等留学教育政策;实行"绿卡制",向留美学生提供奖学金	支持大学成立技术转让组织,允许大学教师入股和投资;设立许多人才派遣公司,汇集众多领域的人才,采用"中途录用""临时租借""产学官合作""聘用退休科研人员"等措施,确保企业发展所需人才	政府与沃尔夫基金会以及皇家学会合作,共同发起高级人才招聘计划,每年出资400万英镑作为启动资金,帮助研究单位高薪聘请50位世界顶尖研究人员,政府始终保持对教育的巨大投入,每年教育支出占国家预算总开支的8.15%以上
平台建设	通过网络搭建公共信息平台,实现中介组织之间、企业与科研院所之间信息共享和交流,同时,开放政府信息,改善政府采购	研究与开发设施向企业开放;设立专门中介机构促进技术转让和科技成果产业化,科技厅组建一个连接100多个政府研究实验室并横跨多个部门和机构的信息网	充分发挥数字技术在技术创新中的作用,实施企业信息社会计划;确保人力资源满足企业创新的需求;成立信息技术委员会,确定英国应该优先发展的产业

(二) 我国推动科技服务发展的政策着力点

科技服务业作为知识密集型产业，对制造业转型升级具有明显的正外部性，客观上要求政府提供政策支持。结合国外科技服务政策与法律法规，应该从国家和地方两个层面构建如下科技服务政策体系（图16-6）。

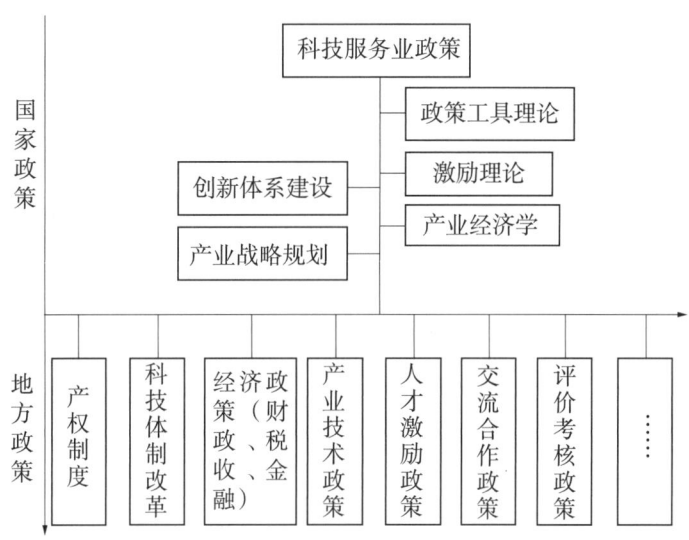

图16-6 科技服务业政策体系

要加强政府对科技服务业的宏观管理和监督职能。通过经济性和非经济性激励政策的不断优化，构建需求主导型的科技服务业激励政策。具体如下：

1. 大力发展高等教育和专业科研机构，吸收培养知识型专业人才

科技服务业作为高智力产业，高素质的专业人才队伍是科技服务业发展的不竭动力。因此，必须有序地推进各类科技人才培养工程，培育全民创新意识。在人才机制上，完善科技服务人员培养机制。加快现有高等教育培养模式改革，由"精英教育"向"大众教育"模式转变的同时，加快国家重点学科及重点专业建设，提高培养水平，改变"大学毕业生众多而高科技人才难觅"的局面。同时，大力兴办职业技能教育，并尽快研究建立专业化的科技服务业从业人员准入标准体系，逐步推行职业资格证书制度，使科技服务业走上职业化、专业化的发展道路。

2. 加快行政职能转变，推进科技服务业产业化和社会化

科技服务业承担的社会职能是其获得发展的基础。要按照社会主义市场经济体制的原则，科学划分政府科技管理部门与科技服务组织的职能。各级科技管理部门要进一步减政放权，把事务性、服务性职能从政府行政职能中剥离出来，交给科技服务组织承担，不仅为其发展创造条件，也有利于政府科技管理部门从具体的事务性工作中解脱出来，把主要精力放在宏观的重大问题上。要加快科技服务业产权制

度改革，做到产权清晰，真正实现科技服务机构与科技行政管理部门的分离，实现科技服务机构的法人化，成为承担法律责任的法人实体，形成科技服务业的独立运行机制。要按照"组织网络化、功能社会化、服务产业化"的方向和"主体多元化、形式多样化、服务社会化"的原则，大力发展科技服务业，推进科技服务业的社会化和产业化。加强"农业—科技服务业""工业—科技服务业"一体化培育，推动农业、工业乃至整体经济结构的转型和升级。

3. 加快我国科技管理体制创新，完善配套体系

科技服务业作为现代服务业的核心组成部分，其发展不仅直接关系到国家综合科技实力及国际竞争力，同时对于其他行业的发展也发挥着重要的支撑与促进作用。当前，我国正处于科学技术"爬坡"及自主创新能力培育的关键时期，必须明确科技服务业的战略地位，并不断完善科技服务业发展的具体战略部署，将科技服务业提升到重点产业高度加快发展。同时，健全国家科技决策机制，要在促进国家科技发展、增强自主创新能力的目标前提下，将政府定位于科技活动的服务者和推动者，通过规范科技决策的议事程序，完善科技咨询和决策机制，使决策程序不断制度化和规范化。此外，创新科技发展的法律保障机制，一方面通过立法规范科技运行机制与科技人员的行为；另一方面，健全知识产权保护体系。不断扩大知识产权的保护客体，加大保护力度，保障科技人员合法权益，为推进自主研究开发、提高自主创新能力提供良好的法治环境。

第四节 案例剖析

苏州工业园对高技术企业的一站式投产服务促进农田变"硅田"

一、苏州工业园介绍及其科技服务体系发展

苏州是仅次于上海的全国第二大制造业基地，高度发达的制造业和数以万计的规模化企业推动了苏州科技服务业的发展，形成了研发设计、创新创业、科技金融、成果转移转化、科技咨询五大现代高技术服务领域。苏州工业园位于苏州市区东部，占地面积278平方千米，是中新两国政府合作项目。到2005年，苏州工业园区已成为国家级开发区的成功典范，是中国发展速度最快、最具国际竞争力的开发区之一。由于科技服务到位，推动了高新技术产业在此集聚，到2005年，苏州工业区的高科技企业数占到90%，促进农田变成了"硅田"。

从1994年到2000年，苏州工业园的科技服务体系得到进一步完善。针对高科技生产的需求，在地方政府的积极推动下，苏州工业园推出投产服务"一站式"、用

工服务"订单制"等制度平台，促使园内产业综合体形成，科技服务业能够全面服务高技术企业。2001年，苏州工业园产业综合体在地方政府主导下，开始向高科技学习型网络转型，推出高科技研发和中试的"孵化制"、高科技公司建立的创投制等。图16-7为苏州工业园科技服务体系变化图。

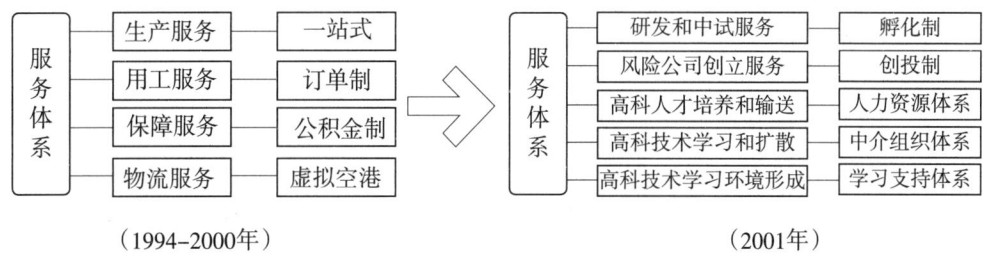

图16-7 苏州工业园科技服务体系变化

目前，苏州工业园区基本形成了"以政府为引导、企业为主体、社会广泛参与"的多元化科技型中小企业服务支撑体系，这也是苏州工业园区开展科技服务体系建设的扎实基础。根据《苏州工业园区经济和社会发展"十三五"（2016—2020）规划纲要》，到2020年，苏州工业园将实现研发机构总数达到500家，服务业增加值占GDP比重50%左右、新兴产业产值占规上工业总产值比重60%、高新技术产业产值占规上工业总产值比重70%等目标。

二、苏州工业园科技服务创新模式

近年来，苏州工业园区不断集聚优势资源提升整个园区的科技服务水平，主要形成了六大服务特色。

（一）科技创新服务

苏州工业园区科技投入力度、科技招商力度、人才集聚程度国内领先。2006年，苏州工业园区在全国首创科技招商中心，坚持招项目、招资本、招人才、招技术、招服务、招品牌有机结合。2007—2010年，苏州工业园区累计引进科技项目2 044个，其中新兴产业领域项目1 523个，主要分布在软件、生物医药、集成电路、新材料、动漫游戏等产业。2016年，园区实现地区生产总值2 150亿元，同比增长7.2%；公共财政预算收入288.1亿元，增长12%，税收占比达93.1%；进出口总额4 903亿元，实际利用外资10.5亿美元。2017年3月，苏州工业园区发布了《苏州工业园区人工智能产业发展行动计划（2017—2020）》，加快发展以大数据和云计算为支撑的人工智能相关产业，推进人工智能在智能制造、软硬件终端和服务业等领域的应用。

（二）科技金融服务

苏州工业园区先后出台了创业投资、统贷平台、贷款贴息、鼓励上市等科技金融政策，设立了3 000万元的风险补偿资金池，主要用于科技之星、科贷通、助科赢等创新金融产品的风险补偿，引导更多金融资本服务园区科技创新。苏州工业园区集聚股权投资机构近250家，资金规模达430亿元，全国首家"千人计划"创投中心挂牌运营；与江苏省联合设立首期1.2亿元纳米技术产业创投引导基金，国创母基金首期150亿元顺利运作，引进3家科技支行、5家小贷公司。苏州工业园区先后推出苏州市首单科技型中小企业集合信托、集合式贷款、知识产权质押贷款、贷款保证保险、投贷通、政府补贴预拨款等10多项金融创新产品，2011年为科技型中小企业解决融资需求超过12亿元。

（三）产业支撑服务

苏州工业园区集聚了以中科院苏州纳米所为龙头，包括中国科技大学、西安交通大学、苏州大学等高校在内的近20家纳米技术相关研究所和实验室以及创新研发机构；规划了创新研发、技术支撑、工程化、产业服务等四大类24个中心（实验室、平台），成为国内功能最完善、产业领域与环节全覆盖的纳米产业平台网络。

（四）科技孵化服务

苏州工业园区共有省级以上科技企业孵化器11家，累计建成面积230万平方米，在孵企业940家，毕业企业144家，从业人员达31 416人；建成9所大学科技园，累计建筑面积27.9万平方米，在孵企业195家；累计建成各类科技载体超过360万平方米，中科院苏州纳米所二期、苏州纳米城、苏州纳米技术国家大学科技园等重点工程陆续开工，初步形成了以生物纳米园、苏州纳米技术国家大学科技园为主要载体的生物纳米产业集群，以国际科技园、创意产业园为主要载体的融合通信、软件及创意产业集群，以中新生态科技城为主要载体的生态环保产业集群。

（五）科技咨询服务

苏州工业园区成立了整合政府政策服务、科技中介服务等各类服务资源，为科技中小企业提供一站式服务的中小企业服务中心，先后组建了中小企业服务联盟、产学研服务联盟、技术创新服务联盟等机构，重点打造融资服务、领军服务、产学研、人才培训、政策服务、项目管理、热线咨询、中介服务、综合信息、沙龙活动等十大服务平台。园区累计集聚各类科技中介服务机构400余家，初步形成了投融资、法律、财税、知识产权、情报信息、人力资源、资质认证、管理咨询等较为完整的科技咨询服务体系。

(六) 国际技术转移

苏州工业园区引进欧洲、北美、拉美等地区的企业设立分公司，具有外资经济成分的企业占园区企业总数的28%，为园区提升与国际知名企业合作层次、获取知识溢出、在国际视野上整合创新资源打下了坚实基础。苏州工业园区先后与美国、新加坡、芬兰等国建立了冷泉港亚洲分会、新加坡国立大学苏州研究院等10余个国际合作交流平台，增强了区域科技创新的国际竞争力；积极举办、承办高层次的国际学术、科技、产业大会以及项目交流对接会，不断催生科技服务业的新业态，打响了苏州电子信息博览会、中国国际纳米技术产业发展论坛、名校论坛等论坛、会议品牌；积极探索中外合作的中以智库等技术成果跨国转移、转化新模式。

(资料来源：苏州工业园区管委会 http://news.sipac.gov.cn/sipnews/yqzt2018/201807ggkf/.)

本章习题

一、名词解释
1. 科技服务业
2. 科技成果转化
3. 南山科技服务模式

二、简答题
1. 梳理我国科技服务业政策脉络，思考其内涵范围发生变化的原因。
2. 比较与分析国内外科技服务业发展模式的异同。
3. 根据你所在地区科技服务业发展情况，提出符合当地发展的政策。

三、案例分析

柴火创客空间——深圳南山草根企业科技孵化器

"创客"概念源自国外，来源于英文单词"Maker"，意指热衷于创意、设计、制造的群体。柴火创客空间是深圳的创客们聚集的"创意会所"。2010年，深圳成立了第一家创客空间——柴火创客空间。柴火创客空间是机器科技的工作坊。据悉，每周三晚上，柴火创客空间像各地的创客空间一样，会举办聚会活动，创客们分享大家最近的科技成果，或者关注到的最新的技术。截至2015年12月，柴火创客空间的注册会员超过3 500人。数据显示，2015年1月李克强总理参观柴火创客空间时，深圳只有4家创客空间，一年后，深圳创客空间已超过200家。

从柴火空间已经成功走出过许多初创项目。例如，一款名为"脑电波控制飞行球"的项目，只要集中注意力，这个球就会飞起来。除了作为玩具之外，也可以是神经科学的入门科普器材，已经在国外著名众筹网站"Kickstarter"上筹得了1万美元的启动资金。对于这类优秀的项目，柴火创客空间提供介绍投资人的中介服务，协助他们进行供应链资源的对接。在2016年全国双创活动周期间,柴火空间将首次展示升级后的形态——柴火造物中心(x. factory)。柴火造物中心通过引进产业集聚地的专业设备,可帮助全球各地的创客便捷地将自己的创意项目在造物中心实现出来。而在产品原型的打造过程中,相关产业就能发挥技术优势,提供专家作为顾问,与创客协作创新,促进项目在产业中的应用。未来,柴火造物中心可复制到全国各地的产业聚集地,成为全球化科技创新与产业集群升级的"路由器"。

(资料来源:闻坤.深圳"柴火"燃旺全国双创火焰[N].深圳特区报,2016-10-12,A4.)

1. 请阅读和分析以下材料,提炼出"柴火创客空间"可向全国复制的科技孵化体系。

2. 以"柴火创客空间"发展为借鉴,从地方政府的层面思考如何促进创新创业发展,并设计出相应的政策支撑体系。

第十七章

金融服务

本章阐述了生产性金融服务的内涵外延、功能作用、发展现状、发展政策以及未来发展思路，并分析了生产性金融服务促进制造业发展的案例。

生产性金融服务是金融企业向各种生产活动提供资金融通的现代金融服务方式，主要包括货币金融服务、资本市场服务、生产性保险服务、融资租赁以及其他金融服务。生产性金融服务对制造业的升级发展具有价值发现、识别风险、风险分担，以及集约化使用资金的功能。

发达国家生产性金融服务对制造业发展的作用表现在解决融资需求，化解不确定性风险，实现制造业结构调整和转型升级。我国生产性金融服务发展的主要特点是产业链融合和金融集聚性。广东生产性金融服务发展的主要亮点是合作辐射和产业融合。

未来一个时期，我国生产性金融服务发展的总体思路是加大对外开放力度，拓展金融服务的融资体系，推动金融服务集群化发展，创新职业教育体制，为金融服务快速发展提供专业化人才。发展重点是融资租赁、互联网金融和科技金融。工作导向是突出重点，发展新型金融服务方式，强化生产性金融服务实体经济的能力。

本章还以上海生产性金融服务为案例，剖析了上海如何通过资本市场促进企业上市融资、通过融资租赁促进企业技术升级、通过保险服务分散实体经济风险等生产性金融服务助力制造业腾飞的经验和做法。

第一节 基本认识

一、金融服务的内涵与外延

狭义的金融服务是指金融机构运用货币交易手段融通的有价物品,向金融活动参与者和顾客提供的共同受益、获得满足的活动。广义上的金融服务,是指整个金融业发挥其多种功能以促进经济与社会的发展。

由提供金融服务的企业和机构组成的集合体称之为金融服务业。随着金融服务发展水平的提高,金融服务业的外延会不断丰富。按照我国《国民经济行业分类(GB/T 4754—2017)》划分标准,与金融服务业对应的是金融业(J类),包括66~69共4个大类,分别是货币金融服务、资本市场服务、保险业和其他金融业(表17-1)。

表17-1 金融服务的分类

J 金融业	66 货币金融服务	661 中央银行服务
		662 货币银行服务
		663 非货币银行服务
		664 银行理财服务
		665 银行监管服务
	67 资本市场服务	671 证券市场服务
		672 公开募集证券投资基金
		673 非公开募集证券投资基金
		674 期货市场服务
		675 证券期货监管服务
		676 资本投资服务
		679 其他资本市场服务
	68 保险业	681 人身保险
		682 财产保险
		683 再保险
		684 商业养老金
		685 保险中介服务
		686 保险资产管理
		687 保险监管服务
		689 其他保险服务
	69 其他金融业	691 金融信托与管理服务
		692 控股公司服务
		693 非金融机构支付服务
		694 金融信息服务
		699 其他未列明金融业

(资料来源:国家统计局网站.)

随着市场经济的发展,服务业在现代经济中的比重越来越大。特别是作为服务业重要组成部分的金融服务,在现代经济中发挥着越来越重要的作用。在工业化国家,金融服务增加值占国内生产总值的2.5%~13.3%,其就业人数约占4%;在一些发展中国家,金融服务在国民经济中的比重也超过了5%。① 金融服务既可以提供生产性金融服务,也可以提供生活性金融服务,本章只就金融服务提供的生产性金融服务进行阐述。②

二、金融的生产性服务功能与作用

(一) 生产性金融服务的范畴

生产性金融服务是指金融企业和机构向各种生产活动特别是制造业企业提供资金融通的金融服务方式。③ 国家统计局于2015年制定了《生产性服务业分类》,结合生产性服务业分类,本书的金融生产性服务功能主要包括货币金融服务、资本市场服务、生产性保险服务、其他生产性金融服务,还包括融资租赁服务④,具体如表17-2所示。

表17-2 生产性金融服务分类

类　别	细分行业
14 金融服务	货币金融服务 资本市场服务 生产性保险服务 其他生产性金融服务
16 生产性租赁服务	融资租赁服务 实物租赁服务

(资料来源:国家统计局网站.)

1. 货币金融服务

货币金融服务指除中央银行以外的各类银行及经银行业监督管理委员会或商务部批准的财务公司等金融机构为生产活动所提供的存款、贷款等货币媒介活动,为生产性企业融资提供的金融活动。主要包括商业银行活动、财务公司、其他非货币银行服务和银行监管服务。

---

① 何德旭,王朝阳. 金融服务业若干理论与现实问题分析 [J]. 上海金融,2003 (12):4-7.
② 殷兴山. 金融服务业发展研究 [D]. 南京:南京农业大学,2008.
③ 何德旭. 关于金融服务业的一个比较分析 [J]. 金融理论与实践,2004 (07):30-35.
④ 郗文泽. 金融服务产业集聚研究 [D]. 天津:天津财经大学,2008.

2. 资本市场服务

资本市场服务指为生产活动提供的证券交易、基金投资、期货合约经纪、投资咨询、财务咨询等投融资活动,为节能减排提供的投融资服务也包含在此类。主要包括基金管理服务、期货市场服务、资本投资服务、其他证券和资本服务。

3. 生产性保险服务

生产性保险服务指以与生产活动相关的财产及有关利益为保险标的的保险,或为生产活动提供的再保险服务等。主要包括生产性财产保险、生产性再保险、保险经纪与代理服务和保险监管服务。

4. 融资租赁服务

融资租赁服务指以为生产活动提供融资租赁业务为主的服务。主要包括简单融资租赁、回租融资租赁、杠杆融资租赁、委托融资租赁、项目融资租赁、经营性租赁和国际融资转租赁。

5. 其他生产性金融服务

其他生产性金融服务指为生产活动提供担保、信托管理、金融分析、金融决策等金融服务的活动。主要包括担保服务、金融信托与管理服务、控股公司服务、金融信息服务和其他未列明金融业。

(二) 金融的生产性服务作用

1. 生产性金融服务在促进经济增长方式转型上具有集约优势

粗放型的增长方式源于融资的低成本导致市场主体投资决策失效,稀缺的资金要素没有得到合理配置。而集约型经济增长方式的本质则在于以较少的投入实现高收益,这与资金的本质和金融服务资金导向的功能不谋而合。金融服务可以通过差别定价等方式改变资金的成本和收益,从而引导资金流向,通过对既有资本新增部分的运用和存量部分的调整,带动实际资源的流动和整合,发挥对资金的导向和聚集作用。金融可以通过制定差别利率或低息、贴息贷款等方式,引导资金向经济效益好、集约化经营的产业或企业流动和聚集,促进和支持企业产品质量提高和技术进步,为经济增长方式向集约型转化提供导向和动力。①

2. 生产性金融服务在支持自主创新体系建设上具有资本风险识别优势

相对于传统行业而言,自主创新行业的发展具有较大的不确定性,对风险识别、管理以及风险资本聚集提出了更高的要求。金融机构在有效管理风险方面具有一定优势,能够最大限度地识别并分散预期的各种风险损失,促进风险的跨区域、跨时期分担。在支持自主创新领域,金融服务不仅能够通过期权、管理层收购、员工持股计划等多种方式完善激励机制,还能够凭借其较强的风险识别和定价能力为自主

---

① 詹浩勇. 生产性服务业集聚与制造业转型升级研究 [D]. 成都:西南财经大学,2013.

创新提供支持和保障。

3. 生产性金融服务在加快新农村建设上具有价值发现和风险分担优势

目前，信息不对称和风险难以分担成为制约单个投资者或其他投资主体在农村发挥作用的关键。而生产信息和管理风险恰恰是生产性金融服务具有的属性，新农村建设离不开农村金融的支持，离不开金融价值再发现和风险分担功能的充分发挥。国内外实践证明，农村金融机构对农民和农村人格化企业的信贷投放具有较强的信用约束力。只要有合理的政策引导和良好的竞争秩序，金融服务就能够支持和推动新农村建设和城乡统筹发展。

4. 生产性金融服务在支持循环经济发展、促进节能减排上具有跨期交易优势

循环经济、节能减排等环保项目不仅需要大量资金投入，而且其显著的特征是长、短期效益与风险不均衡。这就需要依赖跨时期、跨地区的资产和交易安排进行矫正。实现即期交易与跨期安排的合理匹配是金融固有的属性，金融正是通过不同市场主体之间财产所有权跨时期、跨区域的交易活动，实现资源的合理配置。通过资金差别定价、绿色配额等新型的金融服务手段匹配跨时期、跨区域的收益和风险，能够有效启动和发展循环经济、促进节能减排。

5. 生产性金融服务在实现三大需求协同发展上具有内在平衡优势

促进消费、投资、出口三大需求协同发展，有赖于资金流向的优化和资源的合理配置。随着居民财富的快速增长，发展消费信贷等零售业务已经成为金融机构增强竞争力、实现可持续发展的趋势。支付结算体系、动产抵押服务、循环信贷等金融服务都能够更好地刺激内需、优化消费和投资结构。另外，通过提供出口买方（卖方）信贷、境外投资优惠贷款、技术援助贷款及各类咨询辅导等金融服务方式，还能够促进企业"走出去"，实现生产能力转移和出口结构优化。[1]

三、发展生产性金融服务的必要性

1. 制造业新发展需要大量、持续的金融资金投入

我国提出，到2020年，基本实现工业化，制造业大国地位进一步巩固，制造业信息化水平大幅提升；到2025年，制造业整体素质大幅提升，创新能力显著增强，全员劳动生产率明显提高，两化（工业化和信息化）融合迈上新台阶；到2035年，我国制造业整体达到世界制造强国阵营中等水平。传统产业改造升级、新兴产业规模发展、优势产业企业兼并重组都需要大量金融资金的投入。

2. 中小微企业有效融资需求亟待支持

中小企业在我国工业发展中举足轻重，2015年规模以上工业企业总产值为

---

[1] 耿欣. 金融服务推动我国经济发展方式转型的作用机理分析 [J]. 南方金融，2010（11）：80-82.

66 187亿元，其中，中小企业占据了64.37%。但是，因财务数据不规范、银企信息不对称等原因，中小企业长期存在融资难问题，亟需银行机构突破传统思路，创新微型金融服务模式，满足中小企业有效信贷需求，推动中小企业的长足发展。

3. 高新技术企业需要多样化金融创新支持

近年来，我国大力培育制造业创新中心，鼓励企业建设高水平创新载体，支持科技型、创新型制造业企业孵化和发展。高新企业在研发、应用转化、产业化等各个阶段都存在较大风险，需要通过多样化的金融产品创新实现研发投入资金支持和分散创新风险。

4. 优势企业并购重组需要综合化的金融服务方案

存量资产的重新配置是制造业产业升级的重要途径。通过支持战略性新兴产业内优势企业的并购重组，可以实现生产要素的优化配置和生产能力的重新布局，提升制造业生产效率。在此过程中，制造业企业需要金融机构提供融资及财务顾问等专业化一揽子综合金融服务。[1]

第二节 发展现状

一、国内外生产性金融服务发展经验

(一) 发达国家和地区生产性金融服务发展

1. 美国经验——市场导向型服务供给

美国的生产性金融服务发展在国际市场中处于领先地位，首先是政府制定合理的科技发展战略，以战略规划为先导，同时普及科技创新和互联网金融，从而推动生产性金融服务向多方面发展。二是政府十分重视支持中小企业发展与创新，给予创新性服务企业信息支持、财政税收支持等。三是政府营造适合金融服务发展的市场环境，允许生产性金融服务企业自由竞争，通过制定相关法律法规来保障银行、保险等行业的健康发展。

2. 欧盟经验——创新驱动型融合发展

欧盟生产性金融服务最大的特点就在于服务创新。在科技为先导的知识经济占据主导地位的背景下，欧盟的发达国家通过调整经济结构，大都完成了经济转型，实现了制造业与金融服务的有机融合。欧盟的生产性金融服务创新给我们的经验主要是：第一，完善的法律法规体系。第二，行业协会充分发挥作用。第三，基础设

---

[1] 吴建国，徐晴霞，徐定成，等. 创新金融供给方式支持制造业发展的路径探索——基于苏州市的实践 [J]. 金融纵横，2017 (01)：85-91.

施完备。第四，注重人才培养。

3. 日本经验——工业支撑型服务体系

"二战"后的日本经济飞速发展，主要是工业的发展带动整个日本经济的飞跃，同时，靠生产性服务业特别是生产性金融服务为其制造业的发展提供了充足的资本支持。一是较高的科研投入与战略调整，是日本生产性金融服务的主要方向。二是积极的科技制度及法规，保障生产性金融服务的效率。三是生产性服务业的发展离不开行业协会的支持。四是消除垄断，营造公平竞争的氛围，构建多样化金融体系，为生产性金融服务的发展提供了良好的市场环境。

综上，国外典型生产性金融发展特色主要有：一是资本配置的高效性。生产性金融服务的资金主要流向高科技产业，重点扶持中小企业发展。二是积极的法律法规保障。为企业提供信用担保，保障资金合理流向，实现资源公平有效配置。三是行业协会的支持。形成自律有效的行业协会，实现生产性金融服务的自我规范。四是营造良好发展环境。营造自由竞争市场环境，鼓励金融服务多样化发展。[1]

(二) 国内生产性金融服务发展

1. 北京经验——产业链融合型发展

北京作为中国的政治、经济、文化中心，在发展生产性金融的高端产业链方面具有其他地区不具有的优势。目前，北京市生产性金融服务以产业链垂直分解和产业融合发展的形式为主，特别具有代表性的是中国特有的"电商＋金融"发展模式。其中，产业链垂直分解的发展形式指的是金融服务围绕货币在产业链内的流动进行上下游整合，如京东在售卖商品的同时整合京东白条、京东金融等业务，产业链的上游为大数据、征信体系，而下游为支付、理财、融资等。产业融合的发展形式，则是通过将不同产业之间渗透、交叉和重组衍生出新的金融服务模式，如将计算机技术、云计算等与金融业相结合，发展"互联网＋"金融服务。

2. 上海经验——金融集聚型发展

2015年上海的第三产业增加值占全市生产总值的比重已经达到67.8%，创下历年新高，第三产业对于上海全市经济增长的贡献率已经达到94.9%。在强势拉动上海经济的第三产业中，金融业以超过20%的增速成为主要拉力一马当先，成为上海经济发展的支柱产业。上海依托于其特有的地理优势，对外贸易占据产业发展的重要部分，因此，上海市的生产性金融服务以产业集聚和服务外包的形式为主。以产业集聚为主导，上海积极建设国际金融中心，将陆家嘴打造成世界一流的金融聚集区，各类总部机构加快集聚、能级提升，区域全球资源配置能力不断增强。在服务外包方面，外包金融服务比重虽未形成一定规模，但也可预见未来大势所趋。

---

[1] 杜海玲. 借鉴国内外经验促进辽宁省生产性服务业发展研究 [J]. 对外经贸, 2016 (08): 61-62.

综上，我国生产性金融服务与我国区域经济发展状况相对应，结合区位及电商优势，以产业链垂直分解发展、产业融合发展和产业集聚发展形式为主。其中，产业链垂直分解发展形式主要集中于互联网金融发展方向，以蚂蚁金服、京东金融、陆金所等为代表；产业融合发展形式主要集中于产业集群化区域，将生产性金融与制造业、高科技产业等相融合，相互促进转型升级；产业集聚发展形式则主要集中于金融企业聚集区，以生产性金融服务自身发展为主，同时为其他产业提供金融支持和外包服务，如上海、香港等地区。①

（三）广东省典型生产性金融服务发展

广东省以科技金融服务为核心走出一条独特的金融服务模式。银行、证券和保险在金融服务中承担重要任务，发挥重要作用。

1. 深圳经验——合作辐射型发展

深圳落实广东省自贸试验区总体方案和前海总体发展规划，全力加快前海蛇口自贸片区建设，打造粤港现代服务业创新合作示范区，努力成为内地生产性金融服务走向国际、香港金融服务辐射内地的"双跳板"。一是突出改革创新，加大政策支持，完善法治环境，创新行政服务，营造有利于粤港澳金融服务合作发展的良好环境。二是突出开放合作，建立多层次对接合作机制，加大投资推广力度，促进粤港澳金融资本流动，实现生产性金融服务的深度融合。三是突出集聚发展，汇聚高端资源，集聚专业人才，打造国际金融中心。四是突出协同联动，一方面打造服务"一带一路"战略的重要基地、推动粤港澳生产性金融服务走出去，同时加强金融集聚，提升粤港澳金融竞争力，吸引更多生产性企业在当地落户。五是利用科技优势，实现高科技产业与生产性金融服务相融合，以资本带动高科技产业发展，以高科技产业融合促进生产性金融创新。②

2. 顺德经验——产业融合型发展

顺德作为制造业强区，以产业融合为主要发展形式。在由粗放的传统制造业升级到高端制造业的产业转型升级过程中，打造功能完善、与广佛相配套、服务于产业发展的多层次金融市场体系，以有效破解中小企业发展中遇到的资金瓶颈。一是制造业涉足传统金融业，实现制造与金融相融合，享受稳健金融红利，扩展制造业营利渠道。2014年底，顺德农商行时隔五年后再度进行增资扩股，除顺德区政府外，美的集团、碧桂园集团、万和集团等本地企业巨头也大比例增持，美的、德美化工参股开源证券，登陆新三板市场。二是发力供应链金融，围绕自身行业需求，谋求打造自己圈内的金融生态。碧桂园与由清华控股旗下公司发起的P2P平台"道口

---

① 杜海玲. 借鉴国内外经验促进辽宁省生产性服务业发展研究 [J]. 对外经贸, 2016 (08)：61-62.
② 许勤. 在全省生产性服务业发展会议上介绍深圳经验做法 [N]. 深圳特区报, 2016-02-23.

贷"合作开展供应链金融服务,以碧桂园上下游供应商的应收账款、存货、预付账款作为转让标的,以碧桂园作为承付企业,为其供应商向社会资金进行融资,帮助供应商以最低10%的借款成本融资,期限和额度配置也非常灵活,从而极大缓解了供应链资金紧张的局面。装备制造业龙头伊之密以1.8亿元投资入股南海金融租赁股份有限公司,支持先进装备制造产业转型发展,服务"三农"、中小微企业,并以涉农机械和高端装备的融资租赁为业务主线,专注于发展针对先进装备制造业企业及其产业链的业务模式。

二、国内外生产性金融服务发展的经验与启示

(一) 转变对生产性金融服务的认识

近年来,虽然对服务业的重要性以及服务业的发展对国民经济的促进作用达成了共识,但在实际工作中仍更多地关注于消费性服务业和部分传统的生产性服务业,在金融方面表现为重视消费性金融,认为这些服务业能极大地增加就业,解决就业困难的问题,而且见效快,有利于短期的GDP增长,从而造成对现代生产性服务业的投资忽视、发展滞后,没能充分发挥这些产业对经济的巨大作用。为此,必须从适应全球产业分工和促进制造业升级,推进新型工业化的角度,认识到生产性金融服务对促进产业结构升级、改善资本结构、实现可持续发展的重要性,加快发展生产性金融服务。[①]

(二) 加强对生产性金融服务的顶层设计与规划

从国际看,生产性金融服务集群化发展趋势越来越明显,如华尔街的金融业集群,以及我国北京金融街金融业集群、上海陆家嘴金融业集群等。因此,按照集聚发展、强化辐射的要求,科学合理地对生产性金融服务布局进行区域规划,制定相应的区域性政策,以加强对生产性金融服务区域发展的协调和指导。依托制造业集聚区、高等院校集聚区等区域的资源禀赋和比较优势,明确不同区域、不同城市的功能定位,实现生产性金融服务与制造业发展相适应,实现业态融合,促进产业升级,经济持续增长。加快金融市场制度建设,通过投融资方式创新推动银行理财资金、保险资金、信托资金、公募基金等与新兴产业和新增长点深度融合。

(三) 强化生产性金融服务领域的科技创新

建立在现代科学技术基础上的生产性金融服务,无论在服务品种、服务模式和

---

①南阳市人民政府. 发达国家发展生产性服务业的政策措施及经验借鉴 [J]. 南阳市人民政府公报, 2014 (12): 28-31.

服务效率上都在发生深刻变化，这些变化和业务创新对该领域的科技创新提出了更高要求。具体而言，就是利用科技手段改造传统金融机构的业务流程，推动生产性金融服务效率，提升用户体验；利用科技手段推出全新的金融产品或者为新型创业公司提供传统金融机构没有办法提供的服务。生产性金融服务的科技创新核心是发展金融科技，金融科技是提升生产性金融服务力和水平的重要因素。金融科技是指技术带来的金融创新，它能创造新的业务模式、应用、流程或产品，从而对金融市场、金融机构或金融服务的提供方式造成重大影响。金融科技关键领域是：移动支付、P2P应用科技、大数据分析、数字货币和数据区块链科技、智能交易与理财。通过金融科技水平提升，将会提高移动支付、P2P应用科技、大数据分析、数字货币和数据区块链科技、智能交易与理财等新兴金融服务的安全性、收益率，进而提高生产性金融服务的水平和能力。

（四）结合区域特色，选择合适生产性金融的发展模式

紧密结合当地区域发展特色，发挥区位、产业、技术条件等方面优势，利用已有资本、技术优势，实现生产性金融服务产业融合，打造生产业与金融服务双赢局面。分析区域主导产业发展状况，紧抓产业链价值链中的金融需求，构建切合需求的生产性金融服务体系，更好地满足生产发展需要。

三、当前生产性金融服务发展现状及存在问题

（一）现状特点

1. 融资方式多元化，新业态逐步显现

金融发展对产业支持作用越来越明显，社会融资规模不断提高（图17-1）。除了2008年金融危机导致金融发展受挫而融资规模出现连续3年左右的下降之外，其余年份均保持强劲的增长势头。在所列出的融资方式中，贷款额明显高于其他融资方式，信贷方式仍然是我国金融支持产业经济发展的支柱。而目前在风险隔离的基础上，证监会已开始研究商业银行申请证券期货业务牌照的可行性，一旦银行获得券商牌照，未来将会走向直接融资的时代，银行实现混业经营也是趋势所在，因此，未来银行在金融支持方面将会提供更加多元化的融资方式。[①]

---

① 高文志，高彦如. 我国金融及相关服务业投资分析报告［R］. 2016.

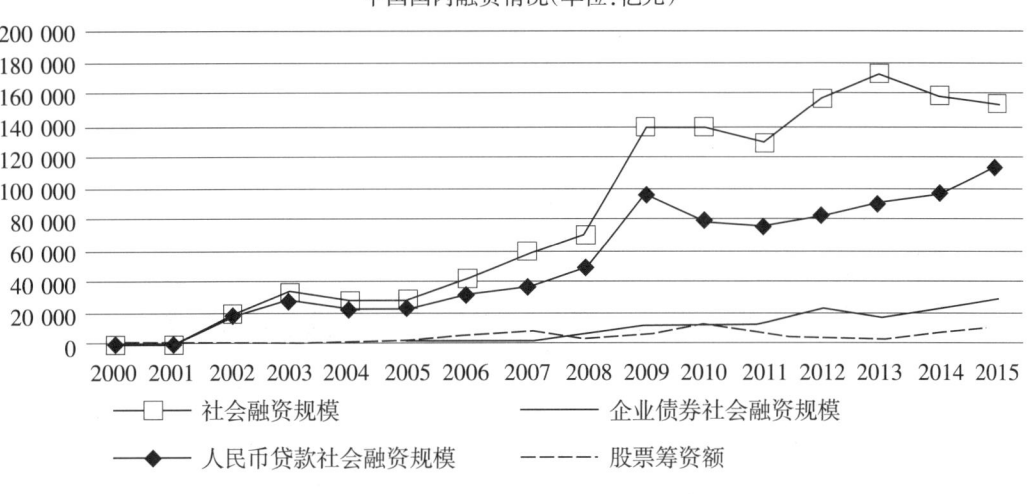

图 17 - 1　2002—2015 年中国国内融资情况

（数据来源：中国人民银行网站以及 wind 数据整理.）

前几年银行信贷高峰过后，经济低迷加上产能过剩导致产业坏账违约事件频繁发生。产业竞争优势的转型过程中导致了一些中小企业倒闭，甚至一些大型企业的资金链也出现问题，从而进一步冲击了银行的信贷发放。而且一些地方性的资金链断裂，企业家携款跑路的现象屡见报端，进一步掀开了银行贷款的地域性风险口，银行不良贷款率出现不断增长趋势（图 17 - 2）。步入新常态的中国经济正发生着深刻的变化，增速放缓、产业升级、优势转换、结构调整等同时出现，其中存在风险，但孕育着新机遇。新常态下，社会融资方式更加多样化、互联网金融的崛起、银行贷款增速回落、存贷差逐渐收窄、金融监管越加宽进严出等趋势涌现，金融脱媒、存款保险制度等新兴业态与政策对传统银行的发展带来了前所未有的挑战。中国各银行的发展战略应与国家经济建设保持一致，适时转型创新，向综合性、集约化、智慧银行等方面转变，积极响应支持产业优势的转型和培育，支持企业"走出去"，不断发展跨境供应链金融、出口信贷、转型信贷等专项产品，为产业发展提供多元化的融资渠道，实现互助共赢。

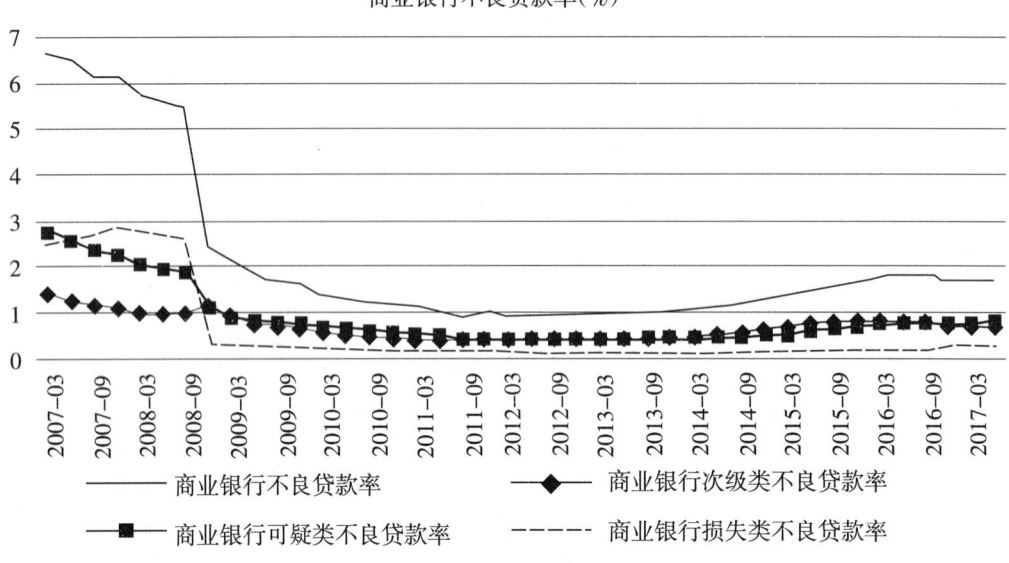

图 17-2 商业银行不良贷款率分析

（数据来源：中国人民银行网站.）

2. 股市融资增势显著，中小企业支持上升

2014年迎来了股市的政策元年，凭借改革红利，大盘指数成功突破3 000点大关，掀起了炒股热潮。2014年发布的"国九条"明确提出，我国将推进实施进退有据的牌照管理制度，证券、基金和期货公司可交叉持牌，其他符合条件的公司也可以申请相关牌照。虽然这项政策尚未落地，但是彰显了我国政府进行金融改革及推进股票市场发展的决心。股市的上涨造成牛市效应，大量的民间资金和社会资金投入资本市场的同时，2014年第三季度及2015年第一季度，证监会多次查处券商融资融券违规行为。决策者不断给股票市场去杠杆化，其目的是确保可能推出的注册制及国企混合制改革上市能吸引足够的社会闲置资金，这样经济就可以轻装上阵，产业竞争优势的转型融资就会得到有效的保障。如果实施注册制，申请上市的程序将会大大缩减，上市相对容易很多，排队上市的情况将得到缓解。上市公司的数量逐年增加，但近年来增长率放缓，相信注册制的推出将促进我国上市公司的数量持续上涨（图17-3）。

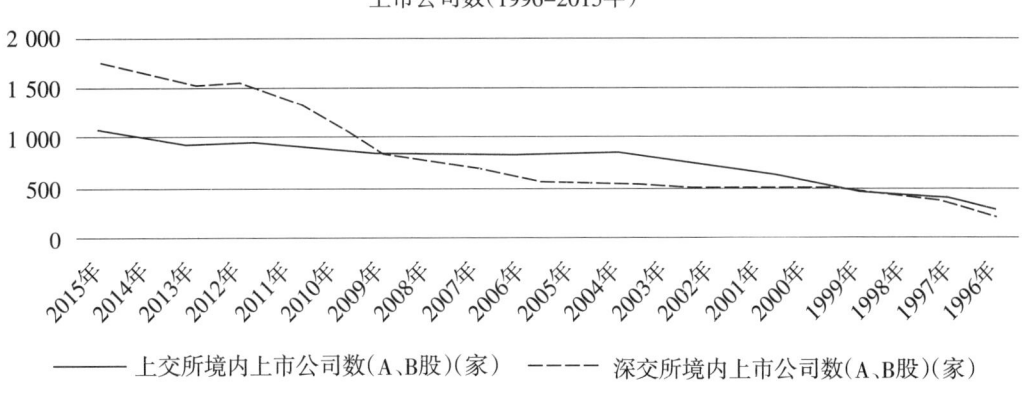

图 17-3　上市公司数量

［数据来源：中国统计年鉴（1997—2016 年）.］

目前我国正处于产业竞争优势转型的密集期，产业风险高、收益低的企业很难从风险厌恶性很强的银行得到贷款，因此股市融资将成为这些转型产业融资的重要甚至主要方式。2009 年我国正式开放了创业板市场，为中小企业及新兴产业公司提供融资和成长空间，降低了股票市场的准入门槛，为新兴产业的壮大做出了一定贡献。创业板甚至一度被认为代表产业结构调整转型的方向，但创业板是否代表新产业方向或竞争优势转型的风向标还值得探讨。创业板和新三板虽然名为高科技产业的"孵化基地"，但其实这两个板块中尚不存在细分行业的代表性企业，且严格来说板块中绝大部分企业实为传统行业。截至 2017 年 10 月 27 日，创业板共有 690 家上市公司，占上市公司总数量的 20%，总市值 5.5 万亿元，占 A 股总市值的 9.5%。创业板已成为多层次资本市场中不可或缺的重要组成部分。八年来，创业板公司平均收入规模由 2009 年的 3.05 亿元增长至 2016 年的 12.96 亿元，年复合增长率达 23%；平均净利润由 2009 年的 0.58 亿元增长至 2016 年的 1.5 亿元，年复合增长率达 15%。深交所表示仍将致力于全面推进创业板的改革，促进创业板层次多样性，大力推进监管转型。蓝筹搭台、成长唱戏的市场格局在未来将会持续一段时间，创业板的良性发展对于经济及产业转型非常重要。在政策鼓励创新创业的情况下，创业板备受资金青睐符合国家经济与产业转型的发展方向，是大势所趋。创业板上市企业的不断增加，业绩和估值的上涨，以及融资额的增加，将有利于新兴产业及新竞争优势的培育。

对于那些已经上市的大型传统产业，其转型升级也需要股市融资支持。国内 A 股市场上市企业中，制造业行业截至 2014 年 12 月 31 日达到 1 710 家，远远超过其他行业，但是制造业的每股收益、平均净利润率等明显低于其他行业。金融业仅有 45 家，多项指标却领先于其他行业，平均净利润率甚至高达 42.31%。从这些数据分析可以知道，我国制造业行业竞争优势转型势在必行，而逐渐成长起来的金融行业应利用其优势对其他行业进行帮扶和优势互补，实现产融结合，协同发展。2015年，国企改革不断推进，成为市场中长期的润滑剂和主动力。混合所有制改革、股权激励以及行业重组等带来了阶段性的主题和个股机会，甚至将会是贯穿2015年全年的投资主线。2015年3月的政府工作报告中明确指出，要大力发展新兴产业，不断推进国企改革，经济增速调为7%。经济目标的再一次下调，目的就是为产业竞争优势转型及经济转型升级留下空间，摒弃以前依靠投资和资源消耗拉动的粗放型增长模式。

（二）存在问题

1. 金融服务的发展与制造业的需求不相适应

我国制造业产业规模虽然较大，但是在产业分工中大多是处在生产链上的劳动密集型的生产或装备活动。即使是技术或资本密集型的产品也是劳动密集型的工序，产品附加值和技术含量较低。这些处于产业链低端的生产、加工、装备、制造环节，物质材料消耗成本较大，外包服务不多且涉及面窄，与产品制造相关的金融支出占全部支出的比重很小，对融资的需求相对较小。与此同时，我国金融服务的发展与制造业需求也存在不相适应的地方，比如，银行业信贷投入开始进入转型时期，对制造业的信贷投入出现减缓；保险业与制造业密切相关的产险保费收入增长缓慢，说明了生产性金融对制造业的服务仍需要进一步改进。

2. 金融服务与产业发展缺乏融合共进机制

目前来看，生产性金融服务企业同质化现象严重，缺乏核心服务能力，不能完全满足企业专业化的需求，制约了制造业的发展，同时，制造业对服务业的"拉动"也不足。相对而言，制造业产业规模较小，产业链短，具有优势的产业集群尚未普遍形成，发达地区与周边地区经济联系比较松散，区域产业配套能力也不强，制约了服务业的跨区和溢出功能的有效拓展和发挥。

3. 发展金融服务规划的引导力度不足

近年来，我国虽制定了一系列有关促进制造业发展的政策，以及生产性服务业发展的政策，但是，对制造业与生产性服务业融合发展尚未进行系统研究，缺乏促进制造业与生产性服务业融合的规划和政策。同时，对于生产性金融服务缺乏顶层设计，缺乏对生产性金融服务集聚的引导，以及对不同企业、不同融资渠道的分工与协作进行分配，不能有目的地进行引导发展。

4. 缺乏复合型人才

生产性金融服务为知识密集型行业。人力资源开发是生产性服务业健康发展的保证，而生产性金融服务在此基础上需要更高的要求，既了解生产理论，又熟悉金融业务的人才严重短缺，也造成了生产性金融服务的投资效率降低，未能更好地服务于制造业生产。

四、国内外生产性金融服务发展的政策借鉴

（一）成立专门服务业发展机构，指导金融服务的发展

由于生产性金融服务涉及的内容较多，服务对象广泛，行业管理较为复杂，发达国家在推动生产服务业发展过程中，十分重视专门成立服务业发展或促进机构，从战略高度指导和协调生产性服务业的发展。如美国为了更好地为中小企业进行金融服务，对证券场外市场进行监管，成立了专门的金融业监管局（FINRA），为保持其金融服务在国际金融市场的竞争力，成立了由 20 名金融业要员构成的"金融服务业全球竞争力小组"。新加坡为全力推进服务经济的知识化和信息化，专门成立了服务业总体推进机构，及时监测和解决服务业发展中存在的问题，并通过一系列产业政策措施和扶持行为引导和强化生产性金融服务的发展。[1]

（二）鼓励金融服务创新，优化服务产业融资环境

由于生产性金融业属于知识密集型和科技含量较高的行业，因此发达国家普遍重视金融创新，为相应生产性产业提供便捷安全的金融支持。一是注重对金融创新方面的科研投入。20 世纪 90 年代以来，美国的金融行业经历了一个以信息技术的研发和应用为主要内容的技术创新和改造浪潮，英国政府则大力推行技术预测计划，并通过税收政策刺激相关生产性服务企业增加研发投入，将金融服务流程化、电子化，为相应产业发展提供便捷支持。二是强化技术创新的政策支持。2013 年 4 月成立的 FCA 依据《2000 年金融服务与市场法案》（Financial Services and Markets Act 2000，FSMA），开始承担对金融科技创新的监管，其主要监管思想是平衡创新与风险的关系，以达到适度监管的目的。针对金融科技创新企业不熟悉金融监管规则，也不知道如何从监管部门获得业务许可的难题，FCA 于 2014 年 10 月推出"项目革新"（Project Innovate）计划。

（三）推动金融服务外包与服务贸易发展，提升制造业增长质量

研究显示，逆向金融服务外包可以显著提高制造业的增长质量，其中，对技术密集型行业增长质量的促进力最强，对资本密集型行业增长质量的提升作用次之，对劳动密集型行业增长质量的影响不显著。20 世纪 90 年代以来，发达国家掀起了金融业外包的发展浪潮，推动全球金融服务外包业务迈入了快速发展时期，目前，金融服务外包业务的规模已经仅次于制造业，在所有行业中位居第二。美国是世界上

---

[1]路红艳. 国外发展生产性服务业的政策措施及启示 [J]. 中国经贸导刊，2010（19）：21 - 22.

银行业服务外包业务规模最大的国家,也是最早制定金融服务外包监管文件、银行业服务外包监管体系最完善的国家。2004年6月,美国联邦金融机构检查委员会发布《FFIEC技术外包IT检查手册》,对如何评价一家金融机构建立、管理和监督IT外包关系的风险管理水平提供了指导方针和检查办法。

(四) 推进行业改革与制度建设,促进生产性服务业发展

为促进生产性金融业发展,发达国家积极采取了放松管制、打破垄断、完善立法等措施。例如,英国政府1986年实施了《金融服务法案》,1997年成立了金融服务管理局(FSA),2000年通过《金融服务与市场法》。同时,英国政府于1993年专门成立了8个工作小组对法律法规体系进行了梳理,以解决知识密集型生产性服务业发展过程中出现的知识产权和法律法规等问题,生产性金融服务也是其中之一。

(五) 重视对服务企业的咨询与培训,加快与生产制造融合

发达国家政府十分重视对企业的服务,包括提供信息咨询、市场调查、贸易展览、专业培训、技术辅导等服务项目,以促进服务企业发展。例如英国政府非常注重对生产性服务企业的教育和指导。英国政府在每个地区建立了顾问署,作为专门的企业管理和咨询机构,在全国雇用了1 000多名退休企业家和工程技术人员为高层顾问,负责帮助企业制订发展计划,引导企业改变经营策略。同时,积极开展企业高层培训,由企业自己报名,制订有针对性的培训方案。

第三节 发展思路

一、总体思路

进入中国特色社会主义新时代,推动生产性金融服务发展需要有新思路。首先要进一步加大对外开放力度,要统筹生产性金融服务与服务贸易和服务外包发展;其次,要有效拓展金融服务的融资体系,要统筹生产性金融服务与消费性金融服务的发展,促进金融服务发展;再次,要与政府职能转变相结合,支持生产性金融服务的发展,推动金融服务集群化发展,生产性金融服务发展要与科技创新相结合,要与行业改革相结合;最后,创新职业教育体制,为金融服务快速发展提供专业化人才,强化人才引进和培养,为生产性金融服务发展提供人才保障。[1]

---

[1] 马莉. 广东省生产性服务业发展思路分析 [J]. 经济与管理, 2011 (08): 73-77.

二、发展重点

（一）重点领域

1. 融资租赁

建立完善融资租赁业运营服务和管理信息系统，丰富租赁方式，提升专业水平，形成融资渠道多样、集约发展、监管有效、法律体系健全的融资租赁服务体系。大力推广大型制造设备、施工设备、运输工具、生产线等融资租赁服务，鼓励融资租赁企业支持中小微企业发展。引导企业利用融资租赁方式，进行设备更新和技术改造。鼓励采用融资租赁方式开拓国际市场。紧密联系产业需求，积极开展租赁业务创新和制度创新，拓展厂商租赁的业务范围。引导租赁服务企业加强与商业银行、保险、信托等金融机构合作，充分利用境外资金，多渠道拓展融资空间，实现规模化经营。建设程序标准化、管理规范化、运转高效的租赁物与二手设备流通市场，建立和完善租赁物公示、查询系统和融资租赁资产退出机制。加快研究制定融资租赁行业的法律法规。充分发挥行业协会作用，加强信用体系建设和行业自律。建立系统性行业风险防范机制，以及融资租赁业统计制度和评价指标体系。

2. 互联网金融

互联网金融是传统金融机构与互联网企业利用互联网技术和信息通信技术实现资金融通、支付、投资和信息中介服务的新型金融业务模式。互联网金融对促进小微企业发展和扩大就业发挥了现有金融机构难以替代的积极作用，为大众创业、万众创新打开了大门。促进互联网金融健康发展，有利于提升金融服务质量和效率，深化金融改革，促进金融创新发展，扩大金融业对内对外开放，构建多层次金融体系。加大互联网金融产品的研究，鼓励互联网金融产品创新，充分利用互联网开放式平台优势，强化互联网金融产品开发，满足多样性需求服务，加大技术研发，改进互联网金融运行环境，实现互联网金融交易平台安全畅通和信息安全传输。

3. 科技金融

科技金融是促进科技开发、成果转化和高新技术产业发展的一系列金融工具、金融制度、金融政策与金融服务的系统性、创新性安排，是由向科学与技术创新活动提供融资资源的政府、企业、市场、社会中介机构等各种主体及其在科技创新融资过程中的行为活动共同组成的一个体系，是国家科技创新体系和金融体系的重要组成部分。我们要完善政策，营造良好的科技投融资环境，加强引导，设立专项基金，激励科技投融资活动，健全科技投融资渠道体系，加快培育科技投融资人才，提高科技投融资水平。

（二）工作着力点

1. 抓住"一带一路"新机遇，金融服务走出去

中央提出建设"一带一路"号召以来，各方面都积极响应，推动各项政策落地生效。"一带一路"是开放之路，涉及大量的新型金融合作，会带来进一步开放的需求，也为我国金融开放和国际合作提供了新的机遇。开发性金融可以在"一带一路"建设中发挥积极作用。我国首先探索的开发性金融是服务国家战略、市场运作、自主经营、注重长期投资、依托信用支持、不靠政府补贴、保本微利、财务上可持续性的金融模式。这种模式可在"一带一路"中有更好的发挥。该模式不会形成对财政资源的挤占，避免滋生道德风险和导致市场扭曲等问题。"一带一路"建设也为金融机构开展海外布局，为贸易、投资、资本运作等提供更好金融服务提供了发展空间。①

2. 培养完善中小企业融资供给渠道

积极发展中小金融机构。经过20多年的金融改革，我国逐步形成了包括政策性银行、国有商业银行、股份制商业银行及其他多种金融机构并存分工协作的金融服务体系。但从总体看，四大国有商业银行在银行体系中仍然居于垄断地位。在大银行居于主导地位的情况下，使得大量资金流向大企业、大项目，广大中小企业被排除在正规金融服务之外，同时，降低了金融业的竞争活力，不利于金融功能的发挥。因此，必须采取有效措施，推动中小金融机构的发展，以促进同业竞争，提高金融服务效率。

三、发展举措

党中央、国务院历来高度重视金融业特别是生产性金融服务的发展。2013年国务院办公厅《关于金融支持经济结构调整和转型升级的指导意见》（国办发〔2013〕67号），要求更好地发挥金融政策、财政政策和产业政策的协同作用，优化社会融资结构，持续加强对重点领域和薄弱环节的金融支持；2014年国务院办公厅《关于多措并举着力缓解企业融资成本高问题的指导意见》（国办发〔2014〕39号），着力缓解企业融资成本高问题，促进金融与实体经济良性互动；2015年国务院《关于印发推进普惠金融发展规划（2016—2020年）的通知》（国发〔2015〕74号），强化了金融服务对中小微企业发展的支持；2016年中国人民银行等七部委联合印发了《关于构建绿色金融体系的指导意见》（银发〔2016〕228号），将发展绿色金融上升为国家战略；2017年成立了国务院金融稳定发展委员会，强化对金融业的监管。所

---

①张雪冬. 美国银行业服务外包监管的经验借鉴［J］. 南方金融，2012（12）：55-58.

有这些政策对生产性金融服务的发展指明了方向。未来一个时期，为健康发展生产性金融服务，还可以采取以下措施。

(一) 进一步加大对外开放力度

引进国外金融资本、金融产品和金融管理经验，促进上海、广州、深圳等区域性金融中心的建立和发展，加快风险资本的培养和高科技产业发展，推进制造业升级，将使得资金流动更加畅通和透明。加大服务业对内和对外开放力度，利用多种渠道和手段吸引产业要素投向现代服务部门，提高竞争程度，推动产业升级。除国家法律、法规禁止进入的领域，其他投资领域各类资本均可进入。对于有利于制造业升级、解决就业、符合条件的企业可以通过税收优惠、放宽审贷条件、项目融资、设立产业投资基金的方式，充分调动民间资本进入服务业。

此外，为了进一步加大对外开放的广度和深度，还要加强生产性金融服务与服务贸易和服务外包的融合发展。金融服务的外包不仅能提升生产性金融服务的自身发展效率，还能有效提升我国制造业增长质量。当前我国金融服务贸易和金融服务外包发展相对落后，金融服务机构通过外包，可以将风险管理及合规等职责转交给不受监管且能进行离岸操作的服务商进行运作，在获得更多收益的同时也可大量节约成本。除了金融服务行业自身发展不足的原因外，在一定程度上也与我国服务业、服务贸易现行的分散管理体制有关。因此，要实现生产性金融服务贸易和外包的快速发展，一方面，需要通过研究制定财政支持、税收优惠、简化手续等政策，如积极探索服务业出口退税政策，促进金融保险等高附加值的生产性金融服务出口和外包。另一方面，要积极借鉴国际经验，由相关部委联合成立生产性金融服务管理和促进机构，建立生产性金融服务发展的领导协调机制，制定全面与清晰的外包政策，建立有效风险监管流程，对可能出现的金融风险进行监控，指导生产性金融服务快速稳定发展。

(二) 有效拓展金融服务的融资体系

走创新型国家之路，提升企业自主创新能力。中小企业特别是科技型中小企业，是自主创新的主要载体。我国近年创立了上海、深圳证券交易所，资本市场实现长足发展。但与我国经济发展速度相比，资本市场发展还不够，中小企业融资难问题依然存在。因此，应着力构建一个功能强大、结构完善的多层次资本市场体系，通过多层次资本市场的引导、示范和带动作用的发挥，促进企业自主创新能力的提高，支持中小企业发展壮大。具体而言，首先要大力发展债券市场；其次要深入推动商业银行发展直接融资产品，促进金融工具多样化；第三要加快生产性租赁业发展，特别是融资租赁业发展。

为了有效拓展金融服务融资体系，还需要加强生产性金融服务与消费性金融服务融合发展。要真正实现产业融合发展，必须兼顾需求侧和供给侧，同样，生产性金融支持也需考虑制造业发展供给侧要素的需求，即不仅要考虑制造业发展的资金需求，还需考虑劳动力要素的消费需求。生产性金融服务与消费性金融服务是金融服务密不可分的两个方面，二者既相互区别，又存在紧密的互动发展关系，没有消费性金融服务的配套发展，生产性金融服务业就难以实现真正的发展。因此，各地政府在推进生产性金融服务发展过程中，要把发展消费性金融服务作为促进生产性金融服务发展的一个重要途径，通过大力发展多种个人消费、理财投资等消费性金融方式，创造良好的金融服务环境，吸引和留住生产性服务人才，实现金融服务联动提升。

（三）推动金融服务集群化发展

深化户籍管理、土地流转和社会保障等体制改革，打破束缚人口流动的制度障碍。引导制造业向城市周边集中布局，依托制造业集聚扩大生产性金融服务的有效需求，形成支撑产业发展的规模经济和范围经济效应。按照集聚发展、强化辐射的要求，考虑城市建设、交通、居住、环境以及社会经济发展趋势等因素，科学合理地划分生产性金融服务不同的功能区域，以功能区、集聚区建设为载体，实现园区化管理、专业化服务和社会化、市场化运作新机制。通过规划布局、政策引导和必要的财政支持等形式，支持生产性金融服务实现区域性集聚。尽快消除针对服务业的政策性歧视，对生产性金融服务在用水、用电和用地上实行与制造业同等政策，对生产性金融服务集聚区应给予与工业开发区相同的政策扶持。具体而言，推进金融服务集群化发展，可以通过以下对策：

1. 生产性金融服务发展要与科技创新相结合

金融产品的研发、搭配设计和资本运作等都属于生产性金融服务。这些方面的发展均离不开科技创新的支持，特别是在互联网时代，大数据、云计算等技术手段给金融业带来了巨大变革。因此，我国在推动制造业技术创新，提高自主创新能力的同时，也要鼓励配套金融服务进行创新，加快制定和完善科技创新政策，使得生产性金融服务能为制造业提高更为精准高效的资金配置，加快制造业向高端产业链转型升级。

2. 生产性金融服务发展要与金融改革相结合

与制造业相比，我国银行、证券、保险等金融服务的垄断性强，市场化程度低，制约了生产性金融服务的发展。因此，要促进生产性金融服务业的发展，一方面要突破体制、机制障碍，调整服务业管制框架及其政策，着力打破体制机制壁垒，促进银行、证券、保险等生产性金融服务与制造业相融合。另一方面，逐步放松准入管制，特别是要鼓励民间资本的进入，提高金融行业中民间资本的占比，提高金融服务业的竞争程度，构建多样化金融服务体系。

3. 生产性金融服务发展要与政府职能转变相结合

政府在促进生产性金融服务发展，特别是金融服务实体经济方面，要积极借鉴英国等发达国家经验，引导各类行业协会建立联合机制，与金融机构加强合作，共同打造为生产性金融服务企业服务的信息网络平台，搭建政银企等多种合作机制，帮助生产性金融服务企业根据实体经济服务需求，提供适合制造业企业需要的金融产品和服务，在服务实体经济的过程中实现自身发展。

（四）创新金融人才培养方式

发展生产性金融服务，有必要继续推行金融人才战略，多渠道加强金融人才的培养和建设。加强对金融从业人员的定期培训，鼓励和督促员工不断进行观念和知识更新，努力培育结构合理的人才队伍。建立多层次的人才培训体系和科学的人力资源开发利用体系，以保证为生产性服务业发展提供大量的专业人才。培育跨学科跨专业人才，将生产性金融服务与服务对象紧密融合，将信息技术等新技术、新科技引入生产性金融服务，以提供更好服务水平。发挥协会作用，开展在职教育，注重以实践应用和实际操作为主。改革现行人事管理制度、绩效考核办法、收入分配制度等，使其与市场经济规则和国际通行惯例靠拢，建立一个有利于培养人才、发现人才、吸引人才、留住人才的良好环境。

具体而言，一是要加大对金融专业教育投入力度，有计划地在现有高等学校和中等职业学校增设生产性金融服务紧缺专业，加快培养生产性金融服务所需各类专业人才，特别要加快培养金融中介服务、金融政策与财务管理、熟悉生产产业链以及熟悉国际服务贸易规则等方面的人才。二是加强服务业人才就业培训。借鉴新加坡的经验，制定生产性金融服务人才就业方面的培训方案，通过多种方式，加快培训一批高技能、高知识的金融服务专业人才。三是积极引进生产性金融服务高端人才。制定生产性金融服务人才引进和利用计划，通过政策引导，大力引进高层次、高技能，特别是通晓国际通行规则和熟悉现代金融管理的金融服务业高端人才，通过吸入高端人才引入先进经验，加快发展符合中国特色的生产性金融服务。

第四节 案例剖析

上海生产性金融服务助力制造业腾飞

上海在先进制造业发展的生产要素成本和商务成本不断上升的压力下，不完全依靠生产要素的投入数量，而是通过大力发展金融服务，即进一步扩大金融体系的规模，完善金融机构和金融市场的功能，提高金融服务效率和资本的配置效率，促进制造业结构调整。

一、长三角制造业与金融服务相融合

近年来,上海市的生产性金融服务一直走在全国前列。2014 年,上海市服务业增加值占 GDP 的比重达到 64.8%,其中生产性金融服务业增加值占服务业增加值的比重超过了 60%。其生产性金融服务的发展主要表现为两个方向:一是制造业领域企业围绕主业向价值链高端金融服务环节延伸,通过金融转型为服务企业;二是金融服务利用其催化研发设计能力,促进制造环节延伸产业链条。①

二、上海生产性金融服务制造业结构调整路径

2009 年 4 月,国务院印发了《关于推进上海加快发展现代服务业和先进制造业建设国际金融中心和国际航运中心的意见》,其中明确提出了建设上海国际金融中心的总体目标。即,到 2020 年,资本项目基本开放,建成全球最重要的人民币循环枢纽和定价中心,初步形成以 CIPS 为基础的人民币清算中心,基本建成与我国经济实力及人民币国际地位相适应的国际金融中心。近年来,上海生产性金融服务能力和水平呈现稳步提升,推动上海从制造业大市向制造业强市迈进,进而引领生产性金融服务发展方向。②

(一) 通过资本市场促进企业上市融资

近年来,上海市大力推动资本市场直接融资,增强资本市场服务产业转型升级的能力,加快推进上海国际金融中心的建设步伐。2013 年,上海市上市公司通过资本市场直接融资总额约为 1 166.2 亿元,占全国资本市场直接融资总额的 15%,创下单年直接融资额的最高纪录。其中,9 家企业通过 IPO 筹资金额 723.98 亿元,占其直接融资总额的 62%;11 家上市公司通过增发、配股、发行债券等其他方式再融资金额 442.22 亿元,占其直接融资总额的 38%。特别是上市公司中小企业上市的数量筹资金额均实现了大幅增长,2013 年全年共有 6 家上海本地中小企业实现上市。截至 2013 年底,上海共有上市公司 157 家,遍布金融、汽车、钢铁、电子、医药、百货等各主要产业,其中多家企业已成为各行业发展的龙头企业。

(资料来源:上海将着力推动资本市场直接融资 促金融企业上市 - 阿里云资讯网 https://www.aliyun.com/zixun/content/2_6_185488.html。)

(二) 通过融资租赁促进企业技术升级

上海通过大力发展融资租赁业,推动本地制造业企业的转型升级,进而提高上

---

① 马骏. 新常态下推进上海制造业服务化研究 [J]. 上海经济, 2016 (6): 26 - 33.
② 姜涛. 区域金融发展与制造业结构升级研究——以上海为例 [J]. 现代管理科学, 2011 (10): 76 - 78.

海企业服务全国、进军国际的能力。产业转型升级离不开大量的资金投入，融资租赁通过引入资金、促进销售，能够支持、促使制造业企业获得转型升级所需的资金。上海的战略性制造行业，如国产支线飞机、大飞机、轨道交通设备、船舶、港口与海洋装备、电站设备等，通过借助融资租赁，在全国乃至全球的激烈竞争中占据了有利的市场地位，有力实现了产业的转型升级。

（资料来源：商务部将进一步加大对装备制造业的扶持－装备制造业－机床行业－hc360，慧聪网，http://info.mt.hc360.com/2009/04/23100049554.shtml.）

（三）通过保险服务分散实体经济风险

保险服务可以通过机制手段的创新和技术变革的支撑，为实体经济提供全方位的风险保障。上海保险业服务实体经济成效显著，为上海推动供给侧结构性改革提供了有力支撑。比如，上海保险业助力钢铁业供给侧改革，为宝钢、武钢整合重组工作顺利进行提供了近3 000亿元的风险保障。为国产C919大飞机试飞保驾护航，提供风险保障43.3亿元，有力保证C919首飞成功。积极为首台（套）重大技术装备创新应用提供保险服务，累积风险保额已超100亿元。积极参与环境污染治理，开展环境污染强制责任保险试点，成立中保投资中国燃气（深圳）清洁能源发展基金，等等。

三、上海国际金融中心地位日益凸显

经过十多年的努力，以及全球经济中心向中国等新兴经济体转移，上海在世界金融体系中正在发挥越来越重要的作用。英国金融城发布的最近几期全球金融中心指数（GFCI）表明，伦敦、纽约综合得分不断下降；上海近年来的排名不断上升，由2016年底的第16位上升至2017年3月的第13位。

（资料来源：《上海国际金融中心发展报告（2017）》发布，http://www.cankaoxiaoxi.com/china/20170620/2135024.shtml.）

本章习题

一、名词解释

1. 金融服务
2. 生产性金融服务

二、简答题

1. 生产性金融服务对于促进制造业升级发展的意义有哪些？
2. 发达国家在发展生产性金融服务方面有哪些经验？
3. 目前我国有哪些典型的生产性金融服务发展模式？

4. 如何解决目前发展生产性金融服务所面临的问题？

三、案例分析

广州：生产性金融服务成为"广州服务"的新亮点

广州出台加快发展生产性服务业三年行动方案，"广州服务"成为经济增长新的亮点。

近年来，"广州服务"成为这座国家中心城市经济增长新的亮点，服务业发展日新月异，全市服务业增加值占GDP的比重已近2/3。为了进一步促进服务业优化升级，加快构建高端高质高新的现代产业体系，大力推动经济结构调整上水平，广州出台了《广州市加快发展生产性服务业三年行动方案（2015—2017年）》（以下简称《方案》）。《方案》提出到2017年"生产性服务业增加值达到6 800亿元左右，占服务业增加值和GDP的比重分别达到48%和32%左右"的奋斗目标。在金融业方面，《方案》提出，大力培育融资租赁、互联网金融、科技金融和跨境金融等新业态，发展壮大总部金融、国际金融和民间金融。重点建设广州国际金融城和南沙现代金融服务区"双核心"，加快建设广州民间金融街、广州金融创新服务区、广州中小微企业金融服务区等特色金融集聚区。

佛山：广东金融高新技术服务区推动金融回归实体经济

广东金融高新技术服务区于2007年7月由广东省政府授牌成立，是广东建设金融强省的七大基础性平台之首，也是经广东省人民政府批准的唯一省级金融后台服务基地。根据国务院《珠江三角洲地区改革发展规划纲要（2008—2020）》及有关战略部署，金融高新区将依托"金融后台，产业金融"这一战略定位，致力建设辐射亚太地区的现代金融产业后援服务基地和广东产业金融中心。2011年，景兴环球大厦、富力国际金融中心以及招商银行等重大项目启动建设、PICC南方信息中心正式投入运营；2012年，汇丰环球佛山中心开建；2013年，包括广发金融中心在内的多栋大楼相继实现封顶或投入使用；截至2017年6月，广东金融高新区核心区共引进重大项目340个，总投资额约656亿元，吸引中高端人才数量达到5万人。特别是在2010年，广东金融高新区就在全省率先提出金融、科技、产业融合战略，致力于推动金融回归实体经济。在千灯湖畔举行的首届金洽会，便是以"加强金融与科技融合，促进产业优化升级，培育战略性新兴产业"为主题。如今，距广东金融高新区正式挂牌已有十年，金洽会也已举办了八届。一组数据说明了建设成效——南海区金融业GDP从2007年的39.61亿元，增加至2015年的119.14亿元，增长2倍；金融业GDP占比从2007年的3.41%提升至2015年的5.35%，最高峰达6.89%。

粤港澳大湾区：广深港三城生产性金融服务的分工与合作

粤港澳大湾区指的是由广州、佛山、肇庆、深圳、东莞、惠州、珠海、中山、江门等珠三角9市和香港、澳门2个特别行政区组成的城市群，是继美国纽约湾区、美国旧金山湾区、日本东京湾区之后的第四个大湾区。它是国家建设世界级城市群和参与全球竞争的重要空间载体。粤港澳大湾区将重点从六个方面谋划发展。其中，在金融方面，将大力打造粤港澳大湾区国际金融枢纽，推动粤港澳金融竞合有序、协同发展，培育粤港澳金融合作的新平台和新载体，扩大内地与港澳金融市场要素双向开放与互联互通，打造引领泛珠、辐射东南亚、服务于"一带一路"的国际金融枢纽，形成以香港为龙头，以广州、深圳、澳门、珠海为依托，以珠三角其他地市为腹地，以广州南沙、深圳前海蛇口和珠海横琴为节点的大湾区金融核心圈。

（资料来源：案例根据相关地方政府发布的材料整理.）

请剖析广州、深圳、香港三地如何发展生产性金融服务，促进粤港澳大湾区乃至更大范围内的制造业发展？

第十八章

节能环保服务

本章从节能环保服务的基本认识、发展演进、国内外发展情况、主要政策、存在问题,以及未来发展思路等方面进行阐述。

节能环保服务既是生产服务业的重要组成部分,也是节能环保产业的核心内容。发展节能环保服务,能够促进制造业企业节约成本、提升竞争力、实现产业转型升级和绿色发展。

制造强国、制造大国、制造新国的节能环保服务发展水平不一。以美国、德国为代表的制造强国节能环保服务发达,以强化政府推动、标准引导、融资支持、责任保险等为特点;以英国、法国为代表的制造大国节能环保领域主要以大型国际化公司为主,且法国大型综合服务公司实力较强;以巴西为代表的制造新国在节能环保服务发展方面更多依赖国际机构的支持,总体发展水平偏低。从制造大国升级为制造强国,发挥好节能环保服务对制造业的促进作用是十分重要的一环,我国需要在政府引导、政策和法律保障等方面借鉴发达国家的经验。

"十三五"期间,我国节能环保服务逐渐迈入创新发展阶段,新兴运营模式将得到应用,节能环保综合服务企业会陆续出现,以适应更加灵活多样的市场需求。广东省节能环保服务发展走在全国前列,在促进制造业转型升级的应用方面也具有引领性和代表性。

国内现有节能环保政策主要从鼓励推动和规范限制两个角度对行业发展提出了要求,未来将重点引导行业创新服务模式,同时强化标准、诚信等方面的考核监管。下一步,节能环保服务的发展还需在法律规范引导、行业创新、融资支持、宣传推广普及等方面加大力度。

最后,本章介绍了世界著名制造业企业日立公司作为高压变频器生产商借助其技术、资金、人才优势,如何通过日立电机节能服务模式("HDRIVE"),向节能环保领域延伸的案例。

第一节 基本认识

一、概念与分类

节能环保服务旨在从能源、资源节约和污染治理、环境保护的角度出发，为全社会的生产和人民生活保驾护航、提质增效，包括节约能源、环境保护、资源回收利用以及相关的综合性服务。

《国民经济行业分类》（GB/T 4754—2017）未对节能环保服务业进行单独归类，相关内容分散在"科学研究和技术服务业""水利、环境和公共设施管理业"两大类中。《生产性服务业分类（2015）》将节能与环保服务列为生产性服务业的一个行业大类，是基于《国民经济行业分类》将符合生产性服务业特征有关活动进行再分类，明确节能与环保服务包含节能服务、环境与污染治理服务、回收与利用服务3个中类以及12个细分的小类，重点突出"生产性"和"为生产活动提供"的特征，表18-1为《生产性服务业分类（2015）》中节能与环保服务分类情况。

表18-1 《生产性服务业分类（2015）》中节能与环保服务分类

代码			名称	说明
大类	中类	小类		
15			节能与环保服务	
	151		节能服务	
		1511	节能技术和产品推广服务	仅包括节能技术和产品的开发、交流、转让、推广服务，以及"一站式"合同能源管理综合服务
		1512	节能咨询服务	仅包括节能技术咨询、节能评估、能源审计、节能审核服务
	152		环境与污染治理服务	
		1521	生产性环境保护监测	仅包括对生产活动产生的各类污染排放物的测试和监测服务
		1522	环保技术推广服务	仅包括环保技术的推广服务，以及清洁生产审核（非政府职能）、环境总承包服务
		1523	生产污水处理和水污染治理	仅包括为生产活动提供的污水处理和水污染治理
		1524	生产性大气污染治理	仅包括为生产活动提供的气体污染治理
		1525	生产性固体废物治理	仅包括为生产活动提供的固体废物治理
		1526	生产性危险废物治理	仅包括为生产活动提供的危险废物治理
		1527	生产性放射性废物治理	仅包括为生产活动提供的放射性废物治理

续表 18-1

代码			名称	说明
大类	中类	小类		
		1528	生产性其他污染治理	仅包括为生产活动提供的噪声污染、光污染等治理服务
	153		回收与利用服务	废弃物回收与资源化处理,再制造旧件回收等包含在此类
		1531	再生物资回收与批发	
		1532	废弃资源综合利用业	

二、产生与演进

(一) 节能服务

节能服务起源于 20 世纪 70 年代后期发生的能源危机,为应对不断上涨的能源成本而发展起来。美国德克萨斯州"Time Energy"公司发明了可以利用自动化装置来控制照明灯和其他设备的开关装置。为证明该装置的节能效果,该公司采用免费把设备给客户使用的方式,客户实现电费节约后再支付设备费用。这一模式由于不增加客户生产成本,且设备所有权最终归客户所有,得到了客户的认可,该公司很快发展壮大。随后在美国等西方国家得到了广泛的推广应用,奠定了现代节能服务公司的基础。

节能服务实施的主体是节能服务公司 (Energy service company 或 energy savings company),简称为 ESCO。节能服务公司旨在为客户提供综合性的能源解决方案,包括能源审计、节能诊断、节能项目的设计和实施、设备更新改造、能源基础设施采购、能源供应、融资和风险管理等[1],ESCO 节能服务流程见图 18-1。

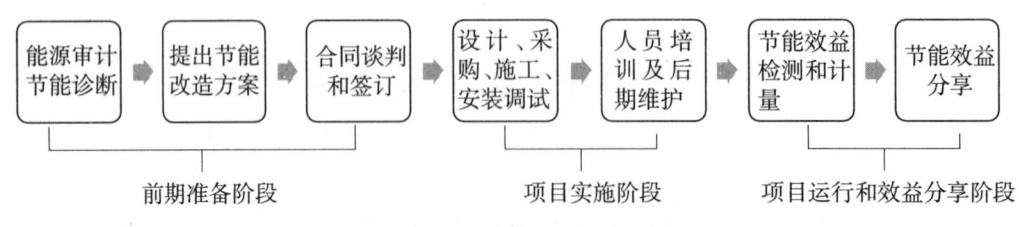

图 18-1 ESCO 节能服务流程

(资料来源:邓向辉,齐晔. 合同能源管理的中国化与发展现状分析 [J]. 环境科学与管理,2012,37 (12): 1-6.)

---

[1]黄德林,殷婉莹. 国外节能服务机构发展经验启示 [J]. 人民论坛,2012 (03): 162-163.

节能服务最主要的运行机制是合同能源管理（energy performance contracting 或 energy management contracting），国际上简称为 EPC，国内简称为 EMC。合同能源管理最早出现在发达国家（约 20 世纪 70 年代），其典型特征是基于市场的运作机制，通常由节能服务公司与用能单位以合同或契约形式约定项目的节能目标[1]，节能服务公司提供整体项目的用能情况诊断、设计、融资、改造、施工、设备安装、调试、运行管理、节能量测量和验证等服务并保证节能量或节能率，从客户实施节能改造后获得的节能效益中收回投资并取得利润的商业运作模式。[2] 合同能源管理主要包括节能效益分享型、节能量保证型、能源费用托管型、融资租赁型、混合型等[1]，同时，随着产业的不断发展和市场的逐渐成熟，越来越多的混合型合同能源管理模式开始出现并发挥作用。

（二）环境服务

工业革命推动着经济快速发展的同时，也带来了大量的环境污染。20 世纪五六十年代，一些发达国家在相继发生了一系列震惊世界的环境公害事件后，开始注重和加强环境保护工作，相应的环保产业也开始快速发展。环保产业包含了环境保护技术研发、设备制造以及环境咨询管理服务等内容。随着产业发展和结构变革，环境服务业扮演的角色和所占的比例越来越重，美国、德国、日本等发达国家环境服务业在环保产业中的占比均已经超过 60%。

在我国，环境服务业的发展主要经历了污染治理技术服务、环保服务和环境服务三个阶段。20 世纪 90 年代以前，其概念还没有真正形成，环境领域主要以污染治理技术服务为内容，可以认为是初级的环境服务，尚未发展和演变成环保产业的技术支撑行业体系。到 90 年代以后，随着产业逐渐发展成型，出现了最早的环境服务业。

目前，我国推行的环境服务的主要模式有合同环境服务、环境污染第三方治理等。其中：合同环境服务是对传统环保服务的升级，主要是从"合同能源管理"概念借鉴而来，指通过改造后用户获得了既定的环境效益，才支付费用给环境服务公司，需求主体包括排污企业和政府部门。环境污染第三方治理是排污者通过缴纳或按合同约定支付费用，委托环境服务公司进行污染治理的新模式，该模式是推进环保设施建设和运营专业化、产业化的重要途径[3]，是"十二五"和"十三五"期间国家鼓励和积极推行的环境服务运行模式。

（三）回收与利用服务

回收与利用伴随着社会生产的发展应运而生，涉及废弃物的资源化、再生物资

---

[1] GB/T24915—2010，合同能源管理技术通则 [S]．北京：中国标准出版社，2010．
[2] 广东省节能培训教材编写组．节能管理 [M]．北京：中国电力出版社，2013．
[3] 国办发 [2014] 69 号，关于推行环境污染第三方治理的意见．国务院办公厅，2014.12.27．

的回收利用等。从统计分类看，各国回收与利用服务通常包含在资源循环利用产业体系中。

19世纪以来，在工业和社会取得巨大进展的同时，生态环境问题和能源资源短缺问题日益尖锐，除了开展节约和合理利用资源、加强环境保护以外，对社会生产和生活过程中产生的废弃物等资源进行合理回收和利用成为十分重要的环节。此外，随着社会发展和人民生活水平的提升，各国出现大量淘汰和报废的物资，对废弃物的循环使用和废弃物资的再生利用得到越来越多的重视和应用，逐渐衍生出循环经济的概念，并以减量化、再利用、资源化的"3R原则"① 为基础得到了快速发展。

回收与利用服务的实施一定程度上能够形成能源节约和环境保护的效果，因此在节能环保服务体系中，部分回收与利用服务可以看做是节能服务或环境服务的特殊形式。

三、功能与作用

从制造业发展看，节能环保服务的功能体现在为工业生产、绿色发展保驾护航，在传统制造业企业转型升级以及全社会的节能减排方面均扮演着重要的角色。随着社会发展和技术革新速度的加快，传统制造业面临的成本、技术、竞争、资金、环保等方面的压力日益凸显，开展节能减排和实现绿色制造是未来制造业摆脱困境的必由之路。典型的节能环保服务程序见图18-2。

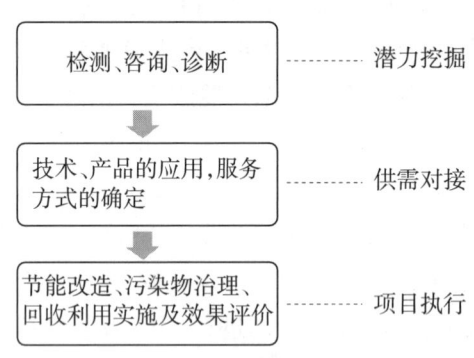

图18-2 典型节能环保服务程序

（一）有利于降低企业能源资源成本，提高生产效率

通过节能环保服务可以降低企业能源、资源消耗，节约运行成本，特别是对传统高耗能制造业，节约效益十分可观。

---

① 杨建初. 循环经济读本 [M]. 广州：中山大学出版社，2011.

节能环保服务在钢铁行业的应用

过去钢铁行业一直存在产能过剩、高耗能、高污染、粗放发展等问题，在国家政策、市场机制的双重约束下，钢铁企业节能降耗和转型升级需求十分迫切。唐山建龙实业有限公司引进北京志能祥赢节能环保科技股份有限公司的专利技术，开展烧结机余热发电项目（节能服务产业优秀示范、首都蓝天示范项目），通过实施资源回收和节能改造，每吨烧结矿平均发电量达到22KWh/t，指标处于国内同行业领先水平（目前普遍发电水平12~15 kWh/t），年发电量6 560万 kWh，年收益3 280万元，可实现年节约标准煤2.2万吨，相当于年减排二氧化碳5.7万吨。

（资料来源：节能服务进广东系列活动资料.）

（二）有利于提升能效水平，增强企业竞争力

通过节能环保服务，可有效提升制造业能效水平，降低污染物排放，企业可持续发展竞争力明显增强。

节能环保服务在燃煤电厂的应用

在电力行业中，传统燃煤发电机组面临高能耗、高污染排放的双重困境。广州珠江电力有限公司通过节能服务公司提供的合同能源管理模式对燃煤发电机组主汽轮机进行通流改造，可实现节能量约1.4万吨标准煤；此外，该公司通过电机能效提升、机组增引合一、节能诊断等节能技术服务和改造项目持续提升能效水平，2014—2016年期间，企业供电煤耗降低超过3.5克标准煤/kWh。

广东省珠海发电厂有限公司对两台机组实施超低排放改造项目，通过优化技术改造方案，采用脱硫GGH密封改造和新增湿式静电除尘器等高效协同处理技术，大气污染物排放浓度达到燃气机组排放限值，二氧化硫、氮氧化物、烟尘月排放均值分别为 $13mg/m^3$、$20mg/m^3$、$2.5mg/m^3$，达到火电行业先进水平，实现燃煤机组超低排放，将有利于企业电力优先上网，优先享受超低排放电价等优惠政策。

（资料来源：http://www.gdyd.com/.）

（三）有利于促进企业结构优化和转型升级

通过发展节能环保服务，传统制造、加工业企业可以完善经营结构和技术能力，实现产业转型升级和绿色发展。

富士康节能环保服务发展模式

世界知名制造业企业富士康科技集团在大陆拥有多个生产基地，每年能源消费量、电力消费量都很庞大，为推动节能服务和新能源产业发展，成立了专门的节能服务公司——深圳市富能新能源科技有限公司。依托富士康资源优势，吸收、消化、集成和整合工业领域节能技术，公司由最初的专门服务于富士康集团逐渐拓展到集团外的节能服务市场，成为集提供节能产品、能源托管、光伏电站、低碳服务及合同能源管理服务的综合性节能服务公司，也成为制造业企业绿色发展和转型升级的典型范例。以2016年为例，富能公司通过EMC模式共实施节能改造1400余项，累计节电量超过4亿kWh。

（资料来源：http://www.fox-energytec.com/，节能服务进广东系列活动资料.）

四、发展节能环保服务的必要性

（一）发展节能环保服务是破解资源和环境危机，实现可持续发展的需要

能源节约、环境保护和资源综合利用是国际社会公认的可持续发展之路。环保部发布的《2016中国环境状况公报》显示，我国城市空气质量整体仍然偏差，酸雨比例和频率偏高，全国水体污染问题严重，尤其是近年来PM2.5指标备受关注，人们对环境保护的期望和要求越来越高。随着工业化和城市化水平的提升，一方面生产本身面临着资源短缺，另一方面又需要在废弃物处置方面付出高额成本。解决资源环境危机，形成人与自然和谐发展新格局，发展节能环保服务是有效解决路径。

（二）发展节能环保服务是传统制造业提质增效、转型升级的需要

我国已经成为世界第二大经济体，国际化水平不断提升。但在很长一段时间里，我国的制造业都是高能耗、高污染、低附加值的代名词。在"一带一路"倡议实施背景下，要从制造大国转变为制造强国，就必须摆脱过去制造业"两高一低"的发展老路，适应更加严苛的节能、绿色、低碳、环保标准。在制造业转型升级和绿色发展过程中，节能环保服务是最强有力的推手。

（三）发展节能环保服务是在新常态下培育新的经济增长点的需要

我国节能环保市场前景大、经济和社会效益明显，需要通过技术进步和产业升级逐步释放资源和环境压力，把实现绿色可持续发展作为培育新的经济增长点的重要着力点。大力发展绿色经济，落实绿色信贷机制，同时发展绿色债券、绿色基金、

绿色保险、碳排放交易等多种融资渠道和金融产品,强化财政资金引导和杠杆作用,探索税收支持政策,促进节能环保产业发展,培育新的经济增长点。

第二节 发展现状

一、国外发展情况

以美国、德国为代表的制造强国节能环保服务发达,以强化政府推动、标准引导、融资支持、责任保险等为特点;以英国、法国为代表的制造大国节能环保领域主要以大型国际化公司为主,且法国大型综合服务公司实力较强;以巴西为代表的制造新国在节能环保服务发展方面更多依赖国际机构的支持,总体发展水平偏低。

(一) 节能服务

1. 美国:政府主导和示范的节能服务

美国是节能服务的发源地,在推动节能环保服务发展壮大过程中主要通过政府推动、联邦和各州立法保障、多方参与政策宣传引导、丰富融资渠道等措施,同时为各国提供了可借鉴的经验。

美国对政府部门和机构设定行政性节能指标,由政府引入节能服务并开展示范。通过立法的形式明确耗能产品、设备、建筑物的强制性能效标准[1],同时指定水平高、要求严的自愿性能效标准并制定相应激励措施。[2] 对节能服务实施税收和财政支持双管齐下,除常规银行贷款外,设立专项基金融资用于鼓励节能和减少峰值用电。降低企业和项目的融资门槛,一些信誉好的节能服务公司提供合理的能源审计报告和验证测试计划,都可以作为放款的依据。[3]

美国合同能源管理项目普遍采用的是节能保证型,由节能服务公司向客户承诺和保证实施节能改造后的节能收益,项目完工经双方验收合格并达到约定指标后,客户将全部费用支付给节能服务公司。如果项目实施后节能效益未达到合同规定,则由服务公司赔付节能收益差额,或由专门的保险公司参与并承担赔付责任。

2. 德国:政府与行业协会联手推进节能服务发展

德国有欧洲最大且最成熟的节能服务市场。主要通过专业技术服务、财税补贴、融资支持、多方合作等手段推动节能服务发展。德国节能服务情况见表18-2(基于2010年数据)。

政府在各地设立能源代理机构,提供节能减排培训、信息宣传推广和节能咨询

---

[1] 常燕,陈武. 国外节能服务体系建设经验及启示 [N]. 中国电力报,2011-3-26.
[2] 孙晶. 美国节能服务回顾及对我国的启示 [J]. 电力需求侧管理,2004,6 (2):62-64.
[3] 张红. 国内外节能服务体系对比研究 [J]. 商场现代化,2012 (10):94-95.

等服务，形成了自上而下的服务体系。① 德国复兴信贷银行和德国联邦经济部设立中小企业节能专项基金，为企业提供资金支持；政府对企业使用节能设备给予补贴，对热电联产企业和生产节能设备、产品的企业实施税收减免。对节能服务企业贷款给予财政贴息并为其提供融资担保。

在节能减排工作中，政府将任务分配至各行业，由协会具体落实，同时政府通过政策倾斜和资金扶持推动行业协会的发展。行业协会利用政府下拨的资金和自有资金帮助企业开展节能减排技术改造，并重视行业监管和技术研发，最终保障节能减排目标的完成。

德国合同能源管理项目同样以节能量保证型为主，项目平均节能率为10%～38%，平均回收期在5～15年。②

表18-2 德国节能服务情况（2010年）

ESCOs 数量	250～500家
市场规模	170～240亿欧元/年
ESCO 组织	VFW（供热协会）、节能服务论坛和VDMA（全国机械和工业设备制造商协会，建筑自动化小组）
ESCOs 类型	建筑自动化和控制系统的能源供应商和制造商
ESCO 项目领域	分布式供热、热电联产（CHP）、公共建筑和私人非住宅建筑

（资料来源：Angelica Marino，Paolo Bertoldi，Silvia Rezessy. Energy Service Companies Market in Europe Status Report 2010. [R]. Luxembourg：Publications Office of the European Union，2010.）

3. 英国：大型国际化公司唱主角的节能服务

英国的节能服务最早可以追溯到1984年，是节能服务市场最发达的国家之一。英国节能服务情况见表18-3（基于2010年数据）。

英国节能服务市场受能源市场条件变化的影响比较明显，通常是大型公司唱主角，主要参与的是国际建筑控制系统制造商的子公司和能源服务与能源供应公司，如达尔凯能源Dalkia（威立雅Veolia子公司）、霍尼韦尔Honeywell、Cofely（苏伊士环能集团）、西门子Siemens、丹佛斯Danfoss等公司。这些公司占据了全国80%左右的市场，其余20%则由中型公司（如Energ-G公司）承担。过去几年，越来越多的建筑商、设备管理和公用事业公司参与进来，这些公司通常是在提供其他通用服务的同时提供能源服务。相比之下，小型节能服务公司在市场上越来越难以立足。

英国通过限制CO_2排放、金融手段、公私合作模式等促进能效提升投资和节能服务发展。同时，2009年颁布的英国低碳转型白皮书明确了到2020年实现34%的减排目标，英国可再生能源战略提出能源消费中可再生能源比例达到15%的目标，

---

① 王昕. 推进我国节能服务产业发展对策研究 [D]. 青岛：中国石油大学，2009.
② 李保华. 国内合同能源管理中存在的问题与对策研究 [D]. 合肥：安徽大学，2012.

并于 2010 年 4 月和 2011 年 4 月分别实施了可再生能源电力和热能补贴政策，一定程度上推动了节能服务业的发展。

表 18-3 英国节能服务情况（2010 年）

ESCOs 数量	20 家
市场规模	4 亿欧元/年
ESCO 组织	能源服务和技术协会（ESTA）
ESCOs 类型	国际大型建筑自动化控制系统制造商的子公司，能源服务与能源供应公司
ESCO 项目领域	公共部门综合建筑项目，联合发电、区域供热和供电侧项目

（资料来源：Angelica Marino, Paolo Bertoldi, Silvia Rezessy. Energy Service Companies Market in Europe Status Report 2010. [R]. Luxembourg：Publications Office of the European Union, 2010.）

4. 巴西：国际、国内机构协作下的节能服务

巴西的节能服务获得了世界银行、全球环境基金、加拿大政府、本国政府和银行等机构的大力支持，国内大约有 40 家节能服务公司，但其中能够开展合同能源管理项目的公司只有 25 家，按照 2008 年的统计，其投资额每年能达到约 4 000 万美元。[①]

为提升巴西工业竞争力，加拿大政府和巴西国家工业联合会在 1990 年代早期开展合作支持巴西节能服务业发展。由于一些备受瞩目的公共部门失败项目案例以及公共机构年度预算的制约，巴西节能服务公司大多活跃在工业领域。巴西发展银行为节能服务公司提供贷款支持，此外，世界银行同公共机构合作鼓励节能服务项目以合同能源管理模式在污水处理厂进行应用，以降低基础设施运营成本。巴西在建设节能服务行业协会、行业认证程序、超级节能服务公司和公用事业节能服务方面得到了加拿大政府和国际顾问公司大量的支持，然而由于官僚及其他各种原因，最终只有节能服务行业协会（ABESCO）获得了成功。

（二）环境服务

1. 美国：强制环境责任保险制度的代表

美国在 20 世纪 90 年代初即规定政府必须将绿色产品列为优先采购对象，随后又通过联邦采购来绿化政府行动[②]；美国法律规定企业污染环境必须支付治理费用，同时，对污水处理厂采用联邦环保局认定的处理技术并达到相关要求时可以申请获得较大比例的建设补助费用。美国是环境责任保险制度的发源地，也是实行强制性环境损害责任保险制度的代表，20 世纪 70 年代以后美国将环境损害责任保险制度独

---

①Jennifer Ellis. Energy Service Companies (ESCOs) in developing countries [R]. International Institute for Sustainable Development. 2010.

②刘利，伍健东，党志. 广东节能环保产业及促进政策研究 [M]. 广州：华南理工大学出版社，2014.

立出来，在此基础上成立了专业的环境保护保险公司，承担污染事故第三者责任。[①]此外，美国《大气清洁法》和《清洁水法》规定企业对曾经污染过的地方的清理费用承担连带责任。[②]

美国环境服务企业主要有两种：一种是提供生活用水、废水、废弃物处理的大型公共基础设施企业；另一种主要是私人公司类，主要从事污染控制和污染治理等服务。代表企业有 ITT Fluid power, U. S. Filter Corp 等公司。[③]

2. 法国：以完善的排污收费制度促进环境服务发展

法国在环境保护方面制定了较完善的排污收费制度，涉及固体垃圾废弃物、水污染、空气污染等方面，征收的巨额排污费则用于资助污染治理和环境保护。法国在环境损害责任保险中采取任意性保险和强制性保险相结合的模式，并以任意险为主。[①]法国环境服务企业的优势主要集中在水处理和垃圾处理领域，典型代表是威立雅水务（Veolia 子公司）和苏伊士集团（SUZE），两家公司在能源服务方面同样十分出色（如威立雅子公司达尔凯能源以及苏伊士环能集团）。威立雅水务和苏伊士环境集团分别是全球排名第一和第二的水务服务商。

（三）回收与利用服务

1. 德国：以包装废弃物双元回收系统为代表的循环经济

德国是欧盟最早倡导发展循环经济且发展水平最高的国家之一。主要通过立法规范、政策指引和推动、财税补贴优惠等措施推动循环经济的发展，构建了完善的回收与利用服务体系。德国循环经济最典型的是包装废弃物收集和处理的双元回收系统（Duales System Deutschland，DSD）模式。[④]另外，德国在制造业企业内部大力推行清洁生产，实现能源和再生资源的回收利用，同时减少了废弃物的排放；在产业园区建立制造业企业之间的物质流网络，一部分企业的废弃物作为另一部分企业的原料进行回收利用，从而在园区内实现循环利用和废弃物"零排放"。这两种做法对应了西方国家两种典型的运行模式——"杜邦模式"和"卡伦堡模式"。[⑤]

2. 法国：行业协会主导推动循环经济发展

在循环经济发展中，法国是行业协会推进模式的典型代表。法国在资源回收和循环利用方面重视地区、部门、行业之间的合作。如以废旧轮胎回收为例，2002 年法国规定废旧轮胎强制回收制度，回收费用由生产商和销售商承担。2004 年，旧轮胎回收与环保协会主导成立联营公司（参与者包括米其林、普利司通、固特异等 14

[①] 兰东娟. 国外环境责任保险制度的承保模式对我国的启示 [J]. 中国市场，2011（09）：141 – 142.
[②] 刘利，伍健东，党志. 广东节能环保产业及促进政策研究 [M]. 广州：华南理工大学出版社，2014.
[③] 高明，洪雪. 美国环保产业发展政策对我国的启示 [J]. 中国环保产业，2014（03）：51 – 56.
[④] 李伟，白梅. 国外循环经济发展的典型模式及启示 [J]. 经济纵横，2009（04）：80 – 83.
[⑤] 蓝庆新. 西方发达国家发展循环经济的经验概括与启示 [J]. 南方经济，2005（11）：112 – 114.

家主要轮胎生产和销售商）负责废旧轮胎回收，同时与上百家环保企业签约，对回收的废旧轮胎进行分类、翻新、再生等资源化处理，实现废弃资源回收利用一条龙服务。①

案例

威立雅节能环保服务

威立雅环境集团是提供全方位环境服务企业的典型代表，能够为政府、工业企业和城市提供集投资建设、运营管理于一体的综合环境服务。威立雅公司业务包括水资源管理（威立雅水务）、废弃物管理（威立雅环境服务）、公共交通（威立雅交通）以及能源服务（威立雅能源），其中废弃物管理、水务管理和能源服务为其三个核心业务。以污泥处理为例，2010年，威立雅的全资子公司——VW-VES（香港）有限公司与香港特区政府环境保护署签订合同，获准负责香港污泥焚化处理设施项目的设计、建造及15年的运营，以最有效和经济的解决方法处理污泥。作为世界上最大的污泥焚化设施之一，每天处理污泥量可达2 000吨。项目通过焚烧可产生高达14兆瓦电力供厂房使用，多余2兆瓦电力可并入电网；海水淡化厂生产可饮用水和生产用水，废水将被处理和再利用，实现零排放；先进的焚烧和烟气处理技术确保污泥处理符合最高的环保要求。

（资料来源：威立雅中国，http://www.veolia.cn/zh.）

二、国内发展情况

节能环保服务是节能环保产业中最具活力，也是最具发展潜力的行业。2015年，全国节能环保服务业总产值超过8 000亿元，各领域多种服务形式并存发展，其中又以合同能源管理和合同环境服务为主。②

（一）节能服务

国内节能服务最早从发达国家引进，大致经历了起步阶段、快速发展阶段和创新发展阶段。

1. 起步发展阶段（1997—2006年）

从1997年合同能源管理模式被正式引入开始，至"十五"末期，国内节能服务发展基本处在萌芽和起步阶段，以示范性节能服务公司和项目为主。1997年，国家开发和实施了"世界银行/全球环境基金中国节能促进项目"，3家示范公司（北京、

---

① 李伟，白梅. 国外循环经济发展的典型模式及启示 [J]. 经济纵横，2009（04）：80-83.
② 孟伟，冯慧娟等. 我国节能环保产业发展战略研究 [J]. 中国工程科学，2016，18（4）：1-8.

辽宁、山东）通过合同能源管理模式为企业提供节能技改服务，项目一期获得可观的节能减排效益；2003年11月，国家发改委与世界银行启动项目第二期，设立世行项目部为中小企业解决贷款担保的难题，并专门成立了中国节能协会节能服务产业委员会（EMCA）用于推动节能服务产业发展。① 至2006年，3家示范公司累计为405家企业客户完成475个节能项目，投资总额13.3亿元，实现年节能量达151万吨标准煤。②

2. 快速发展阶段（"十一五"和"十二五"期间）

从"十一五"到"十二五"，是节能服务发展的黄金十年，这一阶段具有明显的"政府干预"特色，涉及财税支持、备案管理、规范引导。2010年至2013年，国家先后发布了五批节能服务公司备案名单，累计备案节能服务公司总数达3 210家。对合同能源管理项目实行财政奖励措施，对节能服务公司投资额超过70%的节能效益分享型合同能源管理项目进行财政补贴。2010年开始，工业和信息化部累计推荐117家工业和通信业节能服务公司，在此基础上通过整合成立了中国工业节能服务产业联盟（2015年12月，由工信部国际经济技术合作中心牵头），为国内节能服务产业宣传、交流、合作和创新搭建了平台。

案例

南方电网综合能源公司

南方电网综合能源有限公司成立于2010年12月20日，是中国南方电网公司的控股子公司，属于以节能减排业务为主体的专业化公司。借助电网在产业链中对上下游用电用能企业的引导作用，为企业提供节能节电改造、新能源建设、资源综合利用等整体解决方案，发挥其对制造业企业转型升级的促进作用。公司目前成熟运营的商业模式包括BOT、BT、EMC、PPP等方式，同时建设了南度度节能服务网，打造一站式综合节能服务平台。例如，该公司对陶瓷行业企业的陶瓷原料预处理系统进行改造，建设"陶易磨工艺系统"，投用后陶瓷原料球磨时间由原来的24小时降至10小时，大大降低了球磨能耗与电费，同时实现了"错峰用电"的目的，企业节能降耗效果十分明显，项目示范效果将推广至全国陶瓷墙地砖行业。

（资料来源：南方电网综合能源公司，http://ny.csg.cn/.）

3. 创新发展阶段（"十三五"以来）

随着经济的调整和市场的变化，传统发展模式已经不再适用，国内节能服务公司将以市场为主导，依靠创新谋发展。2015年起，国家和地方陆续取消合同能源管

---

① 王昕. 推进我国节能服务产业发展对策研究［D］. 青岛：中国石油大学，2009.
② 李保华. 国内合同能源管理中存在的问题与对策研究［D］. 合肥：安徽大学，2012.

理财政奖励资金，2016年底国家发布的《"十三五"节能减排综合工作方案》中正式取消节能服务公司审核备案制度，并要求"任何地方和单位不得以是否具备节能服务公司审核备案资格限制企业开展业务"，提出建立节能服务公司失信黑名单制度，将失信行为纳入全国信用信息共享平台。"十三五"对节能服务公司的管理将更加市场化，有利于促进行业内有序竞争和整合发展。据 EMCA 统计，截止到 2016 年底，国内节能服务企业总数达到 5 816 家，从业人员 65.2 万人，每年可实现总产值 3 567.42 亿元，实现年节能 3 578.50 万吨标准煤和年减排二氧化碳能力 9 590.38 万吨。另据统计显示，2016 年，节能服务公司平均注册资金为 3 469 万元，约是备案时期节能服务公司（平均注册资金约 1 600 万元）的两倍，企业规模有明显提升。①"十二五"期间，全国范围内有 34 家公司合同能源管理投资超过 10 亿元，有 112 家公司超过 5 亿元，有 385 家超过 1 亿元。② 按照 EMCA2017 年第二季度评价情况，节能服务分领域龙头企业名单见表 18 - 4。

表 18 - 4　节能服务公司综合能力评价（EMCA—2017 年二季度）

领域	序号	公司	级别
工业	1	神雾科技集团股份有限公司	AAAAA
	2	广州智光节能有限公司	
	3	南方电网综合能源有限公司	
	4	浙江浙能节能科技有限公司	
建筑	1	同方泰德国际科技（北京）有限公司	AAAAA
	2	远大能源利用管理有限公司	
	3	南方电网综合能源有限公司	
公共设施	1	南方电网综合能源有限公司	AAAAA

（资料来源：中国节能服务网，http://www.emca.cn/.）

（二）环境服务

我国环境服务业起步较晚，产业雏形成型于 20 世纪 90 年代初期。在 90 年代中期之前，我国与环境产业相关的科研设计单位是环保服务业主要从业主体，主要以开发、设计等技术性服务为标志；到 90 年代后期，在经济建设发展的推动下，环境服务业中逐渐涌现出越来越多的环境工程公司，环保服务业的内涵得到拓展，原本单一的技术服务延伸到环保决策、管理、投资和融资等多个领域[3]，环保服务逐渐演变成为综合性环境服务。

---

① 资料来源：中国节能服务网（http://www.emca.cn/）.
② 闫志强. 2020 年节能服务公司将达 6 000 家 [N]. 中国能源报，2016 - 1 - 25.
③ 张均刚. 我国环保服务业区域运行绩效和运行机制研究 [D]. 武汉：武汉理工大学，2010.

"十一五"以来,国家发布了一系列指导和规划性文件(表18-5),有效促进了环境服务业的快速发展。环境服务业开始向综合性、全方位的智力型服务发展。行业结构调整、技术进步、创新能力、服务标准化等工作持续加强。根据中国环保产业协会相关统计,国内环境服务业产值"十一五"期间年均增长超过15%。

表18-5 "十一五"~"十二五"促进环境服务业发展文件及要求

文件	要求
《关于加快培育和发展战略性新兴产业的决定》(国发〔2010〕32号)	节能环保产业列为战略性新兴产业
《关于环保系统进一步推动环保产业发展的指导意见》(环发〔2011〕36号)	1. 环保企业提供综合服务、系统解决方案; 2. 政府、企业环境服务外包; 3. 服务和技术标准建立; 4. 开展环境服务试点; 5. 探索合同环境服务模式
《"十二五"节能环保产业发展规划》(国发〔2012〕19号)	建设节能环保服务业培育工程,建立全方位环保服务体系
《"十二五"国家战略性新兴产业发展规划》(国发〔2012〕28号)	1. 提升环保服务信息化水平; 2. 提高环境监管智能化水平; 3. 发展环境修复服务,推广合同环境服务、整体解决方案; 4. 开展第三方治理试点和综合治理托管服务试点; 5. 推进绿色设计
《服务业发展"十二五"规划》(国发〔2012〕62号)	1. 重点发展综合环境服务,培育龙头企业; 2. 推进环境咨询、保险、投融资、培训等发展; 3. 培育环境顾问、建立、排放权交易等新兴服务业; 4. 推动成果转化、应用、示范,完善标准体系
《关于印发〈环保服务业试点工作方案〉的通知》(环办〔2012〕141号)	组织开展环保服务业试点工作

"十二五"期间,随着合同能源管理、环境污染第三方治理等服务模式的广泛应用,节能环保服务业得到持续快速发展,一批生产制造型企业向生产服务型企业转变[①]。

---

①国家发改委科技部工信部环保部. 关于印发《"十三五"节能环保产业发展规划》的通知. 2016.12.22.

案例

科达洁能——陶瓷装备制造行业的节能环保服务提供商

广东省科达洁能股份有限公司创建于1992年，目前是世界第二大陶瓷机械装备生产商，涵盖建材机械、环保洁能、洁能材料三大业务领域，并提供EPC工程总承包管理服务和融资租赁业务。在传统业务中占据领先地位后，公司自主研发循环流化床气化系统和低压气流床气化系统核心技术，为工业企业提供清洁、高效、低成本的清洁燃料，被列入国家"煤炭清洁高效利用"重点推广技术。2015年公司与江苏科行环保科技有限公司整合，为制造业企业提供"前端清洁能源+过程清洁生产+末端治理"综合环境治理服务。2015年，公司在蒙娜丽莎集团股份有限公司实施了国内首例陶瓷行业超低排放环保改造EPC项目，改造后粉尘排放浓度为4.9mg/Nm^3，SO_2排放为16mg/Nm^3，NOx排放为42.4mg/Nm^3，氨逃逸小于1ppm，重金属及其化合物脱除率>40%，氟化物及氯化物脱除率>50%，各项指标远低于《陶瓷工业大气污染物排放标准》（GB 25464—2010）修改单中排放限值，成为陶瓷行业环保治理的风向标。

（资料来源：科达洁能公司宣传册，北极星环保网.）

国家统计局、原环保部与中国环保产业协会调查结果显示：2015年，我国环境服务业企业5676家，年收入逾2 339亿元，期末从业人数近33万人。环境治理业、环境与生态监测年收入分别达到1 853.4亿元、454.5亿元，二者占据整个环境服务业的98.5%以上，生态保护年收入则不足32亿元。水污染治理、危险废物治理和环境保护监测位列细分领域年收入三甲，分别超过600亿元、500亿元和400亿元。[①] 2016年环境服务业及细分领域龙头企业见表18-6、表18-7。

表18-6 2016年国内环境服务业前三甲

排名	企业名称
1	福建龙净环保股份有限公司
2	格林美股份有限公司
3	中国电建集团中南勘测设计研究院有限公司

（资料来源：2016年环境服务业及细分领域最新排名权威发布. 北极星环保网，http://huanbao.bjx.com.cn/.）

---

① 资料来源：2015年度环境服务业财务统计数据发布. 中国环境保护产业协会（http://www.caepi.org.cn/）.

表 18-7　2016 年环境服务业分领域龙头企业

细分领域	龙头企业
水污染治理服务	中国电建集团中南勘测设计研究院有限公司
大气污染治理服务	福建龙净环保股份有限公司
固体废物治理服务	绵阳铜鑫铜业有限公司
危险废物治理服务	格林美股份有限公司
环境保护监测服务	中船第九设计研究院工程有限公司

（资料来源：2016 年环境服务业及细分领域最新排名权威发布. 北极星环保网, http://huanbao.bjx.com.cn/.）

（三）回收与利用服务

早在 20 世纪五六十年代，我国就已基本形成了集回收、分类、再利用于一体的体系。随着社会经济的发展以及资源和环境的约束，整个循环利用产业由过去简单的废旧物资回收利用演变为回收、分类、资源化加工、再利用、再制造、产品和服务销售一体化的产业体系。资源回收利用典型产业链见图 18-3。

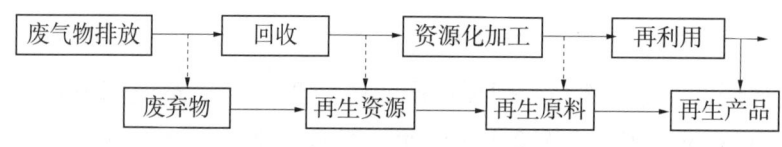

图 18-3　资源回收利用产业链

（资料来源：冯慧娟，张继承，李华友. 再生资源产业链及产业组织形式分析 [J]. 环境与可持续发展，2009（6）：7-9.）

"十一五"期间，全国年均再生资源回收量约 8 000 万吨，年均增长率超过 12%；"十二五"期间，全国资源循环利用产业战略地位日益凸显，规模、装备技术水平不断提升，保持了年均约 12% 的增长速度。2015 年末，全国资源循环利用产值超过 1.5 万亿元，占 GDP 的比重接近 3%，国内专业从事资源循环利用的企业约 3 万家。2015 年全国大宗工业固体废物产生量 36.8 亿吨，综合利用率 48%，在 2010 年基础上提高近 8%，综合利用产值 8 500 亿元，比 2010 年增长 3 000 亿元；主要再生资源回收利用量约 2.4 亿吨，回收利用率 70%，在 2010 年基础上提高 6%，回收利用产值 6500 亿元，比 2010 年增长 2 000 亿元①。

三、广东省发展情况

2015 年，广东省节能环保服务业产值达到 800 亿元，占全省节能环保产业总产

---

① 资料来源："十二五"期间资源循环利用产业发展回顾. 国家发改委网站（http://www.ndrc.gov.cn/）.

值的12%。节能环保服务增加值从2014年的319.86亿元提高到2015年的392.67亿元[①],增长22.8%,占全省生产性服务业的比重则由1.8%提高至2.0%。

(一) 节能服务

无论是节能服务公司数量、产业规模,还是市场化发展方面,广东省均走在全国前列。2010年以来,国家先后公布的五批节能服务公司备案名单中,广东省企业达到304家,全国第二,占备案总数的近1/10。从2007年至2013年,广东省先后公布8批共214家、复审备案66家省节能服务公司,各批次备案情况见图18-4。

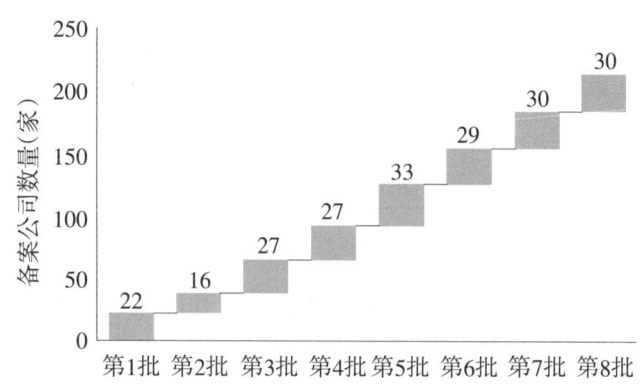

图18-4 广东省节能服务单位备案情况

(资料来源:广东省经济和信息化委员会网站,http://www.gdei.gov.cn/.)

2013年,广东省启动电机能效提升计划(2013-2015年),鼓励高效电机生产企业成立节能服务公司或与专门的节能服务公司合作,在重点行业和领域以合同能源管理模式推广高效电机,同时加大金融信贷支持。2014年,省经信委公开遴选确定77家电机系统节能服务公司推荐名单。截至2015年底,广东省实现电机能效提升1 214万kW(含高效电机推广、低效电机淘汰、电机节能改造),超额完成1 000万kW的任务。节能服务与合同能源管理在其中扮演了十分重要的角色。

2008年起广东省实施亚行贷款能效电厂项目,为省内企业开展节能减排项目提供低息贷款,作为中间用户的节能服务公司为项目重点扶持的对象之一(广东省亚行贷款能效电厂项目部分子项目情况见表18-8)。项目主要支持电力输配和调度的优化、热电(冷)联产及余热余压利用工程、电机系统节能工程、绿色照明工程等符合国家和省规划的具有较大节能潜力的项目。截至2017年6月底,项目先后累计扶持了省内节能服务公司12家,占全部子项目数量的约1/3,贷款金额达到4.85亿元,带动实现总投资额14.47亿元,每年可为广东实现节电量4.12亿kWh,相当于

---

① 广东省统计局,国家统计局广东调查总队. 2016广东统计年鉴[M]. 北京:中国统计出版社,2016.

免建一个装机容量约为 8.2 万千瓦的火力发电机组，年节能量折合标准煤 13.6 万吨，年减排二氧化碳、二氧化硫、氮氧化物及总悬浮颗粒物分别为 32 万吨、3 716 吨、826 吨及 1 445 吨。

表 18-8　广东省亚行贷款能效电厂项目部分子项目情况

序号	期限（年）	借款人	项目内容	额度（万元）	状态
1	3	珠海查理科技节能环保有限公司	蒸汽回收利用/工业锅炉节能改造	1 000	已完工
2	5	广东韶钢松山股份有限公司	烧结厂环冷机烟气余热回收利用技术改造	7 008	已完工
3	3	广东益德环保科技有限公司	低碳环保降解品生产线改造项目	2 000	已完工
4	3	金发科技股份有限公司	年产 15 万吨再生塑料高性能化技术改造项目	9 500	执行中

（资料来源：广东省亚行贷款能效电厂项目执行中心.）

随着"两化融合""互联网+"等概念的提出和应用，一些节能服务公司积极探索转型升级，近年来在各级能源管理中心建设中发挥了重要作用。截至 2016 年底，广东省级能管中心平台已经实现与国家工信部工业节能监测分析平台对接，与省内已建成区域能源管理中心的广州、佛山、东莞、深圳等 17 个地市实现了数据的互连互通，全省 627 家企业实现了能耗数据在线采集，其中 446 家企业数据与省平台实现对接。

节能服务"互联网+"——广东迪奥技术有限公司

广东迪奥技术有限公司成立于 1999 年，是国家发改委、财政部首批备案的"节能服务公司"，工信部首批推荐的"工业和通信业节能服务公司"、首批"中小企业服务示范平台"。公司在节能中央空调系统、智能配电系统、能源管理信息化系统等方面业绩突出。

在能源管理信息化系统服务方面，公司承建了东莞玖龙纸业有限公司、台玻华南玻璃有限公司、东阿阿胶股份有限公司、广东加多宝饮料食品有限公司等企业级能源管理中心以及省级和部分地市级区域能源管理中心。通过信息化手段，促进企业生产和能源消费智能化，在政企沟通、行业对标赶超、内部运行管控等方面提升效率，企业竞争力持续增强。

（资料来源：广东迪奥技术有限公司.）

（二）环境服务

作为改革开放的前沿阵地，广东省环境服务业在市场化、专业化、社会化等方面积极先行先试。

在国内环境服务业的概念还未形成时，广东省在1973年就成立了广东省和广州市环科所，部分高等院校和研究所也较早地从事环保产业的技术开发应用。2000年以后，随着环境服务业结构日趋完善，广东省在技术开发、工程设计、咨询、产业化运营等方面都走在全国前列。特别是"十一五"以来，各地加大对环境基础设施的建设，全省环境服务业也得到长足发展，从业单位在水污染防治、大气污染防治、固体废物处理处置、噪声与振动控制等领域已具备集规划设计、工程承包、运营服务一体化的能力，技术力量也从单纯的末端治理转向全过程污染防治。

"十二五"以来，随着"大气十条""水十条""土十条"等政策文件的陆续发布，节能环保服务得到快速发展。据广东省环境保护产业协会统计和测算，2016年全省环境服务业年营业收入约620亿元，其中环境与生态监测服务约65亿元，污染治理及环境保护设施运行服务约300亿元，环境评估服务约45亿元，生态保护约4亿元。

（三）回收与利用服务

广东省回收与利用服务起源和发展较早，行业的发展规模和技术水平保持全国领先。"十一五"以来，通过产业政策的引导和扶持，全省资源循环利用产业规模不断扩大。在生活垃圾处理利用、工业废弃物综合利用、餐厨废弃物无害化利用等方面具有鲜明的特色和规模效应，例如佛山南海绿电的垃圾综合处理，清远华清循环经济园的再生铝和再生铜制造等项目，已成为全国范围内的行业名片。截止到2015年，全省资源循环利用产业产值达到2 700亿元[①]，其中以工业固体废物回收利用为主的宝钢和金发科技等，以矿产资源综合利用为主的中海石油等企业产值规模均超过100亿元。

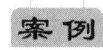

节能环保服务集聚区——中英低碳环保产业园

2015年7月，中英低碳环保产业园示范区在东莞市松山湖高新科技产业园揭牌成立，重点借鉴和引进国内外先进的低碳环保产业和先进的环境治理模式。目前产

---

①张磊. 创新驱动广东省"十三五"节能环保产业加快发展的政策建议［J］. 广东化工，2017（14），140-141.

业园内入驻的节能环保服务领域企业有:广东智汇环境、广东绿巨人、威迪科技、东莞道汇环保、东莞东元环境等公司。经营业务包括水环境综合治理、工业污水治理、资源回用、土壤修复、固液气净化、节能技术服务及能源管理平台建设等,为东莞市市政以及电镀、漂染、造纸、食品等工业行业提供综合节能环保服务。

(资料来源:广东省节能中心节能环保产业调研材料.)

第三节 发展思路

一、主要政策

(一)法律法规

我国现行节能环保相关法律法规如表 18-9 所示。

表 18-9 现行节能环保相关法律法规

序号	名称	发布时间
1	《中华人民共和国节约能源法》	1997 年 11 月 1 日通过,2007 年 10 月 28 日第一次修订,2016 年 7 月 2 日第二次修订
2	《中华人民共和国环境保护法》	1989 年 12 月 26 日通过,2014 年 4 月 24 日修订
3	《中华人民共和国循环经济促进法》	2008 年 8 月 29 日通过
4	《中华人民共和国清洁生产促进法》	2002 年 6 月 29 日通过,2012 年 2 月 29 日修订
5	《中华人民共和国环境保护税法》	2016 年 12 月 25 日通过
6	《中华人民共和国大气污染防治法》	1987 年 9 月 5 日通过,2000 年 4 月 29 日第一次修订,2015 年 8 月 29 日第二次修订
7	《中华人民共和国水污染防治法》	1984 年 5 月 11 日通过,1996 年 5 月 15 日第一次修正,2008 年 2 月 28 日修订,2017 年 6 月 27 日第二次修正
8	《中华人民共和国固体废物污染环境防治法》	1995 年 10 月 30 日通过,2004 年 12 月 29 日修订,2013 年 6 月 29 日第一次修正,2015 年 4 月 24 日第二次修正,2016 年 11 月 7 日第三次修正
9	《中华人民共和国环境噪声污染防治法》	1996 年 10 月 29 日通过

(二)国家及部门规划文件

为促进节能环保服务发展,国家主要从鼓励推广、规范限制两个角度对节能环保服务的运行模式、市场机制、创新发展、试点示范、财税优惠、金融支持、信用体系、监督管理等方面给予政策支持。涉及生产性服务中节能环保服务的相关政策文件见表18-10。

表18-10 促进节能环保服务发展主要政策文件（涉及生产性服务部分）

序号	规划性政策文件	文 号	颁布时间
1	《关于加快推行合同能源管理促进节能服务产业发展意见的通知》	国办发〔2010〕25号	2010年4月2日
2	《关于促进节能服务产业发展增值税营业税和企业所得税政策问题的通知》	财税〔2010〕110号	2010年12月30日
3	《绿色信贷指引》	银监发〔2012〕4号	2012年2月24日
4	《国务院关于加快发展节能环保产业的意见》	国发〔2013〕30号	2013年8月1日
5	《国务院关于印发〈大气污染防治行动计划〉的通知》	国发〔2013〕37号	2013年9月10日
6	《关于落实节能服务企业合同能源管理项目企业所得税优惠政策有关征收管理问题的公告》	国家税务总局国家发展改革委公告2013年第77号	2013年12月17日
7	《国务院办公厅关于推行环境污染第三方治理的意见》	国办发〔2014〕69号	2014年12月27日
8	《国务院关于印发〈水污染防治行动计划〉的通知》	国发〔2015〕17号	2015年4月2日
9	《中共中央国务院关于加快推进生态文明建设的意见》	中发〔2015〕12号	2015年4月25日
10	《生态文明体制改革总体方案》	—	2015年9月21日
11	《关于积极发挥环境保护作用促进供给侧结构性改革的指导意见》	环大气〔2016〕45号	2016年4月14日
12	《国务院关于印发〈土壤污染防治行动计划〉的通知》	国发〔2016〕31号	2016年5月28日
13	《工业绿色发展规划（2016—2020年)》	工信部规〔2016〕225号	2016年6月30日
14	《重点行业挥发性有机物削减行动计划》	工信部联节〔2016〕217号	2016年7月8日
15	《十一部门关于引导企业创新管理提质增效的指导意见》	工信部联产业〔2016〕245号	2016年7月26日
16	《关于构建绿色金融体系的指导意见》	银发〔2016〕228号	2016年8月31日

续表 18－10

序号	规划性政策文件	文号	颁布时间
17	《关于培育环境治理和生态保护市场主体的意见》	发改环资〔2016〕2028号	2016年9月22日
18	《控制污染物排放许可制实施方案》	国办发〔2016〕81号	2016年11月21日
19	《"十三五"生态环境保护规划》	国发〔2016〕65号	2016年11月24日
20	《"十三五"国家战略性新兴产业发展规划》	国发〔2016〕67号	2016年11月29日
21	《"十三五"节能减排综合工作方案》	国发〔2016〕74号	2016年12月20日
22	《"十三五"节能环保产业发展规划》	发改环资〔2016〕2686号	2016年12月22日
23	《"一带一路"生态环境保护合作规划》	环国际〔2017〕65号	2017年5月11日
24	《环境保护部关于推进环境污染第三方治理的实施意见》	环规财函〔2017〕172号	2017年8月9日

国家鼓励和推动合同能源管理、合同节水管理、合同环境服务、第三方监测、第三方治理、PPP、特许经营、托管等服务模式的发展，引导开展服务试点和节能环保"一站式"服务；加强信息化建设，推行节能、环保和回收服务"互联网＋"，垃圾收运与再生资源回收"两网融合"等；明确财税激励（如第三方治理制定增值税即征即退政策，所得税"三免三减半"政策等）、政府采购、绿色金融、强制责任保险等措施和手段，同时强化培育龙头企业和示范基地。

国家通过完善标准和管理办法等措施加强对节能环保服务的规范，重点提出建设节能环保服务诚信市场机制。取消节能服务公司审核备案制度，实施黑名单制度；建立绩效考核评价机制，建立企业诚信档案；加强社会监测机构监管，纳入执法监管体系；高污染行业实施限期第三方治理，综合监管模式和黑名单制度。

二、存在问题

（一）节能环保服务对制造业支撑不足

由于长期忽视节能减排和环境保护，加之发达国家在进行产业转移时，制造业的设计和服务环节均留在国内，使我国的节能环保产业尤其是节能环保服务业发展缓慢。"十二五"以来，国家将节能环保产业定位为战略性新兴产业，但是，我国节能环保服务业起步较晚，市场化程度低，各领域孤岛效应比较明显，整体化设计和综合性服务偏少，力量相对薄弱，面对传统制造业日益增长的需求，其支撑明显不足。

（二）节能环保服务行业结构性发展不均衡

节能环保服务行业中小型企业和民营企业偏多，大多数缺技术、缺人才、缺资金，服务针对性不强且效果有限，鲜有节能环保综合性服务提供商。行业规模整体偏小，龙头企业缺乏，技术型服务行业普遍存在轻资产特性，获取贷款和融资的难度较大，一定程度上限制了行业的发展。

（三）节能环保服务公司普遍缺乏创新能力

国内节能环保服务公司普遍"重市场、轻技术"，创新意识不强，加之研发人员缺乏、技术开发成本高、资金投入不足、产学研合作未得到重视，导致以企业为主体的节能环保技术开发和创新体系尚未建立。当前节能环保服务公司技术同质化程度高，在低端市场竞争激烈，但在技术门槛高的高端市场缺乏优势，企业自主盈利能力有限，长远发展后劲不足。

（四）节能环保服务业政策扶持力度有待加强

由于节能环保产业的特殊性，政策设计和制定要从培育市场、加强监管等方面出发。但是，目前我国的财政政策扶持的执行期相对较短、偏重对购买设备的补贴，在推进节能环保服务市场化、研发等方面的扶持较弱。

三、发展重点

（一）强化节能环保服务对制造业的支撑作用

发挥节能环保服务在节能环保产业中的核心作用。加强行业对制造强国节能环保政策的借鉴和学习，鼓励企业对跨国龙头节能环保服务公司技术、产品的引进、消化、吸收和创新。节能环保服务企业应增强服务意识，从制造业企业角度出发，将传统偏单一的提供产品或装备、工程建设、运营维护等逐步升级为一体化、全流程、综合性节能环保服务。[1]

（二）加强节能环保政策可持续性和可执行度

注重政策措施的延续性、衔接性。在政策制定时全面总结既往政策的实施效果和经验，查缺补漏，持续细化各部门主管和分工责任，建立部门之间更便捷高效的沟通渠道与合作模式。发挥资金"引导"作用，弱化资金"推动"效果，多制定中长期计划，少搞"风暴式"行动，循序渐进，避免浪费或激进。

---

[1] 中华人民共和国环境保护部环境规划院，中国环境保护产业协会. 第四次全国环境保护相关产业综合分析报告［J］. 中国环保产业，2014（8）：4-17.

（三）持续推广和应用市场化服务机制

推动合同能源管理、能源托管、融资租赁、合同环境服务、环境污染第三方治理等服务机制的发展的应用，在实践过程中强化创新和规范管理。加强PPP模式在节能环保服务领域的应用，持续创新服务模式和服务机制。

（四）深化"规范指引"，强化"自身修炼"

（1）完善节能环保服务相关法律法规和管理办法，保障和促进行业健康有序发展。建设和完善节能环保服务信用评价体系，加强社会监督，提高服务质量。定期遴选和公布优秀服务案例，以点带面，强化示范效应。

（2）鼓励金融机构降低门槛，支持节能环保服务发展。针对技术型轻资产企业和优秀节能环保项目开发新型贷款模式；发挥财政扶持资金的杠杆作用，尝试专项资金担保贷款、财政贴息等；结合新型服务模式，鼓励服务公司—服务对象（制造业企业）联合贷款；借鉴世行、亚行的成功经验，试点行业性、专业性绿色信贷。

（3）重视节能环保综合性人才培育。加强专业整合与从业人员继续教育培训，探索实施节能环保职业资格认证认可。鼓励和支持节能环保服务企业引进高级技术人才，打造高质量服务团队。

（4）重视技术和产品研发，提高行业和企业竞争力。深化行业企业与高等院校及研究机构合作，发挥服务行业媒介作用，搭建"技术/产品—服务企业"和"服务企业—应用企业"对接双平台，实现产学研用一体化；大型能源型、制造型企业可结合自身资源和优势成立自己的节能环保服务公司；基础较好的企业可通过上市、并购方式组建成为大型、综合型节能环保服务公司；中小企业应找准产业链定位，积极发挥优势，向专业化、精细化发展[①]，构建合理分层的行业体系。

第四节　案例剖析

日立公司——既是高压变频器制造者也是节能环保服务提供商

日本株式会社日立制作所（以下简称日立公司）是日本乃至全球优秀的制造业企业，产品和业务范围广，借助其技术、资金、人才优势，该公司将相关产品和服务逐渐向节能环保领域延伸。

在日本，高压电动机（3 000～10 000V级）主要集中在传统制造业中，其中节能潜力较大的8个行业包括电力、钢铁、石化、水泥、造纸、矿业、电炉。企业用

---

① 孟伟，冯慧娟等. 我国节能环保产业发展战略研究 [J]. 中国工程科学，2016，18（4）：1-8.

户要实现高压电动机节能面临很多实际的问题：如设备选择、节能效果核算、资金来源、改造场所、如何选择变频器设备及与其他设备对接、改造费用、改造后的操作和使用风险、维修保养等。日立公司在设备制造商的基础上主动创新，提供生产性配套服务，创造出日立电机节能服务模式"HDRIVE"。HDRIVE 模式将以前电机节能改造的购买、租借方式变更为供需双方共同承担风险，为用户提供更多的选择。图 18-5 展示了 HDRIVE 商务模式的具体实现过程。

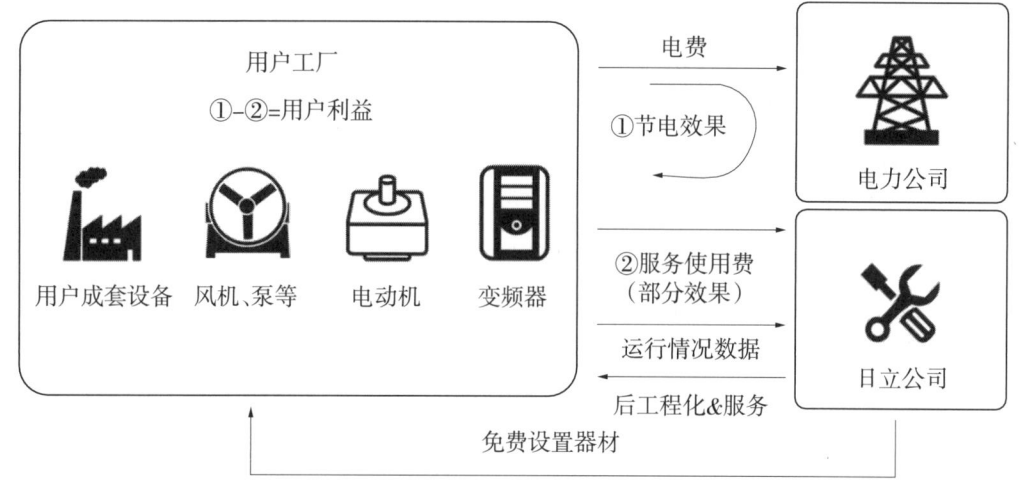

图 18-5　HDRIVE 协作创造商务模型的实现

HDRIVE 模式与传统模式相比，具有以下特点：

（1）企业无需初始成本。变频器乃至电动机等设备和器材为日立公司的资产，合同期原则上为 10 年。

（2）日立公司拥有能够计算节能效果（金额）的高水平预测技术。通过预测技术和软件系统，持续挖掘企业节能潜力并创造效益。

（3）企业与日立公司协作定价。双方据合同期来共同制定双方接受的使用费率和费用支付方式（图 18-6）。

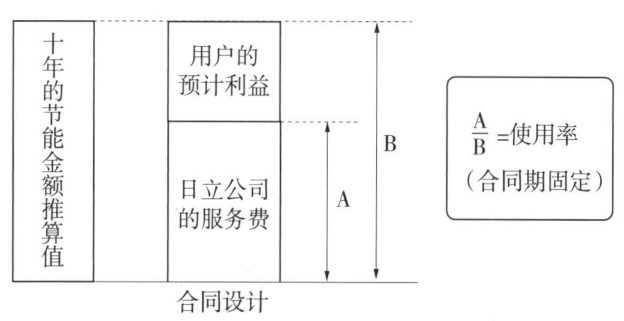

图 18-6　HDRIVE 模型费用支付方式

（4）监视节能效果。日立公司对改造后的设备运行情况进行远程监视，约每10分钟测定一次，从而掌握节能效益的实绩。

（5）共同承担风险。根据实际运行情况，每月的节能量和效益可能会出现波动，当节能实绩未达到预期节能效益时，优先保证用户利益始终为正，由日立公司承担风险。

（6）可中途解除合同。日立公司提供的变频器装置均为标准器材，若中途双方解除合约，标准器材还可以用于其他用户，可有效回避风险。

（7）日立公司定期检查和维护设备。在10年的合同期内，日立公司利用独创技术对设备进行检查，包括设备除尘、检查冷却扇、检查边角积灰、找出隐蔽漏水痕迹等。

（8）合同期满后可以有不同选择途径：继续合同、转让特别合同、结束合同（撤除电动机之外的变频器器材）。

日立公司创造的HDRIVE模式与节能服务领域的合同能源管理模式有很大的相似度，但其内涵又超过合同能源管理的概念，在企业改造投资、技术应用、效果监控、维护保养、效益保障以及双方风险规避等方面都更加完善，可以认为是特殊形式的合同能源管理。此外，日立公司还在高效电机、节能变压器、节能家用电器、可再生能源发电、能源回收、海水淡化、污水再利用等诸多节能环保相关领域持续开发产品和开展服务。

日立高压变频器已在我国钢铁行业应用。2008年，昆明钢铁控股有限公司引入两套日立高压变频电机，对锅炉高压电机实施节能改造。电机系统配备了日立的专利节能监测技术，以日本国内正在开展的"HDRIVE"电机节能服务模式及技术为基础，实现节能效果可视化在线监测。通过项目改造，锅炉引风机节电率达到37.1%，年实现节电144万kWh，送风机节电率达到20.6%，年实现节电20万kWh，全年合计节约电能164万kWh。该项目属于我国钢铁企业首次引进日立变频电机技术，对后续钢铁行业推广应用产生了示范效应。

（资料来源：第二届中日节能环保综合论坛资料汇编，日立在中国．http://www.hitachi.com.cn/．）

本章习题

一、名词解释

1. 节能服务
2. 环境服务
3. 回收与利用服务
4. 合同能源管理
5. 合同环境服务

6. 第三方治理

二、简答题

1. 按照《生产性服务业分类（2015）》，节能环保服务包含哪些内容？
2. 节能环保服务在促进制造业企业转型升级方面有哪些作用？
3. 国外节能环保服务发展对我国的启示有哪些？
4. "十三五"期间国家鼓励的环境服务模式有哪些？
5. 为促进节能环保服务发展，国家政策文件主要从哪些方面提出要求？

三、案例分析

清远华清——国家"城市矿产"示范基地管理者

清远华清循环经济产业园区（以下简称"华清园区"）位于广东省清远市石角镇，由中华全国供销总社下属企业中国再生资源开发有限公司投资建立，是中国第一家全封闭式管理的大型循环经济园区。通过华清公司多年来的运营，推动和促进了清远再生资源市场变分散为集中、变污染为环保、变无序为规范。

园区于2005年开始建设，分三期进行开发。规划占地4 030亩，目前已建成两期共1 650亩园区，其中一期拆解区750亩，二期深加工区900亩。园区建有拆解厂房200间，共计47万平方米，目前厂房使用率达到100%。园区内有铜材厂、铝材厂、废旧电器处理、废塑料中心、科研中心、培训中心，配套建设有污水处理厂、雨水隔油池、固废处理中心、物流配送区、综合管理服务区等，接纳了二百多家废七类拆解户入园经营，从业人员5 000多人。目前深加工项目全部建成，形成了年拆解废家电200万台、生产再生铜材13.35万吨、再生铝合金6万吨、再生塑料7.6万吨的处理能力，循环经济产业链完整、清晰、合理，再生资源拆解和深加工的产业集群初具规模。2016年园区再生资源聚集百分比达到64.1%，资源聚集量达66.73万吨，实现总产值128.45亿元。园区同时还搭建了全国先进的再生资源技术开发平台、信息服务平台、资本服务平台，进一步推动再生资源行业科学化、规范化、产业化、集约化、高效化、清洁化发展。

华清公司通过采取"园区拆解、集中治污"的管理模式，使园区生产工艺及管理达到无污染、无资源浪费的绿色园区标准。（1）有效地节约了土地，利于管理和产业集聚，提高了再生资源回收利用率；（2）园区创新再生资源加工利用模式，从简单、粗放的拆解向深加工、规模化加工利用的产业化发展模式演变，形成完整清晰的产业链；（3）园区运营以来，每年实现垃圾减排1.4万吨，节水132万吨，节电100多万度，取得了良好的环境效益。

（资料来源：杨建初. 循环经济读本［M］. 广州：中山大学出版社，2011.）

请根据案例材料，分析清远华清公司推动节能环保服务发展的经验和做法。

第十九章

商务服务

本章阐述了商务服务业的基本概念和产业特性，分析了制造强国、制造大国、制造新国及我国和广东省商务服务业发展的基本情况，并提出我国商务服务业的发展方向。

商务服务是企业为完成核心业务或主营业务而需要的支持性、辅助性商务活动，具有"高成长、强依附，弱自稳、被带动"的产业特性。发展商务服务业，能有效剥离制造业非核心业务，促进"工商"资源跨界整合，推动中国制造向中国智造转变。

各国商务服务发展依赖经济发展总体水平，商务服务在制造强国、制造大国和制造新国已经成为支柱产业，但制造新国发展水平低，优势行业层次低。各国商务服务内部产值结构稳定。在人均GDP相近条件下，制造新国商务服务产值贡献较小。大型商务企业产值较大，主要分布在中心城市并形成中央商务区，商务服务企业有明显国际化和强强合并特征。

我国商务服务呈不断增长态势，经济发达省份增长快，批发服务就业比重大，贸易经纪与代理就业增长快。广东省商务服务起步早、总量大，企业主要分布在珠三角地区，但知名企业较少，服务半径本地化，内资占绝对主导。

未来一个时期，商务服务发展的重点领域是企业管理、会议会展、租赁服务、批发代理、人力资源服务。工作的着力点是鼓励制造企业延长产业链、加强信息化和国际化、打造"工商"两业跨界融合发展平台；支持订单式职业培训，提供"租赁"式人力资源服务；搭建"拎包入驻"式办公支撑服务平台；探索推进设备共享的实物租赁模式，促进制造业轻资产运营。

本章还以广交会和汉诺威工博会为案例，比较了两者的发展历程与特色，分析了会展服务对制造业发展的促进作用。

第一节 基本认识

一、商务服务的内涵

商务服务（Business Services）又叫业务服务或企业服务、产业服务，是企业为完成核心业务或者主营业务而需要社会为其提供的支持性、支撑性活动，是生产性服务的重要组成部分。

在企业生产价值链中，商务服务是为企业生产、营销、售后这些核心业务提供的支持性活动，主要包含企业管理、物料供应、技术支持、人力资源或其他生产管理活动。商务服务可以由社会提供，比如专业机构提供的法律、会计、广告等服务；也可以由企业自我完成，比如总部服务、企业的后勤服务等。这些为企业核心业务提供支持性商务服务的企业和机构的集合体就是商务服务业，是服务于生产活动的产业群。商务服务一般处于企业生产价值链的中高端，因此主要集中在大城市的中心城区，而商务服务集中发展的区域称之为中央商务区。

二、商务服务业的外延

（一）产业分类中的商务服务业

我国国民经济行业分类标准（GB/T4754—2017）中，商务服务业包含9个中类：组织管理服务、综合管理服务、法律服务、咨询与调查、广告业、人力资源服务、安全保护服务、会议展览及相关服务、其他商务服务业。[①]

在《生产性服务业分类（2015）》中，商务服务即第17大类（含企业管理与法律服务、咨询与调查服务、其他生产性商务服务）类；本章也兼顾生产性租赁服务，即第16大类（含融资租赁服务和实物租赁服务）；人力资源管理与培训服务，即第18大类（含人力资源管理、职业教育和培训）；批发经纪代理服务，第19大类（产品批发服务和贸易经纪代理服务）。如表19-1所示。

表19-1 商务服务业分类

代码			名称	说明
大类	中类	小类		
16			生产性租赁服务	

---

①来源 http://www.stats.gov.cn/tjsj/tjbz/.

续表 19-1

代码			名称	说明
大类	中类	小类		
	161		融资租赁服务	
	162		实物租赁服务	
		1621	汽车租赁	
		1622	农业机械租赁	
		1623	建筑工程机械与设备租赁	
		1624	计算机及通信设备租赁	
		1625	其他机械与设备租赁	环保设备租赁包含在此类
17			商务服务	
	171		企业管理与法律服务	
		1711	企业总部管理	
		1712	投资与资产管理	产权交易、废弃物交易、碳排放交易包含在此类
		1713	单位后勤管理服务	
		1714	其他企业管理服务	
	172		咨询与调查服务	
		1721	会计、审计及税务服务	资产评估、清算服务,以及能源审计服务包含在此类
		1722	市场调查	
		1723	商务咨询服务	物流方案策划、物流咨询、发展战略规划、营销策划、管理咨询,以及环保咨询包含在此类
	173		其他生产性商务服务	
		1731	广告业	
		1732	生产性安全保护服务	仅包括为生产活动提供的保安服务、安全系统监控服务等
		1733	市场管理	
		1734	会议及展览服务	
		1735	办公服务	
		1736	信用服务	
		1737	其他未列明商务服务业	
18			人力资源管理与培训服务	
	181		人力资源管理	
		1811	职业中介服务	

续表 19-1

代码			名称	说明
大类	中类	小类		
		1812	劳务派遣服务	
		1813	其他人力资源服务	
	182		职业教育和培训	
		1821	职业初中教育	
		1822	中等职业学校教育	
		1823	高等职业学校教育	仅包括为生产活动提供的高等职业学校教育
		1824	职业技能培训	为生产活动提高就业人员就业技能的培训服务，以及农业技术培训等包含在此类
19			批发经纪代理服务	本类不包括零售服务
	191		产品批发服务	进出口包含在此中类
		1911	农、林、牧产品批发	
		1912	食品、饮料及烟草制品批发	
		1913	纺织、服装及家庭用品批发	
		1914	文化、体育用品及器材批发	
		1915	医药及医疗器材批发	
		1916	矿产品、建材及化工产品批发	
		1917	机械设备、五金产品及电子产品批发	
		1918	其他未列明批发业	
	192		贸易经纪代理服务	国内贸易代理和对外贸易代理服务包含在此中类
		1921	贸易代理	
		1922	拍卖	
		1923	其他贸易经纪与代理	

（资料来源：http://www.stats.gov.cn/tjsj/tjbz/201506/t20150604_1115421.html.）

（二）商务服务的主要行业

结合制造业发展涉及的主要商务服务需求，本章着重阐述企业管理、会议会展、租赁服务、批发代理、人力资源服务，这些行业的具体内容如下。

（1）企业管理服务。是对企业的生产经营活动进行的计划、组织、指挥、控制等职能的总称。从产业功能看，包括企业总部管理、投资与资产管理（产权交易、废弃物交易、碳排放交易等）、单位后勤管理服务和其他企业管理服务的内容。企业管理中价值链的最高端是企业总部管理，是一个企业运行的中枢，决定着企业的发展。由企业总部的集聚发展形成的商务经济活动称之为总部经济。

（2）会议会展服务。在举办会议展览活动过程中，为提升会议、展会宣传和展示水准而提供的服务活动，以及为参会商、参展商和参会、参展人员提供更好、更便捷的系列服务活动，还包括由会议展会活动而衍生的交通、住宿、商业、餐饮、购物、观光、媒体宣传等系列经济贸易活动。

（3）租赁服务。租赁是一种以一定费用借贷实物的经济行为，出租人将自己所拥有的某种物品交与承租人使用，承租人由此获得在一段时期内使用该物品的权利，但物品的所有权仍保留在出租人手中。承租人为其所获得的使用权需向出租人支付一定的费用（租金）。生产性租赁服务主要指制造业设备和仪器的租赁活动，可通过金融信贷和物资信贷结合的方式提供租赁服务，包括融资租赁和实物租赁。① 其中，融资租赁服务在"金融服务"的章节中阐述。

（4）批发代理服务。在一定的区域范围内，受被代理人的委托，以被代理人的名义，办理其商品或者服务的批发销售的商业经营服务，厂家给予代理组织佣金额度的经营行为。批发代理商与批发商的区别在于是否拥有商品的所有权。具体而言，批发商从厂家购得产品，取得产品所有权后销售；而批发代理商是代理厂家进行销售，本身并不购买厂家的产品，也不享有该产品的所有权，所有的货都是厂家的，产品所有权仍然属于厂家所有，代理商的地位是代理厂家进行销售，并通过销售提取佣金。②

（5）人力资源服务。指为用人单位管理和开发人力资源，以及为劳动者就业和职业发展提供的相关服务，主要包括人力资源招聘、职业指导、人力资源和社会保障事务代理、人力资源外包、人力资源管理咨询、人力资源信息软件服务等。

（6）咨询服务。是咨询受托方根据委托方提出的要求，以专门的信息、知识、技能和经验，运用科学的方法和先进的手段，进行调查、研究、分析、预测，客观地提供最佳的或几种可供选择的方案或建议，帮助委托方解决各种疑难问题的一种高级智能型信息服务。包括政策咨询、管理咨询、工程咨询、技术咨询、专业咨询等。

三、商务服务业的相关特征

（一）成长性高、依附性强，自稳定性弱、影响力小、感应度大

商务服务业的发展与经济增长正相关，增长速度快于经济总量。增速受宏观经

---

① https://baike.baidu.com/item/%E7%A7%9F%E8%B5%81/633715?fr=aladdin.
② https://baike.baidu.com/item/%E4%BB%A3%E7%90%86%E4%B8%AD%E9%97%B4%E5%95%86/6796511.

济形势影响较大，不具有自身稳定性。商务服务业感应度大于1，影响力小于1，属于带动其他产业发展较弱的"被带动"产业。

（二）投入"资本资产轻＋知识含量高"，产出附加值高，规模经济特征明显

商务服务业高度依赖人力资源提供专业技术服务，商务服务业提供非标准化的、知识含量高的专业服务，知识需求非标准化、所依赖的知识和技术难以固化到硬件设备中，资产依赖度相对较低。商务服务业需要知识和品牌的长期积累，市场进入存在技术壁垒，可竞争度相对低，产出附加值高。商务服务专业知识积累要求分工细、规模化、外包化。

（三）企业布局有中心城市聚集特征

商务服务供求双方在地理分布上可分离，专业人才主要分布在中心城市，信息优势等导致商务服务业企业在中心城市聚集。

四、发展商务服务业的意义

（1）培养"职业工匠"，为制造业提供智力支持。商务服务中的职业教育和技能培训可以针对企业需要，定向培养企业急需人才，为制造业转型升级提供高中层专业技能人才。

德国职业教育特色——"双元制"

德国实行"双元制"的职业教育教育。在职业学校招生市场上，让所有招生的企业与学生见面，一方面让学生挑选自己喜欢的企业、专业，另一方面企业对学生进行面试笔试，合格后签订协议。"双元制"学生进入学校后一边学习理论，一边进企业实习实训，两者的时间比例一般是1:2。企业根据学生的综合表现发放奖金，一般能够解决学生的学杂费和生活费。西门子公司是全球第三大电子公司，推行"双元制"和企业进行技术培训的工作出色，在"双元制"招生现场上，报名的学生特别多，要经过严格的面试笔试才能准入并签订合同，企业给的奖学金多，因而学生也愿意来。

（资料来源：http://wsxx.gyedu.net/ArticleShow.asp?ArticleID=3389.）

（2）促进"工商融合"，打通"中国智造"全链条。中国智造不仅需要来自于流通领域的信息，更需要"微笑曲线"两端包括策划、咨询、广告、会议、会展等商务服务的支持，发展商务服务业，能利用专业知识提升制造业的智能化水平，实现工业4.0的变革。

案例

波音公司的制造与服务

波音公司是全球最大的航空航天公司,也是世界领先的民用飞机和防务、空间与安全系统制造商,以及售后支持服务提供商。作为美国最大的制造出口商,波音公司的业务包括:开发更新、更高效的民用飞机家族成员,设计、构筑、整合军事平台以及防御系统,研发先进的技术解决方案,以及为客户安排创新的融资和服务方案以及基于性能的物流和培训等。

(资料来源:http://www.boeing.cn/china/#/brief.)

(3)承接非核心业务的外包,促进企业聚焦制造业的主营业务。商务服务业影响力系数低,感应度系数高,对其他产业的支撑作用明显。商务服务为企业提供支撑性的辅助服务,推动企业剥离非核心业务,从而能使企业聚焦于核心业务,促进制造企业的有限资源集中配置在核心业务。

案例

全球最佳外包公司——办公支持企业"欧艾斯"

ISS(欧艾斯)作为全球最大的办公和安保服务提供商,连续5年被评为全球最佳外包供应商。该公司为各行各业提供包括物业管理、餐饮、清洁、无尘、灭虫、绿化、后勤支援在内的全面专业的后勤管理服务,有效推动了企业非核心业务的剥离。ISS集团在全球的业务遍及53个国家,员工200 000余人,在2013全球TOP 100后勤服务公司中排名首位,雇员数目居全球第四名。2014年的营业收入达到112.7亿美元,基本相当于马其顿共和国当年的GDP,该国是当年在GDP较小国家中排名第76位。

(资料来源:https://www.cn.issworld.com.)

第二节 发展现状

一、国外商务服务业发展情况

(一)总体情况

1. 三类国家的商务服务都成为支柱产业,但发展水平有明显梯度

在最近20年里,制造强国美国和德国,制造大国英、法、韩,以及制造业新国

巴西和墨西哥①，商务服务业占 GDP 的比重均呈上升态势，并且都已经超过 5%，成为各国的支柱性产业。其中，美、德、英、法国商务服务业产值比重大于 8%，2000 年后超过 10%。巴西、韩国和墨西哥产值占比基本小于 8%（图 19-1）。

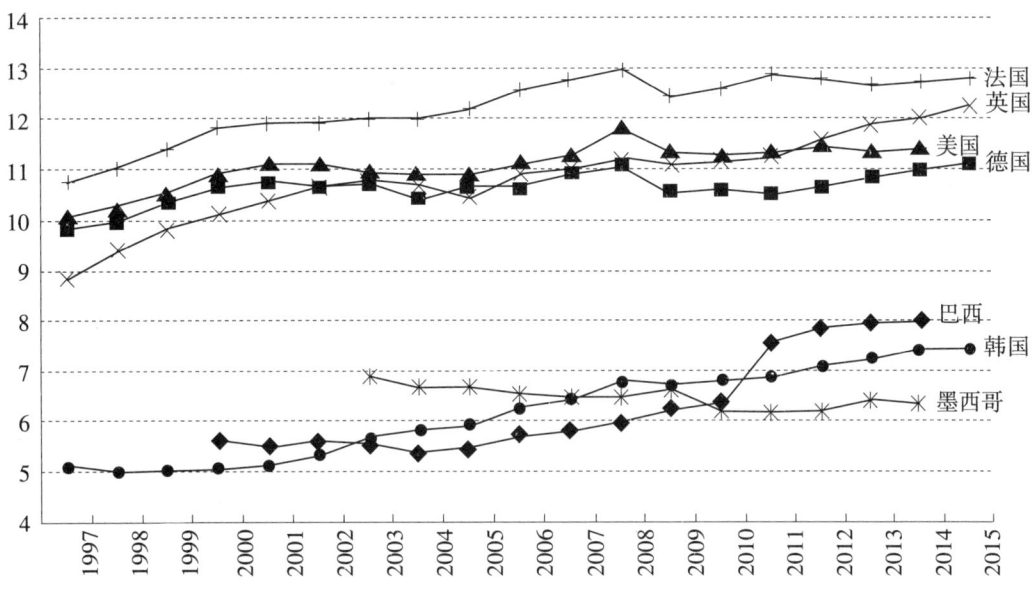

图 19-1　1997—2015 年部分制造强国、制造大国和制造新国商务服务业占 GDP 比重

商务服务业的发展存在明显梯级特征，制造新国商务服务业比制造强国和制造大国落后一个梯级。在人均 GDP 相近的条件下，制造新国商务服务业产值占比小于制造强国和制造大国（表 19-2）。另外，制造新国韩国商务服务产值比重明显偏低，不仅低于制造强国和制造大国，也低于发展程度类似的制造新国，韩国制造业存在"重制造、轻服务"的情况，可能与韩国制造业企业数量少、体量大，商务服务基本内置于制造业企业有关。

表 19-2　制造强国、制造大国、制造新国相近 GDP 条件下商务服务业产值比重比较

国家	人均 GDP /美元	商务服务产值占比/%	人均 GDP /美元	商务服务产值占比/%	人均 GDP/美元	商务服务产值占比/%
德国	/	/	/	/	34 769.443（2006 年）	10.63
美国	/	/	/	/	34 585.233（1999 年）	10.55

---

① 本章涉及英、美、德、法、巴西、墨西哥以及韩国的原始数据均来源于 OECD 数据库.

续表 19 - 2

国家	人均 GDP /美元	商务服务产值占比/%	人均 GDP /美元	商务服务产值占比/%	人均 GDP/美元	商务服务产值占比/%
英国	/		16 741.94（1990 年）	8.03	34 343.51（2006 年）	10.95
法国	10 693.82（1980 年）	9.78	16 701.20（1989 年）	10.22	34 176.90（2007 年）	12.81
韩国	10 874.014（2003 年）	4.21	16 392.695（2009 年）	5.04	34 647.108（2015 年）	7.47
墨西哥	10 808.173（2003 年）	6.91	16 366.301（2011 年）	6.17	/	/
巴西	10 505.73（2004 年）	5.38	1 472.78（2014 年）	8.08	/	/

2. 三类国家商务服务的就业比重随经济增长而逐步上升

随着经济增长，制造强国、制造大国商务服务就业比重不断上升，德、法、英、美、日五国商务服务就业比重从 6% 逐步上升到 16%。制造新国墨西哥的商务服务就业贡献稳定，2003—2015 年，就业率为 8.81% ~ 9.53%，整体上随经济增长而增加（图 19 - 2）。

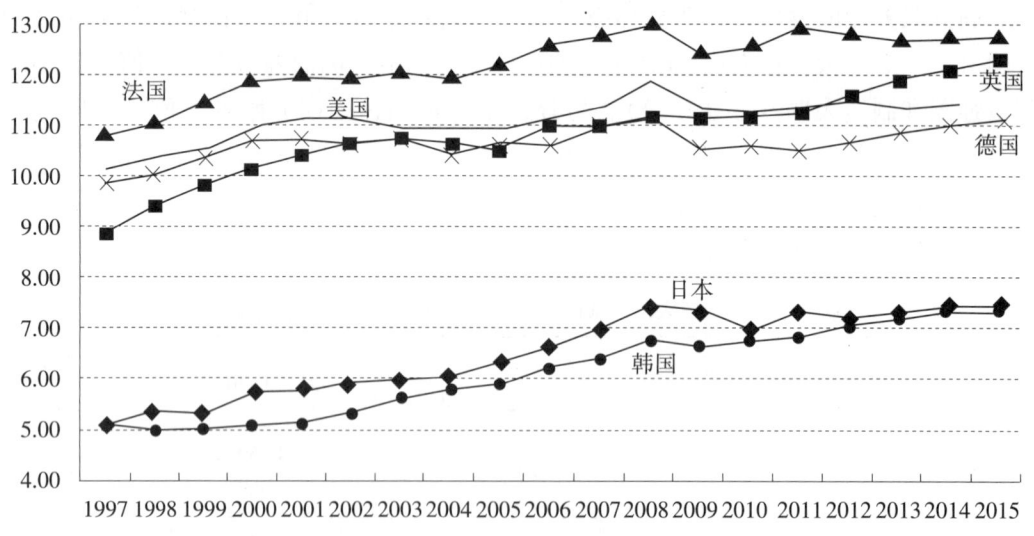

图 19 - 2　制造强国、制造大国商务服务业就业情况

3. 制造强国、制造大国的大型商务企业"富可敌国"

2014 年全球最大的律师事务所、会计师事务所、广告公司、安保以及办公综合服务商的营业收入都远远超过众多国家当年 GDP（表 19 - 3）。

表19-3 2014年全球最强部分商务服务企业营业收入与部分国家当年GDP的比较

商务服务行业	全球营业收入第一的企业	营业收入 百万US$	当年GDP相近国家	该国GDP及在全球GDP较少的国家中排名，百万US$
律师事务所	贝克麦坚时（Baker & Mckenzie，美国）	2 419	格陵兰岛	2 441.226 08；GDP较小国家中排39位
会计师事务所	普华永道（PWC，英国）	34 000	约旦	35 826.901 408 GDP较小国家中排121位
广告与传播业	奥姆尼康（Omnicom，美国）	15 300	塞内加尔	15 309.331 691 GDP较小国家中排92位
安保以及办公支持	ISS（欧艾斯）（综合设施服务商，丹麦）	11 270.6	马其顿共和国	11 362.265 294 GDP较小国家中排76位

注：表中数据根据网络资料和OECD数据库整理.

4. 制造强国和制造大国的大型企业强强合并，国际化、多元化运营

国际化、多元化是发达国家大型商务服务企业的运营特色。部分行业营业收入全球第一商务企业合并过程如下：贝克麦坚时律师事务所有遍布全球74个办事处的4 000多名当地执业律师。奥姆尼康广告公司经历了5次合并，2013年和广告业的第五名阳狮集团"对等合并"，在全球拥有6万多名专业技术人员。普华永道由普华会计师事务所和永道会计师事务所合并，在152个国家中设有860余家分公司和办事处。办公支撑服务企业ISS向企业提供保洁、餐饮、物业、设施管理一站式综合管理，在50多个国家拥有超过52万员工，是全球第四大的私营企业雇主。

(二) 重点领域的发展情况

1. 制造强国和制造大国商务服务重点领域发展相对均衡，制造新国批发行业一枝独秀

按照口径的可比性，选取6个外延基本与我国商务服务相近的行业（批发经纪、租赁、法律与会计服务、办公支持、就业活动、广告与市场研究），分析制造强国、制造大国和制造新国商务服务业重点领域的发展情况。尽管产值占比不完全一致，德、美、英、法的商务服务业重点领域结构有以下共性：6大产业的发展相对均衡，各行业产值贡献变化不大，结构稳定（表19-4）。

表19-4 三类国家部分年份商务服务业重点领域产值比重情况

国别/年份 产业	德国 2008—2016		美国 2000—2015	法国 2000—2014		英国 2000—2014		墨西哥 2003—2014	
批发经纪	46.39 - 45.92	降	47.50 - 50.81 较稳定	47.59 - 50	较稳定	25.18 - 30.23	降	73.32 - 78.25	升

续表 19-4

产业 \ 国别/年份	德国 2008—2016		美国 2000—2015		法国 2000—2014		英国 2000—2014		墨西哥 2003—2014	
办公支持	14.59 – 18.17	升	25.81 – 28.54	较稳定	16.67 – 19.39	升	27.72 – 39.43	升	4.22 – 5.21	降
就业活动	4.88 – 7.80	/	6.99 – 8.87		6.99 – 8.87	降	18.23 – 22.32	升	8.48 – 10.67	降
法律与会计	13.82 – 10.62	降	11.71 – 13.03	较稳定	7.64 – 9.17	升	14.73 – 16.07	较稳定	6.13 – 8.25	降
广告与市场研究	5.98 – 4.87	降	/		4.22 – 5.98	降	4.03 – 5.30	升	0.82 – 1.07	降
租赁	14.34 – 12.62	降	11.72 – 13.28	较稳定	12.23 – 13.25	稳定	3.27 – 4.29	升	1.48 – 2.10	升

注：原始数据来源于 OECD 的统计数据库，表中数据是所列年份内的最小和最大值，不是起始年份值，升、降以及稳定性的判断是基于整体趋势。

由表 19-4 结果可知，6 大领域中，批发业和办公支持服务是最重要的行业，两者的产值贡献之和超过 50%。就业活动、广告与市场研究贡献相对小，两者之和在 10% 左右。租赁行业贡献差异较大，德美法产值贡献大，英国较小。美国的批发、公司和企业管理服务业占比较大，法律服务以及租赁服务相对小（美国产业分类标准与 OECD 不同，没有就业活动和广告与市场研究的数据）。墨西哥商务服务业的 6 大重点行业的发展极不均衡，批发业产值比重超过 73.32%（2003 到 2014 年），超过其他 5 大领域，而且呈上升态势。

2. 各国就业结构稳定，制造强国与制造大国商务服务各领域相对均衡，制造新国传统商务服务业是就业的主要载体

制造强国和制造大国商务服务业重点领域的就业结构基本一致。其中，英、法、德三国 6 个行业的就业百分比（以 6 个产业总和为 100）从高到低依次为：批发业（D46）、办公室行政支援等业务支援活动（D80T82）、就业活动（D78）、法律和会计活动（D69）、广告和市场研究（D73）、租赁和租赁活动（D77）。特别地，前三个行业的就业占比超过 76%，属于商务服务业中的支柱性行业。美国商务服务业的就业结构略有不同，办公支持服务就业比重高于批发业。制造新国墨西哥商务服务业的就业明显不同于制造强国和制造大国。批发业的就业比重超过了 62%，就业活动占比超过 27%，批发和就业活动两个领域的就业超过 90%。其他 4 类行业就业贡献非常小，其商务服务的发展处在较低层次。

（三）制造强国、制造大国和制造新国商务服务业发展比较和启示

1. 三类国家之间的比较

（1）相关性。商务服务业发展依赖经济总体水平，与制造业不存在统计相关性。分析欧盟 28 个国家以及美日韩等国 1997—2015 年的面板数据，检验商务服务业占

GDP 的比重与人均 GDP 的正相关关系，以及商务服务业增长率与人均 GDP 增长率的关系，在 p=5% 的条件下都通过检验。因此，商务服务的发展依赖经济总体情况，并且增速快于人均 GDP 增长，具有较高的成长性。德、美、英、法、韩、墨、巴西七国工业增加值增长率与商务服务业增加值增长率之间不存在统计意义上的因果关系。在重点发展领域，三类国家商务服务业各个行业的产值贡献和就业贡献都比较稳定。六类行业中，批发业的产值贡献和就业贡献都是最大的。

（2）发展差别。在相似经济发展水平下，制造新国的商务服务产值贡献小于制造强国和制造大国。制造新国，尤其是韩国的数据显示工业比重大，商务服务的比重显著偏低。

在重点领域的发展方面，制造强国、制造大国商务服务的产值和就业结构更加多样化和均衡，办公支持和法律服务有较大上升。制造新国仍以传统的批发贸易为主（图 19-3）。

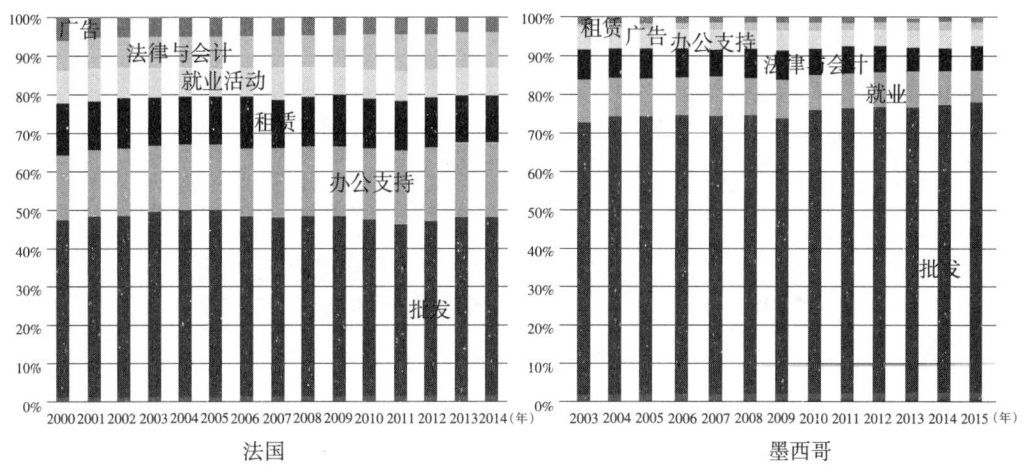

图 19-3　法国和墨西哥商务服务重点领域产值累计比重比较

2. 三类国家发展的启示

（1）制造新国工业增加值比重偏高，商务服务业的追赶速度慢于制造业，意味着工业作为追赶的主导产业，能促进经济快速发展。

（2）随着制造业的发展，批发贸易业的比重将下降，办公支持和法律服务是商务服务重点领域产值和就业的新增长点。

（3）商务服务企业的强强合并、国际化、多元化运作是国际商务服务业发展的新趋势。

二、我国商务服务业的发展状况

（一）商务服务业发展阶段

根据产业发展数据、标志性事件、国家重大政策以及国家产业分类标准的变化

(表19-5),可将我国商务服务业的发展分为三个阶段:1978年以前,传统商务服务主导阶段,以十一届三中全会的召开为时间节点;1978—1997年,现代商务服务兴起阶段,以党的十五大召开为时间节点,党的十五大报告中首次提出"现代服务业";1998年以后,随着计算机以及信息技术在我国的广泛使用,我国进入现代商务服务拓展阶段。

表19-5 影响我国商务服务业发展阶段划分的标志性事件

编号	阶段	时间	重要事件/国家政策/国家统计数据/国家产业标准变化
	第一阶段:传统商务服务主导阶段	1978年前	计划经济时期,商务服务基本内置于制造业中
1	第二阶段:现代商务服务兴起阶段	1978	十一届三中全会,提出改革开放
2		1979	北京外企人力资源服务公司向日本派遣劳务
3		1981	恢复成立第一家会计师事务所——上海会计师事务所
			1998年底正式改制为有限责任会计事务所
4		1981	中国东方租赁有限公司
5		1983	第一家命名为事务所的"蛇口律师事务所"成立
6		1984	第一家人力资源服务企业"深圳市人才服务公司"
7		1984	第一家保安公司在深圳蛇口成立
8		1984	GB/T4754—1984颁布,商务服务业包含在"Ⅵ商业、公共饮食业、物质供销和仓储业和Ⅶ房地产管理、公用事业、居民服务和咨询业"等门类中
9		1985	第一家外商独资企业,3M(中国)有限公司正式注册成立
10		1986	恢复成立第一家拍卖企业,广州拍卖行
11		1987	北大钱天白向德国发出第1封电子邮件,中国还未加入互联网
12		1994	中国获准加入互联网,并在同年5月完成全部中国联网工作
13		1994	GB/T 4754—1994颁布,新增"社会服务业"门类中有"租赁服务业"产业
14		1996	中国第一部《职业教育法》正式颁布
15		1997	党的十五大,报告中首次提出"现代服务业"

续表 19-5

编号	阶 段	时 间	重要事件/国家政策/国家统计数据/国家产业标准变化
16	第三阶段：现代商务服务拓展阶段	1999	第一个电子商务网站是 8848.com 成立
17		1999	阿里巴巴网络技术有限公司在浙江杭州创立
18		1999	开始有互联网用户的国家统计数据，到 2005 年开始完善
19		2001	法国阿尔卡特公司成为第一个在中国建立地区总部的跨国公司
20		2003	淘宝网创立
21		2002	GB/T4754—2002 颁布，增加"租赁和商务服务业"门类
22		2004	开始有详细的关于职业中学等的国家统计数据
23		2011	GB/T4754—2011 颁布，商务服务业包含：贸易经纪与代理、企业管理服务、人力资源服务、安全保护服务等中类内调整和增加了新小类

（资料来源：根据网络资料整理.）

（二）现代商务服务业拓展阶段的发展情况

1. 各项指标总量全面增长，但营业收入相对比值下降，人均产出低

2004 年到 2013 年的数据显示，商务服务业法人单位、就业人数、投资与固定资产以及营业收入总量快速上升，但营业收入占 GDP 和占第三产业的增加值比值呈负增长，说明商务服务业的人均生产效率相对较低。

2. 产品批发服务就业比重大，贸易经纪与代理就业增长快

从 2004 年到 2013 年，批发经纪代理服务业就业贡献大，法人单位最多，远超过租赁服务和商务服务业。就业增长率最快的产业是贸易经纪与代理以及机械设备租赁服务业（表 19-6）。

表 19-6　商务服务业法人单位和就业人数的全国就业占比

行 业		指　标							
		法人单位占全国比重,%				就业人数占全国比重,%			
		2004	2008	2013	年均增长率 2004—2013	2004	2008	2013	年均增长率 2004—2013
批发经纪代理服务业		10.27	12.03	16.13	5.14	3.63	3.89	5.53	4.79
其中	产品批发服务	10.12	11.75	15.52	4.87	3.60	3.81	5.34	4.48
	贸易经纪与代理	0.15	0.28	0.61	16.87	0.04	0.08	0.17	17.44
租赁服务业		0.175	0.26	0.50	12.37	0.058	0.081	0.163	12.17
其中：机械设备租赁		0.161	0.25	0.47	12.64	0.055	0.077	0.157	12.36
商务服务业		4.65	5.32	7.97	3.32	2.01	2.96	3.66	1.65

续表 19-6

行业		指标							
		法人单位占全国比重,%				就业人数占全国比重,%			
		2004	2008	2013	年均增长率 2004—2013	2004	2008	2013	年均增长率 2004—2013
其中	企业管理服务	0.99	1.41	2.11	1.12	0.65	1.05	1.05	0.40
	法律服务	0.34	0.30	0.27	-0.07	0.08	0.09	0.10	0.01
	咨询与调查	1.20	1.26	1.93	0.72	0.30	0.39	0.56	0.26
	广告业	0.73	0.84	1.39	0.66	0.17	0.22	0.33	0.17
	职业中介服务	0.22	0.27	0.47	0.25	0.17	0.41	0.56	0.39
	市场管理	0.25	0.26	0.32	0.07	0.17	0.18	0.14	-0.02
	其他商务服务	0.62	0.63	1.34	0.72	0.36	0.49	0.51	0.15

(原始资料来源于中国国家统计局三次经济普查数据.)

3. 商务服务业地区发展不平衡，经济发达省份发展好

在2010—2015年，租赁和商务服务业法人单位和就业数量最多的前5个省、市是北京、广东、江苏、浙江和上海，法人单位数占全国比重近50%；就业人数占比为52.05%~54.01%。① 大型商务企业主要分布在经济发达省份。批发经纪代理服务业、企业管理服务行业、会计师事务所、会展行业的大型企业主要分布在广东、上海、江苏、北京、山东、浙江等地。

三、广东省商务服务业的发展状况

（一）现代商务服务业总量大，起步早，紧跟经济发展需要

广东省商务服务产业发展在全国发展较好，租赁与商务服务业、广告业、会计师事务所、律师事务所等法人单位数、就业人数等都在全国名列前茅。为适应经济的发展，广东省商务服务业发展起步早，诸如恢复成立了第一家律师事务所、第一家人才服务公司、第一家安保公司、第一家拍卖行等。

（二）商务企业主要分布在珠三角地区，围绕制造业布局

广东省商务企业主要分布在制造业发达的珠三角地区。广州、深圳、佛山和东莞注册会计师和律师事务所数量最多，占全省比重分别为76.38%和65.55%，职业中介地区占比为41.74%。地区经济越发达，商务服务企业竞争力越强。2016年广

---

① 根据国家统计局数据库资料整理.

东省会计师事务所100强中，98%分布在珠三角。广东5家进入全国100强会计师事务所，广州4家，深圳1家，进入全国35强的2家律师事务所在广州和深圳。①

（三）批发经纪代理服务产业链延长，批发、会展业与制造业互相促进

广东省2015年生产性商务服务业的增加值中，批发经纪代理服务占比45.74%，商务服务业（含会展业）占比23.34%。② 批发服务依托制造业优势发展。广东是服装和家电生产大省，其服装与家电批发交易额高。依托广交会与制造业优势，广东会展业发展综合指数位居全国第二。

广东省批发代理服务不仅承担商品集散功能，也向产业链上下游延伸。各行业龙头企业紧跟经济发展，从原材料开发、设计师培养、产品设计、融资、产品孵化、举办展会、贸易代理、电商平台搭建、品牌建设、人才培训等全方位发展，为制造业提供微笑曲线两端的全链条服务，引领制造业发展。

案例

出租人变身引路人

——"设计、打版、展示、销售、电商"全链融合，引导产业转型升级

广州联合交易园区经营投资有限公司是一家为服装纺织批发交易提供经营场所和市场管理为主的企业，是"退二进三"项目基础转型升级的大宗商品现货电子交易中心，是广东省现代产业500强。该公司不仅是出租人，更是园区甚至行业发展的引领者。在打造产业链方面，园区采取了以下举措：

建设设计师创业基地。与广东省服装服饰行业协会、广东省设计师协会强强联手形成战略联盟，打造新港82服装设计师创意谷。目前已有近1 000名国内外优秀设计师入驻，形成中国最大的设计师集群。

举办时装展示会。从2014年开始，每年两季的广东时装周正式落户园区。

开拓国际合作和办学。与国际顶尖的服装设计及打版学院——意大利卡罗世纪服装学院合作，在园区设立其中国首个培训中心。

创新大宗商品电子交易平台。引入华南地区最大的权益类交易所——广州交易所集团，共同打造广州商品交易所，建设大宗商品现货电子交易平台。

打造电商区域总部。引进国内外高端的纺织服装电商和总部经济，引入广告、物流、摄影、网络推广等配套服务企业，形成电商集聚，带动整个纺织服装产业链的转型升级。

（资料来源于http://www.xingang82.com.）

---

① 会计师事务所的数量由来源于中国注册会计师信息的数据整理；职业中介的数据由来源于顺企网的数据整理。律师事务所的数据根据2017年7月4日百度地图查询.
② 原始数据来源于广东统计年鉴2016.

四、广东省商务服务业存在的问题

（一）知名企业少，服务半径本地化，难以支撑制造业的外向发展

广东省商务服务业"大而不强"，竞争力较弱。虽然广东省租赁与商务服务业的法人单位数、从业人数，以及会计师事务所、律师事务所、广告企业数量都位居全国首位，但进入全国100强的会计师事务所只有4家，律师事务所入选"《美国律师》2015年中国35家强"的只有2家。广告经营企业数量名列前茅，但在广告经营企业（非媒体服务类）营业额前100名中，上海有67家，广东只有4家。广东的商务服务企业服务区域小，大部分企业主要满足广东市场需求。① 由于广东省商务服务业竞争力弱，全球甚至全国影响力较小，业务能力单一，难以支撑广东制造业外向拓展。

（二）缺乏打造"大商务大制造闭环"的领军人才，难以引领资源跨界整合

供给侧改革、去产能、珠三角产业升级转型都说明广东制造业急需进入"智能"制造阶段，但从能智能制造角度，进行商务和制造业资源跨界整合的高层人才较少。目前广东省人才培养能力明显不足，商务服务业相关的重点学科少，全国工商管理和法学的8个一级国家重点学科中，广东省只有中山大学的工商管理学科进入。2016年广东省重点建设学科110个，工商管理、会计学以及法学等商务服务涉及的专业只有10个，一定程度说明商务服务业发展的后备人才数量不足。②

（三）各行业独立发展，缺乏"拎包入驻"的综合商务大平台

广东省各商务服务行业单业经营，独立向制造业提供服务，增加了制造业购买商务服务的交易成本。目前广东省能承接全面的商务服务、提供"拎包入驻"式生产环境的商务平台缺乏。在高度专业化生产的背景下，商务服务作为非核心业务，应该从制造企业的日常生产中剥离。

拎包入驻的办公商务平台——天安云谷

位于深圳的天安云谷，是深圳城市更新、产业升级的示范项目。它通过云计算、互联网，将行政审批、政策咨询、小额贷款、产品展示等多种创新资源进行整合，

---

① 会计师事务所的数量由来源于中国注册会计师信息的数据整理，其他资料来源于网络。
② 原始资料分别来源于教育部和广东省教育厅网站。

成为一个综合创新服务平台。

"拎包入驻"是天安云谷结合云时代企业办公特征,提供从卡位出租、云桌面、家私采购、设计装修以及行政外包、商务秘书、法律咨询、IT支持、云办公等各种商务服务。天安云谷通过采取云桌面、软硬件租赁和会议室等公共空间按次租用的方式,企业可以突破传统终端资源的限制,共享园区资源,实现轻松办公。这也是近年来深圳大力推进的包括科技、产业、金融、管理、商务模式创新等在内的综合创新生态体系的体现和缩影。

(资料来源于 http://www.szyungu.com.)

(四)内资占绝对主导,不利于制造业和外部资源优化组合

2013年,广东省在租赁和商务服务业企业法人单位中的港、澳、台商投资企业占1.7%,外商投资企业占1.0%。从业人员中的港、澳、台商投资企业占4.0%,外商投资企业占2.1%。[1] 国际国内的先进经验,如北京的会计和法律服务、上海广告业,充分体现了和外资合作、合伙、合并的优势。另外,广东省商务服务业外资比例低,不利于商务服务业水平提升,不利于外部优秀资源与制造业的结合。

第三节 发展思路

一、总体要求

面对制造业转型发展的需要,未来一个时期,商务服务发展要加快国际化步骤,从技术、模式、品牌、资本、人才和市场等方面进行全方位的国际合作,促进商务服务的新业态、新模式的发展;推动专业化程度高、能充分发挥规模经济并有世界影响力的大型企业的发展;加快构建大平台,从工商两界、产业链、价值链的角度,规划和整合资源,积极促进沟通商务服务和制造业的融合,使制造业朝着智能制造和品牌建设的方向发展,并最终能占据全球产业分工的有利地位。

二、重点领域

(一)加快发展租赁服务,积极探索租赁服务新模式

个性化消费趋势要求制造业按"小规模、定制化"方式生产。非标准化、小批量生产难以实现规模经济,传统的专有资产模式导致了较高的制造成本,严重制约

---

[1] 原始资料来源于广东省统计局公布的第三次经济普查公报.

着企业的转型升级。另外,制造企业转型升级的固定资产更新改造对企业形成了较大的财务压力,订单不足导致固定资产分摊成本压力巨大。为降低制造企业的资金和成本压力,应积极推动租赁服务的发展,按照共享经济的模式,大力发展实物租赁、设备共享,实现制造企业轻资产运营。

(二)强化会展服务展销功能,鼓励搭建"工、展、贸"一体化平台

会展服务作为企业和市场的桥梁,主要的功能是传递信息、展示产品、加速流通、促进技术进步等。为促进制造业的发展,我国需要整合展会资源,搭建"工、展、贸"一体化平台,以展览促贸易、树品牌、加快生产技术交流和传播。我国展会资源众多,部分展览享有国际声誉,应依托现有资源,加大政策、人才、资金、宣传等投入力度,重点培育知名度高、影响力大的会展品牌,鼓励发展具有行业和区域特色的会展经济,以会展促进特色产业集群建设,开发"永不落幕的网上交易会"、专题交易会、国外展览会等形式,提升"中国制造"的国际影响力。

(三)积极拓展批发代理服务,鼓励行业结合信息化手段进行模式创新

制造强国和制造大国的大型商务服务企业通过跨国合并重组等方式,将市场和合作网络拓展到全球,产生巨大的经济效益。我国生产能力巨大,素有"世界工厂"称号。但在资源全球化配置、信息快速流动、电子商务加快发展的格局下,制造企业面临巨大的销售压力,有效快速地进行商品的采购和运输,需要加快批发代理行业的信息化、专业化、全球化发展。应鼓励批发代理行业进行模式创新,在国际合作、信息化手段采用、展销仓储和物流分离、进出口贸易清关、业务模式等方面进行创新。鼓励专业代理机构、采用信息化手段、建设全球化的批发代理网络,不仅能拓展市场,还能逐步树立国际声誉,促进品牌的国际化建设。

(四)优化人力资源服务,深度承接制造企业的人力资源外包业务

优化人力资源服务,降低人力成本。应鼓励人力资源服务企业、职业中介企业提升职能,向制造企业提供从招聘到管理的"人才租赁"服务包。参照设备租赁模式,提供"劳务租赁"式人力资源服务。人力资源服务企业提供"劳务租赁",制造企业缴纳"租金",使用劳务。

智能制造逐步降低对普通工人的需求,取代以工匠型专业技术人才,鼓励"订单式"人才培养模式,鼓励制造企业向就近的人才培养机构"下订单",定制企业急需人才。鼓励职业院校为当地制造企业"度身定做"培养对口人才。

（五）提升总部基地核心平台功能，围绕制造业打造"工+商"全链条融合闭环

鼓励各商务服务行业的龙头企业和相关制造企业联合，以总部基地为核心，规划和构建"设计+批发贸易+制造+会展"组合的大平台，促进"工+商"全链条紧密融合，延伸产业链，实现工商两界"人、财、物"跨界的融合交流，充分利用信息技术改造和升级传统商务服务业，将市场调查、产品设计、产品发布、展销订货、策划、咨询、广告、会展结合，打造全流程的产业链条，减少中间交易环节，降低多重中间加价，形成整体合力，实现订单生产、精准销售。

三、发展举措

（一）国家现有的主要政策

近年来，国务院及相关部委为促进商务服务业的发展，出台了一系列相关的扶持政策，主要有人力资源和社会保障部、国家发展改革委、财政部《关于加快发展人力资源服务业的意见》（人社部发〔2014〕104号），国务院《关于进一步促进展览业改革发展的若干意见》（国发〔2015〕15号），国务院办公厅《关于加快融资租赁业发展的指导意见》（国办发〔2015〕68号），国家标准委办公室、商务部办公厅关于印发《关于加强展览业标准化工作的指导意见》（标委办服务联〔2016〕89号），国务院《关于印发"十三五"促进就业规划的通知》（国发〔2017〕10号）等。这些政策主要从财税扶持、金融支持、行政管理、人才队伍建设等方面，对促进商务服务业的发展提供了保障措施。

1. 支持人力资源服务业发展的政策

支持人力资源服务业发展的政策主要有人社部发〔2014〕104号[①]和国发〔2017〕10号文件[②]。其中：

财税政策：中央财政发展专项资金、引导资金给予支持。鼓励地方通过现有资金渠道支持，并探索采取政府股权投入、建立产业基金等市场化方式；加快推进营业税改征增值税改革。符合离岸服务外包业务免税条件的人力资源服务企业，提供离岸服务外包业务免征增值税。

金融政策：鼓励人力资源服务企业进入资本市场融资；放宽人力资源服务业的市场准入。

[①]来源：《关于加快发展人力资源服务业的意见》（人社部发〔2014〕104号），下文相同文件标号的内容来源相同.

[②]来源：《关于印发"十三五"促进就业规划的通知》（国发〔2017〕10号），下文相同文件标号的内容来源相同.

行政管理政策：加快制定人力资源市场条例及配套规章和法律法规体系。打破人力资源市场中存在的地区封锁、市场分割等各种壁垒，建设专业化、职业化的高素质人力资源市场执法队伍；依托重大项目和龙头企业，培育创新发展、符合市场需求的人力资源服务产业园。鼓励创新，实施"互联网+人力资源服务"行动，培育壮大人力资源服务产业。

人才政策有：加大高层次人才的培养引进力度，将其纳入相关人才计划和人才引进项目，享受相关优惠政策。实施人力资源服务业领军人才培养计划，加大职业培训力度，提高从业人员专业化、职业化水平。

2. 支持展览服务业的政策

支持展览服务业的政策主要有国发〔2015〕15号①和标委办服务联〔2016〕89号文件②。其中：

财政政策：支持中小企业参加重点展会，鼓励展览机构到境外办展参展。落实小微企业增值税和营业税优惠政策。

金融政策：鼓励商业银行、保险、信托等金融机构在现有业务范围内，创新适合展览业发展特点的金融产品和信贷模式，推动开展展会知识产权质押等多种方式融资，进一步拓宽办展机构、展览服务企业和参展企业的融资渠道。完善融资性担保体系，加大担保机构对展览业企业的融资担保支持力度。

行政管理政策：建立和完善展览业统计监测分析体系，构建以展览数量、展出面积及展览业经营状况为主要内容的统计指标体系，建设统计调查渠道，建立综合性信息发布平台。强化对展览业标准工作的统筹协调，加强各级商务部门、标准化部门对展览业标准化工作的指导与服务。

人力政策：鼓励职业院校、本科高校按照市场需求设置专业课程，深化教育教学改革，培养适应展览业发展需要的技能型、应用型和复合型专门人才。创新人才培养机制，鼓励中介机构、行业协会与相关院校和培训机构联合培养、培训展览专门人才。加强展览业相关标准化技术组织、行业协会与高等院校的合作，培养理论与实践能力兼备、具有一定标准化工作能力的综合型人才，建成一批结构合理、经验丰富、具有国际化视野的展览业标准化专家队伍和专业人才队伍，打造展览业标准化领域专业智库。

3. 支持融资租赁服务业的政策

支持融资租赁服务业的政策主要是国办发〔2015〕68号文件。③ 其中：

---

①来源：《关于进一步促进展览业改革发展的若干意见》（国发〔2015〕15号），下文相同文件标号的内容来源相同.

②来源：《关于加强展览业标准化工作的指导意见》（标委办服务联〔2016〕89号），下文相同文件标号的内容来源相同.

③来源：《关于加快融资租赁业发展的指导意见》（国办发〔2015〕68号），下文相同文件标号的内容来源相同.

财税政策：加大政府采购支持力度，鼓励各级政府在提供公共服务、推进基础设施建设和运营中购买融资租赁服务。鼓励地方政府探索通过风险补偿、奖励、贴息等政策工具，引导融资租赁公司加大对中小微企业的融资支持力度。落实融资租赁相关税收政策，促进行业健康发展。

金融政策：鼓励各类金融机构在风险可控前提下加大对融资租赁公司的支持力度。鼓励保险机构开发融资租赁保险品种，扩大融资租赁出口信用保险规模和覆盖面。支持符合条件的融资租赁公司通过发行股票和资产证券化等方式筹措资金。支持内资融资租赁公司利用外债，调整内资融资租赁公司外债管理政策。支持融资租赁公司开展人民币跨境融资业务。支持融资租赁公司利用外汇进口先进技术设备，鼓励商业银行利用外汇储备委托贷款支持跨境融资租赁项目。

行政管理政策：研究出台融资租赁行业专门立法，建立健全融资租赁公司监管体系，完善租赁物物权保护制度。规范融资租赁行业市场秩序，营造公平竞争的良好环境。推动行业诚信体系建设。

人才政策：加强融资租赁从业人员职业能力建设，支持有条件的高校自主设置融资租赁相关专业。支持企业组织从业人员开展相关培训，采取措施提高从业人员综合素质，培养一批具有国际视野和专业能力的融资租赁人才。支持行业协会开展培训、教材编写、水平评测、经验推广、业务交流等工作。加大对融资租赁理念和知识的宣传与普及力度，不断提高融资租赁业的社会影响力和认知度，为行业发展营造良好的社会氛围。

（二）未来政策取向

针对目前我国商务服务业发展存在规模小、层次低、市场范围小，缺乏有行业话语权的世界大型企业，缺乏能高瞻远瞩、引领产业发展方向、形成跨界资源整合的商务服务大平台以及领军性商务服务人才等问题，未来一个时期，我国商务服务业发展的政策取向如下：

1. 产业组织政策：鼓励同业优化重组，允许混业经营，支持行业龙头企业发展

商务服务业之间存在较强的关联业务，运营模式也较为一致，混业经营能利用企业的基础资源，互相促进，提高企业的服务质量，加强企业的竞争力。如德勤、毕马威以及普华永道、安永等著名的会计师公司提供管理、税务、人力资源、法律、投资咨询等。除咨询业务，四大会计师事务所进入法律行业，拓展非审计业务线。

大型企业业务能力强、服务区域广、生产成本低、国际影响大。国际大型商务服务企业都经过以对等交换股份或者合并形式，进行多次横向合并。因此，我国在产业层面，应在和反垄断法不冲突的前提下，鼓励同业合并，允许集团化发展，实现规模经济。

2. 行政管理政策：鼓励国际合作，放开市场准入，允许不同所有制商务企业共同发展

国际大型商务企业有庞大的国际业务网络和良好的国际声誉，和国际商务企业的合作将会给我国制造业提供信用背书。允许各类资本进入，形成各种所有制商务企业，有利于市场展开充分竞争。

从制度层面设计有利于商务服务业对外开放的政策，全面或者分阶段分步骤地推进外资准入制度，允许外资以多种灵活的所有制形式与国内企业合作。通过对海外业务收入进行税收减免等，扶持优秀企业的海外业务，鼓励制造业与商务服务业组合"出海"模式，从搭载到制造业的海外投资开始，拓展到向国际制造业输出服务，实现商务服务业发展的雁行模式。

3. 公共服务政策：鼓励政府外包服务，行业协会搭建公共服务平台，推进"工展贸"协同发展

通过项目外包、专项资金等方式，支持行业协会搭建商务服务和制造业协同发展的公共平台。通过公共平台，建立产、展、销之间的紧密协作机制，通过上下游企业的信息、资源和利益共享等方式，提升产业价值链，实现制造企业转型升级

4. 财政金融政策：鼓励共享经济，支持"一站式"商务平台建设，提供优良营商环境

依托工业园区，结合政务服务平台，建设政务和商务一站式平台，提供全方位的企业服务，在硬件"七通一平"的基础上实现园区企业服务的"园内服务全通关"。

通过贴息贷款，税收优惠，设立租赁基金、技术改造资金、科技创新资金等政策，引导社会各方资金，积极推动实物租赁服务，推动通用型强、社会效益大、单价昂贵设备的租赁服务，提高设备的使用效率，降低科技创新成本，促进制造业转型升级。

5. 人才政策：大力引进国际优秀商务服务人才，鼓励人才国际化交流

在《中共中央办公厅　国务院办公厅印发关于加强外国人永久居留服务管理的意见》以及《外国专家和海外高层次人才来华（回国工作）配偶、子女、住房方面的优惠政策》等的基础上，结合经济国际化发展需要，加大人才国际流动的自由度。

第四节　案例剖析

双雄会（广交会/汉诺威工博会）——制造业升级发展的助推器

"双雄会"：中国进出口商品交易会（以下简称"广交会"）和德国汉诺威工业博览会（以下简称"汉诺威工博会"）是全球著名的两大展会。广交会是中国目前

历史最长、规模最大、商品种类最全、到会采购商最多、国别来源最广的综合性国际贸易盛会。汉诺威工博会创办于第二次世界大战结束后的 1947 年，每年 4 月在汉诺威国际展览中心举办，是当今规模最大的国际工业盛会。两大展会的基本信息见表 19-7。

表 19-7　广交会与汉诺威工博会的基本信息

展会名称	创办时间	展品范围/主题	展会规模（2017）
中国进出口商品交易会（广交会）	1957 年	电子及家电、照明、车辆及配件、化工产品、五金及工具、机械、建材、能源、日用消费品、礼品、家居装饰品、办公、箱包及休闲用品、食品、医药及医疗保健、鞋、纺织服装	面积：118 万平方米 参展商：24 718 家 境外采购商：19.6 万人 出口成交：300.2 亿美元
德国汉诺威工业博览会	1947 年	工业零部件与分承包技术、工业自动化、数字化工厂、能源、研究与技术、空压及真空技术、动力传动及控制	面积：23 万平方米 参展商：6 500 家 专业观众：22.5 万人

（资料来源：http://www.cantonfair.org.cn/html/cantonfair/cn/about/2012-09/119.shtml; https://baike.so.com/doc/6076919-6289999.html.）

一、两大展会的差别

（1）展品范围不同。广交会属于综合性展览会，展品范围非常广泛。每一届展出的产品种类几乎相同。汉诺威工博会属于专业性展览会，展品主要集中在工业领域的生产技术和生产设备，展会主题会随着新技术的发明和应用而改变，从 2013 年起，每年围绕"工业 4.0"，推出了一系列关于产业集成的主题（表 19-8）。

表 19-8　2013—2017 年汉诺威工博会的展会主题与合作伙伴国

时间	2013 年	2014 年	2015 年	2016 年	2017 年
展会主题	工业集成化	产业集成——未来趋势	产业集成——加入网络大家庭	产业集成——发现解决方案	产业集成——创造价值
合作伙伴国	俄罗斯	荷兰	印度	美国	波兰

（2）参与者不同。由于广交会主要专注于出口贸易，所以参展企业主要来自于中国内地。在第 121 届广交会上的 24 718 家参展企业中，仅有 620 家境外企业，占总参展企业的比例为 2.5%；广交会的采购商则主要来自于境外，来自 213 个国家（地区）的 19.6 万采购商中，来自亚洲地区的占 57.16%，来自"一带一路"沿线国家的占 45.08%。汉诺威工博会的国际化程度更高，在参加 2017 年展会的 6 500 家参展商中，52% 的企业来自于德国之外的 70 个国家（地区），22.5 万名参展观众中，也有超过 7.5 万名来自于国外，其中来自中国的观众达到 9 000 名。

（3）特色活动不同。近年来，广交会开始重视展会期间会议论坛活动的举办，在每一届展会期间，围绕一定的主题开展一系列的论坛、产品推介、设计展示活动。如在第121届广交会期间，共举办了62场会议论坛和30场设计展示或时装秀活动，吸引了来自12个国家（地区）的近百家设计机构参与。广交会还推出了出口产品设计奖的评选活动，鼓励参展企业的原创性设计。汉诺威工博会的一个特色是每届展会选择一个合作伙伴国，以此提高展会在全球的知名度和伙伴国的参与度，吸引伙伴国的企业和观众到汉诺威参展和采购。

二、两大展会促进制造业发展的成效

（1）推动制造业销售渠道建设。参加专业展览会是制造业企业实现产品销售的重要渠道，通过展览会，企业可以在短时间内接触到来自全球各地的采购商和专业观众，能拓展新市场。2008年全球金融危机后，广交会重点深化与"一带一路"沿线国家的经贸合作，近年来，"一带一路"沿线国家采购商增长态势明显。第121届广交会上，"一带一路"沿线国家到会采购商超过8.8万人，占报到总人数的45%[①]；出口成交90.1亿美元，占总出口成交额的30%。

（2）提高制造业国际品牌形象。展览会是一种非常有效的宣传公关活动，企业在展会上可以直接面对潜在客户和竞争对手，进行新产品的推广和企业品牌的塑造。与传统媒体（广播、报纸、电视、杂志等）相比，展会宣传的目标受众更加明确，并且能够直接面向境外采购商，有效塑造国际品牌。广交会从第95届起开始设立品牌展区，帮助参展商在国际市场上擦亮"中国制造"品牌。2017年第121届广交会上，品牌展位数接近12 000个，占总出口展位数的比例超过20%；品牌展区成交额达到109亿美元，同比增长16.9%，占总成交额的36.3%。借助广交会搭建的跨境宣传平台，海尔、美的、华为等一批中国企业，实现了从"追随"到"引领"的多级跳跃，成为全球制造业市场上的知名品牌。在汉诺威工博会上，有众多来自中国的展商，中国制造企业通过境外参展走向了品牌国际化的道路。

（3）促进制造业产品质量提升。展览会是众多企业和采购商聚集的场所，不仅有利于供需双方充分交流，制造企业收集用户要求，改善产品质量；还有利于同类企业互相学习，通过技术外溢效应，提高产品质量。

三、两大展会的经验与启示

无论是综合性还是专业性展览，都能在较短时间、较小区域内，通过现场、现货的方式，集中展示各种产品，展示行业的技术和发展趋势，为大量的采购商和制

---

① 张燕，广交会的"一带一路"商机，中国经济周刊，http://www.ceweekly.cn/2017/0502/189355.shtml.

造商提供面对面、零距离的接触平台。展会不仅为制造企业在短时间获得更多客户提供了可能，扩大知名度，增加成交额，还有利于供求双方建立信任关系；不仅能让采购商了解消费者的需求特征，获得产品使用反馈以及技术发展趋势，还能学习其他同类厂商的优点，从而促进企业技术进步。我国在发展会展经济，促进制造业转型升级过程中，除考虑展会的规模、品种以及数量等因素外，要积极借鉴国际展会的经验，积极在产业主题展、网上展+实体展、国内+国外展以及举办产、学、研、销、客户体验、信息反馈等多方互动的高峰论坛开展全方位的探索。

本章习题

一、名词解释

1. 商务服务与商务服务业
2. 租赁式人力资源服务
3. 订单式职业培训
4. 拎包入驻式办公支撑服务平台

二、简答题

1. 商务服务业具体包含哪些行业？
2. 商务服务业的产业特性是什么？
3. 商务服务业与制造业有何关系？
4. 不同类别制造国家商务服务业发展差异及其产生的原因有哪些？
5. 韩国商务服务业的发展特征以及经济发展含义是什么？

三、案例分析

洋湾2025创新岛——整合商务服务资源助力智能制造发展

洋湾2025创新岛前身为1996年建立的广州华南汽贸广场。2013年，广州汽贸广场转型为华南（国际）鞋业展贸中心，2015年改成电商产业园。2016，洋湾2025创新岛成立。2017年，洋湾再一次完成转型，蝶变产融高地"广州创投小镇"，主要依托智能制造的发展方向，孵化新产品并进行产业投资，促进供应链升级、建设新形态消费场景、创新商业模式，实现创新驱动发展的战略实施和产投驱动力的跨界融合。

洋湾园区2025创新岛设置：智能制造区、智能制造分包区、总部经济区、公共服务区四大区域，助力"中国制造2025"战略规划。其中，智能制造区以智能化制造业、新能源及新材料创新型企业、互联网产业服务、大型"云服务器"等个性鲜明、自主创新能力强和具有再研发能力的企业为主，包括国际化的研究院、孵化器、创新生态产业基地以及系统全面的创业配套服务功能。

创投小镇已吸引 IDG 资本等一批风投机构和金融机构入驻[①]；科技产业与时尚生活板块已集聚了新材料、人工智能、大数据方面的新业态企业，以及各种引领消费升级的都市时尚设计产业，引进中国风险投资研究院创新资本研究院、广东省创投协会天使投资联盟、广州股权交易中心科创板运营中心、广州市科技金融服务中心海珠分中心等专业化服务平台，为创业者提供专业的创投资本、高端的人才资源和创新的金融服务。通过强化商务服务，洋湾岛正在探索建设以"产业+科技+资本"为特色的创投小镇，致力成为广州市传统批发市场转型升级的示范区、产融结合的创投集聚区、产业创新优选区，助力广州加快建设风险投资之都。

分析：洋湾 2025 创新岛是如何将制造业升级转型与传统商务服务业改造结合，进行资源跨界整合，从全链条各个环节打造价值链，引导产业发展方向的？

[①] 甘韵仪、张豪. 羊城晚报, http://www.sohu.com/a/150143853_119778.

第二十章

质量品牌和工业文化

本章就制造业质量品牌建设、工业文化建设问题,从基本概念、建设类型、建设意义、国内外建设情况和未来政策取向进行阐述。

质量是指产品或服务的优劣程度。品牌是人们对一个企业及其产品、售后服务、文化价值的一种评价和认知,通常由品牌名称、视觉标识等显性要素和品牌承诺、品牌个性、品牌体验等隐性要素构成,它既是与品牌有关的各种经营管理活动的成果,也是社会对这些活动评价的结果。工业文化是人类在工业社会进程中,通过工业化生产与消费过程逐步形成的共有的价值观、信念、行为准则及具有工业文明特色的群体行为方式,以及这些信念和准则在物质上的表现。加强质量品牌和工业文化建设,是推动中国制造向中国创造转变、中国速度向中国质量转变、中国产品向中国品牌转变的需要,是提升国家软实力的需要。

美国、德国、日本等制造强国非常重视质量品牌和工业文化建设。德国20世纪50年代就实施了"以质量推动品牌建设,以品牌助推产品出口"的国策,日本从20世纪60年代实施"质量救国"战略,创建全面质量管理的模式,以英法韩为代表的制造业大国和以印巴墨为代表的制造业新国也纷纷采取政策,重视制造业产品质量和品牌的培养。

近年来,我国加强了质量品牌建设,并以工匠精神为主题推动工业文化的发展,成效显著。改革开放以来,广东省以中国第一经济大省的地位,也成就了以"广货"为品牌的广东工业文化特征。未来一个时期,我国要实施质量强业、品牌强业和文化强业战略,强化质量品牌和工业文化建设,推动中国制造升级发展,提高中国制造的国际竞争力。

本章最后还以德国汽车工业的质量品牌和文化建设为案例,分析了德国如何以追求精确、追求完美、对工作一丝不苟的认真负责态度,成就其严谨、踏实、专注的工匠文化和德国汽车制造业的世界质量品牌。

第一节　基本认识

一、内涵外延

（一）质量建设

1. 质量概念

质量是指产品或服务的优劣程度。美国质量管理专家克劳斯比从生产者的角度出发，把质量概括为"产品符合规定要求的程度"；美国质量管理大师德鲁克认为"质量就是满足需要"；全面质量控制创始人菲根堡姆认为，产品或服务质量是指营销、设计、制造、维修中各种特性的综合体。国际标准化组织（ISO）2005年颁布的ISO 9000：2005《质量管理体系基础和术语》对质量的定义是：一组固有特性满足要求的程度。

2. 质量的分类

质量的分类通常指产品质量认证体系。产品质量认证是指依据产品标准和相应的技术要求，经认证机构确认并通过颁发认证证书和认证标志，以证明某一产品符合相应标准和相应技术要求的活动。

（1）国际质量标准认证。国际质量标准认证是在国际标准制定的基础上进行的。ISO是目前世界上最大的国际标准化组织，它成立于1947年，到2002年它已有117个成员，包括117个国家和地区。最被普遍接受的ISO质量认证体系由国际标准化组织提出，各个成员国要在这个标准化体系上制定符合自己国家或组织的标准体系。ISO现已制订10 300多个标准，标准的内容主要涉及各个行业各种产品的技术规范，从基础的紧固件、轴承各种原材料到半成品和成品，其技术领域涉及信息技术、交通运输、农业、保健和环境等。

（2）国家质量标准。我国国家标准是指由国家标准化主管机构批准，并在公告后需要通过正规渠道购买的文件，分为由国家法律法规规定强制执行的标准和具有推荐意义的标准。标准代号分为GB和GB/T。国家标准的编号由国家标准的代号、国家标准发布的顺序号和国家标准发布的年号（发布年份）构成。GB代号国家标准含有强制性条文及推荐性条文，当全文强制时不含有推荐性条文，GB/T代号国家标准为全文推荐性。强制性条文是保障人体健康及人身、财产安全的标准和法律及行政法规规定强制执行的国家标准；推荐性国标是指生产、检验、使用等方面，通过经济手段或市场调节而自愿采用的国家标准。

（3）行业标准。行业标准是一个行业内与标准运作和在其各自生产领域进行操作有关的一套标准，是行业成员普遍接受的要求。在国外（主要指欧美国家），行业标准通常由各专业学会或行业协会制定，并适用于本行业协会的成员。例如，加拿大冰酒（icewine）行业标准，由 VQA 制定，全称 Vintners Quality Alliance，即加拿大酒商质量联盟，被誉为全世界最严格的葡萄酒标准体系。在酒瓶上写 Icewine（冰酒），必须符合 VQA 各项严格规定，比如葡萄必须在低于零下 8 度的气温里达到自然冰冻状态，整个采摘、压榨过程也必须在这个温度以下进行。[①] 我国行业标准由国务院有关行政主管部门制定，并报国务院标准化行政主管部门备案。

（4）企业标准。企业内部质量控制就是要建立起企业质量管理体系和企业标准体系并不断完善，通过体系的运转保证企业生产活动的各个环节符合技术标准和工艺要求，保证产品本身性能的可靠性、耐用性、可维修性和外观式样等满足质量要求。[②] 格力电器是成功实施标准化战略的企业代表之一，通过设立高于国际和行业标准的企业标准来实现企业质量控制，以高标准推动产品质量和企业品牌的发展。

（二）品牌建设

1. 品牌的概念

品牌是人们对一个企业及其产品、售后服务、文化价值的一种评价和认知，通常由品牌名称、视觉标识等显性要素和品牌承诺、品牌个性、品牌体验等隐性要素构成，它既是与品牌有关的各种经营管理活动的成果，也是社会对这些活动评价的结果。

2. 品牌的分类

（1）国际级品牌。国际品牌是指在国际市场上知名度、美誉度较高，产品辐射全球的品牌。一般有以下特征：品牌历史悠久；经常能引领业界的发展方向；有支撑该品牌的知识和技术。国际品牌通常是由品牌评价机构进行独立评定的。目前，国际上有多家品牌评价的机构，比较知名的有 Interbrand、Brand Finance、Future Brand、BrandZ、World Brand Lab 等，不同机构采用的评估方法存在差异，因此每年发布的榜单各有取舍。以上机构每年会发布品牌榜单，如 Interbrand 发布的《2015 全球最佳品牌 100 强》、BrandZ 发布的《2016 全球最具价值品牌 100 强》以及 World Brand Lab 发布的《2015 世界品牌 500 强》。

（2）国家级品牌。我国最为重要的品牌建设包括：一是中国质量奖。中国质量奖是政府奖励，是中国质量领域的最高荣誉，设中国质量奖和中国质量奖提名奖，每两年评选一次，旨在表彰在质量管理模式、管理方法和管理制度领域取得重大创新成就的组织和为推进质量管理理论、方法和措施创新做出突出贡献的个人。首届

---

① 关于冰酒的定义来自加拿大酒商联盟官网 http://www.vqaontario.ca/.
② 魏广巨. 做好企业内部质量控制［J］. 中国安防，2012（08）：86-89.

中国质量奖颁奖仪式于 2013 年 12 月 16 日在北京航天城举行,至今共颁发过两届中国质量奖。目前,国际上已有 80 多个国家建立了质量奖励制度,包括日本"戴明奖"、美国"波多里奇国家质量奖"、欧洲质量奖、英国质量奖等。二是驰名商标。"驰名商标"(Well-known TrademarK)又称为周知商标,最早出现在 1883 年签订的《保护工业产权巴黎公约》(以下简称《巴黎公约》)中。我国于 1984 年加入该公约,成为其第 95 个成员国。与其他加入《巴黎公约》的成员国一样,依据该公约的规定对驰名商标给予特殊的法律保护,已经成为我国商标法制工作中的一个重要组成部分。中国驰名商标(China Famous Trade Mark)是指经过有权机关(国家工商总局商标局、商标评审委员会或人民法院)依照法律程序认定为"驰名商标"的商标。

(三)工业文化建设

1. 工业文化的概念

工业文化是人类在工业社会进程中,通过工业化生产与消费过程逐步形成的共有的价值观、信念、行为准则及具有工业文明特色的群体行为方式,以及这些信念和准则在物质上的表现。工业文化起源于 18 世纪英国工业革命,工业文化是工业化进程中的物质文化、制度文化和精神文化现象的总和。工业产品、建筑物、工业遗存等是工业文化的外在形式或物化形式,而工业精神、价值观、规范等是工业文化的内在表现形式。[①]

2. 工业文化的分类

(1)工业生产体系。工业生产系统包括工业生产载体和生产服务。生产载体包括工业物质遗产、工业生产线、工业建筑、工业园区、工业博物馆等。生产服务是指那些作为商品或其他服务生产过程的中间投入而发挥作用的服务,其显著特征是被企业用作生产商品与其他服务的投入,因此共同构成工业生产体系。

(2)工业产品体系。工业文化中的工业产品体系文化包括蕴含文化的工业产品和工业服务。蕴含文化的工业产品又称工业文化产品,包括工艺美术产品、工业设计产品、文化创意产品、工业装备产品;蕴含文化的工业服务又称工业文化服务,包括与工业有关的文化和宣传活动、文学艺术和影视作品。工业文化活动与宣传包括工业旅游、工业博览会、工业展览会、技能大赛、产品广告宣传、品牌营销活动等;工业文学艺术和影视作品包括工业影视剧、工业文学、工业演艺、工业文学作品艺术衍生品等。[②]

(3)工业管理体系。工业管理体系主要指三次工业革命和工业化过程中所产生

[①] 王学秀,韩成霞,张晓曦. 工业文化几个基本问题的辨析 [J]. 企业文明,2016(03):21-24.
[②] 孙星. 工业发展的倍增剂和灵魂——工业文化的定义、起源与作用 [J]. 企业文明,2016(03):15-17.

的有利于工业生产和工业社会健康发展的制度文化。主要包括宏观层面和微观层面的制度与组织。宏观层面的制度与组织包括工业体制、工商业法律法规、工业管理制度、产业组织、产业政策；微观层面的制度与组织包括企业管理规章制度、产品质量、标准规范、组织形式、生产方式等。①

(4) 工业精神。工业精神是人们在工业实践中形成的共同的信念、价值标准和行为规范的总称。工业精神包括对科学的尊重与探索、严谨认真的质量意识、协作共赢的合作精神、严格的纪律与规则意识等，还包括生产的标准化、专业化和以人为本，是三次工业革命和工业化过程中遗留下来的宝贵精神遗产。工业精神通常的表现形式有"工匠精神""匠心服务"等。品牌文化是工业精神的另一种表现形式，是指通过赋予品牌深刻而丰富的文化内涵，建立鲜明的品牌定位，并充分利用各种强有效的内外部传播途径形成消费者对品牌在精神上的高度认同，创造品牌信仰，最终形成强烈的品牌忠诚。

二、建设意义

(一) 质量品牌建设意义

1. 引领经济转型，对冲速度放缓

2014年5月，习近平总书记在河南考察时指出，适应经济发展新常态，根本出路在于"推动中国制造向中国创造转变、中国速度向中国质量转变、中国产品向中国品牌转变"。李克强总理在首届中国质量大会上指出，提升质量是中国发展之基、兴国之道、强国之策。长期以来支持中国经济增长的传统优势正在减弱，新的动力、新的优势亟待打造。中国经济要再造奇迹、再创辉煌，就必须把质量放到更加突出的位置，着力提升质量，以质量提升和品牌建设"对冲"经济增长速度的放缓。

2. 扩大内需，促进消费升级

2014年，中国人均GDP达到7 693美元，模仿型排浪式消费阶段基本结束，个性化、多样化消费渐成主流。居民消费总体从重视生活水平的提高向重视生活质量的提高转变，从追求物质消费向追求精神消费和服务消费转变，从满足基本生存需求向追求人的全面发展转变。必须从多方面入手切实保证产品质量安全，使企业将质量提升和品牌建设作为市场竞争的主要手段，不断通过创新供给激活可观的潜在消费需求。

3. 助推创新发展，突破资源环境束缚

随着对外开放的不断扩大，针对中国出口产品的各种贸易壁垒和反倾销措施日

---

① 孙星. 工业发展的倍增剂和灵魂——工业文化的定义、起源与作用 [J]. 企业文明, 2016 (03): 15-17.

益增多,而工业发展面临着越来越严峻的资源短缺和环境容量匮乏等问题的困扰。实现创新驱动是打破资源和环境束缚的必由之路。质量提升和品牌建设既是企业创新的重要内容,也是其他创新实践的重要保障。如果企业没有过硬的质量管理水平,没有拥有自主的强势品牌,即使开发出自主技术,也难以顺利地转化为市场竞争优势。

4. 提高国际竞争力,跃升全球价值链定位

由于质量和品牌的不足,中国在国际市场的话语权和产品定价权失落,依靠低成本竞争的"中国制造"被挤压在全球价值链的低端。推动中国在全球价值链定位从低附加值的劳动密集环节向技术密集和信息、管理密集的高附加值环节升级,必须要有一批具备相当市场影响力和控制力的强势品牌企业。①

(二) 工业文化建设意义

1. 为工业发展提供精神动力

自近代以来,有几次工业革命就伴随着几次文化变革,有几次产业结构升级就伴随着几次思想认识的提升。工业文化是工业发展的倍增剂和灵魂,作为工业化的思想基础和精神动力,包涵丰富的人文内涵、制度规则、合作精神、效率观念、质量意识、可持续发展观。"工业精神"是文化中精神动力的重要体现,走新型工业化道路,建设创新型国家,需要培养大批具有现代工业文化内涵和素养的建设者。

2. 优化工业经济发展环境,增强工业软实力

国与国之间的竞争,不仅是硬实力的竞争,也是软实力的竞争。工业文化建设的核心是形成正确的价值观和激发创造性,它规范了工业社会的管理制度、组织形式、生产方式、价值体系、道德规范、行为准则、经营哲学等。建设工业强国,科技上要领先,文化上同样要先进,两者缺一不可。只有软、硬实力兼备,才能掌握制定规则的权力,才能赢得优良的发展环境,才能传播自己的价值观,主导规则的制定。

3. 推动工业经济增长方式的变革

随着新工业革命的来临,社会发展进入了新的历史时期,并将推动技术体系、生产体系、资源体系、管理体系发生变化,这些行为会形成新的社会价值观,产生新的工业文化并推动工业转型提升。

4. 提升工业产品的品质及附加值

近几年,国内产品安全和食品质量问题层出不穷。文化影响产品,工业文化背后是社会文明。加强设计和融入人文气息可以直接提升工业产品的质量及附加值,而社会风气、精神、价值观和行为准则等同样会影响工业产品的品质。②

---

① 逄丽. 以质量提升推动品牌建设 [N]. 中国质量报, 2015-04-27 (001).
② 孙星. 工业发展的倍增剂和灵魂——工业文化的定义、起源与作用 [J]. 企业文明, 2016 (03): 15-17.

第二节 发展现状

一、国外建设情况

(一) 国外质量品牌建设情况

德国、日本、美国等制造业强国高度重视质量品牌的建设。德国20世纪50年代就实施了"以质量推动品牌建设,以品牌助推产品出口"的国策,日本从20世纪60年代实施"质量救国"战略,创建全面质量管理的模式,美国与德国和日本相比,在重视质量上稍晚一些,从20世纪80年代《质量振兴法案》的出台,到"制造业回归"的行动计划,美国所采取的一系列措施,使其在主导产业上确立了全球霸主地位。[①] 以英法韩为代表的制造业大国和以印巴墨为代表的制造业新国也纷纷采取政策,重视制造业产品质量和品牌的培养。

1. 美国[②]

提出了"质量革命"的口号,认为美国要重振经济,靠贸易保护不行,关键在于提高产品质量。美国企业在实施名牌战略的过程中虽然采取的策略各具特色,但它们的成功经验却有着诸多相似之处。

(1) 宣传扬名策略。并非起个好名称,就会自然而然地成为享誉全球的名牌。它需要企业通过各种手段,告知天下,才能使之家喻户晓。也就是说,要通过宣传使品牌驰名。美国企业十分重视品牌的宣传,其投入之大,艺术性之强,以及回报之丰厚,都相当惊人。以可口可乐为例,这种饮料在进入我国市场时,宣传商特意聘请了一位汉学教授为之命名,将"Coca-Cola"一词通过精心筛选,音译成易识易记的"可口可乐"。好听的名字,使其在中国大地迅速传开。

(2) 质量支撑策略。质量是产品获得消费者信赖的根本,没有一流的质量,就不可能赢得消费者的"货币选票",也就不可能获取利润,品牌也就不可能成为名牌。美国享誉世界的名牌,可看出它们无不在质量上精益求精,甚至达到苛求的地步。杜邦公司推崇"1% = 100%"的质量原则:如果你公司生产的产品中有99件是合格的,只有1件不合格,那么对于买到这1件不合格产品的顾客来说,你企业所有的产品都是不合格的,所以杜邦公司要求其产品的合格率必须达到100%。

(3) 技术创新策略。美国实力雄厚的世界知名企业,无不热衷于技术创新。如:美国电话电报公司(AT&T),100多年来在竞争中始终保持优势,其根本原因是拥

[①] 林忠钦. 中国制造2025与提升制造业质量品牌战略 [J]. 国家行政学院学报, 2016 (04): 4-9+2.
[②] 张玉虎. 美国企业实施名牌战略的成功经验及启示 [J]. 理论学刊, 2009 (06): 53-55.

有领先于时代的技术，抢占了技术的制高点。AT&T公司著名的贝尔实验室至今已获得2.3万项专利，平均每天就有一项。

（4）市场细分策略。所谓细分市场，就是视顾客为上帝，充分考虑顾客的意愿和实际情况，以不同的标准将顾客划分成许多部分，并针对各部分顾客不同的消费需求，具体地开发和调整自己的产品与服务。可以说，细分市场需求，已被不少美国企业家视为企业发展的关键因素。如：雷诺公司将芝加哥分成北部地区市场、东南部地区市场、南部地区市场，并根据居民不同的教育水平和收入层次推销不同种类的产品，从而获得了丰厚的收益。

（5）服务配套策略。在如今的市场竞争中，服务已不再是名牌的身外之物，而成为名牌不可或缺的一部分。一个名牌要想赢得市场、赢得顾客、赢得利润、赢得信誉，在顾客的心目中永葆青春，就必须有高质量的名牌服务与之相配套。美国的知名企业——IBM、迪斯尼公司、麦当劳等著名企业的成功无不得之于服务。美国福鲁姆咨询公司进行的一项调查显示：由一家公司转向另一家公司的顾客，10人中有7人是因服务质量差，而不是产品的价格或质量。

2. 韩国

韩国在2001年培育韩国企业出口国家队计划，采取分类指导的方式，积极鼓励民族品牌发展，每年向评选出的企业源源不断提供技术与设计开发、海外营销传播方面的支持，截至2010年，该计划培育出总计1 000种世界一流产品，在韩国，国产品牌使用量达90%之多，国外产品仅占10%份额。

（1）"身土不二"原则。在日常生活中韩国奉行的是"身土不二"的行为规则。意思是人的身体和土地是不能分开的，要融为一体，不可分离。在韩国，最初"身土不二"是20世纪60年代韩国农协为号召韩国人消费本国农产品进而提出的一个口号，目的是向民众宣传人和故土是不宜分开的，吃本土产出的东西对身体有益。随着时代的发展，"身土不二"也不断赋予新的内涵，也从最初的农产品消费发展到各个行业之中，当代的韩国人将"身土不二"理解为"生长在这块土地上的人和土地是不能分离的"，逐渐演变成为一种购买本国产品、忠于国家和民族、维护国家和民族利益的爱国精神。

（2）国家品牌战略。一个民族品牌的发展离不开国家政策的支持与扶持，韩国的三星电子、LG集团、现代集团、衣恋、爱茉莉太平洋集团等等，已经深入到现今人们生活的各个方面。韩国品牌的发展离不开韩国政府的支持，韩国在2006年提出了"国家品牌"整体营销的思路，打算将民族品牌作为国家品牌发展战略的其中一个部分，从而指引民族品牌的发展，并且在2009年成立"韩国国家品牌委员会"。韩国通过构建国家品牌，提升世界对于韩国的理解与好感度，从而推动本土品牌的国际化推广。

3. 巴西[①]

（1）重视国际质量经营战略。重视以质量求信誉、求发展，步入国际经济大循环。如塞地亚（Sadia）食品加工联合企业明确提出，靠质量在世界各地共同获利。许多企业把生产过程中的质量管理延伸到企业经营过程中，明确质量经营隐含的价值观念；产品以高质量满足市场需求，让广大顾客享受高质量产品。

（2）健全全面质量管理体系。明确设定方针目标，从健全全面质量管理体系入手，把供方和用户均纳入质量管理体系。在组织机构设置上抓大放小，实行一体化、多门类的集约化经营，减少管理层次，明确质量职能；在生产经营管理上强调科学的文件化程序，从质量手册、质量程序文件和其他质量记录等3个层次完善企业规范化管理；重视企业资源合理配置。

（3）重视质量管理基础工作。从培训教育入手，定期轮训，分层施教，建立每个员工的业务培训档案；在生产现场实施定置管理，开展5S活动，设有不合格品展台；采用PDCA循环，重视质量信息分析工作，促进质量管理科学化。

（4）满足市场需求和顾客期望。最大限度满足市场需求和顾客期望是变革时代市场竞争的焦点。尽力做到采用新技术、新工艺、新方法，设计开发新产品；严格控制制造过程质量和执行标准，做到"零缺陷"和追踪售后服务。

（5）重视企业质量文化建设。坚持以人为本的质量管理具体措施：以员工俱乐部方式丰富质量文化生活；对管理者和操作者分层施教，不断提高业务能力；随时与员工沟通质量信息；激发员工积极性；密切领导者与员工之间的合作关系，请员工讨论大家关心的热点问题。

（6）重视质量管理咨询工作。巴西已有的40多万家企业，都在以加强企业科学管理求发展，各类咨询中心应运而生。全巴西地区现有540家咨询机构，专兼职咨询员5 200人，每年咨询培训人员达到32万人。同时采用咨询评奖方式，有力地促进了巴西质量管理工作的深刻变革。

（二）国外工业文化建设情况

1. 美国

美国工业文化提倡自由竞争，但不主张社会达尔文主义，其自由竞争也不是以"金钱至上"为唯一目标，而是在道德的约束下开展自由竞争。美国人强调教育对改变人们价值观念的重要性，并且因为得天独厚的移民条件，力行开放式教育，以吸引各种不同类型的人才。美国的工业文化是在精选欧洲各国工业文化的基础上，结合自身国情摸索出来的，其核心的价值观念就是创新。过去的几十年，美国的工业文化一直引领世界工业文化发展的潮流，并且还将长期持续。

[①] 毓华. 巴西质量管理的启示[J]. 建筑机械化, 1998（06）: 36.

2. 英国

英国是工业文化的发源地,工业文化的产生源于英国的工业革命。200多年来,工业文化与时俱进,长盛不衰,经历着巨大的变革,成为推进工业化、现代化的主导文化。18世纪中叶,英国人以自由竞争和社会达尔文主义作为工业文化的价值观,并以此进行大规模的工业革命。英国在对世界贫穷国家倾销商品、掠夺资源的同时,也广泛地传播了工业文化和工业文明的成果。[①]

3. 印度

印度的工业文化特征大致有三个方面:一是家族文化。印度的私营企业占据绝对的主体地位,家族企业很多,私人财团在国家经济生活中处于中枢地位,这些家族企业传承数代,历时百年甚至更久,类似于中国近代、现代史上的同仁堂药业,是印度民族工业的开创力量和核心力量。印度民族工业所形成的家族文化,是有印度特色的工业文化。二是精英文化。决定印度企业生死存亡的关键不是简单地把接力棒交给自己的后代,而是交给放得心、靠得住的能人。家族中要努力培养出能人,培养不出能人,或者暂时还没有能人,则宁愿把家族企业交给家族外的能人治理。三是诚信文化。印度企业认为信用是企业生存的根本,信用不仅体现在同其他企业的交往中,同时在员工待遇上也讲求信用,严格遵守员工合同。将遵守规范、信守承诺提高到核心理念和精神支柱的高度来认识,作为企业行为价值选择的准则。[②]

(三) 国外质量品牌和工业文化建设的经验与启示

1. 国外质量品牌建设经验对我国的启示

(1) 美国经验对我国的启示。一是注重品牌宣传,增强服务理念。在中外品牌竞争日趋加剧的今天,我国的企业必须重视国产品牌的宣传。要克服"酒香不怕巷子深"的传统观念,以现代化的促销方式树立国产品牌的形象。如我国的服装,其产品质量、款式、花色、品种等与外国品牌服装相比并不落后,但我们的服装在国际、国内市场上的价格却是外国名牌服装的十几分之一甚至更低。这在一定程度上也反映了我们宣传的力度不够。

二是提升产品质量,重视技术创新。产品质量是名牌久盛不衰的根本。我国企业实施品牌战略应时刻牢记:第一,要牢固树立"质量是企业的生命"的观念,把它贯彻到企业生产经营的全部活动之中,形成一批高质量、高档次的名优产品,提高品牌产品的市场占有率;第二,要积极推进质量认证工作,推行"零缺陷"和可靠性管理,提高企业的质量管理水平;第三,在转让商标使用权时,一定要严格把关,绝不允许质量不达标的企业使用自己的品牌商标;第四,要重视技术创新,技

---

① 王新哲,周荣喜. 工业文化研究综述 [J]. 哈尔滨工业大学学报(社会科学版),2015,17 (01):88 – 93.
② 袁南生. 感受印度企业文化 [J]. 湘潮,2005 (12):46 – 50.

术是市场的潮流,是赢得竞争的关键。

三是准确细分市场,实行差异化战略。我国的品牌在做大做强的过程中,更应该运用市场细分策略。一方面可依据用户的要求、规模、购买力大小和地点细分市场。如汽车销售,就可根据用户的不同需求、购买力大小、地点等条件,把市场分为高档车、中档车、环保车和城市、农村用车,等等。另一方面也要根据不同的目标市场采用不同的市场营销策略。①②

(2)韩国经验对我国的启示。一是坚持媒体对国货的正面引导,增强爱国主义自豪感。媒体是大众了解信息的主要渠道。韩国"身土不二"精神的传播,媒体的作用不容忽视。借鉴"身土不二"精神,我国的媒体需要对自主品牌进行大量的宣传,引导广大民众消费自主品牌产品,从而为我国打造和发展一流自主品牌提供强大的宣传和引导作用。

二是韩国国家品牌委员会是塑造国家形象、提高国家影响力的部门。委员会不仅善于通过调动品牌资源、建立国家形象推广策略来实现国家形象塑造,而且高度重视对外传播韩国的价值理念,以期赢得世界范围内的理解、信赖、尊重和好感。中国可以借鉴韩国在提升国家形象品牌价值方面的努力,不仅重视阶段宣传和短期活动,更应致力于与世界分享中国的核心价值理念,阐释中国的发展道路、发展模式、发展方向,展示中国的大国责任和国际担当,从而向世界清晰无误地树立和展示中国文明、民主、开放、进步的国家形象和国家品牌。

(3)巴西经验对我国的启示。巴西致力于建立质量标准化体系,发挥国家对于质量品牌建设的引领作用。巴西由国家计量、标准化和工业质量理事会(CONMETRO),执行CONMETRO的计量和质量方面的国家政策的国家计量、标准化和工业质量协会(INMETRO),由巴西技术标准协会(ABNT)、巴西质量管理协会(ABCQ)和国家计量研究所(INPN)负责的标准化、质量控制及产品认证、法定计量等3个分体系,工业、贸易和消费领域的广大用户四个层次构成的巴西标准化体系,保证了质量管理制度的实施和规范化。

2. 国外工业文化建设经验对我国的启示

(1)提倡创新精神。工业文化是软实力,是竞争力的重要组成部分。工业文化的思想观念,决定着企业成员的思维方式和行为方式,能够激发员工的士气,充分发掘企业的潜能。一个好的工业文化氛围建立后,它所带来的是群体的智慧、协作的精神、新鲜的活力,这就相当于在企业核心装上了一台大功率的发动机,可为企业的发展提供源源不断的精神动力。③

---

①张玉虎. 美国企业实施名牌战略的成功经验及启示 [J]. 理论学刊, 2009 (06): 53-55.
②张玉虎. 引进外资与实施名牌战略研究 [D]. 济南: 山东师范大学, 2006.
③王新哲, 周荣喜. 工业文化研究综述 [J]. 哈尔滨工业大学学报 (社会科学版), 2015, 17 (01): 88-93.

（2）加强道德文化建设。首先，要树立正确的利益观，把经济利益原则和社会主义道德结合起来处理各方关系，注重倡导企业的社会责任感，要将企业塑造成一个讲究道德、文明的组织，承担社会责任，为社会服务的团体。其次，要处理好企业与消费者的关系，牢固确立消费者是"上帝"的理念，诚实守信，生产质量过硬的产品，把对社会、自然环境和消费者的责任内化为企业的经营理念、自觉约束和行为规范。

（3）强调以人为本。美国崇尚个人主义、强调实现个人价值的工业文化，印度工业文化中的精英文化、人本文化无不将人推到企业发展的关键点。企业是人的集合体，企业创立的基础在于人，存在的关键在于人，发展的根本也在于人。工业文化的本质特征之一就是以人为本。应把人作为企业发展的出发点和归宿，提高人的素质，实现人的价值，促进人的全面发展，树立"企业即人"的理念和员工的自主意识，充分调动员工的积极性和创造性。[1]

二、国内建设情况

（一）中国质量品牌建设情况

我国推动制造业质量管理建设由来已久。在2010年以前，主要通过在各种国家政策规划中强调质量建设和品牌建设。2010年工信部等六部委印发的《关于加强工业产品质量信誉建设的指导意见》首次以独立文件的形式提出产品的质量信誉建设问题。在"十三五"规划中首次提出"提升质量品牌"行动，质量品牌建设已经到了一个非常重要的地位。我国关于推进质量品牌建设的相关文件如表20-1所示。

表20-1　中国关于推进质量品牌建设的相关文件

发文时间	发文单位	文件号	文件名	内容
2010年3月16日	工业和信息化部等六部委联合印发	工信部联科〔2010〕112号	《关于加强工业产品质量信誉建设的指导意见》	首次提出产品质量信誉问题
2011年7月22日	工业和信息化部等六部委联合印发	工信部联科〔2011〕347号	《关于加快我国工业企业品牌建设的指导意见》	
2011年11月9日	工业和信息化部	工信部规〔2011〕520号	《工业产品质量发展"十二五"规划》	

---

[1] 王新哲，周荣喜. 工业文化研究综述［J］. 哈尔滨工业大学学报（社会科学版），2015，17（01）：88-93.

续表 20-1

发文时间	发文单位	文件号	文件名	内容
2012年2月6日	国务院	国发〔2012〕9号	《国务院关于印发质量发展纲要（2011—2020年）的通知》	《质量发展纲要（2011—2020年）》发布
2016年5月13日	国家质量监督检验检疫总局	国质检质〔2016〕215号	《质检总局关于印发质量品牌提升行动计划（2016）的通知》	《质量品牌提升行动计划（2016）》发布
2016年8月15日	工业和信息化部、国家质量监督检验检疫总局、国家国防科技工业局	工信部联科〔2016〕268号	《工业和信息化部、国家质量监督检验检疫总局、国家国防科技工业局关于印发促进装备制造业质量品牌提升专项行动指南的通知》	针对装备制造业的质量品牌支持文件
2016年12月16日	国家质量监督检验检疫总局	国质检质〔2016〕595号	《质检总局关于印发质量品牌提升"十三五"规划的通知》	《质量品牌提升"十三五"规划》发布

（二）中国工业文化建设情况

2015年5月，党中央、国务院审时度势、科学决策，作出加快制造强国建设的重大战略部署，正式将工业文化建设提上历程。我国关于推进工业文化建设的相关文件如表20-2所示。

表20-2 中国关于推进工业文化建设的相关文件

发文时间	发文单位	文件号	文件名	内容
2016年12月30日	工业和信息化部、财政部	工信部联产业〔2016〕446号	《关于推进工业文化发展的指导意见》	为加强工业文化建设的顶层设计和总体布局

（三）中国质量品牌和工业文化建设成效

近年来，我国加强了质量品牌建设并以工匠精神为主题推动工业文化的发展，成效显著。2015年国家加快实施制造强国建设的重大战略部署，质量品牌建设和工业文化建设被正式纳入制造业发展的长期战略中，制造业转型升级迈出坚实步伐。

1. 质量品牌建设成效

（1）标准化建设助推质量建设。工业和信息化部积极推动各行业标准建设，同时国家标准委代表中国深度参与国际标准化组织（ISO）的《ISO 战略规划（2016—2020 年）》及行动计划制定，提出中国方案和主张。成功与 ISO 达成合作协议共建国际标准化培训基地（青岛）和国际标准化会议基地（杭州），搭建中国标准国际化工作平台。推动国际标准化组织（ISO）成立品牌评价国际标准化技术委员会（ISO/TC289），秘书处设在中国，助推中国品牌走出去。质检总局和国家标准委还组织成立了全国品牌评价标准化技术委员会，会同机械工业联合会、纺织工业联合会等有关行业协会制定发布了 23 项品牌建设国家标准，通过标准指导广大中小企业走品牌发展之路；已连续开展两届中国质量奖评选表彰工作，共有 134 家组织和 14 名个人获得中国质量奖和提名奖，通过树立质量标杆，提升质量竞争力，来打造和宣传中国品牌。

（2）品牌战略建设成果显著。品牌价值评价是目前全球对知名品牌进行认定的一项重要工作，也是形成品牌影响力的重要方面。针对品牌评价工作，质检总局积极指导中国品牌建设促进会开展品牌价值评价工作，到目前已经有超过 1 500 家企业申报参评，每年 12 月 12 日由权威媒体进行评价结果的发布。坚持品牌助推发展这个主线，与相关部门配合，着眼建立长效机制，突出培育创建实效，重点工作包括推动品牌建设立法，积极配合全国人大、国务院法制办开展《质量促进法》立法工作，将品牌建设纳入工作重点；推动构建促进品牌建设机制，做好《中国品牌发展战略》的起草制定工作，形成品牌建设合力；继续深入落实《国务院办公厅关于发挥品牌引领作用推动供需结构升级的意见》（国办发〔2016〕44 号），完善品牌价值评价国家标准，构建国家标准体系，以标准促进品牌建设；开展质量提升行动，推动实施国家品牌行动计划，切实提升广大百姓的质量品牌获得感，把"中国品牌日"打造成一个有影响力的品牌。

2. 工业文化建设成效

建设制造强国是一项长期战略任务，不仅需要技术创新、产业升级的刚性推进，还需要工业化力量提供源源不断的柔性支撑和强大的精神动力。一方面，成立了工业和信息化部工业文化发展中心，支持中心与企业、高校开展合作和试点示范，开展工业文化的理论研究和系列专题研究，形成了《工业文化》等一批有重要参考价值的研究成果。另一方面，注重工业文化与业务工作的有机结合，在消费品工业"三品"专项行动、装备制造业质量品牌提升、工业设计、绿色制造等工作中，积极践行工匠精神、品牌培育、绿色发展等要义，主动向社会各界宣传解读工匠精神和企业家精神。同时，工业和信息化部制定《国家工业遗产管理暂行办法》，2017 年和 2018 年公布了两批 53 个国家工业遗产名单。国家工信部谋划推出了《大国重器》等一批反映我国工业形象的纪录片，取得了强烈的社会反响，全社会关注实体经济、重视工业文化的良好氛围正在进一步积蓄和形成。

三、广东省建设情况

(一) 广东省质量品牌建设情况

长期以来,广东省高度重视质量品牌建设,特别是近年来,省委、省政府和相关职能部门相继发布许多政策文件,大力推动质量品牌的建设。广东省关于推进质量品牌建设的相关文件如表20-3所示。

表20-3 广东省关于推进质量品牌建设的相关文件

发文时间	发文单位	文件号	文件名
2015年4月27日	广东省经济和信息化委员会	粤经信创新〔2015〕160号	《广东省经济和信息化委员会关于推进我省工业品牌建设的指导意见》
2016年4月27日	广东省委、省政府	粤发〔2016〕9号	《中共广东省委广东省人民政府关于实施质量强省战略的决定》
2016年10月12日	广东省人民政府办公厅	粤办函〔2016〕517号	《广东省人民政府办公厅关于印发广东省实施质量强省战略2016—2017年行动计划的通知》
2017年3月8日	广东省质量技术监督局	粤强省办函〔2017〕12号	《广东省质量强省工作领导小组办公室印发关于推进"广东优质"品牌建设的指导意见的通知》

(二) 广东省工业文化建设情况

近年来,广东省逐渐把工业文化建设提到议事日程,通过文化建设,推动工业文化发展,促进产业融合发展的理念正在培养和树立。广东省关于推进工业文化建设的相关文件如表20-4所示。

表20-4 广东省关于推进工业文化建设的相关文件

发文时间	发文单位	文件号	文件名
2015年11月13日	广东省人民政府	粤府函〔2015〕314号	《广东省人民政府关于印发广东省推进文化创意和设计服务与相关产业融合发展行动计划(2015—2020年)的通知》

（三）建设亮点

广东人的祖先大多数是从中原迁入的汉族，同时把中原较为先进的技术与文化带到岭南地区，促进了岭南地区的发展和各民族的融合，并逐渐形成独特的岭南文化。"海上丝绸之路"的开辟，更使广州成为中国沟通东南亚、非洲、欧洲的重要港口，佛山的冶铸，佛山石湾的陶瓷，广州一带的丝织业，粤东的制糖等都曾独步全国。改革开放以来，广东以中国第一经济大省的地位，在许多经济指标上都列各省第一位，构建了以食品、纺织业、机械、家用电器、汽车、医药、建材、冶金为主体的现代工业体系，也成就了以"广货"为品牌的广东工业文化特征。

1. 格力——企业标准建设

珠海格力集团是实施企业标准化战略的典型企业，格力电器在标准化方面严格要求自身，其产品采用的标准都远远超过了国家标准和国际标准。为了使各项标准能够严格按要求实施，格力不仅在标准内容的信息化、集成化上努力，还专门建立了空调业内独有的筛选分厂，质量检验人员运用先进的试验设备、检验设备，对外协外购零部件严格执行企业标准，进行100%全面检测和"精挑细选"。

2. 咀香园——工业文化旅游建设

咀香园位于广东省中山市，始创于1918年，为广东省著名商标，咀香园牌杏仁饼获原产地标记注册证书，获得"中华老字号"称号。同时其也是国内先进的食品生产厂商，拥有国内外最先进的设备，并成为国内率先通过焙烤食品GMP认证、HACCP国际食品安全体系认证、ISO 9001国际质量管理体系认证的企业。2007年，咀香园工业旅游点经国家旅游局严格检查验收，顺利通过了国家级工业旅游示范点确认，使其成为集开发、生产、加工、销售、旅游观光于一体的现代化食品企业。咀香园公司成功利用所生产的正宗中山特产食品杏仁饼的经营特点和优势，把工业生产与旅游观光结合起来，把具有"百年老字号"渊源的中山特产咀香园杏仁饼的食品文化融入"伟人故里、名城中山"的旅游文化之中，打造出了"文化元素+传统产品+现代生产体系"的工业文化建设典范。

第三节 发展思路

一、质量品牌建设思路

（一）现存问题

1. 产品质量水平不高

目前，我国现阶段的优质、有效供给能力极为不足，质量提升内生动力不足。

同时，我国消费层级水平呈多元分布结构，总体水平不高，低收入人群占比较大，低质低价产品仍具有市场，消费者质量意识薄弱。产品质量不高已经带来一定程度的外贸环境恶化。

2. 质量水平差距较大

从整体上看，中国制造质量呈现区域不均衡态势，东部质量略高，中西部较差较弱。基本形成了以"长三角经济圈""珠三角经济圈"和"京津冀经济圈"为代表的东部"质量高地"。

3. 质量标准混乱

首先，部分制造业产品质量需要加强关注。产品质量不合格率较高，一定程度上影响了中国制造产品的形象。其次，制造业企业质量损失严重。企业不了解所制造产品的国际标准，推动企业采用国际标准和国外先进标准的工作力度有待加强。

4. 质量法规不健全

我国质量法律体系建设仍然滞后于经济社会发展需要，在质量促进法、质量责任法等方面的建设有待进一步加强。另外，质量违法处罚也需完善，目前，质量安全责任追究仍以行政处罚为主，未突出民事赔偿责任。

5. 质量环境不完善

全社会尤其是企业的"质量为先"理念和与之相适应的质量文化尚未广泛建立，社会资源向优质产品、优秀品牌和优势企业集聚的氛围尚未形成，企业质量创新动力不足。质量诚信建设滞后，产品假冒伪劣现象屡禁不止。

6. 缺乏服务精神

大部分的制造业企业对于产品的后续服务不上心。例如售后服务，包括与产品销售配套的包装服务、送货服务、安装服务、三包服务、售后维修与技术支持、产品升级、客户关系维护等服务，导致品牌建设停滞不前，即使有好的产品也难以吸引忠诚用户。

7. 缺少国际品牌

知名品牌数量及影响力与发达国家相比存在较大差距，与制造大国的地位、制造强国的需要极不相称。近十年来，我国制造业鲜有企业进入世界品牌前100，进入前300位、500位的企业数量屈指可数。企业往往忽略了在市场饱和、产品过剩时，品牌将决定企业的竞争优势。

8. 忽视品牌战略

与中国制造发展的速度和规模相比较，制造业品牌建设明显滞后，缺少体系化的品牌战略。多数企业市场营销和战略管理能力弱，缺乏面对国际竞争的经验。部分企业以代工制造为主业，没有建立自主的营销渠道和品牌。部分企业对品牌的认知还停留在形象和广告上，没有认识到品牌的价值内涵，没有思考过何为品牌战略。

很多企业品牌培育能力不足，难以把所具备的能力和优势转化为顾客感知的品牌价值。①

(二) 发展导向

1. 质量强业战略

充分发挥质量品牌建设在增强制造业水平、提升产业竞争力方面的积极作用，顺应国家质量强国目标，针对在品牌建设方面的不足，巩固现有的质量建设成果，加快质量强区建设。增强制造业尤其是高新技术产业的竞争力，要做到质量建设与品牌建设相辅相成，坚持质量是基础，品牌是保证，齐头并进，共同发展。

(1) 加强产业标准建设。标准是组织生产、检验产品质量的依据，是衡量企业各项工作和产品质量的标尺。大力推行产业标准的实施能保证产品在用户中的形象，是企业生存发展的生命线，也是企业竞争力和影响力的重要体现。建立优势产业和新兴产业的产业标准体系，包括实现技术标准的要求而建立的管理标准体系和工作标准体系，以及实现标准体系的相关要素准备。以建立产业标准体系为基础建立若干产业标准联盟，在联盟内实现统一标准和标准技术共享，并为联盟达标企业授予标识，以此推动产业标准在全国的推广，提升产业的整体质量和声誉，提高产业整体竞争力。

(2) 强化检验检测认证。强化检测检验服务，尤其是高水平、高保障的检验检测服务是推动质量建设的重要保障，更是实现产业成熟发展的重要支柱。强化检测检验服务可以通过标准化、质量提升等手段，为保障产品质量、提升品牌声誉、促进产业升级等提供技术支撑和信用担保。

(3) 完善售后服务体系。售后服务包括与产品销售配套的包装服务、送货服务、安装服务、三包服务、售后维修与技术支持、产品升级、客户关系维护等服务。完善的售后服务能极大提升企业顾客的品牌忠诚度，同时良好的售后服务有利于传播良好的口碑，树立企业和产品品牌的良好形象，对于品牌建设至关重要。

(4) 推动节能环保。随着十九大提出"到本世纪中叶全面完成我国生态文明建设，推进绿色发展的目标"，以及社会舆论和消费者对绿色生产的认同，实现生产过程的节能环保已经成为质量品牌建设的重要一环。企业的绿色生产②已经成为品牌声誉的重要组成部分。

2. 品牌强业战略

(1) 大力实施品牌战略。质量品牌建设要以品牌的核心价值贯穿于产品、服务、

---

①林忠钦. "中国制造"质量提升面临的困境 [J]. 政策, 2017 (01)：62.
②绿色生产（Green production）是指以节能、降耗、减污为目标，以管理和技术为手段，实施工业生产全过程污染控制，使污染物的产生量最少化的一种综合措施。

传播各个环节，这样才能更为有效地传输品牌诉求，强化用户在各个环节的满意与体验，从而建立长期的信任关系。以建设国际化品牌为目标，通过质量支撑策略，以更高标准为标尺，通过对技术标准、管理标准、质量标准、售后标准、绿色标准等一系列标准的严格把关，打造一系列具有高声誉、高口碑的国际品牌名优企业。

（2）制定品牌管理体系。要围绕研发创新、生产制造、质量管理和营销服务全过程，提升内在素质，夯实品牌发展基础。扶持一批品牌培育和运营专业服务机构，开展品牌管理咨询、市场推广等服务。健全集体商标、证明商标注册管理制度。打造一批特色鲜明、竞争力强、市场信誉好的产业集群区域品牌。建设品牌文化，引导企业增强以质量和信誉为核心的品牌意识，树立品牌消费理念，提升品牌附加值和软实力。加速品牌价值评价国际化进程，充分发挥各类媒体作用，加大品牌宣传推广力度，树立中国品牌良好形象。[1]

（三）质量强业战略政策着力点

1. 建立产品标准检测平台

要建设重点产品标准符合性认定平台，推动建设一批计量、标准、认证认可、检验检测质量技术基础"一站式"服务示范点，搭建国家质量技术基础服务平台，综合运用计量、标准、认证认可、检验检测等质量技术基础，为企业和各类科技园、孵化器、创客空间等提供全生命周期质量技术支持。

2. 实施质量奖励制度

不断完善中国质量奖评选机制，提升中国质量奖的规模和影响力。建立和完善相关行业质量的评价体系，逐步扩大中国质量奖评选范围，推动全社会重视和追求质量。鼓励各级地方政府开展质量奖表彰，树立质量发展标杆，总结标杆经验，强化标杆引领作用。完善各地政府质量奖配套激励措施，引导地方政府在采购、招投标方面给予政策性优惠。加强部门协同，创新引导政策，以财政、税收、土地、金融等政策工具推动质量提升。[2]

3. 创建产业标准联盟

针对我国推进产业标准的需求，依托国内各优势产业和新兴产业中的龙头企业的技术优势和管理优势，建立产业标准联盟。一是以各行业的龙头企业为主导建立具有竞争优势的行业标准，标准涉及行业生产、研发、管理、销售的各方各面，如生产的质量标准、检测检验标准、节能环保标准等，研发的技术标准，管理的控制标准、轮作标准等，销售的售后服务标准等。建立起一整套具有行业竞争优势的"中国标准"，提升我国企业的竞争力。二是参与产业标准联盟的企业可以获取相关

---

[1] 林忠钦. 中国制造 2025 与提升制造业质量品牌战略 [J]. 国家行政学院学报，2016（04）：4-9+2.
[2] 国家质检总局《质量品牌提升"十三五"规划》.

标准所需的技术共享，以提升中小企业的竞争力，而龙头企业也可依靠产业标准联盟维持自身领导地位。三是对联盟内达到产业标准的企业赋予"产业认证"标志，依靠各联盟成员，将产业标准化打造成为"中国品牌"战略的一部分。

4. 推动质量制度创新

全面实施企业产品和服务标准自我声明公开和监督制度，积极鼓励开展行业试点，发挥行业组织的催化作用，提高企业改进质量的内生动力和外在压力。建立产品质量、知识产权等领域失信联合惩戒机制，推动完善惩罚性赔偿制度，大幅提高质量违法和失信成本。加大对中小企业质量品牌提升的扶持力度，促进企业"创业、创新、创优"。①

5. 贯彻落实质量强国战略

推动落实质量强国战略，推进质量品牌建设，加快质量强国创建工作，应建设质量强国服务平台。一是将其作为政府发布质量强国战略工作的政策信息发布平台，如编制发布《服务质量管理制度》，定期发布《服务质量指数》。二是通过改进激励约束机制，激发企业主体责任，引导企业建立全程质量控制，并在平台公开承诺，定时在平台公开自我评估与企业质量报告。三是将平台建设为质量建设成果展示平台，并评选授予一部分企业"质量强国示范企业"称号，为企业展示产品质量、创造产品声誉提供方便。

6. 实施质量简政放权

以转变政府职能为核心，坚持发挥市场在资源配置中的决定性作用，继续清理、取消和下放生产许可和质量准入等方面的行政审批事项，严格规范中介服务收费，推进行政许可标准化，最大限度取消审批项目，最大限度优化审批流程，为企业质量品牌发展营造更加公平、更加规范、更加宽松的环境。发挥地方质检部门贴近基层的优势，把由地方实施更有效的审批事项，最大限度下放到地方。②

（四）品牌强业战略政策着力点

1. 推动品牌国际化进程

中国企业在品牌国际化过程中应该认真、细致地制定品牌国际化进程，并在执行过程中适当调整，以适应国际市场的变化。政府在宏观上为企业创造良好的外部环境条件，从而在微观上促进企业整体品牌战略水平的提高。在中国企业品牌国际化过程中，需要政府充分发挥引导和协助作用，进一步改善投资体制和管理体制，制定促进企业面向国际化品牌营销的相关经济政策，同时与各国建立友好经济协作和贸易往来关系，使品牌国际化企业在公正、合理、有序、健康的市场环境下迅速

---

①②国家质检总局《质量品牌提升"十三五"规划》.

成长。①

2. 助力企业品牌战略

政府及各行业组织在鼓励、引导、规范企业品牌建设方面进行着不懈的努力，从评出国优、部优到地方精品等活动均在不断引导、鼓励企业走品牌化道路。

3. 打造中国制造集体声誉

以建设"中国品牌"为目标，通过质量支撑策略，以更高标准的"中国产业标准"为标尺，通过对技术标准、管理标准、质量标准、售后标准、绿色标准等一系列标准的严格把关，打造一系列具有高声誉、高口碑的"中国品牌"、品牌产业和中国名优企业，以此为基础提升中国制造的集体声誉。

二、工业文化建设思路

(一) 现存问题

1. 工业产品文化内涵不足

一是工业产品缺乏鲜明的个性和特色，陷入低水平复制的陋习之中，忽视文化的再造、创新与个性化，无法在工业品的外形设计和功能设计中融入民族元素、未来元素、时尚元素等文化要素，使得产品功能和外形单一，缺乏文化内涵。二是一部分中国企业在文化设计中过分倚重传统文化，刻板地从传统文化中寻求理念依据，文化内涵呈"老旧"化现象，无法适应迅速变化的市场需求，难以把握当代人的心理。②

2. 工业制度不健全

一是缺乏工业制度建设。工业文化最早来自西方，西方注重强调软性管理因素，而我国的很多企业硬性管理因素，如技术管理、营销管理、财产管理等规章制度等还不是很完备，造成内外无法匹配。二是制度缺乏灵活性。工业制度是在某一特定文化背景下该企业独具特色的经营理念和管理模式，是企业个性化的表现，而不是标准统一的模式，更不是迎合时尚的标语。

3. 工业精神不活跃

企业追求利益无可厚非，但如果"一切向钱看"，企业丢失了社会责任和义务，成为赚钱的工具，员工则成为工具上的零件，顾客则沦为企业攫取财富的对象。企业缺乏"顾客至上""崇尚科学""企业家精神""工匠精神"和"社会服务意识"等必要的工业精神。这样的企业不仅得不到员工的信赖，也得不到市场的拥护，企业则缺乏永续发展的动力源泉，最终将会被无情地淘汰。

---

① 尹兴科，方文杰，魏华飞. 品牌国际化背景下如何塑造中国民族品牌 [J]. 经济研究导刊，2013 (03)：224 - 225.

② 刘光明，李庆良，金奉强，等. 建设制造强国需要工业文化作支撑 [J]. 企业文明，2016 (03)：18 - 20.

(二) 发展导向

1. 培育工业精神

培育工业精神需要汲取世界先进工业文化的精髓，如德国人的严谨、美国人的创新、英国人的规范、日本人的敬业，这其实都是工业文化中"工业精神"的体现，其内涵就是对科学规律的尊崇，对规则、制度、标准、流程的执着坚守。当前中国制造业面临的许多困扰，都与工业精神缺失相关。建设工业文化，不仅要将中国优秀传统文化发扬光大，也要学习和吸收西方的主流工业文化中的精髓——工业精神，重塑我们的工业精神。[1]

2. 发展工业文化产业

文化产业是繁荣发展工业文化的重要载体。要强化创新设计引领，支持建设创新设计公共服务平台，打造具有国际影响力的工业设计集群。要加强对传统工艺美术品种、技艺的传承与创新，培育一批示范性创新创业区域和大师工作室。要大力抢救濒危工业文化资源，研究建立国家工业博物馆。大力发展工业旅游，支持打造一批工业创意园区和工业文化特色小镇。

3. 塑造国家工业新形象

国家工业形象是国家形象的核心组成部分，也是工业文化建设成果的直接体现。要着力塑造我国工业诚信、质优、创新、绿色的新形象，不断丰富中国制造的文化内涵；要提升对外交流水平，创新宣传方式，采用融通中外的概念、范畴、表述，讲好中国工业故事，传播工业文化，展示国家工业新形象。[2]

(三) 文化强业战略政策着力点

1. 树立工匠精神

以工匠精神作为当代工业精神建设的标杆和核心。加大人力资源投入，培养高技能人才，注重产品品质理念。要建立完善的激励措施，对一线职工在群众性技术攻关、技术革新、发明创造等方面取得的科技创新成果及合理化建议进行评比表彰，对晋升技术等级、工资福利待遇、物质奖励和劳模评选等激励措施进行制度性规定，打通职工立足岗位成长成才通道。[3]

2. 推动产品与文化融合

为产品赋予文化的内涵。通过举办文化产品设计大赛，建设工业设计博物馆，推动民族文化和传统文化与产品的融合。以科技为支撑，有力推动着文化产品的生

---

[1] 时代呼唤工业文化 [J]. 企业文明, 2016 (03): 1.
[2] 苗圩. 大力弘扬工业文化 支撑制造强国建设 [N]. 人民邮电报, 2016-07-14 (001).
[3] 张仁元. 国企培育工匠精神之我见 [N]. 工人日报, 2016-05-03 (007).

产创新和消费形态多元化。以创意为灵魂,赋予文化及相关产业产品鲜明的文化个性和高端的文化品质。不断融合发展,各业态跨产业和领域融合互动、衍生出新兴业态。①

第四节 案例剖析

严谨、踏实、专注的工匠文化成就德国汽车制造业的质量品牌

文化是一个民族的根。德国汽车经过一百多年的发展,积累了内涵丰富的汽车企业文化,德国汽车企业产品的高质量,源自德国人性格中那种追求精确、追求完美、对工作一丝不苟的认真负责态度,不仅在于能制造出结实耐用的工业品,更在于他们凝结了严谨、踏实和专注的工业文化精神。

一、德国汽车工业文化是德国民族文化在汽车工业中的体现和反映

德国汽车工业的企业文化是德国企业文化的典型代表,也是德意志民族所特有的一种社会文化,德国汽车工业文化表现出德国人强烈的民族意识和独特的价值观、人生观和人文理念。德国企业文化体现出企业员工具有很强的责任感,这种责任感包括家庭责任、工作责任和社会责任,他们就是带着这样的责任感去对待自己周围的事物。企业对员工强调的主要是工作责任,尤其是每一个人对所处的工作岗位或生产环节的责任。

二、德国汽车工业文化注重诚信、遵守法律、重视产品质量意识

德国汽车企业非常重视产品质量,强烈的质量意识已成为汽车文化的核心内容,深深植根于广大员工心目中。戴姆勒公司在注重产品质量方面非常有代表性。首先,他们认为高质量意识与员工的高素质是分不开的,十分注意培养具有专门技能和知识的职工队伍,千方百计提高员工的质量意识。第二,具有精工细作、一丝不苟、严肃认真的工作态度,这种态度几乎到了吹毛求疵的地步。第三,把好质量关,严格检查制度,做到层层把关,严格检查。重视产品质量,追求技术上的完美是德国汽车企业一种普遍的自觉意识。德国人爱好技术、钻研技术、崇尚技术的价值观已深入人心,成为一种自觉的行为。在这样一种民族文化精神熏陶下成长起来的德国人,养成了一种做事认真负责、一丝不苟的态度,从而保证了德国汽车企业产品的高质量,也成为德国人参与国际市场竞争的一个制胜法宝。

---

① 发展壮大文化创意产业政策研究课题组,李惠武,郁宏辉. 推进文化创意与科技深度融合,培育壮大文化产业新业态[J]. 广东经济, 2015 (04): 12-15.

三、德国汽车工业文化追求完美形象、严谨细致

德国人深深懂得，良好信誉对一个汽车企业至关重要，他们用创造品牌来提升产品价值。品牌经营不仅渗透到汽车销售与广告宣传领域，并对营销与产品开发起主导作用。正是由于德国人对汽车情有独钟，德国汽车公司所具有的强烈的品牌意识，才使得他们在汽车领域不懈地追求完美。从漂亮的汽车造型、可靠的质量保证到完善的售后服务，以及融入每一辆车中的德国文化因素，无不体现德意志民族踏踏实实又勇于创新的精神。德国人长期形成的讲究信用、严谨、追求完美的行为习惯，使汽车企业从产品设计、生产销售到售后服务的各个环节，无不渗透着一种严谨细致的作风，体现着严格按照规章制度去处理问题，对汽车企业形成独特的文化产生了极大影响。[1]

本章习题

一、名词解释
1. 质量品牌
2. 工业文化

二、简答题
1. 质量品牌、工业文化的类型有哪些？
2. 质量品牌和工业文化建设对于我国建设制造强国有何意义？
3. 产业标准与质量品牌建设有何关系？
4. 工业文化的本质是什么？
5. 不同程度工业化国家的工业文化建设经验对我国有什么启示？

三、案例分析

耐克作为全球知名度最高的运动品牌，却从来没有一间自己的工厂，是一个不折不扣的中间商品牌。

耐克为了挖掘自身的品牌精髓，发起了一场大规模的反思活动，耐克是什么？耐克品牌的本质是什么？最后达成了这一共识：无论青年还是老年，无论专业运动员还是门外汉，无论是每天坚持跑步者还是只在周末锻炼的人，甚至包括儿童，在耐克的世界里都有你的一席之地，也就是"真正的运动品质"。耐克的创始人之一鲍尔曼认为："只要你拥有身躯，你就是运动员。而只要世界有运动员，耐克公司就会不断发展壮大。"另一位创始人奈特认为，体育没有终点，只有将永不停息的个人奋

---

[1] 季军良. 浅谈德国汽车企业文化及其启示[J]. 现代营销（学苑版），2011（07）：24-27.

斗精神、不断创新的精神贯穿于企业经营，才能将"体育、表演、洒脱、自由"的运动员精神作为耐克追求个性的品牌文化核心。

在耐克所有的广告里，淡化产品、突出精神成为一贯的风格。耐克凝聚了员工的事业梦想，更像一个拥有共同梦想的大家庭，在共同奋斗过程中不断加深友谊。任何一个企业员工都是品牌精神传递的一个载体，任何一个企业行为都是品牌精神与理念的一种直接表达。耐克品牌的意义超越了一双运动鞋，成为让每个人紧紧联系在一起的精神追求，因此得到了万千顾客心灵的回应和共鸣。

耐克提高"人类的生活品质"的梦想，化为一种被物化了的体育精神，也成为人类征服自然、超越自我的象征。一直支撑耐克的是"达到运动巅峰"的热情，那是吸引运动员的东西。它在运动和生命之间画上等号，挖掘出了受众渴望生活、珍惜生命的心理需求和期盼。优秀的创意赋予了产品一种能够满足目标顾客心理、视觉美感和情感的附加值。[①]

请根据上述材料，分析耐克品牌文化的建设理念。

---

① 张计划. 耐克不造一双鞋 [N]. 广东科技报，2011-10-28（A05）.

参考文献

一、中文书目

[1] 李江帆. 第三产业经济学 [M]. 广州：广东人民出版社，1990.

[2] 李冠霖. 如何开展服务业工作 [M]. 广州：暨南大学出版社，2007.

[3] 魏作磊. 中国服务业发展战略研究 [M]. 北京：经济科学出版社，2009.

[4] 李美云. 服务业的产业融合与发展 [M]. 北京：经济科学出版社，2007.

[5] 毕斗斗. 生产服务业发展研究 [M]. 北京：经济科学出版社，2009.

[6] 朱胜勇，蓝文妍. 第三产业生产服务研究 [M]. 北京：经济科学出版社，2013.

[7] 杨玉英. 中国生产性服务业发展战略 [M]. 北京：经济科学出版社，2010.

[8] 任旺兵. 我国制造业发展转型期生产性服务业发展问题 [M]. 北京：中国计划出版社，2008.

[9] 夏杰长，姚战琪，李勇坚. 中国服务业发展报告. 以生产性服务业推动产业升级 [M]. 北京：社会科学文献出版社，2014.

[10] 来有为. 生产性服务业的发展趋势和中国的战略抉择 [M]. 北京：中国发展出版社，2010.

[11] 郭怀英. 生产性服务业：创新与升级 [M]. 太原：山西经济出版社，2012.

[12] 李善同，高传胜. 中国生产者服务业发展与制造业升级 [M]. 上海：上海三联书店，2008.

[13] 黄莉芳，黄良文. 中国生产性服务业对制造业产业关联效应研究：基于制造业转型升级视角 [M]. 北京：人民出版社，2015.

[14] 段杰. 生产性服务业发展与区域经济增长研究 [M]. 北京：清华大学出版社，2014.

[15] 沈家文. 生产性服务业与中国产业结构演变关系的量化研究 [M]. 北京：经济管理出版社，2012.

[16] 张琰. 生产性服务业创新问题研究：基于产业链协同创新的视角 [M]. 上海：复旦大学出版社，2012.

[17] 魏江，周丹. 生产性服务业与制造业融合互动发展 [M]. 北京：科学出版社，2011.

二、英文书目

[1] Markusen J, Rutherford T F, Tarr D. Trade and direct investment in producer services and the domestic market for expertise [M] // Trade Policies for Development and Transition. 2017.

[2] Hoyler M, Lizieri C, Pain K, et al. European cities in advanced producer services and real estate capital flows: A dynamic perspective [M] // Changing Urban and Regional Relations in a Globalizing World: Europe as a Global Macro-Region. 2014: 115–137.

[3] Taylor P J, Hoyler M, Sánchez-Moral S. European Cities in Globalization: A Comparative Analysis Based on the Location Strategies of Advanced Producer Services [M] // Service Industries and Regions. Springer Berlin Heidelberg, 2013: 285–304.

[4] Hanssens H, Derudder B, Witlox F. Managing organizational and geographical complexity: The 'positionality' of advanced producer services in the globalizing economies of metropolitan regions [M] // A survey of the contents of existing national bibliographies. Unesco, 2012: 45 – 55.

[5] Beyers W B. Trends in Producer Services Growth in the Rural Heartland [M] // Trends in producer services growth in the rural heartland. Federal Reserve Bank of Kansas City, 2011.

[6] Gökçe B. Spatial Dynamics of Producer Services – Ankara Case [M]. LAP LAMBERT Academic Publishing, 2011.

[7] Gordon J, Gupta P. Understanding India's Services Revolution [M] // India's and China's Recent Experience with Reform and Growth. Palgrave Macmillan UK, 2005.

[8] Mossek A. The Tel – Aviv Producer Services Sector: Change in an Era of Globalization [M] // Emerging Nodes in the Global Economy: Frankfurt and Tel Aviv Compared. Springer Netherlands, 2002: 149 – 172.

[9] Vaal A D, Berg M V D. Producer Services, Economic Geography, and Services Tradability [M] // Journal of Regional Science. 2002: 539 – 572.

[10] Markusen J, Rutherford T F, Tarr D. Foreign Direct Investment in Producer Services [M] // Economic Impact of EU Membership on Entrants. Springer US, 2001: 27 – 43.

[11] Illeris, Sven. The service economy : a geographical approach [M]. J. Wiley, 1996.

[12] Krugman P R, Venables A J. Integration, Specialization and Adjustment [M] // Production trends in the United States since, 1870 /. National Bureau of Economic Research, 1996: 959 – 967.

[13] Reynolds J. Service Industries in the World Economy, by P. W. Daniels [M] // Service industries in the world economy /. Blackwell, 1993: 381 – 381.

[14] Griliches Z. Output measurement in the service sectors [M]. University of Chicago Press, 1992.

[15] Grubel H, Walker M. Service industry growth: Cause and effects [M]. Vancouver: Fra – ser Institute, 1989.

[16] Baily M N. Slow Growth and The Service Economy. by Pascal Petit [M] // Slow growth and the service economy. St. Martin's Press, 1986.

[17] Greenfield, H. I. Manpower and the Growth of Producer Services [M]. New York: Columbia University Press, 1966.

后 记

为加强生产服务业人才队伍建设，促进现代化经济体系下生产服务业与制造业的协同发展，在各有关部门和领导的大力指导、支持下，广东省经济和信息化委员会委托广东省生产服务业促进中心牵头，会同广东省第三产业研究会共同组织编写了本书。本书以习近平新时代中国特色社会主义思想为指导，以党的十九大精神以及《国务院关于加快发展生产性服务业促进产业结构调整升级的指导意见》等文件为依据，按照"立足广东、面向全国、突出亮点、注重案例、图文活泼"的要求进行编写，力图把枯燥的理论与生动的实践有机结合起来，达到既有理论高度、又有可操作性且通俗易懂的目的。

自2017年4月编写工作启动以来，编写组共组织了来自广东省经济和信息化委员会、广东省人民政府金融工作办公室、中山大学、华南理工大学、暨南大学、广东外语外贸大学、广东工业大学、广东财经大学、中共深圳市委党校、赛迪顾问股份有限公司、广东省现代物流研究院、广东省生产服务业促进中心、广东省节能中心等有关政府部门、高校、研究机构的50余名专家学者，先后召开了一次启动会议、三次编写工作会议和一次专家论证会，数易其稿，反复修改，终于完成了编写工作。

本书是集体智慧的结晶，由广东省生产服务业促进中心《生产服务业读本》编写组编写。广东省生产服务业促进中心主任、教授级高级工程师陈健任主编，华南理工大学研究员、广东省第三产业研究会会长李冠霖任执行主编，广东省生产服务业促进中心副主任侯彪，华南理工大学副教授、广东省第三产业研究会秘书长陈菲任执行副主编。各章执笔人如下：第一章导论（李冠霖、周涉宇、马泽田、周斌、徐楚），第二章发展简史（林先扬、谈华丽），第三章理论基础（蓝文妍），第四章产业评价（李冠霖、曾亮兵、周涉宇、马泽田、王瑶、伍敬群、刘瑞瑞、李玉玲），第五章公共政策（谭杰斌、曾海燕、全在勤、卢振港、黄紫华、梁家中、陈昕、邓培伟），第六章生产服务企业（陈菲、周钰玲、植玮熳），第七章生产服务平台（李建萍），第八章生产服务区（贾纺纺、金广、杨亚洲、孟漫），第九章新业态新模式（李冠霖、王鹏、陈菲、周涉宇、马泽田、傅小敏、王伟铭），第十章服务型制造（赵一婷、刘继国），第十一章工业设计（胡飞、周坤、胡茜雯），第十二章现代供应链（张贵萍、李美云），第十三章现代物流（韦琦），第十四章电子商务（李曼），第十五章信息服务（詹若兰、吴冬梅），第十六章科技服务（王鹏、郑靖宇），第十七章金融服务（黄雄），第十八章节能环保服务（张娜、梁喆、田中华），第十九章商务服务（李碧花），第二十章质量品牌和工业文化（李冠霖、雷小清、马泽田、周涉宇）。

  本书的付梓来之不易，全过程得到了方方面面的帮助和支持。首先，感谢工业和信息化部产业政策司、广东省经济和信息化委员会的有力指导。工业和信息化部产业政策司许科敏司长、广东省经济和信息化委员会涂高坤主任在2017年9月25日广州举行的"首届中国服务型制造大会"上，一起为本书举行了成果发布仪式。其次，感谢兄弟省市的鼎力支持。上海市、江苏省、浙江省等省市的工业和信息化主管部门，提供了运行监测、地方政策借鉴等方面的参考资料，为本书增色不少。再次，感谢广东省第三产业研究会创会会长李江帆教授、常务副会长魏作磊教授，他们提了许多宝贵意见和建议，李江帆教授作为我国第三产业研究领军人物、第三产业经济学创始人，欣然为本书作了序。最后，感谢广东省经济和信息化委员会生产服务业处原处长、现广东省中小企业局副局长谭杰斌，他协调统筹了很多重要工作；还有文案设计师冯春生、华南理工大学出版社有关工作人员以及广东省生产服务业促进中心邱波、伍妙婵、赵振华等所有为本书辛勤工作的同志，使本书得以顺利出版，在此一并向他们表示感谢。

  生产服务业发展迅猛，业态模式日新月异，尽管编写人员已本着严肃、认真的态度，竭尽全力精益求精，但囿于理论水平和能力有限，本书仍不免会有不当或错漏之处，恳请读者批评指正。

《生产服务业读本》编写组
2018年8月